Das Deutsche Theater

Das
Deutsche Theater

Eine
Geschichte
in
Bildern

Alexander Weigel

Herausgegeben vom Deutschen Theater

Propyläen

Das Deutsche Theater dankt dem Verein der Freunde und Förderer des Deutschen Theaters und der Kammerspiele e.V. für die Unterstützung bei der Realisierung dieses Buches.

Mitarbeiter:
Dr. Sieglinde Roth, Karl Sand,
Agneta von Hirschhausen,
Hans Rübesame, Wolfhard Theile
Lektorat und Redaktion: Harro Schweizer
Gestaltung: Dorén + Köster, Britta Harder, Berlin
Herstellung: Karin Greinert
Satz und Lithographie: Utesch GmbH, Hamburg
Druck und Bindung: Stürtz AG, Würzburg
ISBN 3 549 05705 9
Printed in Germany 1999

Inhalt

Grusswort

Theater gehört zum Leben, ob's jeder weiß oder nicht, es gehört zu einer Großstadt, ob's jeder Politiker weiß oder nicht. Das Deutsche Theater gehört zu Berlin wie ein Wahrzeichen. Seine Geschichte ist ein Zeichen der Wahrheit für diese Stadt. Die deutschen Juden, die dies Theater zu unglaublicher Blüte brachten, gehörten zu den Kräften, die Berlin Weltgeltung verliehen. Die Kunst Preußens bekam Flügel, die Korsage wurde gelockert, die Melange war höchst fruchtbar und lebt weiter als Ideal einer weltoffenen, multikulturellen, ideenreichen Stadt. Eigentlich fangen wir immer noch an, die Schäden und Zerstörungen des Dritten Reiches zu überwinden.

Aber allzeit hat sich das Deutsche Theater bemüht, mit mehr oder weniger Erfolg, seine Aufgabe neu zu finden und sich dabei treu zu bleiben.

Das Zentrum war und ist immer das Ensemble. Eine kleine Gruppe von Schauspielern um Otto Brahm, eine kleine Gruppe von Schauspielern um Max Reinhardt waren der Grundstock einer immer größer werdenden Sozietät. Heute ist das Ensemble gewaltig, die Lebenden, die Toten, die Vertriebenen, die Weggegangenen, die Großen, die Kleineren – sie alle bilden dieses einmalige Theater, sie bewiesen und beweisen die Kraft, Notwendigkeit und Schönheit eines Ensembletheaters, das Tradition als ständige Verpflichtung zur Entdeckung von Neuland begreift. Lang lebe es; ist es weg, ist ein Rosenstrauch kaputtgegangen.

Thomas Langhoff, im Februar 1999

Vorbemerkung

Die Niederlage der Revolution von 1848 war für Entstehen und Geschichte des »Deutschen Theaters« noch so wesentlich wie die Reichseinigung »von oben« 1871. Eduard Devrients Denkschrift »Das Nationaltheater des Neuen Deutschlands« sprach 1848 das Ideal eines dem Ganzen verantwortlichen, von ihm finanziell getragenen, doch souveränen Theaters aus. Es wirkt noch in Siegwart Friedmanns »Grundzüge eines Statuts der Gesellschaft ›Deutsches Theater zu Berlin‹« von 1881 hinein; die Idee einer Schauspieler-»Sozietät« antwortet schon darauf, daß der Staat durch die Gewerbeordnung von 1869 das Theater »befreit«, sich damit aber, bis auf seine Rolle als Zensor, aus der Verantwortung gestohlen hatte. Die relative Freiheit des »Privattheaters« war mit der sehr realen Finanzfrage liiert; verursachte dies bis 1914 erhebliche ideelle Zugeständnisse, so nach 1918 den Kampf um die Existenz. Nach 1933, als die Naziregierung das Theater »rettete«, es mit der angemaßten Idee eines neuen »Nationaltheaters« und mit »Reichszuschüssen« umarmte, traten die geldlichen hinter die geistigen und Gewissens-Probleme zurück; es begann die auf über ein halbes Jahrhundert verlängerte Geschichte eines »Staatstheaters« zwischen Einverständnis, Anpassung und Widerständigkeit. Das war auf Dauer nicht nur lähmend, sondern entwickelte, zwischen Hochschätzung und Beschränkung, politische Verantwortung und künstlerische Methoden. Der seit 1848 und 1883, in welchem System auch immer, schmerzliche Abstand zwischen Ideal und Wirklichkeit ist die kritische Erfahrungsgrundlage für immer erneuerte theatralische Phantasie gewesen.

Der Verfasser dankt allen, die ihm bei den Vorarbeiten zu diesem Buch geholfen haben, vor allem dem Deutschen Theater und vielen seiner Mitarbeiter, dem Archiv Darstellende Kunst der Stiftung Archiv der Akademie der Künste und Dr. Renate Rätz sowie dem Stadtmuseum Berlin und Frau Bärbel Reißmann. Dr. Harro Schweizer danke ich, daß er die komplizierte Arbeit mit Engagement und ausdauerndem Verständnis als Lektor begleitet hat.

Alexander Weigel, im Februar 1999

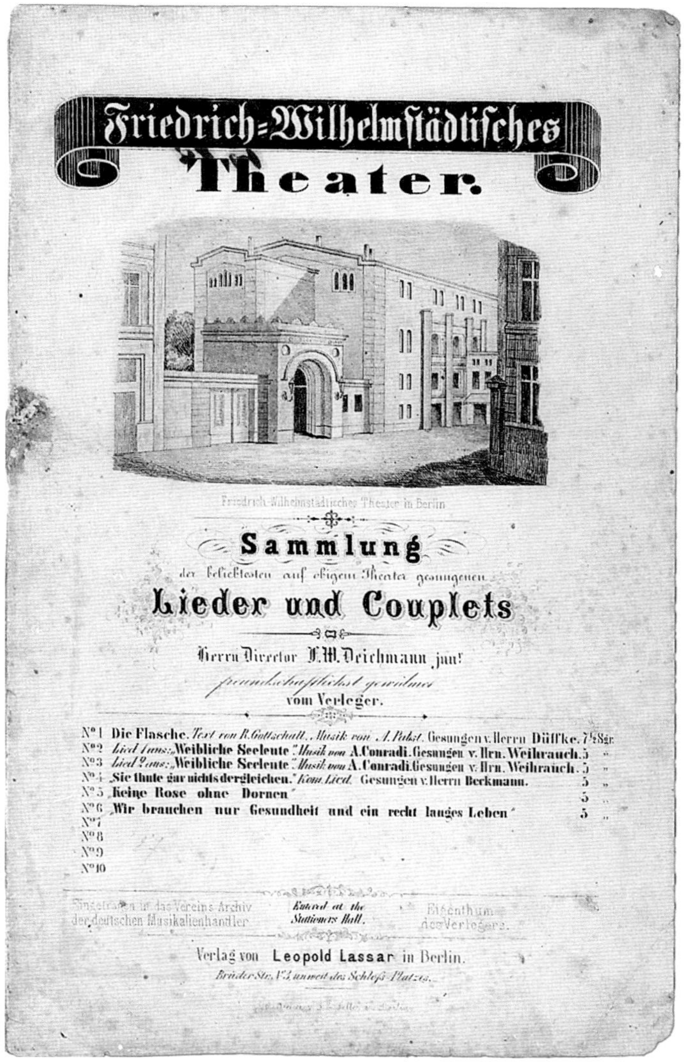

Friedrich=Wilhelmstädtisches Theater.

Friedrich-Wilhelmstädtisches Theater in Berlin

Sammlung

der beliebtesten auf obigem Theater gesungenen

Lieder und Couplets

Herrn Director F.W. Deichmann jun:r

freundschaftlichst gewidmet

vom Verleger.

N° 1 Die Flasche. *Text von R. Gottschall. Musik von A. Pabst.* Gesungen v. Herrn Düffke. 7½ Sgr.
N° 2 *Lied 1 aus:* „Weibliche Seeleute" *Musik von* A. Conradi. Gesungen v. Hrn. Weihrauch. 5 „
N° 3 *Lied 2 aus:* „Weibliche Seeleute" *Musik von* A. Conradi. Gesungen v. Hrn. Weihrauch. 5 „
N° 4 „Sie thute gar nichts dergleichen." *Kom. Lied.* Gesungen v. Herrn Beckmann. 5 „
N° 5 „Keine Rose ohne Dornen" 5 „
N° 6 „Wir brauchen nur Gesundheit und ein recht langes Leben" 5 „
N° 7
N° 8
N° 9
N° 10

Eingetragen in das Vereins Archiv der deutschen Musikalienhändler

Entered at the Stationers Hall.

Eigenthum des Verlegers.

Verlag von Leopold Lassar in Berlin.

Brüder Str. N° 3 unweit des Schloss-Platzes.

Das Friedrich-Wilhelmstädtische Theater von 1848

Ein Bänkelkind der Revolution

Ich habe die Absicht, in dem hinter meinem Hause, dem sogenannten Friedrich-Wilhelmstädtischen Casino, Schumannstraße No. 14, gelegenen Garten eine Bühne zu errichten, um während der Sommermonate bei günstigem Wetter wöchentlich einigemale theatralische Vorstellungen im Freien geben zu lassen (...). Die Vorstellungen selbst sollen sich weniger im Gebiet der Kunst bewegen, sondern ist meine Absicht, kleine Lustspiele, Tagesneuigkeiten, besprechende Localpossen etc. zur Aufführung zu bringen. Um so mehr schmeichle ich mir, daß meine nachstehende Bitte erfüllt werde, da das Unternehmen untergeordneter Art und nur als Volksbelustigungen (...) zu betrachten ist (...).
Ich selbst bin (...) früher jahrelang Schauspieler gewesen, daher mit allen Gesetzen, die (...) Theater haben, vollkommen vertraut (...).
Mein Antrag und ergebenste Bitte (geht demzufolge) dahin: mir hochgeneigtest die schleunige Concession zu dem in Rede stehenden Theater zu ertheilen.

Berlin, den 27ten Maerz 1848
Friedrich Wilhelm Deichmann

Es wird beabsichtigt, in dem Garten der Schumannstraße No. 14, dem Friedrich-Wilhelmstädtischen Casino, ein Sommertheater zu errichten. Die Zuschauer, welche voraussichtlich aus den bürgerlichen Kreisen der nächsten Umgegend bestehen werden, sitzen frei im Garten. Die Vorstellungen sollen, nach Maasgabe der Jahreszeit, um 7 oder 8 Uhr ihren Anfang nehmen und bis 10 Uhr dauern. An den Tagen, an welchen im Friedrich-Wilhelmstädtischen Casino Ball statt findet, soll das Theater geschlossen sein. Das Entrée soll auf 5 Sgr. festgesetzt werden und nur für einige reservirte Plätze wird es 10 Sgr. betragen. Es werden 10 bis höchstens 15 darstellende Künstler en-

Abbildung S. 9:
Notenheft »Sammlung der beliebtesten auf obigem Theater gesungenen Lieder und Couplets Herrn Director F.W. Deichmann jun. freundschaftlich gewidmet vom Verleger«

Revolution und Concession

1842 eröffnet der Restaurateur Friedrich Wilhelm Deichmann sen. in der Schumannstraße 14 das »Friedrich-Wilhelmstädtische Casino«. In diesem Haus mit mehreren »Sälen« kann man essen und trinken, es finden Bälle, aber auch Versammlungen statt. Das Casino ist bald ein Erholungsort der Bewohner der Friedrich-Wilhelmstadt, deren Charakter von ihrer Lage zwischen den Maschinenfabriken hinter dem Oranienburger Tor und den Holzplätzen an der Spree, der Charité und den Kasernen an der Friedrich- und der Karlstraße geprägt wird: Hier entsteht ein Viertel der Handwerker, Arbeiter, Studenten, Soldaten und »leichten Mädchen«, eine Art »Quartier Latin« von Berlin. Beliebt ist der baumbestandene lauschige Garten nach der »Tierarzney-Schule« zu, seit 1843 mit Gartenlokal. Dort werden im Sommer »Italienische Nächte« mit »großartiger Illumination von mehr denn 1000 Lampen, Ballons, Laternen usw.« veranstaltet.

1848 versetzen die aufregenden Ereignisse des März, Massendemonstrationen und Barrikadenkämpfe, auch die Friedrich-Wilhelmstadt in Unruhe; in Deichmanns Casino finden Versammlungen demokratischer Abgeordneter und der Bürgerwehr statt.

Am 27. März dieses Jahres bittet Deichmanns Sohn, der nach einer kurzen Laufbahn als Sänger und jugendlicher Liebhaber 1847 das Casino übernommen hat, das Königliche Polizeipräsidium um die Erlaubnis, im Garten hinter dem Casino im bevorstehenden Sommer »theatralische Vorstellungen« geben zu dürfen. Deichmann gibt sich bescheiden, um nicht als Konkurrent der Königlichen Theater zu erscheinen: »Die Vorstellungen selbst sollen sich weniger im Gebiet der Kunst bewegen, sondern ist meine Absicht, kleine Lustspiele, Tagesneuigkeiten besprechende Localpossen etc. zur Aufführung zu bringen.« Das Polizeipräsidium ist offenbar an einer harmlosen Ablenkung der Bevölkerung von den politischen Ereignissen in diesem leicht erregbaren Bezirk interessiert. Nach dem 18. März werden neben drei bestehenden sieben neue Sommertheater konzessioniert; von ihnen ist das in der Schumannstraße das einzige innerhalb der Stadtgrenzen.

Am 24. Juni 1848 genehmigt auch »Se. Majestät der König mittelst allerhöchster Cabinets Ordre die Errichtung eines Sommertheaters im Locale des Friedrich-Wilhelmstädtischen Casinos«, worauf der Ober-Präsident der Provinz Brandenburg »dem Restaurateur Friedrich Wilhelm Deichmann und dem Kaufmann Friedrich Gottlieb Großkopf die erforderliche, jedoch zu jeder Zeit widerrufliche Concession zur Errichtung desselben« erteilt.

Eine Woche nach dem ganz Berlin erneut bewegenden Sturm auf das Zeughaus mit Toten und Verwundeten lädt Deichmann jun. durch Zeitungsanzeigen »ein hochverehrtes Publicum zu recht zahlreichem Besuche« in das »Friedrich-Wilhelmstädtische Theater«, d.h. vor das ausgebaute Gartenhaus ein. In Vorberichten wird mitgeteilt, daß »höchst bequeme, reich ausgestattete Logen (...) sich am Proscenium« befinden, »während der übrige Zuschauerraum gedielt und sorgfältig überdacht ist, ohne der Sommerluft den Eingang zu verwehren«. (*Vossische Zeitung*, 25.6.1848)

Die Nacht der Barrikaden

Am Sonntag, dem 25. Juni 1848, beginnt – nach einem »Concert« und einem »Die Zeit« betitelten Prolog – um 19.30 Uhr die erste Vorstellung auf dem Gelände des heutigen Deutschen Theaters: »Die Nacht der Barrikaden, oder der Engel im Dachstübchen, Lustspiel in 1 Akt von V. Brandenburg. Hierauf: Die Braut aus Pommern, Vaudeville von Angely.« (*Vossische Zeitung*, 24.6.1848)

Der Wettergott scheint freilich dem neuen Unternehmen wirklich nicht gewogen zu sein. »Das, trotz des fortdauernden Regens, ziemlich zahlreich versammelte, augenscheinlich den besten Ständen angehörende Publikum, in welchem man namentlich mehrere unserer Abgeordneten (der am 22. Mai eröffneten Preußischen Nationalversammlung; d.V.) bemerkte, gab durch oft erneuerten Beifall und Hervorruf seine vollkommene Zufriedenheit zu erkennen«, allerdings erst für die »leicht einnehmende und liebenswürdige Persönlichkeit« und das »schöne Gesangstalent« des Fräulein Schütz in Angelys Vaudeville. Dagegen ist es durch »das vorhergehende, sentimentale und larmoyante« Lustspiel »›Die Nacht der Barrikaden‹, welches einen großartigen Stoff kleinlich behandelt«, nicht so sehr belustigt als »degoutirt« worden. (*Haude-Spenersche Zeitung*, 27.6.1848)

gagirt werden und die Capelle, welche bereits im Solde des p. Deichmannn jun. steht, wird die Musik machen.
Die aufzuführenden Stücke sollen sich auf Lustspiele, Possen, Zauber- und Volksstücke beschränken, die etwa vorkommenden Feuerwerke werden von dem bekannten Feuerwerker Dobermont hergestellt und abgebrannt werden, in der Art, wie dies auf den Königlichen Bühnen geschieht.

Berlin, 22. April 1848

Ich habe auf den beigehenden Bericht des Wirklichen Geheimen Raths und Ober-Präsidenten von Meding gegen die von dem Besitzer des Friedrich-Wilhelmstädtischen Casinos zu Berlin, Deichmann, in Verbindung mit den Kaufleuten Großkopf und Lindemann, beabsichtigte Anlegung eines Sommertheaters im Lokale des gedachten Casinos nichts zu erinnern, wenn Sie bei näherer Prüfung des Gesuches keine Bedenken dagegen zu erheben haben, und überlasse Ihnen, den p. von Meding in diesem Falle zur widerruflichen Ertheilung der erforderlichen Concession zu ermächtigen.

Sanssouci den 24ten Mai 1848
(gez.) Friedrich Wilhelm.
An die Staatsminister, Oberkammerherrn Herrn Fürsten zu Sayn-Wittgenstein und von Auerbach

Die Zahl unserer konstitutionellen Volkstheater ist glücklich seit vorgestern um eins vermehrt. Innerhalb der Stadtmauern erhebt sich nun das von Hrn. Deichmann dem Jüngeren mit großer Aufopferung und einer seltenen Thätigkeit geförderte, viel verheißende Unternehmen. Die im Freien gelegene Schaubühne bietet wirklich einen freundlichen Anblick, sie ist groß und geräumig, auch der großentheils bedeckte Zuschauerraum läßt nichts zu wünschen. So gewährt dieses Theater nach allen Seiten einen angenehmen Erholungsort. Das böse Wetter hatte, einem eigensinnigen, alten, störrischen Manne gleich, der Eröffnung zwar einigen Eintrag gethan, aber ein verhältnismäßig zahlreiches Publikum derselben dennoch beigewohnt. Nach einem drei-fachen Tusch hob sich der Vorhang und »Die Zeit« machte unter Prologsform ihre Rechte geltend, sie empfahl das neue, von ihr geborene Institut der Hut und dem Schutze des Publikums. Es folgte ein Gelegenheitsstück: »Die Nacht der Barrikaden«, welches ein pseudonymer W. Branden-

Der Schauspieler und Regisseur Anton Ascher

burg zu Tage gefördert. Verbarrikadiren auch wir dieses Stück wie seine Heldin ihr Kämmerlein und erklären wir diese Barrikade für eine, gegen welche ein mildes Publikum die Shrapnells seiner Ungunst nicht werfen wollte: Woran freilich der Hauptvertheidiger Hr. Bonke seinen ehrenden Antheil hat. Das Vaudeville »Die Braut aus Pommern« schloß die Vorstellung und ließ die Kräfte der neuen Theatergesellschaft in einem schönen Lichte erscheinen. Fräulein Schütz, eine Soubrette, wie sie jeder Bühne zur Zierde gereicht, errang durch ihr treffliches Spiel und ihren kunstgeübten Gesang die Palme, welche ihr durch reichen Beifall, Dacapo- und Hervorruf bei offener Scene seitens des Publicums gereicht wurde. Das Zusammenspiel, wobei sich auch Fr. Ihn u. Hr. Voß hervorthaten, war gleichfalls ein wohlgelungenes, und so wird dieses Stück gewiß noch oft eine große Anziehung über das junge, der allgemeinsten Beachtung werthe Unternehmen sein, somit nochmals und dem Schutze der Theilnahme unseres Publikums empfohlen. Gewiß wird Niemand die Räume unbefriedigt verlassen. Möge sich ein heiterer Himmel stets über ihnen wölben!

(*Königlich privilegirte Berlinische (Vossische) Zeitung*, 27. Juni 1848)

Der Sommer 1848 wird insgesamt ein Erfolg; »der, ungeachtet der trübseligsten Witterung und der wahrlich nicht heiteren Zeit, verhältnismäßig sehr zahlreiche Besuch« ist der Beweis. (*Haude-Spenersche Zeitung*, 2.7.1848) Lustspiele und »Vaudevilles« (deutsch bearbeitet als Posse mit Gesang), mit Titeln wie »Der Weg durchs Fenster«, »Emilies Herzklopfen«, »Lebt er noch oder ist er todt?«, »Das Porträt der Geliebten« und »Die Gefangenen der Czarin, oder: Alles durch die Frauen« haben die von der Konzession verlangte Harmlosigkeit; nur in den Gesangsnummern gibt es ab und an Anspielungen auf die Zeitereignisse. Im November 1848, als Deichmann um die Erlaubnis bittet, die Vorstellungen in den Wintermonaten fortführen zu dürfen, bestätigt ihm das Polizeipräsidium denn auch, »daß nach den gemachten Erfahrungen in dem Sommertheater im Friedrich-Wilhelmstädtischen Casino bisher tüchtige Leistungen stattgefunden haben, daß das in demselben zahlreich versammelt gewesene Publikum stets den Anstand beobachtet hat, daß Ruhestörungen und Excesse garnicht vorgefallen sind und das Lokal von den unteren Volksklassen nicht besucht worden ist«.

Nach dem Ende der Vorstellungen im Sommertheater Mitte September läßt Deichmann es, bisher nur leicht überdacht und nach allen Seiten offen, eilig zu einem geschlossenen hölzernen und heizbaren »Wintertheater« umbauen, in dem schon ab 25. Oktober weitergespielt werden kann.

Politische Possen

Nach dem reaktionären Staatsstreich, der Besetzung Berlins durch die Truppen des Generals Wrangel, der Auflösung von Bürgerwehr und preußischer Nationalversammlung, wird das Friedrich-Wilhelmstädtische Theater in der Winterspielzeit 1848/49 zu einem Ort des (vorsichtigen) Protests gegen diesen Lauf der Dinge und mehr und mehr zu einem demokratisch-komischen Volkstheater; dies allerdings im Rahmen einer genauen Aufsicht, streng in das harmlos-heitere Genre verwiesen und bei ängstlicher Balance seines Direktors Deichmann zwischen Erfolgsdrang und Verbotsdrohung. Denn obwohl seit dem 18. März 1848 offiziell Zensurfreiheit besteht, sind die Grenzen des Erlaubten sehr eng, vor allem unter dem Belagerungszustand seit dem November. Die Aufführungen dienen der Unterhaltung; ihre Vorlagen sind, wenn sie denn Zeitereignisse behandeln, von kleinbürgerlichem Geist und gegen die »Radikalen« und die Revolution eingestellt. Die Schauspieler allerdings benutzen sie, mit sprachlichen und mimischen Andeutungen, mit Improvisationen und Extemporés in den Gesangsnummern, dazu, die Stimmung ihres erst erregten und nun zur Ruhe verurteilten Publikums auszudrücken. Im Mittelpunkt dieser »Politisierung« steht der Schauspieler Anton Ascher, u.a. Deputierter des zweiten Demokratenkongresses in Berlin (Oktober 1848) und, nach einem Zeitungsbericht, »Gründer und Chef eines demokratischen Clubs«, der sogar »auf dem Alex eine rote Fahne schwang«. (*Kreuzzeitung*, 11.1.1849) Um ihn bildet sich ein Ensemble komischer Schauspieler, darunter ab Dezember 1848 Rudolph Haase und die Publikumslieblinge Ottilie Genée und August Wilhelm Weirauch; ab 1849 noch August Wilhelm Hesse und Heinrich Otto Stotz.

Der erste große Erfolg des Theaters ist, im Februar 1849, eine nach dem französischen Original »frei« bearbeitete, »zeitgemäße Posse mit Gesang«: »Eigentum ist Diebstahl oder Der Traum eines roten Republikaners« von Rudolph Hahn; auch sie, gegen radikale sozialrevolutionäre Ideen geschrieben, als Kritik an der Revolution gemeint. Aber: »So oft ist wohl nie ein Stück verboten und wieder erlaubt worden (...) Die gestrichenen resp. verbotenen Stellen (...), die Couplets wurden über Nacht ergänzt, und es ist häufig vorgekommen, daß diese ergänzten Lücken noch wirksamer waren als die verbotenen.« (Maas, S.139) Die Posse erlebt den bis dahin unerreichten Rekord von 65 Aufführungen. Auch anderen, so »Der geheime Registrator und sein Paletot oder: Nur ein Orden!« (November), »Der deutsche Michel« (Dezember 1848), »Keine Arbeit mehr!« (April), »Ein Minister aus dem Volke« (Mai) und »Freiheit und Arbeit« (Juli 1849), helfen die Schauspieler auf diese Weise auf. Das »komische Genrebild mit Gesang« in einem Akt, »Eine Leipziger Barrikade«, wird im Mai 1849 verboten, und Deichmann droht zum wiederholten Mal der Entzug der Konzession. Trotzdem folgt schon im August Nestroys satirische Posse »Freiheit in Krähwinkel«, in welcher verharmlosenden Bearbeitung auch immer; »die neuen, höchst zeitgemäßen Couplets« und Anton Ascher in der Rolle des Eberhard Ultra »in den ganz vorzüglichen Masken (...) bekannter Persönlichkeiten« (der Berlin-brandenburgischen Behörden) begeistern das Publikum in einer Art, daß Deichmann in das Polizeipräsidium zitiert wird, um »ernste Vorhaltungen« entgegenzunehmen, denn in Johann Nestroys Stück und Anton

Direktor Friedrich Wilhelm Deichmann

In dem Friedrich Wilhelmstädtischen Theater wurde am vergangenen Sonntag, den 26ten d. Mts., zum ersten Male eine Posse mit Gesang – Freiheit in Krähwinkel – betitelt, gegeben.

In diesem Lustspiele werden der Magistrat und die Stadtverordneten von hier, die Herrn Grafen von Luckner, Otto von Schlippenbach und der ehemalige Ober-Präsident der Provinz Brandenburg, von Meding (...) lächerlich gemacht. Der Besitzer des Theaters, Cafetier Deichmann, dürfte den Text des Lustspiels einzureichen haben und hiernächst zur Verantwortung zu ziehen sein. Das Stück, das im Publikum großen Anklang findet, soll heute zum dritten Male aufgeführt werden.

(Polizei-Rapport, 27. August 1848)

Das Stück Faustin I. deßen gestriger ersten Vorstellung im Friedr.-Wilhelmstädtischen Theater ich beigewohnt habe, ist nichts als eine ununterbrochene (...) Persiflage auf König, Königtum, Gouvernement, Administration und zwar mit steter Hindeutung auf Preußen (...). Das Sujet des Stücks ist eine Lächerlichmachung der Regierungsweise des Kaisers Faustin I. auf Haiti, zu welchem 5 Berliner kommen und demselben ihre Dienste anbieten (...). Der Kaiser singt ein Lied: der sei ein Regent, der zu regieren verstehe, das Volk an der Nase herumzuführen, anzuschmieren (...).
(Polizei-Rapport, 1. April 1850)

Dem Eigenthümer des Friedrich-Wilhelmstädtischen Theaters, Deichmann, ist die auf heute angekündigte Wiederholung des gestern zur Aufführung gekommenen Theaterstücks »Faustin I.« unbedingt untersagt worden.

Berlin, den 1. April 1850
Königl. Polizei-Präsidium Eichholz

Verhandelt Berlin, den 15. April 1850
Auf Vorladung gestellten sich Heute vor dem Unterzeichneten nachbenannte Mitglieder des Friedrich-Wilhelmstädtischen Theaters, als
1.) der Regisseur Herr Ascher, 2.) der Schauspieler Herr Hesse, 3.) der Schauspieler Herr Stotz und 4.) der Schauspieler Herr Weirauch. Denselben ward, in Gemäßheit eines Befehles des hiesigen Königlichen Polizei Präsidii und zu ihrer besonderen Nachachtung bekannt gemacht:
1.) daß sie sich fernerhin nur an den Gehalt ihrer Rollen zu halten und zu vermeiden hätten, durch Extemporés, eingelegte Couplets oder durch Wortspiele von der Bühne herab die Achtung zu verletzen, welche das Gesetz für das Oberhaupt des Staates und seine Familie, für die Regierung und deren Vertreter, so wie für die Religion und ihre Diener fordern,
2.) daß sie in jedem einzelnen Falle, wo sie derartige Extemporés anzubringen beabsichtigen, dies nur mit Willen und im Einverständnis mit dem Direktor des Theaters und dem von demselben angestellten Regisseur geschehen dürfe, und daß endlich
3.) jede Übertretung dieser polizeilichen Anordnung auf das strengste geahndet und bei denjenigen von ihnen, welche dem hiesigen Orte angehören, die sofortige Entfernung von hier veranlaßt werden würde.
Königl. Polizei-Präsidium

Aschers Darstellung werden »der Magistrat und die Stadtverordneten (...), die Herren Grafen von Luckner, Otto von Schlippenbach und der ehemalige Oberpräsident der Mark Brandenburg von Meding auf eine kompromittierende Art und Weise lächerlich gemacht«. (*Vossische Zeitung*, 26.8.1849; *Haude-Spenersche Zeitung*, 29.8.1849)

Der Theaterunternehmer befindet sich zwischen den mimischen und musikalischen Eigenmächtigkeiten seiner Schauspieler auf der einen und den behördlichen Drohungen auf der anderen Seite in einer prekären Situation. Der geschäftliche Erfolg ist das auf die Dauer fürs Geschäft Gefährliche; die Gefahr der Schließung wächst mit der Zahl der Zuschauer. Die versteckten Frechheiten ziehen auch die draußen Mundtotgemachten ins Theater; aktuelle Improvisationen und dementsprechende Reaktionen der Zuschauer überzeugen das Polizeipräsidium bald davon, »daß die Vorstellungen im Friedrich-Wilhelmstädtischen Theater der permanenten Überwachung bedürfen«.

Ein heiteres Fest

Deichmanns Theaterenthusiasmus und Geschäftsinteresse finden schließlich den Ausweg in der Idee eines die Kunst und die Zuschauer »hebenden«, d.h. unerwünschte Elemente mehr fernhaltenden, prächtigen Theaterbaus. Im Frühjahr 1849 beauftragt er den erfahrenen Theaterarchitekten Eduard Titz mit dem Entwurf dazu und erhält auch die behördliche Genehmigung zur Errichtung eines neuen »Wintertheaters«. Im Frühherbst beginnen die Bauarbeiten; bereits im Mai 1850 ist das anspruchsvolle Gebäude fertig; es kostet etwa 80000 Taler.

»Das Opernhaus mit all seinen glänzenden und bequemen Einrichtungen, im verjüngten Maßstabe, scheint wie durch Zauber in einen Garten der Friedrich-Wilhelmstadt versetzt zu sein«, heißt es in einem begeisterten Bericht der *Haude-Spenerschen Zeitung* vom 8. Mai 1850. Den »verjüngten Maßstab« und damit Intimität und menschliches Maß verdankt das Haus nicht Deichmann, der es größer wollte, sondern der Strenge des Polizeipräsidiums in Sachen Feuersicherheit. Generationen von Schauspielern werden die ideale Akustik und Nähe zum Publikum im Dreiviertelkreis des Zuschauerraums zu schätzen wissen. Dabei faßt das Theater anfangs 1000 Plätze, verteilt auf das von Logen flankierte »Parterre« und das »Parkett«, den ersten Rang mit Balkonplätzen in der Mitte und Logen an beiden Seiten, sowie den zweiten Rang mit noch einmal erhöhten Galerien und ihren Stehplätzen. In sich steigernder Festlichkeit sind die Korridore mit grüner Tapete, Spiegeln und Sofas dekoriert, während Wände und Sitze des Zuschauerraums rot leuchten; die Rang- und Logenbrüstungen sind, wie der ganze Raum, mit sehr viel Gold verziert: »Also Weiß-Rot-Gold (...) die Kokarde«, witzelt die *Vossische Zeitung* am 19. Mai 1850. Die Deckenmalereien zeigen von den Musen umgebene antike Götter; alles wird von zahlreichen Wandlampen und einem sensationellen Kronleuchter mit 140 Gasflammen erleuchtet. Die Bühne ist an beiden Seiten von drei Proszeniumslogen eingefaßt, rechts in der Mitte hat Deichmann die »Königsloge« eingerichtet, die von Friedrich Wilhelm IV. im Winter 1850/51 tatsächlich, ein Mal, beehrt wird: der allgemein sichtbare Beweis, daß das Theater »gesellschaftsfähig« ist.

»Ein heiteres Fest« wird die Eröffnung am 17. Mai 1850, der »hochgestellte Persönlichkeiten« beiwohnen, d.h. einige Minister und vor allem Polizeipräsident von Hinckeldey. Der Zuschauerraum, »in edlen Formen, griechisch-modern« (*Illustrirte Zeitung*, 29.6.1850), findet allgemeine Anerkennung. Deichmann kann sich seinem Ziel, ein Theater für die »bessere Gesellschaft« zu leiten, näher wähnen. Noch etwas entfernt von den gehobenen Vorstellungen des gewesenen Baritons von einem Opernhaus eröffnet, nach einem Prolog und einer Festouvertüre, das Singspiel »Die Zillertaler«, gefolgt von dem Lustspiel »Waldeinsamkeit«, das neue, später so bedeutende Theaterhaus. Der Dirigent allerdings heißt Albert Lortzing, dessen Engagement den künstlerischen Anspruch der neuen Ära unterstreichen soll; in katastrophalen finanziellen Verhältnissen ist der Komponist zur Annahme dieser Brotstelle gezwungen gewesen, hofft jedoch, auch eigene Werke aufführen zu dürfen. Die »Zillertaler« und Verwandtes sind aber noch lange sein abendliches Schicksal.

Erst im Oktober 1850, nachdem Deichmanns erneuerte Konzession auch die Aufführung komischer Opern gestattet (während »die ernste Oper und das Ballett« wegen des Privilegs der Königlichen Theater, wie übrigens auch Tragödien und Schauspiele, »unbedingt ausgeschlossen bleiben« müssen), wird zu Lortzings »Benefiz« dessen komische Oper »Die beiden Schützen« aufgeführt, vor leerem Haus. Auch die Aufführung des »Wildschütz« im November wird von dem an Possen gewöhnten Publikum kaum beachtet. Deichmann kann

…ilhelmstädt. Theater.
Schumanns-Strasse Nr. 14.
…genthum ist Diebstahl!
oder:
…r Traum eines rothen Republikaners.
…gemäße Posse in 3 Abtheilungen, nebst einem Vorspiel:
…ine Idee, und einem Nachspiel: Das Erwachen.
„la propriété c'est le vol" frei bearbeitet von Rudolph Hahn.
Musik arrangirt und componirt von Th. Hauptner.
67
Personen des Vorspiels:
Meine Idee,
In einem Akt.
…, ein Geist — Frau Ascher.
… — Frl. Genée.
…der Große genannt — Hr. Ascher.
…eler — Tagesschriftsteller — Hr. Haase.
…mmel — Hr. Krüger.
…Mährei, Wirth des Heros — Hr. A. Weirauch.
…en Frau — Frau Weirauch.
…ein Schneider — Hr. W. Weirauch.
…rjunge — J. Kleinhaupt.
Genien und Geister.
…en des Traumes; in 3 Abtheilungen. Erste Abtheilung:
Die Deputirtenkammer.
…ent, Minister der Finanzen — Hr. Ascher.
…inister des Krieges — Hr. Benrodt.
…ister d. Kultus, und der geistl. Angeleg. — Hr. Zorn.
…n — Frl. Genée.
…ucker, Präsident der Deputirtenkammer — Hr. Doß.
…aus Berlin — Deputirte der Linken — Hr. Gibson.
…aus Kalau — Hr. Klein.
…aus Nordhausen — Hr. Seidler.
…aus Breslau — Hr. Breuse.
…brust, aus Pommern — Deputirte der Rechten — Hr. Adolph.
…ch, aus Oppeln — Hr. Brückner.
…back, aus Potsdam — Hr. Seidel.
… Levy, aus Meseritz — Hr. Hähnchen.
…a Baßa, aus Posen — Hr. Lamprecht.
…ah, aus Aachen — Hr. Winther.
…aus Teltow — Deputirte des Centrums — Hr. Schulz.
…, aus Fischhausen — Hr. W. Weirauch
…ledubist, aus Greiffenberg — Hr. Gontard.
…, aus Kottbus — Hr. Reichard.
…Mährei, Eigenthümer — Hr. A. Weirauch.
…en Frau — Frau Weirauch.
…, Zuschauer, Stenographen, Soldaten der rothen Republik, Arbeiter.
Zweite Abtheilung: Arbeitsrecht.
…Mährei, Hausbesitzer in der Reetzengasse — Hr. A. Weirauch.
…e Frau — Frau Weirauch.
…, dessen Diener — Hr. Doß.
…ezlerer — Hr. Haase.
… Eckensteher — Hr. Winther.
… — Hr. Seidler.
…bleur — Hr. W. Weirauch.
…ser — Hr. Krüger.
…hlerinnen und Putzmacherinnen.
Dritte Abtheilung: Tauschhandel.
… — Hr. Ascher.
…ann — Frl. Genée.
… — Hr. Benrodt.
… — Hr. Zorn.
…atsanwalt — Hr. Brückner.
…Spitz — Hr. Gibson.
…ährei — Hr. A. Weirauch.
…chkenkutscher — Hr. Winther.
…steher — Hr. W. Weirauch.
…ackshändlerin — Frau Ihn.
…händlerin — Frl. Falz.
…ächterfrau — Frau Benrodt.
…rverkäuferin — Frl. Schulz I.
…henbäcker — Hr. Breuse.
… Constabler der rothen Republik — Hr. Schultz.
… — Hr. Seidler.
… Verkäufer. Ein Tambour. Volk. Soldaten der rothen Republik
…piel: Das Erwachen, in einem Akt.
… — Hr. Ascher.
… — Hr. Haase.
… — Hr. Krüger.
… — Hr. A. Weirauch.
… — Frau Weirauch.
…mmissarius — Hr. Benrodt.
… — Frau Ascher.
…Geist — Frl. Genée.
… Regierung. Ort der Handlung: Eine deutsche Residenz.
…tionen sind von dem Decorationsma-
…er Herrn Bartz.

Zeitspuren. Programmzettel zu »Eigentum ist Diebstahl«, 1849, aus einer Akte im Landesarchiv Berlin

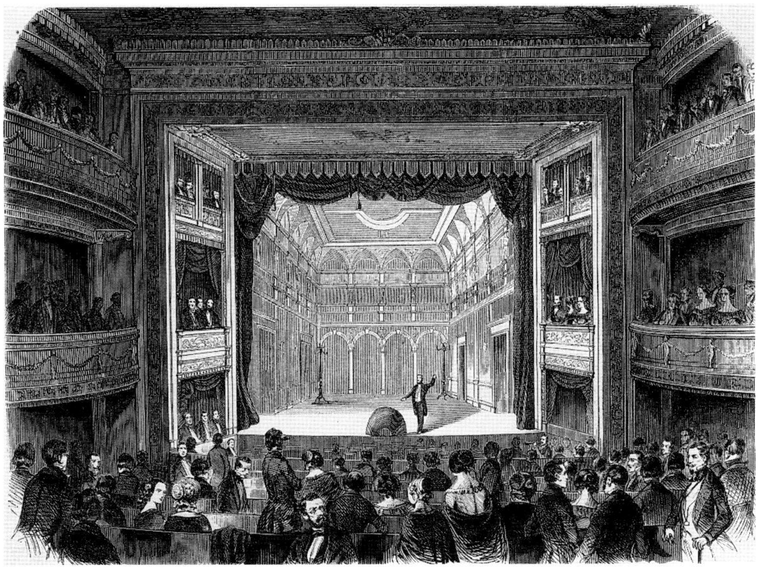

Friedrich-Wilhelmstädtisches Theater, Blick zur Bühne; Holzstich 1850

sich aber aus finanziellen Gründen nicht entschließen, mehr und attraktivere musikalische Kräfte zu engagieren. Nach Auseinandersetzungen darüber wird Lortzing zum 1. Februar 1851 gekündigt; er stirbt zehn Tage vorher und wird auf dem Sophienfriedhof begraben. Der Schauspieler Otto Stotz berichtet, »daß Herr Deichmann sich sehr teilnehmend und herzlich benommen und das Begräbnis allein auf seine Kosten veranstaltet hat«. (Philipp Düringer, *Albert Lortzing, sein Leben und Wirken*, Leipzig 1851)

Gestern (...) wurde gegeben FREIHEIT und ARBEIT, oder UNTER DER ERDE, Original-Charakterbild mit Gesang in 3 Acten.
Störungen sind nicht vorgekommen, nur muß ich bemerken, daß der Inhalt eines Gesanges, vorgetragen von dem Schauspieler Weirauch senior, von mehreren Theaterbesuchern nicht gut aufgenommen wurde. Die Worte wiederzugeben bin ich nicht im Stande, aber es wurden die BÄREN und HUNDE der POLITIK besungen, und von Parterre und Gallerie mit stürmischem Beifall begrüßt. Nach meinem Gefühl ist jene Gesangspiece durchaus unpassend, und dürfte zu streichen oder zu ändern sein (...).
(Polizei-Rapport, 9. August 1850)

Paragraphen und Couplets

In dem neuen Theater sind die Zuschauer aus der Friedrich-Wilhelmstadt auch noch 1850/51 auf die einschlägigen Überraschungen scharf, die Ascher, Weirauch und die Ihren mit anzüglichen Masken, sprechenden Gesten und mehrdeutigen Couplets in den dramatischen Harmlosigkeiten unterbringen. Mit dem Lachen über politische Witze reagieren sie ihre Enttäuschung über die zurückgekehrte Reaktion ab. Das Friedrich-Wilhelmstädtische Theater habe, schreibt von Hinckeldey im Dezember 1850 an den brandenburgischen Oberpräsidenten, sein Publikum daran gewöhnt, »sich vorzugsweise auf Kosten der Regierung und bestehender Staatseinrichtungen zu belustigen«; es breche »bei den kleinsten politischen Anspielungen in den größten Applaus« aus, suche »überall Nahrung für Parteihaß« und finde sie »mitunter schon in den unschuldigsten Worten«.

Da die bisherigen Beschränkungen dies nicht sicher verhindern, muß direkt gegen die Schauspieler vorgegangen werden. Ihnen bezahlen Verehrer und Gesinnungsgenossen sogar die Geldstrafe im voraus, damit sie gegen § 25 ihrer Verträge, nach dem alle »Extemporés auf die politischen Verhältnisse« untersagt sind, ohne Schaden verstoßen können. In der neuen Theater-Zensurverordnung des Polizeipräsidiums vom Juli 1851 wird deshalb im § 11 bestimmt, daß »kein Darsteller in Wort oder Handlung von dem Inhalte des polizeilich gekennzeichneten Exemplars abzuweichen« habe. (H.H. Houben, *Polizei und Zensur*, Berlin 1926) Das ist eigentlich auch

Deichmann recht, den man oft zur Verantwortung gezogen hat für theatralische Vorgänge in seinem Haus, von denen er, »durch anderweitige Geschäfte abgehalten, den Proben des besagten Stücks beizuwohnen«, erst von der stets anwesenden Polizei erfährt. Dann bleibt nichts als die ergebenste Entschuldigung bei von Hinckeldey: »Daß nun trotzdem von Herrn Weirauch ein Couplet solchen Inhalts gesungen wurde, wozu ich, wenn ich davon Kenntniß gehabt hätte, gewiß nicht die Erlaubniß gegeben haben würde, werden mir Ew. Hochwohlgeboren gewiß nicht zur Last legen wollen, der ich mich stets bestrebt habe, das Wohlwollen, welches Sie, Herr Präsident, gegen mich gezeigt haben, mir auch zu erhalten.« (31.8.1850) Von Fall zu Fall droht sogar Schlimmeres. Im März 1851 wird Deichmann aufs Präsidium zitiert, um zu unterschreiben, »daß das Stück ›Alles mit Gewalt‹ nicht mehr gegeben werden dürfe, und daß das Königliche Polizei-Präsidium bei der bisher verfolgten Tendenz der Friedrich-Wilhelmstädtischen Bühne überhaupt genöthigt sein würde, solche bei der nächsten begründeten Beschwerde zu schließen«. Er wundert sich, da das Stück bereits zwei Jahre gespielt wird, und wird aufgeklärt, daß »die in dem Verse ›Jedermann hat jetzt Courage/ Niemand will beschützt sich sehn/ Und doch seht an jeder Ecke/ Ihr zur Aufsicht Jemand stehn‹ gegen die Schutzmannschaft enthaltenen gehässigen Invectiven« die Veranlassung sind. Nach der Beteuerung, daß »wohl niemand vorsichtiger mit Aufführungen von Stücken sein« kann, »als ich es bin, dies Zeugniß muß mir jeder, der mich und meine Gesinnung kennt, geben« und bereitwilliger Streichung, ist die Gefahr gebannt.

Das Repertoire des Theaters wird, neben den üblichen Lust- und Liederspielen, zunehmend von französischen Intrigen- und sentimentalen deutschen Effektstücken eingenommen; auch die komische Oper kommt nun mit Werken Donizettis und Lortzings voran. Die Posse gibt es noch, aber sie ist durch die verschiedenen »Maßnahmen« politisch mundtot gemacht. Die Schauspieler, zu denen manche neuen Talente stoßen, so der Komiker Carl Düffke, haben große Erfolge, noch mehr Sängerinnen wie die Soubrette Marie Geistinger. Das Theater gilt bald in ganz Berlin als eine Institution – »die Friedrich-Wilhelmstadt«. Das Publikum verändert sich; zunehmend kommt man gern auch aus den vornehmen Vierteln des Westens in die etwas zwielichtige Gegend. Deshalb bemüht sich Direktor Deichmann um weitere »Hebung«. Er beweist

Ein reicher Herr der gern viel ißt
Und drum auf Vorrath nie vergißt,
Der hat mit Mäusen seine Noth
Weil sie benagen ihm das Brod.
Er nimmt ein Kätzchen sich ins Haus
Daß es ihm treib die Mäuse aus.
Das Kätzchen macht ein schlau Gesicht –
Erfüllt mit Freude seine Pflicht.
In Kurzem gibts kein Mäuschen mehr
Doch auch der Speiseschrank ist leer!
Das arme Mäuschen beißen todt,
Weil es benagt das weiche Brod,
Und selber mausen Stück für Stück,
Das ist die Katzen Politik.

Sehr lang geschlafen hat ein Bär,
Jetzt wacht er auf, ihm hungert sehr,
Da fällt sogleich, oh welch ein Glück!
Auf einen Bienenkorb sein Blick.
Ha, ruft er aus, nun werd ich satt.
Ich bin als Bär Aristokrat!
Er springt sogleich den Baum hinan
Und was der Bienenfleiß gewann
Frißt nun das dickbeleibte Vieh,
In fünf Minuten ohne Müh.
Erst faul geschlafen dann am Tag,
Weil man die Arbeit selbst nicht mag,
An Andern Fleiß sich mästen dick:
Das ist die Bären Politik.

Ein nobler Herr, dem oft im Haus
Die nackten Bettler machen Graus,
Der nimmt sich einen großen Hund
Und thut ihm seinen Willen kund.
Der Hund in Demuth hingestreckt,
Versteht auch seinen Dienst perfekt:
Gleich ist zu wedeln er bereit.
Wenn einer kommt im schlechten Hut,
So fährt er auf ihn los in Wuth.–
Dem Reichen wedeln nett und fein,
Der Armuth beißen in das Bein;
Für einen Knochen fett und dick:
Das ist die Hunde Politik.

(Couplet aus »Freiheit und Arbeit«, 1850)

Durch anderweitige Geschäfte abgehalten, den Proben des besagten Stücks beizuwohnen, war ich auch mit dem besagten Couplet, welches sich Herr Weirauch eingelegt hatte, nicht bekannt geworden. Auf eine Anfrage meinerseits an den betreffenden Regisseur Herrn Hesse, ob irgend etwas in dem Stück nicht enthaltenes eingelegt wäre, gab mir derselbe zur Antwort, daß Herr Weirauch sich allerdings 1 Couplet eingelegt hätte, das aber ganz harmlos wäre, und durchaus nichts politisches enthielte. Auf eine solche Antwort war ich allerdings beruhigt.

Daß nun trotzdem von Herrn Weirauch ein Couplet solchen Inhalts gesungen wurde, wozu ich, wenn ich davon Kenntniß gehabt hätte, gewiß nicht die Erlaubniß gegeben haben würde, werden mir Ew. Hochwohlgeboren gewiß nicht zur Last legen wollen, der ich mich stets bestrebt habe, das Wohlwollen, welches Sie, Herr Präsident, gegen mich gezeigt haben, mir auch zu erhalten.

In der Hoffnung, daß Ew. Hochwohlgeboren, nach obigem mir diesen Fall nicht zur Last legen werden, zeichnet sich

Mit der größten Hochachtung und ergebenst

Fr. W. Deichmann

Die oft nicht zu berechnenden Folgen, welche aus der Berührung politischer Ereignisse durch Extemporiren auf der Bühne entstehen können, veranlassen mich, dem Personale hiermit aufzugeben, sich bei Durchführung ihrer Rollen aller und jeder Extempores auf die politischen Verhältnisse, es sei in welcher Beziehung es wolle, zu enthalten. Ebenso das Vortragen anderer als der in den Rollen stehender und von der Direktion vorher genehmigter Couplets. Jede Uebertretung dieser Bestimmung, auch wenn sie von Seiten des Publikums günstig aufgenommen worden wäre, wird mit dem Verlust einer halben Monatsgage, die sich im Wiederholungsfalle verdoppelt und ausnahmsweise der städtischen Armenkasse zufließen soll, bestraft. Sind jedoch diese Extempores und Couplets der Art, daß sie das regierende Haus, ihm befreundete Staaten, die bestehenden Behörden und deren Verordnungen, sowie einzelne Beamte angreifen oder verläumden, so soll dem Direktor das Recht zustehen, ein solches Mitglied augenblicklich ohne Entschuldigung und mit Verlust aller etwa zu fordernder Gage aus dem Engagement zu entlassen.

(§ 25 der »bei dem Friedrich-Wilhelmstädtischen Theater eingeführten Strafbestimmungen«, Bestandteil des »Contracts«, 1850)

durch zahlreiche patriotische und wohltätige Veranstaltungen seine staatstragende Gesinnung, auch, um endlich doch eine einträglichere erweiterte Konzession für »klassische Dramen« und die Genehmigung für attraktive Gastspiele reisender Schauspieler in ernsten Rollen zu erhalten. Das gelingt ihm aber nur in Ausnahmefällen. Die Behörden wollen keine Konkurrenz der Königlichen Theater. Mitte der fünfziger Jahre ist es, bei allgemeiner Restauration und Resignation, mit der politischen Posse endgültig vorbei; sie verwandelt sich in das gutmütige Berliner Volksstück.

1856 verläßt mit Anton Ascher der wichtigste, in Gesinnung und Darstellungsstil von der Revolution geprägte Schauspieler (und Regisseur) das Friedrich-Wilhelmstädtische Theater, während Weirauchs Darstellungen, nach einem zeitgenössischen Zeugnis, inzwischen einen Zustand offenbaren, wie er »im Leben nur in den letzten Stadien einer dem Kartoffelbranntwein gewidmeten Laufbahn vorkommt«. Tatsächlich schreibt er aber auch. Im Juli 1859 wird mit großem Erfolg seine Gesangsposse »Die Maschinenbauer von Berlin« uraufgeführt, die, in sozial gemütlicher Form zwar, die Arbeiter von nebenan, aus den Fabriken vor dem Oranienburger Tor, auf das Theater bringt.

»Französische Frivolitäten«

Im Krollschen Etablissement gastiert 1859 eine kleine französische Gesellschaft, die »Bouffes Parisiennes«, mit »Musiquettes« ihres musikalischen Leiters, Jacques Offenbach. Deichmann ist davon so eingenommen, daß er das Risiko eingeht, sich die Erstaufführung aller zu erwartenden Werke des noch nicht bekannten Komponisten für Berlin zu sichern. Damit macht er sein Glück und in den folgenden Jahren das Friedrich-Wilhelmstädtische zum anerkannten Operettentheater der Stadt. Der erste große Erfolg ist 1860 »Orpheus in der Hölle« (später: »in der Unterwelt«); es werden nach und nach alle bekannten Offenbach-Operetten gegeben, zuletzt 1871 »Die Prinzessin von Trapezunt«. Die Erstaufführung der »Schönen Helena« 1856, mit Marie Geistinger, dirigiert der Komponist selbst. Mit all dem gewinnt Deichmann endgültig das »gute Publikum«; Offenbachs Musik und seine witzigen Parodien des zweiten Kaiserreichs und dessen Gesellschaft treffen auch sehr den Geschmack des Berliner Großbürgertums. 1859 wird der Direktor zum Kommissionsrat ernannt,

1864 wird ihm der Kronenorden 4. Klasse verliehen, allerdings nicht ohne Bedenken in den Behörden wegen der »Frivolität« seines Repertoires. Ab Mitte der sechziger Jahre sind auch die harmloseren Operetten von Franz von Suppé (»Die schöne Galathee« 1866, »Banditenstreiche« 1868) sehr erfolgreich. Das Schauspiel wird zwar beibehalten, aber eher nebenbei. Allerdings erlebt das Haus 1862-64 die ersten Gastspiele des Wiener Burgtheaters, auch ein Gastspiel des weltbekannten schwarzen Tragöden Ira-Aldridge; daneben viele »Spezialitäten«, Tanz- und Varieté-Darbietungen; später, ab 1874, die Gastspiele der »Meininger«. 1870 wird Deichmann fast durch den Deutsch-Französischen Krieg ruiniert; auch mit den Offenbachiaden geht es zu Ende. 1872 verkauft er, wie er meint, rechtzeitig das Theater und zieht sich in ein Ostseebad zurück. Seine Befürchtungen erfüllen sich nicht; die Operette bleibt lebendig, Franz von Suppé zieht weiter (»Fatinitza« 1876, »Boccaccio« 1879); etwas später Carl Zeller und vor allem Johann Strauß (»Die Fledermaus« 1874, »Das Spitzentuch der Königin« 1880); ihre rauschenden Melodien treffen die Mentalität des gut verdienenden Bürgertums in dem über die Feinde außen und innen siegreichen Deutschen Kaiserreich.

Eintrittspreise des Sommertheaters 1848

Logen	*15 Sgr.*
Numerierter Platz	*7,5 Sgr.*
Übrige Plätze	*5 Sgr.*

1 Taler (= 30 Silbergroschen) hat 1850 rein rechnerisch eine Kaufkraft von heute etwa 60 Mark.

Dokumente:
Landesarchiv Berlin, Rep. 30 Nr. 68; Brandenburgisches Landeshauptarchiv Potsdam, Rep. 30 Berlin C, Th 285

Es sind diesen Sommer schon mehrere Wienerkomiker hier als Gäste aufgetreten, und ich gehe deswegen auch in das Friedrich-Wilhelmstädtische Theater und vergnüge mich alldort in allen möglichen Dummheiten der Wienerpossen. Wenn die tragische Schauspielkunst täglich mehr in Verfall gerät, so hat sich dafür in der sogenannten niedern Komik eine Virtuosität ausgebildet, welche man früher nicht kannte. Unabhängig vom Text der Stücke werden mit allen möglichen Organen Possen, Schlingeleien und Faxen ausgeführt, welche einen unendlichen Jubel erregen und alt und jung aufheitern; bald ist es ein Bein, bald der ganze Körper, bald nur das Gesicht oder gar ein einzelner Ton, gleich dem Krähen eines jungen Hahnes, was unser Lachen erregt. (...) Ein vortreffliches Element sind auch die Couplets, welche von den Hauptpersonen gesungen werden und gewöhnlich politische oder soziale Anspielungen enthalten. In halb wehmütiger, halb mutwilliger Melodie, begleitet von den wunderlichsten Gesten und Sprüngen, werden die anzüglichen Verse gesungen, und es ist jedesmal ein befriedigender Moment, wenn während des rauschenden Beifalles, den das Volk reichlich spendet, zwei tolle Käuze zusammen als Refrain einen ergötzlichen Tanz aufführen und die zierlichen Waden auf die lächerlichste Art herumschlenkern. Der deutsche Michel, Belagerungszustand, deutsche Einheit usf. sind meistens der Gegenstand dieser Couplets und ziemlich erbärmlich zusammengereimt. (...)
Die Schauspieler oder befreundete Literaten machen diese Verse immer nach den Tagesbedürfnissen neu und wechseln damit ab in den Stücken; das Volk bekommt deren nie genug und fordert den Komiker jedesmal, wenn er endlich abtreten will, auf, noch mehr vorzutragen, worauf er mit komischen Verbeugungen zurückkehrt, während das Volk in lautloser Spannung wartet und denkt: nun kommt's, nun bringt er gewiß den Hassenpflug! nun kommt der Haynau usf. Der Schauspieler spielt endlich den letzten Trumpf aus und bleibt dann gewöhnlich entweder der Polizei oder eigenen Unvermögens wegen hinter den Erwartungen zurück; aber es ist rührend anzusehen, wie unverkennbar hier Volk und Kunst zusammen, unbewußt, nach einem neuen Inhalte und nach der Befreiung eines allmählich reif werdenden Ideales ringen. (...)

Gegenwärtig reitet man immer auf dem Philister und seiner Misere herum, welches eben kein poetischer Stoff ist, und auf den Erbärmlichkeiten der jetzigen Politik, insofern die Polizei es erlaubt. Dies ist schon lohnender; jedoch wird der rechte Stoff erst dann vorhanden sein, wenn die Völker frei, geordnete würdige Zustände und wahre Staatsmänner und andere Träger der Kultur vorhanden sind. Alsdann werden auch die Konflikte und Differenzen der Völkerschaften würdiger Art sein und einen tüchtigen Inhalt für eine wahre Poesie abgeben. Denn im Theater über einen Lumpenhund zu lachen ist nichts Erbauliches; erst wenn wirklich große, aber einseitige Staatsmänner, großartige Dummheiten ganzer Völker, edle Philosophen, die sich in irgendein Paradoxon hineingeritten haben, Gegenstand des dramatischen Spottes werden, wird auch die Poesie eine edlere Natur annehmen können und müssen.

Inzwischen ist es immerhin schon ein bedeutendes Schauspiel, die Bevölkerung einer so pfiffigen Weltstadt, wie Berlin, vor der Bühne versammelt und dem mutwilligen Schauspieler, der ihr seine Anspielungen mit wehmütiger Laune vorsingt, eifrigst lauschen und zujubeln zu sehen...

(Gottfried Keller an Hermann Hettner, Berlin, 16. September 1850 und 4. März 1851)

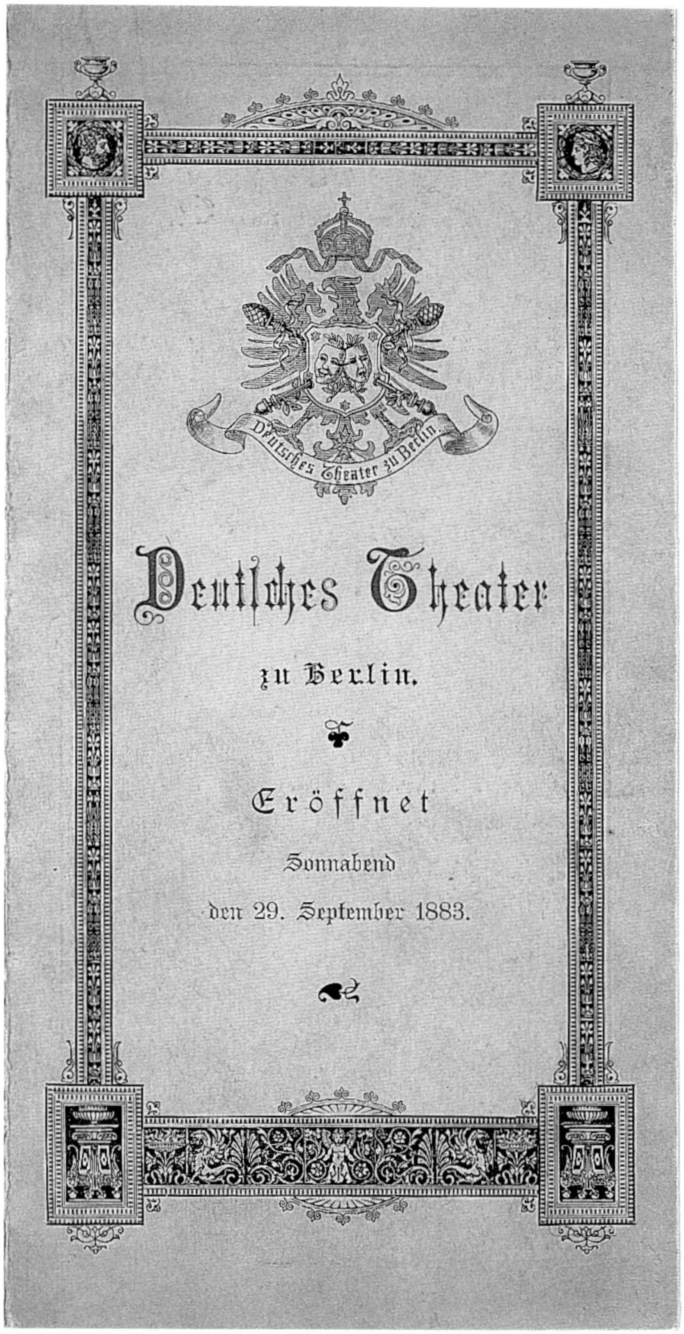

Das Deutsche Theater 1883–1894

Unter glänzenden Auspicien …

Die Societät »Deutsches Theater« versandte am Mittwoch eine sehr fein stilisierte Mittheilung, die durch ein Versehen erst gestern früh in unsere Hände gelangte. Wir bringen sie, obgleich der Inhalt bereits bekannt ist, doch der Motivierung halber noch nachträglich zum Abdruck. Der Wortlaut ist folgender:

In dem ernsten Streben, den wahren Zwecken der Kunst so nahe als möglich zu kommen, hat sich die Societät »Deutsches Theater zu Berlin« veranlaßt gesehen, auch in dem Verhältniß des Schauspielers zum Publicum, während der Vorstellungen eine von den sonstigen Gewohnheiten abweichende Bestimmung zu treffen, welche, so äußerlich sie auch erscheinen mag, doch auf die Ausübung der Kunst von wesentlichem Einfluß ist. Kein Künstler ist so sehr wie der Schauspieler auf den augenblicklichen Beifall des Publicums angewiesen. Er kann sein Werk nicht der Nachwelt überliefern, er lebt von der Gunst der Gegenwart. So förderlich nun einerseits dem einsichtigen Künstler der Beifall urtheilsfähiger Zuschauer sein muß, der ihm bestätigt, daß er das Richtige getroffen und ihn zu unermüdlichem Weiterstreben anspornt, so nahe liegt andererseits die Gefahr, daß durch Steigerung und Häufung persönlicher Auszeichnungen der Einzelne verleitet werden kann, ein übertriebenes Gewicht darauf zu legen und durch Heraustreten aus dem Rahmen die Gesamtwirkung zu schädigen. Daß der Hervorruf bei offener Scene ein arger Mißbrauch ist, welcher die Stimmung eines jeden Kunstwerks unbarmherzig zerreißt, ist durch Abschaffung desselben bei den bedeutendsten Bühnen längst anerkannt. Die Societät glaubt indeß aus den genannten Gründen, daß damit noch nicht genug gethan sei. Sie hält es überhaupt für eine Schädigung der Stimmung und für eine Verschiebung des idealen Verhältnisses zwischen Künstler und Publicum, wenn der Darsteller, so lange er in dem Charakter einer Rolle begriffen ist, in irgend welche Art von persönlicher Beziehung zum Zuschauer tritt. Die Societät hat deshalb beschlossen: daß am »Deutschen Theater« kein Darsteller (weder Societär noch Mitglied) einem Hervorruf Folge leisten darf. Ausgenommen von dieser Bestimmung bleiben nur solche Gele-

Ein Traum

1883 liegt die Reichseinigung über zehn Jahre zurück. Neben dem allgemeinen Vorwärtsgang der Wirtschaft und der militärischen Macht, begleitet von einer wachsenden nationalen Selbstgewißheit, sehen Künstler und Intellektuelle die geistige Verfassung des neuen Reichs als vernachlässigt an, sie stellen sich die Frage, ob die Opfer, die für die Einheit »von oben« gebracht worden sind – die liberalen Ideale der Revolution von 1848 und die Toten des Krieges von 1870/71 – nicht umsonst gewesen seien. »Politisch groß stehen wir da, suchen wir die innere Größe zu erlangen! Oder die Siegesjahre waren ein unnützes Blutbad, ein wüstes Schlachten und die Todten von 1870/71 für Nichts dahingemordet!« (Heinrich und Julius Hart, *Kritische Waffengänge*, 1882)

Die Revolution und die ihr folgende kurze liberale Regierungszeit hatten auch das alte Ideal eines deutschen Nationaltheaters neu belebt; nach ihrem Ende verschwanden aber die Ideen von einem vom Staat finanziell gesicherten, in der Sache unabhängigen Theater, wie sie der Schauspieler Eduard Devrient der preußischen Regierung vorgelegt hatte (Das Nationaltheater des neuen Deutschlands, 1849), wieder in der Versenkung. Es konnte seit 1869 nach dem § 32 der Gewerbeordnung zwar jeder, der das Kapital und die Kunstliebe hatte (oder was er dafür hielt), ein Theater gründen, dies aber eben unter den Gesetzen eines Gewerbes: Was es herstellte, mußte sich verkaufen lassen. Der neue deutsche Staat kümmerte sich um diese Theater im angenehmeren Fall als Beamter, der die Konzessionen erteilte, im unangenehmeren als Polizist, der in ihnen die »Sicherheit« und die »Sittlichkeit«, das hieß neben dem »Anstand« die Unantastbarkeit von Krone und Kirche, zu überwachen hatte.

Die deutschen Hoftheater andererseits, so auch das Königliche Schauspielhaus in Berlin, waren zwar finanziell besser gestellt, damit aber auch Geschmack und Laune des Herrschers und der Hofgesellschaft ausgeliefert. Die monarchische Organisation mit einem autoritären Hofbeamten, dem »Intendanten« an der Spitze, sorgte für prachtvoll falsche Ausstattungen und langweilige Aufführungen; einige ausgezeichnete

Künstler konnten auch das anspruchsvollere großbürgerliche Publikum befriedigen.

Zwischen der grauen und der glänzenden Misere des deutschen Theaters reisten zahllose Schauspieler von Theater zu Theater; wenn sie einen Namen hatten, lohnte sich das für sie und den einladenden Direktor. Von einheitlichen Aufführungen konnte dabei nicht die Rede sein; aber auch das Publikum wollte nur den bekannten Schauspieler sehen, und zwar in der Rolle, für die er bekannt war. Das Gastspielwesen brachte den Schauspieler als Rollenspezialisten und das routinierte Virtuosentum hervor.

Die Meininger

1874 kamen zum ersten Mal die »Meininger« Herzog Georgs II. nach Berlin, die mit einer wegen des Erfolgs einundzwanzig Mal wiederholten Aufführung von Shakespeares »Julius Cäsar« im Friedrich-Wilhelmstädtischen Theater ein einmonatiges Gastspiel eröffneten.

Die Meininger spielten Shakespeare und die deutschen klassischen Dramen ganz, statt in den gebräuchlichen »Bearbeitungen«; die Aufführungen waren in den Einzelheiten und in den Massenszenen dramaturgisch und regielich durchgearbeitet, die Darsteller in ein Gesamtkonzept eingeordnet, und bei den Bühnenbildern und Kostümen bemühten sie sich um historische Richtigkeit, natürlich nach dem damaligen Verständnis. Man sah in Berlin etwas Neues, nämlich das Zusammenwirken der verschiedenen Elemente des Theaters in einer einheitlichen »Inszenierung«.

Im Mai 1878 spielte der zwanzigjährige Josef Kainz in der Inszenierung von Kleists »Prinz von Homburg« die Titelrolle. Das am gleichen Tag fehlgeschlagene Attentat auf Kaiser Wilhelm I. verwandelte den Abend, nach der Intonation von »Heil Dir im Siegerkranz« durch ein Musikcorps, in eine patriotische Feier; das Stück sah man von der »reinste(n) und echteste(n) Begeisterung für das Vaterland, für das vaterländische Fürstenhaus durchglüht«. Das Menschliche verschwand ganz und gar hinter dem Heldischen. Dagegen rief die Darstellung des Prinzen durch Kainz, der angeblich »bis zur Unerträglichkeit die Rolle verweichlicht und versüßlicht« hatte, den allgemeinen Abscheu der Patrioten hervor. In der zum ersten Mal ungestrichen gespielten Todesfurchtszene habe »Herr Kainz so gewinselt und geheult, daß wohl niemand im Thea-

genheiten, welche an sich schon eine Art persönlichen Charakters haben, sowie der Hervorruf, welcher bei der ersten Aufführung eines Stückes dem Verfasser gilt. Ebenso ist es aus den angeführten Gründen den Darstellern nicht gestattet, Blumen und Kränze auf offener Bühne anzunehmen, und ist zur Vermeidung von Unzuträglichkeiten, die Einrichtung getroffen, daß solche für Darsteller bestimmte Blumenspenden in den Zuschauerraum nicht zugelassen werden. Die Societät hat das feste Vertrauen, daß das Publicum mit diesen Bestimmungen einverstanden sein wird, welche nichts Anderes bezwecken, als die ungestörte Vorführung des Kunstwerks. Die Societät »Deutsches Theater zu Berlin«. Adolph L'Arronge (...)

Man erzählt sehr interessante Details aus den Proben. Dieselben werden mit einer Sorgfalt abgehalten, wie es nur auf den Französischen Bühnen Sitte ist. Das Hauptaugenmerk ist auf ein tadelloses, einheitliches Zusammenspiel gerichtet. Um die verschiedenen Stilrichtungen, denen die Societäre bisher angehörten, auszugleichen, ließ man sich keine noch so zeitraubenden Wiederholungen der Proben verdrießen. Jeder der Mitwirkenden ist gleichzeitig Regisseur und Kritiker. Man beurtheilt sich gegenseitig formell sehr artig allein, der Sache nach sehr rückhaltlos, ertheilt sich unter einander gute Rathschläge und nimmt solche dankbar an, mit einem Worte: Es herrscht eine Kameradschaftlichkeit und Collegialität, ein selbstloses Aufgehen in einem gemeinschaftlichen Ziele, daß man glauben könnte, die Mitglieder und Societäre hätten die Zeit der Sommerfrische in einem läuternden Fegefeuer zugebracht. (...)

Wir für unseren Theil haben zum Schlusse einen kleinen Wunsch auszusprechen, der von Vielen getheilt wird. Der nicht ganz Germanische Ausdruck »Societät« und »Societäre« ist bei dem »Deutschen Theater« ein etwas störendes Anhängsel. Vermöchte nicht der gewandte Stilist der officiellen Mittheilungen denselben zu übersetzen? Alle sonstigen Reminiscenzen an die Comédie française bis auf diese eine würden uns gewiß sehr willkommen sein. Der Ausdruck »Genossenschaft« und »Mitglied« erscheint uns an Wohlklang den Worten »Societät« und »Societäre« ziemlich ebenbürtig.

(Zeitungsausschnitt ohne Nennung der Zeitung und des Datums, Sommer 1883)

Siegwart Friedmann

Direktor Adolph L'Arronge

ter war, der sich von diesem Prinzen nicht verachtungsvoll abwandte«. Kainz wurde umbesetzt, aber in diesem Skandal kündigte sich auch – in aller jugendlichen Unfertigkeit – eine neue, rücksichtslos unkonventionelle und menschlich vertiefte Schauspielkunst an.

Das heftige Für und Wider um den Darstellungs- und Inszenierungsstil der Meininger ließ die Vorstellung entstehen, daß sich ein vernünftigeres Maß ihres gestalterischen Aufwands und der »äußeren« Regie, mit einer intensiveren, auf die psychologische Wahrheit des Schauspielers gerichteten »inneren« verbinden lassen müsse. Es war freilich sicher, daß sich eine solche Idee weder in einem Hoftheater mit seinen Konventionen, noch in einem der bisherigen Privattheater mit ihren vielfältigen Beschränkungen realisieren ließ.

Paris – Berlin

Entgegen der verbreiteten, selbstherrlichen Überzeugung, daß der Sieg des Jahres 1871 auch einer der deutschen Kultur über die französische Kultur gewesen sei, galt bei den deutschen Schauspielern das französische Theater noch immer als Vorbild, neben der Comédie vor allem die »bewundernswürdige Organisation« des Théâtre Français, eines staatlichen Instituts, dessen Schauspieler über ein künstlerisches Mitspracherecht verfügten und als Sozietäre an seinen Erträgen beteiligt waren.

1874 reiste ein Mitbegründer des dann in Anlehnung an das französische Vorbild so genannten »Deutschen Theaters«, der Schauspieler Siegwart Friedmann, nach Paris, um »Studien an der alten ›Ecole de déclamation‹ und an dem weltberühmten Théâtre Français zu machen«. Er sammelte »geschichtliches Material«, um eine den deutschen Verhältnissen entsprechende Organisationsform ausfindig zu machen; letzten Endes liefen seine Vorstellungen auf die zuletzt im Jahre 1849 gescheiterte Idee eines deutschen »Nationaltheaters« hinaus. Das deutsche *Problem* war jedoch, daß vom Staat, der sich mit der Gewerbefreiheit die Sache vom Hals geschafft hatte, gar nichts zu erwarten war. Die Initiative konnte nur von den Schauspielern selbst ausgehen, und zwar, nach Friedmann, von solchen, die »Begeisterung, Tatkraft, Unternehmungsgeist und auch – Geld genug besäßen, um das Deutsche Theater zu begründen, wie ich es mir dachte«. (S.F., Vertrauliche Theaterbriefe)

Die »Sozietät«

1881 erfüllt sich der durch seine vielgespielten Lustspiele zu erheblichem Wohlstand gelangte Adolph L'Arronge den Wunschtraum eines Dramatikers und kauft sich von den Erben des *Kladderadatsch*-Herausgebers Albert Hofmann ein eigenes, das Friedrich-Wilhelmstädtische Theater. Das ist ein aussichtsreiches Geschäft, denn das alte Haus hat sich in den siebziger Jahren ein begütertes bürgerliches Publikum geschaffen. Inzwischen ist auch der Theaterbau selbst dementsprechend großstädtisch verändert: Anfang der siebziger Jahre sind ein repräsentativer Eingang, ein festliches Vestibül und ein großes Foyer im ersten Rang angebaut worden. L'Arronge verpachtet das Theater weiter als Operettenhaus.

Siegwart Friedmann, zu einem Gastspiel in Berlin, erfährt von dem Besitzwechsel und sieht die Chance, seine langgehegte Idee einer deutschen Schauspieler-Sozietät in einem geeigneten Theater zu realisieren. Er schickt den angesehenen Ernst von Possart, Oberregisseur des Münchener Hoftheaters, vor, der L'Arronge den Plan darlegt und ihm anbietet, Mitsozietär und Direktor zu werden. L'Arronge ist, laut Friedmann, »Feuer und Flamme für die Idee«. Nacheinander werden, vor allem durch Possarts Ansehen, die berühmten Schauspieler Ludwig Barnay und Friedrich Haase (der sich mit einem ähnlichen Plan wie Friedmann beschäftigt hat) gewonnen.

Im Mai 1881 handeln Barnay, Friedmann, Haase und Possart mit L'Arronge die grundlegenden Voraussetzungen für die Gründung eines »Deutschen Theaters« aus; es wird in einem Vertrag vorgesehen, daß sie als Mitglieder der »Sozietät« durch einzuzahlende Anteile (die Anzahlung wird 37 500 Mark betragen) zur Hälfte Mitbesitzer des bisherigen Friedrich-Wilhelmstädtischen Theaters werden; »Direktor« ist Adolph L'Arronge. Im Juni tritt noch der langjährige Burgschauspieler Dr. August Förster, zuletzt Direktor und Regisseur in Leipzig, dem Vertrag bei; als sich Possart unvermittelt zurückzieht und damit das Unternehmen fast scheitert, ist es Försters Ansehen, das Barnay und Haase zunächst bei der Sache hält.

Da die Geschäfte gerade nicht gut gehen, erklärt sich L'Arronges Pächter Fritzsche bereit, das Theater gegen eine Abfindung schon bis Ende August 1883 zu räumen; es soll mit Beginn der Saison 1883/84 als »Deutsches Theater« eröffnet werden.

Auf der Grundlage der Verhandlungen arbeitet Siegwart Friedmann im Sommer 1881 die »Grundzüge eines Statuts der

Dr. August Förster

Ludwig Barnay

Friedrich Haase

Allgemeine Bestimmungen

1. Das gesammte Personal des »Deutschen Theaters« untersteht dem Director und den Regisseuren; diese haben die Pflicht, über die strenge Befolgung dieser Hausordnung zu wachen und bei Uebertretung der darin enthaltenen Bestimmungen die dafür entfallenden Strafen zu verhängen, resp. in Abzug bringen zu lassen.
2. Jedes Mitglied des »Deutschen Theaters« ist verpflichtet, das Gedeihen der Kunstanstalt, die Würde des Institutes, die Achtung vor dem Kunstwerk und den einzelnen Künstlern zu fördern und zu schützen.
   Beobachtungen des Anstandes, des guten Tones und der Sitte wird zur strengsten Pflicht gemacht.
3. Kein Mitglied des »Deutschen Theaters« darf in Zeitungen oder Zeitschriften Urtheile über das »Deutsche Theater« und dessen Leistungen veröffentlichen.
4. Jedes Mitglied hat zu den Proben pünktlich zu erscheinen.
   Jede Generalprobe ist von allen Betheiligten wie eine Vorstellung zu behandeln.
5. Den Anordnungen des Regisseurs ist unbedingt Folge zu leisten, ebenso dem Inspizienten, insofern er in Ausübung seines Berufes über die Ausführung der getroffenen Anordnungen zu wachen hat.
6. Niemand darf die Probe verlassen, ohne vorher bei dem Regisseur angefragt zu haben.
7. Die Herren dürfen keine Bärte tragen und die Bühne nicht mit bedecktem Haupte betreten.
8. Briefe und Schriftstücke, welche in einem Stücke zu lesen sind, müssen ganz ebenso auswendig gelernt und probirt werden, wie der übrige Theil des Rollentextes.
9. Mit Stöcken, Schirmen, Ueberkleidern, Hüten u.s.w. darf nie probirt werden, wenn sie nicht als nothwendiges Requisit fungiren.
10. Jedes Extemporiren, sowie das Copiren der äußeren Erscheinung bekannter Persönlichkeiten ist streng verboten.
11. Weglassungen oder Zusätze in den Rollen sind nur mit Erlaubniß des Regisseurs gestattet und müssen in den Proben festgestellt und in's Soufflir- und Inspizirbuch eingetragen werden.
12. Für jede beabsichtigte Umkleidung ist in den Proben die Genehmigung des Regisseurs einzuholen und dem Inspizienten in der Generalprobe anzumelden.

Gesellschaft ›Deutsches Theater zu Berlin‹« aus; sie werden im August (in Cuxhaven) gedruckt, mit der Absicht, weitere Sozietäre zu interessieren. Sie enthalten ideale Vorstellungen, die später nicht realisiert werden; das macht den Namen »Sozietät« dann mehr oder weniger zur Etikette.

Ideale und Wirklichkeiten

In den folgenden Monaten erfaßt die zu Geschäftsleuten avancierten Schauspieler offenbar ein wahrer Gründerrausch; es entstehen umfangreiche »Statuten«, »Geschäftsordnungen« und natürlich auch eine »Hausordnung« – eine Flut von Paragraphen. Als juristisch verbindliche Gestalt muß die »Actiengesellschaft« gewählt werden, eine Rechtsform, in die das Gedachte am ehesten einzuordnen ist. Ihr »Statut« bestimmt die grundlegenden Eigentums- und Leitungsverhältnisse. Nach § 1 des »Statuts der Actiengesellschaft Deutsches Theater« ist es ihr Zweck, »in Berlin ein Theater zu errichten und zu betreiben zur freien Pflege der deutschen Schauspielkunst«. Nach § 13 können »Actionäre der Gesellschaft (...) nur solche Personen sein, welche entweder ausübende Schauspieler sind oder an der Leitung des Institutes Theil nehmen«.

In Friedmanns »Grundzügen« ist noch vorgesehen, auch kleinere Anteile (von 5000 Mark) zu schaffen, »wodurch die Gewinnung von solchen Schauspielern erleichtert werden« soll, »von deren Sozietät und künstlerischer Mitwirkung das ›Deutsche Theater zu Berlin‹ besondere Förderungen und Vorteile erwarten zu können glaubt« – ein Gedanke, der sehr richtig Talent und Finanzkraft nicht gleichsetzt. Zwar ist auch im »Statut« noch von einer »Generalversammlung« (also einer Versammlung der durch Anteile beteiligten Schauspieler) die Rede, die den »Aufsichtsrath (Directionsrath)« wählt (!), sie kommt aber nicht zustande, da die Gründungssozietäre nach fehlgeschlagenen Verhandlungen erst beschließen, keine Frauen in die Sozietät aufzunehmen, und dann offenbar, die Idee umkehrend, meinen, daß ein Aufsichtsrat ohne eine Generalversammlung sowieso besser arbeiten kann. Dementsprechend besteht die »Sozietät« endlich nur aus dem Direktionsrat (Aufsichtsrat), also den Sozietären Barnay, Förster, Friedmann und Haase und dem Direktor (Vorstand) L'Arronge.

Die Rechte des Direktionsrats, unter anderem die Stückauswahl, die Engagements und das Repertoire umfassend, leiten sich aus der finanziellen Beteiligung seiner Mitglieder, nicht so sehr aus demokratischen Idealen ab. Vom Repertoire heißt es im »Statut«, daß es so einzurichten sei, »daß die klassischen Meisterwerke mit den Werken anderer Autoren angemessen abwechseln und daß in jedem Monat eine große und zwei leichter zu inscenirende Novitäten (heute: Uraufführungen) gebracht werden«. In der ersten Spielzeit bereits werden es insgesamt nur sechs sein.

Das Verhältnis der Sozietät zu den »Mitgliedern« ist erst einmal das alte. Wie es allgemeiner, für die Direktionen praktischer, aber unsozialer Brauch ist, engagiert man ein umfangreiches Personal, mit teils zwei bis drei Schauspielern pro »Fach«. Der »Engagementskontrakt« verpflichtet das Mitglied »in der Regel immer nur auf Probe und zwar derart, daß der Direktor den Vertrag nach der Probeleistung wieder lösen kann, dem Mitglied jedoch dasselbe Recht nicht zusteht«. (Max Martersteig, *Das deutsche Theater...*, S. 359) Wer gefällt, muß bleiben, wer nicht, muß gehen, zum Teil bereits nach einem Monat, und so mancher muß sich wieder in das zahlreiche Schauspielerproletariat einreihen.

Der gute Ruf der Sozietäre und die außerordentlichen Erwartungen, die mit dem Unternehmen verbunden werden, ziehen eine Anzahl schon bekannter Künstler an das neue Theater, wie die im wörtlichen Sinn große »Heroine« Anna Haverland, die gefühlsstarke Hedwig Niemann-Raabe oder den in Berlin beliebten Komiker Georg Engels vom Wallner-Theater. Mehrere der zahlreich engagierten jungen Schauspieler werden bald mit dem »Deutschen Theater« bekannt: die »muntere Naive«, 18jährige Agnes Sorma und Teresina Geßner (seit der zweiten Spielzeit); der zarte, nun 25jährige Josef Kainz und der stattliche Otto Sommerstorff. Die 19jährige Adele Sandrock muß bald nach ihrer mißlungenen Minna (in »Minna von Barnhelm«, der zweiten Premiere der Spielzeit) wieder gehen. Der »Fach«-Vertrag ist abgeschafft, um alle Schauspieler vielseitiger besetzen und entwickeln zu können. Damit ist doch ein entschlossener erster Schritt weg vom Virtuosentum zur Entwicklung eines »Ensembles« getan.

Entsprechend ihrem finanziellen Engagement sind die Sozietäre am erwarteten Reingewinn beteiligt; als Schauspieler haben sie 2000 Mark Monatsgage, dazu Anspruch auf Gastspielurlaub. Die »ersten Mitglieder« erhalten zehn Monatsgagen von ungefähr 2000 bis 1400, die »zweiten Fächer« um 600 Mark.

13. Den nicht beschäftigten Mitgliedern ist der Aufenthalt auf der Bühne während der Proben und Vorstellungen untersagt.
14. Den Angehörigen, Verwandten und Bediensteten der Künstler und Künstlerinnen ist der Aufenthalt in den Coulissen verboten.
15. Während der Proben und Vorstellungen muß auf der Bühne und in den daranstoßenden Räumen vollkommene Ruhe herrschen. Der ersten hierauf bezüglichen Mahnung des Regisseurs resp. des Inspizienten ist sofort Folge zu leisten.

(...)

32. Klagen dürfen bei der Direction nur schriftlich eingereicht werden.

(Deutsches Theater zu Berlin. Hausordnung. 1883)

Für die Rezensenten wird die Situation bei den ersten Vorstellungen eine etwas peinliche sein.

Die Direktion hat sich, wie das »Tageblatt« erfährt, das Recht vorbehalten, innerhalb der ersten sechs Wochen nach Eröffnung des Theaters diejenigen Kräfte, welche nicht gefallen und den zu stellenden Ansprüchen nicht genügen, nach vierzehntägiger Kündigung zu entlassen. Es ist nicht sehr angenehm, als Henker ausersehen zu sein, der die Strafvollstreckung der Decimirung zu vollführen hat. (...)

(*Berliner Börsen-Zeitung*, 28. Juli 1883)

(...) Ein dreimal gesiebtes Premièren-Publicum füllte das Haus. Es bestand fast vollständige Gleichheit der Ränge, überall wohin das Auge blickte, bemerkte man Spitzen der Gesellschaft. Galerie und Parquet waren nur den Preisen nach geschieden, die Besucher aber standen gesellschaftlich auf dem gleichen Niveau wie die unten. Die Ausstattung und Einrichtung des neuen Hauses erregte allgemein Wohlgefallen und Billigung. Hätte man sich nicht rechtzeitig erinnert, daß die Hervorrufe strenge verpönt sind, so würde man wahrscheinlich den Baumeister Herrn Kühnitz, den Architekten, den Tapezierer und vielleicht auch noch die Stuccatori und Maurerpoliere an die Rampe applaudirt haben. Die Zwischenacte wurden der Besichtigung des Theaters gewidmet. Die Habitués gerieten ganz außer Fassung, der interessanten Eindrücke gab es an diesem einen Abend zu viele: Die sensationelle Besetzung des Schiller'schen Trauerspiels, die reiche Collection internationaler Berühmtheiten im Zuschauerraum, die Schönheiten und dann erst die Specialitäten des neuen Theaters... so der in Marienglas eingeschlossene Sonnenbrenner mit seinen authentisch verbürgten hundert und sechsundsiebzig Flammen, das unterirdische Orchester, das über dasselbe auf durchbrochenem Gitterwerk gezogene Blumen-Parterre, die mit frappanten Charakterköpfen von Ludwig und Emil Devrient, Ludwig Schröder, Seydelmann, Döring, Anschütz, Dawison illustrierte Decke, eine Schöpfung von effektvoller und zugleich überaus weihevoller Wirkung... Argusaugen würden kaum hingereicht haben, um alle die mannigfaltigen Eindrücke bis in die kleinsten Details getreu aufzufangen. Aus der »Fülle der Gesichte« blieb nur der elegante Grundton der Farbenstimmung des Hauses, Nußbaum mit Kupferbronze, angenehm belebt von dem Bordeauxroth der Draperien an den Logen und der Fauteuilspolster im Parquet klar vor des »Geistes Aug« schweben. (...) Es schwante Einem als hätte man irgendwie in tiefsinniger Betrachtung vor den marmornen Büsten von Schiller, Goethe, Lessing und Kleist gestanden, nach einem gewissen Schmerz im Nacken zu schließen, mußte man auch nachdenklich an die Deckengemälde von Foyers gestarrt haben. (...) Man rechne zu all' den wechselnden Bildern, die das Innere des Hauses bot, noch die stylvollen, getreu im Charakter der Zeit, in welcher sich die Handlung des Stückes abspielt, gehaltenen Decorationen und Kostüme, und man wird begreifen,

Die Erwartungen, die die »Sozietät« nicht nur in Berlin weckt, sind hoch. Am Morgen des Eröffnungstags erscheint in der *Vossischen Zeitung* ein »Das Deutsche Theater« überschriebener Artikel des Kritikers Otto Brahm, der von einem »Vorabend großer Ereignisse« spricht. Nicht weniger als die Wiederbelebung der »nationalen Mission der Bühne« erwartet er und macht darauf aufmerksam, daß sich dafür »in den Werken der Klassiker die reichste, scheinbar unerschöpfliche Fundgrube« darbiete, daß es aber auch neuer Werke bedarf und der »Hauch des gegenwärtigen Lebens« das Theater treffen muß.

Unter glänzenden Auspicien

Die Eröffnung am 29. September 1883, mit einem von Hedwig Niemann-Raabe gesprochenen Prolog, einer Vorstellung aller Schauspieler in einem »lebenden Bild« von klassischen Dramengestalten und der »Kabale und Liebe«-Inszenierung, findet »unter glänzenden Auspicien« statt. Zu ihnen werden auch die in dem »dreimal gesiebten Premièren-Publicum« zahlreich vertretenen »Spitzen der Gesellschaft«, die »reiche Collection internationaler Berühmtheiten« und die glänzende Neugestaltung des Hauses gezählt. »Die Aufnahme der Aufführung war trotz des Verbotes der Hervorrufe eine enthusiastische.« (*Berliner Börsen-Zeitung*, 30.9.1883) Ungeachtet ihrer Länge: »Fünf Stunden Kunstgenuß! – das ist für unsere Gewohnheiten unerhört, trotz Richard Wagner.« Der Kritiker Brahm tadelt diese »scheinbare Pietät« und empfiehlt im Interesse der Sache »starke Striche«. Das Ende des zweiten Akts beschreibt er als Höhepunkt. Hier, bei dem dramatischen Zusammenstoß der Adels- und der Bürgerwelt im Millerschen Haus, und allerdings nur hier, erfüllt sich ihm etwas von dem in dem neuen Theater Erwarteten: »Alles griff gut gefügt ineinander, alles war Leben und Stimmung und Vorwärtsstreben; und der feurige Gehalt (...) trat feurig in Erscheinung. Kein Einzelner mit seinem Einzelspiel ward hier bemerkt, sondern nur das Ineinanderspiel aller.« (*Vossische Zeitung*, 1.10.1883) Ein Ideal, das die ganze Vorstellung nicht erreicht; die stilistischen Unterschiede in der Darstellung sind noch groß. Die Kritik äußert sich sehr wohlwollend, aber nicht durchaus begeistert. Kainz erweist sich als ein »sehr interessanter, sehr feuriger, sehr intelligenter Künstler«, doch »einzelne Wendungen mitten im Affect brachte er allzu modern«. (*Berliner Börsen-Zeitung*, 30.9.1883) Brahm, empfindlich gegen

Übertreibungen, findet dagegen, daß ihn »eine unschöne Mimik um alle Wirkungen« bringt. Neben den konventionelleren Leistungen Barnays (Präsident), Försters (Miller) und Friedmanns (Wurm) wirkt das nervös-moderne Temperament von Kainz als jugendlich ungeordnet, wenn nicht verstörend. Insgesamt ein vielversprechender Anfang: »Die Höhepunkte lagen in einzelnen gewaltigen Momenten, wo unter der Gluth der in den Darstellern auflodernden Leidenschaft das Virtuosenthum, die kluge Mache, das vordringliche Ichbewußtsein hinwegschmolz.« (*Berliner Börsen-Zeitung*)

Die Eröffnung mit »Kabale und Liebe«, der im Abstand von je drei Tagen Lessings »Minna von Barnhelm« und Goethes »Iphigenie« folgen, ist programmatisch. Schiller gilt als *der* nationale deutsche Dichter, und mit dem klassischen Dreigestirn des deutschen Dramas ist der Anspruch des kommenden Repertoires angekündigt. Es geht aber auch darum, die bekannten Schauspieler, vor allem die Sozietäre, in attraktiven Rollen herauszustellen und das auf Probe engagierte große Personal (es umfaßt insgesamt 26 Schauspielerinnen und 32 Schauspieler) auf seinen Verbleib im Ensemble hin auszuprobieren: Der überanstrengte Gagenetat muß schnell entlastet werden. Bis in den November hinein steht das Unternehmen mit nur mäßigen Aufführungszahlen noch auf unsicheren Füßen. Zwei unwichtige Uraufführungen (eine davon L'Arronges »Das Heimchen«) haben keinen Erfolg, der für den berühmten Haase wegen einer seiner Glanzrollen aufgenommene »Königsleutnant« fällt geradezu durch. Haase meint enttäuscht, »daß für das Publikum eine Association so namhafter Kunstkräfte, wie das ›Deutsche Theater‹ aufzuweisen hat, völlig gleichgültig zu sein scheint, denn nicht *wer* spielt, gibt die Losung für den Besuch, sondern *was* gespielt wird«.

Am Hofe König Philipps ein Mensch

Es ist Berlin, das nach der Sache fragt, nach Zusammenhang und Nutzen. Das bürgerliche Publikum der Reichshauptstadt, vom Geschäftsgeist aus den Gründerjahren immer weiter getrieben, will »Leben und Stimmung und Vorwärtsstreben« (Brahm), kurz, es muß sich als Ganzes lohnen. Es will sein nationales Selbstverständnis bestätigt, sein Handeln in großen Gestalten veredelt sehen, und, angesichts der wachsenden sozialen Probleme der großen Stadt, auch seine Anteilnahme an »Schicksalen« erleben. Nach »Kabale und Liebe« kann alle

wie schwer es gestern war, für die Vorgänge auf der Bühne die nöthige Aufmerksamkeit und innere Theilnahme zu bewahren. Die Temperatur des Hauses war gerade auch keine gemäßigte. In den letzten Tagen hatte man, um alle die Malereien und Stuckansätze rasch zum Trocknen zu bringen, die Räume unaufhörlich geheizt und die Wände strömten in Folge dessen eine wahre Backofenhitze aus. Eines ruhigen, ungebrochenen Eindrucks der Vorstellung wird man erst bei den weiteren Aufführungen teilhaftig werden, wenn das Auge und Ohr nicht mehr werden von Nebensachen beschäftigt werden.

(*Berliner Börsen-Zeitung*, 30. September 1883, zum Eröffnungsabend)

Liebes Herzmütterchen!
(...) Ach wärest Du gestern im Theater gewesen! Meine große Scene an der Leiche Posas wurde gleich nach dem ersten Absatz mitten drin von einer so donnernden Beifallssalve unterbrochen, daß ich nicht mehr weiterreden konnte. Der Sturm dauerte auf offener Scene minutenlang – sage minutenlang! Erst mit dem größten Aufwand von Organ konnte ich den Jubel durchdringen, zum Schweigen bringen und wieder weiterreden. Am Schluß der Rede wiederholte sich der Radau, es war phänomenal, in Berlin noch nicht dagewesen. Der Erfolg hat meine kühnsten Träume übertroffen. Auch nach den undankbarsten Scenen ein Sturm. Der Kronprinz war wieder bis zum Schlusse im Theater. Er beugte sich über die Logenbrüstung und applaudierte wie rasend. Der größte Erfolg, den ich gehabt habe, solange ich beim Theater bin. Es war erdrückend. (...)

(Josef Kainz an seine Mutter, Berlin, 11. November 1883)

Die Kaserne des II. Garderegiments zu Fuß liegt dem Theater in der Schumannstraße direkt gegenüber

Das Temperament von Herrn Kainz vom Deutschen Theater hat vorgestern Abend ein blutiges Opfer gefordert und die Societaire werden gut thun, solche Künstler, welche in Zukunft Partner des leidenschaftlichen Liebhabers sein sollen, in einer Körper-Verletzungs-Versicherungsanstalt einzukaufen. (...) Ganz besonders scharf scheint man es auf Herrn Olden abgesehen zu haben, der nun seit wenigen Wochen den zweiten Stich davonträgt. Man erinnert sich, daß ihm in der Fechtszene im »Richter von Zalamea« der Degen seines Gegners in den Leib gerannt wurde, glücklicher Weise, ohne mehr als die Haut zu verletzen. Vorgestern nun, in »Romeo und Julia« hatte Paris-Olden in Romeo-Kainz wiederum einen gar erregten Widerpart und als es zum Fechten kam, erhielt der Bedauernswerthe unversehens einen so heftigen Stich unterhalb des linken Auges, daß er blutend zusammensank. Diesmal ist die Wunde ungleich bedenklicher, doch sprach Herr Geheimrath Langenbeck, der zufällig im Hause war und zur Hilfeleistung auf die Bühne eilte, die Hoffnung aus, daß das Auge erhalten bleiben dürfe. – Vom Realismus zum – Chirurgen ist nur ein Schritt!

(*Berliner Börsen-Zeitung* – Morgenausgabe, 5. April 1884)

diese Ansprüche erst Schillers »Don Carlos« erfüllen, der im November, von Ludwig Barnay in Szene gesetzt, ungestrichen an zwei Abenden herauskommt. Die allgemeine Begeisterung der vorher skeptischen Kritik gilt zuerst der Entdeckung des ganzen »grandiosen Meisterwerks«, das bisher nur in barbarischen Kurzfassungen zu sehen gewesen ist. Allerdings dauern am ersten Abend die ersten drei Akte bereits viereinhalb Stunden, so daß die *Berliner Börsen-Zeitung* am 10.11.1883 meint, die »Zerlegung in zwei Hälften« müsse »im Interesse eines einheitlichen künstlerischen Eindruckes« wohl wieder fallengelassen werden.

»Don Carlos« wirkt offenbar »aktuell«. Das idealisch-nationale Pathos des dramatischen Gedichts kann umfassend dem noch ungebrochenen Nationalgefühl Ausdruck geben. Das nimmt Anteil sowohl an der »Anklage Karls an Posas Leiche«, wie an der »Qual des Gekrönten, der allein ist« (Brahm), zwei emotionalen Höhepunkten, getragen von den beiden herausragenden Schauspielern der Aufführung, Josef Kainz als Carlos und Siegwart Friedmann als König Philipp. Dem jungen Kainz gelingt es, seine Unausgeglichenheit zu bändigen, er zeigt »bei vollkommener geistiger und technischer Beherrschung der Rolle (...) elementare Ursprünglichkeit, (...) wahres Feuer« und »warme Natürlichkeit«; er »schafft aus dem Herzen und trifft darum in aller Herzen«. (*Vossische Zeitung*, 13.11.1883) Siegfried Jacobsohn wird später in ihm denjenigen sehen, »der es als Erster wagte, am Hofe König Philipps ein Mensch zu sein«. (S.J., Das Theater der Reichshauptstadt, 1904) Kainz etabliert an diesen Abenden in der Stadt der Kasernen und Kontore das Gegenbild eines Helden, ganz »undeutschen« Aussehens, von zarter Gestalt, gefühlsstark und empfindsam, mit einer andersartigen, musikalischen, von innerer Bewegung beschleunigten Sprache. Vielleicht ist das intime Haus mit seiner Menschennähe genau »sein« Haus.

Die »prachtvolle, in feinstem künstlerischen Style gehaltene Ausstattung« besteht allerdings, nach dem Urteil eines kritischeren Zuschauers (Conrad Alberti, Das Deutsche Theater des Herrn L'Arronge), statt an das strenge Spanien Philipps II. zu erinnern, aus einem historistischen Mischmasch von italienischer Renaissance und französischem Barock; sie vermittelt nicht die beklemmende Welt des Stücks. Von den Prinzipien der Meininger wirkt mehr das Prachtvolle (in den Grenzen des bescheideneren Etats) als das Sinnvolle weiter. Das gilt für alle Klassikerinszenierungen, sei es in »Romeo und Julia«, wo etwa »Julia's à la Makart arrangirtes Schlafgemach (...) die stärkste Wirkung« hervorbringt (*Berliner Börsen-Zeitung*, 16.3.1884), oder in L'Arronges »Räubern«, deren »äußerer Erfolg (...) in erster Linie wohl der hypereffectvollen Ausstattung« und dem Schloßbrand am Ende gilt. (ebd., 23.4.1884)

»Vor der Premiere« im Foyer des Deutschen Theaters, Lithographie 1889

Abscheuliche Auftritte

Von großen Hoffnungen sowie polemisch gegen das Hoftheater emporgehoben, steht das »Deutsche Theater« unter einem Erwartungsdruck, der, bei einer noch labilen inneren Verfassung, eine überlegte Entwicklung des Repertoires, und damit des Ensembles, nicht fördert. Der Mißerfolg Haases in dem von ihm selbst gewünschten Stück, dem wenig später der Barnays in einer seiner Erfolgsrollen, als Gutzkows »Uriel Acosta«, folgt, verschärft Auseinandersetzungen zwischen den Sozietären: vor allem zwischen dem selbstbewußten und anspruchsvollen Barnay und dem pragmatischen Direktor L'Arronge, den er als künstlerisch inkompetent ansieht und unter anderem beschuldigt, die Reduzierung seines »Don Carlos« auf einen Abend aus niederen Gründen, der Einnahmen wegen, veranlaßt zu haben. Hauptsächlich geht es jedoch um etwas anderes: um die gegensätzliche Auslegung eines an sich gemeinsamen Ziels, was denn »Pflege der deutschen Schauspielkunst« bedeute, die Alternative Star- oder Ensembletheater.

Der sensible Haase hält »abscheuliche Auftritte« (Siegwart Friedmann) in den Sitzungen der Sozietäre nicht aus, sieht sich auch als ein erster Schauspieler benachteiligt und verläßt Ende des Jahres das Theater. Barnay folgt ihm am Ende der ersten Spielzeit, verbittert über seine geringe Wirkung als Darsteller, so in »Othello« und in »König Lear«. Der Weggang des wirkungsbewußten Regisseurs Barnay ist ein Verlust; als Regisseure bleiben der in Klassikerinszenierungen der »Meiningerei«, das heißt eklektizistischer Ausstattungspracht, zuneigende L'Arronge, und August Förster, dessen intensive »Innenregie« für die schauspielerische Qualität des Theaters allerdings künstlerisch entscheidend wird.

Das organisatorische Fragment eines demokratischen Schauspielertheaters ist den praktischen Zwängen des Geschäftstheaters nicht gewachsen. L'Arronge, Förster und Friedmann ergänzen sich mit ihren gemäßigteren Temperamenten als Direktor, ensemblebildender Regisseur und Primus inter pares der Schauspieler gut, aber zu widerspruchslos.

Als das »Deutsche Theater« sich seinen stolzen Namen wählte, gab es sogleich zu erkennen, daß es ernsten Zielen der Kunst ernst nachstreben wolle. Noblesse oblige: und wenn man eine vorbildliche Bedeutung für das ganze Reich beanspruchte, mußte man sich zutrauen, mit der Kraft der Initiative die Macht der künstlerischen Ausführung zu verbinden. Was ist die erste und die letzte Aufgabe eines Theaters, fragte Heinrich Laube einmal, und er antwortete in seiner trockenen Art: »Gute Stücke gut aufzuführen!« Das Wort deckt die Sache in der Tat; und wenn wir die Leistungen auch des »Deutschen Theaters« abschätzen wollen, brauchen wir nur zu fragen: hat es gute Stücke gut aufgeführt? Und die Antwort wird lauten: Es hat seine Stücke gut genug aufgeführt, aber es hat nicht genug gute Stücke aufgeführt. (...)

Es fehlte das neuere Drama, das Drama unserer Zeit und unseres Jahrhunderts; und nur spät und nicht ohne den drängenden Einfluß der Kritik hat man begonnen, auch diese ernsteste Pflicht einzulösen. Daß leichte Erfolge hier nicht zu erringen sind und daß eine Strömung in unserem Publikum dem Geforderten entgegenläuft, erklärt das zögernde Verfahren; aber es ist die schöne Aufgabe des Bühnenleiters, nicht nur die Kunst seiner Darsteller, auch den

Geschmack seines Publikums mit planvoller Vorsicht zu führen und zu bilden. Gerade hier trifft das Wort zu, daß, wer nicht wagt, auch nicht gewinnt: denn wenn einmal der schöne Versuch glückt, wenn ein Werk, durchströmt von dem Geiste dieser Tage, der Bühne erobert wird, so krönt doppeltes Gelingen das Wagnis.

(Otto Brahm, *Deutsche Illustrirte Zeitung*, 13. Juni 1885)

Im Uebrigen bin ich im Theater sehr in Anspruch genommen und auch nicht recht zufrieden mit meiner hiesigen Stellung. Immer dieselbe Speisekarte, selten was Neues – à la Meiningen. Mit Barnay ging der frische arbeitslustige Zug flöten. – Das goldene Zeitalter unseres Instituts in künstlerischer Hinsicht ist aus. Wir sind ins silberne getreten, wo nur mehr die Mark gilt: Geld verdienen! ist der Wahlspruch geworden. Schade drum! – Das ist Alles was mich verstimmt. Ich kann nicht genügend arbeiten in meinem Beruf und drum verfalle ich manchmal in eine Lethargie und werde dann schrecklich gleichgültig gegen die Welt. – So da hast du die Entschuldigung wegen meines Schweigens auf Deinen Brief. (...)

(Josef Kainz an den Hofschauspieler Gustav Kober, 27. Februar 1886)

Und das Deutsche Theater selbst? Unter welchen Bedingungen tritt es in die neue Saison ein? Unter unveränderten: Darin liegt beides, Lob und Tadel, beschlossen. Das vierte Lebensjahr des Deutschen Theaters wird dasselbe bringen wie die drei vorhergehenden: anziehende Darstellungen klassischer Werke, einige Dramen aus der älteren Literatur und Novitäten von guter oder leidlicher Theaterwirkung. Auch in diesem Jahr werden wir Herrn L'Arronge nicht zu bitten haben: unser täglich Brot gib uns; denn von dem täglichen Brot der Blumenthal und Lubliner, Schönthan und Lindau wird er uns ein wohlgemessen Teil geben. Allein aus diesem Repertoire einer gewissen, in der Hauptstadt obenauf schwimmenden Richtung bildet man noch kein Deutsches Theater, höchstens ein Berliner Theater; und je länger, je mehr vermißt man an dem Institut, das uns viel Gutes gebracht hat, dieses eine: Initiative. (...) Wohl mag ein Privattheater auf die realen Verhältnisse kluge Rücksicht nehmen und dem Zwange des Kassenreports sich maßvoll anbequemen; aber in der gesicherten Lage, in der sich das Deutsche Theater, dank der Ener-

Karlos und Kornblumen

Brahm zieht nach einem Jahr das Fazit, daß »die Inszenierungen des Deutschen Theaters in ihrer Lebendigkeit und der Einheitlichkeit ihrer Stimmung die matten und abgezirkelten Aufführungen der klassischen Werke im Schauspielhaus nicht überholt, sondern ganz einfach totgeschlagen haben« und daß »in schauspielerischer Hinsicht (...) im großen und ganzen alles auf das Beste begonnen« habe. Aber er beklagt den »Mangel einer literarischen Autorität« mit »jener kühn zugreifenden Initiative, welche ein erstes Theater mit Ansprüchen auf eine führende Rolle braucht«: Weder ist die bisherige Klassikerauswahl besonders originell, noch gibt es »Novitäten, die das Theater selbständig gewonnen hätte«. »Don Carlos« ist, nach unzumutbarer Länge, auf einen Abend reduziert worden, doch bis zur Unverständlichkeit gestrichen; mit den »Räubern« in der abgeschwächten, die Handlung Jahrhunderte zurückverlegenden Mannheimer Fassung, ist man Schillers ersten Intentionen nicht gefolgt: »Aller Haß auf das geschwächte, tintenklecksende Säkulum, aller herrschende Ingrimm der Gedrückten wird gegenstandslos und phrasenhaft, wenn wir aus dem 18. Jahrhundert ins Mittelalter kommen.« (*Frankfurter Zeitung*, 26.6.1884) Mit dem »Mangel einer literarischen Autorität«, was auch den der »Aktualität« meint, sind L'Arronge und der »Dramaturg« Paul Lindau angesprochen, die beide fragwürdige Theaterstücke schreiben und an deren Kompetenz deshalb ebenso gezweifelt wird wie an ihrer Selbstlosigkeit.

Das ist allerdings in den Satzungen der »Sozietät« nicht vorgesehen, die sich der »Pflege der deutschen Schauspielkunst« verschrieben hat. Es fehlt jene minimale Differenz gegenüber den Verhältnissen im deutschen Kaiserreich, die die Voraussetzung für mehr gewesen wäre. L'Arronge ist ein ergebener Anhänger seiner Monarchen, sowohl Wilhelms I. wie Wilhelms II., und des Status quo; seine volkstümlich moralisierenden und sentimentalen Lustspiele im bürgerlichen und kleinbürgerlichen Milieu drehen sich um die dementsprechenden Tugenden und, wie immer auch abgewandelt, vorrangig darum, daß jeder in seinen Grenzen zu bleiben hat. Neun davon werden in seiner Direktionszeit im Deutschen Theater gespielt, eines, »Kornblumen«, ist 1886/87 ein »Festspiel« zum 80. Geburtstag Wilhelms I., des »Kartätschenprinzen« von 1849. Paul Lindau, Verfasser nach französischem Vorbild geschickt geschriebener Salonkomödien, ist mit sieben Premieren nach L'Arronge der meistgespielte lebende Autor des Theaters. Ihm folgen Franz von Schönthan, dessen mehrfacher Mitautor Gustav Kadelburg Mitglied des Ensembles ist, und Oskar Blumenthal, als Kritiker »der blutige Oskar« genannt, dem man sich mit vier Uraufführungen beliebt macht – alles in allem ein dichtes Netz wechselseitiger (materieller) Interessen.

Das erdrückende und stetig zunehmende Übergewicht harmloser Lustspiele und Rührstücke im Spielplan ist natürlich auch auf das Unterhaltungsbedürfnis des Publikums und vor allem die »Autorität« der Kasse zurückzuführen. Der größte Erfolg nach »Don Carlos« ist in der ersten Spielzeit das Berliner Salonlustspiel »Der Probepfeil« von Oskar Blumenthal, in dem eine adlige Dame einen polnischen Pianisten anhimmelt, aber einem passenderen Verhältnis mit einem deutschen Baron zugeführt werden kann, nachdem man den »Klaviertiger« als Heiratsschwindler und Dieb entlarvt hat.

Klassikersterben

Die Zahl neuer Klassikerinszenierungen verringert sich in den folgenden Jahren kontinuierlich; in der zweiten Spielzeit gibt es noch acht, in der dritten fünf; danach jährlich durchschnittlich zwei. Mehrere Inszenierungen werden lange, wenn auch sporadisch und dadurch mit abnehmender Qualität, weiter gespielt, so »Don Carlos«, »Der Richter von Zalamea«, »Romeo und Julia«, »Das Käthchen von Heilbronn«, »Götz von Berlichingen« und »Faust«, oder kommen in einer wohl nur so genannten »Neueinstudierung« heraus. Sehr große Erfolge sind Franz Grillparzers »Des Meeres und der Liebe Wellen«, »Die Jüdin von Toledo« und »Weh dem, der lügt«, die Schauspielerinnen wie Teresina Geßner und Agnes Sorma sowie Josef Kainz wirkungsvolle Rollen bieten. In der Spielzeit 1891/92 veranstaltet L'Arronge einen Goethe-Zyklus, in dem er die bisher gegebenen sieben Werke zusammenfaßt; »Stella«, »Die Mitschuldigen« und »Torquato Tasso« werden neu inszeniert. L'Arronges »Faust« (Erster Teil, 1887/88) ist mit 139 Aufführungen – in sieben Spielzeiten – das meistgespielte Werk (fast erreicht nur von Ludwig Fuldas »Der Talisman« mit 136). Die auf den letzten Akt konzentrierte L'Arronge-»Bearbeitung« des zweiten Teils, »Fausts Tod« (1889/90, mit Otto Sommerstorff als Faust), wird als Versuch eines Privattheaters angenommen, wenigstens eine Ahnung von dem »incommensu-

gie seiner Leiter und der verständnisvollen Teilnahme unseres Publikums findet, kann auch derjenige Versuch angestellt werden, dem nicht das sichere Gelingen von vornherein verbürgt ist. Nicht das literarische Experiment soll man pflegen, aber in einem besonnenen Wagnis auch den neueren Bestrebungen des deutschen und außerdeutschen Dramas das Wort gönnen, statt in der einseitigen Pflege einer einzigen modischen Richtung, man könnte fast sagen einer Clique, das theatralische Tagwerk zu beginnen und zu beschließen.

(Otto Brahm, *Die Nation*, 4. September 1886)

Berlin, den 4ten September 1886
An Seine Majestät den Kaiser und König
Der Schriftsteller und Theater-Direktor Adolf L'Arronge hierselbst hat sich auf dem Gebiete der deutschen Bühnendichtung und Bühnenleitung hervorragende Verdienste erworben, indem er sowohl durch seine eigenen sittlich ernsten Volksstücke erfolgreich dem übermäßigen Eindringen frivoler französischer Ehebruchsdramen auf die deutsche Bühne entgegengearbeitet wie auch durch die von ihm unternommene Gründung und Leitung des hiesigen »Deutschen Theaters« veredelnd auf den Geschmack breiterer Schichten des Publikums gewirkt hat. Eine Verleihung einer Allerhöchsten Ordensauszeichnung würde den verdienstvollen Mann in seinem Streben ermuntern, unendlich erfreuen und ehren. Auch würde die Dekorirung des p. L'Arronge als eine Auszeichnung für Alle betrachtet werden, die gleich ihm gegen das Ueberwuchern des fremden Elements auf unseren Bühnen ankämpfen und das gute deutsche Wort zur Geltung bringen wollen.(...)

Dieses kühne und verdienstliche Unternehmen, das für die Hebung des Berliner Kunstgeschmacks von nicht zu unterschätzendem Einfluß gewesen ist, hat einen Erfolg erzielt, der alle Erwartungen übertroffen hat. Neben der Pflege des modernen Schau- und Lustspiels hat das Deutsche Theater unter L'Arronge vor Allem es sich angelegen sein lassen, die Meisterwerke der Klassiker in einer künstlerisch edlen, den gesteigerten Ansprüchen des verfeinerten Geschmacks entsprechenden äußeren Gewandung und in einer vornehm durchgeistigten Darstellung zur Aufführung zu bringen. In der verhältnißmäßig kurzen Zeit sind die bedeutendsten Meisterwerke der Vergangenheit, der Fremde und der Heimath: die Werke von Sophokles, Shakespeare, Calderon, Molière, Lessing, Schiller, Kleist u.s.w. in geradezu mustergültiger Weise zur Aufführung gekommen und haben im Publikum so allgemeine Theilnahme erregt, daß diese Meisterwerke, die im ständigen Repertoire des Hoftheaters verhältnißmäßig immer nur ein kleineres gewählteres Publikum anziehen, hier als vollkommene Neuheiten eine ganz ungewöhnliche Zugkraft entwickelt haben.

Die vaterländische Gesinnung des p. L'Arronge hat auch dadurch ihren äußerlich merkbaren Ausdruck gefunden, daß das Deutsche Theater sich an patriotisch erhebenden Gedenktagen stets betheiligt hat. Auch an werkthätiger Wohlthätigkeit hat es das Deutsche Theater unter L'Arronge nicht fehlen lassen, und es würde unzweifelhaft in jedem sich darbietenden Falle hilfsbereit sein Schärflein beitragen.

Hiernach trage ich im Einverständniß mit dem Minister des Innern kein Bedenken, Eure Kaiserliche und Königliche Majestät in tiefster Ehrfurcht zu bitten, durch huldreiche Vollziehung der im Entwurfe angeschlossenen Allerhöchsten Ordre dem Schriftsteller und Theater-Direktor Adolf L'Arronge hierselbst den Königlichen Kronen-Orden vierter Klasse in Gnaden verleihen zu wollen.

Für den Minister der
geistlichen p. Angelegenheiten.
von Puttkamer

Theater, Musik, Konzerte etc. – August Förster
Unserm »Deutschen Theater« scheint von Wien her eine ernste Gefahr zu drohen. Im dortigen k. k. Hofburgtheater trägt man sich mit dem Gedanken an eine Reform der leitenden Aemter (...) Diese Vorschläge hat Ludwig Speidel im letzten Sonntagsfeuilleton der »N.Fr.Pr.« gemacht (...) Wenn er als (...) einzigen Kandidaten für den neuen Regisseurposten einen Societär unseres »Deutschen Theaters« bezeichnet, so haben wir Berliner alle Ursache, aufzumerken und bei Zeiten vorzusehen, daß durch jene Vorgänge am Michaelerplatze unser eigenes Theaterleben keinen Schaden nehme. (Er schlägt) zum Burgtheater-Regisseur August Förster vor, den er als Schauspieler stets befehdete.

Und in der That! Was an diesem Manne unser »Deutsches Theater« verlieren und schmerzlich entbehren würde, ist nicht sowohl der mitwirkende Darsteller, als vielmehr der Regisseur, der Einpauker unbegabter, der Rathgeber talentvoller Genossen. (...) August Förster ist in seinem Beruf ein ganzer und für unser Theater ein ganz unentbehrlicher Mann. Von

rablen« Werk (Goethe) zu vermitteln; es gibt aber viele unfreundliche Stimmen über diese »Gewalttat«.

Ein Hauch von Gegenwart

Der Notwendigkeit, viel zu produzieren, stehen bis in die zweite Hälfte der achtziger Jahre keine besseren neuen Stücke gegenüber. Die Ausnahme heißt allerdings Henrik Ibsen. Bereits Anfang 1884 empfiehlt Brahm in der *Vossischen Zeitung* seine eben übersetzten »Gespenster« dem Deutschen Theater, das es nach seiner Meinung hervorragend besetzen kann, etwa mit Kainz als Oswald Alving. Von einer Aufführung wollen aber »weder die Sozietäre des Deutschen Theaters« noch der »präsumtive Oswald (...) das mindeste wissen«.(O.B., Henrik Ibsen in Berlin, *Frankfurter Zeitung*, 10.5.1904); sie wäre auch am Polizeipräsidium gescheitert, das in Berlin erst 1887 eine geschlossene Vorstellung zuläßt. »Stützen der Gesellschaft«, endlich 1889 im Deutschen Theater gespielt, ist bereits elf Jahre vorher im Belle-Alliance-Theater herausgekommen. Die Erstaufführungen aller anderen Stücke, von der »Nora« (1888) bis zum »Baumeister Solneß« (1893), teilen sich das Lessing- und das Residenz-Theater. Ibsens problematische Frauen- und Männergestalten, seine Zweifel an der bürgerlichen Familie und Gesellschaft, widersprechen ganz offensichtlich L'Arronges Lebens- und Theatervorstellungen, in denen statt dessen mit Goethes »Faust« und seinen eigenen Werken, wie etwa dem »Heimchen« und der »Lorelei«, das Unvereinbarste zusammengeht.

1890, nach den Erfolgen der »Freien Bühne« mit Ibsen, Hauptmann und Tolstoi, beginnt sich auch das Deutsche Theater für den schnell modischen, durch die Aufhebung des Sozialistengesetzes gesellschaftsfähiger gewordenen »Naturalismus« zu interessieren. Mit dem Engagement von Else Lehmann, in der Rolle der Helene Krause die schauspielerische Entdeckung der Uraufführung von »Vor Sonnenaufgang«, sichert sich L'Arronge das auffallendste junge Talent der neuen Richtung. Sie spielt (mit noch wenig Erfolg) die weiblichen Hauptrollen in den Uraufführungen von Ernst von Wildenbruchs »Die Haubenlerche« und Ludwig Fuldas »Das verlorene Paradies«, pseudosoziale Produkte, die der Mode folgen, sich ansonsten aber der Dramaturgie des bürgerlichen Rührstücks bedienen. Im ersten sieht ein verliebter Fabrikant ein, daß ein Arbeiterkind bei seinesgleichen bleiben sollte; im zweiten (Maximilian Harden: »Herr Fulda legte also die Salonhandschuhe ab, ballte sein feines Händchen zu einer schwieligen Faust...«, *Die Gegenwart*, Jg. 19, H. 45) wird aus einer blasierten höheren Tochter, als sie in Vaters Fabrik die Proletarier und ihre Probleme kennenlernt, ein mitfühlender Mensch; sie löst ihre adlige Verlobung und schenkt ihr Herz einem braven Vorarbeiter. Die größte Wirkung hat hier eine Szene in einem »Fabrikraum« mit »echten« Transmissionen. Nach dem Ruf auf der Bühne: »Arbeit niederlegen!« erheben »die Menschen drunten (...) ein tosendes Geheul, die Maschinen aber, die eben noch donnernden Räderwerke verstummen. Und das Publikum, das in seiner Mehrzahl den Kreisen der Arbeitgeber angehört, bricht in stürmischen Beifall aus.« Heinrich Hart, der sich nach der Ursache dieser verwirrenden Reaktion fragt, meint, daß dies »der Ausbruch eines angenehm kitzelnden Gefühls« war, »im Theater einmal ganz anders sein zu dürfen und sein zu wollen, als im Leben«. (H.H., *Tägliche Rundschau*, 4.11.1890)

Lebensmöglichkeiten

»Anders sein zu dürfen (...) als im Leben.« Damit trifft Hart einen Grund für die Wirkung des Deutschen Theaters auf das bürgerliche Publikum. Die Klassikerinszenierungen verklären die Gegenwart durch die Darstellung einer idealisierten Vergangenheit. Da sie, wie besonders deutlich der »Don Carlos« in der Fassung für einen Abend, auf die privaten, die Liebes-, Familien- und Freundschaftsbeziehungen konzentriert sind, können die Schauspieler in diesem engen Rahmen das Bild handlungs- und sprachmächtiger, damit freierer Menschen vermitteln. Diesen Effekt haben letzten Endes auch ihre Auftritte in zahllosen Lustspielen minderer Qualität, die der Nüchternheit des bürgerlichen Lebensstils eine leichtere, witzigere, nicht zuletzt erotischere Lebensmöglichkeit vorspielen. Neben Josef Kainz sind es vor allem Frauen, deren schauspielerische Anmut und Natürlichkeit auf der Bühne ein Gegenbild der gesellschaftlichen Rituale und Karrierekämpfe erzeugen: Hedwig Niemann-Raabe (bis 1887), Teresina Geßner und die aus ihren Anfängen als »muntere Naive« mehr und mehr heraustretende Agnes Sorma (deren gerühmte liebliche »Verschämtheit« allerdings dem erwarteten weiblichen Rollenverhalten entspricht), später Maria Ortwin und Marie Pospischil. Ihrer aller Talent hat der inszenatorischen und pädagogischen

den beiden anderen Societären würde ihn weder L'Arronge noch Friedmann ersetzen. Seine Kraft ist von den Wienern richtig erkannt und gewürdigt worden. Sie liegt in den Proben, im Studium der Stücke und der Rollen.

August Förster trägt nach Verdienst den Doktorhut. Er ist sehr gebildet, und er ist ein Lehrer. Er versteht die Schauspieler aufzuklären und anzuregen. Und wenn er auch vieles selbst nicht machen kann, so weiß er doch schon vermöge seiner Nachahmungstalente zu zeigen, wie es gemacht werden soll. Die Julia des Frl. Jürgens z.B. ist ein Meisterstück Förster'scher Schulung. Und Försters Schulung erscheint nur selten als Dressur, wo das der Fall ist, trägt nicht der Lehrer, sondern die Schwerfälligkeit der Zöglinge Schuld. Förster war im Wiener Burgtheater der Lieblingsschüler und späterhin die rechte Hand Heinrich Laube's, dem er einen pietätvollen Nekrolog geschrieben hat. Alle guten Seiten des Laube'schen Regimes vertritt und vertheidigt er im Deutschen Theater, ohne sklavisch die einseitige Richtung des wackern Altmeisters zu verfolgen. Seine Scenirungen verrathen sämmtlich den wohlthätigen Einfluß der Meininger, an denen Laube's puritanischer Sinn keinen Geschmack finden konnte. Aber die Laube'sche Strenge und Einfachheit bewahrte ihn fast immer vor decorativer Uebertreibung; und dadurch unterscheidet er sich zum Vortheil namentlich von L'Arronge. Er vergißt nicht über dem Dekorationsmaler und Elektrotechniker den Schauspieler und den Dichter. Und darum ist er der gute Genius des Deutschen Theaters.

Doch zu viel schon des Lobes! Wir wollen uns den Mann nicht fortloben. (...) W.

(Zeitungsausschnitt ohne Nennung der Zeitung und des Datums, im Jahr des Ausscheidens von August Förster, 1888)

Berlin NW., den 6. November 1889

Herrn Redacteur
Paul Blumenreich
W. Potsdamerstraße 66

Sehr geehrter Herr!
zu meinem Bedauern sehe ich mich außer Stande, Ihnen gegenwärtig einen Termin der Aufführung für Ihr Lustspiel »Das arme Ding« in Aussicht zu stellen. Gerade der Umstand, daß das Rosen'sche Lustspiel einen günstigen Erfolg gehabt hat, verhindert mich, so bald wieder ein leichteres Stück zu bringen; vielmehr erfordert, abgesehen von Aufführungsverpflichtungen, die noch vorliegen, die Abwechselung des Repertoires, daß nunmehr ernste Stücke schwererer Art folgen. Im Uebrigen kann ich nicht unterlassen, Sie darauf hinzuweisen, daß schon jetzt auf die für Ihr Lustspiel Ihnen etwa in Aussicht stehenden Tantiemen von einem Rechtsanwalt bei uns Beschlag gelegt worden ist.

Hochachtungsvoll
Deutsches Theater zu Berlin
Adolph L'Arronge

Dramaturgie
Dramaturg des »Deutschen Theaters« ist offiziell von 1883-87 Dr. Paul Lindau, Dramatiker, Feuilletonist und Kritiker. Die Arbeit besteht in Gutachten über neuere und neueste Theaterstücke; zugleich schreibt er Theaterkritiken für die Kölnische Zeitung. *Er hat sich verpflichtet, dem Deutschen Theater alle seine Stücke zur Uraufführung zu geben. In der L'Arronge-Zeit werden sieben aufgeführt. Ab 1887 Kritiker des* Berliner Tageblatts, *arbeitet er weiter als Gutachter für das Deutsche Theater; die gegenseitigen materiellen Interessen dauern an. »Man konnte also kaum erwarten, daß sich in dem gemischten und wechselnden Spielplan des ›Deutschen Theaters‹ eine geistige Verantwortlichkeit (...) zeigen würde.« (Raeck, a.a.O.) Sein »P.L.« unter den Kritiken wird in Berlin mit »Pour L'Arronge« übersetzt. 1890 kommt es zum Skandal, als bekannt wird, daß er Gutachten auch von seiner gewesenen Geliebten, einer Schauspielerin, hatte schreiben lassen; danach hat er sie erpreßt, aus Berlin zu verschwinden. Die Sache geht durch die Presse, Franz Mehring beschreibt in »Der Fall Lindau«, 1890, die korrupten Beziehungen zwischen Literaten, Feuilleton und Theater.*

Arbeit des Regisseurs August Förster, besonders an klassischen Werken, wahrscheinlich Wesentliches zu verdanken. Nachdem er 1888 als neu ernannter Direktor des Burgtheaters nach Wien gegangen ist, bleiben auch die inzwischen wichtigsten und attraktivsten Schauspieler des Hauses nicht mehr lange. 1889 verläßt Kainz das Deutsche Theater (1892 kehrt er allerdings zurück), 1890 folgt Agnes Sorma in ein Engagement an das konkurrierende »Berliner Theater« Ludwig Barnays. 1891 geht, aus Krankheitsgründen, mit Siegwart Friedmann der letzte Sozietär.

Hauptmann und Schönthan

Noch vor der Uraufführung durch den Verein Freie Bühne im Ostend-Theater (11.1.1891) kündigt L'Arronge im Herbst 1890 Hauptmanns »Einsame Menschen« an, ein Stück, mit dem auch der nun anerkannte Dichter den »Auswüchsen« des Naturalismus anscheinend entsagt und zu einem nur privaten Konflikt zurückgefunden hat. Die Aufführung, um den dritten Akt gekürzt, gibt Else Lehmann als Käthe Vockerat die Möglichkeit, ihre »über alles Künstlerische hinausweisende, individuelle Naturwahrheit, die die Herzen elementar bezwingt«, zu zeigen (Otto Brahm). In den beiden folgenden Spielzeiten finden im Deutschen Theater auch die Uraufführungen von Hauptmanns Komödien »Kollege Crampton« (mit Georg Engels in der Titelrolle, hier vom Komiker zum großartigen Charakterdarsteller werdend) und »Der Biberpelz« statt; Engels' possenkomischer Wehrhahn verfehlt freilich die zeitkritischen Dimensionen der Gestalt. Die Hauptmann im Frühjahr 1892 zugesagte Aufführung der »Weber« kann durch Zensurverbot zunächst nicht stattfinden; in Briefen des Dichters an den Direktor klingt aber der Verdacht mangelnden Einsatzes für das von der Obrigkeit indizierte Werk an. Anfang Oktober 1893 wird es auf Hauptmanns Klage hin vom Oberverwaltungsgericht (nur) für das Deutsche Theater freigegeben, da »wie bekannt, die Plätze im Allgemeinen so theuer« sind und »die weniger theueren Plätze verhältnißmäßig so gering, daß dieses Theater vorwiegend nur von Mitgliedern derjenigen Gesellschaftskreise besucht wird, die nicht zu Gewaltthätigkeiten oder anderweitiger Störung der öffentlichen Ordnung geneigt sind«. L'Arronge mag es nun aber nicht mehr aufführen; den Dichter verweist er auf seinen Nachfolger, mit dem er seit November 1892 einen Pachtvertrag hat: Otto Brahm.

Umgeben sind die wenigen wichtigen Werke in den letzten Spielzeiten L'Arronges von einigen lang laufenden Kassenerfolgen, die andere Anstrengungen überflüssig machen, so »Die Kinder der Exzellenz« von Ernst von Wolzogen (110 Aufführungen) und »Der Talisman« des zum Märchen zurückgekehrten Ludwig Fulda (136). Mit »Der Herr Senator« von Schönthan/Kadelburg (108) erringt L'Arronge die Anerkennung der *Kreuzzeitung*, die sich freut, »einmal wieder ein heiteres Stückchen Leben und Welt zu sehen, nachdem man jahrelang unter dem düsteren Himmel der sozialdemokratisch angekränkelten ›modernen‹ Poesie gelebt hat«. Der Schauspieler Georg Engels, der in »Kollege Crampton« seine Entwicklung zum Charakterkomiker bewiesen hat, ist in fast allen diesen finalen Nichtigkeiten: »Engels, der rettende Engel.« (Paul Schlenther, *Vossische Zeitung*, 27.3.1894)

Die Direktion L'Arronge geht nicht glänzend zu Ende, dafür sind es um so mehr die Ehrungen anläßlich des Abschiedsabends am 30. Juni 1894. Mit Recht wird der hoffnungsvollen und erhebenden Zeiten des Beginnens gedacht. In einer bewegten Rede sagt L'Arronge: »Wenn trotzdem die Ansprüche, welche Sie an ein Kunstinstitut von dem Range des ›Deutschen Theaters‹ zu stellen berechtigt waren, nicht immer ganz erfüllt worden sind, so wollen Sie, bitte, die Schuld nicht mir allein beimessen. Die Verhältnisse und ihre Einwirkungen von Außen nach Innen und umgekehrt – waren manchmal stärker als ich.« Eine Enttäuschung ist allerdings, daß, zweimaliger Einladung zum Trotz, »der Besuch des Deutschen Theaters seitens seiner Majestät des Kaisers und Königs in dieser Woche nicht mehr erfolgen kann, da sämmtliche Abende in derselben bereits anderweitig besetzt sind«.

Eintrittspreise 1883 (Angaben in Mark; Auswahl)

Rangloge	*6,00*
Parkett	*4,50*
Stehgalerie	*1,00*

Durchschnittlicher nomineller Jahresverdienst 1885 eines Arbeitnehmers in Industrie, Handel und Verkehr: 581 Mark

1 Mark hat 1883 rein rechnerisch eine Kaufkraft von heute etwa 10,60 Mark.

Dokumente:
Geheimes Staatsarchiv, HA I Rep. 77; Deutsches Theatermuseum München, Hss., VIII 4055; Stiftung Archiv der Akademie der Künste, Archiv Darstellende Kunst

»Vater! Ich werfe meinen Offiziersdegen auf dieses Mädchen; bestehen Sie noch darauf?«
Ludwig Barnay (Präsident), Auguste Schönfeld (Millerin), Jolanthe Ramazetta (Luise), Josef Kainz (Ferdinand) und August Förster (Miller) in »Kabale und Liebe« von Friedrich Schiller. Zeitungsillustration nach einer Skizze von Bruno Köhler

◄ Josef Kainz als Ferdinand von Walter

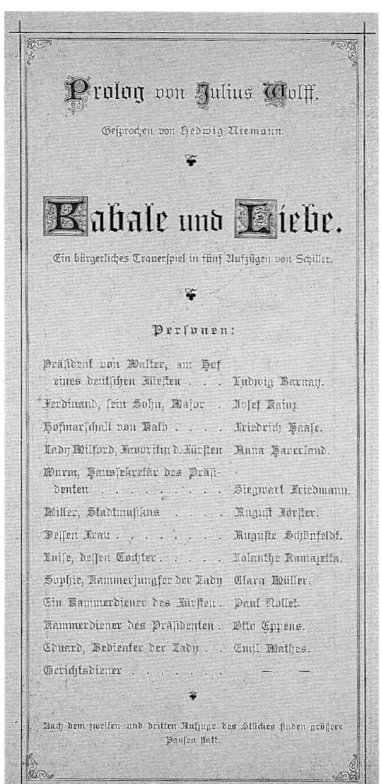

Prolog von Julius Wolff.

Gesprochen von Hedwig Niemann.

Kabale und Liebe.

Ein bürgerliches Trauerspiel in fünf Aufzügen von Schiller.

Personen:

Präsident von Walter, am Hof eines deutschen Fürsten . . .	Ludwig Barnay.
Ferdinand, sein Sohn, Major .	Josef Kainz.
Hofmarschall von Kalb	Friedrich Haase.
Lady Milford, Favoritin d. Fürsten	Anna Haverland.
Wurm, Haussekretär des Präsidenten	Siegwart Friedmann.
Miller, Stadtmusikus	August Förster.
Dessen Frau	Auguste Schönfeldt.
Luise, dessen Tochter	Jolanthe Ramazetta.
Sophie, Kammerjungfer der Lady	Clara Müller.
Ein Kammerdiener des Fürsten .	Paul Nollet.
Kammerdiener des Präsidenten .	Otto Eppens.
Eduard, Bedienter der Lady . .	Emil Mathes.
Gerichtsdiener	— —

Nach dem zweiten und dritten Aufzuge des Stückes finden größere Pausen statt.

Programm der Eröffnungsvorstellung des Deutschen Theaters am 29. September 1883

Otto Sommerstorff als Marquis Posa in Schillers »Don Carlos«

Siegwart Friedmann als König Philipp II. von Spanien

Josef Kainz als Don Carlos. »Kainz schafft aus dem Herzen und trifft darum in aller Herzen.« (Otto Brahm, 1883)

Die Aufführung von Friedrich Schillers »Don Carlos«, ungestrichen gespielt an zwei Abenden, am 9. und 10. November 1883 in der Inszenesetzung von Ludwig Barnay, ist ein entscheidender Erfolg für das Unternehmen »Deutsches Theater«. Laut Brahm sind es neben den »außerordentlichen Vorzügen der Aufführung« wie der »ungezwungene(n) Lebendigkeit der Ensembleszenen« vor allem die »elementare Ursprünglichkeit«, das »wahre Feuer« und die »warme Natürlichkeit« von Josef Kainz als Carlos, die die beiden über vier Stunden langen Abende immer neu beleben. Kurz darauf wird die Aufführung allerdings auf einen Abend zusammengestrichen.

Ludwig Barnay als Othello (»Othello« von William Shakespeare, 1883)

Ludwig Barnay in der Titelrolle von Shakespeares »König Lear«, Premiere am 30. Dezember 1883

In der ersten Spielzeit bringt das Deutsche Theater bei insgesamt 33 Premierenabenden entsprechend seinem Programm dreizehn klassische Werke heraus, davon vier von Shakespeare. Die Auswahl wird weitgehend von der Besetzbarkeit bestimmt; die Sozietäre haben ein Vorrecht bei großen Rollen.

Josef Kainz (1858-1910), Mitglied des Deutschen Theaters 1883-88 und 1892-99

Anna Jürgens (von Hochenburger) DT 1883-87

Agnes Sorma (1865-1927) DT 1883-90, 1894-98, 1905

Gustav Kadelburg (1851-1925) DT 1884-93

Georg Engels (1846-1907) DT 1883-94, 1899/1900, 1905/06

Arthur Kraußneck (1856-1941) DT 1884-87, 1894/95

Hedwig Niemann-Raabe (1844-1905)
DT 1883-87, 1890-92 a.G.

Teresina Geßner (1865-?)
DT 1884-94, 1899-1904 a.G.

Otto Sommerstorff (1859-1934)
DT 1883-94, 1904/05

Max Pohl (1855-1935)
DT 1884-94

Paul Nollet (1856-1899)
DT 1883-89

Anläßlich des 25jährigen Schriftsteller-Jubiläums von Adolph L'Arronge im Februar 1886 findet die Uraufführung seines Stücks »Die Lorelei« statt; es wird ihm eine Kassette mit Porträts aller Schauspieler und anderer Mitarbeiter verehrt. Die kleine Galerie zeigt die neben August Förster und Siegwart Friedmann wichtigsten Mitglieder des Ensembles 1885/86.

Siegwart Friedmann
Societär des Deutschen Theaters zu Berlin.

Gesichter eines Schauspielers. Siegwart Friedmann als Carlos (»Clavigo«, 1887), Kottwitz (»Prinz Friedrich von Homburg«, 1885), Richard Gloster (»Richard III.«, 1884), Dusterer (»Der G'wissenswurm«, 1887), Don Lope (»Der Richter von Zalamea«, 1884), Falstaff (»König Heinrich IV.«, 1889)

◄ Teresina Geßner als Hero in »Des Meeres und der Liebe Wellen« von Franz Grillparzer, 1885

Agnes Sorma als Rahel in »Die Jüdin von Toledo« von Franz Grillparzer. Sie spielt die Rolle in der ersten Aufführung 1888 und noch einmal unter Brahm 1895.

Agnes Sorma als Dienstmädchen Marie in »Der Compagnon« von Adolph L'Arronge, Uraufführung 4. Mai 1889

Agnes Sorma, zunächst als »muntere Naive« engagiert, wird während der Direktion L'Arronge durch ihr Auftreten in einer Unzahl unbedeutender Lustspiele in Berlin zu einer vom Publikum geliebten Schauspielerin. Die Ophelia in »Hamlet« (1885), die Hauptrolle in »Das Käthchen von Heilbronn« (1885) und die Rahel sind zunächst ihre einzigen klassischen Aufgaben. Erst in ihrem zweiten Engagement unter Otto Brahm entwickelt sie sich auch zur bedeutenden Darstellerin charaktervoller Frauenrollen.

Josef Kainz als Romeo und Anna Jürgens als Julia in »Romeo und Julia« von William Shakespeare, 1884

August Förster als Kurfürst und Josef Kainz als Homburg in »Prinz Friedrich von Homburg« von Heinrich von Kleist, 1885

Klassische Werke in lebendig in Szene gesetzten und in wesentlichen Rollen gut gespielten Aufführungen sind der künstlerische Ruhm der ersten Spielzeiten des Deutschen Theaters. Ihr Anteil am Spielplan nimmt allerdings stetig ab. Bereits 1886/87 gibt es davon nur zwei neue Inszenierungen, und dabei bleibt es in fast allen folgenden Jahren.

Agnes Sorma als Martha und Gustav Kadelburg als Assessor von Schott in »Der Weg zum Herzen« von Adolph L'Arronge, Uraufführung 10. Januar 1885

Nach der ersten Spielzeit bereits stellt bei aller Anerkennung der Kritiker Otto Brahm fest, daß es »an einer festen literarischen Leitung mangelt«, die fähig ist, auch »außerhalb der gebahnten Wege einmal etwas zu erobern«, und fragt geradezu: »Aber wo sind die Novitäten, die das Theater selbständig gewonnen hätte?« In den folgenden Jahren werden es vor allem Uraufführungen von Lustspielen des Direktors L'Arronge, des dramaturgischen Beraters Paul Lindau, des Schauspielers Kadelburg und zahllose andere Harmlosigkeiten sein, die das Repertoire dominieren. Erst 1889 findet mit Ibsens »Stützen der Gesellschaft« (1877, dt. 1878) ein bedeutendes zeitkritisches Stück Eingang in den Spielplan des Deutschen Theaters.

Teresina Geßner als Margarete und Otto Sommerstorff als Faust in »Faust. Erster Teil« von Johann Wolfgang von Goethe, 1887, sowie, unten, als Rhodope und Kandaules in »Gyges und sein Ring« von Friedrich Hebbel, 1892

▸ Otto Sommerstorff als Faust in »Fausts Tod« von Johann Wolfgang von Goethe, Einrichtung von Adolph L'Arronge, Premiere 3. September 1889

L'Arronges Versuch, wenigstens einen Teil des umfangreichen zweiten Teils von Goethes »Faust« auf eine Privatbühne zu bringen, ist ein nicht unumstrittener Erfolg. Der Abend besteht aus wenigen einleitenden Szenen des ersten und vierten und dem fast ungestrichenen fünften Akt. In einer »Mischung von Natürlichkeit und rhythmisch beseeltem Schwung« geben »vortreffliche Sprecher wie Herr Sommerstorff und Herr Pohl (Faust und Mephisto) ... den Ton an« (Otto Brahm).

Teresina Geßner spielt ab 1884 fast ausschließlich klassische Rollen und, mit ihren Partnern Kainz und Sommerstorff (ihrem Mann), die Liebespaare des klassischen und nachklassischen Dramas wie Hero in »Des Meeres und der Liebe Wellen«, Marie in »Götz von Berlichingen«, Esther in »Die Jüdin von Toledo« sowie die Antigone, die Emilia, die Maria Stuart, die Stella in Goethes gleichnamigem Schauspiel und die Amalia in den »Räubern«.

Der enggezogene Rahmen ließ mich häufig nur über die Oberfläche der Dinge hinweghuschen und ich mußte so manches unerörtert lassen, was mir noch am Herzen lag.

Es wurden mir Vorwürfe gemacht, daß ich besonders drei Fragen ganz unberührt gelassen hätte:

1. Ob die republikanische Verfassung unseres »Deutschen Theaters zu Berlin« nicht die Auflösung verschuldet hätte?
2. Ob und wie der vielfach verfehlten Führung mancher Theater der Gegenwart abzuhelfen wäre?
3. Mit welchen Mitteln dem offensichtlichen Verfall der höheren Schauspielkunst entgegengearbeitet werden könnte?

Wollte ich diese drei Fragen gründlich beantworten, müßte ich über jede einzelne ein besonderes Werk schreiben.

In möglichster Kürze will ich hier auf einiges reflektieren.

Die republikanische Verfassung eines Theaters ist wohl möglich und für seinen Bestand nicht nur ohne Gefahr, sondern vielmehr von großem Vorteil.

Das »Deutsche Theater zu Berlin« hat nur gezeigt, daß eine solche Sozietät allerdings keine *Privatgesellschaft* von fünf Männern sein kann, auf deren zehn Augen eine derartige Institution beruht, sondern des Schutzes, der Unterstützung und der dauernden Fürsorge des Staates oder eines edelherzigen Herrschers bedarf.

Es müssen grundlegende Gesetze und Subventionen für den Fortbestand, für den nachwachsenden Ersatz der ausscheidenden und wegsterbenden Sozietäre sorgen.

Unter Aufsicht des Staates oder seines Oberhauptes ist es wohl möglich, ständige und vornehme Theater mit einer Verfassung der Selbstverwaltung zu schaffen, die sich wesentlich von unseren Hoftheatern unterscheiden.

So besteht das Théâtre Français seit beinahe 240 Jahren, trotz der zahlreich wechselnden Regierungsformen, durch die Frankreich gegangen ist. (...)

Die Tatsache aber ist nicht zu verschweigen, daß, um breiteste Wirkungen im edelsten Sinne auszulösen, nicht der Einfluß *eines* Theaters genügt, nicht eines oder mehrerer Hoftheater, sondern alle Theater dürften letzten Endes nur dem einen Ziele dienen, dem Ziele der Wohlfahrt und des höchsten Gedeihen des Volkes, wie es von den Besten erkannt und angestrebt wird.

Man braucht nur einen Blick auf die Mehrzahl deutscher Bühnen zu werfen, um das betrübende Bewußtsein zu haben, wie wenig von diesen für die Kultur des Volkes geleistet wird, geleistet werden *kann*! (...)

(Siegwart Friedmann, Vertrauliche Theaterbriefe. Schlußbetrachtung. 1909)

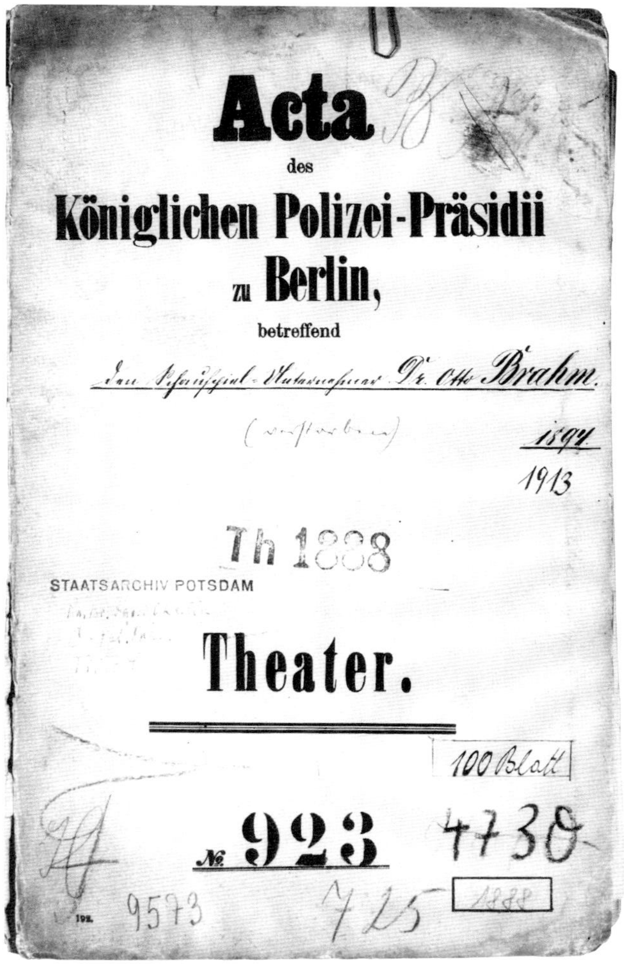

Das Deutsche Theater 1894-1905

Das Menschenhaus

Der Bannerspruch der neuen Kunst, mit goldenen Lettern von den führenden Geistern aufgezeichnet, ist das eine Wort: Wahrheit; und Wahrheit, Wahrheit auf jedem Lebenspfade ist es, die auch wir erstreben und fordern. Nicht die objektive Wahrheit, die dem Kämpfenden entgeht, sondern die individuelle Wahrheit, welche aus der innersten Überzeugung frei geschöpft ist und frei ausgesprochen: die Wahrheit des unabhängigen Geistes, der nichts zu beschönigen und nichts zu vertuschen hat.

(Otto Brahm, *Freie Bühne*, 29. Januar 1890)

Wir wollen nicht mehr effektvolle Szenen spielen, sondern ganze Charaktere, mit dem ganzen Konglomerat von Ober-, Unter- und Nebeneigenschaften, die ihnen anhängen; wir wollen nichts anderes sein als Menschen, welche durch den einfachen Naturlaut der menschlichen Sprache aus ihrem Innern heraus die Empfindungen der darzustellenden Person ermitteln, ganz unbekümmert darum, ob das Organ schön und klingend, ob die Gebärde graziös, ob dies oder das in dies oder jenes Fach hineinpaßt, sondern ob es sich mit der Einfachheit der Natur verträgt und ob es dem Zuschauer das Bild eines ganzen Menschen zeigt.

(Emanuel Reicher, 1893)

Der Pächter

Im Spätsommer 1892, als seine Rücktrittsabsichten bekannt werden, bewirbt sich der Mitbegründer der »Freien Bühne«, der Schriftsteller und Kritiker Otto Brahm bei Adolph L'Arronge um die Direktion des Deutschen Theaters. Brahm bringt Geldgeber zusammen, die mit finanziellen Zusagen die Voraussetzung dafür schaffen, daß am 14. November 1892 ein Pachtvertrag, gültig vom 1. September 1894 bis 1. Juli 1899 abgeschlossen werden kann. Danach hat Brahm, unter Hinterlegung einer Kaution von 100 000 Mark, jährlich 75 000 Mark Pacht in vierteljährlichen Raten zu zahlen. Im Januar 1893 sind die erforderlichen Mittel »im Betrage von 200 000 Mark durch ein zu diesem Zweck gebildetes Consortium aufgebracht«. Es besteht aus angesehenen Berliner Bankiers und Kaufleuten. Nach den vertraglichen Vereinbarungen sollen ihre Einlagen mit 5% verzinst werden; 90% des Reingewinns gehen als Rückzahlung ihrer Einlagen an sie, 10% erhält der Direktor, außerdem aus den Betriebsmitteln eine jährliche »Entschädigung« von 15 000 Mark.

Am 4. Januar 1893 beantragt Brahm beim Polizeipräsidium die notwendige Konzession als Theaterunternehmer. Erteilt wird sie, ungewöhnlich spät, erst nach über einem Jahr. Der Grund für das Zögern der Behörde ist wahrscheinlich, daß Brahm nach ihrer Meinung »der extremen demokratischen Richtung« zuneigt und als Leiter der »Freien Bühne« nur Stücke »mit demokratischer und sozialistischer Tendenz« aufgeführt hat. Dazu weckt seine »Zuverlässigkeit in finanzieller Hinsicht (...) nicht unerhebliche Bedenken«, weil er selbst vermögenslos ist. Deshalb verlangt das Polizeipräsidium als Voraussetzung für die Konzessionserteilung den hohen Betrag von 300 000 Mark als Grundkapital. Brahm bringt bis März 1894 insgesamt 250 000 Mark auf, »durch 21 Personen, darunter 19 Juden«, wie die Politische Polizei bei anderer Gelegenheit betont. Unter Hinweis auf die damit gegebene ausreichende finanzielle Sicherheit, die Fortführung eines erfolgreichen Unternehmens, dem schon die »Gunst des Publikums« gehört, und auf das vorgesehene Repertoire, »in welchem selbstverständlich die Pflege des classischen Stückes nach wie vor eine der Hauptaufgaben (...) bleiben soll«, erwartet Brahms Rechtsanwalt Paul Jonas Ende Februar 1894, daß »das Königliche Polizei-Präsidium (...) mit einigem Vertrauen dem Unternehmen des Dr. Otto Brahm entgegenkommen und weitere Schwierigkeiten demselben nicht in den Weg legen« wird. Daraufhin erteilt man endlich am 13. März 1894 die Konzession.

Ein »Parteimann«

Das Polizeipräsidium weiß sehr wohl, wie alle Öffentlichkeit, wer damit das angesehene Deutsche Theater leiten wird. Brahm hat als Journalist und langjähriger Theaterkritiker, als Herausgeber der Zeitschrift *Freie Bühne für modernes Leben,* in zahllosen Artikeln und in praktischer Arbeit, durch die Aufführung moderner Dramen von Ibsen, Hauptmann, Tolstoi in den die Zensur unterlaufenden Vormittagsveranstaltungen des Vereins »Freie Bühne« seine Ideen dargelegt und seine Interessen erkennen lassen: Er ist der begeisterte Prophet Henrik Ibsens und der Freund Gerhart Hauptmanns, »Parteimann« der »neuen Richtung«, die man »Naturalismus« nennt. Mit dem französischen Vorkämpfer Zola glaubt er an das »neue Evangelium absoluter Wahrheit in der Kunst«. Vollkommen anders als sein Vorgänger sieht er sich mit seinen Überzeugungen in einer umfassenden Bewegung, die alle geistigen Bereiche und die Kunst umfaßt. »Die nämlichen beiden großen Faktoren sind es, die das Jahrhundert der Elektrizität und des Sozialismus beherrschen: der Drang nach Naturwissen und der Drang, die Wunden der leidenden Gesellschaft bloßzulegen und zu heilen.« (Der Naturalismus und das Theater, 1891) Eindeutiger als in seinen Kritiken lehnt er hier und in dem Aufsatz »Von alter und neuer Schauspielkunst« (1892) das bestehende Theater ab: »Die neue Literatur ist revolutionär, das Theater ist konservativ.« An keiner Stelle nimmt er jenes, das er leiten wird, aus seinem Urteil aus. Ob die Bühne »im guten Sinne, der Tradition anhängt und schöne Überlieferungen gewesener Zeiten einem neuen Geschlecht pietätvoll zuträgt, oder ob sie, dem Theaterschlendrian verfallend, allem Werdenden sich entgegenstemmt (...) – konservativ ist sie immer«. Auf der anderen Seite ist das »heute zur bloßen Mache herabgesunkene Gesellschaftsstück (...) der Feind des Naturalismus nach Inhalt und Form. Es erlügt eine Welt, die nicht ist: in der man liebt, nicht hungert, in der die soziale Sorge totgeschwiegen wird und das bloße erotische Spiel die Existenz lebendiger Menschen zu beherrschen scheint«. Auch die Schauspiel-

Otto Brahm, Lithographie 1897

Mit Rittner trat vielleicht der am meisten typische Vertreter jener Zeit in unseren Kreis (...). Ich wähle ein geringfügiges Beispiel, um dieses Neue zu belichten. Als ich Rittner das erste mal sah, kam mir der Eindruck von etwas Außerordentlichem beinahe am deutlichsten an einer scheinbaren Kleinigkeit: ich sah ihn zur Tür hinausgehen, nichts weiter. Er hatte einen Brief gelesen, von seiner Musotte, und wie er nun davonstrebte, ganz erfüllt von der Trauerbotschaft und doch ganz schlicht seinen Weg schreitend – dergleichen glaubte ich nie gesehen zu haben. Denn wie unserer ganzen Schauspielkunst von gestern leicht ein Schein von Gefallenwollen anhaftete, von Wirkenwollen im Sonderinteresse des Mimen, von beifallheischender Koketterie, so war auch der schöne Abgang ein wichtiges Requisit der alten Schule: jeden Zoll breit verteidigen galt es, wenn man das Schlachtfeld verließ, und nur ja die Blicke auf sich lenken, bis zuletzt. Daß der Abgang nur darin bestand, daß man eben einfach abging und weiter nichts, in diesem kleinen Symbol sehe ich den ganzen Umschwung unserer Darstellungskunst sich widerspiegeln.

(Otto Brahm, 1911)

Denn die Natur suche der Schauspieler, nichts darüber. Er suche sie ganz, in ihrer seelenvollen Fülle: so wird er vor Flachheit bewahrt sein und vor Trivialität. Er suche sie außer sich und in sich, in der Welt und in der eigenen Brust: und je reiner und reicher er dann seine Persönlichkeit entwickelt, je stärker das Temperament ist, durch das er (...) die Natur betrachtet, desto tiefer auch wird er Leben fassen und Leben geben. Wie jener Riese, wenn er die Erde berührt, wird er, vom Theater zur Natur, von der Konvention der Bretter zur menschlichen Wahrheit zurückkehrend, Kraft sich immer von Neuem gewinnen; und alles Stilisieren wird er so meiden lernen, alle willkürliche Manier und aufgeputzte Kulissenempfindung. Das Ideale aber, das Schöne kann er nur in einem finden, das innerhalb der Sache liegt, nicht außer ihr, in Geboten des Herkommens: er finde es in der Treue gegen das künstlerische Ganze, dem er angehört, gegen das Ganze des Charakters, den er verwirklicht, des Dramas, in dem er steht.

(Otto Brahm, *Die Nation*, 14. Mai 1892)

In der Angelegenheit betreffend der Ertheilung der Theaterconcession an den Schriftsteller Dr. Otto Brahm hierselbst, beehre ich mich im Auftrage des Letzteren die nachstehenden Mittheilungen ganz ergebenst zu unterbreiten.

Das Königliche Polizei-Präsidium hat seiner Zeit den Nachweis eines Kapitals von 300 000 Mark zur Ertheilung der Concession für erforderlich erachtet. Das dem Dr. Otto Brahm für den Betrieb des Deutschen Theaters zur Verfügung stehende Kapital hat gegenwärtig die Höhe von 250 000 Mark erreicht, und zwar ist dasselbe von den nachstehenden Herren mit den daneben gesetzten Beträgen gezeichnet worden.

1. von Herrn James Simon	30 000 Mk.
2. von Herrn Verleger Elwin Paetel, Deutsche Rundschau	25 000 Mk.
3. von Herrn Dr. Ludwig Meyer	25 000 Mk.
4. von Herrn Alfred Levysohn	25 000 Mk.
5 von Herrn Leopold Jacoby in Hamburg	20 000 Mk.
6. von Herrn Dr. Georg Karo	15 000 Mk.
7. von Herrn Banquier Karl Kaskel	12 500 Mk.
8. von Herrn Robert von Mendelssohn	10 000 Mk.
9. von Herrn Rudolf Pringsheim	10 000 Mk.
10. von Herrn Banquier Julius Rosenheim	10 000 Mk.

kunst muß umgestaltet werden. Der Naturalismus wird sie »vor neue große Aufgaben stellen, und einen neuen Darstellungsstil wird er, mit ihr im Bunde, schaffen helfen«. Denn es kann, »die Gestalten der Klassiker nachzuschaffen (...), nicht das letzte Ziel der Schauspielkunst sein; erst wo sie (...) Gestalten aus eigenem schaffen hilft, wo sie nicht Rollen, sondern wirkliche Menschen zum ersten Mal aufleben läßt (...), erst da reicht sie an ihre höchsten Aufgaben heran«.

Brahm ist allerdings Realist genug zu wissen, daß die »heitere Kunst« diejenige ist, »welche der Bühne die Möglichkeit erst schafft, zu existieren – im ökonomischen Sinne wie im Sinne eines täglichen ordnungsgemäßen Kunstbetriebs«. Und: Nicht nur das Theater werde »aus dem Stillstand wieder in die Bewegung geraten«; auch der Naturalismus »wird, in der Berührung mit der konservativsten der Künste, die Extreme abtun und Mäßigung lernen«.

Ein Publikum

Den konservativen Behörden mag dieses Eintreten für die »Rinnsteinliteratur« (Wilhelm II.) anstelle der »wahren Kunst« widerwärtig und verdächtig gewesen sein und nach möglicher »Störung der öffentlichen Sittlichkeit« bzw. der »öffentlichen Ordnung« ausgesehen haben. Tatsächlich findet in eben dieser Öffentlichkeit, besonders im liberalen Besitz- und Bildungsbürgertum, die »neue Richtung« großes Interesse, teils sicher der »Sensation« wegen, mehr jedoch begründet in den die Gesellschaft schon lange beunruhigenden sozialen Zuständen. Die Arbeiterbewegung ist, durch das »Sozialistengesetz« bis 1890 unterdrückt, nach seiner Aufhebung nur um so stärker in das Bewußtsein der Öffentlichkeit zurückgekehrt; mit 1,5 Millionen Wählern (20 Prozent) werden die Sozialdemokraten im Reichstag erstmals stimmstärkste Partei. Damit sind sie eine anzuerkennende gesellschaftliche Macht; mit ihrer Hinwendung zum pragmatischen Durchsetzen realistischer Forderungen innerhalb des parlamentarischen Systems (»Revisionismus«) verlieren sie und ihr Milieu etwas von dem alten Schrecken, eine wohlige Dämonie bleibt, gut für die Kunst. Selbst der kaiserliche Staat hat sich, trotz unveränderter Feindschaft, mit seiner Sozialgesetzgebung dem Problem zugewandt. Die vieles verdeckende nationale Euphorie ist einem Krisengefühl gewichen, das von den sozialen bis in die privaten Beziehungen hineinreicht. Die Werke von Zola, Tolstoi und Ibsen werden gelesen; der künstlerische Geschmack des Bildungsbürgertums wendet sich mehr und mehr von der affirmativen Historienmalerei mit ihren pompösen Inszenierungen weg dem »Impressionismus«, Malern wie den Franzosen Manet und Millet und deutschen Realisten wie den Berlinern Leistikow und Liebermann zu.

Brahm, der umfassende Kenner aller Bewegungen, mit dreijähriger Praxis im Bankgeschäft jedoch nicht nur Theoretiker, sondern ein guter Rechner auch, kann sich seiner Sache ziemlich sicher sein. Denn seine Geldgeber selbst repräsentieren, über ihre finanziellen hinaus, solche neuen künstlerischen Interessen; es sind die des maßgeblichen und zahlungsfähigen Publikums, dessen Ansprüchen L'Arronges Theater mit abgespielten Klassikern, trotz Kainz, und harmlosen Lustspielen, trotz Engels, nicht mehr genügte. Daß andererseits Brahm, mit der Literatur, die er schätzt, allein »revolutionär, nicht im politischen, sondern im geistigen Sinne« sein will, ist allgemein bekannt und Grundlage des ihm entgegengebrachten Vertrauens. Die »Freie Bühne« schon, 1892 langsam entschlafen, ist ein angesehener bürgerlicher Verein gewesen; »Proletarier« werden, wie dort, sich den Eintritt in das Deutsche Theater nicht leisten können: Bei durchschnittlich 1,50 bis 2,50 Mark Tageslohn sind selbst »Stehparkett« (3 Mark) und zweiter Rang (3 bis 2 Mark, Stehgalerie 1 Mark) zu teuer.

Ein Ensemble

Brahm kennt aus seiner Kritikerzeit nicht nur die Theaterverhältnisse Berlins genau, sondern aus der Zusammenarbeit und den gespielten Rollen in den Aufführungen der »Freien Bühne« auch jene Schauspieler, deren Darstellungsstil seinen Vorstellungen von einem neuen Theater entspricht oder doch nahekommt. Aus ihnen bildet er den Kern seines Ensembles: Else Lehmann und Hermann Nissen sind zu dieser Zeit bereits Mitglieder des Deutschen Theaters. Emanuel Reicher und Oscar Sauer kommen vom Lessingtheater, wo sie in den Ibsen-Aufführungen mitgewirkt haben. Arthur Kraußneck engagiert er aus dem Berliner Theater sowie, nicht zuletzt, Rosa Bertens und Rudolf Rittner aus dem Residenztheater; seine »heftig aufs Wirkliche gerichtete Dorfjungennatur« hat Brahm schon 1892 begeistert. (O.B., Freie Bühne, 1909) Vom Burgtheater kehrt Hermann Müller nach Berlin zurück. Agnes Sorma und Josef Kainz sind, als Regine in »Gespenster« und als Wilhelm

11. von Herrn Moritz H. Strauss	10 000 Mk.
12. von Herrn Verlagsbuchhändler Hugo Bernstein	10 000 Mk.
13. von Herrn Banquier E. J. Meyer	10 000 Mk.
14. von Herrn Dr. med. Morris	7 500 Mk.
15. von Herrn Commercienrath Eduard Arnhold	5 000 Mk.
16. von Herrn Banquier Caspar Levi	5 000 Mk.
17. von Herrn Regierungsrath Dr. Ernst Magnus	5 000 Mk.
18. von Herrn Commercienrath Albert Pfaff	5 000 Mk.
19. von Herrn Brauereidirector Fritz Goldschmidt	5 000 Mk.
20. von Herrn Stadtrath Bernhard Kahn in Mannheim	2 500 Mk.
21. von Herrn Ulrich Levysohn, Berliner Courier	2 500 Mk.
	insgesamt: 250 000 Mk.

Die Originalverträge werden dem Herrn Decernenten zur Einsichtnahme vorgelegt werden.

Die Persönlichkeiten der engagirten Künstler geben (...) den Rahmen für das zu bildende Repertoire, in welchem selbstverständlich die Pflege des classischen Stückes nach wie vor eine der Hauptaufgaben des Deutschen Theaters bleiben soll. (...) Alles dies vorausgeschickt, wird das wiederholte Gesuch, die *Concession nunmehr dem Dr. Brahm zu ertheilen*, als begründet erscheinen müssen und gebeten werden dürfen, diesem Gesuch schleunigst stattgeben zu wollen.

(...) Vorliegend handelt es sich nun nicht um eine Neugründung, sondern um die Fortführung eines Unternehmens, wobei die bereits bestehende Gunst des Publikums für diese Bühne, dann die Persönlichkeiten des Leiters, des Personals und der Finanzconsortialen so viele Garantien bieten, wie sie kaum ein anderes Unternehmen in solcher Vereinigung bisher dargeboten hat. Deshalb wird gehofft werden dürfen, daß die Aufsichtsbehörde nicht allzuhohe Anforderungen stellt und in Erwägung zieht, mit welch großem Vertrauen der so überaus geschäftsgewandte und erfahrene Adolph L'Arronge sein Theater mit allem Zubehör und die erfahrenen Finanz-Consortialen die Betriebsmittel dem Dr. Otto Brahm zur Verfügung stellten, ehe noch eine einzige Kraft der vorzüglichen jetzt engagirten Künstler für das Unternehmen gewonnen war. Somit wird die Bitte nicht unbescheiden erscheinen können, auch das Königliche Polizei-Präsidium

Das Deutsche Theater um 1895

wolle mit einigem Vertrauen dem Unternehmen des Dr. Otto Brahm entgegenkommen und weitere Schwierigkeiten demselben nicht in den Weg legen.

Berlin, den 23ten Februar 1894
Hochachtungsvoll
Der Rechtsanwalt
Paul Jonas

Was gut war in der Überlieferung, wollen wir uns zu erhalten suchen, nicht weil es das Überlieferte, sondern weil es das Gute ist; was sich überlebt hat, wollen wir ruhig zu den Todten legen, und weit öffnen wollen wir Thor und Thür für den Anhauch neuer Kunst. (...) Wir wollen das gute Neue, weil es neu und gut ist. Wir wollen – wenn ich mich dieser Entgegensetzung bedienen darf – bei den Klassikern das zumeist suchen, was modern geblieben ist, und bei den Modernen das, was in ihnen klassisch geworden ist durch eine künstlerische Form.

(Otto Brahm, Antrittsrede vor dem Ensemble, *Deutsche Bühnengenossenschaft,* 1894, H. 34)

in »Das Friedensfest«, ebenfalls an Aufführungen der »Freien Bühne« beteiligt gewesen, obwohl ihr Darstellungsstil nicht der neuen Richtung zugehört. Mit ihnen gewinnt Brahm aber zwei »Stars« für sein Ensemble, die er für eine erfolgreiche Fortsetzung des klassischen Repertoires braucht. Eine Ausnahme von den »Kräften ersten Ranges« ist ein 21 Jahre junger Darsteller aus Salzburg, Max Reinhardt.

Das Verhältnis zwischen Brahm und seinen Schauspielern wird entscheidend von der allen gemeinsamen Idee geprägt, ein neues und anderes, ein zeitgemäßes Theater zu machen, der »modernen« Literatur zu dienen und eine wahrhaftigere Art der Darstellung zu entwickeln, die nicht mehr Einzelleistung ist und Selbstzweck, sondern sich einem Ganzen unterordnet, dem Ensemble wie dem literarischen Werk. Dieses Ensemble ist, gemessen an denen anderer Berliner Theater mit durchschnittlich sechzig Mitgliedern, klein: In der ersten Spielzeit umfaßt es 38, danach zwischen 32 und 35 Schauspieler (dazu einen von L'Arronge übernommenen »Chor« von 12 bis 15 Mitgliedern für Statistenrollen). Es ist ausreichend, weil der vorwiegende Teil des Repertoires keine großen Besetzungen verlangt. Für umfangreiche Unternehmungen wie »Die Weber« oder »Florian Geyer« werden Gäste engagiert. Die Gagen sind auch für Berliner Verhältnisse recht hoch: Jüngere Darsteller erhalten 3000 bis 5000, die erfahreneren 8000 bis 12 000 Mark jährlich, Agnes Sorma und Josef Kainz mehr. Brahms Verhältnis zu seinem Ensemble drückt sich auch darin aus, daß er bei zunehmender Leistung Gagen stillschweigend verbessert oder sozial begründete Erhöhungen vornimmt.

Das Ensemble bleibt, von Idealismus getragen und solchen Verhältnissen gesichert, in seinem Kern über mehrere Jahre konstant. Dadurch kann eine dem Ganzen dienliche Ensembleentwicklung in Gang gesetzt werden, die sich schließlich nach außen hin in Aufführungen von noch nicht gesehener Geschlossenheit äußert. Dieses Ensemble ist durch Brahms langjährige Kenntnis durchdacht zusammengesetzt; er verwendet Sorgfalt darauf, durch entsprechende Besetzungen künstlerischen Entwicklungen zu dienen. Dies alles ist im Rahmen jener »Einseitigkeit« möglich, die auf Dauer sein Repertoire prägt: die Konzentration auf die Gegenwart und die neuere Dramatik, mit Stücken Henrik Ibsens und Gerhart Hauptmanns im Zentrum, in dem von ihnen geforderten »naturalistischen«, das heißt naturwahren Darstellungsstil.

Der andere Ferdinand

Am Abend des 1. September 1894 eröffnet die neue Direktion Brahm mit einem Prolog von Gerhart Hauptmann, gesprochen von Josef Kainz, ihre erste Spielzeit. In ihm wird an die Tradition erinnert, aber auch das Neue angekündigt: »Alles müssen wir erfassen:/ So das Schöne wie das Rohe,/ Das Gemeine und das Hohe/ Mit dem Künstler gelten lassen.« Das Theater soll sich auf diese Weise – eine edle Illusion – an alle wenden: »Und durchschmerzt es uns die Kehle/ Wie von wehem Tiefbegreifen,/ Werden sich von unsrer Seele/ Neunundneunzig Hüllen streifen./ Kaufmann, Arbeitsmann und Kaiser,/ Christ und Jude, hingerissen,/ Werden, billiger und weiser,/ Menschen sich erkennen müssen.«

»Kabale und Liebe«, von Brahm als Dramaturg, der sich um die »tapfere Wiederherstellung vieler sonst verstümmelten Textstellen (...) verdient« macht, und Cord Hachmann als Regisseur erarbeitet, ist der ebenso tapfere Versuch nachzuweisen, »daß auch im klassischen Drama die Natürlichkeit mehr Rechte hat, als sie ihr bisher zuerkannt wurden«. Die Besetzung des Ferdinand mit Rudolf Rittner (statt mit Josef Kainz, der jetzt den Wurm spielt) soll das deutlich machen. Das Ergebnis ist sehr widersprüchlich; Brahm bringt keine seiner Vorstellungen von einem natürlichen Spiel entsprechende einheitliche Aufführung zustande. Rittner, »von dem Charakter ganz und wahr erfüllt«, wird »durch angeklügelte Natürlichkeits-Ideen mehr als gut ist aus dem richtigen Tone für den Ferdinand gedrängt. Es fehlt ihm nie an Innigkeit, an wahrer Empfindung, aber der hochstrebende, feurige Held, der jugendliche Brausekopf war er selten.« (Isidor Landau, *Berliner Börsen-Courier*, 2.9.1894) Demonstrativen Beifall erhält in der Premiere dagegen Josef Kainz »bei seiner mit Leidenschaft gesprochenen heftigen Ansprache an den Präsidenten im letzten Acte«, obwohl (oder weil?) er, »der einstige Reformator tragischen Heldenthums, diesmal im Stile der Gesamtdarstellung am meisten das Alte vertrat«. (Paul Schlenther, *Vossische Zei-*

Er lebt ganz für ein Prinzip, und das wird ihm eine spätere Zeit mal anrechnen.

(Theodor Fontane an Karl Zöllner über Otto Brahm, 6. September 1894)

Mit Trampeln und Radau hat die Sozialdemokratie gestern Abend ihren Einzug in das Deutsche Theater gehalten und dank der geschickten Arrangements der im Parquet sitzenden Festordner Singer und Liebknecht mit ihrer rothen Fahne einen Sieg erfochten. Die Vertrauten der Partei, durch ihre Brasidasse wohl instruirt und geschickt vertheilt, brüllten ihrem neuen Nationaldichter Hauptmann jubelnd zu, und das vornehme Haus in der Schumannstraße erdröhnte zum ersten Male seit seinem Bestehen von dem Gepolter schmutziger Stiefel. Dies wäre an sich nicht wunderbar und der Erwähnung werth. Etwas weit Schlimmeres geschah. So mancher Bourgeois aus Berlin W., die Salon-Revolutionäre, die als Schwiegersöhne mehrfacher Millionäre sich alljährlich den Luxus eines Durchfalls bei einer freisinnigen Wahl leisten können, die Dichter, denen der wahrhaft vornehme Ton eines anständigen Vorderhauses zeitlebens ein unergründliches Geheimniß bleiben wird, die Damen mit den gefärbten Haaren und den Brillanten in den Ohren – sie Alle klatschten mit den Rothen Brüderschaft und erbrachten den unumstößlichen Beweis ihrer Feigheit, ihrer Unkenntniß und ihrer geistigen Inferiorität. Wir freuen uns, daß jenes an und für sich vollständig gerechtfertigte Verbot der Aufführung der »Weber« aufgehoben worden ist. Denn wir haben hierdurch an einem eclatanten Falle konstatiren können, auf welch niedrigem geistigen Niveau ein Bruchtheil unseres sogenannten guten Premièren-Publikums steht. Es ist allerdings eine merkwürdige Erscheinung, daß dieselben Leute, welche soeben noch der Revolution gegen Besitz und Kapital zujubelten, nachher ruhigen Gemüths auf Gummirädern zu Uhl und Dressel fahren können, um dort, voll von der Größe und der dichterischen Leistung Gerhart Hauptmann's Austern und Hummern mit Wohlgefallen zu verzehren.

Sind denn diese Leute so naiv oder so beschränkt, um nicht vor den Beifallsstürmen zu erschrecken, welche bei den Stellen auf offener Szene das Haus durchtosten, in denen Aufruhr gegen unsere Gesellschaftsordnung und die Regierungsgewalt gepredigt wird? Sind sie so harmlos, um zu meinen, daß dereinst, wenn die soziale Frage, was Gott verhüten möge, zum blutigen Ernste wird, das Proletariervolk sie verschonen wird, weil sie gestern Abend im Deutschen Theater Beifall geklatscht haben?

Ist es nicht der reine Hohn, daß gerade jene Kreise Herrn Brahm die Mittel dazu gegeben haben, um der Sozialdemokratie gestern Abend zu einem Triumphe zu verhelfen.

Und doch müssen wir zu unserer Genugthuung konstatiren, daß *die große Mehrzahl* der Parquet- und Logenbesucher die Hände nicht rührte und ruhig, wenn auch verwundert, den vergeblichen Protest gegen die rohe Gewalt der Galerie aufgab.

Mit dem gestrigen Abende hat der neue Theaterleiter die Unterminirungsarbeit, welche er von Anfang an so geschickt begonnen, glänzend zu Ende geführt: *das Deutsche Theater ist nicht mehr*, und an dieser Thatsache wird auch der Umstand nichts ändern, daß die Bühne infolge der leider so reichlich bemessenen Privatmittel noch eine Weile fortvegetiren wird. (...) Dr. L(eipziger)

(*Das Kleine Journal*, 26. September 1894)

tung, 2.9.1894) Es fehlt trotz der »realistischen Schiller-Darstellung« nicht an »sehr lebhaften Beifalls-Aeußerungen (...), die mitunter in die offene Scene hineinklangen«. (Isidor Landau)

Brahm aber setzt die Inszenierung nach fünf Aufführungen ab. »Es war ein unverschleierter Mißerfolg«, bewegt es ihn noch fünfzehn Jahre später. Im September 1894 erschreckt wohl weniger die voraussehbare Reaktion der Presse den neuen Direktor als die seines Ensembles. Kainz, Kraußneck und Nissen verweigern sich dem »Rittner-Stil«; in einer der letzten Proben noch protestieren sie, »weil es so mit Rittner nicht weitergehen könnte; Kainz (...) müsse den Ferdinand spielen, oder sie würden sich alle schrecklich blamieren«. Nach der Premiere »drohte nun, da der Weg als Irrweg laut beschrien wurde, ihr Zweifel sich zu passiver Resistenz zu steigern«. Selbst der Gesinnungsgenosse Rittner wirft »die Flinte ins Korn« und will »von keiner Klassik mehr wissen«. Es ist sicher, daß das Mißlingen des Versuchs, »die Klassiker dem Empfinden von heute wiederzugebären« nicht »die Verfehltheit der leitenden Idee« beweist, sondern »nur die mangelnde Überzeugungskraft in der Ausführung«. (O.B., Freie Bühne, in: *Kritische Schriften*, 1. Bd., 1915) In dieser kritischen Situation, in der Sorge um die innere Verfassung und den äußeren Bestand des jungen Unternehmens, wird der Keim gelegt für die »Einseitigkeit«, die die Größe und die Grenze von Brahms Theater bezeichnet.

»Haben Sie schon mal in Versen gesprochen?«

Bis auf einen zweiten Versuch, »Der Kaufmann von Venedig« (Oktober 1894), der an einem Kompromiß zwischen dem »natürlichen« Arrangement und der traditionellen Sprachbehandlung scheitert, arbeitet Brahm an keiner der etwa fünfundzwanzig Klassikerinszenierungen (Grillparzer eingerechnet) mehr mit. Er überläßt sie dem Regisseur Cord Hachmann, der für diese Arbeit zu wenig Dramaturg und für die Darsteller keine Autorität ist, sich auf die Stellungsangaben und die Statisterie beschränkt; alles andere machen die Schauspieler selbst. »Hachmann, gebeugt vor dem Glanz der Namen Kainz, Sorma und anderer, ist einstweilen noch machtlos gegenüber den großen Schauspielern; statt über ihnen steht er unter ihnen, und das Ganze erhält dadurch stark den Anstrich des Virtuosenwesens.« (Julius Hart, *Tägliche Rundschau*, 25.1.1895) »Kainz und die Sorma spielten einen entzückenden

Kainz und eine wunderbare Agnes Sorma, aber wo war Cord Hachmann, der sie darauf aufmerksam machte, daß sie Alfons und die Jüdin zu spielen hatten...?« (ders., ebd., 24.11.1895, zu »Die Jüdin von Toledo«)

Brahms Desinteresse führt dazu, daß über die Hälfte aller gespielten Klassiker im wesentlichen unverändert in der »Einrichtung« und auch in der Besetzung der Hauptrollen von L'Arronge übernommen werden. Etwa »Hamlet« (1894/95): »(...) auch hier ward die übernommene Einrichtung leider keiner Revision unterworfen.« (*Berliner Börsen-Courier*, 2.11.1894) »Faust« (1897/98): »Da wir die ›Bearbeitung‹ aus den früheren Zeiten des Deutschen Theaters schon kannten, erwarteten wir gar nicht erst den Prolog im Himmel, die Walpurgisnacht und das Intermezzo; aber daß noch aus den besten Szenen gestrichen war (...), zeigte, daß man sich dramaturgisch nicht viel Skrupel und Zweifel gemacht hatte.« (Paul Schlenther, *Vossische Zeitung*, 31.8.1897) Brahm bearbeitet noch »Die Räuber« und, wegen der Länge, »Don Carlos« (1895/96). Um eine sorgsame Arbeit handelt es sich aber nicht. Da Kainz den Carlos spielt, ist die Bearbeitung ganz auf ihn zugeschnitten; Philipp und vor allem Posa, dessen Pathos Brahm besonders unangenehm ist, treten stark in den Hintergrund; damit verschwindet die politische fast vollkommen hinter der Liebesgeschichte. Ferdinand Gregori macht heimlich ganze Passagen des Posa wieder auf, ohne daß es bemerkt wird. Den Rest besorgt die Aufführungspraxis: »Don Carlos verfiel langsam, wurde um ganze Verwandlungen gekürzt (...); alles nach Augenmaß, selbstherrlich je nach der Stimmung des einen oder anderen Darstellers.« (Ferdinand Gregori, nach Henze, S. 24, 30) Kleists »Der zerbrochne Krug« wird auf die Hälfte reduziert, um Schnitzlers »Liebelei« zu einem Abend zu ergänzen; »Nathan der Weise« und »Julius Cäsar« u.a. werden ohne Striche, das heißt auch ohne erkennbare neue Idee gespielt. Das Schicksal des klassischen Repertoires ist schon nach vier Jahren, 1898, mit dem Weggang von Agnes Sorma besiegelt. Nach 1899, dem Jahr, in dem auch Kainz das Deutsche Theater verläßt, gibt es bis auf eine »Neueinstudierung« von »Faust« (1900/01) gar keine Klassikerinszenierung mehr.

Alle anfangs genannten Klassiker werden zwar gespielt, aber der Umgang mit ihnen überläßt ihre Ideale dem Pseudoklassizismus des deutschen Kaiserreichs und dem Mißbrauch durch den autoritären Staat. 1898 erklärt Wilhelm II. vor dem »Kunstpersonal« der Königlichen Schauspiele, daß das Thea-

Während der Kaiser die Nation zum Kampf gegen den Umsturz aufruft und die Minister sich die Köpfe zerbrechen, wie dieser Kampf zu führen sei, wird hier mit polizeilicher Genehmigung im Theater zum Gaudium der Sozialdemokraten der Umsturz gefeiert und dem Volke zur Belustigung vorgeführt, wie die Staatsbehörden von den Umstürzlern behandelt werden.

Was soll man dazu sagen? Wenn die Regierung Erfolg haben will, dann muß vor allem Zusammenhang und Konsequenz in ihren Maßregeln sein. Was hat diese Aufführung für einen Zweck? Einen wirklichen Kunstwert hat das Stück nicht, aber es macht Sensation, es ist ein Radaustück, es zieht an, füllt das Haus – und die Kasse des Theaters. Und für diese jüdischen Herren ist ja das Theater ebenso Geschäft, wie die Zeitung für sie Geschäft ist – genauso wie der Handel mit Börsenpapieren, mit Vieh, Schnaps und alten Kleidern.

Als Aushängeschild zeigen sie an, sie wollten hauptsächlich klassische Stücke aufführen; es geschieht auch ab und zu einmal, aber dazwischen wird alles in Paris oder sonstwo zusammengesucht, was Sensation macht, reizt und die Masse anzieht. Wie das Theater sich in den Händen dieser Elemente gestaltet, ist es geeignet, unser Volksleben bis ins Mark zu vergiften.

(*Der Reichsbote*, 27. September 1894)

Es war meine Absicht, heute an dieser Stelle über ein neues Lustspiel von Ludwig Fulda zu berichten, das gestern im Deutschen Theater aufgeführt worden ist. Indessen ich dachte, und Herr Brahm krachte: (...) Obgleich ich rechtzeitig in höflichster Form als Berichterstatter der »Neuen Zeit« die Direktion des Deutschen Theaters ersucht hatte, mir gegen Zahlung des Kassenpreises zwei Plätze in den ersten sechs oder acht Reihen des Parketts zu reservieren, beliebte es Herrn Brahm, mich auf die vierzehnte oder gar sechzehnte Reihe zu relegieren; ich sollte, wie Herr Brahm als Kritiker zu sagen pflegte, »aus den vorderen Reihen des Saales in des Waldes tiefste Gründe wandern, nach einer Art von Stallupönen strafversetzt werden«, wo es mir aus räumlichen Gründen unmöglich gewesen wäre, Gang und Darstellung des Stückes mit derjenigen Genauigkeit zu verfolgen, welche die erste Voraussetzung einer sachlichen Kritik ist. Der Kritiker Brahm war gewohnt, sich in solchen Fällen damit zu helfen, daß er Stück und Darsteller beurteilte, ohne sie gesehen zu haben. Aber da ich für diese Handhabung der Kritik nicht genial genug veranlagt bin, so muß ich auf eine Besprechung von Fuldas Lustspiel verzichten.(...) In der »Neuen Zeit« konnte eine Sühne der mir zugefügten Unbill vor der Öffentlichkeit erst in etwa zehn Tagen erfolgen, und bis dahin mochte längst Gras über den kleinen Zwischenfall gewachsen sein. Um diese Rechnung des Herrn Brahm zu vereiteln, beanspruchte ich Liebknechts kollegialen Beistand, der mir auch in freundlicher Weise gewährt wurde: in der heutigen Nummer des »Vorwärts« verhandelt Brahm wieder Brahm, d.h., ich habe einfach die niederschmetternden Worte sittlicher Entrüstung abdrucken lassen, mit denen der Kritiker Brahm vor vier Jahren genau dieselben Praktiken geißelte, die der Theaterdirektor Brahm jetzt gegen mich ausübt. (...)

Von sozialistischer Seite ist der literarische Naturalismus nicht immer übereinstimmend beurteilt worden. Viele Mitglieder der Partei, und namentlich ältere, verwarfen ihn in Bausch und Bogen; viele andere, und namentlich jüngere, brachten ihm lebhafte Sympathie entgegen. Das eine wie das andere war erklärlich, und keines von beiden war ein Unglück. In der Tat hat der Naturalismus zwei Seelen in seiner Brust. Er verdient freundliche Förderung, soweit er sich aus der unsäglichen Nichtigkeit herauszuarbeiten sucht, worin die bürgerliche Literatur versunken ist; er verdient scharfe Kritik, soweit er sich feige an den großen Gegensätzen der Zeit herumdrücken will. Niemand verlangt vom Dichter oder Künstler, daß er nach dem Programm einer politischen Partei bilden oder dichten soll, aber noch hat kein Dichter oder Künstler Unsterbliches geschaffen, der nicht die gesellschaftlichen Kämpfe seiner Zeit empfand und verstand. Die angebliche Erhabenheit über diese Kämpfe, die der Naturalismus je länger je mehr herauskehrt, läßt ihn nur umso tiefer in den Sumpf zurückplumpsen, dem er entfliehen möchte. Wer das nach allen bisherigen Proben noch nicht erkannt hat, der kann es an dem Lose des Herrn Brahm erkennen, der vom Reformator der deutschen Bühne in glücklich sechs Wochen auf die gewöhnlichsten Kniffe und Pfiffe der kapitalistischen Theaterdirektoren herabgekommen ist.

(Franz Mehring, *Die Neue Zeit*, 17. Oktober 1894)

ter bei der »Erhaltung der höchsten geistigen Güter unseres herrlichen deutschen Vaterlandes« mithelfen und zur »Veredlung der sittlichen Anschauungen« beitragen soll. Doch nicht nur Literaturprofessoren führen Goethes Wort über das »Ewige des Wahren, Guten, Schönen« im Mund, sondern auch Richter und Staatsanwälte in Prozessen gegen die »Unsittlichkeit« neuer literarischer Werke.

Nora

Zum prägenden und bestätigenden Erlebnis Brahms als Theaterdirektor und Dramaturg wird die nur zwei Tage nach »Kabale und Liebe« stattfindende Premiere von Henrik Ibsens »Nora«, mit Agnes Sorma. Sie hat die Rolle seit 1892 im Berliner Theater mit größtem Erfolg gespielt, der aber auf einer kindlich-naiven Darstellung der Figur beruhte: einer gesellschaftlich annehmbaren, alles Irritierende glättenden Verfälschung Ibsens. In einer Kritik hatte es folgerichtig geheißen, sie spiele »mit so vollendeter Meisterschaft«, daß man bedauert habe, »daß der Verfasser nicht in einem vierten Act die von ihrer krankhaften Überspannung geheilte Frau in den Kreis ihrer Familie zurückführt«. Nur *ein* Kritiker hat in aller Deutlichkeit darauf hingewiesen, »wieviel nicht die erste Beste, sondern eine unserer bedeutendsten Künstlerinnen den großen modernen Aufgaben noch schuldig bleibt, wieviel die deutsche Schauspielkunst an ihnen zu lernen und zu – verlernen hat«: Otto Brahm. In *Die Nation* hatte er am 7. Mai 1892 geschrieben: »Frau Sorma hat zuviel Lustspielwitwen gespielt und deutsche Backfische.« Sie habe unter der Oberfläche von Noras Wesen, dem »Produkt sozialer Mißbildung und modischen Verzogenseins« nicht »den leuchtenden Kern« zeigen und in ihrer Darstellung »zwischen Nora, der Puppe, und Nora, die sich emanzipiert« vermitteln können. Daß sie ihre Familie verläßt, ist unverständlich geblieben und konnte als weibliche Hysterie abgetan werden.

In der Aufführung des Deutschen Theaters sieht Paul Schlenther, daß sich die Sorma offenbar davon überzeugt hat, »daß mit Ibsen nicht zu spaßen (...) ist«. Während früher »äußerliche Rühreffekte und sogenannte Lustspiellaune unvermittelt und unerklärt neben einander« gestanden haben, wisse jetzt »Frau Sorma, daß die Nora keine ›Naive‹, sondern eine Persönlichkeit, keine Rolle, sondern eine Gestalt ist«. Schlenther macht darauf aufmerksam, daß der »vielbezweifelte Entschluß (zum Weggehen) plausibel wurde«, weil Hermann Nissen als Helmer »mit vollendeter Kunst« gezeigt habe, »wie sich aus den sorgfältigen und sauberen Hüllen des Biedermanns, des Schöngeistes, des vergnügten Plauderers und tüchtigen Berufsmenschen ein recht schmieriger Kern von Egoismus, Brutalität und Feigheit herauswickelt; so sehr, daß die Augen der armen Nora starrer und starrer, klarer und klarer werden, und jeder mit ihr fühlen mußte: bei diesem ist ihres Bleibens nicht mehr«. (*Vossische Zeitung*, 4.9.1894) Schlenther beschreibt nicht nur einen Übergang vom virtuosen Rollenspiel in eine sozial und psychologisch verständliche Menschendarstellung, sondern auch die dafür ausschlaggebende Wirkung des aufeinander abgestimmten Ensemblespiels; die Gestalt entsteht auch aus ihren Beziehungen. Brahm, der an diesem künstlerischen Ergebnis beteiligt ist, muß sich, gerade weil es sich bei der Sorma um eine bedeutende, aber nicht »naturalistische« Schauspielerin handelt, in seinen Auffassungen »von alter und neuer Schauspielkunst« sehr bestätigt sehen. Er arbeitet von da an bei allen wesentlichen Inszenierungen neuerer Werke mit. Der Regisseur Cord Hachmann wird im modernen Repertoire zunehmend von Dr. Emil Lessing ersetzt, den Brahm ebenfalls von der »Freien Bühne«, noch als Darsteller, kennt.

Der Dramaturg

In den Inszenierungen ist Brahm, mit seinen umfangreichen literarischen Kenntnissen und seinen analytischen Fähigkeiten (sowie der zusätzlichen Autorität des Direktors) das, was man heute einen sehr aktiven »Produktionsdramaturgen« nennen würde. Der »Regisseur« selbst hat, noch, vor allem für die »Außenregie« zu sorgen, vom Grundriß der Szenen, über die Ausstattung und das Grundarrangement bis hin zur Statisterie und zu den technischen Ergänzungen wie Licht und Geräusche. Es scheint, daß sich Lessing als sorgsamer und phantasievoller »Außen-« und Brahm als »Innenregisseur« ideal ergänzen. Brahms hervorragende Beobachtungsgabe läßt ihn unerbittlich jede Unnatürlichkeit und alles Theatralische bemerken und bekämpfen. »Er hat ein ungemein scharfes kritisches Auge, er interessiert sich für alles u. bemerkt jede Kleinigkeit. Vielleicht verliert er dadurch manchen großen Zug aus den Augen. Es ist etwas Photographisches in seiner Beobachtung und Kritik.« (Max Reinhardt, *Tagebuch*, März 1895) Ein grundlegender Determinismus, nach dem die Umwelt des

Lieber Georg,
die Hauptsache, die mir aus Deinem letzten Geschätzten entgegentritt, ist, daß Du in guter Stimmung bist; fahre so fort, bitte. (...)

Daß wir mit »Hannele« gut gefahren sind, hast Du wohl gehört. Es war wirklich ein schöner Abend, an dem alles glückte, und auch bei den Wiederholungen ist eine ungewöhnliche Stimmung. Auch äußerlich, finanziell läßt sich das arme Hannele nicht übel an, wie denn überhaupt die Saison gut angefangen hat, so daß wir wieder einmal mit tausend Masten in den Ozean schiffen können. (...)

Entschuldige das Geschmiere, ich schreibe im Theater, und da ist immer Unruhe, wie Du weißt.

Alles Gute. O. Brahm

(Otto Brahm an den Dramatiker Georg Hirschfeld, 25. September 1896)

Ich glaube, daß er ein guter, vornehmer Charakter ist. Er ist jedenfalls ein merkwürdiger Mensch. Klein, schwächliche Figur, jüdischer Typus. Der Kopf ist klein, die Stirne hoch, das Gesicht und die Augen verschwommen. Sein Gesicht kommt mir manchmal wie ein großer Schwamm vor, der sehr viel in sich aufgesogen hat. Man weiß nie was er innerlich fühlt, selten was er denkt. Das Gesicht, die Augen sind ausdruckslos. Sprechend ist nur der Mund, am deutlichsten dann wenn er nicht spricht. Seine großen breiten Lippen drücken stets etwas aus, meistens ironische Überlegenheit, aber auch eine gewisse Gutmüthigkeit. Er spricht wenig, mit sehr schwacher Stimme und meist undeutlich, verschwommen. (...) Seine Bewegungen sind linkisch, zwerghaft unsicher. (...) Und doch thront hinter der hohen Stirne ein fester, unbeugsamer, ja eigensinniger Wille. Man würde sich durch den schwachen, unsicheren Ausdruck derselben oft versucht halten, zu widersprechen, umzustimmen. Da stößt man jedoch auf einen hohen aber unerschütterlichen Widerstand. Er läßt sich nur von seinem Willen und seinen Ansichten beherrschen. (...) Er hat noch keine Theaterpraxis, hat sich jedoch in dem einen Jahr mit erstaunlicher Kraft hineingearbeitet. Sein Ruf als Schriftsteller (hauptsächlich kritisch, biografisch) steht ja fest. Er ist Realist u. Verist mit Leib u. Seele. Ein Realist im idealen Sinne. Es liegt nicht die mindeste Maniriertheit od. Spekulation darin. Er ist ehrlich davon durchdrungen. Von geschäftlichen Rücksichten läßt er sich in künstlerischer Beziehung niemals leiten. Er hat viele Feinde u. kämpft jedenfalls mit großen Schwierigkeiten. Aber das ist nur ein Beweis für seine Bedeutung. (....) Sein Empfindungsleben muß wohl rasch und tief sein. Ich bin überzeugt, daß seine Freundschaft für Rittner, Hirschfeld, Hauptmann abgesehen von der großen Meinung von deren Fähigkeiten eine sehr warme, herzliche u. ideale ist. (...) Er hat ein ungemein scharfes kritisches Auge, er interessiert sich für alles u. bemerkt jede Kleinigkeit. Vielleicht verliert er dadurch manchen großen Zug aus den Augen. Es ist etwas Photographisches in seiner Beobachtung u. Kritik. Das, was der naturalistischen Richtung ja überhaupt eigen ist. Er hört gern zu u. beobachtet dabei. Jede seiner Äußerungen die brieflich u. schriftlich stets in knappen Worten gehalten sind begleitet er mit einem undurchdringlichen stereotypen Lächeln hinter dem sich allerlei Nebengedanken verbergen. Er steht über der Situation, immer, in den ernstesten Angelegenheiten, verliert nie den Kopf, bleibt immer ruhig, lächelnd. Seine Stellung drückt ihn nicht. Er trägt sie leicht, spielend. Heiter ist die Kunst. Oft scheint es, als wäre er sich der Verantwortlichkeit seiner Stellung gar nicht bewußt, als spielte er mit ihr. Er kann in seiner ruhigen lächelnden Weise scharf ironisch u. sarkastisch werden. Unter diesen oft abstoßenden Äußerlichkeiten verbergen sich tief schöne Herzenseigenschaften. Eigenschaften, deren Äußerung der Kopf wohl nicht immer billigt, die er deshalb sorgfältig fast ängstlich verbirgt und die nur unwillkürlich bei besonderen Anlässen zu Tage treten.

(Max Reinhardt, Tagebuch,
Saison 1895, 30. März 1895)

Vorm. Palmyraprobe. Seine Ignorranz, unser Herr Regisseur, dem Wilbrandt kürzlich für seinen Biereifer dankte, liefert wieder einige seiner köstlichen Regieblüthen, die dann als geflügelte Worte fort leben. Er wünscht die gespenstischen Worte »der Kaiser Julianus ist gefallen, der Apostat ist todt« im »Zimmerton« gesprochen. Reicher spielt den Tod. (...) Er spricht die Worte, aber ohne den gewünschten Effect worauf Hachmann »halben Zimmerton« vorschlägt. Unglaublich.

(Max Reinhardt, Tagebuch,
Saison 1895, 1. August 1895)

Menschen sein Wesen und sein Handeln bestimmt, hilft Brahm bei der Vorstellung eines situationsgerechten, wahren Verhaltens in einer als realer Lebensraum angenommenen Szenerie. Er bemüht sich um eine vom jeweiligen Milieu und seinem Geist geprägte »Grundstimmung« und ein entsprechendes, abgestimmtes Zusammenspiel; daraus entsteht schließlich die gerühmte Einheitlichkeit der Inszenierungen, der so genannte »Brahm-Stil«. Es wird eine vollkommene Illusion der Wirklichkeit angestrebt: fragmentarisierte Sprache des Alltags, stummes und genaues Spiel mit realistischen Requisiten, in Innenräumen vor gedämpften, erdnahen Farben, bei eher dämmernder Beleuchtung.

Angesichts noch vorhandener theatralischer und deklamatorischer Unarten der Darstellung, aber auch seiner eigenen Veranlagung nach, besteht Brahms Teilnahme an den Proben nicht im motivierenden Miterleben, sondern in der genauen Beobachtung. Er macht sich Notizen, greift selten ein und spricht mit den Schauspielern nach der Probe. »Brahm lobte sehr selten, er dämpfte und tadelte fast immer; aber gerade durch die feine Begründung seines Tadels hat er uns gefördert.« (Emil Lessing, 1912)

Durch den Fehlschlag von »Kabale und Liebe« ist zunächst auch die »Nora«-Premiere »nur sehr spärlich besetzt«, die finanzielle Situation der ersten Wochen bänglich.

Am 25. September 1894 findet endlich die lang erwartete, erste öffentliche Aufführung von Gerhart Hauptmanns »Die Weber« statt und wird zur Sensation, obwohl dies erste Stück über eine soziale Massenbewegung nach der Uraufführung der »Freien Bühne« im Neuen Theater am Schiffbauerdamm (26.2.1893) auch von der »Freien« und der »Neuen Freien Volksbühne« in geschlossenen Vorstellungen gezeigt worden ist. Der Grund für die »gewaltige Gesammtwirkung« im Deutschen Theater liegt aber nicht nur in der besseren (von Brahm und Hachmann erarbeiteten) Inszenierung, in der die zahlreichen Massenszenen »fast immer vortrefflich gelöst« sind, voran »die wüste Szene in der Kretscham« und »die Demolirung des Dreißigerschen Hauses«: »Unter dem Jubelgebrüll der Zuschauer und inmitten der erregten Menschen hatte man das Gefühl, daß nun mit der Demolirung des Theaters begonnen werden würde.« (*Der Reichsbote*, 28.9.1894) Vor allem Rudolf Rittner als Moritz Jäger und Rosa Bertens als Luise Hilse können hier, anders als in »Kabale«, ihren darstellerischen Realismus mit großem Erfolg verwirklichen; Hermann Nissen gibt den Dreißiger realistisch »ohne jeden Bösewichtsanstrich«; Hermann Müller ist ein Ansorge »ersten Ranges«. Natürlich spielt das Ensemble noch uneinheitlich; Kainz als Rotem Bäcker und Kraußneck als Hilse sind ihre Figuren eher fremd, sie retten sich souverän in die leidenschaftliche Deklamation.

Die Darstellung des Elends, der Behandlung und des verzweifelten Aufbegehrens der schlesischen Weber verfehlen auf den geringeren, sozialistisch gesinnten Teil des Publikums gewiß nicht ihre politische Wirkung. Ebenso gewiß ist, daß mehr als gegen aktuelle soziale Zustände ein großer »Theil der Zuschauer gegen das Polizeiverbot demonstriren wollte«. Den Hintergrund dazu bildet der langwierige Kampf Hauptmanns mit der Zensur. Das Polizeipräsidium Berlin hatte, zur Begründung des Verbots, mit einer warnenden Analyse eine aktuelle Bedeutung des Stücks erst nahegelegt; um es freizukämpfen, ist vom Autor wie auch vom Theater stets auf seinen untendenziösen Kunstwert verwiesen worden. Das Mißtrauen der Obrigkeit wird dadurch zwar nicht verringert; die Distanz der Sozialdemokratie gegenüber Brahm aber vergrößert.

Jedenfalls hat »die Einmischung der Polizei in Kunstangelegenheiten (...) hier, wie bisher noch immer, den entgegengesetzten Erfolg von dem, der beabsichtigt war, gehabt«. Die frenetische Begeisterung eint die verschiedensten Menschenklassen und Motive, zu denen allerdings auch die Sensationsgier, das Mitleid und der angenehme Schauder des überwiegend gutbürgerlichen Publikums gehören. Die Kritiken von »links« und »rechts« sind dennoch Dokumente einer von dieser Premiere ausgehenden tiefen Erregung, eines so noch nicht dagewesenen sozialen und politischen Eindrucks.

Nach einem Bericht an den Polizeipräsidenten kann allerdings »ein Anhalt für die Annahme, daß der Applaus eine sozialdemokratische Demonstration (...) sein sollte, (...) dem Verhalten des Publikums« nicht entnommen werden; es unterhält sich »beim Verlassen des Theaters noch über die Aufführung, ohne daß eine Störung der öffentlichen Ordnung eingetreten ist«. Im *Kleinen Journal* heißt es am nächsten Tag: »Mit dem gestrigen Abende hat der neue Theaterleiter die Unterminirungsarbeit, welche er von Anfang an so geschickt begonnen, glänzend zu Ende geführt: *das Deutsche Theater ist nicht mehr.*« (Kritiken und Dokumente in: *Gerhart Hauptmanns »Weber«. Eine Dokumentation*)

Lieber Georg,
Deine Sudermann-Frage zu beantworten, (...) vermelde also nur einen großen Erfolg, besonders bei dem »Ewig-Männlichen«. »Mein Junge« – um mich Sudermännisch auszudrücken – da haben wir uns schön blamiert. (...) Schiff ist sprachlos über den Andrang, der gestern in der ersten Kassenstunde herrschte und schon gegen 11 Uhr zur Ausverkauftheit führte, hat mir aber anvertraut, daß Hauptmann ein größerer Dichter sei – was angesichts solcher Rapporte doch entschieden eine Keckheit ist. Ob diese Hochflut eine Weile anhält, weiß ich freilich nicht, aber mir soll's recht sein. (...) Eigentlich wollte ich nun gleich an den Schnitzler gehen. Aber vielleicht erzwingen sich die Gegebenheiten einen anderen Spielplan. Denn wer macht das Repertoire? Schiff auf seinem hohen Sitze; wenn er aus der Kasse herauskommt, ist er nur ein kleiner Hebräer. Aber thront er drinnen, mit finsteren Brauen abweisend die Menge der Anstürmenden, wahrlich, so dünkt er mich Jehovah selbst im göttlichen Zorn (...)

Herzlich Dein O. Brahm

(Otto Brahm an den Dramatiker Georg Hirschfeld, 5. Oktober 1896)

Berlin, den 26. März 1895

Der derzeitige Pächter des Deutschen Theaters, Dr. Otto Brahm (Abrahamson), welcher am 5. Februar 1856 in Hamburg geboren ist, früher mosaisch, jetzt konfessionslos, war vor Übernahme der Direction mehrere Jahre Vorstand der »Freien Bühne«, eines Vereins, welcher es sich zur Aufgabe machte, solche Stücke zur Aufführung zu bringen, die zur öffentlichen Aufführung polizeilicherseits nicht zugelassen wurden. (...)

Da Brahm ganz vermögenslos ist, so wurden die bei der Uebernahme des Theaters diesseits von ihm verlangten Betriebsgelder in Höhe von 250 000 Mark durch 21 Personen, darunter 19 Juden aufgebracht. In politischer Beziehung neigt Brahm der extremen demokratischen Richtung zu. Seine Gesinnung bestätigte er schon als Leiter der »Freien Bühne«, der er auch jetzt noch als Mitglied angehört, indem er Stücke mit demokratischer und sozialistischer Tendenz einem, wenn auch beschränkten Zuhörerkreis vorführte. Diese seine Thätigkeit setzt er auch als Leiter des Deutschen Theaters fort. Mit Vorliebe setzt er solche Stücke auf das Repertoire, welche sich gegen die besseren Gesellschaftskreise, gegen Beamtentum, Heer und Adel richten.

Gegen den Rath des Dr. L'Arronge hat er das überaus aufreizende und von den Anarchisten und Sozialisten als vorzügliches Agitationsmittel bezeichnete Stück »Die Weber«, dessen Freigabe für das Deutsche Theater er im Verwaltungsstreitverfahren durch die bekannte Erkenntnis des Oberverwaltungsgerichts erlangt hat, zur öffentlichen Aufführung gebracht. Das Stück, welches annähernd hundertmal bereits gegeben worden ist, beherrscht auch jetzt noch als Kassen- und Zugstück die von ihm geleitete Bühne. In letzter Zeit ist es wiederholt innerhalb 30 Stunden einschließlich einer Sonntagsnachmittagsvorstellung 3 mal gegeben worden und zwar in der von Brahm ausgesprochenen Absicht, möglichst viel Geld zu verdienen. Auch am Geburtstag Sr. Majestät des Kaisers und Königs wurde das genannte Stück zur Aufführung gebracht.

Die Art der Theaterleitung des Deutschen Theaters, der Charakter der aufgeführten Stücke haben ihre Wirkung auf das bessere Publikum insofern nicht verfehlt, als sich nach den angestellten Beobachtungen die vornehmeren Gesellschaftskreise von dem Deutschen Theater zurückzuziehen beginnen. Auch jüdische Blätter, die dem Deutschen Theater nahe stehen, wie das Kleine Journal, haben die subversive

In der Tat beginnt mit der »Nora« und den »Webern« ein *anderes* Deutsches Theater, angekommen in der Wirklichkeit seiner Zeit – auch wenn es die politische und soziale Radikalität dieses Beginns in den zehn kommenden Jahren nicht wieder erreichen wird, wie auch die öffentliche Wirkung, die das Preußische Abgeordnetenhaus, den Reichstag und die Regierung beschäftigt.

Als der Kaiser zur Strafe für den an Preußens Ehre rührenden Skandal die Hofloge kündigen läßt, gehen Brahm jährlich 1500 Mark verloren, durch ihre Vermietung nimmt er wesentlich mehr ein. Mit fast hundert Aufführungen allein in der laufenden Spielzeit (darunter auch einige Nachmittagsvorstellungen zu halben Preisen) verschaffen die »Weber« seiner Direktion auch jene erste finanzielle Sicherheit, die notwendig ist, um an eine überlegte Entwicklung von Repertoire und Ensemble zu gehen.

Ibsen, Hauptmann, Schnitzler

Die Spielpläne werden von Anfang an durch das neuere Drama, durch das Interesse an zeitgenössischen Themen und Autoren geprägt. Von Ibsen werden noch in der ersten Spielzeit »Gespenster« und »Klein Eyolf« gespielt; es folgen bis 1901 sieben weitere Stücke des norwegischen Dichters, von denen ab 1899, durch Veränderungen im Ensemble erforderlich, mehrere auch neu einstudiert werden. Charakteristisch ist, daß dazu nur die Stücke nach »Stützen der Gesellschaft« gehören, nicht solche größerer Dimensionen wie »Brand« oder »Peer Gynt«. Die Ibsen-Aufführungen zeigen eindrucksvoll die Entwicklung bestimmter Schauspieler, zugleich aber, daß Brahm mit Hauptrollen auf »sicher« geht und kaum Experimente wagt. Diese Konzentration auf wenige Darsteller bringt allerdings Vorstellungen von einer nicht dagewesenen psychologischen Dichte hervor. Zum Kern des Ensembles gehören Agnes Sorma, Else Lehmann und, nach dem Weggang der Sorma 1898, Louise Dumont, ab 1901 noch Irene Triesch, sowie Hermann Nissen, Emanuel Reicher, Rudolf Rittner, Oscar Sauer, Hermann Müller und Max Reinhardt; ab 1901 übernimmt Albert Bassermann mit großem Erfolg Reichers Rollen in Neueinstudierungen.

Wenn Ibsen neben Brahm gewissermaßen der nicht anwesende andere Lehrer des Ensembles in psychologischer Wahrheit ist, so Gerhart Hauptmann, mit inhaltlich und stilistisch

Mitglieder von Brahms Ensemble mit Angehörigen 1899, v.l.n.r.:
Frau Weinholz, Richard Vallentin und Frau, Paul Biensfeldt, Minna Höxer-Behrens, Woldemar Runge, Max Reinhardt, Else Heims, Friedrich Kayßler, Marie Elsinger, Eduard von Winterstein, Frau Kayßler

Tendenz des gegenwärtigen Directors öffentlich gemißbilligt.

Vertraulich ist in Erfahrung gebracht worden, daß der Director Brahm auf den Zuschuß aus der Königlichen Kasse gar keinen Werth legt, daß ihm sogar daran gelegen ist, daß ihm dieser entzogen wird, da er nach seiner Aussetzung ein besseres Geschäft macht, wenn er die betreffende Loge verkaufen kann. (...) Aus den vorstehend dargelegten Gründen erscheint der Theater-Director Brahm einer Unterstützung (...) aus der Königlichen Kasse nicht würdig, und dürfte daher eine Befürwortung der ferneren Bewilligung eines Zuschusses an das Deutsche Theater nicht angezeigt erscheinen.

Politische Polizei
Muhl

unterschiedlichen Werken, sein aktueller Herausforderer. Brahm, seit den Zeiten der »Freien Bühne« eng mit ihm befreundet, bringt insgesamt vierzehn seiner Werke heraus, davon sieben als Uraufführung. Nicht alle entsprechen den ästhetischen Vorstellungen des Direktors; das gilt besonders für die neuromantischen Legenden »Die versunkene Glocke«, ab 1896/97 gegen seine Erwartung ein Dauererfolg, und »Der arme Heinrich« mit Rudolf Rittner, 1902/03 erst nach dem Burgtheater (mit Kainz) herausgebracht. Trotz unterschiedlicher Ergebnisse hält Brahm treu an Hauptmann fest: Die Uraufführungen von »Florian Geyer« (1895/96, mit Emanuel Reicher), »Schluck und Jau« (1899/1900), »Michael Kramer« (1900/01, Titelrolle Max Reinhardt) und »Der rote Hahn« (1901/02) sind nicht gerade Erfolge. Ihnen stehen aber ebenfalls vier überaus bedeutende Hauptmann-Aufführungen gegenüber. Nach den »Webern« sind das »Der Biberpelz«, 1897/98 vor allem durch den Wehrhahn Oscar Sauers auf das Niveau der zeitkritischen Komödie erhoben, die Uraufführung von »Fuhrmann Henschel«, 1898/99 mit Else Lehmann als Hanne Schäl und Rudolf Rittner als Henschel, sowie die der »Rose Bernd« mit Else Lehmann, 1903/04. In ihnen bringt die große Schauspielerin zwei exemplarische proletarische Frauengestalten, die eine von dämonisch drohender Kraft, die andere von hilfloser Gehetztheit, auf das Theater.

Deutsches Theater.

Mittwoch, den 2. December 1896.

Zum ersten Male:

Die versunkene Glocke.

Ein deutsches Märchendrama in fünf Akten von Gerhart Hauptmann.

Heinrich, ein Glockengießer	Josef Kainz	Rautendelein, ein elbisches Wesen	Agnes Sorma
Magda, sein Weib	Annie Trenner	Der Nickelmann, ein Elementargeist	Hermann Müller
Beider Kinder	Else Zeelen	Ein Waldschratt, faunischer Waldgeist	Rudolf Rittner
	Lotti Rothe	Vier Elfen	Tilly Waldegg
Der Pfarrer	Emanuel Reicher		Else Hofmann
Der Schulmeister	Max Reinhardt		Helene Staglé
Der Barbier	Hanns Fischer		Paula Eberty
Die Nachbarin	Marie Corbach	Zwerge, Holzmännerchen und Holzweiberchen.	
Die alte Wittichen	Marie Meyer		

Der Märchengrund ist das Riesengebirge und ein Dorf an seinem Fuße.

Regie: Cord Hachmann.

Pause nach dem 2. Akt.

Kassen-Eröffnung 6 Uhr. Anfang 7 Uhr. Ende 10½ Uhr.

Donnerstag, den 3. December: **Der Kaufmann von Venedig.**
Freitag, den 4. December, zum 1. Male wiederholt: **Die versunkene Glocke.** Anf. 7½ Uhr.
Sonnabend, den 5. December: **Morituri.** 1. **Teja.** 2. **Fritzchen.** 3. **Das Ewig-Männliche.**
Sonntag, den 6. December, Nachmittags 2½ Uhr, zu ermäßigten Preisen: **Julius Caesar.**
Sonntag, den 6. December, Abends 7½ Uhr: **Die versunkene Glocke.**

Preise der Plätze:	Abend-Vorstellungen:	Nachmittags-Vorstellungen	Preise der Plätze:	Abend-Vorstellungen:	Nachmittags-Vorstellungen:
Fremden-Loge	Mark 7,50	Mark 5,00	Steh-Parquet	Mark 3,00	Mark 1,70
Orchester-Loge	7,50	5,00	II. Rang Balkon	3,00	1,75
I. Rang Balkon	6,00	3,00	II. Rang Proscenium	3,00	[illegible]
I. Rang Loge	6,00	3,00	II. Rang Tribüne	2,50	[illegible]
Parquet-Loge	6,00	3,00	II. Rang Sperrsitz	2,00	1,00
Parquet	4,50	2,50	Gallerie	1,00	0,50

Die Vorverkaufsgebühr beträgt für sämmtliche Plätze in den Logen, I. Rang und Parquet 50 Pf., im Steh-Parquet, II. Rang-Balkon, Proscenium, Tribüne und Sperrsitz 30 Pf. Bei Abänderung einer Vorstellung wird auch das Bestellgeld zurückgezahlt. Für die Nachmittags-Vorstellungen wird kein Aufgeld erhoben. Auf Bestellungen reservirte Billets müssen **spätestens einen Tag vor** der betreffenden Vorstellung Vormittags bis 11 Uhr an der Kasse abgeholt werden.

Die Tages-Kasse ist Vormittags von 10 – 1½ Uhr geöffnet. Der Billet-Verkauf findet für sämmtliche angekündigten Vorstellungen statt.

Billet-Verkauf durch den „Invalidendank" **Unter den Linden 24, 1** neben **Kranzler**, täglich von 9–4 Uhr. Sonntag von 9–10 und 12–2 Uhr.

Deutsches Theater.

Montag, den 7. November 1898.

Fuhrmann Henschel

Schauspiel in 5 Akten von Gerhart Hauptmann.

Siebenhaar, Besitzer des Hotels zum Rautenkranz	Oscar Sauer.	Walter, Henschel's Schwager, Pferdehändler	Hermann Müller.
Karlchen, sein Sohn	Kl. Lotti Rothe.	Grunert, Thierarzt	Paul Schwaiger.
Henschel, Fuhrmann	Rudolf Rittner.	Fabig, Handelsmann	Richard Vallentin
Malchen, seine Frau	Lotti Sarrow.	Hildebrand, Schmied	Bruno Ziener.
Hanne, Magd bei Henschel	Else Lehmann.	Hauffe, Knecht bei Henschel	Max Reinhardt.
Bertha	Kl. Elly Rothe.	Franz, Kutscher bei Siebenhaar	Eduard v. Winterstein.
Wermelskirch, Pächter der Schänkstube zum Rautenkranz	Emanuel Reicher.	Ein Feuerwehrmann	Emil Ludwig.
Frau Wermelskirch	Agnes Müller.		
Franziska, deren Tochter	Paula Eberty.		
George, Kellner	Hanns Fischer		

Das Stück spielt in einem kleinen Badeort im Hotel zum Rautenkranz.

Zeit: Sechziger Jahre. Der 1. Akt spielt im Februar, der 2. im Mai, der 3. im November, der 4. und 5. im folgenden Frühjahr.

Regie: Emil Lessing.

Pause nach dem dritten Akt.

Kassen-Eröffnung 6½ Uhr. Anfang 7½ Uhr. Ende 10 Uhr.

Dienstag, den 8. November: Cyrano von Bergerac.
Mittwoch, den 9. November: Fuhrmann Henschel.
Donnerstag, den 10. November: Cyrano von Bergerac.
Freitag, den 11. November: Fuhrmann Henschel.
Sonnabend, den 12. November: Cyrano von Bergerac.
Sonntag, den 13. November, Nachm. 2½ Uhr zu ermäßigten Preisen: Nora.
Sonntag, den 13. November, Abends 7½ Uhr: Fuhrmann Henschel.

Die Tages-Kasse ist von 10–1½ Uhr geöffnet. Der Billet-Verkauf findet für sämmtliche angekündigten Vorstellungen statt.

Billet-Verkauf durch den „Künstlerdank" Unter den Linden 69.

Deutsches Theater.

Mittwoch, den 27. November 1901.

Zum ersten Male:

Der rote Hahn.

Tragikomödie in vier Akten von Gerhart Hauptmann.

Fielitz, Schuhmachermeister und Polizeispion	Max Reinhardt.	Dr. Boxer, Arzt	Friedrich Kayßler.
Frau Fielitz, verwitwete Wolff, seine Frau	Luise von Poellnitz.	Glasenapp, Amtsschreiber	Rudolf Bernauer.
Leontine, ihre älteste Tochter aus erster Ehe	Paula Eberty.	Frau Schulze	Agnes Müller.
Schmarowski, ihr Schwiegersohn, Baubeflissener	Hanns Fischer.	Schulze, ihr Neffe, Gendarm	Paul Schwaiger.
von Wehrhahn, Amtsvorsteher	Oscar Sauer.	Tschache, Gendarm	Adolf Baumann.
Rauchhaupt, preußischer Gendarm a. D.	Rudolf Rittner.	Ein Feuerwehrmann	Wilhelm Noster.
Gustav, sein ältester Sohn, imbecill	Carl Meinhard.	Ein Junge	Else Seelen.
Seine acht Töchter.		Nickel, Amtsdiener	Eduard Leusch.
Langheinrich, Schmiedemeister	Albert Bassermann.	Dorfleute.	
Ede, Geselle bei Langheinrich	Bruno Ziener.		

Ort des Geschehens irgendwo um Berlin.

Regie: Emil Lessing.

Pausen nach dem 1. und 3. Akte.

Kassen-Eröffnung 6½ Uhr. Anfang 7½ Uhr. Ende 10 Uhr.

Donnerstag, den 28. November: Der rote Hahn.
Freitag, den 29. November: Nora.
Sonnabend, den 30. November: Der rote Hahn.
Sonntag, den 1. Dezember, Nachmitt. 2½ Uhr, zu ermäßigten Preisen: Die versunkene Glocke.
Sonntag, den 1. Dezember, Abends 7½ Uhr: Der rote Hahn.
Montag, den 2. Dezember: Die Weber.
Dienstag, den 3. Dezember: Der rote Hahn.

Preise der Plätze:

Fremden-Loge	Mark 7,50	Steh-Parquet	Mark 3,00
Orchester-Loge	7,50	II. Rang-Balkon	3,00
I. Rang-Loge	6,00	II. Rang-Proscenium	3,00
I. Rang-Balkon	6,00	II. Rang-Tribüne	2,50
Parquet-Loge	6,00	II. Rang-Sperrsitz	2,00
Parquet	4,50	Gallerie	1,00

Die zu Sonntag, den 1. Dezember bestellten Billets müssen bis Mittwoch, den 27. November, Mittags 12 Uhr abgeholt werden, widrigenfalls über dieselben anderweitig verfügt wird.

Die Verkaufsgebühr beträgt für sämmtliche Plätze in den Logen, I. Rang und Parquet 50 Pf., im Steh-Parquet, II. Rang-Balkon, Proscenium, Tribüne und Sperrsitz 30 Pf. Bei Abänderung einer Vorstellung wird auch das Bestellgeld zurückgezahlt. Für die Nachmittags-Vorstellungen wird kein Aufgeld erhoben. Auf Bestellungen reservirte Billets müssen spätestens einen Tag (bei Erstaufführungen drei Tage) vor der betreffenden Vorstellung Vormittags bis 11 Uhr an der Kasse abgeholt werden.

Die Tages-Kasse ist von 10–1½ Uhr geöffnet. Der Billet-Verkauf findet für sämmtl. angekündigten Vorstellungen statt.

Billet-Verkauf durch den „Invalidendank" Unter den Linden 24, I, und dessen Filiale in Potsdam, Kaiserstraße 5 (Potsdamer Intelligenz-Comtoir), durch den Künstlerdank, Unter den Linden 19, und durch das Waarenhaus A. Wertheim, Leipzigerstr. 132-135.

Der Wiener Arthur Schnitzler ist der dritte bedeutende zeitgenössische Dichter, dessen Werk zum dramaturgischen »Rückgrat« des Deutschen Theaters gehört. Brahm führt alle seine Stücke bzw. Einakter zwischen 1896 und 1904 auf (ausgenommen natürlich den indizierten »Reigen«); »Freiwild« (1896/97), den Einakterzyklus »Lebendige Stunden« (1901/02), »Der Puppenspieler« und »Der einsame Weg« (1903/04) als Uraufführungen. Auch hier ist der Erfolg sehr unterschiedlich; das wesentlichste Werk, »Der einsame Weg«, in bester Besetzung mit Irene Triesch, Else Lehmann, Oscar Sauer, Rudolf Rittner und Albert Bassermann (als von Sala) herausgebracht, entspricht in seinem Ernst nicht dem, was das Publikum von Schnitzler erwartet.

Zugstück und Zensur

»Der grüne Kakadu« beschwört 1898 einen der schon zur Routine gewordenen Zusammenstöße mit der Zensur herauf. Den »wesentlichen Gehalt« der »Groteske in einem Akt« faßt das Polizeipräsidium, nachdem das Stück Mitte November 1898 zur notwendigen Genehmigung eingereicht worden ist, dahingehend zusammen, »daß der französische Adel zur Zeit der Revolution, um seine Zeit zu verkürzen und seine erschlafften Nerven zu erregen, in einer Wirtschaft niedrigsten Ranges zotigen Unterhaltungen zuhört und sich an denselben beteiligt«. Darüber hinaus werde, nachdem sich die Adligen bei der Nachricht vom Sturm auf die Bastille zurückgezogen haben, eine Stimme laut: »Laßt sie für heute laufen, sie werden uns nicht entgehen!«, und das Stück schließe »mit dem Rufe: Es lebe die Freiheit«. Die öffentliche Aufführung wird deshalb »auf Grund des § 7 der Polizeiverordnung vom 10. Juli 1851 aus ordnungs- und sittenpolizeilichen Gründen« Ende November 1898 untersagt. Eine Beschwerde wird abgelehnt, ebenso die bei der übergeordneten Instanz, dem Oberpräsidenten der Provinz Brandenburg, obwohl nach Meinung des Theaters »das betreffende Theaterstück (...) frei von jeder politischen Tendenz ist«. Es geht daraufhin den nächsten Schritt mit der Anfang Februar 1899 beim Oberverwaltungsgericht eingereichten »Klage im Verwaltungs-Streitverfahren« des »Direktors Dr. Otto Brahm wider den Kgl. Ober-Präsidenten (...) wegen Aufhebung einer Verfügung«; nach ihr liegt »im vorliegenden Fall (...) nicht der geringste Anlaß für die Annahme« vor, »daß etwa die Theaterbesucher so unintelligent oder so politisch verhetzt sein könnten, um auf heutige und hiesige Verhältnisse Eines oder das Andere zu übertragen«. Das zieht sich hin, schließlich kann Brahm, der damit die Uraufführung verliert, Anfang März dem Polizeipräsidium das Stück »in der Fassung, die auf dem K.u.K. Hofburgtheater in Wien zur öffentlichen Aufführung gebracht worden ist«, überreichen und darum bitten, »das Stück in der von den Wiener Zensurbehörden gutgeheißenen Form aufführen zu dürfen«. Am 29. April 1899 kann es endlich, zusammen mit »Die Gefährtin« und »Paracelsus«, herauskommen. »Meisterhaft war Kainz als Schauspieler Henri. (...) Hellen Jubel erregte Rudolf Rittner als der Strolch Grain.« (*Vossische Zeitung*, 1.5.1899).

Das zeitgenössische Drama beherrscht durch alle Jahre Brahms Spielpläne. Hauptmann, Ibsen und Schnitzler folgen mit jeweils sieben Premieren Max Dreyer und Ludwig Fulda. Dreyers für geistige Freiheit eintretendes Schauspiel »Der Probekandidat« ist ein langlebiger Erfolg mit über 160 Aufführungen. Der ironische »historische Schwank« aus dem sexuellen Leben eines deutschen Fürstentums, »Das Tal des Lebens« von Max Dreyer, wird 1903 aus »sittlichen« und politischen Gründen untersagt und darf nur in geschlossener Sondervorstellung gezeigt werden. Georg Hirschfeld, ein jüngeres Talent, wird von Brahm mit sechs Premieren nachdrücklich gefördert. Max Halbe und Hermann Sudermann sind mit je vier vertreten; Sudermanns »Johannes« wird 1898 nach einigem Kampf gegen die Zensur wegen der Darstellung eines religiösen Gegenstands auf die Bitte des Autors hin durch einen Machtspruch des Kaisers (!) freigegeben. Mit Agnes Sorma als Salome und Josef Kainz als Johannes der Täufer wird das unbedeutende Stück in fast 150 Aufführungen eine »erotische« Sensation: »Agnes Sorma besitzt als Salome die Lebenskraft und Lebensfreude eines jungen Raubthieres, einer jungen Pantherin. Tigerkatzenhaft umbuhlt sie den Täufer« und erreicht »das dämonisch Fürchterliche in ihrem Tanz«. (*Berliner Lokal-Anzeiger*, 16.1.1898). Ähnlich wie später bei dem historisch-erotischen Drama »Monna Vanna« von Maeterlinck (1902) wird hier vor allem auf die Kasse gesehen. Wenigstens gehört laut *Berliner Tageblatt* (16.1.1898) zu denen, »welche von ›Johannes‹ schon das Heil erwarteten, offenbar Direktor Brahm; er hatte für das Stück mehr gethan als je vorher für ein Werk von Shakespeare oder Goethe«. Fast zweihundert Vorstellungen folgen der Uraufführung von Otto Erich Hartlebens »Rosenmontag«, einer Tragödie der Standesvorurteile

Hainstein bei Eisenach, 10.8.1902

Lieber Georg,
die Verhandlungen mit L'Arronge waren dadurch auf einen toten Punkt gelangt, daß ich seinem »Wunsch«, den Hans als Regisseur zu engagieren, nicht entsprechen wollte; den hat ihm Lindau erfüllt, und so geschah's. (Das kannst Du, wenn Du magst, auch weitererzählen.) Einigermaßen überraschend kam mir die Sache doch, wenn auch nicht wie der Blitz aus blauem Himmel. Ich bin noch ganz unentschlossen, ob ich einem Neubau zusteuern oder die Schreiberei wieder aufnehmen soll: doch laß diese Mitteilung bitte gänzlich Dir allein gesagt sein! Vorläufig neige ich sehr stark zur zweiten Alternative und hoffe auch, daß in Berlin der Theaterteufel nicht wieder Besitz von mir nimmt.

Herzlich Dein Otto Brahm

(Otto Brahm an den Dramatiker Georg Hirschfeld)

Von sich selbst wußte er um so klarer, wie menschlich bedingt er war. Widersprüche und Schwächen, Sehnsucht und Erfüllung stritten in ihm – wenn zuletzt dann immer das Ethos über das Chaos Herr blieb, wußte er selbst am besten, was es ihn gekostet, wie weit sein menschlicher Weg von dem blieb, was er als künstlerischer Kritiker ersehnte. Denn ein Sehnsuchtsmensch war Otto Brahm – das wissen Wenige, weil er dieses Bild seines Wesens scheu verbarg, herb und abstoßend oft gegen wohlmeinende Neugier, die es ergründen wollte.

Das tragische Schicksal des Genius, der sich seinen Körper nicht bauen kann, nur die Flügel, um ihn über Spott und Torheit zu erheben – den Kampf der Wieland, Beethoven und Menzel war Otto Brahm nicht fremd. Zwerghaft und »häßlich«, wie die kompakte Majorität es nennt, trat er vor die beseelte Schönheit des Menschen hin, die er, der beste Kleistkenner, erkannte. Er wußte, daß viel Leid auf ihn wartete, und er litt, aber er deckte es mit Spott, mit Selbstspott. Über seiner Empfindlichkeit stand stählerne Intelligenz.

(Georg Hirschfeld, 1925)

Brahm, der eigentliche Schöpfer einer europäischen Bühne, macht, wenn finanziell alles mißlingt, dicke Zugeständnisse; doch in der Hauptsache ließ er stets die Leute zu sich kommen. Er war kein Liebling. Ein Reformator: Kein Erfüllerchen.

(...) Etwas Stärkstes bleibt in mir, was sehr tiefe Kunst bedeutet: Ibsenvorstellungen bei Brahm. Was tiefe Kunst bedeutet – und doch zugleich in mein Atmen langt. Am Ende dieser ganzen Herrlichkeit lebt es noch. Inmitten des Zaubers bedrängt es mich. In Taumelstimmungen schwingt es mit. Das ist die schwarze Gloria. Das ist die stille Hand, die in große Gänge, in schlummerndes Versinken, in jede ehrlich letzte Zwiesprach hineinspenstert und in alle krudelwilde Magie. Dies ist das Eis, das nach jedem Klettern oben wartet. Keine Bühnenkunst mehr: sondern eine Lebensangelegenheit (...)

(Alfred Kerr, Wer war Brahm?, 6. Dezember 1912)

aus dem Offiziersmilieu, im Oktober 1900; mit Else Lehmann und Rudolf Rittner als unglückseligem Liebespaar. Die wichtigsten ausländischen Autoren sind, nach Ibsen, der Norweger Bjørnstjerne Bjørnson, der niederländische Sozialist Herman Heijermans mit seinen engagierten naturalistischen Stücken über das Elend der Fischer und Bauern, sowie der Russe Leo Tolstoi, desses »Macht der Finsternis« eine der wichtigen Aufführungen der späteren Zeit ist.

»Ruhmlose Vorsicht«

Brahm, der Direktor, dessen Theater stets geschäftlich bestehen muß, macht in seinen Spielplänen viele Zugeständnisse, um das, woran ihm liegt, durchsetzen zu können. In den letzten Jahren nimmt das sehr zu; eine entschiedene Vorliebe zu den Dramatikern seiner ersten Wahl läßt ihn Neues übersehen. Er läßt den späten Ibsen beiseite. Er spielt nicht Strindberg, Shaw, Wedekind und Wilde. Nach der Jahrhundertwende erscheint das eben noch literarisch und darstellerisch Revolutionäre, von Kompromissen erweicht, als das Traditionelle, die Innerlichkeit auch als Enge. Im Sommer 1902 trifft Brahm die Kündigung des Pachtvertrags durch Adolph L'Arronge, die, vor allem wohl von der ästhetischen Differenz mit dem »starrsinnigen Naturalisten« (Georg Hirschfeld) und dem seit der Kündigung der Hofloge gestörten Verhältnis seines Theaters mit der Obrigkeit vorbereitet, durch Brahms Weigerung, L'Arronges Sohn inszenieren zu lassen, nur noch ausgelöst wird. L'Arronge gründet mit mehreren Bankiers und Kaufleuten als Geldgebern im August 1902 eine »Gesellschaft Deutsches Theater zu Berlin G.m.b.H.«, zu »deren Geschäftsführer der Theater-Director und Schriftsteller Dr. Paul Lindau zu Berlin« gemacht wird. Der Gegenstand des Unternehmens ist »die Pachtung und der Betrieb des Herrn Adolph L'Arronge gehörenden (...) Deutschen Theaters Berlin auf eigene Rechnung«. Dafür stehen Lindau 300 000 Mark zur Verfügung. Im Juni 1903 schon erhält Lindau vom Polizeipräsidium die notwendige Konzession.

Alfred Kerr, der 1905 die letzten Spielzeiten von »ruhmloser Vorsicht« bestimmt nennen wird, kommentiert den Vorgang unter der Überschrift »Ausmietung«: »Brahms Herrschaft geht zu Ende; man beseitigt ihn. Die tieferen Gründe ruhen nicht bloß in den Neigungen des Hausbesitzers, der das Theater einem andren vermietete. Die tieferen Gründe ruhen in Brahms durchlöcherter Innerlichkeit. Es wäre nicht möglich gewesen, ihn vor die Tür zu setzen, so kurzerhand, so achtungslos: wenn er eine größere moralische Kraft dargestellt hätte; wenn er die Jugend und die öffentliche Meinung noch für sich gehabt; wenn er nicht von zwei Seiten wäre zugleich angefochten worden: neben alten Gegnern von uns Jüngeren.« (August 1902, in: *Gesammelte Schriften*, Bd. 5, S.61) Kerr bezeichnet im gleichen Zusammenhang Paul Lindau als »scheinbar abgedankte Kraft«. Er ist es wirklich, wie sich bald zeigt. Als Brahm aus dem Deutschen Theater weggeht, folgt ihm sein ganzes Ensemble in das Lessing-Theater; Lindaus Direktion im Deutschen Theater bleibt eine kurze, unbedeutende Episode trotz des Versuchs, die Klassiker wieder mehr zu berücksichtigen und auch moderne Dramatiker wie Oscar Wilde und George Bernard Shaw aufzuführen.

Dramaturgie
Artistischer und Dramaturgischer Sekretär ist Dr. Moritz Ehrlich. Der eigentliche Dramaturg seines Theaters ist Otto Brahm.

Eintrittspreise 1894 (Angaben in Mark)

Rangloge	*6,00*
Parkett	*4,50*
Stehgalerie	*1,00*

Durchschnittlicher nomineller Jahresverdienst 1895 eines Arbeitsnehmers: 665 Mark

1 Mark hat 1894 rein rechnerisch eine Kaufkraft von heute etwa 9,50 Mark.

Dokumente:
BLHA, Rep. 30, Th 1888; TMM, Hss., VIII 5853

Die erste öffentliche Aufführung von Gerhart Hauptmanns Schauspiel »Die Weber« am 25. September 1894 ist auch der erste sensationelle Erfolg des neuen Direktors Otto Brahm: »Das Beifallsgebrause begann in unerhörter Stärke schon nach dem ersten Akte, und nach jedem weiteren der fünf Akte wiederholte es sich, ohne sich steigern zu können, weil eine Steigerung das in einem Theaterraum Mögliche überschritten haben würde.« (*Berliner Tageblatt*)

Emanuel Reicher als Weber Ansorge

Rudolf Rittner in der Rolle des Moritz Jäger

»Es ist eben, daran ist nichts zu ändern noch zu deuteln, ein höchst aufreizendes Schauspiel, welches durch naturalistische und tendenziöse Vorführung eines unglückseligen Vorfalles aus den vierziger Jahren nur Verwirrung zu stiften imstande ist. ... Nur die Freude am brutalen Zerschlagen und den wirren Reden der schnapstrunkenen Arbeiter schlug durch. Die besitzenden Klassen im Parquet waren in übler Lage. Den Naturalismus Hauptmanns hatten sie stets beklatscht. Was nun?« (*Der Reichsbote*, November 1894)

Deutsches Theater zu Berlin.

Goethe — Schiller

Sonnabend, den 22. Dezember 1894.

Die Weber.

Schauspiel aus den vierziger Jahren, in 5 Akten von Gerhart Hauptmann.

Kassen-Eröffnung 6½ Uhr. Anfang 7½ Uhr. Ende 9¾ Uhr.

Preise der Plätze:

Fremden-Loge	Mk. 7,50	Parquet-Loge	Mk. 6,00	II. Rang Proscenium	Mk. 3,00
Orchester-Loge	„ 7,50	Parquet	„ 4,50	II. Rang Tribüne	„ 2,50
I. Rang Balkon	„ 6,00	Steh-Parquet	„ 3,00	II. Rang Sperrsitz	„ 2,00
I. Rang Loge	„ 6,00	II. Rang Balkon	„ 3,00	Gallerie	„ 1,00

Die Vorverkaufsgebühr beträgt für sämmtliche Plätze in den Logen, I. Rang und Parquet 50 Pf., im Steh-Parquet, II. Rang Balkon, Proscenium, Tribüne und Sperrsitz 30 Pf. Bei Abänderung einer Vorstellung wird auch das Bestellgeld zurückgezahlt. Für die Nachmittags-Vorstellungen wird kein Aufgeld berechnet. Auf Bestellungen reservirte Billets müssen **spätestens einen Tag vor** der betreffenden Vorstellung Vormittags bis 11 Uhr an der Kasse abgeholt werden.

Die **Tages-Kasse** ist Vormittags von 10–1½ Uhr geöffnet.
Der Billet-Verkauf findet für sämmtliche angekündigten Vorstellungen statt.

Billet-Verkauf durch den „Invalidendank“ Markgrafenstr. 51a, täglich von 9–4 Uhr, Sonntags von 9–10 und 12–2 Uhr und durch die Nicolai'sche Buchhandlung (Borstell & Reimarus), Potsdamerstraße 125b täglich, mit Ausnahme des Sonntags, von 9–4 Uhr.

Die Damen werden höflichst ersucht, im Theater den Hut abzulegen.

Wochen-Spielplan:

Sonntag, den 23. Dezember, Nachmittags 2½ Uhr, zu halben Preisen: **Die Weber.**
Abends 7½ Uhr: **Blau. Cyprienne.**
Montag, den 24. Dezember: **Geschlossen.**

Feiertags-Spielplan:

25. Dezember, Nachm.: **Der Talisman.** Abends: **Blau. Cyprienne.**
26. Dezember, Nachm.: **Der Kaufmann von Venedig.** Abends: **Blau. Cyprienne.**
27. Dezember, Nachm.: **Der Talisman.** Abends, zum 1. Male: **Die Katakomben.** Schwank in 4 Akten von Gustav Davis.

Das Personen-Verzeichniß befindet sich auf der 3. Seite.

Titelseite des Programmzettels zu einer Aufführung von »Die Weber«

»Die Weber« können wegen ihres Erfolgs in allen Spielzeiten der Direktion Brahm gespielt werden, so daß zahlreiche Um- und Neubesetzungen notwendig sind. Albert Bassermann (oben) spielt den Fabrikanten Dreißiger nach seinem Eintritt in das Deutsche Theater 1900. Der Weber Ansorge, 1894 von Hermann Müller dargestellt, wird nach Müllers Tod auch von dem seit 1894 zum Deutschen Theater gehörenden Max Reinhardt (unten) übernommen.

Die programmatisch »realistische« Eröffnungsvorstellung von Schillers »Kabale und Liebe« mit Rudolf Rittner als Ferdinand wird, in Erinnerung an Kainz, heftig abgelehnt. Das klassische Drama, auch Shakespeare, spielt daraufhin im Repertoire des Deutschen Theaters eine zunehmend untergeordnete Rolle. »Neueinstudierungen« beruhen mehr oder weniger auf Aufführungen der L'Arronge-Zeit.

Josef Kainz als Richard, Herzog von Gloster, in »König Richard III.« von William Shakespeare, 1896

Hermann Müller als Hofmarschall von Kalb in »Kabale und Liebe«, 1. September 1894

Josef Kainz als Tartüff in »Der Tartüff« von Molière, 1894

Agnes Sorma als Katharina in »Der Widerspenstigen Zähmung«, 1895

Agnes Sorma und Josef Kainz vor allem sind die Protagonisten der seltenen Klassikeraufführungen und der nach wie vor oft gespielten Werke Franz Grillparzers, deren Erfolg wesentlich auf ihrem beseelten Zusammenspiel beruht. Nach ihrem Ausscheiden aus dem Ensemble 1898 bzw. 1899 gibt es, außer »Faust I« (1900), bis 1904 keine deutschen Klassiker und auch keinen Shakespeare mehr im Spielplan des Deutschen Theaters.

Agnes Sorma als Esther in »Esther« von Franz Grillparzer, 1894

Agnes Sorma als Rautendelein in
»Die versunkene Glocke«
von Gerhart Hauptmann, 1896

Trotz seiner Skepsis gegenüber der Romantik des »deutschen Märchendramas« in Versen bringt Brahm in Treue zu seinem Freund Gerhart Hauptmann »Die versunkene Glocke« am 2. Dezember 1896 zur Uraufführung; sie wird nach den »Webern« Hauptmanns größter Erfolg im Deutschen Theater und bis 1904 immer wieder gespielt. Die Uraufführung findet nach dem Einspruch des Kaisers gegen die Verleihung des Schiller-Preises an Hauptmann und einen Tag nach der Uraufführung von »Kaiser Heinrich« von Ernst von Wildenbruch statt, der anstelle von Hauptmann den Preis erhalten hat. Dadurch wird die Premiere im Deutschen Theater zu einer (kultur)politischen Demonstration: »Zwei Weltanschauungen sind es, die einander gegenüberstehen ...« (Fritz Mauthner im *Berliner Tageblatt*)

Josef Kainz als Glockengießer Heinrich

Rudolf Rittner (Waldschratt), Max Reinhardt (Schulmeister), Hermann Müller (Nickelmann) und Josef Kainz (Glockengießer Heinrich) in ihren Kostümen, vermutlich auf dem Hof des Deutschen Theaters

Otto Sommerstorff (Heinrich) und Teresina Geßner (Rautendelein) in der Neueinstudierung, 1901

Emanuel Reicher als Ejlert Lövborg in »Hedda Gabler« von Henrik Ibsen, 1898

»Die Gestalten der Klassiker nachzuschaffen, kann nicht das letzte Ziel der Schauspielkunst sein; erst wo sie produktiv wird, wo sie Gestalten aus Eigenem schaffen hilft, wo sie nicht Rollen, sondern wirkliche Menschen zum erstenmal aufleben läßt im Licht der Szene, erst da reicht sie an ihre höchsten Aufgaben heran. Und gerade dort wird sie ihre herrlichsten Triumphe erleben, wo sie das Wesen unserer Zeit, Geist von unserem Geist und Fleisch von unserem Fleisch aufzufassen und wiederum mitzuteilen weiß dem bezwungen lauschenden Hörer. Welch große Aufgaben liegen hier bereit, in den Gestalten voll feinsten modernen Lebens, wie sie etwa Henrik Ibsen geschaffen, wie viele Talente werden ihr Eigenstes erst dann entdecken, wenn sie vor das Ziel gestellt werden: Menschen darzustellen, nicht Lustspielpuppen ...« (Otto Brahm, »Der Naturalismus und das Theater«, 1891)

Hermann Müller als Tischler Engstrand in Henrik Ibsens »Gespenster«, 1894

Else Lehmann als Gina Ekdal in »Die Wildente« von Henrik Ibsen, 1897

Else Lehmann als Regine Engstrand in »Gespenster«, Neueinstudierung, 1900

Max Reinhardt als Tischler Engstrand in »Gespenster«, Neueinstudierung, 1900

»Nur wer in ihrer gedämpften, geheimnisvollen, harten Ausgefeiltheit und ihrem von Gestalt zu Gestalt schwingenden Menschenton die Aufführungen der modernen Dramen gesehen hat, weiß hierzulande, bis zu welchem Gipfel der Selbstverleugnung und Selbsterfüllung, nämlich der Überwindung des Theatralischen, das Theater aufsteigen kann. Die Durchseelung, die diskrete Natürlichkeit, eine Atmosphäre voll leise drängenden Bewegungen des Gemüts, des Herzens, ist nie wieder auf der Szene so offenbar geworden wie in den Spielen, die Brahm und seine Leute als Ibsen- und Hauptmannabende in Berlin aufrichteten.«
(Arnold Zweig, *Juden auf der deutschen Bühne*, 1928)

Oscar Sauer als Gregers Werle in »Die Wildente«, 1897, Neueinstudierung 1901

Emanuel Reicher als Johannes Rosmer in »Rosmersholm«, 1899

Hermann Nissen als Borkman in »John Gabriel Borkman« von Henrik Ibsen, 1900

▸ Agnes Sorma als Nora in »Nora« von Henrik Ibsen, 1894-98

Else Lehmann als Ella Rentheim

Max Reinhardt als Wilhelm Foldal

Nach dem Bruch mit L'Arronge, wegen berechtigter Rollen- und Gagenforderungen, war Agnes Sorma an das »Berliner Theater« Ludwig Barnays gegangen und hatte am 28. April 1892, von der Kritik gefeiert, die Nora zum ersten Mal gespielt. Nur der Kritiker Otto Brahm sah, »wieviel nicht die erste Beste, sondern eine unserer bedeutendsten Künstlerinnen den großen, modernen Aufgaben noch schuldig bleibt, wieviel die deutsche Schauspielkunst an ihnen zu lernen und zu – verlernen hat«. (*Die Nation*, 7. Mai 1892) Das hindert ihn nicht, mit ihr die Rolle 1894 erneut zu besetzen, und man ist überrascht von dem »hohen Grade der Durchbildung, welchen die Kunst des Charakterisierens jetzt erreicht hatte«. (*Norddeutsche Allgemeine Zeitung*, September 1894)

Else Lehmann als die Magd Hanne Schäl

◄ Rudolf Rittner als Fuhrmann Henschel

Oscar Sauer in der Rolle des
Hotelier Siebenhaar

Max Reinhardt als Fuhrmann Henschels
Knecht Hauffe

Die Uraufführung von Gerhart Hauptmanns »Fuhrmann Henschel« am 5. November 1898 ist ein überwältigender Erfolg für Brahms Ensemble und seine naturalistische Darstellungskunst, vor allem für Else Lehmann und Rudolf Rittner: »Es ist ... sicher, daß so ein Drama an keiner anderen deutschen Bühne besser aufgeführt werden könnte.« (Fritz Mauthner) Hauptmann ist inzwischen als Dichter anerkannt; die tiefes Mitleid erregende Wirkung dieser »einfachen, schlichten Tragödie« eint alle bisher über ihn Zerstrittenen.

Max Reinhardt als Oberlehrer Störmer in »Der Probekandidat« von Max Dreyer, Uraufführung 18. November 1899

Das 1899 entstandene Drama behandelt das Schicksal eines Probekandidaten, der der Lehre Darwins anhängt, in einem Gymnasium; es ist Anlaß zur aktuellen Satire auf eine wilhelminische Institution, die von Anpassung und Duckmäuserei, Denken in Klischees und engherzigem Klerikalismus geprägt ist; mit 166 Aufführungen ist das Stück ungewöhnlich erfolgreich.

▸ Oscar Sauer als Amtsvorsteher von Wehrhahn in »Der Biberpelz« von Gerhart Hauptmann, 1898-1904

Im Gegensatz zur Uraufführung an gleicher Stelle, 1893, in der die »Diebskomödie« als nicht gut genug gebaute Posse verstanden und die politische Satire gerade durch die possenhafte Wehrhahn-Karikatur von Georg Engels verhindert worden ist, nimmt Oscar Sauer die Figur ernst und zeigt, überall wiederzuerkennen, die objektive Tragikomödie des wilhelminisch-deutschen Beamten. Den Erfolg des »Biberpelz« kann die Uraufführung seiner Fortsetzung, »Der rote Hahn«, 1901, trotz hervorragender Besetzung (Luise von Poellnitz, Max Reinhardt, Oscar Sauer, Rudolf Rittner, Albert Bassermann) mit nur vierzehn Vorstellungen nicht wiederholen.

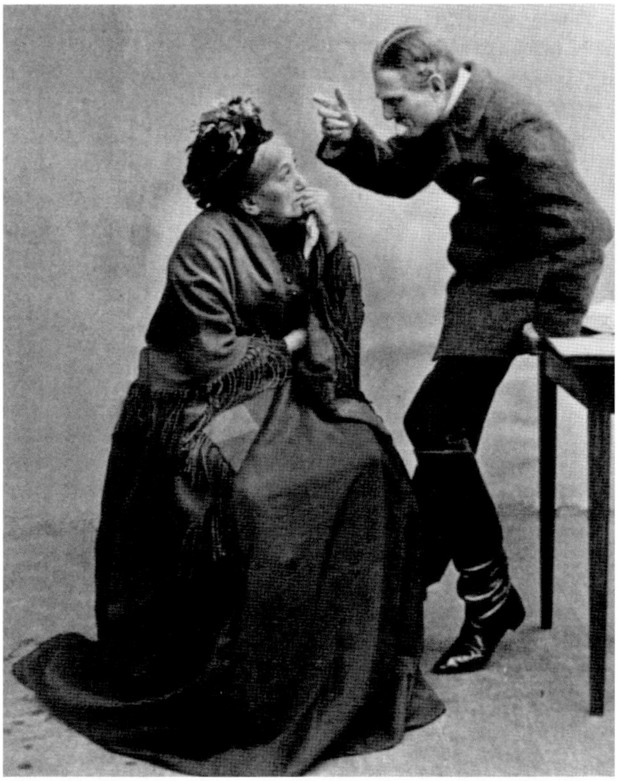

Luise von Poellnitz als Frau Fielitz, verwitwete Wolff, und Oscar Sauer als Amtsvorsteher von Wehrhahn in »Der rote Hahn« von Gerhart Hauptmann, Uraufführung 27. November 1901

Josef Kainz als Hamlet (1894-99)

Josef Kainz als Henri in »Der grüne Kakadu« von Arthur Schnitzler, 1899

Arthur Schnitzler ist mit Ibsen und Hauptmann der meistgespielte Autor des Deutschen Theaters in dieser Zeit; von »Liebelei« (1896) bis zur Uraufführung von »Der einsame Weg« (1904) zeigt es zehn Stücke des Wieners. Josef Kainz verabschiedet sich im Juni 1899 vor seinem Wechsel an das Burgtheater von seinem enthusiastischen Berliner Publikum in mehreren Aufführungen, darunter auch mit der Hauptrolle in Schnitzlers »Der grüne Kakadu«, einem Einakter um Theater und Wirklichkeit vor dem Hintergrund der Französischen Revolution. Die von Brahm geplante Uraufführung hat die Zensur verboten; erst nach Wien kann das Stück auch in Berlin gespielt werden.
Der Weggang von Agnes Sorma (1898) und Josef Kainz ist ein großer Verlust, Zusammenbruch droht; Brahm kann ihn abwenden, auch durch neue Kräfte. 1900 wird Albert Bassermann Mitglied des Ensembles; er ist in kurzer Zeit einer seiner hervorragendsten Protagonisten.

Albert Bassermann übernimmt den Hjalmar Ekdal in Ibsens »Die Wildente« von Emanuel Reicher, Neueinstudierung 1901

Irene Triesch als Nora in »Nora« von Henrik Ibsen, Neueinstudierung 1901

Albert Bassermann als Thomas Stockmann in »Ein Volksfeind« von Henrik Ibsen, 1901

Oscar Sauer in der Rolle des Peter Stockmann in »Ein Volksfeind«, 1901

Albert Bassermann als Professor Rubek in »Wenn wir Toten erwachen« von Henrik Ibsen, 1902

»Wenn wir Toten erwachen« von Henrik Ibsen, 1900. Emanuel Reicher als Professor Rubek

Brahm kann 1904 resümieren, daß »von allen Stücken Ibsens seit der ›Nora‹ her auf dem Deutschen Theater L'Arronges nicht eines gespielt worden (war); ich habe dann die ganze Reihe aufrollen dürfen bis zu dem Epilog ›Wenn wir Toten erwachen‹ hin...« Tatsächlich hat Brahm am Ende seiner Direktion insgesamt zehn Stücke des norwegischen Dichters, zum Teil in mehreren Neuinszenierungen, zur Aufführung gebracht. Ibsen ist aber für ihn nicht nur der Vorkämpfer einer »neuen Wirklichkeitskunst«, sondern auch der Mitkämpfer, der Mit-Lehrer seines Ensembles für eine wirklichkeitsnahe Schauspielkunst und ein neues, wahrhaftiges Theater.

Louise Dumont als Irene

Bühnenbildentwurf von Leo Impekoven zu »Der arme Heinrich« von Gerhart Hauptmann (1902)

Am Anfang der Spielzeit 1902/03 wird bekannt, daß L'Arronge, der Besitzer des Deutschen Theaters, Brahms Pachtvertrag nicht verlängert. Ihm gefällt das Repertoire nicht, und der Direktor will L'Arronges Sohn nicht inszenieren lassen.
Alfred Kerr sieht Probleme auch bei Brahm selber: »Otto Brahm, geboren zu Hamburg, emporgestiegen Anno Freie Bühne, heimgegangen an Mutarmut. ... Brahms Stärke lag nicht in Gebietserweiterungen. Doch sie lag in der Behandlungsart für ein Gebiet. Er hat für einen bestimmten Umfang ... die Vollendung erreicht.« Auch eine Aufführung wie die von Hauptmanns romantischem »Armen Heinrich« zeugt jetzt mehr von der Treue unter Freunden als von Entdeckerfreude.

Rudolf Rittner als Heinrich von Aue

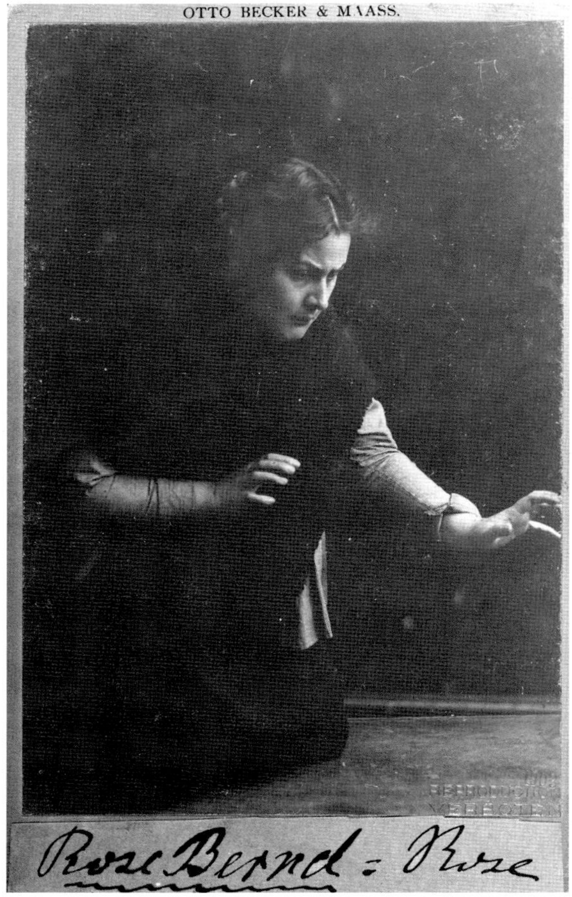

»Else Lehmann, die Helding des Abends ... in einer atemlosen Erregtheit, einem lebenden Aufruhr aller Fasern. Im schweigenden Spiel verwandte sie graue Farben von schauriger Stummheit, und in den wilden Ausbrüchen schlugen Schmerzenstöne von entsetzlicher Beredsamkeit durchs Ohr unvergeßlich in die Seele.« (Siegfried Jacobsohn)

Else Lehmann als Rose Bernd in »Rose Bernd« von Gerhart Hauptmann, Uraufführung 31. Oktober 1903

Während im »Kleinen Theater« Unter den Linden seine Schüler Max Reinhardt und Richard Vallentin mit sensationellen Aufführungen neuer Autoren wie Strindberg, Wedekind, Gorki, Wilde und Hofmannsthal schon die künstlerische Führung im Theaterleben Berlins übernommen haben, erreicht Brahm im Deutschen Theater noch einmal einen Erfolg mit der Uraufführung von Gerhart Hauptmanns Kindsmörderindrama aus dem Milieu des schlesischen Landproletariats, »Rose Bernd« (31. Oktober 1903).

Oscar Sauer als der alte Bernd in »Rose Bernd«

◂ Bühnenbildentwurf von Leo Impekoven zu »Rose Bernd«, 1903

Das Brahm-Ensemble in einer Szene aus dem lange Jahre von der Zensur verbotenen Drama »Die Macht der Finsternis« von Leo Tolstoi (1900-03). »Das Deutsche Theater hatte gestern einen großen Abend, einen Abend, der an seine besten, tapfersten Kampfzeiten erinnerte.« (*Vossische Zeitung*, 4. November 1900)

Teresina Geßner als Madonna Giovanna und Otto Sommerstorff als Princivalli in »Monna Vanna« von Maurice Maeterlinck, 1902

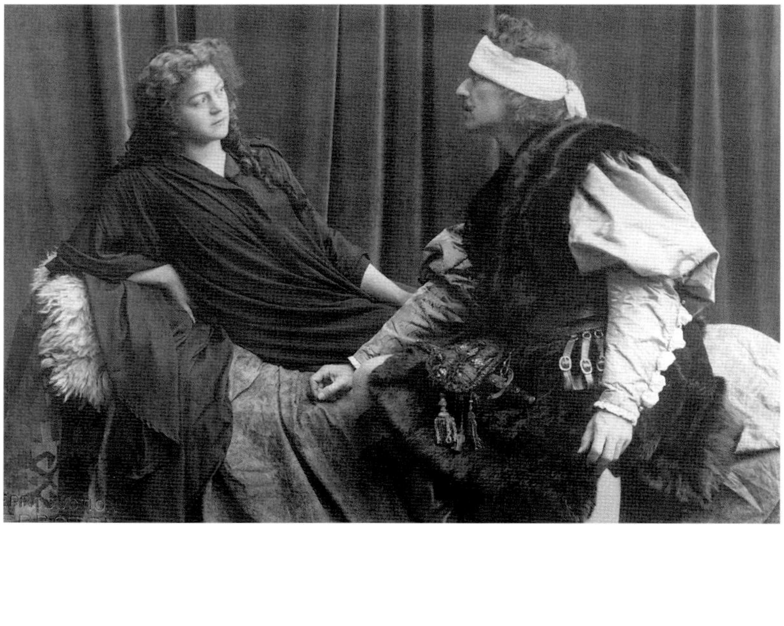

»Monna Vanna«, das erst 1902 erschienene Schauspiel des belgischen Symbolisten Maurice Maeterlinck, ist mit weit über zweihundert Aufführungen ein großer materieller Erfolg der späten Brahm-Ära. Der erotisch aufgeladenen Liebesgeschichte aus der italienischen Renaissance, in der die Frau des Verteidigers von Pisa die Stadt dadurch rettet, daß sie nackt, nur in einen Mantel gehüllt, auf Verlangen des Belagerers hin diesen besucht, steht Brahm eher ablehnend gegenüber. Man sagt, daß der sparsame Direktor erst, als sich der Erfolg abzeichnete, bereit war, das attraktivste Kostüm des Abends neu anfertigen zu lassen. In Brahms letzter Spielzeit läßt sich mit ähnlichen historischen Stücken (»Cyrano von Bergerac« von Rostand und »Novella d'Andrea« von Fulda) dieser Erfolg nicht wiederholen.

Otto Sommerstorff (Pfarrer Welsch) und Käthe Hannemann (Maria) in Heinrich Lilienfeins »Maria Friedhammer«, 1904

Die Direktionszeit des durchaus nicht unerfahrenen Paul Lindau (1895-99 Intendant des Meininger Hoftheaters, 1899-1903 Direktor des Berliner Theaters) steht von Anfang an unter einem schlechten Stern. Alle wesentlichen Schauspieler, Vorstände und technischen Kräfte sind Brahm an das Lessing-Theater gefolgt. Das Ensemble ist, von Otto Sommerstorff abgesehen, zweitrangig und unbekannt; die Aufführungszahlen sind mit wenigen Ausnahmen gering. Daß er L'Arronges Sohn Hans als Regisseur engagiert, hilft ihm natürlich nicht, auch nicht, daß er mit mehreren Klassiker-Aufführungen den Spielplan wieder ausbalanciert. Nach dem großen Erfolg des »Sommernachtstraums« im Neuen Theater im Februar 1905 entschließt sich der geschäftstüchtige Adolph L'Arronge, Lindau zu kündigen und das Theater an den 31jährigen Max Reinhardt zu verpachten.

Dr. Paul Lindau, Schriftsteller, Journalist, Dramatiker und Kritiker; Dramaturg des Deutschen Theaters 1883-87, Direktor 1904/05

Die erste Vorstellung des Theaters unter der neuen Leitung hieß Kabale und Liebe: es war ein unverschleierter Mißerfolg, der in der Theaterwelt eine gewisse Berühmtheit erlangt hat. An der Tatsache, daß wir an jenem Abend durchgefallen sind, rüttle ich natürlich nicht; aber gäbe es für Theateraufführungen ein Appellationsgericht, wie für durchgefallene Stücke, so glaube ich, daß eine unbefangene Zeit die Keime zu etwas Neuem, die in dieser von Kainz und Frau Bertens, von Rittner, Nissen und Hermann Müller geführten Vorstellung lebendig werden wollten, doch erkennen müßte. Der Versuch, die Klassiker dem Empfinden von heute wiederzugebären, wurde damals – nicht aus dem Gefühl dieses oder jenes Einzelnen, sondern mehr im Ensemble, von Regie wegen einheitlich – zum erstenmal gemacht, und sein Mißlingen beweist nicht die Verfehltheit der leitenden Idee, nur die mangelnde Überzeugungskraft in der Ausführung. Für den jungen Direktor aber war dieser Echec von weittragender Bedeutung. Waren ihm die älteren Schauspieler nur zögernd von Anfang an gefolgt, so drohte nun, da der Weg als Irrweg laut beschrien wurde, ihr Zweifel sich zu passiver Resistenz zu steigern, und selbst der Gesinnungsgenosse Rittner, der die Botschaft, er sei zum Ferdinand erkoren, mit beglücktem Lächeln aufgenommen hatte, warf die Flinte ins Korn, wollte von keiner Klassik mehr wissen und schrieb mir die Worte ins Album: »O unglückseliges Ferdinandspiel, das mir nie hätte einfallen sollen.« Von allem, was man Stil nennt, entfloh er nun eigensinnig, und oft und oft sind die Debatten zwischen uns hin und her gegangen: über die Notwendigkeit, das Recht der flammenden Rede und allen Schwung beflügelter Phantasie zu wahren, auch im Drange der Natürlichkeitskunst. Es war der alte Wunsch in mir, die alte Bahrsche Formel: Synthese jener beiden großen Mächte über dem Leben der Menschheit; doch die Flüsse wollten nicht zusammenströmen, sie wollten nebeneinander herlaufen wie Rhein und Mosel, und jeder wollte eigensinnig seine Farbe wahren.
Zurückgewiesen solchergestalt auf den Ausgangspunkt der Freien-Bühne-Bewegung und mit ebensoviel Lob bedacht bei der Aufführung der »Nora« und der »Weber« wie mit Tadel überschüttet bei Schiller, nahm nun das Deutsche Theater die Richtung auf die Moderne ausschließlich, und der andere Teil des Spielplans blieb im Hintertreffen. Zwar erschienen mit Kainz und Sorma im Mittelpunkt der Aufführung Shakespeare und Goethe, Kleist und Grillparzer und Hebbel auch ferner im Deutschen Theater, aber was sein eigentliches Kennzeichen ward, wodurch es die führende Bühne blieb, das war die Produktion der Heutigen. Und freilich entsprach es meiner eigensten Überzeugung, daß das Herzblut des Theaters aus der Moderne strömen muß; denn das Vorhaben beider, der Schauspielkunst wie des Schauspiels, ist und war von jeher: der Natur den Spiegel vorzuhalten, dem Jahrhundert und Körper der Zeit den Abdruck seiner Gestalt zu zeigen. Was die dramatische Kunst dieses endenden 19. Jahrhunderts hervorgebracht hatte an Wesentlichem, Neuartigem, Eigenem, das wollte ich auf die Bretter stellen und war dabei auf kein anderes Programm geschworen als auf das alte Rezept des Praktikers Laube: Gute Stücke gut zu spielen.

(Otto Brahm, Nach einem Manuskript aus dem Nachlaß, ca.1909/10, hrsg. von Paul Schlenther)

Das Deutsche Theater 1905–1918

Reinhardt – der Schauspieler an der Macht

Es gibt nur *einen* Zweck des Theaters: *das Theater*, und ich glaube an ein Theater, das dem Schauspieler gehört. Es sollen nicht mehr, wie in den letzten Jahrzehnten, die rein literarischen Gesichtspunkte die allein herrschenden sein. Es war so, weil Literaten das Theater beherrschten; ich bin Schauspieler, empfinde mit dem Schauspieler, und für mich ist der Schauspieler der natürliche Mittelpunkt des Theaters. Er war es in allen großen Zeiten des Theaters. Das Theater schuldet dem Schauspieler sein Recht, sich von allen Seiten zu zeigen, nach vielen Richtungen zu betätigen, seine Freude am Spiel, an der Verwandlung. Ich kenne die spielerischen, die schöpferischen Kräfte im Schauspieler, und ich hätte manchmal nicht übel Lust, etwas von der alten Commedia dell'arte in unsere allzu disziplinierte Zeit zu retten, nur um dem Schauspieler wieder von Zeit zu Zeit Gelegenheit zu geben, zu improvisieren und über die Stränge zu schlagen.

(Max Reinhardt. Aufgezeichnet von Arthur Kahane nach einem Gespräch im Café Monopol am Bahnhof Friedrichstraße, Sommer 1902)

Abbildung S. 95:
Emil Orlik, Figurine zu »Das Wintermärchen«

Erfüllt von Farbe und Licht

»Ich bin Schauspieler, empfinde mit dem Schauspieler, und für mich ist der Schauspieler der natürliche Mittelpunkt des Theaters«, läßt der 28jährige Max Reinhardt seinen späteren Dramaturgen Max Kahane im Sommer 1902 im Café Monopol am Bahnhof Friedrichstraße wissen. (Kahane, *Tagebuch eines Dramaturgen*, 1926) Da führt er bereits seit anderthalb Jahren ein künstlerisches Doppelleben: als Schauspieler von Brahms Deutschem Theater und als Mitgründer des Kabaretts »Schall und Rauch« – als Darsteller alter Männer und als Verfasser jugendfrecher Parodien, auch auf sein eigenes Theater, in dem er wegen seines Engagements nicht selbst auftreten darf. Er ist Schauspieler mit Leidenschaft, aber er leidet unter der Verstellung, unter Masken und Mastix und dem gemessenen Gang; ja, er kann sein Theater nicht mehr riechen: Es wird »fast immer auf der Bühne gegessen, meist Knödel und Kraut«. Er ist das meistbeschäftigte Mitglied des Ensembles mit über neunzig Rollen und anerkannt, aber in großen, wie Hauptmanns Michael Kramer und Goethes Mephisto hat er keinen Erfolg.

Der junge Reinhardt fühlt sich in die Stuben der »Zustands- und Umweltschilderung« eingezwängt; er will ein anderes Theater, in dem er »denselben höchsten Grad von Wahrheit und Echtheit an das rein Menschliche«, in einer »tiefen und verfeinerten Seelenkunst« wenden und »das Leben auch von einer anderen Seite zeigen« kann »als der pessimistischen Verneinung, aber ebenso wahr und echt auch im Heitern und erfüllt von Farbe und Licht«. (Kahane)

Das ist der Traum eines Schauspielers für Schauspieler, aber auch der einer neuen künstlerischen Generation, die sich weder von Kaiser noch Klassenkampf mehr etwas erwartet, enttäuscht von der zweck-engen Kunstvorstellung der Sozialdemokratie so, wie von Wilhelms Staatskunst angewidert. Im Frühjahr und Sommer dieses Jahres 1902 hängen in der Kunstausstellung der »Berliner Secession« in der Kantstraße achtundzwanzig Bilder des »Lebensfrieses« von Edvard Munch; ihr Gegenstand sind jene »rein menschlichen« Themen, wie die Liebe, der Kampf der Geschlechter, die Angst und der Tod (»Der Kuß«, »Madonna«, »Der Schrei«, »Am Totenbett« u.a.). Munchs Gemälde, in mehreren Ausstellungen bis 1895 schon der Skandal der neunziger Jahre in Berlin, sind ebenso antinaturalistisch wie die neueren Arbeiten der Architektur, der Malerei, des Kunsthandwerks und der Gestaltung, die seit 1896 von der Münchener Zeitschrift *Jugend* verbreitet werden. Dieser »Jugendstil« lehnt den Historismus und den Naturalismus ab; er will alle Künste reformieren und sie zu einem neuen Zusammenklang, einem alle Menschen erreichenden Gesamtkunstwerk vereinen. Das richtet sich gegen die Trivialität des Alltags, ist bewegt von der Sehnsucht nach Schönheit, träumt von einem jeden Lebensbereich umfassenden »Fest« aller Sinne, einer Lebensreform aus dem Inneren des Menschen heraus. Da die Grenzen zwischen »freien« und »angewandten« Künsten negiert werden, ist alles Technische aus diesen Erwägungen nicht ausgeschlossen; es soll durch die Kunst veredelt werden. Als einer europäischen Bewegung sind Künstler dieser neuen auch in Reinhardts Heimat, in der »Wiener Secession« mit ihrer Zeitschrift *Ver sacrum* tätig. Zu ihnen gehören Carl Czeschka und Alfred Roller, wie zum Kreis der *Jugend* in München Fritz Erler und Emil Orlik, zum *Pan* in Berlin Ludwig von Hofmann: Mit ihnen – und auch mit Edvard Munch – wird der ab 1903 inszenierende Schauspieler Max Reinhardt beginnen, die Idee eines »Gesamtkunstwerks« auf das Theater zu übertragen.

Vorproben

Kurze Zeit nach dem Treffen im Café wird aus dem erfolgreichen Kabarett »Schall und Rauch« das »Kleine Theater« Unter den Linden. Mit »Rausch« von Strindberg, den erotischen Sensationen »Salome« von Oscar Wilde (von der Zensur nur als Nachmittagsvorstellung mit geladenen Gästen erlaubt), »Erdgeist« von Wedekind (erster Teil der »Lulu«-Tragödie), und vor allem mit »Nachtasyl« von Maxim Gorki (Regie Richard Vallentin), in dem Reinhardt nach Lösung seines Vertrags im Deutschen Theater den Luka spielt, wird das Kleine Theater binnen eines halben Jahres der Theater-Mittelpunkt Berlins. Im Februar 1903 muß das »Neue Theater« am Schiffbauerdamm dazugepachtet werden, um abgeschlossene Stückverträge erfüllen und »Nachtasyl« im Kleinen Theater weiterspielen zu können.

Der Direktor Max Reinhardt

Berlin, den 13. September 1905

An
das Königliche Polizeipräsidium
Abteilung 1 Th.
BERLIN

Der Unterzeichnete, der von Beginn dieser Saison ab das »Deutsche Theater« gepachtet hat und für die Saison 1905/06 das »Deutsche Theater« neben dem »Neuen Theater«, von diesem Zeitpunkt an das »Deutsche Theater« allein zu führen beabsichtigt, bittet ergebenst, ihm die Erlaubnis zu erteilen, für die Saison 1905/06 die Direktion des »Deutschen Theaters« neben dem »Neuen Theater« und vom 1. September 1906 die Direktion des »Deutschen Theaters« allein zu führen.

Was die künstlerische und sittliche Zuverlässigkeit des Antragstellers anbetrifft; so wird auf die bisherige Direktionsführung des Unterzeichneten und auf die dem Konzessionsgesuch bezüglich des Neuen Theaters beigefügten Unterlagen hingewiesen.

Die materiellen Grundlagen zur Führung des Deutschen Theaters sind in folgender Weise hinlänglich gesichert:

Der Gagenetat des Deutschen und Neuen Theaters zusammen beträgt für die Saison 1905/06 ca. 335 000 Mark, wovon
a. auf das Solopersonal ca. 290 000 Mk.,
b. auf das technische Personal ca. 45 000 Mk.
entfallen.

Durch Protokoll vom 22. Mai 1905 haben sich die Gesellschafter des Neuen Theaters mit der Uebernahme des Deutschen Theaters durch den Unterzeichneten einverstanden erklärt. Das Kapital, welches hiernach

Das Deutsche Theater 1906

Die Kammerspiele des Deutschen Theaters, 1906, Neugestaltung der Fassaden von William Müller

dem Unterzeichneten zur Seite steht, enthebt ihn der Notwendigkeit, für den Betrieb des Deutschen Theaters eine besondere Gesellschaft zu gründen. Der Betrieb soll vielmehr in derselben Weise gemeinsam gehandhabt werden, wie bisher bei dem Neuen und Kleinen Theater.
Die Gesellschaftsform des Neuen Theaters ist die der stillen Gesellschaft. Der Unterzeichnete ist der alleinige und persönlich haftende Inhaber. Das Gesellschaftskapital steht zu seiner freien Verfügung. Die Gesellschafter sind lediglich als stille Gesellschafter am Gewinn und Verlust bei ihm beteiligt. In derselben Form wird auch das Deutsche Theater neben dem Neuen Theater geführt, so dass das gesamte Kapital, das dem Unterzeichneten zur Verfügung steht, in gleicher Weise für das Deutsche, wie für das Neue Theater zur Verwendung gelangt.

Das dem Unterzeichneten zur freien Verfügung stehende, vollständig eingezahlte Gesellschaftskapital beträgt 316 565 Mark.

Als Sperrkaution sind 30 000 Mark in mündelsicheren Papieren zu Händen des Königlichen Polizeipräsidiums auf der Deutschen Bank deponiert. (...)

Ausserdem verfügt der Unterzeichnete über einen offenen Bankkredit bei dem hiesigen Bankhaus H. F. Fetschow & Sohn von 30 000 Mark. (...)

Anfang April 1903 kommt seine erste Inszenierung heraus; das Stück ist mit Bedacht gewählt. »Pelleas und Melisande«, Maeterlincks meisterhaftes romantisches Frühwerk um Liebe und Tod, mit einer Dialogkunst, die mehr im Schweigen als im Reden offenbart, ist die ideale Vorlage für jene »verfeinerte Seelenkunst«, die Reinhardt anstrebt. Es ist auch mit seiner kleinen Besetzung für ihn als Anfänger geeignet, einen anderen Umgang mit den Schauspielern als den selbst erfahrenen zu lernen. Der Bildhauer Max Kruse schafft mit »plastischen« Dekorationen und neuartigen Beleuchtungstechniken in Reinhardts Inszenierungen von Wildes »Salome« und Hofmannsthals »Elektra« optische Voraussetzungen für das von »Farbe und Licht« erfüllte Theater. In der Premiere des von Reinhardt inszenierten Shakespeareschen »Sommernachtstraums« beginnt sich im zweiten Aufzug der aus täuschend »echten« Bäumen auf einer aufgesetzten Drehbühne aufgebaute »Wald bei Athen« zu drehen, mit Licht und Gegenlicht und ihren wechselnden Schatten, vor dem neuen Rundhorizont, auf dem die Nachtstimmungen wechseln, zur Musik von Mendelssohn Bartholdy. Das Theater ist in Bewegung geraten – und mit ihm die Schauspieler; sie gehen und rennen, tanzen und stolpern; sich bewegend und zugleich bewegt werdend vermitteln sie ein fragileres Bild des Menschen auf unsicher gewordenem Boden. Das Theater, ausgezogen aus der naturalistischen Stube, erinnert mit neuen Mitteln an seine alte Möglichkeit, Metapher der Welt zu sein; der befreite Körper des Schauspielers wird zu einem eigenen, existentiellen Ausdrucksmittel.

Mimus und Maecenas

Adolph L'Arronge, beeindruckt von Reinhardt und unzufrieden mit seinem Pächter Lindau, bietet Reinhardt nach diesem Ereignis die Direktion des Deutschen Theaters an. Zwei Jahre nach der ersten regelrechten Inszenierung in Berlin eröffnet sich ihm die Möglichkeit, seine Arbeit an dem immer noch berühmtesten deutschen Theater fortzusetzen. Die »Neues Theater GmbH«, die Gruppe seiner Geldgeber unter Führung des Frankfurter Presseverlegers August Huck, billigt diese Expansion Ende Mai 1905. Der Pachtvertrag wird aber nicht unterschrieben, da die Vorstellungen Reinhardts hinsichtlich der technischen Erneuerung des Theaters L'Arronge zu weit gehen. Um alle Pläne verwirklichen zu können, wird ein Kauf in Aussicht genommen, der umfangreichere Mittel erfordert.

Die neue Direktion im Deutschen Theater wird am 19. Oktober 1905 mit Kleists »Käthchen von Heilbronn« eröffnet. Die Erwartungen sind hoch, genährt von der bisherigen Arbeit Reinhardts und den Erinnerungen an die besseren Zeiten L'Arronges und Brahms. Im Versuch, durch das Dekorative zu überraschen, dominieren die farbstarken Bühnenbilder und leuchtenden Himmel Karl Walsers den Dichter und die Darsteller.

Inzwischen werden die finanziellen Voraussetzungen für den Kauf des Deutschen Theaters und der umliegenden Gebäude geschaffen. Während Reinhardt an der nächsten Inszenierung arbeitet, bereitet sein Bruder Edmund, der sämtliche geschäftlichen Angelegenheiten für ihn erledigt, die Gründung einer, wie sie sich nennen wird, »Stille(n) Gesellschaft (...) zwecks Ankaufs der Häuser Schumannstraße N° 12, 13a, 14 und 16 und Betrieb des 'Deutschen Theaters'« vor. Sie wird zwar an wichtigen geschäftlichen Maßnahmen beratend beteiligt sein, sonst aber »die künstlerische Leitung des Unternehmens, wozu sämtliche Engagements- und Gastspielverträge, Ensemblegastspiele, Anschaffung von Dekorationen, Kostümen, Möbeln, Requisiten, Beleuchtung usw. gehören«, Reinhardt »ausschließlich« überlassen. Im November sind 29 Konsortiale zusammengebracht, unter ihnen wiederum August Huck mit der umfangreichsten Zeichnung von 170 000 Mark, sowie angesehene Berliner Bankiers und Industrielle. Das Gesellschaftskapital beträgt insgesamt 800 000 Mark. Die kunstfreundliche Förderung ist gleichzeitig eine normale Investition mit Gewinnaussichten. Huck spielt eine vertrauensbildende Rolle, da er mit seinen fast fünfzig Zeitungen eine gewaltige, für das Unternehmen und den gemeinsamen Gewinn einsetzbare Macht darstellt. Die Gründung der Gesellschaft erfolgt am 11. November 1905, zwei Tage nach der Premiere des »Kaufmann von Venedig«, die das in Reinhardt gesetzte Vertrauen bestätigt. Daraufhin kann am 24. November der Kaufvertrag mit L'Arronge abgeschlossen werden: Für 2 475 000 Mark geht das Deutsche Theater ab 1. Januar 1906 in den Besitz Reinhardts über. Mit dieser Aussicht ist bereits ab August gebaut und Technisches entscheidend erneuert worden: durch die Vergrößerung des Bühnenraums auf etwa 20 mal 20 Meter, den Einbau einer Drehbühne von 18 Metern Durchmesser und einem festen Rundhorizont, der, nach der späteren Patentschrift Reinhardts, vollkommen »die Illusion der Luft und des Himmels« hervorbringen soll. Dazu gehört auch die Ver-

Die Kammerspiele 1906, Architekt William Müller

Eine nicht unwesentliche Erhöhung des Betriebskapitals wird ausserdem am 1. September 1906 durch die Abgabe des Neuen Theaters stattfinden, da von den bisherigen Bewerbern für die Uebernahme des Theaterfundus und Ueberlassung des noch laufenden Mietkontraktes ganz erhebliche Abfindungen von über 200 000 Mk. angeboten worden sind. (...)

Persönliche Schulden hat der Unterzeichnete, wie er hierdurch versichert, nicht. (...)

Das Unternehmen ist materiell so ausreichend fundiert, dass eine Sperrkaution, wie dieselbe auch bisher bei dem Deutschen Theater niemals gefordert worden ist, überflüssig erscheint. (...) Die bisherige mustergültige Führung des Neuen Theaters durch den Unterzeichneten dürfte eine genügende Garantie sein. Es darf wohl daran erinnert werden, dass der Unterzeichnete mitten in der Saison 1903 die Direktion des Neuen Theaters, das vor dem Zusammenbruch stand, mit den erheblichsten Verpflichtungen übernommen hat und durch seinen Eintritt im kritischen Augenblick eine ganze Reihe von Existenzen gesichert hat, die sonst brotlos geworden wären.

(Faksimile Unterschrift Reinhardts)

August Huck, Zeitungsverleger, Frankfurt a.M.

Gesellschafter der »Stillen Gesellschaft« zum Erwerb und Betrieb des Deutschen Theaters 1905

August Huck, Zeitungsverleger, Frankfurt a.M.
Robert Georg Alexander von Mendelssohn, Teilhaber des Bankhauses Mendelssohn & Comp., Berlin
Isidor Loewe, Generaldirektor der Deutschen Waffen- und Munitionsfabriken vorm. Ludwig Loewe & Co., Berlin
Hemann Moses Rosenberg, Bankier, Inhaber der Berliner Handelsgesellschaft, Berlin
Hugo Otto Joseph Oppenheim, Mitinhaber des Bankhauses Robert Warschauer & Comp., Berlin
Simon Max Steinthal, Direktor der Deutschen Bank, Berlin
Georg Ludwig Loewenberg, Inhaber der Internationalen Glühkörper-Kompagnie Dr. Georg Loewenberg, Berlin
William Lewin, Inhaber der Firma Willy Lewin, Confection von Mädchengarderobe en gros, Berlin
James Nathan Hardy, Miteigentümer des Bankgeschäfts Hardy & Comp., Berlin
Hugo James Hardy, Berlin
Salomon Huldschinsky, Inhaber der Firma S. Huldschinsky & Söhne, Berlin und Gleiwitz
Hermann Ernst Frenkel, Mitinhaber der Bank Jacquier & Securius, Berlin
Gustav Sponholz, Mitinhaber der Viehkomissionsfirma F. Sponholz und der Zentralviehmarkts-Wechselbank Sponholz, Eberstädt & Co., Berlin u.a.

besserung, vor allem die Verstärkung der Beleuchtung. (»*Licht* ist die Hauptsache! Also ‘mehr Licht’!« Reinhardt, 1904) Der Orchesterraum wird vergrößert; schon die halbstündige Ouvertüre Hans Pfitzners zu »Käthchen von Heilbronn« benötigt über fünfzig Musiker.

Das »undeutsche« Theater

Der eigentliche »Einstand« als Direktor im Deutschen Theater wird die Premiere von Shakespeares »Kaufmann von Venedig« am 9. November 1905. Die Stückwahl ist glücklich, weil sie Reinhardt Gelegenheit gibt, alle Mittel eines »Gesamtkunstwerks« einzusetzen. Eine Voraussetzung ist, daß er, als langjähriger Ensembleschauspieler Brahms, über das Genie verfügt, Mitarbeiter zu gewinnen und zu motivieren, einen jener künstlerischen »Kreise« zu bilden, die er gegen Ende seines Lebens als ein wesentliches Merkmal seiner Arbeit bezeichnen wird. Hier sind es der Komponist Engelbert Humperdinck mit bühnenwirksamen Orchesterpartien, Rezitativen und Liedern, der Dirigent Friedrich Bermann, der Maler Emil Orlik (Kostümentwürfe) und Leo Impekoven, in dessen Atelier die Dekorationen entworfen und hergestellt werden, sowie nicht zuletzt Gustav Knina, Reinhardts erfindungsreicher technischer Leiter, der die komplizierten Bauten auf der Drehbühne realisiert. Auf ihr ist »Venedig« mit Innen- und Außenräumen, der Andeutung von Palästen und Galerien, Gassen, Brücken und Treppen plastisch aufgebaut. »Heil der Drehbaren! Ihr verdanken wir endlich einmal einen ‘Kaufmann von Venedig’, wie ihn Shakespeare geschaffen, nicht wie ihn die Bearbeiter zusammengestoppelt haben.« Der Kritiker Heinrich Hart meint, daß dadurch die Aufführung »ihre höchste Eigenart« erhalten habe: »Eine bewegtere Darstellung ist mir noch nicht vorgekommen. Das war ein Rennen, Tollen, Zappeln, Stürmen vom Anfang bis zum Ende.« Damit habe sie auch »im Einklang mit der Auffassung« gestanden, »daß es sich um ein Spiel, nicht um bitteren Ernst handelt« und nicht, wie bisher, »als sei das Werk eine Tragödie mit Possenspiel gemengt«. (*Der Tag*, 11.11.1905) Diese »Umkehrung« zur Komödie ermöglicht nicht nur die Befreiung des Körpers aus einem bloßen Gefäß der Sprache zu eigenwertigem Ausdruck, sondern auch die des Theaters zur ästhetischen Souveränität als »Schau«-Spiel. Andere Künste, Musik und Malerei, sowie die moderne Theatertechnik sind daran entscheidend beteiligt.

Eine Voraussetzung ist aber auch die innere Freiheit des jüdischen Künstlers gegenüber der Gestalt des Juden Shylock, der hier nicht traditionell fast als Hauptfigur und das Ganze belastender »Repräsentant« seines Volkes, als *der* Schacherer oder *der* Geschundene erscheint, sondern, als eine realistische Gestalt, geradezu die einzige, freilich unauflösliche »Störung«, als der dunkle Untergrund einer in Wandel und Handel unbeschwerten Gesellschaft. Rudolf Schildkraut ist ein Shylock »von vollkommen individueller Auffassung, fast revolutionär in der Gestaltung: mehr Individuum als Vertreter einer geknechteten Rasse« (*Berliner Volks-Zeitung*, 10.11.1905); »ins Unmenschliche, ins Unbarmherzige, steigert erst der Verrat der Tochter seinen Haß«. Es stecke in der Komödie »eine heimliche Predigt für Toleranz und Humanität, die durch eine Darstellung, wie sie Schildkraut wagt, viel an Deutlichkeit gewinnt«. (Heinrich Hart)

Daß Reinhardt nicht nur die Ästhetik des Theaters und der Darstellung revolutioniert, sondern auch, in aller bürgerlich-künstlerischen Liberalität, an den latenten Chauvinismus der wilhelminischen Gesellschaft rührt, zeigen die Gegenstimmen. Nach der *Deutschen Zeitung* (11.11.1905) soll sich Schildkraut davor hüten, »diesen boshaften, tückischen und rachsüchtigen Schacherjuden zum Märtyrer, zum deklamatorischen Verteidiger zertretener Menschenrechte zu stempeln«, und für die *Neue Preussische Zeitung* hat »diese Interpretation (...) doch nur den politischen Zweck, Shakespeare für den Philosemitismus zu retten«. Diese latent vorhandene Feindseligkeit gegen den jüdischen Direktor des Deutschen Theaters findet ein Jahr später ihren konzentrierten Ausdruck in der Schmähschrift *Der Fall Reinhardt oder Der künstlerische Bankrott des Deutschen Theaters zu Berlin* von Ernst Bergmann, der in allen »Erscheinungsformen der Reinhardtschen Bühnenkunst ein specifisches Charakteristikum einer orientalischen Phantasie« sieht, mit einer »Bildersprache, die immer an körperliche Regungen und Reizzustände appeliert, immer das Sexuelle streift, (...) eine semitische Kulturblüte inmitten der germanischen Völkerschaften«. Bergmanns gewiß nicht einsames Fazit: »Das Deutsche Theater ist ein undeutsches Theater geworden.«

Die 3 Perioden der vielumworbenen Bühne kennzeichnen sich heute folgendermaßen –
L'Arronge: Wiederaufleben des Klassicismus. Reines, keusches Glühen unvergänglicher Dichtergenien.
Brahm: Durchdringen Ibsens und Hauptmanns. Wetterleuchten einer neuen Zeit über brausenden modernen Geistesschlachten.
Reinhardt: Decorative Prunksucht und ästhetisches Parvenutum. (...)

Um das Problem Reinhardt vollständig zu erschöpfen, ist es nötig, auf seinen kulturgeschichtlichen Zusammenhang noch kurz hinzuweisen. (...) Reinhardts Bühnenkunst ist specifisch Oberflächenkunst, die mit dem wesentlichen des aufgeführten Stückes nichts zu tun hat, auch kaum zu tun haben will. Sie lebt ein leichtes, leichtfertiges Leben über dem Drama, das viel lauter ist, als das stille starke Strömen in den Tiefen des Kunstwerks.

Ich erblicke in Reinhardts Ausstattungskunst, in dieser unkeuschen Art, zu inscenieren, die nirgends deutlicher wird als im »Käthchen« sich offenbarte, in dieser sich hervordrängenden Kunstfertigkeit, die die Dichtung zum Vorwand nimmt, um Ausstattungsprunk zu entfalten, in dieser Respectlosigkeit und Ungeniertheit, mit der Effekten und Nebenwirkungen nachgegangen wird, der nichts heilig ist, die alles betastet, statt Distanz zu wahren, statt Perspectiven zu öffnen, Glocken zum Tönen zu bringen – ich erblicke in all diesen Erscheinungsformen der Reinhardtschen Bühnenkunst ein specifisches Charakteristikum einer orientalischen Phantasie. (...) Die Israeliten haben keine eigene Malerei und Skulptur gehabt. Ihnen fiel die Mission zu, die Kulturen fremder Völker zu befruchten. Wir sind ihnen dafür dankbar aber in unserm Sinn. Heine kämpfte für den Sensualismus, die Wiedereinsetzung des Fleisches. All dies soll kein Einwand sein gegen diese Kunst, die große Reize für uns hat. Nichts liegt uns ferner als kleinlicher Rassenhaß. Wir sind aber für reinliche Scheidung. Diese jüdische Kulturblüte umfaßt heute schon alle Gebiete der Kunst. Jüdische Namen finden sich unter den ersten Meistern des Schrifttums, der Musik, Malerei und Bildhauerkunst etc. Diese Kulturblüte soll man aber nicht zu einer deutschen umfälschen. Wir werden ihr die größten Anregungen zu verdanken haben, wenn wir sie mit kritischem Sinn betrachten.

Das Deutsche Theater zu Berlin scheint mir nun unter seinem neuen Leiter deutlich den Stempel dieser eben charakterisierten Kulturerscheinung zu tra-

Europa in Berlin

Reinhardt beginnt in diesem Theater zu arbeiten in einer Zeit der internationalen Krisen, die, stetig sich steigernd, schließlich im

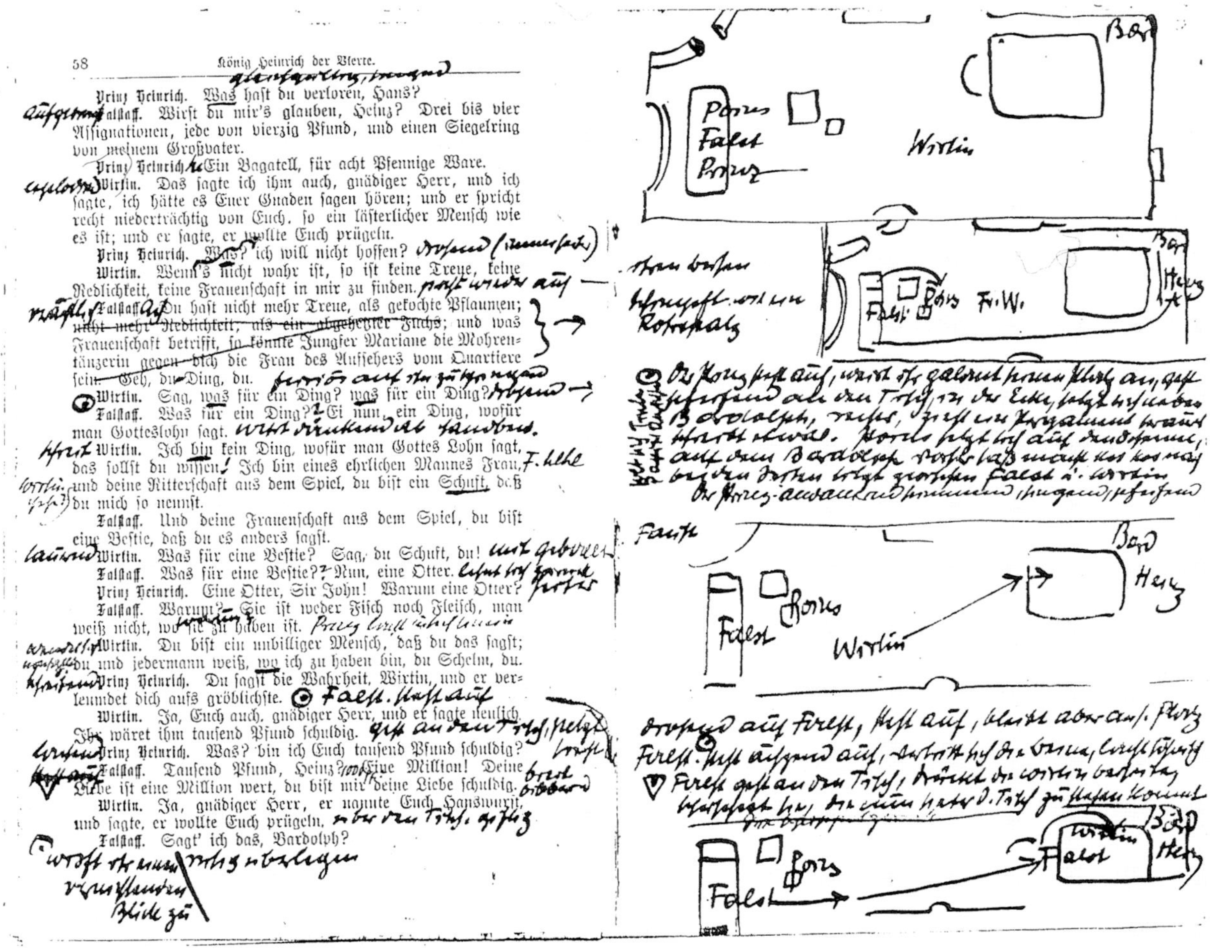

58 König Heinrich der Vierte.

Prinz Heinrich. Was hast du verloren, Hans?

Falstaff. Wirst du mir's glauben, Heinz? Drei bis vier Assignationen, jede von vierzig Pfund, und einen Siegelring von meinem Großvater.

Prinz Heinrich. Ein Bagatell, für acht Pfennige Ware.

Wirtin. Das sagte ich ihm auch, gnädiger Herr, und ich sagte, ich hätte es Euer Gnaden sagen hören; und er spricht recht niederträchtig von Euch, so ein lästerlicher Mensch wie es ist; und er sagte, er wollte Euch prügeln.

Prinz Heinrich. Was? ich will nicht hoffen?

Wirtin. Wenn's nicht wahr ist, so ist keine Treue, keine Redlichkeit, keine Frauenschaft in mir zu finden.

Falstaff. Du hast nicht mehr Treue, als gekochte Pflaumen; nicht mehr Redlichkeit, als ein abgehetzter Fuchs; und was Frauenschaft betrifft, so könnte Jungfer Mariane die Mohrentänzerin gegen dich die Frau des Aufsehers vom Quartiere sein. Geh, du Ding, du.

Wirtin. Sag, was für ein Ding? was für ein Ding?

Falstaff. Was für ein Ding? Ei nun, ein Ding, wofür man Gotteslohn sagt.

Wirtin. Ich bin kein Ding, wofür man Gottes Lohn sagt, das sollst du wissen! Ich bin eines ehrlichen Mannes Frau, und deine Ritterschaft aus dem Spiel, du bist ein Schuft, daß du mich so nennst.

Falstaff. Und deine Frauenschaft aus dem Spiel, du bist eine Bestie, daß du es anders sagst.

Wirtin. Was für eine Bestie? Sag, du Schuft, du!

Falstaff. Was für eine Bestie? Nun, eine Otter.

Prinz Heinrich. Eine Otter, Sir John! Warum eine Otter?

Falstaff. Warum? Sie ist weder Fisch noch Fleisch, man weiß nicht, wo sie zu haben ist.

Wirtin. Du bist ein unbilliger Mensch, daß du das sagst; du und jedermann weiß, wo ich zu haben bin, du Schelm, du.

Prinz Heinrich. Du sagst die Wahrheit, Wirtin, und er verleumdet dich aufs gröblichste.

Wirtin. Ja, Euch auch, gnädiger Herr, und er sagte neulich, Ihr wäret ihm tausend Pfund schuldig.

Prinz Heinrich. Was? bin ich Euch tausend Pfund schuldig?

Falstaff. Tausend Pfund, Heinz? Eine Million! Deine Liebe ist eine Million wert, du bist mir deine Liebe schuldig.

Wirtin. Ja, gnädiger Herr, er nannte Euch Hanswurst, und sagte, er wollte Euch prügeln.

Falstaff. Sagt' ich das, Bardolph?

»König Heinrich IV.«, Doppelseite aus dem Regiebuch Max Reinhardts

gen. Das Deutsche Theater ist ein undeutsches Theater geworden. (...)

Unser Theater aus dem Schlamm zu zieh'n, in den es gesunken, unsere Theater-Geschäftshäuser, vor denen es einen reinen Menschen ekelt, wieder in Kunsttempel umzuwandeln, in Kultstätten, wie sie es bei den Griechen waren, in nationale Institute für psychische Hygiene, in denen auch der Sohn des 20. Jahrhunderts noch das »innere Gewitter« erleben kann, von dem der Jünger Platons sprach, das wird die Aufgabe eines Größeren sein. Reinhardt war kaum sein Johannes.

Wir aber hoffen auf den Messias.

(Dr. phil. Ernst Bergmann, Der Fall Reinhardt oder Der künstlerische Bankerott des Deutschen Theaters zu Berlin, 1906)

Ersten Weltkrieg enden werden. Der Imperialismus des deutschen Kaiserreichs hat daran mit seiner Kolonial- und Militärpolitik entscheidenden Anteil; die dadurch zunehmende Isolierung wird nach innen durch einen immer aggressiveren Nationalismus kompensiert. Das »deutsche Wesen«, mit seiner vorgeblichen sittlichen Überlegenheit gegen das übrige Europa, verseucht allmählich die politische Öffentlichkeit und verengt den geistigen Horizont der Nation.

Dieser Welle von Chauvinismus und »deutschen« Tugenden ist die künstlerische Welt Reinhardts vollkommen entgegengesetzt: in Helligkeit und Bewegung, Rhythmus und Stimmung, Architektur und Farbe, Körperlichem und Erotischem – schon beim »Kaufmann von Venedig«. Es sind das Ensemble, das sich um ihn zusammenfindet, und sein weltoffenes Repertoire, die dem Namen »Deutsches Theater« einen neuen Sinn geben. Das Repertoire ist im Bergmannschen Sinn »undeutsch«, weil es europäisch ist und das deutsche als einen Teil des Welttheaters begreift, das aus allen Gegenden des deutschen Sprachgebiets und von seinen Grenzen stammende Ensemble ebenso. Es weist in den Jahren bis zum Weltkrieg die interessanteste Vielfalt in Gesicht und Typus auf; den italo-albanischen Juden Alexander Moissi aus Triest zum Beispiel setzt Reinhardt mit rührender Treue gegen deutsche Überheblichkeiten als einen seiner ersten Schauspieler durch.

Bereits 1902 hat, nach Kahanes Aufzeichnung, Reinhardt gefühlt, »daß die mir höchste Kunst unserer Zeit, die Tolstois, weit über den Naturalismus hinausgewachsen ist, daß im Ausland Strindberg, Hamsun, Maeterlinck, Wilde ganz andere Wege gegangen sind, in der deutschen Kunst Wedekind und Hofmannsthal andere Wege gehen. (...) Was es in unserer Zeit an neuen Begabungen gibt, von welcher Seite sie mir zuströmen, sie sollen mir willkommen sein.« (Kahane)

Wenn auch Reinhardt selbst sich besonders den deutschen Klassikern und Shakespeare widmen wird – in diesen Vorkriegsjahren werden mehr als je europäische Autoren im Deutschen Theater gespielt. Daß er mit seinem Repertoire Europa nach Berlin bringt, entspricht gewiß nicht allein seinem literarischen Geschmack, sondern auch einem sensiblen Zeitgefühl – und dem europäischen Horizont seiner Geldgeber.

Dieses Repertoire ermöglicht, die verschiedensten Stilrichtungen des Theaters auszuprobieren. Das gilt auch für die europäische Theatertradition und ihre Darstellungsformen. Reinhardt setzt sich mit dem antiken Theater ebenso auseinander wie mit dem mittelalterlichen Legendenspiel, der italienischen Commedia dell'arte, dem Wiener Volkstheater und der Pantomime. Das dient der Entwicklung eines Darstellungsstils über den Naturalismus hinaus, der Entwicklung eines körperbetonten Spiels sowie der Durchbrechung der »vierten Wand« und der intensiveren Hinwendung zum Zuschauer.

Seelenkunst und Bilderlust

»Ich denke nicht daran, mich auf ein bestimmtes literarisches Programm festzulegen«, hat Reinhardt 1902 in deutlichem Abstand zu Brahm mitgeteilt. (Kahane) Die nach allen Seiten ausgreifende Vielfalt gerät auch in die Gefahr der Äußerlichkeit nach Inhalt und Gestalt. In manchen Aufführungen bleibt die schauspielerische Qualität hinter szenischer Organisation und Bilderlust zurück. Jacobsohn sieht bereits den am Ende

DER RIESE (DIE HOSE) von Carl Sternheim
M.E. ist das Stück in der vorliegenden Gestalt nicht genehmigungsfähig. Es spricht aus dem Stück, das eher als »Satire« denn als »bürgerliches Lustspiel« anzusprechen ist, eine derartige Frivolität des Gedankens und der Rede, daß man wohl daran Anstoß nehmen kann. Wenngleich die Direktion durch Fortlassung einer Anzahl von Stellen schon Milderungen versucht hat, bleibt doch noch immer genügend Bedenklichkeit. Auch das andauernde Hantieren mit der Frauenhose ist schon geeignet, die Sinnlichkeit zu mißleiten. Im übrigen verweise ich auf die angestrichenen Stellen Seiten 24, 30, 34, 35, 36, 53, 90, 92, 93, 112, 132, 150, 156, 168, 170, 171, 172, 173, 174, 175, 177, 178, 182, 184, 188, 194, 195.

Kunow
27.1.
Berlin, den 4. Februar 1911

Der Polizei-Präsident
Abteilung VIII
Tageb.-Nr. 377 VIII D 11 Berlin, 11. Februar 1911
Alexander-Str. 3-6
An die Direktion des Deutschen Theaters
hier
Auf den Antrag vom 19. Januar und dessen Ergänzung durch die protokollarische Erklärung vom 4. und schriftliche Erklärung vom 8. Februar eröffne ich der Direktion, daß ich die Genehmigung zur öffentlichen Aufführung des Stückes »Die Hose« von Carl Sternheim in den Kammerspielen aus Gründen der Sittlichkeit auf Grund des § 10 II 17 A.L.R. hiermit versage. (...)

J (agow)

Berlin, den 13. Februar 1911
Deutsches Theater zu Berlin
Direktion Max Reinhardt
An den Herrn Polizeipräsidenten
von Jagow
Sehr geehrter Herr Polizeipäsident,
Zu der unter dem 11.2.1911 uns wegen des Lustspiels »Die Hose« von Carl Sternheim zugegangenen Verfügung erlaubt sich die Direktion des Deutschen Theaters und der Dichter, Ihnen Folgendes zu unterbreiten:

1.: Beide legen den größten Wert darauf, zu betonen, dass es sich in dieser Komödie um ein Kunstwerk mit reinen künstlerischen Absichten handelt, und dass es das Niveau dieses Werkes auf das Schwerste verkennen hieße, schöbe man ihm irgend welche Nebenabsichten erotischer Natur unter. Durch eine Auffassung des Charakters des Werkes, wie sie in der Verfügung des Königlichen Polizei-Präsidiums zum Ausdruck kommt, würde sich der Dichter sowohl wie die Direktion des Deutschen Theaters in ihrer künstlerischen Ehre gekränkt fühlen.

2.: Insbesondere ist die Deutung, die man dem Requisit »Hose« unterlegt, eine diametral andere als die vom Dichter beabsichtigte, dessen Auffassung sich die Direktion des Deutschen Theaters vom ersten Augenblicke an im weitesten Umfang anschloss. Die dichterische Idee ist aber diese: Es handelt sich bei der Hose um ein Symbol des spiessbürgerlichen Philisteriums, das, an realen Dingen haftend dem zum Geistigen drängenden Manneshirn den Flug hemmt. (...)

3.: Im Uebrigen ist der Dichter, wenn die leiseste Gefahr einer Missdeutung besteht, bereit, aus eigenem Antrieb den Titel in »Der Riese« umzuändern.

4.: Der Dichter wäre fernerhin bereit, etwaige plausible Änderungsvorschläge der Behörde sofort durchzuführen, weil ihm selbst Alles daran gelegen ist, einer irrtümlichen Auffassung seines Werkes vorzubeugen.

5.: Die Direktion des Deutschen Theaters wie der Dichter verbürgen sich dafür, dass die Darstellung des Werkes der rein geistigen Auffassung des Autors in allen Punkten entspricht, wie ja überhaupt der dezente und diskrete Darstellungsstil des Deutschen Theaters und namentlich der Kammerspiele, der ja von allen Seiten anerkannt ist, eine grobe oder gar verletzende Wirkung von vornherein absolut ausschließt. (...)

Ergebenst
Max Reinhardt Carl Sternheim

Vermerk
Auf Grund des Antrages der Direktion vom 13.2. hat am 15.2. eine Probeaufführung des Stückes vor dem Herrn Polizei-Präsidenten unter Teilnahme des Dirigenten und Dezernenten der Abteilung VIII stattgefunden.

Bei dieser wurde gegenüber dem eingereichten Text insofern eine Aenderung vorgenommen, als Theobald Maske (S. 172) die Hose nicht ausgebreitet in die Luft hält, sondern dass die Hose in dem weissen Seidenpapier, mit dem sie umwickelt ist, bleibt. (...)

Es wurde beim Verlassen des Zimmers (S. 175 un-

tiefen Eindruck des »Kaufmann von Venedig« erreicht »gegen eine ganze Schar mittelmäßiger Schauspieler«.

Eigentlich ist es Reinhardts Idee gewesen, zunächst mit einem kleinen Ensemble intensiv zu arbeiten, an kleinen Stücken, »von guten Schauspielern gut gespielt«, als Vorbereitung auf »das Eigentliche«, die Klassiker und Shakespeare. Dafür ist die Zeit im Kleinen Theater zu hektisch und zu kurz. Die bei Brahm gelernte, »nie vorher erreichte Wahrheit und Echtheit« der Schauspielkunst, auf die er nicht verzichten will, wird auf diese Weise sehr schnell von den Zwängen – und Verführungen – des repräsentativeren Theaters beeinflußt.

Ein Vergleich mit dem Lessing-Theater bietet sich an. Alfred Kerr, der Brahm im Deutschen Theater noch verrissen hat, will vielleicht seine Mißhandlung durch schmeichelhafte Vergleiche wiedergutmachen: »Es wäre falsch zu sagen«, heißt es, »bei Brahm das Ringen nach dem inneren Ausdruck … bei Reinhardt nach dem äußeren Eindruck«. Doch er sagt es. Und: »Bei Reinhardt wird das Seelische einer Dichtung nie totgemacht, – aber kaum so erfolgreich bearbeitet wie ihr Kleid. (...) Ich erwartete damals eine Versüdlichung der Kunst … und fürchte jetzt eine Veräußerlichung. Noch einen Schritt weiter, so ist der Maler Hauptperson. (…) Das Wort sie sollen lassen stahn!« (A.K., Menschenkunst; Außenkunst, September 1906)

Da hat Reinhardt, seiner Idee gemäß, »für jedes einzelne Werk den geeignetsten, womöglich den einzig geeigneten Maler ausfindig zu machen«, für Arbeiten im Deutschen Theater schon Karl Walser, Alfred Roller und Emil Orlik gewonnen; es werden Edvard Munch, Ludwig von Hofmann, Carl Czeschka, Fritz Erler folgen. Das ist neu und in jedem Fall Experiment; das Zusammenwirken von Sprache, Spiel und künstlerisch eigenwertigem Bühnenbild muß unterschiedliche und zuerst kaum ausgewogene Ergebnisse haben. Es zeigt sich, abgesehen von dem Gewinn an räumlicher und bildlicher Phantasie, daß auf die Dauer nur ein fest im Theater und mit dem Ensemble arbeitender Künstler zwischen Darstellung und Ausstattung, zwischen der Idee und ihrer Realisierung vermitteln kann. Der erste »Bühnenbildner« im modernen Sinn ist der Maler und Zeichner Ernst Stern. Ab 1906 am Deutschen Theater, seit 1910 »Vorstand des Ausstattungswesens«, wird er mit seinem Verständnis für die Übereinstimmung von Bühnenbild und Kostüm und für deren technische Umsetzungen der wichtigste künstlerische Mitarbeiter Reinhardts.

Kammerspiele

Wenn man Kahane glauben darf, hat Reinhardt bereits 1902 gewußt, daß man »eigentlich *zwei Bühnen nebeneinander* haben« müsse, »eine große für die Klassiker und eine kleinere, intime, für die Kammerkunst der modernen Dichter«; auch deswegen, »damit die Schauspieler in keinem Stil erstarren« und befähigt werden, auch »gewisse klassische Werke mit der ganzen Intimität moderner Seelenkunst« zu spielen. Durch den Mitkauf des Grundstücks Schumannstraße 14, mit einem alten Tanzsaal (»Embergs«), ist es möglich, diese Idee zu realisieren. Reinhardt beauftragt den Architekten William Müller, einen Schüler von Alfred Messel, neben der Modernisierung der Fassade des Deutschen Theaters mit dem Ausbau dieses Gebäudes zu einem Haus für »eine Art *Kammermusik des Theaters«*. Müller räumt »zum ersten Mal mit dem Stuckprunk und vergoldeten Kartuschen und Engelchen gründlich auf«, die bisher zum Formenkanon des Theaterbaus gehören. (*Wiener Bauindustrie-Zeitung*, 31. Jg., Nr. 10). Der Zuschauerraum ist bis an die Decke mit Mahagoni-Holz umkleidet. Um eine intime Wirkung und enge Beziehung von Schauspieler und Publikum zu erreichen, wird auf die traditionelle Rampe (und auch den Souffleurkasten) verzichtet und der Saal mit der Bühne durch zwei Stufen eher verbunden als von ihr getrennt. In dem vornehmen Stil und Material wahrscheinlich durch einen Theaterbau in den USA angeregt, entsprechen Innenarchitektur und »Sessel schier amerikanisch tief und weich« ganz dem Geschmack der Geld- und Geistesaristokratie Berlins, für die dieses edle Haus, mit doppelt so hohen Eintrittspreisen wie im Deutschen Theater, auch gedacht ist. Die moderne Literatur und »Seelenkunst« ist so einem »erlesenen Kreis« vorbehalten; in einem Verein kann man sich die Premierenplätze durch Subskription sichern; es herrscht Frackzwang. Da freilich die Zurückgelehnten kein Publikum machen, werden die Preise bereits 1907 reduziert.

Eröffnet wird das Haus mit dem neuen Namen »Kammerspiele« am 8. November 1906 mit »Gespenster« von Henrik Ibsen, der auch Reinhardts Entwicklung als Schauspieler nachhaltig geprägt hat, in den Aufführungen Brahms, die allerdings »vor lauter Sachlichkeit grau geblieben« waren. (Siegfried Jacobsohn, *Die Schaubühne*, 15.11.1906) Reinhardt dagegen hat den Maler Edvard Munch zur Mitarbeit gewonnen: »Das Interieur bei Ibsen ist bis jetzt unbeschreiblich vernachlässigt und misshandelt worden. Ich bin aber der Meinung, dass es einen wesentlichen Teil von dem *Vielen* ausmacht, was bei Ibsen zwischen und hinter den Worten steht und die

ten) von Deuter und Theobald möglichst unauffällig gespielt, ebenso beim Wiedereintreten (S. 177).

Ferner erklärte die Direktion, dass sie den ursprünglichen Titel »Der Riese« wieder aufnehmen wolle.

Auf Grund dieser Probevorstellung hat der Herr Polizei-Präsident die öffentliche Aufführung mündlich genehmigt. (...)

Klotz

Bis gestern oder vorgestern hieß das Stück noch »Die Hose«. Da aber, wie bekanntgegeben wurde, die hohe Obrigkeit an einigen Stellen des Stückes Anstoß nahm, und da zu diesen Stellen wohl auch der Titel gehörte, wurde er in »Der Riese« umgewandelt. Man hätte auch ebenso gut »Der Zwerg« oder »Die Seeschlange« dafür wählen können, dem Verständnis für das Stück hätten diese Titel jedenfalls nicht mehr und nicht weniger Abbruch getan als »Der Riese«. Bei dem ursprünglichen Titel, der Hose, konnte man sich wenigstens noch etwas denken.

(*Volks-Zeitung*, 16. Februar 1911)

Ich war in der Richtung weitergegangen, die die Meininger eingeschlagen hatten. Ich strebte nach einer Vollendung des Dekors. Ich verpflichtete Maler mit berühmten Namen an meine Bühne und wollte die Illusion für das Publikum nahezu vollkommen machen. Damit erzielte ich aber einen gerade umgekehrten Effekt. Die Leute kamen, um auf meiner Bühne die echten Bäume zu betrachten; das war eine Neuerung, die sie mehr beeindruckte als die Kunst, die wir zu bieten hatten. Aber ich ließ mich dadurch zunächst nicht entmutigen.

Später sah ich dann ein, daß ich, vom künstlerischen Standpunkt aus betrachtet, auf dem falschen Wege war. Was ich angestrebt hatte, war nicht das Wesentliche in der Schauspielkunst. Denk einmal an den Dialog, in dem Romeo und Julia die Pracht des Garten beschreiben. Muß man diese nun auch noch außerhalb von Shakespeares herrlicher Lyrik dem Zuschauer vor Augen führen? (...) Damals sah ich ein, daß es für einen Schauspieler das Herrlichste ist, das Publikum unmittelbar, allein durch seine Kunst mitzureißen. Sein Genie muß die Illusion erschaffen. Glücklich zu nennen waren die Schauspieler in England zur Zeit der Königin Elisabeth, die sich auf einer gebrechlichen Bühne, dürftig kostümiert, durch die Menge der auf den Brettern sitzenden Edelleute hin-

durch Bahn brechen mußten: das war ein Kernpublikum, das für nichts anderes als die persönliche Kunst der Schauspieler Augen hatte.

Von diesem Augenblick an war es mein Ziel, die Wertschätzung der Kulisse, die ich selbst ins Leben gerufen hatte, wieder rückgängig zu machen. Im Vordergrund mußte die persönliche Kunst des Schauspielers stehen. Ein erstes Mittel dazu meinte ich im Zirkus gefunden zu haben. Ich hatte dort die große emotionelle Masse zum Publikum. Und was das Dekor betrifft, so mußte ich mich dort notwendigerweise mit dem Nötigsten behelfen. Es war keine ideale Lösung, das gebe ich zu. Man kann es sogar, wenn man so will, einen Versuch mit untauglichen Mitteln nennen. Der Pferdegeruch war hinderlich, (...) zur Füllung des großen Raumes waren viele Statisten erforderlich. Es gab so allerlei, was das Publikum störte. Man begriff auch meine Anstrengungen, mein Hauptziel, nicht. Ich hoffe nicht, daß der Krieg mein Ideal, ein Theater zu bauen, wie ich es mir erträume, unmöglich machen wird ...

Max Reinhardt in einem Gespräch
(Veröffentlicht anläßlich eines Gastspiels in Rotterdam – mit »Totentanz« von Strindberg –, in *Nieuwe Rotterdamsche Courant*, 1. Mai 1916)

Handlung nicht nur umrahmt sondern symbolisiert.« (Reinhardt an Munch in »Anmerkungen für das ›Gespenster‹-Interieur«, Sommer 1906)

Die Premiere wird ein außerordentlicher Erfolg. »Die lyrische Darstellung der ›Gespenster‹. Aber innerlich fortreißend und erregend. (...) In den Kammerspielen trat die Wirkung erschütternd ein. Ein Vorzug kam diesmal hinzu: das war die Gliederung, das Tempo, die Dynamisierung.« (Alfred Kerr, *Der Tag*, 11.11.1906)

Mit den beiden nebeneinander liegenden Theatern unterschiedlichen Charakters schafft Reinhardt eine bis heute nachwirkende Tradition im deutschen und europäischen Theater; sie ermöglichen in Zusammenhängen und Gegensätzlichkeiten eine bisher nicht gekannte Vielfalt des Repertoires, der Darstellungsformen und ihres technischen und dekorativen Rahmens.

Modernes

Ein Problem dieses Repertoires ist es, daß neben Reinhardt keine anderen bedeutenden Regisseure vorhanden sind. Das gilt auch für den Dramaturgen Felix Hollaender, der etwa dreißig Inszenierungen beisteuert und damit das Gesamtgesicht mitbestimmt. Er ist der Alltag, ein gelehriger Nachahmer Reinhardts; sein »Fiesko« 1908/09 wird ein Fiasko, seine »Penthesilea« 1911/12 nur durch eine Drehbühnenlösung Sterns interessant. »Nathan der Weise« (1911/12) bleibt Papier, obwohl Albert Bassermann die Titelrolle spielt. Daneben inszeniert er viel Zeitgenössisches. Shaws »Arzt am Scheideweg« wird 1908/09 wegen des Schauspielerensembles, vor allem dank Tilla Durieux als Jennifer und Alexander Moissi als Dubedat, ein Erfolg. Carl Sternheim, als neuer Dramatiker die wichtigste Entdeckung des Deutschen Theaters in diesen Jahren, überläßt Reinhardt zunächst ebenfalls Hollaender; die Uraufführungen der »Hose« (auf Druck der Zensur unter dem Titel »Der Riese«) 1910/11 und der »Kassette« 1911/12 werden Sternheims Stil und Sprache nicht gerecht. Erst die beiden Uraufführungen durch Reinhardt, »Bürger Schippel« (1912/13) und »Der Snob« (1913/14, mit Albert Bassermann als Christian Maske), setzen Sternheims aktuelle Satiren durch.

Reinhardts Anteil am zeitgenössischen Spielplan ist, neben seinen stets bedeutenden und stets umstrittenen Inszenierungen deutscher Klassiker und Shakespeares, ansonsten nicht umfangreich. In einem zähen Kampf gegen die Zensur setzt er 1906/07 die lange verbotene »Kindertragödie« Frank Wedekinds, »Frühlings Erwachen«, durch, für mehrere Jahre die erfolgreichste Inszenierung der Kammerspiele. Es werden auch danach viele Stücke Wedekinds gespielt, fast ausschließlich aber im Rahmen vom Dichter selbst als Regisseur und Hauptdarsteller veranstalteter »Zyklen«, mit wenigen Aufführungen. Reinhardts Vorliebe gilt Neuromantikern wie Hofmannsthal (»Ödipus und die Sphinx« 1905/06, »Christinas Heimreise« 1909/10) und Maurice Maeterlinck (»Aglavaine und Selysette« 1906/07, »Der blaue Vogel« 1912/13). Dazu kann man auch Friedrich Freksa zählen, dessen orientalischer Märchenpantomime »Sumurûn« – als Vorlage »überladen, verschwommen und phantasielos« (Siegfried Jacobsohn, *Die Schaubühne*, 5.5.1910) – Reinhardt 1910 mittels prächtiger Ausstattung und lärmender Musik zu einem Pseudoerfolg verhilft. Uraufführungen dieses Genres, so Wilhelm Schmidtbonns »Der verlorene Sohn« (1913/14), kann auch er nicht retten; ebensowenig »Wieland« von Karl Vollmoeller, 1911. Mit dessen mittelalterlichem Mysterienspiel »Das Mirakel«, das er in der Olympia Hall in London mit Musik von Engelbert Humperdinck zu einer Kolossalpantomime verarbeitet und dann über den Kontinent schickt, beginnen im gleichen Jahr die europäischen Großunternehmungen Reinhardts. In Wien sieht sie Alfred Polgar, »unter Mitwirkung von zirka zweitausend Menschen, etwa zweihundertfünfzig Musikinstrumenten, sechzig Scheinwerfern, mehreren dumpfen und hellen Kirchenglocken, vier Pferden und acht Nebenregisseuren« als »katholische Frömmigkeit multipliziert mit andersgläubigem Raffinement«, aber als »dürftigstes Quentchen geistiger und (...) gigantisches Übermaß sinnlicher Reizungen«. (*Die Schaubühne*, 3.10.1912) Es beginnt jene Expansion, die für das Deutsche Theater und die Kammerspiele künstlerisch kaum produktive, vielmehr zunehmend problematische Folgen haben wird.

Klassiker

Höhepunkte der Spielzeiten sind immer die Klassikerinszenierungen Reinhardts, in denen es seiner theatralischen Phantasie, beflügelt und gezügelt von wesentlichen Texten, gelingt, seine Idee von Theater zu realisieren, die er bereits 1902 beredt entwickelt hat: »Man muß die Klassiker neu spielen; man muß sie so spielen, wie wenn es Dichter von heute, ihre Werke Leben von heute wären; (...) man muß sie aus dem Geist unserer Zeit begreifen, mit den Mitteln des Theaters von heute

Der Polizei-Präsident
Abteilung VIII — Berlin, den 16. Februar 1918
Mit Anlagen dem Oberkommando in den Marken
hier

(...) Es ist unerfreulich, dass nach der Darstellung des Verfassers nicht das Überwiegen des Vaterlandsgefühls, sondern der Zwang, in dem sich jeder befindet, den Erfolg bedingt. Und dies bleibt unerfreulich, wenn auch, wie es mir gegenüber geschehen ist, darauf hingewiesen wird, der Verfasser habe die eiserne Disziplin im Auge gehabt, die in jedem einzelnen deutschen Seemann, möge er denken und sprechen was er wolle, im tiefsten Innern stecke und sein Tun bestimme.

Die von dem Admiralstab der Marine vorgeschlagenen Striche habe ich mit Vertretern des Vereins »Das junge Deutschland« und des Deutschen Theaters erörtert. Beide erklärten, indem sie jede destruktive Tendenz des Werks von sich wiesen, dass sie mit den Strichen grundsätzlich einverstanden seien. Die beanstandeten krassen Stellen entstammten dem Bestreben junger moderner Dichter, nach starken Ausdrücken zu suchen und würden durch die Regie auch ohne dass eine besondere Verfügung vorliege, entsprechend gemildert worden sein. (...) Von dem letzten Vers auf Seite 80 ab ist aber bis Seite 83 und darüber hinaus, auch auf Seite 84 alles beseitigt worden, was die Absicht der Meuterei irgendwie unterstreicht. (...) Auf Seite 127, 128 sollen nur die Worte »Vaterland, oh Vaterland, sieh uns hier liegen, gib uns Tod« gesprochen oder vielmehr in ziemlich unverständlicher Art gemurmelt werden.

v. Glasenapp
(Der Polizei-Präsident von Berlin zu
Reinhard Goerings »Seeschlacht«)

Berlin O 27, den 18. April 1918
Der Polizei-Präsident
Abteilung VIII
Magazinstr. 3-5
Tageb.-No. 15 VIII Th.18
An die Direktion des Deutschen Theaters
Nach einer neuerdings ergangenen Entscheidung des Oberkommandos in den Marken kann eine öffentliche Aufführung des Dramas »Der Sohn« von Walter Hasenclever diesseits nicht genehmigt werden.

v. Glasenapp
(Der Polizei-Präsident von Berlin
zu Walter Hasenclevers »Der Sohn«)

Das Drama meines rheinischen Landsmanns Walter Hasenclever »Der Sohn« (...) darf in Berlin nur in geschlossener Vorstellung gegeben werden; denn – so sagt die sorgsam wachende Berliner Polizeibehörde – »das Stück enthält eine leidenschaftliche Verneinung der väterlichen Gewalt, und kann seine Aufführung daher hier in der Reichshauptstadt um so weniger zugelassen werden, als sich noch neuerdings bei den Streikunruhen die halbwüchsige Arbeiterjugend besonders hervorgetan hat«. (...)

Am 1. April d. J. hat das Oberkommando in den Marken diese Entscheidung bestätigt, das Stück darf während des Krieges in Berlin nicht öffentlich aufgeführt werden. Über die köstliche Begründung dieses Verbots ist ja kaum ein Wort zu verlieren. Selbst wenn die jugendlichen Munitionsarbeiter in hellen Scharen ins Deutsche Theater liefen – sie tun es leider nicht, sie laufen ins Kino oder in die Posse –, selbst dann wäre diese Schulmeisterei ganz unerträglich. Aber natürlich ist diese Begründung nur an den Haaren herbeigezogen, sie soll nur einen billigen Vorwand abgeben zur Schikanierung einer unbeliebten Dichtung.

(Abgeordneter Meersfeld (SPD) in der 168. Sitzung des Deutschen Reichstags, 6. Juni 1918)

Das Dramaturgische Büro und Sekretariat

Felix Hollaender (1867-1931) ist Dramaturg bei Reinhardt von 1902 (Kleines Theater) bis 1913, eine Spielzeit Intendant in Frankfurt a.M., dann wieder am Deutschen Theater und von 1920 bis 1923 sein Direktor, danach Theaterkritiker des 8-Uhr-Abendblatts *und schriftstellerisch tätig. H. kommt aus der naturalistischen Bewegung; 1894 Mitherausgeber der* Welt am Montag. *1902 ist er als Schriftsteller durch mehrere Romane bekannt. (*Jesus und Judas, *1891, aus dem Proletariermilieu;* Das letzte Glück, *1900, und* Der Weg des Thomas Truck, *1902, beide zur Künstlerproblematik); er schreibt auch Dramen, u.a. die Tragikomödie »Ackermann« (1902, mit Lothar Schmidt). H. ist ein vielseitiger und energischer Mitarbeiter Reinhardts: »Er hatte Verve, besaß Durchschlagskraft. Darauf verließ er sich; denn er sah hauptsächlich praktische Erfolge.« (Bernhard Reich) Mit über fünfzig Inszenierungen bis 1920 am Repertoire wesentlich beteiligt, oft nicht erfolgreich. Inszeniert im Theater als erster Shaw und Sternheim, auch mehrere jüdische Autoren.*

Arthur Kahane (1872-1932) ist Dramaturg von 1902 (Kleines Theater) bis 1932; mit Reinhardt seit der

(...).« (Kahane) Allein in ihrem Umfang ist die in den kaum zehn Jahren bis zum Krieg vollbrachte Arbeit, die Reihe der Gestalten, die über die Bühne des Deutschen Theaters gehen, gewaltig. Reinhardt inszeniert zehn deutsche »Klassiker« und bis 1912 elf Werke Shakespeares. In der Spielzeit 1913/14 werden, unmittelbar vor dem Krieg, zehn von ihnen neu einstudiert, in einem »Shakespeare-Zyklus« gespielt, der 1914/15 durch »Das Wintermärchen«, 1915/16 in der Volksbühne durch »Sturm« und durch »Macbeth« im Deutschen Theater vervollständigt wird.

Shakespeare bleibt damit auch ein wichtiger Bestandteil des Spielplans, als infolge des Krieges mit der »Ausländerei auf der deutschen Bühne« (Titel einer Umfrage des *Berliner Börsen-Couriers* im Juni/Juli 1915) ein Ende gemacht und dadurch das internationale Repertoire des Deutschen Theaters um die lebenden Autoren der »Feindländer« reduziert wird. Mit Kriegsbeginn verschärft sich die Zensur; außer der Genehmigung des Polizeipräsidiums, wie bisher, braucht jede Aufführung jetzt außerdem die des Oberkommandos in den Marken. Manche (wie fast alle Stücke Carl Sternheims) werden gar nicht erlaubt, andere nur mit Texteingriffen.

Ein anderes Deutschland

Nach dem Abschluß des Shakespeare-Zyklus wird im September und Oktober 1916 ein repräsentativer »Deutscher Zyklus« angekündigt, unter anderem mit Hebbels »Nibelungen«, Goethes »Götz von Berlichingen« und Kleists »Prinz von Homburg«. Keiner dieser Pläne wird realisiert, statt dessen eröffnet Reinhardt den Zyklus im Oktober 1916 mit Jakob Michael Reinhold Lenz' »Die Soldaten«, ein Stück, in dem eine bürgerliche Familie an Offiziersvergnügungen zugrunde geht. Es ist zugleich die erste Aufführung des originalen Texts (Bearbeitung von Ed. von Bauernfeld 1863 im Burgtheater). Vierzehn Tage später folgt die Uraufführung des Trauerspiels »Das leidende Weib« von Carl Sternheim nach Friedrich Maximilian Klinger, wie Lenz ein so gut wie nicht gespielter Dichter des deutschen »Sturm und Drang«; es ist ein bürgerliches Ehebruchsdrama vor dem Hintergrund einer intriganten Hofgesellschaft. Nach »Minna von Barnhelm« und »Kabale und Liebe« ist der Höhepunkt dieses »Deutschen Zyklus« Reinhardts Inszenierung von Georg Büchners »Dantons Tod« am 15. Dezember 1916, die erste öffentliche Aufführung in Berlin.

Stefan Großmann (*Vossische Zeitung*, 16.12.1916) sieht in seiner Kritik zu »Danton« einen Zusammenhang: »Dieses grandiose Werk gehört in den ›Deutschen Zyklus‹, der unwillkürlich ein Reigen der gebrochenen Genies ist. Man überdenke: Lenz, in jungen Jahren dem Wahnsinn verfallen; Klinger, aus Deutschland fliehend, in den russischen Offiziersstand flüchtend; Büchner, von Polizisten verfolgt, mit vierundzwanzig Jahren tot.«

Die Jungen

Ende 1917 gründet Reinhardt unter dem Namen »Das junge Deutschland« eine »Gesellschaft zur Pflege junger Dichtung«, die es sich zur Aufgabe macht, »durch Aufführungen, Vorträge, Vorlesungen einerseits und durch Preise und Stipendien andererseits die jungen Dichter zu fördern«. Die Aufführungen dürfen nur vor den ordentlichen Mitgliedern des Vereins, nur an Sonntagmittagen und selbstverständlich nur zensiert stattfinden. Die Vorstellungen werden am 23. Dezember 1917 mit der Uraufführung der frühexpressionistischen »dramatischen Sendung« von Reinhard J. Sorge, »Der Bettler«, in der Regie von Max Reinhardt begonnen; der 24jährige Dichter ist im Juli in Frankreich gefallen. Reinhardts Inszenierung der Tragödie »Seeschlacht« von Reinhard Goering, Requiem auf das hilflose Sterben deutscher Matrosen im Geschützturm eines Panzerschiffs während der Schlacht am Skagerak darf auf Anordnung der Admiralität, die auch mit verfälschenden Strichen eingreift, nur einmal gegeben werden. Die letzte wesentliche Vorstellung des »Jungen Deutschlands« während des Kriegs ist Walter Hasenclevers Drama »Der Sohn«, das in noch stärkerem Maß als die beiden vorangegangenen Stücke als programmatisch, über den dargestellten Sohn-Vater-Konflikt hinaus, als ein neues »In tyrannos« verstanden wird, freilich in der gleichen Exklusivität.

Der Alltag des kriegsbeschränkten Spielplans dagegen verrät auch in seinen Realisierungen zunehmende Resignation. Angesichts der immer bedrohlicheren Kriegslage nehmen die dunklen Töne zu, in Hauptmann-, Ibsen-, Strindberg- und Tolstoi-Aufführungen. Der Krieg ist nicht nur der Beginn vom Ende des Kaiserreichs, sondern auch des von »Farbe und Licht« erfüllten Theaters, Gegen- und doch auch Abbild einer noch sicher scheinenden Vorkriegszeit.

Jugendzeit in Wien bekannt. K. ist der eigentliche Dramaturg des Deutschen Theaters in literarischer und geistiger Hinsicht, seine Arbeit so wenig spektakulär wie wichtig. Gibt (mit Hollaender) seit 1911 die »Blätter des Deutschen Theaters« heraus, die eine Art »Kampfschrift« gegen den »lieblosen, höhnischen, schnöden Ton« (Siegfried Jacobsohn, Oktober 1911) der Berliner Presse gegen Reinhardt sein sollen: »Weil es gilt, eine Arbeit, die wir für gut und richtig halten, gegen alles, was stören will, zu schützen, Mißdeutungen und Mißverständnisse zurückzuweisen – öffnen wir die Werkstatt.« Geplant ist, sie »32 mal im Jahr in zwangloser Folge, in der Regel jedoch zu allen bedeutenderen Premieren« herauszugeben; es sind jedoch nur 19, 13 bzw. 17 Hefte in den drei Spielzeiten bis zum Weltkrieg, der ihr Erscheinen beendet. K. ist auch schriftstellerisch tätig: 1910 Lieder *(Gedichte); von 1918 bis 1924 (*Der Schauspieler*) erscheinen auch mehrere Romane; 1928 das* Tagebuch eines Dramaturgen, *1931 das essayistisch-autobiographische* Judenbuch. *»Er war mager, nachlässig gekleidet, demonstrierte die lässige Haltung eines Einsiedlers, der sich auf Gespräche über praktische Fragen nur gefälligerweise einläßt. (...) Es wunderte mich, daß Reinhardt sich beraten lasse und seine Konsultanten respektiere. In den Wiener Theatern war der Dramaturg das fünfte Rad am Thespis-Wagen.« (Bernhard Reich,* Im Wettlauf mit der Zeit, *1970)*

Dem »Dramaturgischen Büro und Sekretariat« zugeordnet ist ebenfalls Ephraim Frisch, Leiter der von Reinhardt 1905 gegründeten Schauspielschule des Deutschen Theaters. Sie befindet sich zuerst im Palais Wesendonck im Tiergarten, später im obersten Stockwerk der Kammerspiele. Ihre Leitung übernimmt nach Frisch für viele Jahre Berthold Held.

Eintrittspreise 1910 (Angaben in Mark)

Vorderes Parkett und Ranglogen	*6,50*
Hinteres Parkett	*5,00*
2. Rang, Reihe 1-4	*3,00*
Stehgalerie	*1,00*

Durchschnittlicher nomineller Jahresverdienst 1910 eines Arbeitnehmers: 979 Mark

1 Mark hat 1905 rein rechnerisch eine Kaufkraft von heute etwa 9,20 Mark.

Dokumente: BLHA, Rep. 30, Th 2836, 316, 326, 1137

Bühnenbildentwurf von Max Kruse zu »Elektra« von Hugo von Hofmannsthal, Kleines Theater, Oktober 1903, Übernahme in das Deutsche Theater Oktober 1905

Gertrud Eysoldt als Elektra

»Das Käthchen von Heilbronn« von Kleist; Eröffnungsvorstellung der Direktion Reinhardt am 19. Oktober 1905

Die Bühnenräume des Bildhauers Max Kruse zu »Salome« von Oscar Wilde und »Elektra« sind in ihrer plastischen Realität und durch Licht erzeugten Symbolik ein Fortschritt gegen das Zimmer- und Kulissentheater und tragen durch ihre ästhetische Neuartigkeit zum Erfolg des Kleinen Theaters bei. Zur Eröffnung seiner Direktion im Deutschen Theater setzt Reinhardt allerdings wieder auf »Ausstattung« – ein bleibender Konflikt seines privat finanzierten Theaters.

Rudolf Schildkraut als Shylock

Der »Kaufmann von Venedig« von William Shakespeare wird in Berlin als Reinhardts eigentlicher Einstand im Deutschen Theater betrachtet. Der Einsatz der neuen Drehbühne unterstützt nicht nur den Rhythmus des Stücks, sondern setzt die Schauspieler in bisher nur in seinem »Sommernachtstraum« gesehener Weise in Bewegung; die Sprache wird durch die eigenständige Sprache der Körper bereichert. Die humane Botschaft der Inszenierung verkörpert Rudolf Schildkraut als Shylock, von dem die rechte Presse nach der Premiere meint, er hätte sich hüten sollen, »diesen boshaften, tückischen und rachsüchtigen Schacherjuden zum Märtyrer, zum deklamatorischen Verteidiger zertretener Menschenrechte zu stempeln« (*Deutsche Zeitung*, 11. November 1905). Die Inszenierung eröffnet die Reihe der Shakespeare-Neuentdeckungen Reinhardts.

Bühne (Haus des Shylock) zu »Der Kaufmann von Venedig« nach dem Entwurf von Leo Impekoven, 1905

Emil Orlik, Bühnenbildentwurf zu »Das Wintermärchen« von William Shakespeare, 1906

Rudolf Schildkraut in der Rolle des Autolycus

Lucie Höflich als Perdita

Karl Walser, Bühnenbildentwurf (Straße) zu »Romeo und Julia« von William Shakespeare, 1906/07

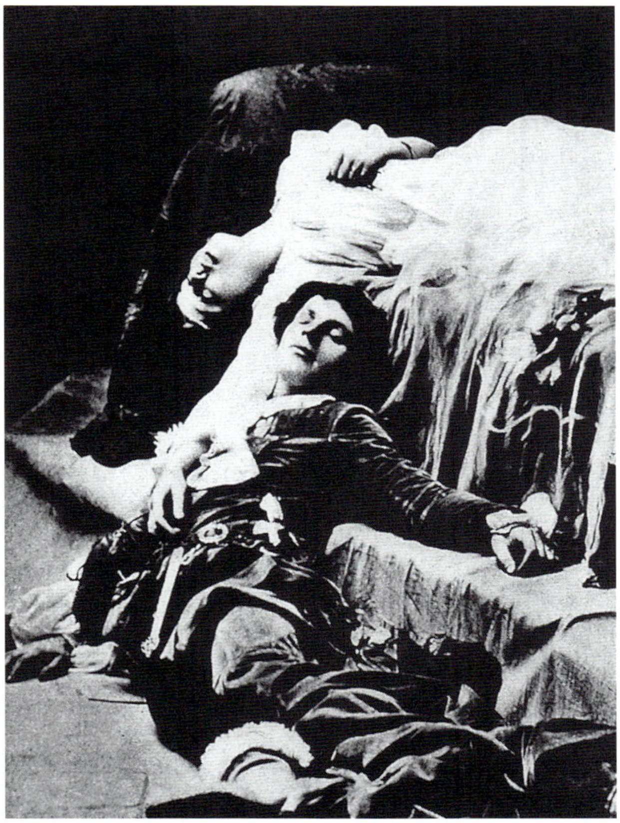

Camilla Eibenschütz, »kaum 20jähriges Wesen, von einer kindhaften Wildheit, einer Hingabe, einer Kühnheit, – ich hatte das Eigentliche dieses Stückes nie so gespürt ...« (Hugo von Hofmannsthal), und Alexander Moissi, in dem sich »die zeitgenössische Jugend wie in einem Spiegel« sah (Felix Salten), spielen bis zum Ersten Weltkrieg neben Else Heims und anderen die jugendlichen Shakespeare-Rollen.

Camilla Eibenschütz als Julia und Alexander Moissi als Romeo

»Man müßte eigentlich *zwei Bühnen nebeneinander* haben, eine große für die Klassiker, und eine kleinere, intime, für die Kammerkunst der modernen Dichter ...« (1902) Diesen Wunsch erfüllt sich Reinhardt mit der Eröffnung der Kammerspiele im November 1906. Der die große Tradition des Deutschen Theaters ehrenden Eröffnungsvorstellung mit »Gespenster« von Ibsen folgt – nach langjährigem Kampf gegen die Zensur – mit »Frühlings Erwachen« die »Kindertragödie« Frank Wedekinds um die Nöte junger Menschen in der selbstgewissen Erwachsenenwelt. Die Aufführung wird bis zum Ersten Weltkrieg über vierhundert Mal gespielt.

Camilla Eibenschütz als Wendla Bergmann in »Frühlings Erwachen« von Frank Wedekind

Melchior Gabor als Bernhard von Jacobi vor dem Lehrerkollegium; dritter Akt, Bühne Karl Walser

Ludwig von Hofmann, Bühnenbildentwurf zu »Aglavaine und Selysette« von Maurice Maeterlinck; Uraufführung im April 1907, Inszenierung Max Reinhardt

Albert Steinrück (Jean) und Gertrud Eysoldt (Julie) in »Fräulein Julie« von August Strindberg, Inszenierung Ephraim Frisch (1907)

Tilla Durieux (Jennifer) und Paul Wegener (Ridgeon) in »Der Arzt am Scheideweg« von George Bernard Shaw (1908)

In den Kammerspielen werden, Reinhardts Programm entsprechend, zahlreiche moderne deutsche und ausländische Autoren zur Aufführung gebracht, so Schalom Asch, Alfred Capus, Osip Dymow, Herbert Eulenberg, Maxim Gorki, Sacha Guitry, Hugo von Hofmannsthal, Thomas Mann, Dario Niccodemi, Wilhelm Schmidtbonn, Eduard Stucken, Karl Vollmoeller und vor allem George Bernard Shaw, Carl Sternheim, August Strindberg und Frank Wedekind.

»König Lear« von William Shakespeare (1908),
Regie Max Reinhardt, Bühnenbilder und Kostüme Carl Czeschka. Die Ausstattung des »Lear« ist ein eindringliches Beispiel für die Experimentierfreude Reinhardts. Die Zusammenarbeit mit dem Österreicher Carl Czeschka, den man einen »Monomanen des Ornaments« genannt hat, zeigt aber auch die Gefahr eines sich verselbständigenden Stilwillens; die Aufführung bleibt nach Meinung der Kritik in ihrer inszenatorischen und schauspielerischen Kraft hinter der der Dekoration zurück.

Rudolf Schildkraut (1908) und Albert Bassermann (1914, Shakespeare-Zyklus) in der Rolle des König Lear

Carl Czeschka, Entwürfe zu den Kostümen der Cordelia und des König Lear

Die Drehbühne, von Max Reinhardt zum ersten Mal in der Aufführung des »Sommernachtstraums« im Neuen Theater auch szenisch mit dem »sich drehenden Wald« eingesetzt, ist für alle seine Shakespeare-Inszenierungen ein unentbehrliches technisches Mittel, um den Rhythmus der Stücke adäquat zu bewältigen. Sie wird darüber hinaus auch dramaturgisch für Bewegungen in und zwischen den Szenen genutzt. Der im Deutschen Theater neu eingebaute Rundhorizont vervollständigt sie, zusammen mit der ausgezeichneten Beleuchtungsanlage, zu einem vielfältig verwandelbaren und jeder Illusionswirkung fähigen Bühnenraum.

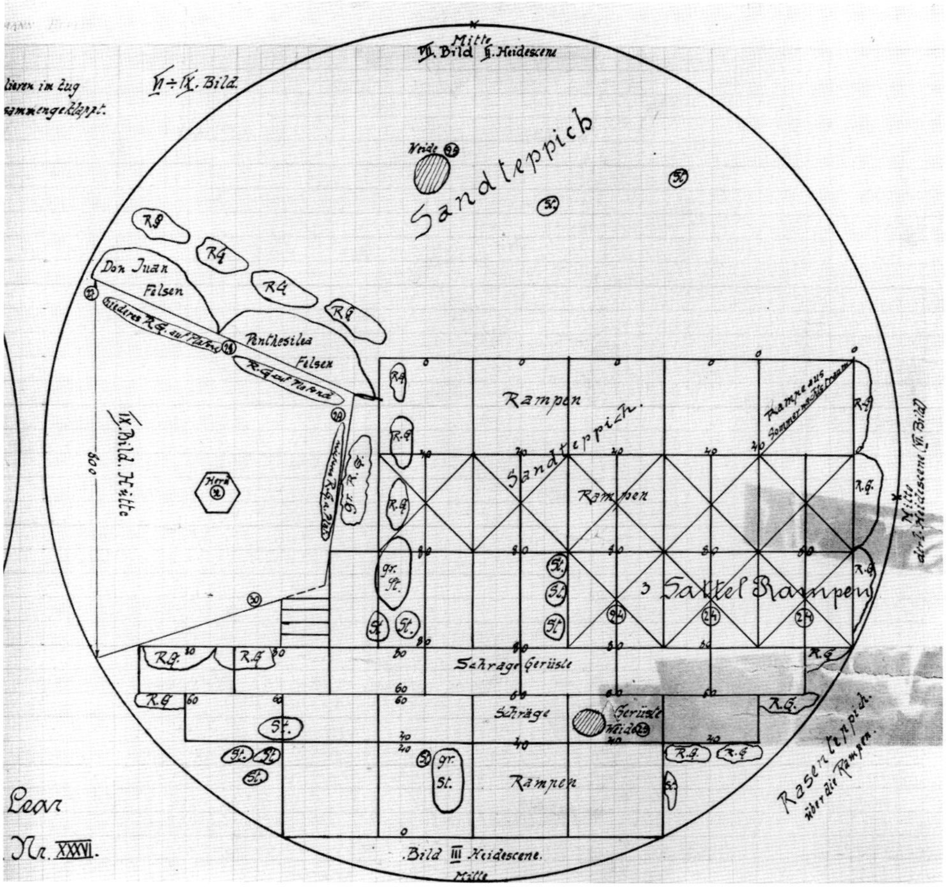

Grundriß der Drehbühne mit Aufbauten zu »König Lear« (Ernst Stern, nach Carl Czeschka, 1914)

Bühnenbild zu »König Lear« nach dem Entwurf von Carl Czeschka

Paul Wegener als Franz Moor

»Die Räuber« von Friedrich Schiller (1908),
Inszenierung Max Reinhardt.
Wilhelm Diegelmann (Schweizer),
Oskar Beregi (Karl Moor), Ludwig Hartau (Roller)

»Ich kenne den Geruch von Langeweile, der den üblichen Klassikeraufführungen anhaftet ... Ich weiß, welche Patina von Pathos und leerer Deklamation eine erstarrte Hoftheatertradition über diese Werke gelegt hat. Dieser Staub muß weg. Man muß die Klassiker neu spielen; man muß sie so spielen, wie wenn es Dichter von heute, ihre Werke Leben von heute wären... man muß sie aus dem Geist unserer Zeit begreifen, mit den Mitteln des Theaters von heute, mit den besten Errungenschaften unserer heutigen Schauspielkunst spielen. Der edle, alte Wein muß in neue Schläuche gegossen werden. Und, glauben Sie mir, er wird schmecken.«
(Max Reinhardt zu seinem späteren Dramaturgen Arthur Kahane, 1902)

Max Reinhardt inszeniert 1909 den ersten Teil des »Faust« in Bühnenbildern von Alfred Roller mit Friedrich Kayßler als Faust, Rudolf Schildkraut als Mephisto und Lucie Höflich/Else Heims als Margarete. 1911 folgt (zum ersten und letzten Mal im Deutschen Theater) der zweite Teil, ebenfalls mit Kayßler, Albert Bassermann als Mephisto, Alexander Moissi als Kaiser und Else Heims als Helena.

Else Heims als Margarete
in »Faust. Erster Teil«

Friedrich Kayßler als Faust
in »Faust. Erster Teil«

Albert Bassermann als Mephisto mit der Maske
der Phorkyas in »Faust. Zweiter Teil«

Fritz Erler, Entwurf zu »Hamlet«, 1909, für die Aufführung im Münchener Künstlertheater

Reinhardt inszeniert Shakespears »Hamlet« mit seinem Ensemble zunächst im Juni 1909 in München und dann, unter anderen technischen Bedingungen, im Deutschen Theater. Den Hamlet Moissis sieht der Kritiker Siegfried Jacobsohn jedoch lediglich als »Viertel-Hamlet. Man vergaß ihn über dem immer wieder erstaunlichen Regisseur Reinhardt« – dem Alfred Kerr vorhält: »Das Prometheische wird geschmackvoll«; sein Hamlet sei »keine von der Sucht nach letzten Fragen durchsetzte Kreatur ...« In der Neueinstudierung 1910 spielt Albert Bassermann die Rolle. Nun ist »ein ganzer und einheitlicher Hamlet der Mittelpunkt eines ganzen und einheitlichen ›Hamlet‹ ... ein Gipfel der Theaterkunst...« (Jacobsohn)

Die Schwurszene auf der Terrasse von Helsingör mit Carl Ebert (Horatio), Alexander Moissi (Hamlet) und Eugen Klimm (Marcellus), Shakespeare-Zyklus, 1913

Adele Sandrock als Königin Gertrud und Paul Wegener als König Claudius, 1909

Alexander Moissi – »Er war nicht dieser Mann in diesem Werk.« (Kerr)

Camilla Eibenschütz als Ophelia, 1909

Die Szene bei der Königin mit Anna Feldhammer (Gertrud), Paul Conradi (Geist von Hamlets Vater) und Alexander Moissi (Hamlet), Shakespeare-Zyklus, 1913

Gustav Knina, Bühnenbildentwurf zu »Totentanz«, 1912

August Strindberg ist mit seinen psychologisch-pessimistischen »Kammerspielen«, in deren zerreißenden Ehe- und Familienkrisen gleichwohl die Zerstörung der ganzen alten Lebens- und Gesellschaftsordnung heraufdämmert, einer der inhaltsreichsten neueren Autoren des Deutschen Theaters vor dem Ersten Weltkrieg. Höhepunkte sind auch hier die Inszenierungen von Max Reinhardt selbst: »Totentanz« (1912), in dem Paul Wegener als Edgar einen tiefen Eindruck hinterläßt, »Wetterleuchten« (1913) und »Scheiterhaufen« (1914); »Gespenstersonate« (1916) nimmt bereits Elemente des expressionistischen Theaters vorweg.

Gertrud Eysoldt (Alice), Paul Wegener (Edgar) und Paul Biensfeldt (Kurt) in »Totentanz« von August Strindberg, Inszenierung Max Reinhardt, 1912

Alexander Moissi als Fjodor Protassow in »Der lebende Leichnam« von Leo Tolstoi, 1913, Inszenierung Max Reinhardt.

Die Inszenierung des erst 1911 im Moskauer Künstlertheater aufgeführten Dramas aus dem Nachlaß Tolstois ist einer der größten ideellen (und materiellen) Erfolge für Reinhardt und eine der besten künstlerischen Leistungen Alexander Moissis. Die aktuelle Wirkung beruht auf einer »Umkehrung« und einem Gegenbild der Vorkriegszeit: »Der befrackte Kumpan reicher Lebemänner steigt zum verlumpten Genossen verlumpter Künstler empor ... Der Weichling wird fast zum Helden.« (Siegfried Jacobsohn)

Szene aus »Der lebende Leichnam« mit Alexander Moissi (Protassow), Carl Ebert (Pjetuschkow) und Friedrich Kühne (Artemjew)

Ernst Stern, Bühnenbildentwurf zu »König Heinrich IV. Erster Teil« von William Shakespeare

2. Akt, 2. Szene mit Wilhelm Diegelmann als Falstaff

3. Akt, 2. Szene mit Alexander Moissi als Prinz Heinrich und Paul Wegener als Heinrich IV.

1. Akt, 1. Szene mit Paul Wegener als Heinrich IV.

5. Akt, 5. Szene mit Werner Schott (Prinz Johann), Alexander Moissi (Prinz Heinrich) und Konrad Veidt (Westmoreland)

Im Oktober 1912 kommt, im Abstand von einer Woche, Reinhardts umfangreichstes Shakespeare-Unternehmen, »König Heinrich IV.« (Erster und Zweiter Teil) heraus; ein Erfolg »nicht bloß mit, sondern zum Teil, sogar zum wichtigsten Teil trotz seinen Schauspielern erreicht« (Siegfried Jacobsohn). Vor allem Moissi und Diegelmann befriedigen den Kritiker nicht; Alfred Kerr meint: »Die Nebengestalten sind recht unfesselnd.« Jacobsohn betont jedoch, daß Reinhardt »die Ebenbürtigkeit des zweiten Teils endlich unzweifelhaft gemacht hat«.

Das Schlachtfeld von Shrewsbury mit Albert Bassermann (Percy), Wilhelm Diegelmann (Falstaff) und Alexander Moissi (Prinz Heinrich)

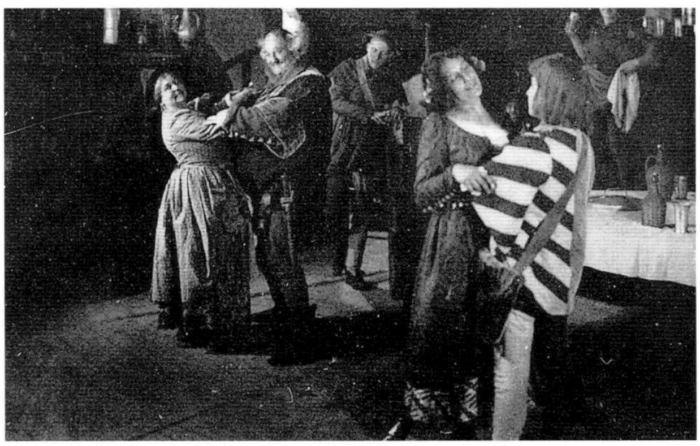

Die Schenke von Eastcheap (Zweiter Teil) mit Sofie Pagay (Frau Hurtig), Wilhelm Diegelmann (Falstaff), Else Bassermann (Dortchen Lakenreißer) und Else Eckersberg (Page)

Margarete Kupfer als Gertrud Deuter und Else Heims als Luise Maske in »Der Riese« (»Die Hose«) von Carl Sternheim, 1911

Albert Bassermann als Christian Maske und Leopoldine Konstantin als Marianne Palen in »Der Snob« von Carl Sternheim, 1914

Der Dichter Carl Sternheim ist vor dem Ersten Weltkrieg die wichtigste Entdeckung des Deutschen Theaters. Der scharfe Kritiker der bourgeoisen Gesellschaft hat mit der ersten Uraufführung, »Die Hose« (wegen der Zensur unter dem Titel »Der Riese«), 1910/11, nur mäßigen Erfolg, die seines Versdramas »Don Juan« (1912) muß am Premierenabend nach Publikumsprotest abgebrochen werden. Auch »Die Kassette« (1911/12) bringt der Regisseur Felix Hollaender nur zu geteilter Wirkung. Große Erfolge werden erst die von Max Reinhardt inszenierten Uraufführungen von »Bürger Schippel« (1912/13) und »Der Snob« (1913/14), der bösen Komödie des kapitalistischen Emporkömmlings, mit Albert Bassermann als Christian Maske. Mit Beginn des Krieges werden die Aufführungen aller Werke Sternheims (außer »Bürger Schippel«) sowie die geplanten Uraufführungen von »Der Kandidat« und »1913« von der Zensur untersagt.

»Androklus und der Löwe« von George Bernard Shaw, Inszenierung Richard Ordynski, Deutsche Erstaufführung November 1913. Szene mit Egon Friedell (Kaiser), Ernst Matray (Löwe) und Victor Arnold (Androklus) aus Shaws »Legende« um falsches und wahres Christentum

»Der Scheiterhaufen« von August Strindberg, Inszenierung Max Reinhardt, April 1914. Rosa Bertens (Die Mutter) und Alexander Moissi (Der Sohn) in dem »Kammerspiel« über die Schrecken der bürgerlichen Ehe und ihre zerstörerische Wirkung auf die junge Generation

»Der Alpenkönig und der Menschenfeind« von Ferdinand Raimund, Inszenierung Max Reinhardt, Januar 1915. Max Pallenberg in dem »romantisch-komischen Märchen« über die unheimlichen Möglichkeiten des Menschen

Im November 1913 beginnt das Deutsche Theater mit Reinhardts großartigem Shakespeare-Zyklus, in dem bis weit in den Krieg hinein alle seine bisherigen Inszenierungen in Neueinstudierungen sowie neu »Der Sturm« (in der Volksbühne) und »Macbeth« gezeigt werden, insgesamt zwölf Werke des englischen und nunmehrigen »Feindautors«. Die patriotische Aufwallung des Kriegsanfangs weicht bald der Ernüchterung. Einer der besten Schauspieler des Ensembles, der Komiker Victor Arnold, nimmt sich im Entsetzen vor dem Kommenden das Leben. Das Deutsche Theater zieht sich heftige Kritik wegen seiner »Ausländerei« im Spielplan zu; neue Autoren aus den »Feindländern« dürfen nicht mehr gespielt werden; und es gibt Denunziationen wegen der Beschäftigung von Ausländern.

Im November 1913 eröffnet »Ein Sommernachtstraum« den Shakespeare-Zyklus, die Neuinszenierung wird bis 1918 gespielt.

»Die deutschen Kleinstädter« von August von Kotzebue, Inszenierung Max Reinhardt, Oktober 1914. Szene mit Lucie Höflich, Else Eckersberg, Hans Waßmann, Paul Biensfeldt, Georg Baselt, Ernst Dumcke, Leopoldine Konstantin und Else Heims
Die witzige Gesellschaftssatire über die Borniertheit deutscher Provinzhonoratioren erreicht fast 250 Aufführungen.

Der patriotische Beitrag: Lucie Höflich (Die junge Frau), Eduard von Winterstein (Der Bauer), Werner Krauss (Der Fabrikherr) und Jakob Feldhammer (Der Arbeiter) in dem Szenischen Prolog »1914« von Wilhelm Schmidtbonn, als Pressebild nachgestellt auf dem Hof des Deutschen Theaters (September 1914)

»Die Soldaten« von Jakob Michael Reinhold Lenz im Rahmen des »Deutschen Zyklus«, Inszenierung Max Reinhardt. Eduard von Winterstein als Haudy und Johannes Riemann als Desportes

Im September und Oktober 1916 kündigt das Deutsche Theater einen »Deutschen Zyklus« mit »passenden« Aufführungen wie »Egmont«, »Die Nibelungen«, »Prinz von Homburg« und »Wallenstein« an; sie alle finden nicht statt. Statt dessen realisiert Max Reinhardt ein gegensätzliches, deutlich »antimilitaristisches« Programm: »Die Soldaten« von Lenz und »Das leidende Weib« von Klinger (Oktober 1916), »Minna von Barnhelm« von Lessing und »Kabale und Liebe« von Schiller (November 1916) sowie »Dantons Tod« von Büchner (Dezember 1916). Die Inszenierungen von »Die Soldaten« und »Dantons Tod« sind zugleich Neuentdekkungen fast unbekannter deutscher Dichtungen für das Theater.

► »Rose Bernd« von Gerhart Hauptmann (1916), Inszenierung Felix Hollaender, mit Lucie Höflich (Rose Bernd) und Rosa Bertens (Frau Flamm)

Wilhelm Diegelmann als Wesener und Camilla Eibenschütz als Marie in »Die Soldaten«

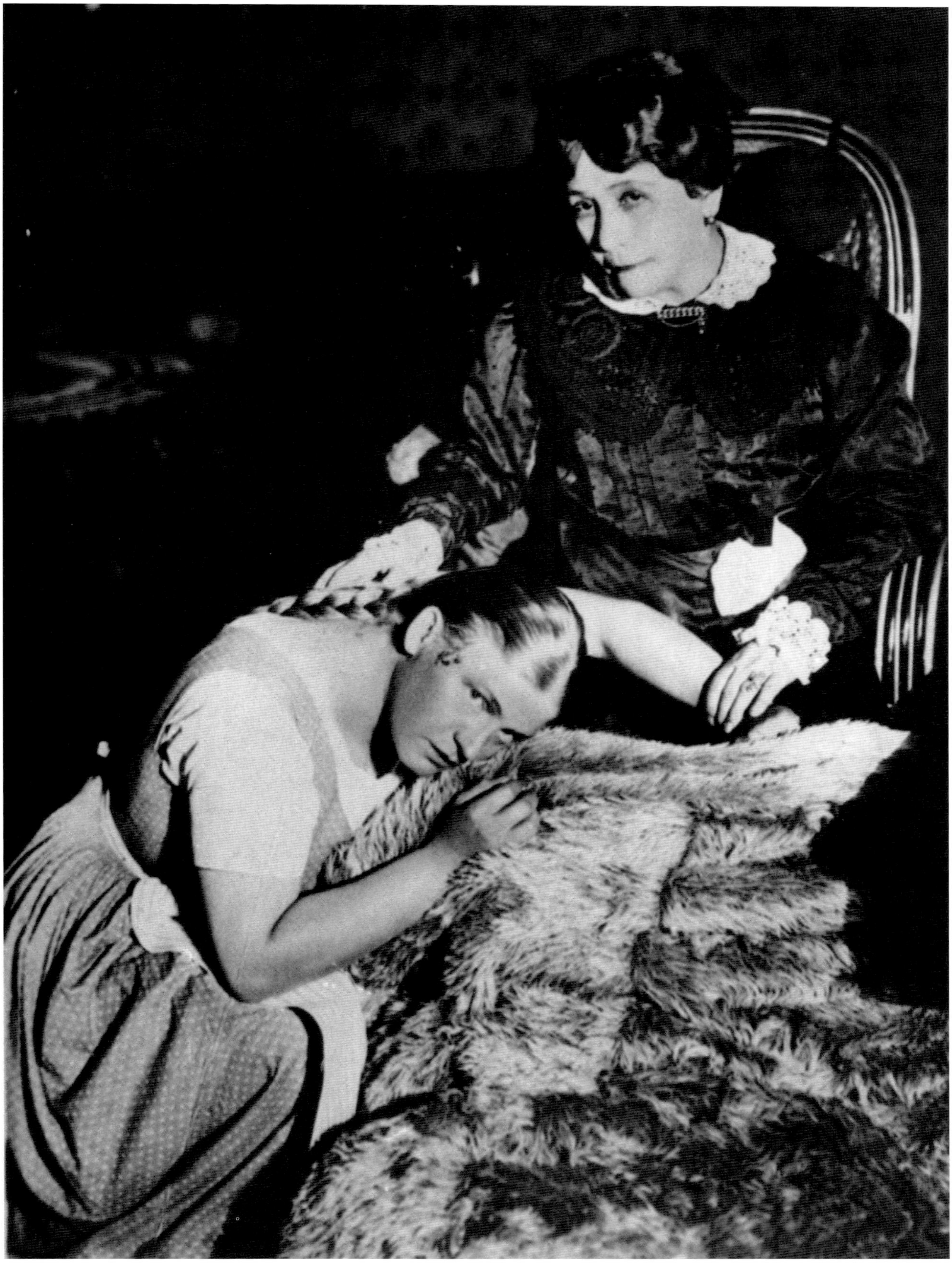

»Macbeth« von William Shakespeare. Die Tragödie schließt im Februar 1916 den Shakespeare-Zyklus im Deutschen Theater ab. »Indessen geht der Krieg stumpfsinnig weiter, statt Kartoffeln und Brot werden uns Siegesnachrichten in den Mund gestopft, und im kommenden Winter werden wir am eigenen Leibe erfahren, wie unentbehrlich Licht und Wärme sind ... In dem Dutzend trauriger Köpfe, die augenblicklich die Welt regieren, will es nicht Licht werden, und deshalb muß weiter geschlachtet, weiter geblutet und gehungert werden, während sich die Staatslenker unermüdlich und ernsthaft mit Zeitungsmist beschmeißen. Aber die fürchterlichste Erkenntnis für mich ist es, daß es ja gar keine Rolle spielt, ob Autokratie oder Demokratie herrscht ...« (Max Reinhardt an Felix Hollaender, August 1917)

Paul Wegener in der Rolle des Macbeth

Ernst Stern, Entwurf zu »Macbeth« von William Shakespeare, 1916.

Ein zieh' ich die Entschlossenheit, beginne
Den Doppelsinn des bösen Feind's zu merken,
Der Lüge spricht wie Wahrheit: Fürchte nichts,
Bis Birnams Wald anrückt auf Dunsinan; –
Und nunmehr kommt ein Wald nach Dunsinan.
Waffen nun, Waffen! Und hinaus! –
Ist Wahrheit das, was seine Meldung spricht,
So ist kein Fliehn von hier, kein Bleiben nicht.
Das Sonnenlicht will schon verhaßt mir werden:
O! fiel' in Trümmern jetzt der Bau der Erden!
Auf! läutet Sturm! Wind blas'! heran Verderben!
Den Harnisch auf dem Rücken will ich sterben.
(Shakespeare, »Macbeth«, 5. Akt, 5. Szene)

Hermine Körner als Lady Macbeth

Max Reinhardt kam vom impressionistischen Naturalismus Otto Brahms. Er variierte, er steigerte, er lockerte, er romantisierte ihn, aber er setzte ihm nicht von Grund aus anderes entgegen. Naturalismus und Neuromantik waren verschiedene Einstellungen zur Wirklichkeit, die sie als gegeben voraussetzten und entweder durch Fixierung oder durch Umbildung gestalteten. Brahm und Reinhardt waren Gegensätze, weil Brahm die Forderungen der Literatur auf das Theater, Reinhardt die Forderungen des Theaters auf die Literatur übertrug. Wenn Reinhardt farbig, phantastisch ausbrach, wo Brahm grau, spartanisch sich zurückhielt, so lagen zwischen dieser Sinnlichkeit und dieser Geistigkeit nicht die Intervalle zweier Epochen, sondern die Intervalle von Persönlichkeiten, die dieselbe Epoche in ihren zwei Möglichkeiten erlebten: hingebend sensibel und distanzierend intellektuell. Reinhardts Phantasie war die Phantasie der Naturalisten. Aber in Wien sprach der Naturalismus eine andere Sprache als in Berlin. Was hier Kargheit, Sauberkeit, Gegenständlichkeit, Ruhe, Bürgerlichkeit hieß, bedeutete dort: Üppigkeit, Buntheit, Stimmung, Laune, Bewegung. Der österreichische Naturalismus mußte unsachlicher sein als der norddeutsche. Aber er blieb trotzdem Naturalismus. Weil in Wien die Realität am Theater kontrolliert wurde, brauchte Reinhardt den Widerspruch zwischen Bühne und Wirklichkeit, der Brahm das Leben schwer machte, nicht zu überwinden. Er hatte mit der österreichischen Wirklichkeit schon die Bühne. Und was in Berlin als Romantik erschien, war das Erlebnis Otto Brahm, variiert durch das Erlebnis Burgtheater.
Die Direktion Brahm diente – vielleicht zum ersten Male, solange es deutsche Bühnen gibt – der Durchsetzung einer Weltanschauung. Die Direktion Reinhardt diente ihr nicht, aber sie lebte von dieser Weltanschauung, die sie ins Mimische übersetzte. Daß Reinhardt Schauspieler, österreichischer Schauspieler zur Zeit Otto Brahms war, erklärt seine Entwicklung mehr, als daß er jünger als Otto Brahm war. Er mußte ebenso die Theaterfremdheit seines Direktors spüren, wie ein literarischer Dramaturg als Regisseur die Literaturfremdheit der Schauspieler empfindet. Reinhardt fühlte sich in jener strengen Sachlichkeit so potenziert als Schauspieler, daß er von selbst Regisseur wurde und diesen Begriff sofort erweiterte und umschuf. Denn Regisseur hieß damals: Ausstattungschef oder literarischer Kommentator. Den Szeniker und den Detailregisseur in sich verbunden und auf die einigende Formel gebracht zu haben: auf den mimischen Regisseur, ist Reinhardts theatergeschichtliche Tat. Er hat die Rolle vom Schauspieler aus gesehen und aus dem Schauspielerischen die Kraft zur Komposition des Aktes gezogen. Reinhardt sah die Individualität des Darstellers und zugleich die Reaktion auf den Partner. Aus diesem Widerspiel ergaben sich ihm Szenen und Stücke. Und er hatte in seiner besten Zeit auch die Übersicht, das Malerische der Dekoration auf das Mimische abzustimmen oder das Mimische in das Malerische hinein zu steigern. (...) Die Vielseitigkeit des Regisseurs Reinhardt war die Vielseitigkeit des echten, des blutvollen Komödianten. Reinhardt war dem Moment hingegeben und belebte ihn. Er unterlag der sinnlichen Atmosphäre jedes Stücks wie einer neuen Rolle und übersetzte sie ins Sichtbare.

(Herbert Jhering, *Regisseure und Bühnenmaler,* 1921)

Das Deutsche Theater 1918–1933

Theatergrössen – Theaterkrisen

Ankunft im Jahrhundert

Nach dem Krieg sehen sich das Deutsche Theater und die Kammerspiele einer vollständig veränderten Lage gegenüber; die der Vorkriegszeit ist damit verglichen fast eine Idylle gewesen: mit zuverlässiger wirtschaftlicher Grundlage, durchschnittlich niedrigen Schauspielergagen und von gewerkschaftlichen Ansprüchen noch unberührten Löhnen; mit künstlerischer Konzentration und maßvoller Konkurrenz. Die Beziehungen zu den Behörden sind zwar durch die Zensur gestört, aber verläßlich geregelt, die Auseinandersetzungen um Aufführungen eingespielte Rituale gewesen.

Der Krieg ist mit seinen Auswirkungen auf den Spielplan, auf die Qualität und beginnenden finanziellen Problemen erst ein Vorspiel. Die Nachkriegsereignisse erst: Revolution in Berlin, militärische Auseinandersetzungen, Gewalt und Terror, politische Morde, der Kampf um die Gründung der Republik und deren katastrophale wirtschaftliche Situation greifen als »Geschichte« ganz unmittelbar in die Existenz eines Theaters ein, das bisher in einem eher spielerischen, durch Shakespeare und Schiller vermittelten Verhältnis zu ihr gestanden hat. Die in die finanzielle Lage der Republik verheerend nachwirkenden hohen Kriegsanleihen und die Reparationszahlungen ziehen vermehrte Steuerlasten nach sich; so wird auch, unabhängig von seiner kulturellen Bedeutung, das Deutsche Theater als privatwirtschaftlicher Betrieb von der Stadt mit einer Vergnügungssteuer belegt, die stattliche 15 Prozent der Bruttoeinnahmen beträgt. Dazu kommen, von einer zunehmenden Inflation mit verursacht, die unerwartet höheren Kosten und die zuletzt wirtschaftlich und künstlerisch unbefriedigenden Ergebnisse der 1917 gegründeten Deutschen Nationaltheater A.G. und des im November 1919 eröffneten Großen Schauspielhauses. Mit dieser Expansion steigen die finanziellen Risiken auch für den Betrieb des Deutschen Theaters und der Kammerspiele, die sich zudem einer immer stärkeren Konkurrenz ausgesetzt sehen. Künstlerisch und wirtschaftlich folgenreich ist vor allem die des prosperierenden Films; er nimmt, wie Reinhardt es später ausdrückt, dem Theater »vorn an der Kasse das Publikum weg und rückwärts hinter den Ku-

Abbildung S. 135:
Szene aus »Die Fledermaus«, Regie Max Reinhardt, 1929

lissen die Schauspieler«; in fast allen Filmproduktionen finden sich an hervorragender Stelle Namen aus dem Deutschen Theater. Die künstlerische Konzentration ist vorbei, die Erosion des Ensembles nicht aufzuhalten.

Im Widerspruch

Das sind einige der Gründe, warum Reinhardt am 1. Oktober 1920 die Direktion des Deutschen Theaters und der Kammerspiele niederlegt und seinem langjährigen Dramaturgen und Regisseur Felix Hollaender übergibt. In einer Rede aus diesem Anlaß ist zu erkennen, daß der sensible Theatermann das Ende einer – in einem gewissen Sinn seiner – Zeit begreift, die neue mit ihrer Zerrissenheit, ihren enthemmten Gewalten und Interessen, ihren Extremen rechts und links ihn erschreckt: »Die Erschütterungen, unter denen die ganze Welt leidet, haben das Theater nicht unberührt gelassen. Alle Gesetze wurden zerbrochen. Sie waren gewiß verwittert, wurden auch kaum noch irgendwo dem Buchstaben nach befolgt und konnten naturgemäß vor den Forderungen der Zeit nicht mehr bestehen. Aber man hat sie verworfen, ohne Kraft, neue lebendige Gesetze an ihre Stelle zu setzen. So entsteht zwischen Umsturz und Aufbau eine verhängnisvolle Zeit der Anarchie und Rechtsunsicherheit, und ich brauche Ihnen nicht zu sagen, wie sehr auch unsere Welt davon bedroht ist.« (Rede zur Übergabe der Direktion ..., 1.10.1920)

Ein zwiespältiger Erfolg ist endlich auch das »Große Schauspielhaus« am Schiffbauerdamm. Die eindrucksvolle Größe von Auftritten, Arrangements und Massenszenen kann auf die Dauer nicht darüber hinwegtäuschen, daß es das erträumte Gemeinschaftserlebnis nur imitiert. Die Ausmaße überschreiten das für die Beziehung zum Publikum vernünftige Maß. Da entsprechende Darstellungsmittel nicht entwickelt werden, überfordert die gewaltige Größe die Schauspieler gestisch und stimmlich. Es zeigt sich, daß Reinhardts Theater doch noch viel mehr mit dem seines Lehrers Brahm verbunden gewesen ist, als es schien. »Wenn Reinhardt farbig, phantastisch ausbrach, wo Brahm grau, spartanisch sich zurückhielt, so lagen zwischen dieser Sinnlichkeit und dieser Geistigkeit nicht die Intervalle zweier Epochen, sondern die Intervalle von Persönlichkeiten, die dieselbe Epoche in ihren zwei Möglichkeiten erlebten: hingebend sensibel und distanzierend intellektuell.« (Herbert Jhering, *Regisseure und Bühnenmaler*, 1921) In der Rede

Und so danke ich allen, die diesem Hause angehören und dafür mit mir und unter meiner Führung gearbeitet haben, in Haupt- und Titel- und Nebenrollen, denen, die Heil riefen und denen das Heil beschieden war, den sogenannten großen Tieren und den kleinen, die zu melden hatten, daß sie gesattelt seien, den Nothelfern im Kasten, die den Schwimmern das rettende Wort zuwarfen, den Inspizienten, die für Ruhe und allerlei Unruhe hinter den Kulissen zu sorgen hatten, dem braven Wilhelm Noster, der mir das erste Auftrittsstichwort in diesem Haus zurief und der selbst auf ein zu frühes Stichwort abging, rufe ich meinen Dank ins Grab nach. Den oft heimgesuchten Mitarbeitern in den Büros danke ich und den vielen Unsichtbaren in den Versenkungen, auf dem Schnürboden, in den Maschinenräumen, Werkstätten, Schneidereien und Garderoben, den Malern, Musikern und denen, die Sonne, Mond und Sterne auf- und niedergehen ließen nach unserem Geheiß. Ihnen allen danke ich, die ihr Leben mit mir teilten und von denen ich mit Stolz weiß: Sie taten es nicht, weil sie dafür bezahlt wurden, sondern weil sie verstrickt waren in diese vielgestaltige und so wundervoll überflüssige Welt. Das danke ich Ihnen, daß unsere tägliche Arbeit festlich gewesen, daß Sie immer wieder mit Lust und Liebe dabei waren, mit jener köstlichen, unbezwinglichen Spielwut, die uns so viel zu schaffen macht.

Und wenn ich bedenke, welche Rolle mir selbst wohl in diesem Spiel zukommt, so möchte ich am liebsten der Lampenanzünder gewesen sein, der das Licht hinter den Worten der Dichtung, das Licht in den Herzen der Schauspieler, vor allem aber die Lichter der Freude ringsherum anzündet, ohne die unsere Arbeit zu einem traurigen Gewerbe herabsinkt.

(Max Reinhardt, Rede zur Übergabe der Direktion an Felix Hollaender, 1.10.1920 im Deutschen Theater)

Berlin, den 14. Mai 1922

Bericht

betr. Unruhen im Theater

Nach Schluß der Vorstellung von »Vatermord« von Viertel (!), kam es im Deutschen Theater am 14.V.22 gegen 1.30 nachm. zu unerhörten Lärmszenen unter dem anwesenden Publikum. Es wurde gepfiffen, bravo geschrien, Lärm mit Händen und Füßen verursacht. Gegenseitige Meinungsverschiedenheiten arteten in Beleidigungen aus, sodaß es beinah zu Tätlichkeiten führte.

Dies alles spielte sich im Theaterraum ab. Ein Herr von der Direktion sagte mir: der Saal müsse geräumt werden, da um 1/23 Uhr die Nachmittagsvorstellung beginne und der Saal vorher gelüftet werden müsse. Den Namen des betr. Herrn festzustellen war mir im allgemeinen Gedränge nicht möglich. Meiner dreimaligen höfllichen Aufforderung, den Saal zu räumen, wurde vom Publikum nicht stattgegeben. Erst um 2.10 gelang es mir, durch gütiges Zureden den Saal zu räumen. Dieselben Szenen spielten sich nun im Vorraum und Hof des Theaters ab. Ich benachrichtigte nun den Offiz. vom Gruppendienst, Ltn. Koch, und bat um Verstärkung. Es erschienen um 2.25 Ltn. Waldow 2./Linden mit 10 Beamte von der Oranienburgertor Wache. Jetzt erst gelang es das Publikum zu zerstreuen. Damit war eine glatte Nachmittagsvorstellung gewährleistet.

Das Theater war bis auf den letzten Platz ausverkauft. Außerdem sind ca. 500 Stehplätze verkauft bzw. ausgegeben worden, sodaß sämtliche Ausgänge vollstanden. Im II. Rang war eine derartige Fülle, daß die Türen fast nicht zugingen. Ich wurde im Verlauf des Tumults aufgefordert, 50 Feststellungen wegen Beleidigungen pp. vorzunehmen. Es war mir aber nicht möglich eine vornehmen zu können, da ich mein Hauptaugenmerk darauf richten mußte, daß der Saal geräumt wurde.

Verantwortlich für die Matinee-Aufführung ist die »Junge Bühne« ein Herr Viertel.

Bericht an Kdo der Schutzpolizei ebenfalls gefertigt. Pressemeldestelle ist sofort benachrichtigt.

Zeuge, betr. der 500 Stehplätze ist: Oberregierungsrat v. Glasenapp vom Polizeipräsidium.

Lanz, Pol. Oberwachtmeister
II. Verkehrs-Hdsch.
Gruppe Mitte

zur Übergabe der Direktion an Felix Hollaender gesteht Reinhardt ein, daß »die Forderungen an Dichtung, Schauspielkunst und auch an den Zuschauer noch nicht ganz erfüllt sind«. Es drängt ihn zu ergänzen, daß es die Absicht gewesen sei, das Deutsche Theater »durch den Bau des Großen Schauspielhauses auf eine so breite und sichere Basis zu stellen, daß es (...) in den Bedrängnissen einer neuen Zeit gesichert ist«, und meint: »Ich kann die drei Häuser mit gutem Gewissen meinem Nachfolger übergeben.«

Gegen die Zeit

Reinhardts Flucht aus dem unsicheren Deutschland in das ruhige Salzburg, die Inszenierung des »Jedermann« als Inauguration der Festspiele und die Einrichtung seines Schlosses Leopoldskron als Illusion einer heilen Welt wirken sich auf die Geschicke des Deutschen Theaters und der Kammerspiele in den zwanziger Jahren dauerhaft aus. Bereits in den Spielzeiten 1918/19 und 1919/20 hat der allein wesentliche Regisseur der beiden Theater, außer sogenannten »Neueinstudierungen«, nur fünf kleinere, eher zurückblickende Inszenierungen gemacht, darunter »Und das Licht scheinet in der Finsternis« im Dezember 1918, Shakespeares »Wie es euch gefällt« im Februar 1919 und Goethes »Stella« mit Helene Thimig und Agnes Straub (April 1920). »Eine meisterhafte Vorstellung. Aber eine meisterhafte Vorstellung des impressionistischen Theaters.« (Herbert Jhering, *Der Tag*, 16.3.1920) Reinhardt nähert sich keinem der neuen Autoren, etwa Hasenclever oder Kaiser. Die Inszenierung von »Wie es euch gefällt« stellt sich bewußt gegen die Zeit. Reinhardts kritischer Verehrer seit 1905, Siegfried Jacobsohn: »Das Berliner Leben ist augenblicklich derartig grau und grauenhaft, daß ein bürgerliches Theater geboten war, welches verstand, seinen Kunden für einen Abend das verlorene Paradies jener vorkriegerischen Zeit der Ahnungslosigkeit, Sattheit und Sicherheit vorzutäuschen.« (*Die Weltbühne*, 1919)

Der von Reinhardt zur Förderung neuer Dichtung ins Leben gerufene Verein »Das junge Deutschland« muß sich in der gleichen Zeit mehr schlecht als recht ohne ihn weiterhelfen, die Ereignisse nehmen ab, die Vorwürfe zu, daß nach dem Ende der Zensur »Vereinsaufführungen« neuer Autoren ein Alibi sind, das dazu diene, sie nicht in den Spielplan aufzunehmen.

Ein treuer Verwalter

Felix Hollaender leitet, von 1920 bis 1923, das Deutsche Theater in einer schwierigen und irritierenden Zeit, gekennzeichnet von Wirtschaftskrise und galoppierender Geldentwertung, einem allgemeinen sozialen Niedergang, Aufständen in Hamburg und Mitteldeutschland, dem Hitlerputsch in München und der erst Ende 1923 durch die Einführung der Rentenmark beendeten schweren Inflation. Reinhardt hinterläßt ihm zwar seinen Bruder Edmund als genialen Finanzfachmann; trotzdem werden auch Repertoire und künstlerische Arbeit von den wirtschaftlichen Verwerfungen beeinflußt. Hollaender will sicher nicht nur rückwärts schauen, immerhin hat er auch Sternheim, Kaiser und Hasenclever, wenn auch mit traditionellen Mitteln, inszeniert. Sein Dilemma als neuer Direktor ist jedoch das zwischen treuem Verwalten und zaghaftem Erneuern, zwischen literarischen Ehren und Geschäftslage, also zahlendem Publikum, dem er als Regisseur Reinhardt nicht ersetzen kann. Dessen Beitrag beschränkt sich in drei Jahren auf sechs kleinere Inszenierungen, vier davon nur in der ersten Spielzeit Hollaenders (1920/21), in denen er allerdings die interessanten neuen Schauspieler dieser Jahre herausstellt. In »Urfaust« Paul Hartmann (Faust), Ernst Deutsch (Mephistopheles) und Helene Thimig (Margarete); in »Kabale und Liebe« die gleichen, dazu Agnes Straub, Albert Bassermann und Heinrich George. In Büchners »Woyzeck« ist Eugen Klöpfer »ein Namenloser, verloren in der Menge. Der arme Kommißknecht«. (Alfred Kerr, *Berliner Tageblatt*, 6.4.1921) Unmittelbar danach bringt Reinhardt in den Kammerspielen mit Straub, Thimig und Klöpfer das »expressionistische« Stück »Kräfte« von August Stramm heraus, mehr um seinen guten Willen zu zeigen, und gibt damit etwa das Maß der Erneuerung im Repertoire vor. Es bleibt in Hollaenders drei Jahren entsprechend konventionell; wesentlichere Neuheiten werden lediglich nachgespielt: Das vor dem Krieg dem Deutschen Theater von der Zensur untersagte Drama um preußische Staatsräson, um Pflicht und Selbstbestimmung, »Louis Ferdinand, Prinz von Preußen« von Fritz von Unruh, Regie Gustav Hartung, der auch die Uraufführung in Darmstadt inszeniert hat, ist einer der wenigen Publikumserfolge. Brechts »Trommeln in der Nacht«, das (auch erst nach seiner Münchner Uraufführung) im Dezember 1920 mit Alexander Granach als Kragler herauskommt (Regie Otto Falckenberg), erlebt nur drei Wiederholungen. Herbert Jhering, der Hollaender Brecht

Die Aufführung des »Vatermord« war ein Ereignis ersten Ranges. Sie ist der Vereinigung »Junge Bühne« zu danken, die durchaus kein Verein ist, sondern bloß Zusammenschluß von ein paar Wollenden, die den literaturfremden Zustand des heutigen Theaters nicht mehr ertragen können. Sie seien gepriesen, auch wenn ihnen nicht jedes Mal eine so starke Begabung wie Arnolt Bronnen in die Hände kommt. Künstlerische Energiezufuhr bedeutete die Bundesgenossenschaft einer allerersten Schauspielerin wie Agnes Straub, die unserer verwahrlosten Zeit die vorbildliche Gesinnung bekundete, nicht wie andere Berühmtheiten ihres Standes der Rolle nachzujagen, sondern um das Schicksal neuer Dichtung besorgt zu sein. (...) In ihrer Umgebung wuchsen auch dem jugendlichen Hans von Twardowski die Flügel. (...) Für den Vater setzte sich Herr Granach ein. Er griff erfolgreich über seine bisherige Peripherie hinaus. (...) Ein kleines Ferkel von Schuljungen spielt Elisabeth Bergner mit erwärmender Leichtigkeit. Spielleiter war Berthold Viertel, für Bronnen der richtige Mann, aber nicht bloß für Bronnen, wenn es mit dem geistigen Neubau des Theaters vorwärts gehen soll.

(Emil Faktor, *Berliner Börsen-Courier*,
15. Mai 1922, Abendausgabe)

Abteilung III — Berlin, den 23. Mai 1922
Außendienst
Vermerk.
Wie festgestellt, sind die Verantwortlichen der »Jungen Bühne« der Schriftsteller Dr. Moritz Seeler 1.9.96 mos. in Greifenberg geb., Brandenburgischestr. 36 bei Wolff wohnhaft und der Schriftsteller Fritz Gottfurcht 8.8.01 mos. in Charlottenburg geb., Leibnitzstr. 70 bei den Eltern wohnhaft.

Günther
Pol. Betr. Ass.

Berlin *O 27*, den *10.6.1922*

Verhandelt

Auf Vorladung Vorgeführt erscheint *der Schriftsteller Moritz Seeler*

und sagt, mit dem Gegenstand der Vernehmung bekannt gemacht und zur Wahrheit ermahnt, aus:

Zur Person.

Ich heiße (sämtliche Vornamen, Rufname unterstreichen) *Moritz Seeler*

bin am *1. März 1896* zu *Greifenberg i./P.*

Gemeinde *dto.* (...) Staat *Preußen* ehelich, unehelich geboren. Mein Vater heißt, hieß *Siegmund S.* wohnt *tot* meine Mutter heißt, hieß *Clara* geb. *Levin* wohnt *Greifenberg* Ich bin (nicht) verheiratet. Ich wohne *Bln. Wilmersdorf Brandenburgischestr. 36* Kreis *dto* besitze die Staatsangehörigkeit als *Preuße* und ernähre mich selbständig, unselbständig als *Schriftsteller* meine Religion *mos.* Ich habe ~ Kinder unter 21 Jahren. Bestraft bin ich: *nicht*

Zur Sache.

Für die Vorstellung im Deutschen Theater am 14. Mai 22 sind Herr Gottfurcht und ich verantwortlich. Die Überfüllung ist lediglich dadurch entstanden, daß mehrere Freikarten an Künstler und Schauspieler kurz vor Beginn der Vorstellung verausgabt wurden und wir dieselben nicht zurückweisen wollten.

Ich bitte, da wir durch die Überfüllung keine Mehreinnahmen gehabt haben, um milde Beurteilung unserer Handlungsweise

v.g.u. Moritz Seeler *g.w.a. Sauer*

wie auch Falckenberg nahegelegt hatte, betrachtet zwar »naturalistische Nuancen und stilisiertes Pathos« als Fehler der Aufführung, bezeichnet sie aber als »eine Tat der Hollaender-Bühnen«. (*Berliner Börsen-Courier*, 22.12.1922) »Vatermord« von Arnolt Bronnen, inszeniert von Berthold Viertel (Mai 1922) ist ein Gastspiel der »Jungen Bühne« Moritz Seelers; der publikumsattraktive Skandal dieser haßvollen Abrechnung mit der bürgerlichen Familie wird durch Übernahme in den Spielplan der Kammerspiele ausgenutzt.

Versagen und Versuchen

Ein Problem sind, nach dem fast vollständigen Rückzug Reinhardts, die Regisseure, von denen keiner eine dauernde künstlerische und ensemblebildende Wirkung entwickeln kann. Das trifft besonders auf die engagierten und viel inszenierenden wie Bernhard Reich, Iwan Schmith und Richard Révy zu, mehr oder weniger epigonale Talente. Hollaender versucht es mit immer neuen; in den vier Jahren seiner Direktion inszeniert eine Vielzahl von Regisseuren, was man bei den meisten guten Gewissens in Anführungsstriche setzen kann. Karl Heinz Martin kann 1920/21 seine »außerordentliche Arbeit«, wie Herbert Jhering die Uraufführung von Ernst Tollers »Die Wandlung« in der Tribüne bezeichnet hat, im Deutschen Theater nicht kontinuierlich fortsetzen. Im Fall der »Jungfrau von Orleans« (Februar 1921) mit Helene Thimig in der Titelrolle, Paul Hartmann als Dunois und Werner Krauss als Talbot kommt »zwischen der gewagten Architektur Bruno Tauts und der gewagten Regie Karl Heinz Martins keine organische Verbindung« zustande. Jhering findet es »tragisch, daß gerade dieser Abend zu Mißverständnissen Anlaß« gibt, da er unter anderem in dem neuartigen, entmaterialisierenden Einsatz des Lichts interessante Ansätze über die bisherige Ästhetik des Hauses hinaus zu erkennen meint. (*Der Tag*, 22.2.1921) Einer derartigen Arbeit fehlt es, umgeben von mehr oder weniger gutem Handwerk und Reinhardt-Nachahmungen, an jeglichem ideellen Umfeld. »Hollaender ist nach seiner Vergangenheit Naturalist. (...) Das Deutsche Theater, begründet, um anzuführen, müßte zurückbleiben. Da die Direktion aber weder die Ehrlichkeit zu diesem Bekenntnis noch den Mut zur radikalen Umwälzung hat, werden Regisseure engagiert, die – jeder für sich – eine andere Richtung vertreten. Indem man der Vergangenheit wie der Gegenwart gerecht wird, will man allen Angriffen den Boden entziehen. So rettet die Leitung ihren Ruf (nach außen), um die Schauspielkunst (im Innern) zu zerstören.« (Herbert Jhering, Die Zukunft des Deutschen Theaters, *Berliner Börsen-Courier*, 26.9.1920)

Die soziale Gegenwart der Mehrzahl der Schauspieler ist nicht minder katastrophal. Es gibt zwar seit 1919 einen Tarifvertrag zwischen dem Deutschen Bühnenverein und der Genossenschaft deutscher Bühnenangehöriger, der gewisse Rechte festlegt und die Selbstherrlichkeit der Direktionen begrenzt; unter den Bedingungen der wirtschaftlichen Krise und der Inflation bewegt sich aber ein großer Teil der Gagen um das Existenzminimum herum bis unter das Niveau von Hilfsarbeiterlöhnen. Durch das vom Film geförderte und vom Theater nachgeahmte Starsystem wachsen die Unterschiede im Ensemble und sprengen es auch sozial. Wenige erste Schauspieler werden fast zu rettenden Göttern des Theaters; um sie herum gruppiert sich die Masse einer nur noch »Ensemble« genannten Hilfstruppe.

Die soziale Lage führt 1922 zum ersten Theaterstreik in Berlin; als Selbsthilfe und aus künstlerischer Unzufriedenheit entstehen in der Folgezeit, allerdings kurzlebige, Unternehmungen wie der Versuch des demokratisch organisierten »Schauspielertheaters«, in dem im Juli 1923, als Protest gegen eine Operetten-Sommersaison im Deutschen Theater, ehe- und nachmalige erste Schauspieler des Hauses Schillers »Räuber« in einem kleinen Theater in der Chausseestraße herausbringen. Die dauerndste Gründung dieser Art ist »Die Junge Bühne« von Moritz Seeler, die sich konsequent neuer, umstrittener Dramatik widmet und dadurch bekannte Schauspieler zur – nicht bezahlten – Mitarbeit gewinnen kann. Fünf ihrer zehn Aufführungen werden – als Gastspiele – im Deutschen Theater gezeigt und sind jedesmal ein Ereignis jenseits des kommerziellen Theaters: 1922 »Vatermord« von Bronnen, 1924 »Anarchie in Sillian« von Bronnen, 1925 »Pankraz erwacht« von Zuckmayer, 1926 »Baal« von Brecht und »Fegefeuer in Ingolstadt« von Fleißer. Mit der Ausnahme von »Vatermord« handelt es sich aber nur um einmalige »Mittagsvorstellungen« – und damit auf seiten des Theaters lediglich um ein Alibi.

Von den eigenen Produktionen sind nur die Uraufführungen von Kaisers »Kanzlist Krehler« (1922) und Kornfelds »Palme oder der Gekränkte« (1924) als aktuell zu betrachten, Brechts »Trommeln in der Nacht« (1922) und vielleicht Stern-

Alle die Schauspieler, die seit Jahren in der vordersten Reihe gekämpft haben, und denen das Durchhalten des Theaters durch die schlimmsten Zeiten auch dann mit zu danken wäre, wenn nicht einige von ihnen verzweifelt für Ensemble und Spielplan gekämpft hätten, haben in dieser Saison Momente der Erschöpfung und Überspannung gezeigt: Krauss, Klöpfer, die Straub, Kortner. Aber sie haben die Wände durchstoßen und sind reif für das produktive Ensemblespiel. Nur Krauss steht noch abseits. Daß er sich finden möge, ist einer der dringlichsten Wünsche, die man an die nächste Spielzeit stellen kann.

Der Fall Krauss hängt eng mit der Frage des Deutschen Theaters zusammen. Wird dieses sich unter einer sammelnden Idee finden? Wird es endlich – nachdem es das Große Schauspielhaus an die Operette abgestoßen hat – wieder organische Arbeit leisten? Das Deutsche Theater hat zu Beginn dieser Spielzeit, als das Staatstheater lahm einsetzte, noch einmal die Möglichkeit, seine Vormachtstellung im Berliner Theaterleben wieder zu erringen. Es hat sich durch das Moissi-Gastspiel um diese Möglichkeit gebracht. Daran ist weniger Moissi selbst als die Institution des gastierenden Solisten überhaupt schuld, der mit fertigen Rollen in schnell zusammengestümperte Aufführungen tritt, das Ensemble desorganisiert, die Probenwilligen zurückstößt, die Probenunwilligen bestätigt. Tatsache ist, daß nach dem Moissi-Gastspiel vor Weihnachten das Deutsche Theater nicht mehr die Kraft gehabt hat, aus sich heraus eine künstlerisch starke Aufführung zu bringen. Die Regisseure sind geflohen. Wird Herr Révy, wird Herr Schmith auch nächstes Jahr noch wirtschaften dürfen? Es hängt alles davon ab, ob das Deutsche Theater Regisseure bekommt, die künstlerisches Gewissen und Autorität bei den Schauspielern haben.

(Herbert Jhering, *Berliner Börsen-Courier*, 3. Juni 1923)

Ich glaube, dass schwerste Zeiten kommen. Selbst die beiden großen Erfolge der vergangenen Spielzeit, Shaws »Heilige Johanna« und Pirandellos »Sechs Personen suchen einen Autor«, haben es nicht vermocht, mich ohne Sorgen in die Zukunft schauen zu lassen. Die Teuerungswelle überflutet das Theater in vervielfachter Stärke. Der Film bereitet ihm nach wie vor die schärfste Konkurrenz, und noch ist ein großer Teil des Publikums leider nicht soweit, eines neben dem anderen zu werten und zu besuchen, weil es die völlige Verschiedenartigkeit nicht erkannt hat, sondern es setzt noch eines für das andere ein. Und auch die Schauspielerschaft wird immer noch, und in Berlin naturgemäß weit mehr als in Wien, von ihrer Bühnenaufgabe abgelenkt. Eine erste Rolle bei einem Film oder ein dort gezahltes einmaliges Honorar erwecken nur zu oft in manchem die Verachtung für die zweite oder dritte Rolle auf der Bühne. Aber wie soll man ein wirklich erstes Ensemble für ein Theater schaffen, wenn nicht auch einmal ein »Star« eine kleinere Rolle mit derselben Intensität und Liebe wie die große spielt?! Damit erfährt die Gefahr eines allmählichen Verschwindens des Repertoiretheaters, die sowieso an sich groß genug ist, eine erneute Verschärfung. Ich weiß nicht, ob und wie sich diese Angleichung des deutschen Theaters an westliche Methoden vermeiden lassen wird. Das äußere Tempo der wirtschaftlichen Entwicklung, die rasche und für jedes Gefühl mit weiten Ausmaßen schon begonnen habende Amerikanisierung Berlins, sein technisch-kommerzieller Aufschwung, der nach Überwindung der depressiven Situation sicher erfolgen wird, dürfte auch auf die Berliner Theater im obenerwähnten Sinne wirken. Die Serie wird sich durchsetzen, die Serie, die das Theater auch dann schädigt, wenn sie einem durchaus guten und wertvollen Stück zum Erfolg verhilft. Denn sie muß auf die Dauer – das gleiche Stück, die gleichen Schauspieler – sowohl die produktiven wie die reproduktiven Kräfte der Theaterarbeit schließlich lahmlegen.

(Max Reinhardt – Aus einem Gespräch, *Neue Freie Presse*, Wien, 2. September 1925)

heims »Der Nebbich« (1924); außer letzterem alle mit geringsten Aufführungszahlen, da sie, von Stück- und Regieproblemen abgesehen, nicht auf das Wohlwollen interessierter Zuschauer stoßen.

Hoffnungen

1923/24 gelingt es durch die Einführung der Rentenmark und dann der Reichsmark, die Währung wieder zu stabilisieren. Es hat sich inzwischen, von der wirtschaftlichen Lage erzwungen, eine zunehmende Vertrustung durchgesetzt; neben den drei Staatsbühnen beherrschen vier Direktionen, Victor Barnowsky, Eugen Robert, Carl Meinhard/Rudolf Bernauer und die der Gebrüder Rotter, zwölf Theater. Unter diesen Bedingungen sind das Deutsche Theater und die Kammerspiele, denen die Zuschauer wegen des uninteressanten Programms zusätzlich davonlaufen, nicht konkurrenzfähig, während für die »Deutsche Nationaltheater A.G.« Reinhardts der Übergang zu Operettenaufführungen im Großen Schauspielhaus ertragreicher zu werden verspricht als das Schauspiel.

Mitte Oktober 1923 wird in der Presse ein Brief veröffentlicht, in dem Felix Hollaender um Lösung seines Vertrags ersucht; in einer Erklärung dazu heißt es in geschraubter Diplomatie, daß Reinhardt »diesem ernsten Verlangen (...) Rechnung tragen zu müssen geglaubt« habe und daß die Ernennung Karl Rosens zum Direktor »gleichermaßen der Initiative Max Reinhardts wie dem einstimmigen Vorschlage der gesamten Künstlerschaft« entspringe. (*Berliner Börsen-Courier*, 10.10.1923) Das soll offenbar nach außen und auf die unzufriedenen Mitglieder beruhigend wirken wie auch im November der Einzug des »Schauspielertheaters« in die Schumannstraße. Der zugestandene Versuch einer Übertragung seiner Prinzipien kollektiver Leitung auf den ganzen Betrieb scheitert nach wenigen Tagen. Im Dezember 1923 spielt es im Deutschen Theater zuletzt Hauptmanns »Elga« mit Heinrich George (Regie Heinz Hilpert) und »Hannele« mit Elisabeth Bergner (Regie Karl Heinz Martin), keine Beweise seiner Unverzichtbarkeit.

1923/24 kommt, empfohlen durch Jhering, der Regisseur Erich Engel an das Deutsche Theater. »Scherz, Satire, Ironie und tiefere Bedeutung« von Grabbe, die Wiederholung einer Münchner Arbeit, wird im Dezember 1923 zu einem vielsagenden Anfangserfolg, wenn auch Fritz Kortners Teufel die durchdachte Dramaturgie Engels durcheinanderbringt. Er ist trotzdem »mit Jessner und Fehling die stärkste Hoffnung des deutschen Theaters. (...) Wenn Erich Engel auch ferner zu wesentlichen Werken und Schauspielern kommt, kann man an das Deutsche Theater wieder glauben.« (Herbert Jhering, *Berliner Börsen-Courier*, 23.12.1923) »Dantons Tod« von Büchner, mit Fritz Kortner als Danton (Februar 1924), kann danach allerdings, so sehr Engel damit »alles übertraf, was vor seiner Berufung ans Deutsche Theater im letzten Jahr dort gespielt wurde«, den überzeugenden »Hinweis auf die Zukunft« des Theaters noch nicht geben; die Inszenierung, in der zu sehr »jede Szene (...) – sorgfältig und künstlerisch durchgearbeitet – für sich« steht, wird durch die ausgebaute Bühne Oskar Strnads behindert; Jhering nennt sie »reaktionärer« als Sterns Lösung von 1916. (*Berliner Börsen-Courier*, 1.3.1924)

In dieser Spielzeit kann auch Reinhardt nichts zur Verbesserung der Verhältnisse im Deutschen Theater beitragen, da er in Wien mit dem Theater in der Josefstadt beschäftigt ist, das er im April 1924 mit seiner Inszenierung von Goldonis »Diener zweier Herren« eröffnet und mit vier weiteren Inszenierungen auf den Weg bringt.

Shaw und Chicago

In Berlin wirft mittlerweile, um wieder konkurrenzfähig zu werden, der Reinhardt-Konzern seine Mittel in eine Neugründung im Westen der Stadt, wo sich am Kurfürstendamm ein gut verdienendes unterhaltungssüchtiges Publikum zu sammeln beginnt. Das erste »Boulevard«-Theater Berlins trifft mit seinen Logen den Geschmack dieser Zuschauerkreise kongenial. Reinhardts Rückkehr ist nun doppelt notwendig, um die »Komödie« zu eröffnen und um das Deutsche Theater zu konsolidieren. Dafür steht ihm die 1923 entstandene dramatische Chronik »Die heilige Johanna« von G. B. Shaw zur Verfügung, ein neuer Typus des Geschichtsstücks. Diese »geistig scharf instrumentierte Auseinandersetzung mit der Weltordnung« (Emil Faktor, *Berliner Börsen-Courier*, 15.10.1924) wird zu einem überwältigenden Erfolg, obwohl – oder weil – Reinhardt die Aufführung durch eine opulente Ausstattung (Oskar Strnad) absichert und auf schon erprobte modernere Mittel, wie Raumbühne und Lichtregie, verzichtet. Elisabeth Bergner, als Bauernmädchen eine glatte Fehlbesetzung, läßt ihr »puerilisches Aussehen« vergessen, verliert »die neckischen Anwand-

Edmund Reinhardts Nachfolge

Es steht noch keineswegs fest, wie die Lücke, die der Tod Edmund Reinhardts in die geschäftliche Organisation der Reinhardt-Bühnen gerissen hat, ausgefüllt werden soll. (...) Edmund Reinhardt, dieser ungemein befähigte Organisator und Kaufmann, war nicht nur der Vertraute seines Bruders Max, sondern auch der Vertrauensmann der verschiedenen Finanzgruppen, die an den Reinhardtunternehmungen interessiert sind. Seiner Leitung hatten nicht weniger als fünfzehn Gesellschaften unterstanden.

Er war der geschäftliche Leiter der »Gemeinnützigen Gesellschaft des Deutschen Theaters und der Kammerspiele«. Ihm unterstand die geschäftliche Leitung des Theaters »Die Komödie«, das eine eigene G.m.b.H. ist. Er leitete ferner die Deutsche Theater-Grundstücksgesellschaft, die die Häuser Schumannstraße 12-18 mit allen Vorder- und Mietshäusern umfaßt; ferner die Deutsche Nationaltheater A.G. (Großes Schauspielhaus), die Betriebsgesellschaft Großes Schauspielhaus, die Berliner Theater-Grundstücksgesellschaft und die ihr angeschlossene Berliner Theater-Betriebsgesellschaft. Er war der Pächter des Deutschen Künstlertheaters, das ja in den nächsten zwei Jahren, ebenso wie das Berliner Theater von Robert Klein geleitet wird. Er hatte die Verwaltung des Theaters in der Josephstadt in Wien, das eine eigene Gesellschaft ist, ferner die des Schlosses Leopoldskron mit seiner großen Oekonomie. Er war der

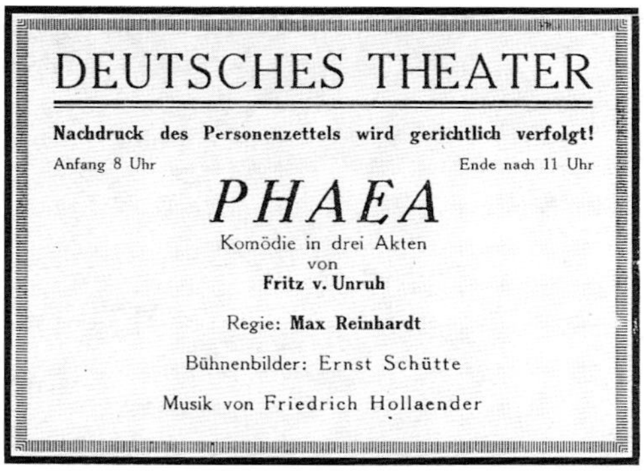
DEUTSCHES THEATER

Nachdruck des Personenzettels wird gerichtlich verfolgt!

Anfang 8 Uhr — Ende nach 11 Uhr

PHAEA

Komödie in drei Akten von Fritz v. Unruh

Regie: Max Reinhardt

Bühnenbilder: Ernst Schütte

Musik von Friedrich Hollaender

DEUTSCHES THEATER

Nachdruck des Personenzettels wird gerichtlich verfolgt!

Anfang 8 Uhr — Ende 10¾ Uhr

Vor Sonnenuntergang

Schauspiel in vier Akten von Gerhart Hauptmann

Regie: Max Reinhardt

Bühnenbilder: Ernst Schütte

Gründer der Theater-Abonnements G.m.b.H., der »Reibaro«, die in diesem Jahre neun Berliner Theater umfaßt und bis jetzt für 90 000 Abonnenten arbeitet. Dieses Unternehmen wurde allerdings nicht von ihm, sondern von Dr. Lederer geleitet. Aber die Sorge um den Neubau des Theaters am Kurfürstendamm, der in diesem Herbst begonnen werden soll, und auf das Max Reinhardt eine Option hat, lag auf seinen Schultern, ebenso die Sorge um den Bau des Reinhardt-Theaters in New York, das von Otto H. Kahn finanziert werden soll. Endlich unterstand ihm die Organisation der Salzburger Festspiele, die Einkaufsgesellschaft der Reinhardtbühnen und die Gastspielgesellschaft der Reinhardtbühnen.

Es ist kein Wunder, wenn durch das Ableben dieses Mannes, der über eine unwahrscheinliche Arbeitskraft verfügt haben muß, innerhalb der Organisation all dieser Unternehmungen eine kritische Situation eingetreten ist, die zu überwinden nicht einfach sein dürfte.

(*Der Montag Morgen*, 29. Juli 1929)

Abschied vom Deutschen Theater

Meine Absicht, die Direktion des Deutschen Theaters aufzugeben, stammt nicht von gestern und vorgestern. Ich habe sie bereits vor 15 Jahren mit meinem Bruder ausführlich besprochen und vor 12 Jahren mit der Uebergabe der Direktion an Felix Hollaender durchgeführt. Darauf folgte die Direktion Rosen. Mein Abschied hat mit der äusseren Konjunktur, die z.B. damals so gut war, dass sie mit der »Heiligen Johanna« von Shaw dem Theater den größten Erfolg seit seinem Bestehen brachte, überhaupt sehr wenig zu tun. Mein Entschluss wurzelt vielmehr in einer tiefen und mehr und mehr unüberwindlich gewordenen Abneigung gegen das Unternehmertum.

Im Anfang war es ein notwendiges Uebel, weil kein anderer das unternommen hätte, was ich machen wollte. Aber ich hatte nie Eignung, noch Neigung für die Geschäfte des Theaters, die mein Bruder durch seine Sachlichkeit, seine Selbstlosigkeit und Lauterkeit geadelt hat. Als er starb, wurde mir die Last vollends unerträglich, und ich war mit meinen engsten Mitarbeitern, die noch von meinem Bruder eingesetzt worden (waren), sofort einig, dass es sich nur noch um eine möglichst kurze Übergangsperiode handeln könne. Damit soll kein Wort gegen meine Direktionsvertreter gesagt sein. Im Gegenteil, ich freue mich, bei dieser Gelegenheit aussprechen zu können, daß ich ihnen für ihre unvergleichlich hingebungsvolle Arbeit aufrichtig dankbar bin. (...)

lungen bewußter Lieblingsschaft« und »beglaubigt in Klängen von Seelengröße Shaws Dichtertum«. (ebd.) Die Bergner steigt mit dieser Rolle in den Kreis der Berliner Schauspielerstars auf, Reinhardts Ansehen ist überzeugend wiederhergestellt; der Triumph des Zeitlosen über die unvollkommenen Versuche des Zeittheaters ist erdrückend. Der Erfolg hat auch die ersehnte materielle Wirkung für das Theater; die Inszenierung kann bis Ende 1925 168mal gespielt werden.

Nur vierzehn Tage später findet am gleichen Ort ein in vieler Hinsicht konträres Ereignis statt, die Premiere von Bertolt Brechts »Dickicht« in der Regie von Erich Engel. Fritz Kortner, der auf eine Rolle in der erfolgssicheren Reinhardt-Inszenierung verzichtet hat, spielt den Shlink, Walter Franck den Garga. Statt der »sturmvoll anwachsenden Hervorrufe« nach der »Heiligen Johanna« hält hier das »Fortissimo des Beifalls etwa dem Fortissimo der Pfiffe die Waage«. (Kurt Pinthus, *8-Uhr-Abendblatt*, 30.10.1924) Ein großer Teil der Kritik wie des Publikums hält den Abend für unverständlich, lobt aber den Regisseur und den Bühnenbildner Caspar Neher: »Eine Ensembledarstellung ersten Ranges« (Herbert Jhering, *Berliner Börsen-Courier*, 30./31.10.1924), »Graugrün breitet Chicago sich aus, dschungelhaft, atembeklemmend, immer ein unsichtbares Reich hinter dem sichtbaren. (...)« (Siegfried Jacobsohn, *Die Weltbühne*, 1924) Extreme vertreten Alfred Kerr (»Es handelt sich hier um völlig wertlosen Kram«) und Herbert Jhering, der das Stück »in der Stofferfindung, im Wurf unerhört« findet und seine Kritik schließt: »Berlin hat wieder eine Theaterkunst oder könnte sie haben, wenn der gute Wille überall vorhanden wäre, sie aufzunehmen.« Der skeptische Konjunktiv ist berechtigt; das Publikum des Deutschen Theaters hat diesen guten Willen nicht, die Aufführung wird nur dreimal wiederholt.

Das Risiko Coriolan

In der Konstellation ist eine Chance enthalten, aus Gegensätzen ein interessantes künstlerisches Konzept des Theaters zu entwickeln; sie kann nicht genutzt werden durch das Fehlen einer handlungsfähigen Direktion. Reinhardt ist in seinem eigenen Theater nur Regisseur; Rosen kann mit halben Vollmachten als Direktor im Schatten Reinhardts, des Eigentümers, nicht selbständig leiten. Der einzig richtigen Lösung, die künstlerische Leitung des Theaters wieder verantwortlich zu übernehmen, verweigert sich Reinhardt aus verschiedensten, individuell auch verständlichen Gründen. Zu der von ihm beklagten Krise des Ensembles trägt er so aber in einem von äußeren Zufällen statt inneren Bedingungen bestimmten Spielplan als »Gastregisseur« selbst bei. Neben ihm ist Engel noch ein »Risiko«. Jhering meint dazu: »Ein Theater, das nicht das Risiko neuer Talente wagt, ist kein Theater«; er hält es überhaupt für grotesk, »wenn man, um das Risiko unbekannter Begabungen zu umgehen, sich auf das Nichtrisiko bekannter Unbegabungen einläßt«. (*Berliner Börsen-Courier*, 30.4.1925) Mit dieser Haltung kommt es zu der »skandalösen« Ausmietung von Engels theaterhistorisch wichtiger »Coriolan«-Inszenierung ins Lessing-Theater, weil man sich zur gleichen Zeit von der Aufführung des theatralischen Reißers »Die Kameliendame« mit Elisabeth Bergner im Deutschen Theater, letztlich vom Star-Theater, mehr verspricht – was sich dann mit nur drei Wiederholungen nicht rechtfertigt. Die Inszenierung von »Coriolan«, wieder durch die sich abzeichnende »Gruppe« Engel, Neher, Kortner, Brecht (der sie später »entscheidend wichtig« genannt hat) inspiriert, setzt mit einem »Klassiker« die Versuche in Richtung eines »epischen« Theaters, vor allem in der fälligen Auseinandersetzung mit der »großen Persönlichkeit« und dem Heldenbegriff des bürgerlichen Theaters, fort. »Wenig von der Glorie der Rüstungen ist erhalten. Wenig von der Römertracht. (...) Rom ist aus brandigen, rußgeschwärzten Häusermauern mit Lattenwerk gebaut.« (Paul Wiegler, *BZ am Mittag*, 28.2.1925) »Dem Kriege nahm er nämlich alles Glitzern, er machte ihn feldgrau und leichenfahl.« Kortner ist »auch im Purpur stets ein aufwärts drängender Bürger«; die »Krone des heimlichen Königtums« trägt an seiner Stelle seine Mutter Volumnia, »fortreißend« dargestellt von Agnes Straub. (Monty Jacobs, *Vossische Zeitung*, 28.2.1925)

In der Öffentlichkeit wird dieser unbequeme Versuch, dazu vom Theater selbst an den Rand plaziert, durch den Erfolg des »großen Theaters« der »Heiligen Johanna« überstrahlt wie alles andere im Spielplan auch. In der gleichen Spielzeit hat Reinhardts Inszenierung von Pirandellos »Sechs Personen suchen einen Autor« als Übernahme aus der »Komödie« in den Kammerspielen die gleiche Wirkung; hier erfährt nur die Uraufführung von Curt Goetz' »Die tote Tante« mit 92 Wiederholungen ähnlichen Zuspruch. Es entsteht das Paradox, daß Reinhardts noch bis in die folgende Saison wirkenden Rettungen des Theaters zugleich jede Bemühung einer künstleri-

Der Zuschauerraum des Deutschen Theaters um 1930

Und ich glaube an meine Nachfolger. Ihre Wahl ist keine zufällige. (...)

Das Deutsche Theater ist das einzige künstlerische Privattheater in der Welt, das sowohl unter meinen Vorgängern Brahm und L'Arronge, als auch unter meiner Direktion sich ohne jede Subvention und daher frei von jeder politischen und parteipolitischen Bindung aus eigenen Mitteln erhalten hat. Hier sind die Klassiker immer wieder erneuert worden. Hier sind Büchner und Lenz, Hauptmann, Ibsen, Strindberg, Wedekind, Bernard Shaw, Tolstoi, Maeterlinck, Georg Kaiser, Sternheim, Werfel, Bruckner, Zuckmayer, Brecht und Horváth dem lebendigen Spielplan einverleibt worden. Fast alle Schauspieler von Rang und Namen und alle weiter fortwirkenden Bewegungen sind von diesem Hause ausgegangen. Man kann sagen, es war der Spiegel und die abgekürzte Chronik seiner Zeit. Und deshalb darf ich Sie mit Recht und Ernst bitten, weiter mitzuhelfen, um es zu erhalten.

(Max Reinhardt, Rede zur Übergabe der Direktion an Karl Heinz Martin und Dr. Rudolf Beer, 22. April 1932 im Sitzungssaal der Kammerspiele; abgedruckt im *Berliner Tageblatt*, 23. April 1932)

Auch eine Weihnachtspremiere
Mikosch im »Deutschen Theater«
Julius Hay aus Abony in Ungarn, der erst kürzlich in einer Volksbühnen-Premiere unangenehm auffiel, hat ein problematisches Kapitel der Kaisergeschichte des Spätmittelalters in grotesker Uebertreibung dramatisiert, um Kaisertum und Geistlichkeit diffamieren zu können, und den »auserwählten« Besuchern des »Deutschen Theaters« die Zoten zu bieten, die sie nun einmal zum Leben brauchen.

Es wurde freiweg darauf los geschweinigelt. Mikosch hätte seine Freude an seinem Landsmann gehabt. Das Parkett lächelte beifällig, wenn sich die Fürsten über die erotischen Finessen der lebenstollen Kaiserin unterhalten. Und ein Girren der Frauen geht durch den Raum, wenn Kaiser Sigismund höchst persönlich einen besoffenen Herzog und ein besoffenes Bürgermädchen so obszön zusammenlegt, daß ihre Lage zum Beweise einer Mädchenschändung dienen kann.

Den »Hurenbock« von Kaiser spielt keifend Fritz Kortner, seit langem Spezialist auf diesem Gebiet. Die »Hure« von Kaiserin gab einfältig-blasiert Margarete Melzer. Paul Wegener verballhornte den Papst.
»Deutsches Theater«? Ein jüdischer Saustall!

(*Der Angriff*, 24. Dezember 1932)

Der Skandal im »Deutschen Theater«
Schupo muß jüdische Sudeleien beschützen
Wo bleibt der Reichskommisssar Dr. Bracht?
Schluß mit dieser Provokation!

Auch gestern abend kam es im Deutschen Theater bei der Aufführung von »Gott, Kaiser und Bauer« von Julius Hay zu erneuten Protestkundgebungen erregter Theaterbesucher. Bereits am Dienstag hatte ein großer Teil des Publikums seinen Unwillen über die widerlichen Obszönitäten, die auf der Bühne in Wort und Geste zur Darstellung gelangten, Ausdruck gegeben. Gestern nun ließ die Direktion des Deutschen Theaters ein Ueberfallkommando herbeiholen, das die mit Recht erregten und protestierenden Besucher aus dem Theater »entfernte«. Der diensttuende Polizeioffizier gab außerdem – wie es im Polizeibericht heißt – zahlreichen anderen Personen Verwarnungen.

Mit dieser Aufführung hat das Deutsche Theater der Reichshauptstadt zum Abschluß des alten Jahres noch einen Theaterskandal beschert, der an den Reschen Erneuerung erschweren – bejubelt von einem Publikum, das nach den Krisenjahren inmitten eines anscheinenden Aufschwungs, mehr Interesse an der niveauvollen Unterhaltung als an Experimenten des »modernen« Theaters und an quälenden Fragen nach dem tatsächlichen Zustand der Gesellschaft hat. Engel, zum Oberspielleiter gemacht, wendet sich in dieser Funktion ausschließlich der Komödie zu, darunter dem durch die »Johanna« attraktiven Shaw (»Man kann nie wissen« 1925/26 und, sehr erfolgreich, »Der Arzt am Scheideweg« mit Deutsch, Homolka und Krauss 1926/27).

Ein moderner Direktor

Trotz einer gewaltigen Arbeitsleistung Reinhardts, die sich besonders auf die neuen Unternehmungen im Westen Berlins und in der Wiener Josefstadt sowie im Sommer 1925 auf die Salzburger Festspiele (»Das Salzburger Große Welttheater«, »Das Mirakel«) konzentriert, gerät der Konzern 1925 in ernste wirtschaftliche Schwierigkeiten, an denen auch der nach Karl Rosen eingesetzte »Künstlerische Direktor« Adolf Edgar Licho nichts ändern kann. Noch immer lastet die Lustbarkeitssteuer auf dem Theater, wenn auch auf 10 Prozent gesenkt. Die Spielzeit 1924/25 endet im Deutschen Theater mit Verlust, Steuerschulden drücken, die im Juni mit 15000 Freikarten für Erwerblose und Rentner abgegolten werden müssen. Zusammenbruch droht. Durch eine Umstrukturierung, die Gründung einer »Deutsches Theater Berlin GmbH« im Frühjahr 1926, wird die Voraussetzung für den Status der Gemeinnützigkeit geschaffen, die dem Deutschen Theater im Juni dieses Jahres auch zuerkannt wird. Edmund Reinhardt erkennt, daß die unklaren Leitungsverhältnisse im Deutschen Theater, mit einer Direktion ohne Kompetenz und von den bloßen Gastspielen seines Bruders beherrscht, ein Grund für die schlechte Lage sind und daß nur ein in allen Entscheidungen unabhängiger Direktor helfen kann. Edmund gelingt es, seinem Bruder die einschneidende und einzig rettende Neuordnung abzuringen, mit formalen Kompromissen.

Im Frühjahr 1926 wird der 34jährige Dr. Robert Klein, mit Erfahrungen aus dem größten europäischen Unterhaltungskonzern, den Saltenburg-Bühnen, zum »Stellvertretenden Direktor« ernannt, während für die Öffentlichkeit die »Direktion und Künstlerische Oberleitung« bei Reinhardt verbleibt. In Wirklichkeit hat Klein, die Wahrung der Hauptlinie ist vereinbart, die vollkommene Autonomie in allen wesentlichen Angelegenheiten des Deutschen Theaters, der Kammerspiele und der Komödie. Reinhardt kann ein Stück für den Spielplan nur annehmen, wenn er es selbst inszeniert, und hat nur in diesem Fall die Besetzungen zu bestimmen.

Eine der entscheidenden Neuerungen Kleins ist der Serienspielplan, der die Planung zwischen den drei Berliner und dem Wiener Theater Reinhardts vereinfacht und die effektive Verwertung erfolgreicher Inszenierungen und Schauspieler in allen Häusern ermöglicht.

Die Umstrukturierung ist mit einer Welle von Kündigungen von Schauspielern, Angestellten und Technikern verbunden. Reinhardts langjähriger Dramaturg Arthur Kahane wird mit einem Ehrengehalt im Theater gelassen und nicht mehr gefragt; der Shakespeare-Übersetzer Hans Rothe übernimmt die Dramaturgie; mobil besorgt er neue englische Dramatik des zur Sanierung gefragten Unterhaltungsgenres direkt in London, so das erfolgreiche Kriminalstück »Der Hexer« von Edgar Wallace, aber auch von Shaw selbst den neuen »Kaiser von Amerika«, Text zu Reinhardts wichtigster Inszenierung in diesen Jahren (1929, mit Werner Krauss als König Magnus). Eigentlicher »Dramaturg« seiner Theater ist der künstlerisch nicht ungeschickte Klein, der oft in letzter Minute rigoros in Inszenierungen eingreift und Änderungen verlangt, immer die Wirkung im Blick.

Im März 1926 wird als ergänzende Sanierungsmaßnahme unter Führung der Reinhardt-Gruppe mit den Barnowsky- und Robert-Bühnen eine »Theaterabonnement GmbH« genannte Kartenvertriebsgesellschaft, kurz Reibaro, gegründet, deren Ziele die künstlerische und wirtschaftliche Stabilität der beteiligten Theater und die Verbilligung des Theaterbesuchs durch Abonnement sind, aber auch gemeinsame Engagements zwecks »festem Ensemble und langfristigen Verträgen« (*Berliner Tageblatt*, 17.4.1926) – womit vor allem die Abstimmung hinsichtlich der gefragten Stars gemeint ist. Jhering macht darauf aufmerksam, »daß Ensemble nicht dasselbe ist wie Schauspielerverwertung. (...) Ensemble ist ein theaterschöpferischer Gedanke, die Interessengemeinschaft eine Verteilungsorganisation, ein künstlerischer Konsumverein. (...) Es ist der Versuch, das Starsystem organisatorisch im Ensemblesystem zu verankern«. (*Berliner Börsen-Courier*, 10.4.1926)

Klein, von Jhering »ein begabter Theaterorganisator« genannt (ebd., 22.4.1926), allerdings auch eine »wegen ihrer Skrupellosigkeit anzugreifende Persönlichkeit«, gelingt »für

marque – Skandal erinnert, weil er ebenfalls außer seiner kulturpolitischen auch rein politische Bedeutung hat. Wie wir bereits in unserer Besprechung des Stückes vom 24. d. Mts. schrieben, handelt es sich bei dem Autor um einen Ungarn und bei seinem Stück um eine unerhört zotige Schmiererei, die darauf angelegt ist, Kaisertum und Geistlichkeit des Spätmittelalters zu diffamieren. Man hat sich für die Hauptrolle den Juden Kortner – Kohn verschrieben, der im Berliner Theaterleben eigentlich längst ausgespielt haben sollte. Er ist so ziemlich der schmierigste und übelste jüdische Typ, der je auf einer deutschen Bühne gestanden hat. (...) Und man scheut sich nicht, eine derartige Schweinerei dem Berliner Theaterpublikum zwischen Weihnachten und Neujahr zu bieten.

Was uns an diesem Fall besonders erregt, ist die Tatsache, daß preußische Polizeibeamte von ihren vorgesetzten Dienststellen dazu eingesetzt werden, um die nur allzu berechtigten Proteste des anständigen deutschen Theaterpublikums zu unterdrücken. Unter dem Regime Severing – Greszinski – Weiß waren wir daran gewöhnt, daß die Berliner Polizei jüdische Sudeleien und freche jüdische Lüstlinge, die sich an derartigen Schweinereien berauschten, schützen mußte. (...) Wir erwarten, daß Herr Dr. Bracht nach Kenntnisnahme von Inhalt und Art des Sudelstückes unverzüglich weitere Aufführungen untersagt oder jedenfalls den polizeilichen Schutz zurückzieht, so daß sich die jüdischen Schmierfinken dann mit der Berliner Bevölkerung, der sie derartige Sudeleien zu bieten wagen, selbst auseinandersetzen müssen.

Der Skandal hat jedoch noch ein anderes Gesicht. Wenn man nämlich bedenkt, daß die KPD zur Zeit ihre organisierten Verbrechertrupps zu immer neuen Bluttaten aufputscht und ansetzt, daß deutsche Arbeiter selbst unter dem Christbaum vor den Kugeln bolschewistischer Mörder nicht sicher sind, daß unsere SA-Männer in ihren Lokalen niedergeschossen und auf der Straße zusammengestochen werden, ohne daß die Polizei vorbeugend derartige Verbrechen verhüten kann, dann muß es besondere Verbitterung auslösen, wenn man erlebt, daß andererseits ganze Ueberfallkommandos eingesetzt werden, um Protestrufe anständiger Menschen gegen eine üble Ferkelei und gegen ein Parkett sittlich verkommener und moralisch haltloser Juden und Judengenossen zu unterdrücken und zu verhindern.

Die Zeichen stehen auf Sturm! Durch die weiche und rückgratlose Politik verflossener angeblich nationaler Kabinette ist der Bolschewismus in Deutschland ungeheuer erstarkt. Die jüdische »öffentliche Meinung« nimmt von den Verbrechen kommunistischer Mordbuben keinerlei Notiz, sie bemüht sich vielmehr, die Aufmerksamkeit der Oeffentlichkeit von diesen Verbrechen abzulenken, indem sie den tragischen Tod eines jungen SA-Mannes dazu benutzt, um in unverantwortlicher und gemeiner Weise eine neue »Fememord« – Hetze gegen die NSDAP vom Stapel zu lassen. Und dieselben Juden, die tagsüber dieses erbärmliche Hetzhandwerk betreiben, sitzen dann Abends mit steifen Hemdbrüsten im Parkett des »Deutschen« Theaters und ergötzen sich an den polizeilich geschützten Obszönitäten eines Ausländers. Wir erwarten, daß Herr Dr. Bracht diesem Skandal schleunigst ein schnelles Ende bereitet.

(*Der Angriff*, 29. Dezember 1932)

Gestern gab es im Deutschen Theater wieder Krach. Wenn man heute den »Angriff« gelesen hat, so weiß man, worauf die Ruhestörungen hinauswollen. Sie möchten als Ablenkung von dem SA-Mord einen zweiten Remarquefilmskandal provozieren, sie richten sich gegen Julius Hays Drama »Gott, Kaiser und Bauer« und besonders gegen Fritz Kortner. Kortners Leistung ist hier mit allen sachlichen Einschränkungen beurteilt worden. Diese skandalösen Kampfmethoden gegen einen Schauspieler, ein Stück, eine Aufführung, einen Autor aber sind ebenso herausfordernd wie unaufrichtig. Die Problematik des Stückes ist ebenso rechts wie links anerkannt worden. Wenn man keine Stücke verträgt, die Diskussionsmaterial ergeben, muß es übel um eine geistige Bewegung bestellt sein.

(Herbert Jhering, *Berliner Börsen-Courier*, 29. Dezember 1932)

(Remarquefilmskandal: Der Film nach Erich Maria Remarques Roman »Im Westen nichts Neues« lief im Dezember 1930 im Berliner Mozartsaal an; die NSDAP organisierte Krawalle, die Vorführung mußte abgebrochen werden. Am 11.12.1930 verbot die Filmprüfstelle den Film für ganz Deutschland.)

das Serientheater und den Konzernbetrieb« eine »dramaturgische Ausprägung«, das heißt, den drei ihm unterstehenden Theatern wieder ein eigenes Gesicht zu geben. (ders., *Das Tagebuch*, 19/1927) Es wird geprägt von den Regisseuren Reinhardt und Hilpert, der 1926/27 Erich Engel als Oberspielleiter ablöst und das auf Reinhardts »Sinn für seine Antipoden« zurückführt, zu denen er, politisch und formal unambitioniert, gar nicht zu zählen ist. Jhering meint, er sei »ein schwacher Regisseur für anspruchsvolle Stücke, aber ein guter für anspruchslose« (*Berliner Börsen-Courier*, 3.5.1928), und Hans Rothe hält fest, daß seine »kräftige, von jedem Snobismus freie Theatralik sehr dazu beitrug, dem Deutschen Theater den Leumund einwandfreier Vorstellungen zu verschaffen«. (Kurze Chronik, in: *Max Reinhardt. 25 Jahre Deutsches Theater*, Berlin 1930) Er ist der ideale Regisseur für die Direktion Klein.

Neue Sachlichkeit

Der erste Erfolg ist »Neidhardt von Gneisenau« von Wolfgang Goetz mit Werner Krauss, unerwartet, denn Reinhardt hat die Inszenierung abgelehnt. In der Regie von Hilpert wird die Aufführung »handfest und vortrefflich« (Herbert Jhering, *Berliner Börsen-Courier*, 27.10.1926) und über hundertmal gespielt. Das Stück trifft auf den fortfließenden »preußischen Unterstrom« der Republik (Günter Rühle, *Theater für die Republik*, 1967) und bedient das durch »Die heilige Johanna« geweckte Interesse an der – verständlichen – historischen Bilderfolge. »Juarez und Maximilian« von Franz Werfel, Anfang 1926 von Reinhardt inszeniert, »Bonaparte« von Fritz von Unruh (Regie Hartung) unmittelbar nach dem »Gneisenau« und Bruckners »Elisabeth von England« 1930 (Regie Hilpert) sind Stücke eines ähnlichen Typs. Neue Sachlichkeit, nicht zu »modern« und nicht »tendenziös«, vermitteln sie den Schein eines »objektiveren«, gemäßigt »politischen« Theaters, der Teilhabe an einem geschichtlichen Vorgang – und beruhigen im Historischen das Gegenwärtige, dem man den Anschein von wachsender Stabilität glauben will. Das trifft auch für wesentlichere Werke wie Shaws intelligente Diskussion über die Demokratie, »Der Kaiser von Amerika« (1929), und, nach Klein, Zuckmayers »Der Hauptmann von Köpenick« (1931) zu, mit denen die Regisseure Reinhardt und Hilpert und nicht zuletzt der Darsteller der beiden Titelrollen, Werner Krauss, dem Deutschen Theater langlebige Erfolge bescheren.

Demgegenüber wird man dem »anspruchsvolleren« Shakespeare in der Tat und vor allem seinem tragischen Ernst nicht zeitgemäß gerecht. Hilperts »Troilus und Cressida«-Inszenierung zeigt »herrliche Schauspieler, losgebunden (...) von einer gesunden, primitiven, hemdsärmeligen Regie«; dagegen wird »die bittere, schwarze Tragödie (...) nicht gespielt«. Es gibt einen ausgezeichneten Thersites (Oskar Homolka), aber die »Griechen« spielen in Hilperts Inszenierung nur »ein wildes Komödiantenstück (...), aus allen Stilarten und Stückgattungen zusammengekramt«. (Jhering, *Berliner Börsen-Courier*, 14.9.1927) Reinhardts Neuinszenierung des »Sommernachtstraums« stellt nicht wie 1905 den menschenverwirrenden Wald, die Liebespaare und die Handwerker, sondern den – barocken – Hof des Theseus ins Zentrum; damals »Protest gegen die Ballettsüßigkeit der Hoftheater« führt seine Inszenierung jetzt das Stück zum Ballett zurück, zum »dekorativen, pompösen Operntheater«. Das Verdienst, mit jungen Schauspielern zu arbeiten, wird vermindert dadurch, daß er »die Talente mit Licht- und Farbenwirkungen« überspielt, statt von ihrem Ausdruckswillen und ihren Fähigkeiten auszugehen (Jhering, ebd., 10.10.1930); der gute Wille von Regisseur und jungen Schauspielern wird vom Wirkungsdruck überwältigt.

Der ist mittlerweile außerordentlich, die zunehmende Expansion des Reinhardt-Konzerns »zur restlosen Gewinnabschöpfung von Erfolgsproduktionen« und zur »Streuung des Risikos« (Heinrich Huesmann, *Welttheater Reinhardt*, S.63), sowie die der Reibaro seine Folge; 1928/29 wird das 1400 Plätze umfassende Berliner Theater in vollem Umfang übernommen und 1930 unter Integration der Staatstheater eine »erweiterte Reibaro« geschaffen, die insgesamt 11 Theater mit fast 10 000 Plätzen umfaßt; 1931 werden sie durch die Eröffnung des Theaters am Kurfürstendamm und eine erneute Übernahme des Großen Schauspielhauses für Offenbach-Inszenierungen Reinhardts um weitere 4000 vermehrt.

Max Reinhardt 1930

Wegen des Vorfalls im Deutschen Theater anläßlich der Aufführung des Schauspiels »Gott, Kaiser und Bauer« fand heute im Polizeipräsidium eine Besprechung statt. Bei dieser Gelegenheit wurde von Seiten der Direktion des Deutschen Theaters die Erklärung abgegeben, daß sie auf die weitere Aufführung des Stückes verzichtet.

(Pressemitteilung des Polizeipräsidiums; *Berliner Börsen-Curier*, 30. Dezember 1932)

Mir erscheint dieses Verhalten des Deutschen Theaters als bedenklich, weil es einen Präzedenzfall schafft. Jede Gruppe, jede Partei, der ein Stück nicht gefällt, wird zum Skandal fast eingeladen, wenn die Theater so schnell nachgeben.

Allerdings darf man nicht vergessen, daß das Deutsche Theater sich in einer ungewöhnlich schwierigen Situation befand, daß es die Boykottandrohung weiter Kreise zu fürchten gehabt hätte, wie der Mozartsaal beim Remarque-Film.

(Herbert Jhering, *Berliner Börsen-Courier*, 30. Dezember 1932)

Katastrophen

Das Deutsche Theater und die Kammerspiele sind immer mehr zum kleinen Teil eines riesigen Kunst- und Geldimperiums – des größten Theaterkonzerns der Welt – geworden; Spielplanung, Regie- und Schauspielereinsatz sind abhängig von zahllosen äußeren Faktoren. 1931 spricht Jhering, schon mitten in seiner Krise, von einem System, »das sich auf den

Die Sudelei abgesetzt
Theaterskandal erledigt
Das »Deutsche« Theater gestern und heute geschlossen.

Nach einer Besprechung, die Polizeipräsident Dr. Mosle gestern nachmittag mit den Herren Martin und Beer vom Deutschen Theater abhielt, wurde beschlossen, das Stück »Gott, Kaiser und Bauer« vom Spielplan abzusetzen. Gestern blieb das Theater – wie übrigens heute auch – geschlossen.

Damit hat dieser neueste Theaterskandal ein schnelles Ende gefunden. Ein verdientes Ende. (...) Interessant ist (...) die Tatsache, daß sich über die Absetzung der Sudelei am heftigsten ausgerechnet die kommunistische Presse erregt. Ein Beweis dafür, daß man im Deutschen Theater mit diesem »ungarischen« Stück lediglich die Geschäfte des Bolschewismus besorgte.

(*Der Angriff*, 30. Dezember 1932)

Die Aussichten des (künstlerisch kaum allzu wertvollen) Stücks waren gewiss nicht gross. Aber diese Absetzung, und aus solchen Gründen, ist höchst anfechtbar.

Die Direktion hätte nicht weichen sollen. Aus Grundsatz. Sie gab sich auf diese Art künftig in die Hände beliebiger Demonstranten, die rein gar nichts in der Kunst zu entscheiden haben. Sie könnte dann am eigenen Leibe den Vers Heinrich von Kleists spüren, der sagt:
»Und über uns seh' ich die Welt regieren
Jedwede Rotte, die der Kitzel treibt.«
Dahin darf es nicht kommen K..r-

(Alfred Kerr, *Berliner Tageblatt*, 30. Dezember 1932)

Berlin, den 14. Januar 1933

Der Polizeipräsident
Abteilung IV
IV ThG.5109.
Verhandelt

Die Schauspieler und sonstigen Mitglieder des Personals von den Theatern »Kammerspiele« und »Deutsches Theater« haben, nachdem die früheren Theaterunternehmer Herren Dr. Rud. Beer und Karl Heinz Martin die ihnen erteilte Spielerlaubnis unter dem heutigen Tage niedergelegt haben, eine Notgemeinschaft unter dem Vorsitz des Schauspielers Herrn Eduard von Winterstein (Bürgerlicher Name: von

Zufall der Rolle, auf den Zufall der grade verfügbaren Stars, auf den Zufall der zur Hand liegenden Schlagworte, Moden und Ideen verließ und als einzige *feste* Gliederung die Abonnenten-Organisation hatte«. (Theaterkrise? Geistige Krise! *Der Querschnitt* 4/1931)

Im Frühjahr 1929 hat Robert Klein die Direktion niedergelegt, um sich selbständig zu machen; Hintergrund sind Unverträglichkeiten mit Reinhardt, Konflikte und Empfindlichkeiten. Viel schwächere Kräfte (Heinz Herald als künstlerischer und Heinz Adamec als geschäftsführender Direktor) folgen ihm; das scheint zuerst kein so großes Problem zu sein, da die Reinhardt-Bühnen nach außen hin als konsolidiert erscheinen. Die Katastrophen folgen mit dem Tod Edmund Reinhardts im Juli 1929, der als Wirtschafts- und Finanzgenie des Gesamtkonzerns durch niemand zu ersetzen ist, und mit dem Einsetzen der Weltwirtschaftskrise im Herbst 1929. Arbeitslosigkeit und Geldknappheit reduzieren die Zuschauerzahlen rapide; im April werden die Kammerspiele wegen Unrentabilität geschlossen. Vor dem Hintergrund einer bis Anfang 1932 auf über sechs Millionen ansteigenden Zahl von Arbeitslosen, der Politik der Notverordnungen, des Aufstiegs der Nationalsozialisten und des zunehmenden Zusammenschlusses der Reaktion zur »legalen« Machtübernahme vertieft sich die allgemeine Theaterkrise, sichtbar in der großen Zahl der geschlossenen Theater. Anfang 1932 muß der Reinhardt-Konzern die beiden Theater am Kurfürstendamm abstoßen, mit Verlust, da die Investitionen sich noch nicht amortisiert haben. Im Frühjahr 1932 belaufen sich nach Presseberichten »die Verbindlichkeiten des Konzerns allein bei der Arbeiterbank ohne die erheblichen Zinsen auf 1,7 Millionen Mark; weitere Bankkredite in Höhe von 500 000 Mark und mehrere hunderttausend Mark Steuerschulden lassen eine Gesamtschuldenlast von wenigstens 2,5 Millionen erwarten«. (Heinrich Huesmann, *Welttheater Reinhardt*) Unter diesen Umständen zieht sich Reinhardt erneut, zusammen mit seinem letzten Direktor Heinz Herald, auch aus der Leitung des Deutschen Theaters und der Kammerspiele zurück und verpachtet sie (auf acht Jahre) an Karl Heinz Martin und Rudolf Beer, zu einer Summe, deren Höhe für die neue Direktion im Verhältnis zu den zu erwartenden Einnahmen von Anfang an als eine beträchtliche Last angesehen wird. In einer Rede zur Übergabe der Direktion am 22. April legt Reinhardt seine Gründe dar, unter denen »eine mehr und mehr unüberwindlich gewordene Abneigung gegen das Unternehmertum« an erster Stelle genannt ist. Das klingt so bewegend ehrlich wie es paradox ist – ausgesprochen von einem großen Künstler, der, aus einer kleinen, das Theater revolutionierenden Gemeinschaft von Schauspielern heraus inzwischen, mit der Hilfe seines Bruders, im kapitalistischen Theaterbetrieb zum Großunternehmer geworden ist.

Der »jüdische Saustall«

Die Direktion Martin/Beer, die nach ihrer Eröffnung mit Chlumbergs »Wunder um Verdun« im Deutschen Theater auch die Kammerspiele wieder zu bespielen beginnt, erlebt nicht einmal das Ende der Weimarer Republik. Martins »Rose Bernd« mit Paula Wessely und Reinhardts »Prinz Friedrich von Homburg« sowie seine Inszenierung von Molnárs »Harmonie« mit Max Pallenberg sind zwar ein erfolgversprechender Anfang; die Katastrophe wird jedoch bereits mit der nächsten Premiere im Deutschen Theater eingeleitet, Gyula Háys »Gott, Kaiser und Bauer« (23. Dezember 1932). Kerr, nach Kritik am Stück, zu Schauspielern (Kortner, Wegener, Wieman) und Inszenierung: »Alles zusammen eine große Bühnenleistung. Und in Anbetracht des Gegenstands, eine ... ideale Leistung.« (*Berliner Tageblatt*, 24.12.1932) Josef Goebbels' nationalsozialistisches Gaublatt *Der Angriff* ergeht sich am 24. Dezember 1932 in rassistischen Beschimpfungen des Autors, des Hauptdarstellers Fritz Kortner und des Deutschen Theaters. Die Direktion weicht vor dem nazistischen Pöbel zurück und setzt im Einverständnis mit dem Polizeipräsidium am 29. Dezember das Stück ab. Das Theater bleibt geschlossen, bis auf einige Tage im Januar, an denen »Essig und Öl« mit Hans Moser gespielt wird, ein Nichts, es »hätte ›Zucker und Zimmet‹ heißen müssen«. (*Vossische Zeitung*, 22.12.1932) Im Januar sehen sich Martin/Beer nicht mehr in der Lage, die Gagen zu zahlen, und geben am 14. Januar dem Ensemble ihren Rücktritt bekannt. Eine »Notgemeinschaft« der »Schauspieler und sonstigen Mitglieder des Personals« unter Vorsitz von Eduard von Winterstein beschließt, den »Prinz von Homburg« wieder aufzunehmen; aus den Einnahmen sollen täglich Gagen- und Lohnanteile ausgezahlt werden. Die Erlaubnis wird noch am gleichen Tag erteilt, es gelingt jedoch nicht, die Besetzung wieder herzustellen. Im Februar 1933 spielen Helene Thimig und Mitglieder der »Notgemeinschaft« lediglich noch eine Woche Goethes »Iphigenie auf Tauris«.

Wangenheim), Niebuhrstr. 8 wohnhaft, gegründet, um das Unternehmen im »Deutschen Theater« mit dem Stück »Prinz von Homburg« fortzuführen.

Gemäss den Beschlüssen des Schauspieler-, technischen Büro- und Musikerpersonals bin ich als Leiter der Notgemeinschaft beauftragt, aus den täglichen Kasseneinnahmen nach einem noch festzulegenden Verteilungsschlüssel die Gagen- und Lohnansprüche des gesamten Personals bei täglicher Auszahlung zu befriedigen.

Vor Auszahlung der Gagenanteile werde ich dafür Sorge tragen, dass täglich Lohnsteuer und Sozialbeiträge sowie die sich aus dem laufenden Betrieb ergebenden Unkosten abgeführt werden.

Ich stelle hiermit für die Notgemeinschaft den Antrag, mir zunächst für 14 Tage – mit der Absicht um evtl. Verlängerung um jeweils eine Woche – die Fortführung des Unternehmens zu gestatten.

Ed. Frh. v. Wangenheim

Das Dramaturgische Büro
Felix Hollaender ist Dramaturg bis 1920, Arthur Kahane bis 1932, ab 1926 (Direktion Robert Klein) ohne wesentlichen Einfluß. Von 1915 bis in die erste Zeit der Weimarer Republik gehört zur Dramaturgie auch Erich Reiss, in dessen Verlag die »Blätter des Deutschen Theaters« erschienen sind. Neben Kahane gehören der Dramaturgie u.a. an Dr. Carl Heine (1924-1926), Harry Kahn (1925/26), Hans Rothe (1926-1929), Franz Horch (1930-1932) und Erwin Barth-Wehrenalp (1932/33). Mitarbeiter in der Dramaturgie sind kurzzeitig auch Bertolt Brecht und Carl Zuckmayer (1924/25).

Eintrittspreise 1924 (Angaben in Mark)

Loge und Parkett Reihe 1-8	*20,00*
Hinteres Parkett	*6,00*
2. Rang, Reihe 1-4	*5,00*
(Steh-) Galerie	*1,50*

1 Mark hat 1920 rein rechnerisch eine Kaufkraft von heute etwa 0,75 Mark und 1921 von etwa 0,60 Mark.
1 Reichsmark hat 1924 rein rechnerisch eine Kaufkraft von 6,00 Mark und 1932 von etwa 6,50 Mark.

Dokumente:
BLHA, Rep. 30, Th 293/2

Ernst Stern, Bühnenentwurf zu »Der Bettler« von Reinhard Johannes Sorge, Uraufführung am 23. Dezember 1917, Regie Max Reinhardt (erste Veranstaltung der Gesellschaft »Das Junge Deutschland«)

Ende 1917 gründet Max Reinhardt eine »Gesellschaft zur Pflege junger Dichtung« mit dem Namen »Das Junge Deutschland«, um unter den Bedingungen der strengen Kriegszensur wenigstens in einmaligen »geschlossenen« Mittagsaufführungen neue Autoren vorstellen zu können. Dem Vorstand gehören u.a. Gerhart Hauptmann, Walther Rathenau und Frank Wedekind an. Mit Reinhard Goering, Walter Hasenclever und Fritz von Unruh wird auf diese Weise wesentlichen Dramatikern der Republik eine, wenn auch noch begrenzte, Öffentlichkeit ermöglicht. Bis 1920 bringt die Gesellschaft zwölf junge Autoren zur Aufführung.

▸ Ernst Deutsch als Arnold Kramer und Elsa Wagner als seine Mutter in »Michael Kramer« von Gerhart Hauptmann, Inszenierung Felix Hollaender, Kammerspiele, Dezember 1918. Deutsch wird auch durch Hauptrollen in den Aufführungen des »Jungen Deutschland« zum Inbegriff des von den Irritationen der Zeit ergriffenen expressionistischen Schauspielers.

»Die Wupper« von Else Lasker-Schüler. Uraufführung im Rahmen der Gesellschaft »Das Junge Deutschland« am 27. April 1919; Margarethe Schlegel als Lieschen Puderbach und Johannes Riemann als Fabrikantensohn Heinrich Sonntag

Bühne von Ernst Stern zu »Die Wupper«

»Hiob« von Oskar Kokoschka. Mit »Der brennende Dornbusch« durch »Das Junge Deutschland« in der Regie des Autors aufgeführt im Mai 1919; Szene mit Valeska Gert und Paul Graetz

Von den Aufführungen des »Jungen Deutschland« sind Goerings »Seeschlacht« und Hasenclevers »Sohn« die zeitkritischsten; Lasker-Schülers »Wupper« hinterläßt den tiefsten künstlerischen Eindruck, und Oskar Kokoschka verursacht den größten Skandal. Das Ende des Kaiserreichs und die Ausrufung der Republik im November 1918 bedeuten auch das Ende der Zensur. Es erheben sich kritische Stimmen, daß das »Deutsche Theater« trotz der neuen politischen Verhältnisse neue Autoren nach wie vor nur in Mittagsveranstaltungen vorstelle. Von den bis dahin gespielten Stücken werden nur »Der Sohn« und »Ein Geschlecht« von Fritz von Unruh in den Abendspielplan übernommen.

»Die Sendung Semaels« von Arnold Zweig, Premiere 25. Januar 1920, Inszenierung Heinz Herald (Aufführung der Gesellschaft »Das Junge Deutschland«); Szene mit Ernst Deutsch (liegend) als Moritz Scharf
Nach dem durch die Zensur erzwungenen »germanischen« Spielplan der Kriegszeit kommen im Deutschen Theater auch wieder jüdische Autoren zur Aufführung, neben Zweig u. a. Richard Beer-Hofmann, Paul Kornfeld und Osip Dymow.

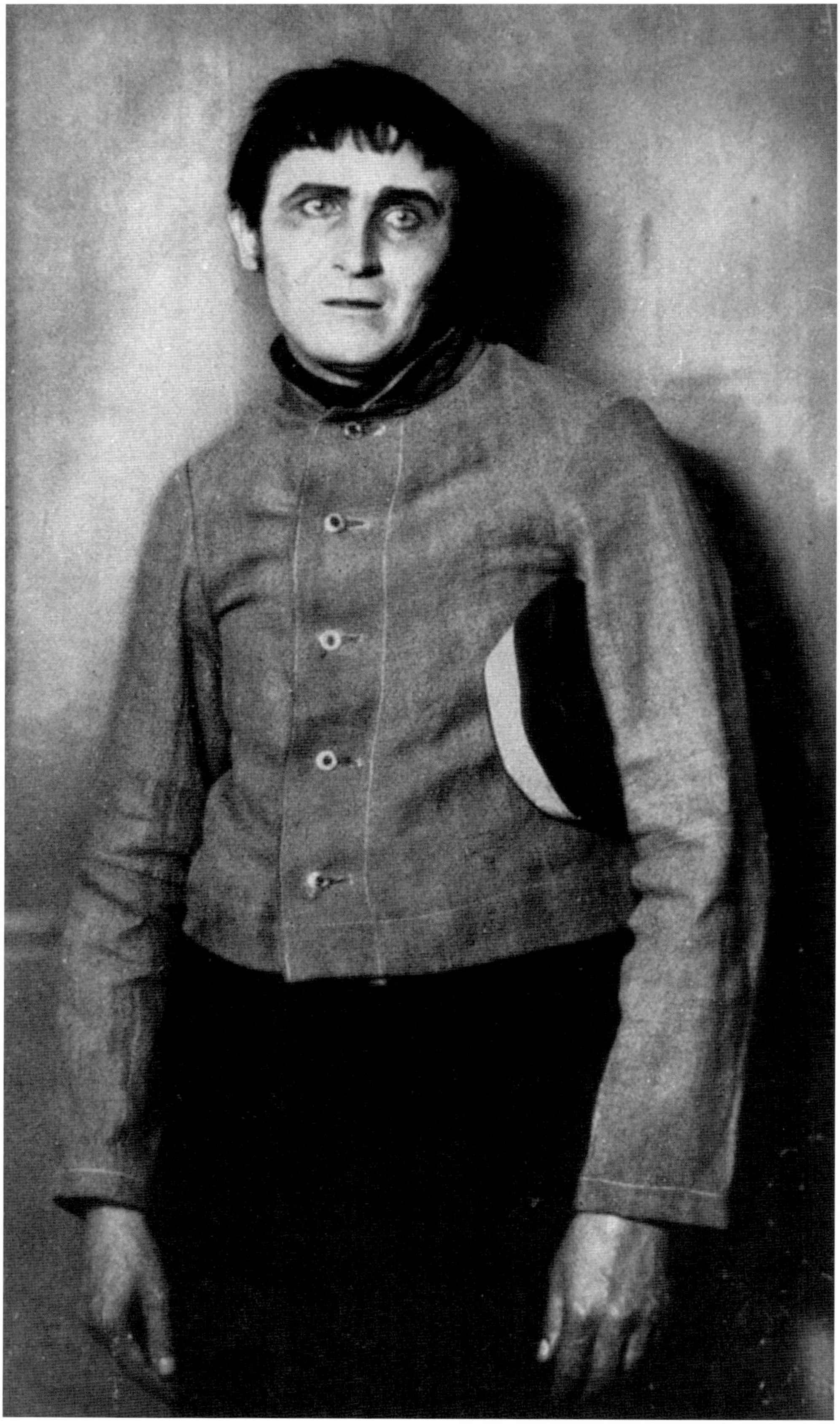

Eugen Klöpfer in der Titelrolle von Georg Büchners »Woyzeck«. Max Reinhardt läßt seiner Inszenierung von »Dantons Tod« (1916, im Rahmen des »Deutschen Zyklus«) im Frühjahr 1921 Büchners im Krieg von der Zensur verbotenes Stück um den gequälten Soldaten und Mörder Woyzeck folgen.

Neben anderen neuen Autoren ist Bertolt Brecht zwischen 1922 und 1924 mit zwei Stücken im Spielplan des Deutschen Theaters vertreten: 1922/23 inszeniert Otto Falckenberg »Trommeln in der Nacht« mit Alexander Granach als Kragler und Blandine Ebinger als Anna; 1924/25 folgt »Dickicht« (»Im Dickicht der Städte«), Regie Erich Engel, Bühnenbilder Caspar Neher. Im Januar 1926 gastiert Moriz Seelers »Junge Bühne« einmalig mit »Baal« in Brechts eigener Inszenierung, Titelrolle Oskar Homolka.

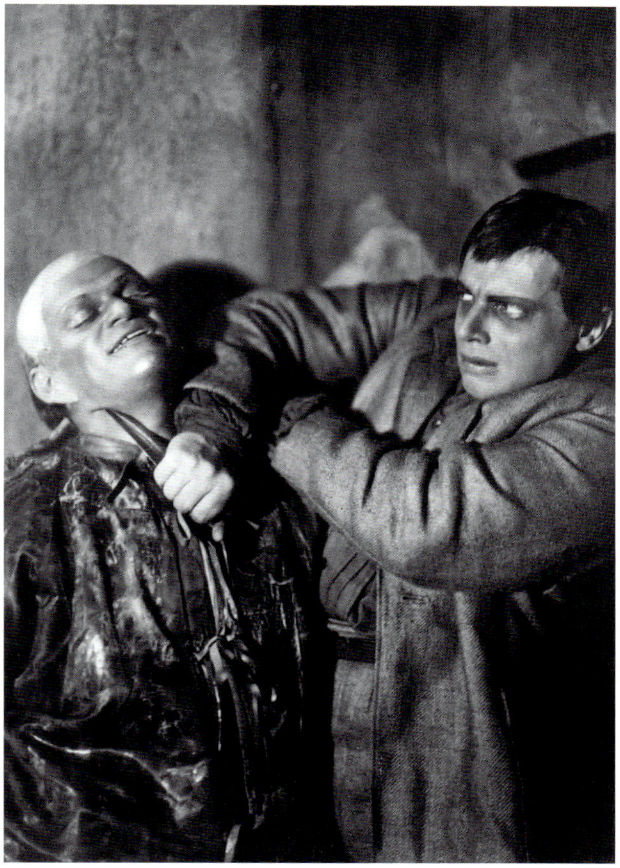

Fritz Kortner als Shlink und Walter Franck als George Garga in »Dickicht« von Bertolt Brecht

Figurinen von George Grosz zur Uraufführung von Georg Kaisers »Kanzlist Krehler«, im Februar 1922 in den Kammerspielen, Titelrolle Paul Graetz. Kaiser ist, als einer der wichtigsten Autoren der Weimarer Republik, von 1918 an mehrfach im Spielplan vertreten. Die frühen Aufführungen von »Die Koralle« und »Von Morgens bis Mitternachts« finden in Felix Hollaender allerdings nicht den ihrem expressionistischen Stil gewachsenen Interpreten.

„Jaákobs Traum« von Richard Beer-Hofmann, 1919, Regie Max Reinhardt; Maria Fein als Rebekah, Else Heims als Basmath und Mady Christians als Oholibamah

Die Direktion Felix Hollaenders 1920-24, zur Zeit von Reinhardts fast ausschließlichem Engagement in Salzburg und Wien, ist nicht erfolgreich. Das Theater leidet unter der allgemeinen politischen und wirtschaftlichen Krise, bald aber auch an einem unentschiedenen und wenig erfolgreichen Repertoire. Es fehlt die beherrschende und integrierende Kraft; die Mehrzahl der Regisseure ist nicht mehr als mittelmäßig. Erst Reinhardts Inszenierung von Shaws »Die heilige Johanna«, mit Elisabeth Bergner in der Titelrolle, ist im Oktober 1924 ein großer Erfolg.

Elisabeth Bergner als Johanna und Rudolf Forster als Dauphin in »Die heilige Johanna« von George Bernard Shaw

»Bronx-Expreß« von Osip Dymow, Erstaufführung Dezember 1927. Szene mit Willi Prager, Ilka Grüning, Curt Bois, Albert Steinrück, Oscar Karlweis u.a.

»Ramper« von Max Mohr, Dezember 1925; Szene mit Harry Berber in der Rolle des Chocolat, Paul Wegener in der Titelrolle und Anni Mewes als Zizi

»Und Pippa tanzt!« von Gerhart Hauptmann, August 1926, mit Toni van Eyck als Pippa und Heinrich George als der alte Huhn

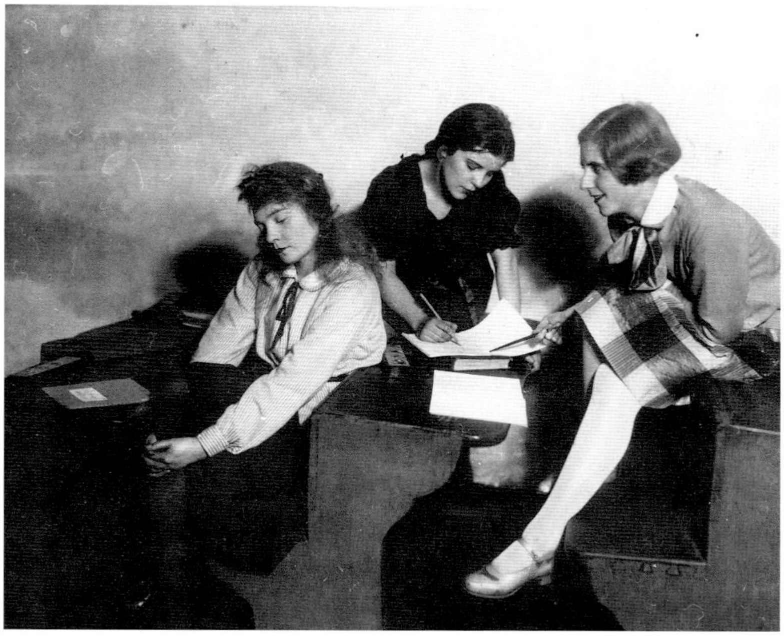

»Toni. Ein Schulmädchendrama« von Gina Kaus, März 1927, Regie Heinz Hilpert, mit Sonik Rainer (Toni), Toni van Eyck (Marie) und Grete Mosheim (Helene)

1929/30 wird Reinhardts Erstaufführung von Shaws »Der Kaiser von Amerika« 226mal gespielt. Werner Krauss (König Magnus, Mitte) und das Kabinett (Eduard von Winterstein, Egon Friedell, Helene Thimig, Margo Lion, Max Gülstorff, Friedrich Kühne und Kurt Gerron)

Oskar Homolka als Thersites in »Troilus und Cressida« von William Shakespeare, 1927/28, Regie Heinz Hilpert

Hermann Thimig (Grischa) und Dagny Servaes (Babka) in der Uraufführung von Arnold Zweigs »Der Streit um den Sergeanten Grischa«, 1929, Regie Alexander Granowski

◂ »Dantons Tod« von Georg Büchner, 1923/24, Regie Erich Engel, mit Fritz Kortner als Danton, Walter Janssen als Camille Desmoulins und Dietrich von Oppen als Fouquier-Tinville

Der Mut, nach Reinhardts »endgültiger Prägung einer Dichtung für die Bühne« (Herbert Jhering, 1916) Büchners »Danton« 1924 neu zu inszenieren, deutet auf den Willen Erich Engels, den Spielplan des Deutschen Theaters politisch zu beleben. Wie seinen »Coriolan« 1925 im Lessingtheater, bringt das Deutsche Theater den »Sergeanten Grischa« 1930 im Theater am Nollendorfplatz heraus.

»Ein Sommernachtstraum«, Oktober 1930, realisiert mit jungen Schauspielern in barocken Kostümen von Oskar Strnad; Szene mit Paul Wagner (Theseus), Hildegard Kähnert (Hippolyta), Vilma Degischer (Hermia), Wolfgang Liebeneiner (Lysander), Franz Nicklisch (Demetrius) und Toni Forster-Larinaga (Helena)

Die Konkurrenz mit der Oper, der Operette und den großen Revuen, vor allem aber mit dem Film, bedroht das Repertoire- und Ensembletheater. Reinhardt inszeniert deshalb von 1928 bis 1930 eine Reihe von Aufführungen, die zeigen sollen, daß sein Theater nach wie vor ein publikumswirksames Gesamtkunstwerk ist.

Die »Tonfilmszene« in Reinhardts Uraufführung von »Phäa«, Fritz von Unruhs (schlechter) Komödie aus der Welt des Films, Mai 1930; Musik Friedrich Hollaender, u.a. mit Grete Mosheim, Curt Bois, Heinrich George und Kurt Gerron

Bühnenbildentwurf von Ernst Schütte zu »Artisten« von Watters und Hopkins, Musik von Werner R. Heymann, Juni 1928. Reinhardts Inszenierung ist »eine Glanzpremiere der Szenerie, der Schauspielkunst, des humoristischen, sentimentalen, orgiastischen Theaters ... von Akrobatenkunst und Ensembleherrlichkeit« (Emil Faktor im *Berliner Börsen-Courier*). »Ein schlechtes Stück mehr – wer regt sich darüber auf?« (Herbert Jhering, *Die getarnte Reaktion*, 1930)

Grete Mosheim als Bonny und Wladimir Sokoloff als Skid in »Artisten« von Watters und Hopkins

»Unsere Welt, das Theater, ist in Gefahr. Kein Einsichtsvoller kann die erschreckenden Symptome einer Krankheit, die Zeiten des Verfalls, übersehen ... Nicht, als ob die Geschäfte schlecht gingen. Wenn etwas Starkes geboten wird, drängen sich die Leute dazu. Ich unterschätze das nicht, das volle Haus ist nicht nur eine wirtschaftliche, es ist auch eine künstlerische Bedingung. Das künstlerische Theater aber ist ohne Zweifel bedroht, und seine höchsten Ziele, Repertoire und Ensemble, sind fast überall in der Auflösung begriffen. Staat und Städte fördern es nur vereinzelt und selten ausreichend ... In der dramatischen Produktion ist eine sichtbare Senkung eingetreten. Das Kino ... hat die ganze Welt im Zuschauerraum sitzen und entzieht, was noch bedenklicher ist, auch der Bühne immer mehr Künstler ... Das Theater ist nicht tot und wird nicht sterben. Es hat den Puritanismus und manche andere Krise überstanden. Es wird auch diese überleben ... Es wird den Menschen immer wieder über die Wirklichkeit hinaus zum Spielen und Zuschauen treiben. Und das Geheimnis voll Wunder zwischen lebendigen Menschen im Theater, das Sichgeben und Empfangen, ... das kann von der Kunst des Lichtbildes weder erreicht noch verdrängt werden ...« (Max Reinhardt, 1927)

»Die Verbrecher« von Ferdinand Bruckner. Szenen in der Etagenbühne von Rochus Gliese, passendes Gerüst für dieses »Stenogramm der Wirklichkeit« (Fritz Engel im *Berliner Tageblatt*). Die Uraufführung, Regie Heinz Hilpert, ist eine Sensation: »Dies Werk tobte gegen Justiz und Staat.« (Alfred Kerr) Aktueller Hintergrund sind laufende Mordprozesse und Diskussionen um Strafrechtsreformen.

Hans Albers als Tunichtgut und Lucie Höflich als Ernestine Puschek in »Die Verbrecher«, Oktober 1928

»Der Kandidat« von Carl Sternheim, Januar 1930; Otto Wallburg als Russek und Peter Lorre als Bach

Sternheims Komödie »Der Kandidat«, nach Gustave Flaubert, ist, auf Anregung Max Reinhardts, bereits 1913 entstanden. Die geplante Uraufführung im Deutschen Theater wird 1915 als »Satire auf das politische Strebertum« und deswegen als »nicht ... geeignet für die Jetztzeit« vom Polizeipräsidium Berlin untersagt. Fünfzehn Jahre später, in der anhebenden Endphase der Republik, ist »Der Kandidat« aktueller denn je. Carl Sternheim, noch einmal zu Proben und Premiere anwesend, verläßt wenige Wochen später Deutschland für immer.

Bühnenbildentwurf von George Grosz zu »Der Kandidat«

Bühnenbildentwurf von Robert Neppach zu »Neidhardt von Gneisenau« von Wolfgang Goetz (1926)

Die Inszenierung ist der bis dahin größte Erfolg des Regisseurs Heinz Hilpert sowie ein Triumph für den Darsteller der Titelrolle, Werner Krauss. »Der preußische Unterstrom, der nicht identisch war mit dem nationalen, sich aber doch mit ihm verband, durchzog noch immer das Leben in der Republik ... Mit der Entdeckung des Autors Wolfgang Goetz ... und seines ›Gneisenau‹ kam dieser Neben- und Unterstrom an die Oberfläche.« (Günther Rühle, 1967)

»Der Hauptmann von Köpenick« von Carl Zuckmayer; Werner Krauss als Schuster Voigt und Hans Deppe als Kallenberg in der Uraufführung des »deutschen Märchens«, 1931. Dieses ganz andere »Preußenstück«, auch aktuelle Militär- und Beamtensatire, wird wieder von Heinz Hilpert inszeniert. Dazu später Alfred Kerr: »Seines Glanzes Gipfel glaubt man / War der Köpenicker Hauptmann.«

Szene aus »Wunder um Verdun« von Hans von Chlumberg, 1. September 1932, Regie Karl Heinz Martin (Eröffnungsvorstellung der Direktion Karl Heinz Martin/ Rudolf Beer)

»Hans Chlumberg schickt 1931 im ›Wunder um Verdun‹ die wiederauferstehenden Gefallenen in die Welt zurück, aber sie treffen auf Sensationslust, Genußsucht, Korruption, Haß und Abwehr. Enttäuscht gehen sie in die Gräber zurück. Chlumbergs Bilanz ist pazifistisch: umsonst gefallen, die Welt treibt einem neuen Krieg entgegen. Das Stück, dessen Aufführung von nationalsozialistischen Gruppen immer wieder gestört wird, zeigt, daß das Motiv der Auferstehung der Gefallenen nicht nur den Nationalisten gehört. Diese freilich okkupieren es ... Hans Zöberleins Bilanz der Republik in ›Der Glaube an Deutschland‹ heißt: ›Die ganze muffige, zopfige Welt von vorher ist wieder in Geltung – oder noch ...‹, und Hitler schreibt im Februar 1931 das Geleitwort für dieses Buch, das er ›das Erbe der Front für die Jugend‹ nennt; man höre ›das Herz der Front schlagen, den Quell jener Kraft, die unsere unvergänglichen Siege schuf‹.« (Günther Rühle, 1967)

Die Uraufführung von »Geschichten aus dem Wiener Wald« im November 1931 setzt den noch jungen Autor Ödön von Horváth in Berlin durch und bestätigt den Regisseur Heinz Hilpert als hervorragendes Talent auf dem Gebiet des realistisch-poetischen Volksstücks. Mit Bruckner, Zuckmayer und Horváth ist das Deutsche Theater nun Autoren verbunden, die auch die notwendigen geschäftlichen Erfolge zu versprechen scheinen. »Der Abend bringt eine fast beängstigende Gipfelung im Spiel. Alle. Alle. Alle.« (Alfred Kerr im *Berliner Tageblatt*)

»Geschichten aus dem Wiener Wald« von Ödön von Horváth; Szene an der Donau

Schlußszene mit Peter Lorre (Alfred), Lucie Höflich (Valerie), Frida Richard (Großmutter), Carola Neher (Marianne), Heinrich Heilinger (Oskar) und Hans Moser (Zauberkönig)

Werner Krauss als Geheimrat Clausen und Helene Thimig als Inken Peters in »Vor Sonnenuntergang« von Gerhart Hauptmann. Der Titel von Max Reinhardts letzter Uraufführung im Deutschen Theater am 16. Februar 1932 ist zum Symbol geworden, nicht nur für ihn und sein Lebenswerk. Zwei Monate später verpachtet er das Theater an Karl Heinz Martin und Rudolf Beer: »Mein Entschluß wurzelt ... in einer tiefen und mehr und mehr unüberwindlich gewordenen Abneigung gegen das Unternehmertum.«

Die Premiere von »Rose Bernd« am 17. September 1932 war zugleich die Festvorstellung zum 70. Geburtstag des, nach Herbert Jhering, in vierzig Jahren »vom oppositionellen Dramatiker zum offiziellen Dichter Deutschlands« gewordenen Gerhart Hauptmann.

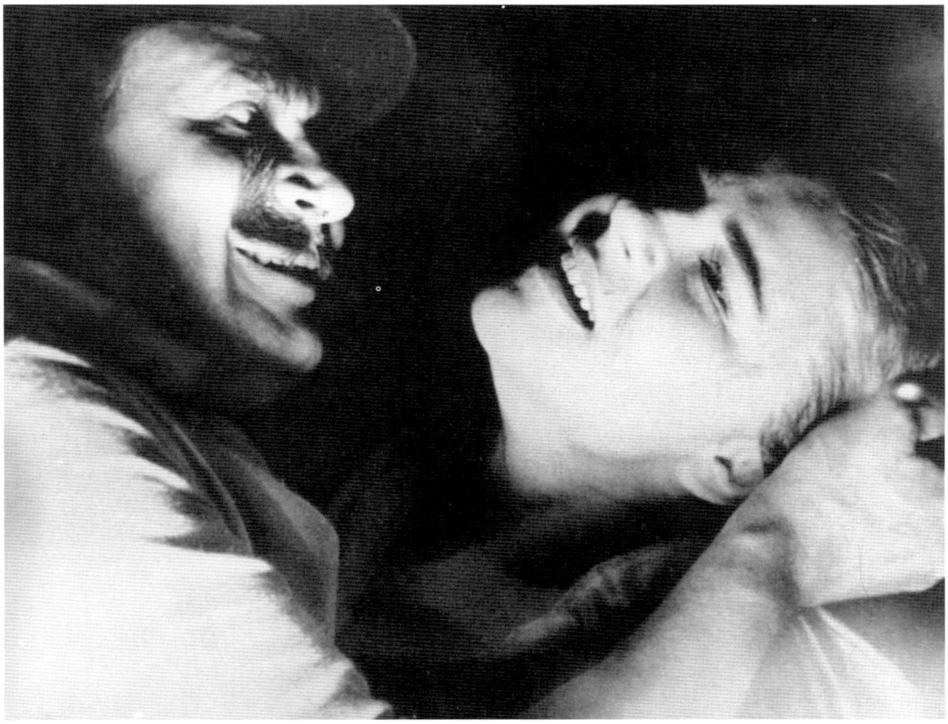

Eugen Klöpfer (Streckmann) und Paula Wessely (Rose) in »Rose Bernd«, 1932

Die Wirtschaftskrise hat auch für die Theatersituation in Berlin zerstörerische Folgen, die Zuschauerzahlen sinken dramatisch. Das Deutsche Theater kann nur mit Hilfe zunehmender Verschuldung weiterarbeiten. Die Kammerspiele werden im April 1931 wegen steigender Verluste eineinhalb Jahre geschlossen. Nach von der Nazipresse angezettelten Krawallen (»›Deutsches Theater‹? Ein jüdischer Saustall!« *Der Angriff*) während der Aufführung von »Gott, Kaiser und Bauer« muß das Stück abgesetzt und das Deutsche Theater geschlossen werden. Die Pächter Martin und Beer sind nicht mehr in der Lage, die Gagen zu zahlen, und geben Mitte Januar 1933 auf.

Paul Wegener als Papst Johannes XXIII. in »Gott, Kaiser und Bauer« von Julius Hay. Das Stück des marxistischen ungarisch-deutschen Autors behandelt die politischen Vorgänge um die Verbrennung des tschechischen Bauernsohns und Kirchenreformers Jan Hus 1415 und sein Weiterleben in der Hussitenbewegung.

▸ Luis Rainer (Der Tod), Helene Thimig (Die Weisheit) und Jarmila Novotna (Die Schönheit) in »Das große Welttheater«

Szene aus »Das große Welttheater« von Hugo von Hofmannsthal nach Calderón. Max Reinhardts letzte Inszenierung im Deutschen Theater kommt am 1. März 1933 als Eröffnungspremiere der Direktion Achaz/Neft heraus. Eine Woche darauf verläßt er Deutschland, zum letzten Mal und für immer.

»Aus den Gewölben unter dem Weltgebäude kriechen dunkle Gestalten, wälzen sich wie eine träge Masse aus den Löchern, bilden eine dunkle Flut, die gegen die Bühne brandet ... Gruppen ballen sich auf ihren Kämmen fanatische Aufrührer die Brandreden halten, drohend die Fäuste gegen die Bühne schütteln. Trommelfeuer, züngelnde Flammen. Drohende Gruppen werden auf die Bühne geworfen, verschwinden wieder. Der Bettler starrt mit aufgerissenen Augen ins Dunkel ...« Max Reinhardt, aus Notizen zur Inszenierung von »Das große Welttheater« (»Vision des Bettlers«)

(...) Das Recht, meine persönliche Arbeit zu beurteilen, erkenne ich in erster Reihe den Schauspielern zu, die ihr am nächsten verbunden waren. Daß es beinahe ausnahmslos alle namhaften, heute an deutschen Bühnen tätigen Schauspieler sind, die zum überwiegenden Teil von mir entdeckt und ausgebildet wurden, sichert meiner Arbeit einen fortwirkenden Bestand, wie immer sich das Theater in Deutschland zukünftig auch entwickeln mag.

Und da ich dem deutschen Wesen, dem ich mit augenblicklich verschmähter, trotzdem unerschütterter Liebe anhänge, Wahrheit, Bekennertum und Treue eingeboren weiß, glaube ich, daß dieser immer wieder dankbar beschworene Zusammenhang auch heute nicht verleugnet werden kann. Ich führe diese Tatsachen nicht etwa an, um irgendeinen Anspruch darauf zu gründen. Ich will, im Gegenteil, gleich voranstellen, daß ich für mich nichts erhoffe oder erbitte.

Meine Arbeit auf der Bühne ist mir immer die wesentlichste Aufgabe gewesen. Ich habe alle Ursache, anzunehmen, daß ich mit meiner Tätigkeit dem Theater auch in schwerer Zeit hätte entscheidend helfen können. Das neue Deutschland wünscht jedoch Angehörige der jüdischen Rasse, zu der ich mich selbstverständlich uneingeschränkt bekenne, in keiner einflußreichen Stellung. Ich könnte aber auch, selbst wenn diese geduldet werden würde, in solcher Duldung niemals die Atmosphäre finden, die meiner Arbeit notwendig ist. Ohne Wohlwollen kann ein künstlerisches Theater gerade unter den heutigen Umständen nicht bestehen. Die lebendige Kunst des Theaters ist ja nicht nur abhängig von Können, sondern auch von Gönnen.

Da es mir aber zugleich im Innersten widerstrebt, etwa irgend eine der auf Grund gewisser Protestbewegungen sich andrängenden internationalen Möglichkeiten wahrzunehmen, sehe ich mich auch wirtschaftlich nicht in der Lage, das Deutsche Theater von außen her in entsprechendem Maße zu stützen.

Deshalb bleibt mir, als bisherigem Eigentümer des Deutschen Theaters, der Kammerspiele und als Anteilhaber des Großen Schauspielhauses, nur die eine Möglichkeit, die Übernahme meines Lebenswerkes Deutschland anzutragen. Das ist der Zweck dieses Schreibens und zugleich der einzige Grund, weshalb ich mich bemüßigt fühle, darin Rechenschaft über meine Theaterführung abzulegen.

Der Entschluß, mich endgültig vom Deutschen Theater zu lösen, fällt mir naturgemäß nicht leicht. Ich verliere mit diesem Besitz nicht nur die Frucht einer siebenunddreißigjährigen Tätigkeit, ich verliere vielmehr den Boden, den ich ein Leben lang bebaut habe und in dem ich selbst gewachsen bin. Ich verliere meine Heimat. Was das bedeutet, brauche ich denen nicht zu sagen, die diesen Begriff über alles stellen.

Da jedoch der Wille des Staates eine Lage geschaffen hat, in der es mir unmöglich geworden ist, mein Lebenswerk weiter zu betreuen und die mit ihm verbundenen Verpflichtungen zu erfüllen, so muß ich es als eine Selbstverständlichkeit erkennen, dieses Werk in seinem ganzen Umfang dem Staat zu überlassen. (...)

(Max Reinhardt, An die Nationalsozialistische Regierung Deutschlands,
Oxford, England, den 16. Juni 1933)

Das Deutsche Theater 1933-1944

Hilperts Insel

Ein neuer Versuch! Der letzte?
Aus einem Gespräch mit dem neuen Direktor des Deutschen Theaters (Carl Ludwig Achaz)

(...) Das Deutsche Theater wird kein Amüsiertheater sein. Was ist denn der große Erfolg der jetzigen Spielzeit? Faust II. Die Menschen wollen und sollen das Theater erschüttert, aber auch erhoben verlassen. Das Deutsche Theater wird »gläubiges« Theater spielen – wobei gläubig nicht im Sinne der Religion zu verstehen ist. Es wird das Theater zu den Quellen zurückführen, aus denen alles Theater kommt: zum Kultischen.

Die erste Premiere, für den 1. März angesetzt, ist Calderon-Hofmannsthals »Großes Welttheater«. Daß es zufällig ein katholisch betontes Stück ist, hat, fügt Achaz Duisberg hinzu, mit seinem Plan, gläubiges Theater zu zeigen, nichts zu schaffen. (...)

Auch die jungen Dichter werden aufgeführt werden. In den Kammerspielen wird das vielberufene Studio endlich erstehen. (...)

Und wie soll die junge Dramatik beschaffen sein?

Lebensbejahung! Kein analysierendes Theater! Kein zersetzendes Theater, das Wege aus den Konflikten nicht zu zeigen vermag. Auch die jungen Dichter dürfen sich nicht mehr mit der Darstellung des Milieus begnügen, sie müssen Farbe bekennen.

(*Berliner Tageblatt*, 4. Beiblatt (Die Brücke), 19. Februar 1933)

Abbildung S. 173:
Die Führerloge im Zuschauerraum des Deutschen Theaters, 1937

Vorspiel: Das »gläubige Theater« des Herrn Achaz

Mitte Januar 1933 verhandeln Bevollmächtigte Reinhardts über einen Pachtvertrag mit Carl Ludwig Achaz-Duisberg, dessen Vater, der Aufsichtsratsvorsitzende der IG Farben, Carl Duisberg, seine Direktion zu finanzieren bereit ist. Ende Januar scheinen etwa 500 000 Mark zur Verfügung zu stehen, so daß die Verhandlungen abgeschlossen werden; am 1. Februar, zwei Tage nach Hitlers »Machtergreifung«, ziehen Achaz und Heinrich Neft, ehemaliger Verwaltungsdirektor der Volksbühne, als neue Direktoren in die Schumannstraße ein. (*Berliner Tageblatt*, 4. Beiblatt, 19.2.1933) Reinhardt wird dringend um Inszenierungen gebeten. Zum Programm äußert Achaz in einem Gespräch: »Das Deutsche Theater wird ›gläubiges Theater‹ spielen – wobei gläubig nicht im Sinne der Religion zu verstehen ist. Es wird das Theater zu den Quellen zurückführen, aus denen alles Theater kommt: zum Kultischen.« Auch »junge Dramatik« soll aufgeführt werden, aber: »Lebensbejahung! Kein analysierendes Theater! Kein zersetzendes Theater (...) Auch die jungen Dichter (...) müssen Farbe bekennen.« (ebd.)

Eröffnen soll »Don Carlos«, was an Besetzungsproblemen scheitert. Es muß als erste Premiere »Das große Welttheater« von Hugo von Hofmannsthal in Reinhardts Inszenierung angekündigt werden. »Daß es zufällig ein katholisch betontes Stück ist«, ergänzt Achaz vorsichtshalber, habe »mit seinem Plan, gläubiges Theater zu zeigen, nichts zu schaffen«. (ebd.) Dem *Angriff* erscheint das in Anbetracht von Achaz' Absicht, »so etwas wie Gesinnungstheater zu geben«, nach der Premiere am 1. März 1933 als »ein recht gezwungener Anfang«. Denn: »Es war ein feierliches, getragenes Spiel ohne Seele«, ein »mißlungener Versuch (...), sich in die geistigen Auseinandersetzungen (...) unserer Zeit einzuschalten.« (2.3.1933) Die auffallend gemäßigte Besprechung haben der Regisseur und die Direktion sicher Goebbels selbst zu verdanken, der im Fall Achaz abwartet und im Fall Reinhardt mit der Idee einer »Ehrenarierschaft« spielt. Um mit dem wahren »gläubigen Theater« voranzukommen, wird Ende März »Das große Welttheater« vom Spielplan abgesetzt; Karl Heinz Martin hat sich dazu hergegeben, das Nazi-Machwerk »Ewiges Volk« zu inszenieren. Die Premiere am 4. April 1933 wird ein Mißerfolg; das Stück muß nach fünf Aufführungen abgesetzt werden.

Anfang April versprechen Achaz und Neft dem Staatskommissar im Preußischen Kultusministerium und nachmaligen »Reichskulturwalter« Hans Hinkel, »daß Reinhardt mit der künstlerischen Leitung des Theaters nichts mehr zu tun haben soll«, und Achaz inszeniert Schillers »Wilhelm Tell«. Die Premiere am 5. Mai, in Anwesenheit von Goebbels und anderen Nazigrößen, wird vom *Angriff* als »Wendepunkt im Deutschen Theater« und »großer Abend« gefeiert, für den *Völkischen Beobachter* ist es »Der ›Tell‹ der nationalen Revolution«. »Glanz und Kern« wird die Apfelschußszene, in der Attila Hörbiger als Tell – »breite Schultern, weiter und kühner Schritt. Lachen und Zorn, strotzend von Vitalität. Eben jener vom Schicksal Berufene« – Heinrich George als Geßler gegenübersteht: »Lastend über den freien Bergen wie ein ungeheurer schwammiger Polyp. Ein Tatarenschädel mit hängendem Schnurrbart und glasigen Augen.« (*Der Angriff*, 8.5.1933) Der begeisterte Goebbels beordert NS-Organisationen in die Vorstellungen, so geht die Aufführung fünf Wochen. Nach einer Unterbrechung bringt die »Neues Deutsches Theater G.m.b.H.« Januar bis April noch drei Premieren heraus. Goebbels, der in diesen Monaten auf die Unterstellung des Theaters unter sein »Reichsministerium für Volksaufklärung und Propaganda« hinarbeitet, hat aber mit der Direktion bereits andere Pläne. Im April 1934 wird von ihm dem bisherigen Leiter der Volksbühne, Heinz Hilpert, die Direktion des Deutschen Theaters »angetragen«, der »nach dieser Seite« auch schon selbst »Schritte unternommen« hat, »weil ich das Empfinden hatte, daß der Boden dort mir besonders gelegen wäre«. (Hilpert an den Präsidenten der Reichstheaterkammer Otto Laubinger, April 1934) Der Ende April ablaufende Pachtvertrag mit Achaz wird nicht verlängert. Dessen letzte Inszenierung, die ersten beiden Teile von Hebbels »Nibelungen«, erregt außerdem Mißfallen. Nicht der »Recke Siegfried«, sondern Hagen wird zum Helden; am Ende steht er »als moralischer Sieger, als Idealgestalt neben der Bahre, bis der Vorhang fällt. Nicht der Mörder – der Ermordete ist schuldig«. Diese Rechtfertigung ihrer Mordtaten finden die Nazis so wohl doch unmöglich, ebenso, daß die germanische »Lichtgestalt« Siegfried »in die Niederungen eines kindlich-naiven Krafthubers« (*Völkischer Beobachter*, 12./13.3.1934) herabgezogen wird.

Der »Tell« der nationalen Revolution

Was die festliche Theatergemeinde dieses 5. Mai 1933 in andachtsvollem Schweigen Szene um Szene erlebte, das war kein Theater mehr, war Bekenntnis und Zusammenschluß geistiger Kräfte zu jener Naturwahrheit der Kunst, die allein Rettung bringen kann aus dem Chaos seelischer Verwirrung und Bedrückung. (...) Es wurde einmal ein »Tell« zerstückelt und zerschnitten und in die marxistische Folterbank einge«jeßnert«. (...) Jetzt erst ist in der Ehrlichkeit der Umwandlung aller Gefühle eines ganzen Volkes auch die Ehrlichkeit und Größe dieses Werkes zu unvergänglichem Erlebnis geworden.

Die Wiedergabe dieses »Tell« war im Letzten Hingabe an die große Idee der Zeit. Schon im Bühnenbilde (Ernst Schütte) diese schlichte Einfachheit nur angedeuteter Natur, die wie in Beethovens Symphonien die innere Handlung und Wandlung wie mit unaufdringlicher Naturmalerei begleitete. Diesen selbstverständlichen, sinnvollen äußeren Rahmen füllte der Leiter des Spieles, Carl Ludwig Achaz, mit Blut und Leben. (...) Fast bis zur Poesielosigkeit – im landläufigen ästhetischen Sinne gemeint – vereinfachte er die Verse Schillers. Aber aus dieser scheinbaren Poesielosigkeit blühte erst die echte innere Poesie des Wortes und Gedankens in neuer Kraft empor. Das Gespräch zwischen Walter Fürst und Werner Stauffacher, das adlige Bekenntnis des vergehenden Attinghausen zu Blut und Erbe, zu Rasse und Volk, zu Arbeit und Bauerntum, das heitere Spiel des Glücks im Lebenskreise Tells – das alles gewann in dieser Form neue äußere Gestalt und tiefere innere Beseelung. (...) Auch dieses Theatererlebnis ist der Aufbruch einer neuen Zeit für die deutsche Theaterkultur. (...)

Unter den Zuschauern sah man Reichsminister Dr. Goebbels, Reichsminister Dr. Frick und Staatskommissar Hinkel.

(*Völkischer Beobachter*, 7./8. Mai 1933)

Der 2. Abschnitt der nationalsozialistischen Revolution: Gleichschaltung der Freien Gewerkschaften
Besetzung sämtlicher Gewerkschaftshäuser durch S.A.
50 Gewerkschaftsführer verhaftet

Der Aktionsausschuß zum Schutz der deutschen Arbeit, der unter Führung des Präsidenten des Preußischen Staatsrates Ley steht, hat am Dienstag vormittag im ganzen Reich die Häuser der Freien Gewerkschaften besetzen und alle führenden Persönlichkeiten im Interesse der Gleichschaltung der Freien Gewerkschaften verhaften lassen.

In Berlin wurde das Gewerkschaftshaus am Engelufer von einer Abteilung von 90 SA-Leuten besetzt. Ferner wurde das Gewerkschaftshaus an der Inselbrücke sowie die Arbeiterbank besetzt. Der Gewerkschaftsführer Wissel wurde verhaftet. Die Gewerkschaftsführer Leipart und Graßmann wurden wegen Krankheit ins Krankenhaus gebracht.

Der ganze Apparat wird in eine
neue Organisationsform übernommen
Vor Vertretern der Presse teilte Reichstagsabgeordneter Dr. Ley Einzelheiten zu der bereits gemeldeten Aktion gegen die freien Gewerkschaften mit.

Danach ist die Aktion heute vormittag Punkt 10 Uhr durchgeführt worden. Sämtliche Gewerkschaftshäuser, Wirtschaftsorganisationen, Arbeiterbanken usw. der freien Verbände sind besetzt worden. Die Führer waren völlig überrascht. (...) Der ganze Apparat der freien Gewerkschaften wird schon in einigen Tagen in neue Organisationsformen hineingeführt sein, die zum Schutz der Rechte des deutschen Arbeiters und Angestellten geschaffen werden.

(*Völkischer Beobachter*, 1./2./3. Mai 1933)

»Wie es Euch gefällt«

Am 11. September 1934 eröffnet Heinz Hilpert die neue Spielzeit des Deutschen Theaters mit Shakespeares Komödie »Wie es Euch gefällt«. Der Titel ist vieldeutig, der Inhalt eindeutiger: Der gute Herzog in der Verbannung, sein schlechter Bruder als Usurpator des Landes; die Jugend zieht es in das bessere Leben und die Freiheit des Ardennerwalds. Wenn das Absicht ist, so stellt sich die Möglichkeit eines derart anspielenden, milde kritischen Theaters bald als Illusion heraus. Die Besprechung des *Völkischen Beobachters* deutet den »dramatischen Gehalt« des Lustspiels ganz anders dahin, »wie edle Rasse, wie Herrenblut sich durchsetzt gegen Unterdrückung« und endet dennoch – Goebbels hat noch nicht das Ende aller Kritik angeordnet – drohend: »Wenn das, was wir sahen, (...) die theatralischen Werte sein sollen, die das Deutsche Theater aus der Tradition des Berliner Bühnenlebens in die Zukunft hineinzutragen für seine Aufgabe hält, (...) so halten wir uns für verpflichtet, hier ganz eindeutig unsere stärksten Bedenken anzumelden. Wie es uns gefällt? – So – nicht!«

Die »Bedenken« spielen auf die zwiespältige Situation Hilperts gerade in diesem Haus an. Er ist in der »Systemzeit« neben Reinhardt hier der wichtigste Regisseur gewesen und hat mehrere inzwischen unerwünschte Autoren zur Uraufführung gebracht: Ferdinand Bruckner, Ödön von Horvàth, Carl Zuckmayer; er hat sich noch als Direktor der Volksbühne (1932-34) zu Brahm und damit zu der »rassisch« nicht passenden Tradition dieses Theaters bekannt.

Es ist sicher diese Verbundenheit, die ihn im April 1934 dazu bewegt, das zweifelhafte Angebot aus dem nazistischen Reichspropagandaministerium, das Deutsche Theater von der Spielzeit 1934/35 an als Direktor zu leiten, »mit freudiger Bereitschaft« anzunehmen. Ein Telegramm von Reinhardt (Herbst 1933) liest er als Legitimation. Hilpert sieht wahrscheinlich die Chance, eine Tradition zu bewahren; vielleicht fühlt er sich aber auch geehrt und gebraucht. Die großen Worte der neuen Macht von einem deutschen Nationaltheater mögen dem durch die Theaterkrisen der Republik Gegangenen nicht durchaus unglaublich scheinen; noch dazu winkt die angekündigte finanzielle Sicherstellung des Theaters durch »Reichszuschüsse«.

Die »Sicherheit« hat selbstverständlich ihre Kehrseite. Mit der Gründung der »Reichstheaterkammer« (1.8.1933), dem »Reichskulturkammergesetz« (22.9.1933) und dem »Theatergesetz« der Reichsregierung (15.5.1934) haben die Nazis das deutsche Theaterleben vollkommen durchorganisiert und ihrem »Führerprinzip« unterstellt. Nach dem »Theatergesetz« unterstehen nun die Theater »hinsichtlich ihrer Kulturaufgabe der Führung des Reichsministers für Volksaufklärung und Propaganda« (§ 1), ihre »Führer« haben ihre Aufgabe »nach bester künstlerischer und sittlicher Überzeugung im Bewußtsein nationaler Verantwortung« zu erfüllen (§ 2); nach § 4 liegen Berufung und Abberufung dieser »Führer« ganz in der Hand des Ministers, ebenso hat er das Recht, die Aufführung von Stücken zu »untersagen oder (zu) verlangen« (§ 5).

Hilpert scheint sich dem gegenüber zunächst in einer anderen Situation zu sehen, da er, rechtlich scheinbar selbständig, das Deutsche Theater und die Kammerspiele pachten soll. Die Sonderstellung verdankt er dem privaten Status dieser Theater, die im Sommer 1934 noch das Eigentum Max Reinhardts sind. Der Lage entsprechend erklärt sich »durch Erlaß vom 18. Juni 1934 – VI 6017/30.5 – (...) der Reichsminister für Volksaufklärung und Propaganda bereit, dem Direktor Heinz Hilpert für die Spielzeit 1.8.34/31.7.35 einen Reichszuschuß bis zum Höchstbetrag von 450 000,- RM zu gewähren unter der Voraussetzung, daß Hilpert das Deutsche Theater und die Kammerspiele des Deutschen Theaters pachten und nach künstlerischen Grundsätzen sowie in gemeinnütziger Form betreiben würde«. Nachdem sich Hilpert mit den damit verknüpften Bedingungen, wie der Genehmigungspflicht von Verträgen und Spielplänen, einverstanden erklärt hat, kommt »unterm 23.6.34 (...) zwischen ihm und Max Reinhardt (Verpächter) unter Mitzeichnung der Bank der Deutschen Arbeit A.G. ein Pachtvertrag zustande, der die vorherige Genehmigung des Ministers gefunden hatte. Der Pachtpreis von 60 000,- RM jährlich war an diese Bank zur Verrechnung auf die bei ihr bestehende Schuld zu zahlen.«

Neben dem strengen und in den folgenden Jahren als ständige Kontrolle eingesetzten Haushaltsregiment ist die geistige Überwachung des Theaters Sache der Reichsdramaturgie. Sie ist per »Entschließung« der Reichstheaterkammer vom 21. August 1933, das heißt natürlich von Goebbels, eingesetzt worden, um »die Anwendung der nationalsozialistischen kulturellen Grundsätze in der deutschen Theaterwelt durchzuführen«. Reichsdramaturg Dr. Rainer Schlösser, überzeugter Nationalsozialist und Antisemit, agiert zunächst zurückhaltend. Hilpert hat als Regisseur allerdings auch allen Respekt des gescheiter-

Der Reichsminister für Volksaufklärung und Propaganda Dr. Goebbels empfing gestern eine Reihe führender Persönlichkeiten des deutschen Theaters zu einer Besprechung über die Maßnahmen, die im Zusammenhang mit der Übernahme der Führung des deutschen Theaterwesens durch das Reich in der Hand des Reichsministeriums für Volksaufklärung und Propaganda und im Verfolg des in Angriff genommenen Neuaufbaus des deutschen Theaters notwendig geworden sind. Anwesend waren u.a. der Präsident der Theaterkammer, Ministerialrat Laubinger und die Regisseure Walter Brügmann, Heinz Hilpert und Graf Solms sowie der Reichsdramaturg Dr. Schlösser.

Hinsichtlich der Gestaltung des Berliner Theaterlebens in der nächsten Saison wurde in der Besprechung zum Ausdruck gebracht, daß die Theaterpolitik des Reiches neben der Reichsopernbühne, dem Deutschen Opernhaus in Charlottenburg, insbesondere das Theater des Volkes (früher Großes Schauspielhaus), die Volksbühne am Horst-Wessel-Platz und das Deutsche Theater in der Schumannstraße zu betreuen haben werde. Die Führung der genannten Theater wird im engsten Einvernehmen mit dem für die Reichstheaterpolitik zuständigen Ministerium, dem Reichsministerium für Volksaufklärung und Propaganda, erfolgen. (...)

(*Berliner Börsen-Zeitung,* 11. April 1934)

Sie haben mich zu sich gebeten und gefragt, ob ich Lust hätte, das Deutsche Theater zu übernehmen. Ich habe Ihnen mit freudiger Bereitschaft darauf »ja« gesagt und erzählt, daß ich sogar nach dieser Seite schon Schritte unternommen habe, weil ich das Empfinden hatte, daß der Boden dort mir besonders gelegen wäre. Daraufhin hat der Herr Minister mir dieses Theater angetragen, und ich habe diesen Antrag gern akzeptiert.

(Heinz Hilpert an den Leiter der Abteilung T im Reichsministerium für Volksaufklärung und Propaganda, Otto Laubinger, April 1934)

Der Vorstand der Deutschen National-Theater A.G. bis 1934

Herr Prof. Dr. Max Reinhardt ist aus dem Aufsichtsrat unserer Gesellschaft ausgeschieden. Dt. Nat. – Th. A.G., Berlin NW 7, Der Vorstand (1. Beilage zum *Reichs- und Staatsanzeiger* Nr. 79 vom 5. April 1934)

Herr Dr. Wolfgang Huck u. Herr Direktor August Kraulidat sind aus dem Aufsichtsrat unserer Gesellschaft ausgeschieden. Dt. Nat – Th. Akt. – Ges., Berlin NW 7, Der Vorstand. (2. Beilage zum *Reichs- und Staatsanzeiger* Nr. 83 vom 10. April 1934)

Philipp Freiherr von Schey ist aus dem Aufsichtsrat unserer Gesellschaft ausgeschieden, Dt. Nat.- Th. A.G. (1. Beilage zum *Reichs- und Staatsanzeiger* Nr. 91 vom 19. April 1934)

Der »Vorstand« April 1934 – Oktober 1934
Prokurist Hellmuth Krausse

Der Vorstand Oktober 1934 ff.
Carl Rosenhauer, Bank der Deutschen Arbeit A.G.; August Christoffel, Bank der Deutschen Arbeit A.G.; Dr. Heinrich Claus, Treuhandgesellschaft für wirtschaftliche Unternehmungen G.m.b.H.
(Deutsche National-Theater AG)

ten Schriftstellers und Stückeschreibers Goebbels, der im Dezember 1933 in sein Tagebuch notiert: »Den hole ich mir mal, wenn ich das Theater habe.« Er braucht eine Koryphäe, vor allem wegen der Konkurrenz »seines« Theaters mit den Staatstheatern, die vom preußischen Ministerpräsidenten Hermann Goering beherrscht werden. Hilpert ist, als prominenter Regisseur, keiner der gehaßten »linken und jüdischen Zersetzer«. Es genügt wohl, daß er schon als Direktor der Volksbühne 1932 erklärt hat: »Wir wollen in ein Stück keine soziologischen, gewerkschaftlichen oder Parteitendenzen mehr geheimnissen. Ganz gleich, nach welcher Richtung hin. Es ist unwichtig, Vertiefungen, Nutzanwendungen oder Tagesaktualitäten mit dem Zaunpfahl zu winken.« (*Blätter der Volksbühne Berlin,* 1932/33, H. 2)

Unter Räubern

Damit ist Hilpert auf scheinbar anständige Weise Reinhardts Pächter und Nachfolger geworden. Was er dabei vielleicht nicht wahrnimmt oder wahrnehmen will, ist, daß er es mit Bankräubern zu tun hat, die im Hintergrund bereits auf die Inbesitznahme des Theaters hinarbeiten.

Ein Jahr zuvor, am 2. Mai 1933, haben Rollkommandos von SA und NSBO (»Nationalsozialistische Betriebszellenorganisation«) die Häuser und Betriebe der Freien Gewerkschaften und die ihnen gehörende Arbeiterbank, bei der Reinhardt durch Kredite verschuldet ist, besetzt, sie damit in den Besitz der der NSDAP nachgeordneten »Deutschen Arbeitsfront« gebracht und aus ihr die »Bank für Deutsche Arbeit A.G.« gemacht, natürlich in neuer personeller Besetzung. Durch ihren Handstreich sind die Nazis damit zu Gläubigern Max Reinhardts und auch der »Deutschen Nationaltheater A.G.« geworden, die er, zusammen mit anderen, 1917 zur Errichtung des Großen Schauspielhauses gegründet hatte. Alle Mitglieder des letzten Aufsichtsrats, also Max Reinhardt, Dr. Wolfgang Huck (der Sohn August Hucks) und sein Generalbevollmächtigter in Berlin, August Kraulidat, sowie Philipp von Schey, müssen im Frühjahr 1934 zurücktreten, und die »Bank der Deutschen Arbeit« bringt die Aktienmehrheit der Gesellschaft an sich.

Das Große Schauspielhaus wird von dieser umgebauten Gesellschaft als »Theater des Volkes« an das Reichspropagandaministerium verpachtet, was noch ihrem bisherigen Geschäfts-

bereich entspricht. Dieser wird nun durch eine Satzungsänderung eigens auf den Kauf von Grundstücken erweitert, so daß die »Deutsche Nationaltheater A.G.« in einer am 28. September 1934 stattfindenden, durch die Gläubigerin, die »Bank für Deutsche Arbeit« beantragten Zwangsversteigerung, »den Grundstückskomplex Schumannstraße 12, 13a, 14 und 16, wozu das Deutsche Theater, die Kammerspiele des Deutschen Theaters u. zwei angeschlossene Wohnhäuser gehören«, erwerben kann, wie es heißt »im Einvernehmen mit dem Reichspropagandaministerium und im Sinne der Bestrebungen der Reichsregierung«. Hucks Generalbevollmächtigten hat man vorsorglich wissen lassen, »daß die Arbeiterbank sich auf Grund ihrer Forderungen unter allen Umständen in den Besitz der Theater setzen werde, da Goebbels an den Theatern Reinhardts ganz besonders interessiert sei« – eine Warnung, die jede Konkurrenz bei der Versteigerung ausschließen soll. (Dr. Wolfgang Huck an Rechtsanwalt Herzberg, 31. August 1947)
Im Dezember 1934 läßt der Vorstand der neuen »Deutschen Nationaltheater A.G.«, deren Aufsichtsrat inzwischen von zwei Direktoren der »Bank der Deutschen Arbeit« beherrscht wird, als nunmehrige Besitzerin des Deutschen Theaters einen Kaufpreis von 600 000 RM als Grundschuld für die Bank in das Grundbuch der Friedrich-Wilhelmstadt eintragen. Damit sind letztlich die Nazis auf finanztechnisch »legalem« Weg Eigentümer der Theater geworden. Reinhardts Brief »An die Nationalsozialistische Regierung Deutschlands« vom Juni 1933, in dem er ihr angetragen hat, sein »Werk in seinem ganzen Umfang dem Staat zu überlassen« (*Ich bin nichts als ein Theatermann*, S. 274-277; hier in einem Auszug abgedruckt S. 172), spielt im ganzen Vorgang keine Rolle.

Das Ensemble

Viele Schauspieler der Weimarer Republik, die am Deutschen Theater engagiert waren, sind zu dieser Zeit auf dem Weg in die Emigration oder retten sich vorübergehend in das Ghetto des Jüdischen Kulturbundes: Elisabeth Bergner, Felix Bressart, Kurt Gerron, Alexander Granach, Oskar Homolka, Fritz Kortner, Anni Mewes, Grete Mosheim, Carola Neher, Siegmund Nunberg, Max Pallenberg, Jacob Sinn, Wladimir Sokoloff, Camilla Spira, Otto Wallburg …

Hilpert muß sich an die durch das Gesetz zur Wiederherstellung des Berufsbeamtentums vom 7. April 1933 verfügte

Aus dem Geschäftsbericht der Deutschen National-Theater A.G. in Berlin für das Geschäftsjahr 1934
(8) Am 28. September 1934 erstand unsere Gesellschaft in der Zwangsversteigerung den Grundstückskomplex Schumannstraße 12, 13a, 14 und 16, wozu das Deutsche Theater, die Kammerspiele des Deutschen Theaters u. zwei angeschlossene Wohnhäuser gehören. Dieser Erwerb geschah im Einvernehmen mit dem Reichspropagandaministerium und im Sinne der Bestrebungen der Reichsregierung. Das Deutsche Theater und die Kammerspiele sind bis zum 31. Juli 1935 an die Direktion H. Hilpert verpachtet.

Berlin, den 4. Dezember

Bank der Deutschen Arbeit A.G.
Berlin SW 19, Märkisches Ufer 32, Wallstraße 62, 65
Kreditabteilung
Konto Nr. 72902
Betrifft: Kredit

Deutsches National-Theater Aktiengesellschaft
Berlin NW 7
Schumannstraße 12
Wir nehmen höflichst Bezug auf die mit Ihrem Herrn Krause geführte mündliche Unterredung und bitten Sie höflichst, nachdem das Grundbuch Berlin-Friedrich-Wilhelmstadt, Band 13, Blatt Nr. 337 (Deutsches Theater) nach erfolgter Löschung aller Belastungen nunmehr bereinigt ist, die Eintragung einer Grundschuld zu unseren Gunsten in Höhe von
RM 600 000,- (Sechshunderttausend Reichsmark)
zu beantragen und den Grundschuldbrief an uns auszuhändigen.

Die Bestellung der Grundschuld soll durch unseren Notar, Herrn Rechtsanwalt Dr. Gustav Bähren, Berlin SW, Märkisches Ufer 34 vorgenommen werden.

Gleichzeitig bitten wir Sie, uns zu unseren Akten noch einen neuen Grundbuchauszug, letzten Einheitswertbescheid sowie einen Hypotheken-Sicherungsschein einzureichen.

Heil Hitler!
BANK DER DEUTSCHEN ARBEIT A.-G.
Rosenhauer Christoffel

elt = max reinhardt schloss leopoldskron salzburg = in herzlicher verehrung sende ich ihnen von ihrem schoenen alten deutschen theater das das erste jahr unter meiner fuehrung gut ueberstanden hat die allerherzlichsten und innigsten glueck und segenswuensche mit dem ausdruck der schoensten und bleibendsten verbundenheit mit ihnen und ihrem kuenstlerischen geiste = heinz hilpert

(Telegramm Heinz Hilpert an Max Reinhardt, 16. August 1935)

Je vielfältiger und vielgestaltiger in der Form ein Theater diese große Einheit der Gesinnung in wahrhaft innerlicher Gleichschaltung mit allen anderen Erscheinungstatsachen des erneuerten deutschen Lebens zum lebendigen Ausdruck bringt, um so wahrhafter und wirklicher erfüllt es seine Aufgabe, Träger und Mittler der ewigen Kunst und zugleich wertvolles Instrument dieses daseinsstarken und daseinsfrohen, lebendigen und heutigen Staates zu sein, des Staates Adolf Hitlers und seines kulturpolitischen Paladins, Dr. Goebbels, eines Staates, von dem keiner sich ausschließen kann, der da leben und mitleben will, am wenigsten das Lebendigste, was es gibt: das Theater.

(Rainer Schlösser, *Das Volk und seine Bühne*, 1935)

Ausschließung aller jüdischen Künstler halten, sonst hat er bei der Zusammenstellung seines Ensembles weitgehend freie Hand. Von den bedeutenderen Mitgliedern der Direktion Beer/Martin 1932/33 sind allerdings nur Hans Brausewetter, Paul Hörbiger, Theodor Loos und zunächst auch Eduard von Winterstein geblieben. Einen wesentlichen und dann lange Zeit bleibenden Teil seines Ensembles bringt Hilpert von der Volksbühne mit, so Gisela von Collande, Paul Dahlke, Bruno Hübner und Ernst Karchow (beide auch Regisseure); schon 1934/35 werden dazu u.a. Attila Hörbiger, Paul Klinger und Albin Skoda engagiert. Mit vielen hat Hilpert in seiner Zeit am Deutschen Theater bis 1932 schon gearbeitet. Dazu kommen später u.a. Fita Benkhoff, Elisabeth Flickenschild und Lizzi Waldmüller; Axel von Ambesser, Karl Ludwig Diehl, Karl John und Erich Ponto.

Fest (»ganzjährig bzw. länger als 10 Monate«) arbeitet aber nur ein Teil des Ensembles im Deutschen Theater. »Gäste«, das heißt für vertraglich vereinbarte Inszenierungen engagiert sind zeitweise u.a. Hedwig Bleibtreu, Lil Dagover, Käthe Dorsch, Brigitte Horney, Hilde Krahl, Angela Salloker, Luise Ullrich und Paula Wessely; Ewald Balser, Willy Birgel, Hans Moser, Heinz Rühmann und Oskar Wernicke – fast alle auch bekannte Filmschauspieler, auf die das Theater angewiesen ist, weil sie durch ihre Popularität die Einnahmen regelmäßig verbessern. 1935/36 erzielen von siebzehn Aufführungen nur vier mehr als die Durchschnittseinnahme von 1516,- RM, alle mit prominenten Gästen. Trotz der Nazipropaganda gegen das »Starsystem« der zwanziger Jahre kommt das Theater, ständig in Not wegen seiner propagandistisch wichtigen Auslastung, um das Engagement durch den Film bekannter Schauspieler nicht herum. Das bringt organisatorische Probleme mit sich und Ärger mit dem Ministerium, da etwa dem Publikum angekündigte Gastspiele wichtiger Filme wegen abgesagt werden müssen. Bei solchen Gelegenheiten spielt Hilpert auch sein Talent zum Theaterdonner aus, droht, »den Herrn Minister sofort um Lösung seines Vertrages und evtl. um eine Neubeauftragung, sei es in einem Fronttheater oder an einer HJ-Bühne, zu bitten«.

Kooperation und Konkurrenz mit den großen Filmstudios verursachen auch finanzielle Probleme durch ständig steigende Honorare und Gagentreiberei. 1935 zahlt das Deutsche Theater Käthe Dorsch für 69 Vorstellungen die erhebliche Summe von 54 000 RM (790 RM pro Vorstellung). Anfänger und junge Schauspieler erhalten im gleichen Jahr um 250 bis 300 RM monatlich, Theatermeister Ruppert hat 1935/36 ein Monatsgehalt von ca. 400 RM, ein ungelernter Bühnenarbeiter erhält 185 RM.

Zwischen der Spielzeit 1934/35 und dem Kriegsbeginn, als dann ein allgemeiner Gagenstop verfügt wird, steigen die Gagen kontinuierlich an: 1934/35 beträgt die höchste Jahresgage noch 14 850 RM (Herren) und 4320 RM (Damen; die niedrigste hier 1250 RM); 1936/37 schon 24 000 RM (Herren; die niedrigste 3000 RM) und 9350 RM (Damen; die niedrigste 1800 RM); 1939/40 dann 36 000 RM (Herren; die niedrigste 5400 RM) und 30 000 RM (Damen; die niedrigste 2100 RM).

Den Schauspielern geht es unter dem neuen Regime materiell nicht schlecht, vielen sogar immer besser, vor allem denen, die die schnell wachsende Filmindustrie braucht. Das Regime, das sich auf seine Rettung des deutschen Theaters durch die Subventionierung und die materielle Sicherstellung der Künstler viel zugute hält, ernennt auch eine nicht geringe Anzahl von Mitgliedern des Deutschen Theaters zu »Staatsschauspielern«.

Insgesamt herrscht im Ensemble dennoch innere Distanz vor; es gibt Fälle von leisem Protest; der »deutsche Gruß« ist verpönt, und es wird offen geredet (Kurt Seeger, September 1953). Der NSDAP gehören 1935 lediglich der Verwaltungsdirektor Pontow, vier Schauspieler (unter anderen der auch als Regisseur tätige Paul Otto), drei Verwaltungsangestellte und zwei Techniker an. Den zu Berichten verpflichteten »Betriebsgruppenobmann« Fritz Kolterjahn kann Hilpert neutralisieren.

Schwer zu fassen ist der aktive Widerstand. Der Dramaturg Seeger hat Verbindungen zur Saefkow-Gruppe. Im Februar 1940 berichtet Hilpert dem Reichspropagandaminister »über eine kommunistische Zelle im Deutschen Theater«; Goebbels will »der Sache auf den Grund gehen«, erfährt aber: »Die war nur klein und betraf eigentlich das Theater überhaupt nicht.« (J.G., Tagebücher, 21. und 22.2.1940) Doch 1943/44 fliegt eine antifaschistische Widerstandsgruppe auf; ihr gehören neben mehreren Technikern die Schauspieler Kurt Weisse und Oskar Schättiger an. Weisse, so gibt bald eine der berüchtigten »Mitteilungen« vor, habe sich in seiner Zelle erhängt; Schättiger, für den sich Hilpert einsetzt, läßt der Volksgerichtshof mit Gefängnis davonkommen.

Berlin, den 25. Januar 1938
Abschrift für den RG (Rechnungshof)
M.f.V.u.P. (Reichsministerium für Volksaufklärung und Propaganda)
IV 6415 / 14.10.37 – Ref. H. R. Schwebel

An Herrn Direktor Heinz Hilpert
Deutsches Theater (...)
In Verfolg der mündlichen Verhandlungen erkläre ich mich bereit, Ihnen auch für die Zeit vom 1. August 1938 bis 31. Juli 1940 einen Reichszuschuß zur Bespielung des Deutschen Theaters und der Kammerspiele zu gewähren. Die Bemessung des Zuschusses für jede Spielzeit behalte ich mir bis zum Eingang des Haushaltsplanes vor, der mir mindestens drei Monate vor Beginn jeder Spielzeit einzureichen ist. Ich knüpfe an die Bewilligung noch folgende Bedingungen:
1) Der Pachtvertrag ist mir vor Abschluss zur Genehmigung vorzulegen;
2) Ihre persönlichen Entnahmen aus den Betriebsmitteln der Theater dürfen insgesamt monatlich den Betrag von 3 500,- RM – i.W. – und darüber hinaus noch 2 500,- RM – i.W. – für jede Regieführung nicht übersteigen;
3) Die Verträge mit den leitenden künstlerischen Kräften (Oberspielleiter, Dramaturg) überhaupt und den Schauspielern und Schauspielerinnen, soweit deren Jahresgehalt 8 000,- RM und höher ist, sind mir vor Abschluß zur Genehmigung vorzulegen;
4) Es sind tunlichst Jahresverträge mit dem Personal abzuschließen;
5) Nichtarische oder nichtarisch versippte Personen dürfen weder im künstlerischen, noch technischen, noch im Bürodienst beschäftigt werden;
6) Der Spielplan beider Theater bedarf meiner Genehmigung;
7) Die Grundsätze für die Auflegung eines Abonnements bedürfen meiner Genehmigung;
8) Über die Einnahmen und Ausgaben des Unternehmens sind zusammenfassende Monatsabrechnungen einzureichen. (...)
9) Der gesamte vorhandene Fundus (Dekorationen und Kostüme) und das gesamte Inventar werden, soweit sie nicht im Eigentum der Verpächterin stehen, auf das Reich übereignet. Ebenso werden auf das Reich übereignet alle in Zukunft zu erwerbenden Fundus- und Inventarstücke. (...)

Ich bitte, mir Ihr Einverständnis mit der vorstehenden Regelung schriftlich zu bestätigen. (...)

T.A. (Dir. I)

(Es) stellen sich uns zwei wesentliche Grundformen des Theaters dar: einmal das situationsgestaltende – das Unterhaltungstheater, zum andern das schicksalgestaltende – im eigentlichen Sinne dichterische Theater. (...)

Es ist selbstverständlich, daß zwischen dem Unterhaltungstheater und dem dichterischen Theater so vielerlei Varianten und Spielarten existieren und immer neu geschaffen werden, als die Fülle unseres Daseins zwischen Situation und Schicksal nur zuläßt.

Jede dieser zwei Formen des Theaters (...) und die dazugehörigen Varianten haben nur ein Grundthema: und dieses ist der Mensch, der ganze Mensch, der Mensch mit seinen ewigen Gesetzen.

Ein Theater, das nicht in erster Linie ein Menschenhaus ist, ist kein Theater.

Ein Theater, das dem spezialisierten Teilmenschen da unten genau solche Spezialisierungen oben vorsetzt, ist keins. Es gibt Häuser, in denen einem Publikum Belehrendes, Polemisches, Politisches, Propagandistisches mit verteilten Rollen geboten wird. Man soll solche Institute, die von gewissen Gesichtspunkten aus vielleicht zu Zeiten notwendig sind oder die aus gewissen Läuften sich zwangsmäßig ergeben, nicht als Theater bezeichnen. Sie haben mit Kunst nichts zu tun. (...)

In diesem Zusammenhang ist es nötig, auf den dritten hinzuweisen, der zwischen dem Dramatiker und dem Schauspieler, zwischen beiden und dem Publikum die Brücke schlägt, der alle diese Faktoren in Erlebnis und Gestaltung eint und bindet – den Regisseur. Er hat sich im Laufe der Zeit zu einem wesentlichen Former des Theaters entwickelt. Er sollte im besten Falle Seelsorger den Schauspielern, Wegweiser den Dichtern und fühlsamster Pfleger seines Publikums sein, unbeirrt durch die Tatsache, daß er der Prell- und Eckstein für alle drei ist.

Aber mehr als zu diesem ist er dazu berufen, die höchste Form des Theaters schaffen zu helfen – das religiöse Theater. Das religiöse Theater hat nichts mit der Kirche zu tun. (...)

Für mich bedeutet das religiöse Theater jenes, das teils durch den Dichter geschaffen, durch den Schauspieler gestaltet, durch den Regisseur in allen Teilen licht und leuchtend gemacht wird, ohne daß er die magischen Bindungen zerreißt; jenes, das hinter dem Bewußtseinsschattenspiel der gedanklich erfaßbaren, dinglichen Welt die tiefere Wirklichkeit der Wesen und Mächte aufleuchten

Der Direktor

Hilpert selbst steht nach den mit dem Pachtvertrag verbundenen Klauseln aus dem Reichszuschuß eine »Entnahme« zu, die »monatlich 3000.- RM nicht übersteigen« darf; erst mit der Übernahme des Theaters in der Josefstadt nach der Annexion Österreichs erhöhen sich diese Einkünfte (1939/40 jährlich 60 000 RM). Offenbar aus moralischen Gründen bemüht sich Hilpert um seine eigene finanzielle Karriere nicht; ebenso lehnt er jeden »bedeutenderen« Titel als den des »Direktors« seiner Theater, inmitten mehrerer Generalintendanten, ab. 1935 beruft Goebbels einen »Reichskultursenat«, in dem »die wirklich führenden Köpfe des deutschen Kulturlebens« vereinigt werden sollen. Hilpert nimmt an der festlichen »Reichskulturkammertagung« teil, zu der auch Hitler und Goering erscheinen, wird zum »Reichskultursenator« berufen und bleibt es ohne Tätigkeit bis 1944. Das verbindet, ob gewollt oder nicht, Hilperts guten Namen nach außen hin mit dem Nazisystem. Es scheint aber auch, daß er abwartet, schwankt und sich in dieser Zeit Illusionen wie viele macht. Jedenfalls sieht das Verhältnis zu seinen Oberen mindestens bis 1937/38 dankbar und fast freundschaftlich aus, wie etwa ein Glückwunsch zu Goebbels' vierzigstem Geburtstag im Oktober 1937 voll so gewiß nicht erzwungener Lobhudelei zeigt. Da werden an dem »Mäzen« und Mordhetzer »einige sehr feine, menschliche und männliche Eigenschaften« gefeiert: »Er lehnt Subalternitäten in einer Weise ab, die dem Zagsten sogar Mut machen, sich zu geben, wie er ist. (...) Und sorgt für uns mit einer Unermüdlichkeit, die fast wie ein Wunder erscheint (...)« (*Die Bühne*, H. 20, 1937; Wortlaut: Dillmann, a.a.O., S.139) Zu dieser Zeit steht Hilpert noch nicht im Zenit seiner Laufbahn, den er erst durch die zusammen mit Hans Thimig betriebene Übernahme des »Theaters in der Josefstadt« erreicht. Er inszeniert nun auch in Wien und zu den Salzburger Festspielen; eine beträchtliche Arbeitsleistung für den äußeren Glanz des »Dritten Reiches«.

Es scheint aber, daß 1938 zugleich eine eindeutigere innere Distanzierung einsetzt, angesichts der wachsenden Aggressivität des Nazistaats und nicht zuletzt der »Reichskristallnacht« im November, die Hilpert, der mit einer Jüdin befreundet ist, auch sehr persönlich trifft. Von den Bestimmungen der Rassengesetze behelligten und anderweitig in Schwierigkeiten geratenden Mitarbeitern oder Autoren steht er bei, so weit es ihm möglich ist, mehrfach und von Anfang an. »Hilpert hat geholfen, wo er nur konnte.« (Kurt Seeger)

Der »deutsche Spielplan«

Die Spielplanung liegt im Rahmen der »Bestrebungen der Reichsregierung« zunächst in Hilperts eigener Verantwortung; verbindende Ideen sind schwer zu erkennen. Vorhaben werden von vielen, nicht nur politischen Bedingungen bestimmt, etwa von der Verständigung mit den anderen Theatern Berlins und der Disponibilität der Schauspieler. Die Werke, auch klassische und harmlos klingende, sind, ob es in ihnen angelegt ist, ob sie so propagiert werden oder nur eben in die Zeit passen, alle »brauchbar«; es handelt sich im Wesentlichen um das verlangte »deutsche« Repertoire.

Shakespeare, mit fünfzehn Werken Hilperts meistgespielter Autor, gilt wegen der intensiven deutschen Rezeptionsgeschichte quasi als deutscher Autor, wenigstens aber als »germanisch« nach der Rasse, dessen Tragödien und Elfenwelten aus »nordischer« Mythologie schöpfen und dessen Königsgestalten »Heroismus und politisches Führertum« verkörpern. 1940, als anläßlich von Shakespeares »Richard II.« Zweifel aufkommen, »ob im Kriege die Königshistorien besonders opportun seien«, berichtet Schlösser an Goebbels nach der Premiere: »Das Problem (...) kam meinem Gefühl nach gar nicht auf, weil Hilpert künstlerisch vertretbare Lichter aufsetzte, die das Ganze zu einer Art Charakteristik der angelsächsisch-plutokratischen Führungsschicht machten.« Der Ire George Bernard Shaw (nach Shakespeare, Hauptmann und Schiller mit sechs Aufführungen an vierter Stelle im Gesamtrepertoire) wird ebenfalls als Gegner der »britischen Plutokratie« und ihrer Weltmachtpolitik, als kirchenkritisch (»Die heilige Johanna«) und als Kritiker der westlichen Demokratie (»Der Kaiser von Amerika«) geschätzt.

Die öffentliche Verfälschung trifft noch viel infamer die deutschen Klassiker und Dramatiker des 18. und 19. Jahrhunderts, allen voran Schiller, Kleist, Hölderlin, den aus dem »germanischen« Nordwesten stammenden Friedrich Hebbel, den als volkhaft-national neuentdeckten Grabbe sowie die rund um den Anschluß als deutsche Dichter der »Ostmark« reklamierten Österreicher Raimund und Nestroy – mithin das gesamte traditionelle Repertoire des Deutschen Theaters. Das bedeutet nicht nur prinzipiellen Konsens der Auswahl, während Konflikte allenfalls einmal bei den schwer voraussehbaren tagespolitischen Wendungen entstehen, sondern auch eine »Einrahmung« jeder Theateraufführung durch die nazistische Literaturwissenschaft und -propaganda vorher und die emphatisch-nazistische oder angepaßte »Kunstbetrachtung« nachher.

Intendant Heinz Hilpert bei einer Probe, 1937

läßt – die Beziehungen zum Sinn – zur Lebenswurzel – zu Gott – also zur schöpferischen Urkraft – ganz gleich, wie sie der einzelne sich vorstellt.

Diese tiefere Wirklichkeit, die im Wort verankert liegt, im Wort von seiner Ururentstehung her, wird nicht gedacht und nicht begriffen, sie wird erlebt.

(Heinz Hilpert, *Formen des Theaters,* 1942)

Berlin, den 31. März 1939
Vorprüfungsstelle
des Reichministeriums
für Volksaufklärung und Propaganda
Bericht über die Vorprüfung des Deutschen
Theaters mit den Kammerspielen in Berlin
Spieljahre 1936/37 und 1937/38

a) Rechtliche Grundlage
Die Deutsche National-Theater-Aktiengesellschaft in Berlin, deren sämtliche Aktien die Bank für Deutsche Arbeit besitzt, hat das Deutsche Theater mit den Kammerspielen im Wege der Zwangsversteigerung durch Zuschlag vom 28. September 1934 erworben. Mit Vertrag vom 12. März 1935 zwischen der Ersteherin und Direktor Hilpert wurden das Deutsche Theater und die Kammerspiele (ausschließl. der Räume der Schauspielschule) an Dir. Hilpert für die Zeit vom 1. August 1935 bis 31. Juli 1938 verpachtet. (...)

Ab 1. Juli 1938 wird das Theater in der Josefstadt in Wien mitverwaltet. (...)

Wie Herrn Min.-Rat Naumann hat Direktor Hilpert auch mir seinen Vorschlag einer Fusion des Deutschen Theaters Berlin mit dem Josefstädter Theater in Wien zur Unterbreitung beim Herrn Reichsminister vorgetragen. (...)

(Es) dürfte in der Tat der rascheste und, allerdings verhältnismäßig gesprochen, relativ billigste Weg die Realisierung des Hilpertschen Planes bedeuten. Ein von Hilpert künstlerisch verantwortlich geleitetes Wiener Theater würde theaterpolitisch ein anspornendes Element des Wiener Theaterlebens sein und ein sinnvolles und schönes Bindeglied zwischen Berlin und Wien. (...) Ich bitte den Herrn Minister, mich wissen zu lassen, ob ich mit Direktor Hilpert zusammen in Wien an eine ins einzelne gehende Durchbesprechung des Planes herangehen soll.

Heil Hitler!
gez. Schlösser
(Reichsdramaturg Schlösser an
Reichsminister Goebbels, 8. Juni 1938)

In Schillers Dramen sehen die Nationalsozialisten das eigene heroisch-tragische Ideal vorweggenommen, besonders in Jugendwerken wie den »Räubern« und »Don Carlos«, während »Die Jungfrau von Orleans«, mit einer Heldengestalt »göttlicher Sendung« ähnlich Hitler, antiklerikal und antienglisch zugleich ausgelegt wird.

»Märkisch-preussischen Geistes«

Wenn auch Goebbels im Februar 1937 nach der »Don Carlos«-Premiere »ganz glücklich« und offenbar ohne Irritation »Stürme des Beifalls« in sein Tagebuch notiert, während andere sie als politischen Protest deuten, zeigt sich, daß es wohl ganz eine Frage der individuellen Disposition ist, welche politischen Assoziationen eine »werktreue« Inszenierung, die den »Dichter und seine Atmosphäre« wichtiger nehmen will, »als die aktive Behandlung des Publikums« hervorruft. (Hilpert, *Was ich möchte*, 1932) Da kann Posa auch als ein »Vorkämpfer« der nun errungenen und im faschistischen Staat manifestierten nationalen Freiheit verstanden werden.

Zwei Jahre später, als »festgelegte Beschäftigungsmöglichkeiten der wichtigsten Schauspieler sowohl, als auch Gründe der Publikumsorganisation« die Probenzeit nicht hergeben, um wie geplant beide Teile des »Faust« an einem Abend herauszubringen, versucht Hilpert durch die Veröffentlichung einer »Dramaturgischen Notiz« dem erwarteten Vorwurf zuvorzukommen, daß die Aufführung nicht mit dem »Siege Fausts und dem Siege Gottes über Mephisto«, sondern der fatalen Gretchentragödie endet. Hier entwickelt er die durchaus »aktive« Konzeption, daß »die unerhörte Zeitnähe des ›Faust‹ (...) in erster Linie darin« liege, »daß das Schicksal einen Inidividualisten über viele Umwege (...) zu einem zwingenden Gemeinsamkeitserlebnis führt, in dem er alle Lebensangst überwindet«. Die Aufführung interessiert dann nicht die durchaus aktuelle und im »Faust« darstellbare Hybris und der ihr notwendig folgende Zusammenbruch; in der Erdgeist-Szene bleibt Faust »aufrecht und unerschüttert stehen« (Wolfgang Drews, *Die klirrende Kette*, 1947), während in der Kerkerszene »die Bändigung des innerlich wühlenden Schmerzes durch die Energie des Befreiungswillens« wunderbar gefunden wird. (K.H. Ruppel, *Berliner Schauspiel*)

Kleist, den die Nationalsozialisten als »preußischen« und kriegerischen Dichter lieben, spielt Hilpert erstaunlich lange nicht. Erst für die dritte »Kriegsspielzeit«, 1941/42 wird »Das Käthchen von Heilbronn« angekündigt und mit Elfriede Kuzmany (Käthchen) und Ewald Balser (Wetter vom Strahl) im Februar 1942 von Bruno Hübner »mit beherzter Schlichtheit« inszeniert. Dr. Richard Biedrzynski vom *Völkischen Beobachter* bescheinigt: »Ist es die Art des Staatstheaters, mit dem Scheidewasser des Verstandes alle falsche Romantik auszutreiben, so bewährt sich das Deutsche Theater durch die spürbare Herzlichkeit, die seine schönsten Aufführungen von Kleist bis Raimund begleitet.« (9.2.1942)

Weitere Inszenierung folgen sehr schnell; das geht offensichtlich auf die seit dem Frühjahr 1941 beginnenden Auseinandersetzungen mit Schlösser bzw. Goebbels über den Klassikerspielplan zurück. Shakespeare darf zeitweise nicht aufgeführt werden. Jedenfalls kommen »Amphitryon« und »Der zerbrochne Krug« noch bis Ende der Spielzeit 1941/42 (!) und »Prinz Friedrich von Homburg« 1942/43 heraus, alle inszeniert von Hilpert. »Penthesilea« folgt 1943/44 (Regie Günther Hadank). Da er »Amphitryon« als »ein Werk märkisch-preußischen Geistes« ansieht, ist es für Hilpert »nur notwendig, den märkischen Preußen Kleist in die klassische Zeit zu stellen, die Preußen aus sich heraus entwickelt hat«. (Programmzettel) Die Bühne und die Kostüme zitieren die Zeit des Großen Kurfürsten. »Die Besetzung entzückt den Zuschauer durch ihre vollendete Harmonie« (*Völkischer Beobachter*, 12.3.1942); in der »ganz auf dem Wort beruhenden Regie« wird die existenzbedrohende Dimension der Komödie nicht angerührt. Wie in ihr Ewald Balser als Jupiter mit »anmutigem Anstand« und als »supremer Geist« resigniert (K.H. Ruppel, *Berliner Schauspiel*), so dominiert er die Inszenierung des »Prinz von Homburg« als Kurfürst. Er spielt die Figur »mit einer landesväterlichen Leutseligkeit, als einen Edelmann, der ein Exempel zur Zähmung des Widerspenstigen statuiert.« Karl John dagegen setzt den »seelischen Umbrüchen« des Homburg nur eine gewisse »staunende und jungenhafte Unbekümmertheit« entgegen. (*Völkischer Beobachter*, 25.3.1943) Kann man auch diesen »Kunstbetrachtungen« nicht ganz trauen, so geht aus ihnen doch hervor, daß Hilpert in beiden Inszenierungen Kleists tiefere Konflikte verharmlost – nicht allein aus Angst vor einer klareren und härteren (und aktuelleren) Aussage, sondern weil das seine Vorstellungen vom »religiösen«, »schicksalgestaltenden Theater« gar nicht vorsehen.

Ein »Musenhof«

Biedrzynski beschreibt in *Schauspieler. Regisseure. Intendanten* (1944) das Deutsche Theater – noch stehen die Vorderhäuser

Berlin, 1. August 1938

Abschrift

Sehr verehrter Herr Reichsminister,
lieber Herr Doktor!

(...) Ich bitte Sie von Herzen, Herr Reichsminister, uns die Reichsunmittelbarkeit dieses Unternehmens auf alle Fälle zu bewahren. Ich habe es abgelehnt, zu irgend einem der zuständigen österreichischen Herren in ein Abhängigkeitsverhältnis zu treten.

Die geschäftliche Oberleitung übernimmt mein geschäftlicher Direktor Pontow. Die Betriebszelle wird organisiert durch meinen hiesigen Betriebsobmann, Kolterjahn, der ein altes Parteimitglied und ein feiner, taktvoller Mensch ist.

Ich bin also von den lokalen Verhältnissen völlig unabhängig, werde aber selbstverständlich gerade die österreichischen Herrschaften im Ensemble besonders heranziehen, um in Wien nicht den Eindruck zu erwecken, eine norddeutsche Invasion im Theaterleben zu veranlassen.

Trotzdem lege ich auf die Reichsunmittelbarkeit und auf die Tatsache, daß Sie mein einziger Vorgesetzter sind, den allergrößten Wert und hoffe, daß dies auch in Ihrem Sinne ist. (...)

Heil Hitler!
Ihr aufrichtig und dankbar ergebener
gez. Heinz Hilpert

Menschen führen zu können, ist nicht zu erlernen, es ist eine Gnade; Menschen führen zu dürfen, ein gütiges Geschick und eine Verantwortung! Wer die Gnade, das gütige Geschick, die Kraft und das Verantwortungsbewußtsein in vollem Umfang in sich trägt, ist zum Führer geboren. Was in Staat und Politik für die allgemeine Menschenführung gilt, hat für die besondere Menschenführung auch im Theater Geltung. Zunächst einmal: Wer führt im Theater? In erster Linie der Regisseur. Er führt die Schauspieler durch direkte Einwirkung. Ferner der Direktor, der repertoirebildende Mann. Er führt über die Grenzen der Bühnen hinaus das Publikum durch indirekte Einwirkung. (...)

Die Schauspieler, die Geführten, möchte ich ebenso kurz als im idealsten Falle trotz aller Reife kindhaft gebliebene Menschen charakterisieren, welche die ganze Bosheit und die ganze Süßigkeit, die ganze Verantwortungslosigkeit und gläubige Hingegebenheit, die ganze Wildheit und reife Stille des Kindes in sich vereinigen. (...)

Eines der größten und schöpferischsten Erziehungsmittel, nicht nur des Regisseurs, sondern jedes Erziehers und Führers schlechthin, ist der Glaube. Der Glaube kann aus unsicher sicher, aus häßlich schön, aus zaghaft mutig machen.

Ein Schauspieler, der sich im Glauben seines Regisseurs gewiegt sieht, wächst zusehends, wenn anders er überhaupt Wachstumsfähigkeit in sich trägt. (...)

Dieser Glaube kann ... aus chaotischen Seelen Menschen, aus proteischen Verstellern Gestalten meißeln. (...) Aus dem Glauben entsteht die Treue, die in jahrelanger Erziehung überhaupt erst die Fähigkeit hat, einem Theater zeitgeschichtlichen Wert zu verleihen. Mit einem Wort: Menschenführung im Theater muß immer und jetzt mehr denn je darauf bedacht sein, in dem Künstler das Gefühl für ethische Vollendung und für religiöse letzte Bindung wachzuhalten ...

Der Künstler soll die Finger weglassen vom Dilettieren in kosmopolitischen und politischen Verbundenheiten, die eigentlich Unverbundenheiten sind, denn er wird immer, wenn er sich auf dieses Gebiet begibt, ein schlimmer Ressentimentsmensch bleiben und sich mehr und mehr vom Mittelpunkt und der Seele seines Lebens entfernen und auf Seitenwege geraten, die ihn gnadenlos zermalmen. (...)

Das heißt, so wenig sich der Schauspieler in ästhetischen Lebensformen verlieren darf, so sehr muß das Theaterganze dem Publikum ein ästhetisches Erlebnis schenken können, wobei ich das ästhetische Er-

an der Schumannstraße, die beiden Theater liegen in ihrem Hinterhof – als den »Poetenwinkel unter den Berliner Bühnen«; die »riesenhafte, steinerne Metropole« habe »hier einen abgeschiedenen Musenhof ausgespart«. Ein zuverlässigerer Zeuge, Wolfgang Drews, 1936 bis 1941 Hilperts Dramaturg, erklärt diese Metaphorik am Unterschied zu dem »die Wirklichkeit (...) hier und da in energischem Kunststreben zusammenfassend(en)«, aber auch »den Auftrieb zum Monumentalen und Heroischen mit Pomp und Pathos« noch unterstreichenden Staatstheater am Gendarmenmarkt: »Hilpert (...) und nach ihm eine kleinere Schule von Ensembleregisseuren versuchten der Wirklichkeit ihr stilleres, schlichteres Bild entgegenzuhalten und dachten, die Wahrheit zu finden, wenn sie den Menschen unangegriffen an Abgründen vorbeiführten und aus seiner gepflegten Welt aufgeklärter bürgerlicher Behaglichkeit die letzte Entscheidung verbannten. Es gab keine Effekte in ihrem Theater, aber auch keine Affekte. Hilpert hat, und das fühlte sein Publikum sehr wohl, unbestreitbar daran mitgewirkt, daß der Geist der Duldung, die Haltung der Menschlichkeit, der Sinn für die Würde nicht ganz vergessen wurden. Er spielte lieber die Dichter, die das Leid der Menschen empfunden, als die Dichter, die den Stolz der Menschen gestaltet hatten. Er vermied die große Geste und das tönende Wort, er vereinfachte und entzauberte.«

Dem und Hilperts Neigung und Eignung für das realistische Genre entsprechend kommen gute Aufführungen »im Volksstück, in der Komödie, in realistischen und psychologischen Dramen« zustande, etwa mit Raimunds »Der Bauer als Millionär«, in dem es dem Regisseur gelingt, ein »schönes und zeitloses Sinnbild aufzurichten«, auch, »weil das im Gefühl Unverbindliche, in der Deutung Oberflächliche der Zeit und ihrem Gestalter entgegenkamen«. (Drews)

Hilperts zahlreiche Shakespeare-Aufführungen, die er so sorgsam auf das dichterische Wort stellt, rühren nur redend an das Tragische; sie sind nicht in der Lage, es theatralisch sichtbar und damit in angreifenderer Gestalt zu realisieren. Künstlerisches Vermögen und politische Vorsicht treffen sich in einer Verkleinerung der wirklichen Dimensionen der Stücke. In »König Lear« (1939/40) wird »der Tragödie die Fallhöhe« genommen, da der König von Anfang an eher ein »Bürgersmann« ist, so daß auch hier der grausige Fall nicht sichtbar wird, der der Hybris folgt: »Die Tragödie des zügellosen Aufruhrs, des kalten Mordes, des gefühllosen Verbrechens, der sündigen Sittenlosigkeit – wiederum Abbild einer Zeit, die nicht zu sehen vermochte -, diese Tragödie des Chaos wurde zu einem Familienspektakel, das einige unschöne Regungen offenbarte.« Der »Sommernachtstraum« (1940/41), der auch von Macht, Gewalt und Manipulation handelt, findet »in einer nüchternen Baumschule statt, in der sich selbstsichere, von keinen Dämonen beirrte Großstadtpaare ergingen, die nie in ihrem Leben einen Wald durchwandert hatten«. (Drews)

Neben Hilpert inszeniert Erich Engel, den er 1934 als »belastet« nicht fest engagieren darf, als Gast vier Stücke Shakespeares: »Maß für Maß« (1935/36), »Coriolan« (1936/37), »Der Sturm« (1937/38) und »Othello« (1938/39), mit denen er sich, auch die Auswahl deutet es an, nicht von der Zeit abwendet, sondern die durchaus gegebene Möglichkeit zu gegenwärtiger Aussage nutzt. Die unterschiedslos positiven »Kunstbetrachtungen«, aus denen in fast keinem Fall die bessere oder schlechtere Qualität einer Aufführung zu erkennen ist (Drews: »Die Zeit verringerte die Werte, nannte Drittklassiges erstrangig.«), loben Engel wie Hilpert und erwähnen darüber hinaus aktuelle Akzente nicht oder verfälschen sie. Zuweilen ist »in Erich Engels, von Caspar Nehers kühnen Bühnenbildern unterstützten Inszenierungen, die mit logischer Härte auf eine erleuchtende Szene hinzielten, etwas von dem ethischen Sinn des Theaters zu spüren«. Hier finden »in berechnender Schärfe herbeigeführte Begegnungen mit dem Unergründlichen« statt, »gestaltet von einer tieferen Einsicht in die verschlossenen Bezirke«. Doch »solche Abende, an denen das Unausgesprochene des Zeitabschnitts ausgesprochen wurde, waren selten«; insgesamt bleibt das Theater »abseits der Zeit, abseits aller seelischen Evolutionen, auf einer anständigen, mittleren Linie«. (Drews)

Mit-Arbeit am Mythos

Das ist Verlust, aber es ist gleichzeitig Verweigerung, die auch das von den Nazis erwartete »heroische« und »tragische« Theater ihres Verständnisses ausschließt. Dies gilt ebenso für das Verhältnis zu den zeitgenössischen Dramatikern. Im Unterschied zu anderen Theatern in Berlin werden am Deutschen Theater entschieden nazipropagandistische Dramen nicht gespielt. Doch auch hinter harmlos klingenden Titeln verbergen sich, meist in historischen Kostümen, mehr oder weniger den »Zeitgeist« ausdrückende oder ihm sich anpas-

Die Goebbels-Loge in den »neugestalteten« Kammerspielen, 1937

lebnis lediglich als ein solches charakterisiere, das den Menschen aus den Zweckzusammenhängen seines Daseins auf ein paar Augenblicke befreit und ihn so zur Totalität seines Menschseins wieder zurückführt, zur Reinheit und Klarheit seiner paradiesischen Urform, das ihn von der Aktualität des Tages zur Aktualität der Ewigkeit bringt: durch Wert und Gehalt des dichterischen Werkes, durch den Gestaltungseinsatz des künstlerisch wertvollen und menschlich lebendigen und reichen Schauspielers und durch die Gestaltungsform einer in ihrem Bestreben und in ihrer Ausstrahlung reinen Lebensgemeinschaft.

(Heinz Hilpert, Menschenführung im Theater, in: *Neues Wiener Tageblatt*, 3. März 1940, Sonntags-Beilage)

Prüfungsbericht der Einnahmen und Ausgaben für die Rechnungsjahre 1940 und 1941 durch den Rechnungshof des Deutschen Reiches

(...)

Die Gagen des Künstlerpersonals betragen

Schauspieldirektor jährl.	30 000 RM
Regisseure je Inszenierung	2500 bis 8000 RM
Bühnenbildner jährl.	14 000 RM
Schauspieler jährl.	5400 bis 36 000 RM
Schauspielerinnen jährl.	2100 bis 30 000 RM
Spielwarte (Inspizienten) jährl.	3600 bis 5100 RM

An kurzfristig verpflichtete Schauspieler werden Tagesgagen von 200 bis 350 RM, Monatsgagen von 750 bis 4500 RM gezahlt. Die einzelnen Gagen der Mitglieder sind seit Kriegsbeginn nur in wenigen Fällen erhöht worden. Dagegen ist von der Spielzeit 1939/40 zur Spielzeit 1940/41 die Zahl der darstellenden Mitglieder von 104 auf 120 gestiegen. In der Spielzeit 1941/42 betrug die Zahl dieser Mitglieder nur 96.

Pachtzahlungen

(Es) wurde in der Zeit vom 1.8.34 bis 31.7.36 eine jährl. Pacht von 60 000 RM, in der Zeit vom 1.8.36 bis 30.6.37 eine jährl. Pacht von 72 000 RM an die Dt. Nationaltheater A.G. gezahlt. Vom 1.7.1937 ab wurden die von der Schauspielschule freigemachten Räume hinzugenommen; die Pacht erhöhte sich von diesem Zeitpunkt ab auf jährlich 73 560 RM.

Infolge höherer steuerlicher Belastung des Eigentümers (D Nat.Th.AG) wurde die Pacht mit Zustimmung des Stadtpräsidenten Berlin als Preisprüfungsstelle vom 1.8.1942 ab auf jährlich 84 000 RM neu festgesetzt.

(...)

Bei ausverkauftem Hause könnte im DT eine Einnahme von 3400 RM erzielt werden, die tatsächliche Durchschnittseinnahme beträgt etwa 2700 RM.

sende Theaterstücke. Ihre Stoffe und deren Behandlung decken sich mit »aktuellen« historischen oder politischen Themen und arbeiten an den Mythologien des Dritten Reiches mit.

Die Mehrzahl läßt sich in »aktuellen« Themenkreisen zusammenfassen. Dem germanischen Mythos folgen »Uta von Naumburg« (1934/35) und »Die Sonne Irlands«, eine Tristan-und-Isolde-Adaption (1938/39) von Felix Dhünen, sowie »Gudruns Tod« von Gerhard Schumann. Der Preußenmythos ist mit Hermann Burtes »Katte« (1936/37), »Friedrich I.« von Hans Rehberg (1936/37) und dem Durchhaltedrama »Die letzte Festung« von Werner Deubel (1943/44) vertreten. Den Mythos des Krieges verbreiten »Reims« von Friedrich Bethge (1934/35), »Der tolle Christian« von Theodor Haerter (1935/36), »Herzog und Henker« von Burte (1937/38) und Ernst Wiecherts »Der verlorene Sohn« (1938/39). Der Mythos vom Bauern und Boden spielt in Max Halbes »Das Erntefest« (1937/38) und in »Das Spiel von den deutschen Ahnen« von Max Mell (1939/40) hinein. Von »aktuellem« Interesse ist offensichtlich auch die Französische Revolution, und zwar immer ihr »Terror« und die Rettung daraus; dieses Thema behandeln drei Stücke: »Die Laterne« von F. Walther Ilges (1935/36), Walter Gilbrichts »Marie Charlotte Corday« (1936/37) und »Der Graf von Bréchard« des Mussolini-Koautors Giovacchino Forzano (1942/43). Gegen die westliche »Plutokratie« und Politik polemisiert mit antisemitischer Grundierung »Panamaskandal« von Eberhard Wolfgang Möller (1935/36), doch auch harmlosere Komödien wie »Flucht vor dem Reichtum« von Adelbert Alexander Zinn (1937/38) und »Öl ins Feuer« von Franz Woertz (1937/38) drehen sich um die Negativität von Demokratie und Kapital.

Mehrere der Autoren gehören der konservativen Tradition an, wie der Nationalist und Antisemit Hermann Burte, dessen Stücke vor dem Ersten Weltkrieg entstanden sind, und der Konservative Paul Ernst; manche sind keine Nazis, wie Gilbricht, Halbe, Rehberg und Wiechert. Als nationalsozialistische Autoren haben Werner Deubel, Felix Dhünen, Sigmund Graff (»Die einsame Tat«, 1937/38) und Friedrich Wilhelm Hymmen (»Die Petersburger Krönung«, (1942/43) zu gelten. Hanns Johst (»Der Einsame«, 1940/41), Eberhard Wolfgang Möller, Gerhard Schumann und Friedrich Bethge gehören zur politischen und literarischen Prominenz des Dritten Reiches. Graff und Möller kennt Hilpert gut; sie sind Mitarbeiter in der Reichsdramaturgie und sitzen von Fall zu Fall in den Generalproben – als Zensoren.

Um die Rolle nationalsozialistischer und verwandter Dramatik im Deutschen Theater insgesamt einzuschätzen, muß natürlich ihr zahlenmäßiges Verhältnis zum Gesamtspielplan berücksichtigt werden; es ist relativ gering. Schwierigkeiten macht es festzustellen, wie weit ihre grundlegende Tendenz sich in den Inszenierungen durchsetzt oder wie weit sie abgeschwächt wird; ob andere Akzente gesetzt werden und welche Wirkungen oder Nebenwirkungen sie bei den Zuschauern hervorrufen; die »Kunstbetrachtungen« sind auch hier als Zeugnisse unzuverlässig. Hilpert spielt aber viele anerkannte Naziautoren gar nicht und von den gespielten nicht die übleren Stücke; einige werden aus taktischen Gründen oder unter Druck in den Spielplan aufgenommen.

Goebbels ärgert im November 1935 Richard Billingers »Hexe von Passau«: »Gemachte Phrase. Richtig angekümmert«; er ist »sehr unzufrieden mit Hilpert« und sagt ihm Ende November »seine Meinung«: »Er muß mehr hergeben. Aktiver im Spielplan. Nicht so viele Experimente! Vor allem nicht mit zweifelhaften neuen Stücken.« (J.G., Tagebuch) Inzwischen hat er Gefallen an der jungen Schauspielerin Erika Dannhoff gefunden, die sich mehrfach bei ihm beklagt, daß Hilpert »ihr keine Chance gibt«. Nach einem ihrer Besuche Anfang September 1936 notiert er in seinem Tagebuch: »Hilpert behandelt sie nicht gut. Er ist überhaupt etwas problematisch geworden. Hat keinen Kontakt mit dem Regime.« In einer »Aussprache« im November des Jahres hält er ihm deshalb »alle Fehler des ›Deutschen Theaters‹ vor«: »Sein Ensemble leidet an geistiger Inzucht. Sein Spielplan ist zu literarisch, er hat kein rechtes Verhältnis zum neuen Regime.« Hilpert »sieht das«, laut Goebbels' Tagebuch, »auch ein und wird sich bessern«. Anfang 1937 spielt Erika Dannhoff nacheinander die Agnes Sorel in der »Jungfrau von Orleans« und die Königin Elisabeth in »Don Carlos«.

Die Zurückhaltung gegenüber der nazistischen Dramatik ändert sich auch mit Dr. Wolfgang Drews nicht, der nach Hermann Gressieker 1936 Dramaturg wird. Die 1936/37 und 1937/38 gespielten historischen Stücke von Burte, Rehberg, Gilbricht und Graff sind angesichts der Anmahnungen des Reichspropagandaministers fast als Alibiveranstaltungen anzusehen. Graff behauptet, sein Drama um Karl Ludwig Sand, »Die einsame Tat«, sei auf eine Direktive Schlössers hin, »doch auch einmal einen Autor aus dem Kreis um das Ministerium herum zu spielen«, in den Spielplan gelangt. (Graff, *Von SM zu NS*)

Jedenfalls will es mich trotz allem Beifall, der dem Theater von verschiedenen Seiten aus gezollt wird, bedünken, als feiere der Geist der Jahrhundertwende in Ihrem Haus ausgerechnet bei Beginn des fünften Kriegsjahres fröhliche Urständ. Daß man sich angesichts dieser Feststellung fragt, ob damit etwa eine allgemeine Resignation zum Ausdruck gebracht werden soll, kann demnach nicht verwundern. (...) Ich bin mir durchaus bewußt, was ich sage, wenn ich die vom Deutschen Theater eingeschlagenen Wege als eine Art Flucht aus der Gegenwart bezeichne. Alles in allem scheint es mir vor dem Richtstuhl des Geistes der Geschichte, dem wir alle unterworfen sind, zweckmäßig, sich weiterhin nicht starr an bestimmte künstlerisch interessante, aber nationalpolitisch wenig belangvolle Vorhaben zu halten, sondern das Steuer der Spielzeit mit einem resoluten Ruck herum- und dadurch die Herzen der Berliner Bevölkerung heraufzureißen.

(Reichsdramaturg Rainer Schlösser an Heinz Hilpert, 27. September 1943)

Wenn ich (...) die Resultate als das Entscheidende betrachten will, kann ich nur feststellen, daß die vielen, die ich innerhalb meines Kreises entdeckt und herangezogen habe, noch heute in dem feindlichen Deutschland die führenden Stellungen einnehmen und sogar die ersten Theater in Berlin und Wien leiten. Künstlerisch ist ihre Abstammung zu hundert Prozent fremdrassig, bis in alle Tonfälle und Bewegungen, die sie zwar verleugnen, aber nicht mehr ablegen können. Wenn ich sie freilich nach ihrer Dankbarkeit fragen wollte – der einzige Winterstein, der meinen Namen wiederholt bei öffentlichen Feiern zu nennen wagte, ist allgemein als Heros angestaunt worden.

(Max Reinhardt, Pacific Palisades, Calif., 5. Mai 1942, an Rudolf K. Kommer)

»Renovieren«

1936/37 greift der »Theatermäzen« Goebbels auch in die architektonische Gestalt des Deutschen Theaters und vor allem der Kammerspiele Max Reinhardts ein, die ihm wahrscheinlich als der Inbegriff des jüdischen »Systemtheaters« erscheinen: »Wir wollen die Kammerspiele wieder eröffnen. Und alles einmal richtig renovieren.« (J.G., Tagebuch, 9.12.1936) Im Deutschen Theater werden alle Logen im Zuschauerraum beseitigt und statt dessen eine einzige, riesige »Führerloge« in die Mitte des ersten Rangs plaziert. Eine Treppe wird gebaut, die aus dem Vestibül gerade zu ihr hinaufführt.

Da die Kammerspiele seit 1934 mit Ausnahme der Studioaufführungen ausschließlich der »Gesellschaftskomödie« gewidmet sind, wird eine andere Stimmung auch in dem bisher vornehm-ernsten Zuschauerraum gebraucht. Goebbels stellt die Mittel zur Verfügung, damit eine seinem Geschmack entsprechende stilistische Veränderung des Saals vorgenommen werden kann. Die vollkommene »Neugestaltung« wird nach Entwürfen des Bühnenbildners Ernst Schütte realisiert, mit Wandbildern von W. Robert Huth. In den Saal wird ein Rang eingebaut, der nur aus einer großen Loge für Goebbels besteht. »Prominente von Partei und Staat, Diplomaten, ausländische Künstler usw. ergötzten sich in ihr an den in der Regel von dem Hausherrn selbst angerichteten ausländischen Delikatessen.« (Graff) Die Umbaukosten von 208 223,05 RM und die im Deutschen Theater von 231 233,47 RM erhöhen den Zuschußbedarf für den laufenden Betrieb im Rechnungsjahr 1939 auf 1 025 339,81 RM. Mit rund 1 220 000 RM erfordert die letzte Spielzeit vor dem Krieg den höchsten Zuschuß seit 1934. Insgesamt sind seitdem 5 053 750 RM an Reichszuschüssen gezahlt worden.

In einem zur Eröffnung erscheinenden Vorausheft der von Wolfgang Drews vom September 1937 bis April 1941 herausgegebenen »Blätter des Deutschen Theaters und der Kammerspiele« erläutert Hilpert in dem Beitrag »Das Theater der Vierhundert« das Programm: »Der Anmut und Grazie soll dieses Haus dienen, der stillen und zärtlichen Heiterkeit. Es soll neben dem Heldischen, das diese Zeit in vielen Formen zum Ausdruck bringt, das Huldische nicht vergessen lassen. (...)«

Die »neugestalteten« Kammerspiele eröffnen Ende April 1937 mit der Komödie »Der erste Frühlingstag« von Dodie Smith in einer sehr prominenten Besetzung, auch Goebbels'

Verhältnis Lida Baarova ist dabei. Mit »Gesellschaftskomödien« werden sie in den folgenden Jahren zum Ablenkungs- und Unterhaltungstheater; ihr Repertoire besteht zum großen Teil aus englischen und französischen Stücken des Genres, in denen durch den Film bekannte Schauspieler die Hauptrollen spielen.

Zur Katastrophe wird deshalb der Kriegsbeginn im September 1939: »Die ersten beiden Spielzeiten (1937/38 und 1938/39) brachten auch sehr gute Einnahmen und rechtfertigten voll die in dieses Haus gesetzten Erwartungen. Der Kriegsausbruch machte die sofortige Absetzung fast aller geplanten Aufführungen erforderlich.« (Bericht Hilperts an Goebbels, 14.1.1941) Die Einnahmeverluste sind so beträchtlich, daß Hilpert auf Weisung von Goebbels im Oktober 1940 zu Schlösser zitiert wird. »Die Krise der Kammerspiele beruht nach Ansicht Hilperts einerseits auf dem kriegsbedingten Ausfall des Publikums aus den führenden Berliner Hotels, welches das mondäne und gepflegte Stück in den Kammerspielen anzusehen pflegte, andererseits auf dem Fehlen eben dieser Art Stücke. Die fünf Erfolge der Kammerspiele waren englischen, französischen und ungarischen Ursprungs.« (Schlösser an Goebbels, 21.10.1940) Im November 1940 ist Goebbels über den Besucherrückgang in dem von ihm begünstigten Schmuckstück offensichtlich so erbittert, daß er zu prüfen anweist, »ob die ›Kammerspiele‹ unter diesen Verhältnissen am besten geschlossen werden«.

Im Krieg verschärfen sich aber die Auseinandersetzungen mit dem Reichspropagandaministerium bzw. der Reichsdramaturgie allgemein. Im April 1940 hält Schlösser in Hilperts Spielplanvorschlag für 1940/41 »den ›Lebenden Leichnam‹ (von Tolstoi) für eine zu große Belastung des Kontos ›deprimierende Theaterstücke‹«, weshalb er ihm davon »abraten möchte«.

In dieser »heroischen« Zeit wird nun auch sehr deutlich, »daß Hilpert ein eigentliches Verhältnis zur Gegenwartsproduktion nicht hat. Seine dramaturgischen Berater wurzelten stets in einer vergangenen Zeit und vermochten nicht, was unbedingt nötig wäre, ihn selbst mit entscheidenden Werken der laufenden Produktion bekannt zu machen«. (Abteilung Theater im Reichspropagandaministerium an Goebbels, 16.7.1942) Hilpert hat im Herbst 1940, wahrscheinlich angesichts der sich zuspitzenden Situation, »seinen Chefdramaturgen Drews und den Dramaturgen Henrichs wissen lassen, daß sie sich nach

Der Schauspieler Bruno Hübner hat übrigens im Rahmen seines Luftschutzdienstes das berühmte Deutsche Theater in der Schumannstraße durch seinen mutigen Entschluß, eher sich zu gefährden, denn das traditionsreiche Haus abbrennen zu lassen, gerettet. Während eines heftigen Angriffs lief er unter Einsatz seines Lebens aufs Dach und hat mehrere Brandbomben gelöscht, er, ein Mann, der als Schauspieler für die Verkörperung von Helden völlig ungeeignet war. Man hätte ihn eher als einen Anti-Heldendarsteller bezeichnen können. Hübner hatte in Stimme und Gestik immer etwas Zerfahrenes, Zittriges, Schepperndes. In Kollegenkreisen hat ihm das den Spitznamen »Der Gruftkasperl« oder der »Zitterwurzer« eingetragen. Ausgerechnet dieser Zitterwurzer zitterte nicht, oder zitterte – aber überwand seine Angst, um das Deutsche Theater Brahms, Reinhardts und Hilperts vor dem Untergang zu bewahren. Aber, nun einmal mit seinem Mut hervorgetreten, war er offenbar gar nicht mehr zu bremsen. Nicht etwa, daß er nun überall weiter als Luftschutzhelfer Wunder vollbrachte! Nein, es kam anders. Als ihm etwa vier Wochen später mit einem Schreiben von Goebbels die Verleihung des Kriegsverdienstkreuzes angekündigt wurde, war er außer sich. Er erklärte mir, daß er die Annahme verweigern wollte. Er habe als Schauspieler selbstverständlich das Deutsche Theater retten, aber sich nicht an der »Heimatfront« als Held etablieren wollen. Ich verbrachte mehrere Stunden damit, ihm seinen selbstmörderischen Entschluß wieder auszureden.

(Axel von Ambesser, *Nimm einen Namen mit A*, 1985)

(Kopfbogen des Deutschen Theaters)
Was überhaupt ist noch unversehrt als das, was wir als Hoffnung und Arbeitswunsch für die Zukunft in uns tragen. Und das wird auch so bald kein Teufel töten können.

Wir spielen noch im Deutschen Theater, wie lange weiss nicht der liebe Gott, sondern nur der Teufel, und der sagt es uns nicht ...

Sei von Herzen umarmt von Deinem getreuen Heinz

(Heinz Hilpert an Rudolf Wagner-Régeny, 28. Februar 1944)

Deutsches Theater und Kammerspiele, Berlin
Direktion Heinz Hilpert.

Verhalten bei Fliegeralarm!

1. Ruhe bewahren.
2. Das Warnungssignal wird so rechtzeitig gegeben, daß Sie den Zuschauerraum ohne jede Ueberstürzung verlassen können.
3. Befolgen Sie die von den eingesetzten Luftschutzorganen gegebenen Anweisungen und handeln Sie nicht selbständig.
4. Eine ausreichende Anzahl von Ordnern (an weißen Armbinden kenntlich) führt Sie schnell und sicher in die vorhandenen Luftschutzräume.

26.8.1944
Intendant Hilpert wird weisungsgemäß für die Rüstungsfertigung dem Arbeitsamt namhaft gemacht. Hilpert ist Jahrgang 1890, Musterungsbefund bedingt KV

23.10.1944
Im Nachgang zu meiner Vorlage vom 26. August (...) trage ich heute vor, daß Hilpert ab 1. November in die Rüstungsindustrie (Telefunken) in Berlin vermittelt worden ist. Er ist bei der Firma bereits eingeteilt.
(Leiter der Personalabteilung des Ministeriums für Volksaufklärung und Propaganda an Staatssekretär Naumann)

Opfer des Nationalsozialismus
und Tote der Emigration

Hans Brausewetter	† gefallen April 1945
Eugen Burg	† KZ Theresienstadt
Max Ehrlich	† KZ Auschwitz
Herta Felden	† KZ Ravensbrück
Jakob Feldhammer	† Naziverfolgung
Egon Friedell	† Selbstmord nach Einmarsch deutscher Truppen in Wien
Kurt Gerron	† KZ Auschwitz
Paul Graetz	† Emigration
Alexander Granach	† Emigration
Max Landa	† Naziverfolgung (Selbstmord)
Carola Neher	† Emigration, KGB-Gefängnis
Max Reinhardt	† Emigration
Eugen Robert	† Emigration
Moritz Seeler	† Ghetto in Riga
Hermann Vallentin	† Emigration
Otto Wallburg	† KZ Auschwitz
Kurt Weisse	† Gestapohaft Berlin

einer neuen Aufgabe umsehen sollten, da er auf ihre weitere Mitarbeit nicht mehr reflektieren würde«. (Schlösser an Goebbels, 30.4.1941) Drews verläßt das Deutsche Theater Ende der Spielzeit 1940/41.

»Gesichtslosigkeit in kulturpolitischer Beziehung«

Der Krieg hat auf den Spielplan des Deutschen Theaters keine erkennbare Auswirkung in patriotischer Richtung. Alles, wozu Hilpert sich versteht, sind die ab Oktober 1939 beginnenden sonntäglichen »Morgenfeiern« mit deutscher bzw. deutschsprachiger Dichtung und Kammermusik. Das Gebrüll und die auftrumpfende Lüge rundherum sind laut genug, um allein aus den menschlichen Worten deutscher Dichter eine stille Opposition herauszuhören.

Dagegen wird der Ton aus dem Reichspropagandaministerium zunehmend unangenehmer. Der Spielplanentwurf 1940/41 braucht die »Anregungen« des Reichsdramaturgen, denen sich Hilpert nicht verschließt, »wenngleich«, so Schlösser, »ich lediglich den Eindruck seines guten Willens gewinnen konnte, und viel weniger den eines wirklichen Verständnisses«. Hilpert spielt endlich auch ein Werk des Reichsschrifttumspräsidenten – es ist »Der Einsame«, Hanns Johsts Grabbe-Drama von 1917. Die Aufführung schließt sich in ihrer Atmosphäre jedoch mehr der Moll-Stimmung der Inszenierungen von Hebbels »Agnes Bernauer« an, Regie Heinrich Koch (»Staatsaktion in Moll«, *Völkischer Beobachter*, 20.10.1940), und von Tschechows »Drei Schwestern«, Regie Bruno Hübner, an, zu der der *Völkische Beobachter* eine Vorinterpretation unter der Überschrift »Hoffnung mit Trauerflor« für nötig hält, nach der nicht nach Tusenbachs 25 bis 30 Jahren, sondern »erst heute – der Krieg der Arbeit gegen den Müßiggang, des Fleißes gegen das Kapital, der aufsteigenden Welt gegen die versinkende« stattfinde. (29.12.1940)

Nachdem man sogar seine Ablösung ins Auge gefaßt hat, werden die Vorschläge Hilperts für den Spielplan 1941/42 ausführlicher als bisher geprüft: »Sie wissen, daß die besondere Situation des Deutschen Theaters mich diesmal zu einer Art Vorkritik des Spielplans bewegt, die ich sonst nicht abzuhalten pflegte.« (Schlösser an Hilpert, 30.6.1941) Da es einen »augenblicklich ausgesprochenen Stopp« gibt, wünscht der Minister, »daß die Pläne bezüglich Shakespeare und Shaw zurückgestellt werden«. Ibsen (Hilpert will »Nora« mit Hilde Krahl inszenieren) soll ganz wegfallen.

Den Spielplanvorschlag 1942/43 überreicht der Reichsdramaturg »weisungsgemäß« dem Minister mit kritischen Anmerkungen. »Am wenigsten überzeugen mich die Vorschläge an Werken lebender Autoren.«

Im März 1943 wünscht Goebbels vom Reichsdramaturgen, daß er Hilpert »unter eine Art kulturpolitisches Kuratel« stellt, »mit anderen Worten: ein besonderes Augenmerk dem nicht immer richtig liegenden Deutschen Theater angedeihen« läßt, »dergestalt, daß von Zeit zu Zeit (...) die Aufführung geeigneter Stücke, auch wenn dies den Neigungen Hilperts nicht entspräche, durchgedrückt würden«. (Vermerk Schlössers, 10.3.1941)

Beim Spielplan-Vorschlag des Deutschen Theaters für 1943/44 wird damit begonnen: »Das Klassiker-Programm Hilperts ist das dürftigste, das er bisher angekündigt hat. (...) Eine Neueinstudierung der hauchzarten ›Stella‹ Goethes im fünften Kriegsjahr halte ich für keineswegs vordringlich. (...) Gegen die modernen Werke ist im Einzelfalle nichts einzuwenden, doch ergeben sie in Summa eine Unverbindlichkeit, um nicht zu sagen, Gesichtslosigkeit in kulturpolitischer Beziehung, die berichtigt werden muß.« Nur »die Einstudierung des Schauspiels ›Die letzte Festung‹ von Werner Deubel, einem Stück um Kolberg, Gneisenau und Nettelbeck (...) würde sogar begrüßenswert zu nennen sein«. (Schlösser an Goebbels, 17.6.1943) Im Fall der »Penthesilea« macht die Inszenierung auf einem Gerüstbau Caspar Nehers – »schematische Lösung eines fanatischen, aber blutarmen Kunstverstandes« – »aus einer glühenden Mythe ein empfindsames Märchen«, wie der jetzt zu heftiger Kritik und Verallgemeinerung (»Hier verschärft sich eine Situation«) ermächtigte *Völkische Beobachter* mißbilligend mitteilt.

Am 20. August 1944 verfügt Goebbels, daß sämtliche Theater zu schließen sind. Die letzte Vorstellung ist am 31. August Goldonis »Diener zweier Herren«. Von den noch 141 »Gefolgschaftsmitgliedern« werden 27 zur »Durchführung der Abwicklungsarbeiten, Bewachung und Instandhaltung« der beiden Theater benötigt, 79 entsprechend der Anordnung des »Reichsbevollmächtigten für den totalen Kriegseinsatz« dem Arbeitsamt »abgegeben«. Hilpert, der durch eine Denunziation wegen zersetzender Äußerungen endgültig in Ungnade gefallen ist, arbeitet ab November 1944 dienstverpflichtet bei Telefunken; der Einsatz beim »Volkssturm« im März 1945 bleibt ihm erspart: Herzinfarkt.

Die Dramaturgie

Dramaturg Hilperts ist ab 1934 Dr. Hermann Gressieker, ab 1936 Dr. Wolfgang Drews (als Chefdramaturg ab 1939). Drews gibt ab 1937/38 die »Blätter des Deutschen Theaters und der Kammerspiele« heraus (bis 1940/41). 1939 bis 1941 gehört außerdem Helmut Henrichs zur Dramaturgie. Drews verläßt 1941 das Theater, offenbar auf Drängen der Reichsdramaturgie (Briefe an Goebbels, 30.4.1941 und 16.7.1942). Ab 1938 ist Kurt Seeger engagiert; er redigiert von 1940/41 an wieder einfache Programmzettel. Nach 1945 gehört er zu den ersten Helfern des Neuanfangs und arbeitet als Dramaturg und Übersetzer russischer Literatur im Theater bis zu seinem Tod 1977.

Eintrittspreise / Abonnementspreise 1940
(Angaben in Mark)

Parkett Reihe 1-4	*8,00 / 5,00*
Parkett Reihe 15-17 und 1. Rang Reihe 4-5	*4,00 / 2,50*
2. Rang	*3,00 / 2,00*

1 Reichsmark hat 1934 rein rechnerisch eine Kaufkraft von heute etwa 6,50 Mark; 1943 von etwa 5,75 Mark.

Dokumente:
LAB, Rep. 252; GSTA HA I Rep. 138, Nr. 1419, 1416; Bundesarchiv R 55 / 20278, 20817

Die »Neues Deutsches Theater G.m.b.H.« (1. März 1933-30. April 1934). Die Pächter Carl Ludwig Achaz (Sohn des I.G.Farben-Chefs Carl Duisberg) und Heinrich Neft passen sich ganz den Nazis an. Auf deren Veranlassung hin setzen sie Ende März »Das große Welttheater« vom Spielplan ab und versprechen, »daß Reinhardt mit der künstlerischen Leitung der Theater nichts mehr zu tun haben soll«. Achaz bringt danach »Ewiges Volk« heraus, ein Stück über den »Freiheitskampf« der Kärtner gegen die slawische Gefahr. Trotz des totalen Mißerfolgs (die Aufführung wird nach fünf Tagen abgesetzt) gilt dem *Völkischen Beobachter* das Machwerk »mehr ... als wir ausgehungerten Theaterbesucher in den letzten vierzehn Jahren durchschnittlich vorgesetzt bekamen«.

»Die Nibelungen« von Friedrich Hebbel, Regie Carl Ludwig Achaz; Theodor Loos (Gunther), Friedrich Ulmer (Hagen) und Herbert Dirmoser (Siegfried) Die letzte Inszenierung von Achaz gegen Ende seiner Direktion im März 1934 soll als der vollendete Triumph des neuen »Nationaltheaters« über das »Systemtheater« verstanden werden.

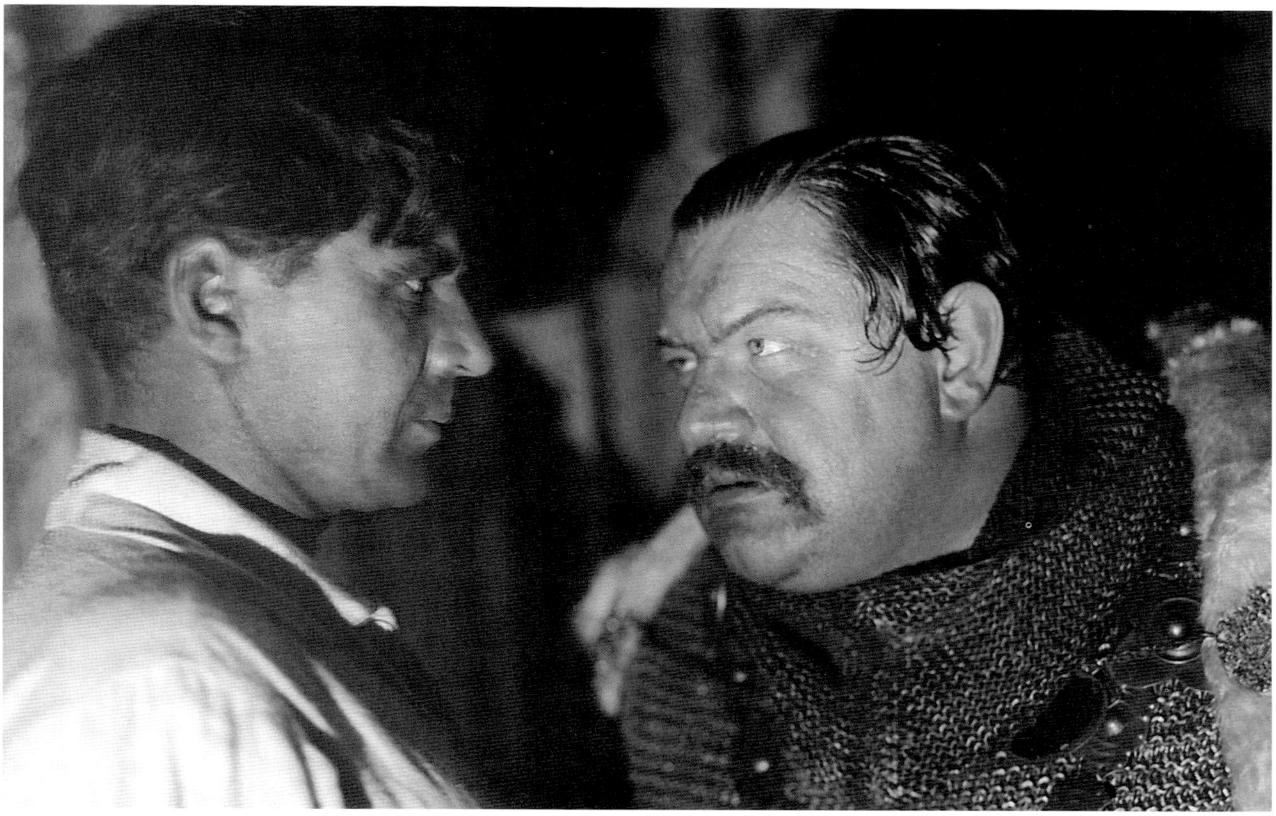

Hans Rehmann (Leutnant Michael), Eduard von Winterstein und Attila Hörbiger (Feldwebel Lewt) in »Ewiges Volk« von Kurt Kluge

»Wilhelm Tell« von Friedrich Schiller; Szenen (oben und unten) mit Attila Hörbiger als Tell und Heinrich George als Geßler

Achaz inszeniert Schillers Schauspiel als Fanal des nationalen Aufbruchs; die Premiere wird zur nationalsozialistischen Demonstration. Goebbels ist begeistert, befiehlt NS-Massenorganisationen in die Aufführung und sorgt über Wochen für ein besser besuchtes Haus.

Die Eröffnungsvorstellung der Direktion Heinz Hilpert ist am 11. September 1934 die Premiere der Komödie »Wie es Euch gefällt« von William Shakespeare; Szene mit Albin Skoda als Orlando, Erika Dannhoff als Celia und Angela Salloker als Rosalinde

Den hintersinnigen Titel und Inhalt der Komödie über die Flucht in den Ardenner Wald vor Niedertracht und Gewalt am Hof eines falschen Herzogs deutet die Besprechung im *Völkischen Beobachter* ganz anders: »Der Dichter zeigt uns, wenn auch nur im spielerisch hingeworfenen al fresco gemalt, wie edle Rasse, wie Herrenblut sich durchsetzt gegen Unterdrückung.« Derartigen »Interpretationen«, die seine öffentliche Wirkung regulieren sollen, ist das Theater von nun an dauerhaft ausgesetzt.

Paula Wessely in der Titelrolle von George Bernard Shaws »Die heilige Johanna«, 1934/35

Die Erwartungen an Hilpert werden anläßlich dieser Aufführung deutlich gemacht: Er hätte »mutiger gehandelt, die Schillersche ›Johanna‹ im neuen Geiste zu ›wagen‹, um endlich in Berlin die Beleidigung Schillers, die bei der letzten Aufführung im Staatstheater durch Leopold Jeßner geschah, kämpferisch und mutig zu überwinden und großes Theaterkönnen für eine große Theateraufgabe einzusetzen und nicht bloß Reinhardt-Epigone zu bleiben – damit wirklich der Name ›Deutsches Theater‹ neuen Glanz gewinne«. (*Völkischer Beobachter*, Oktober 1934)

Käthe Dorsch als Uta
und Theodor Loos als Meister
Steinmetz in »Uta von
Naumburg« von Felix Dhünen,
1934/35, Regie Heinz Hilpert

Das Schauspiel in Versen und mit einem Stoff aus dem deutschen Mittelalter, 1934 geschrieben, ist eins der zahlreichen dieser Zeit, in denen nazistische Autoren das Wesen der »germanischen Rasse« zu erkunden und in gehobener Form zu gestalten suchen. Dhünen stellt in Uta die germanisch-helle Frauengestalt siegreich dem fanatisch-finsteren Christentum entgegen.

»Michael Kohlhaas« von Walter Gilbricht, Uraufführung, Regie Heinz Hilpert; Otto Wernicke als Kohlhaas und Gisela von Collande als Liesbeth, seine Frau

»Aufgerichtet, niemals wankend, steht er inmitten einer Welt, die er um sich her einstürzen sieht in ihrer Selbstgerechtigkeit.« (*Völkischer Beobachter*)

Bruno Hübner als Wurm und Angela Salloker als Luise in »Kabale und Liebe« von Friedrich Schiller, 1935/36, Regie Heinz Hilpert

Friedrich Schiller ist der von den Nationalsozialisten am meisten geliebte und mißbrauchte deutsche Klassiker: »Hätte Schiller in dieser Zeit gelebt, er wäre zweifellos der große dichterische Vorkämpfer unserer Revolution geworden. Er hatte den Charakter, der dazu gehört, um sich ihr mit ganzer Kraft hinzugeben.« (Joseph Goebbels zur Schiller-Ehrung 1934 in Weimar) Jede Inszenierung seiner Werke hat mit der totalen Inanspruchnahme des Dichters durch den »neuen Staat« zu rechnen – selbst dieses Trauerspiel über den tödlichen Mißbrauch von Macht.

»Iphigenie auf Tauris« von J. W. v. Goethe, Regie Heinz Hilpert, Bühne Willi Schmidt, 1935/36

»Der Bogen des Odysseus« von Gerhart Hauptmann, Regie Paul Verhoeven, Bühne Caspar Neher, 1939/40

»Romeo und Julia« von William Shakespeare, Regie Heinz Hilpert, Bühne Ernst Schütte, 1935/36

Bühnenästhetik: Die Flucht als Falle. Der Weg zurück zu Griechen und Giotto assoziiert auch ungewollt Elemente der »neuen« Architektur, verkleinert und »vermenschlicht«. Es gehören widerständige Kraft und Können dazu, sich diesem Sog zu widersetzen. Caspar Neher (Bühnenbildner von etwa dreißig Inszenierungen im Deutschen Theater zwischen 1937 und 1944) gelingt das am klarsten in den wenigen, aber wichtigen Arbeiten mit Erich Engel. »Hilpert hatte uns vor dem Zugriff unserer Feinde dadurch zu schützen gewußt, daß er uns an sein Theater band.« (Rudolf Wagner-Régeny)

Albin Skoda als »Hamlet in Wittenberg« von Gerhart Hauptmann, 1936/37

Elfriede Kuzmany als Ottegebe und Albin Skoda als Heinrich von Aue in Hauptmanns »Der arme Heinrich«, 1942/43

Heinz Hilpert ist ein emphatischer Verehrer Gerhart Hauptmanns, dem er sich in seiner sozial-christlichen Weltsicht, als Freund seines ideellen Lehrers Otto Brahm (zu dem er sich, als Juden, öffentlich nicht mehr bekennen kann) und wahrscheinlich auch als dem »Dagebliebenen« fragwürdig-schicksalhaft verbunden fühlt: »Er bekämpft nicht – wie Goethe – die Dämonen, sondern befreundet sich mit ihnen und versöhnt sie. Alle Triebe sind bei ihm gut, sofern sie das Herz nicht ertränken. Und sofern sie böse sind und den Kampf in uns entfesseln, zeigt er uns, daß wir diesem menschlichsten Kampf ja nicht entlaufen dürfen ...« (Danksagung an Gerhart Hauptmann zu seinem achtzigsten Geburtstag, 1942) Hauptmann ist mit acht Inszenierungen während Hilperts Direktionszeit der meistgespielte deutsche Dichter.

Paula Wessely als Dorothea und Theodor Loos als Pfannschmidt in »Dorothea Angermann«, 1938/39

1936/37 wendet sich der Spielplan intensiv dem historischen Drama zu. Neben Schiller und Shakespeare kommen mit Burte und Rehberg zwei von den Nazis geschätzte lebende Autoren zu Ehren. Reichsdramaturg Schlösser hat sich schon im Krieg »mit ›Katte‹ für die Idee jeden Opfers für den soldatisch-preußischen Staat« begeistert; Goebbels hebt 1939 seine Verdienste »um die innere Erneuerung des deutschen Volkes« hervor. Rehberg dramatisiert, der Konjunktur folgend, zwischen 1934 und 1937 vier Preußenherrscher in fünf Theaterstücken.

»Katte« von Hermann Burte; Szene in Kattes Gefängnis in Küstrin

»Friedrich I.« von Hans Rehberg; Otto Wernicke als Oliphant und Theodor Loos als Friedrich I.

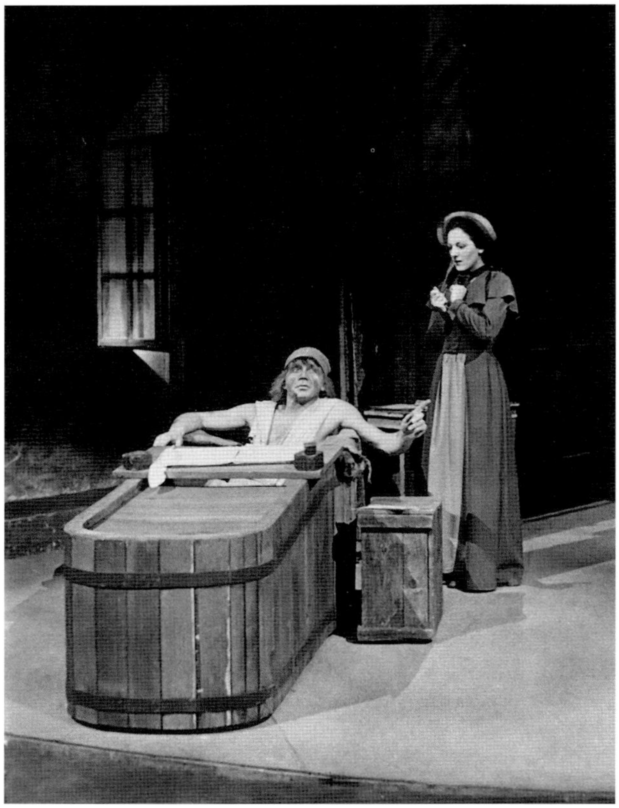

»Marie Charlotte Corday« von Walter Gilbricht; Angela Salloker als Corday und Herbert Prigann als Marat

Gilbricht ist, mit einer monatlichen Zuwendung unterstützt, »Hausautor« des Deutschen Theaters; von ihm werden vier Stücke inszeniert, zwei als Uraufführung. Das epigonal an Büchner angelehnte Schauspiel um die Mörderin Marats, Marie Charlotte Corday, rechtfertigt den individuellen Terror zum Wohl des »Volkes«: »Ich nahm Marats Blut auf mich und empfand nicht mehr als eine Tiermutter, die eine Bestie zur Strecke bringt. Mag meine Tat dem Volk und seiner Brut den Frieden geben, den ihm Marat nahm ...« (4. Akt) Die Französische Revolution von 1789 ist bereits 1935/36 mit »Die Laterne« von F. Walter Ilges und noch einmal 1942/43 mit »Der Graf von Brechard« von Giovacchino Forzano (Mitautor des Mussolini-Stücks »Hundert Tage«) im Spielplan; es geht immer um den »Terror« – und die Rettung vor ihm. In Ilges' Stück von 1925 sieht man jetzt eine »Entwicklung ... vom ersten Aufflammen einer freigewordenen Kraft bis zu jenem Augenblick ..., da dem Volk ein Führer geschenkt wird: Napoleon«. (*Völkischer Beobachter*) Hitler als Retter vor dem linken Terror – auch ein Alibi.

»Bei der Premiere in Anwesenheit von Goebbels und Schlösser brach nach Balsers ›Geben Sie Gedankenfreiheit‹ ein Beifallsorkan aus, der fast 1½-Minuten lang gedauert haben dürfte«, so Sigmund Graff, Ministerialrat im Reichspropagandaministerium, Dramatiker (»Die einsame Tat«) in seinen Erinnerungen *Von S.M. zu N.S.*, 1963.

»Hilpert hat 1936 auch den ›Carlos‹ so inszeniert, daß die große Rede des Posa demonstrativ im Mittelpunkt stand, noch dazu gesprochen von einem Mann wie Balser! Goebbels war in der Premiere. Eine Beifallsdemonstration setzte ein, wie sie dieses Haus noch nicht gehört hatte. Drei, vier Minuten lang dröhnte das Klatschen und Trampeln ... Goebbels saß grinsend in seiner Loge, machte also, klug oder gerissen wie er war, gute Miene zum bösen Spiel.« (Kurt Seeger, Mitarbeiter und Dramaturg Hilperts seit 1938, 1953)

»Abends zum Deutschen Theater. Neueinstudierung des ›Don Carlos‹. Eine einzigartige Aufführung, vollendet in Darstellung, Ausstattung und Inszenierung. Ein Meisterstück Hilperts ... Ich bin ganz glücklich. Ich habe Schiller in seiner Größe neu erlebt. Wunderbar, hinreißend. Welch ein Genie. Stürme des Beifalls. Noch kurz auf dem Opernball. Kalte Pracht.« Reichspropagandaminister Joseph Goebbels, Vorgesetzter Hilperts, in seinem Tagebuch, 1937

»Don Carlos« von Friedrich Schiller, 1936/37;
Albin Skoda als Carlos und Ewald Balser als Posa

Heinz Rühmann (Androklus) und Hans Albin (Löwe) in »Androklus und der Löwe« von George Bernard Shaw, 1936/37

»Die einsame Tat« von Sigmund Graff, 1937/38; Richard Häußler als Sand und Paul Dahlke als Scharfrichter

Unabhängig von der Absage der nationalsozialistischen Kulturpropaganda an das »Starunwesen« der »Systemzeit« ist das Deutsche Theater auf das Engagement durch den Film bekannter Schauspieler angewiesen, die das Publikumsinteresse heben und die Einnahmen verbessern. Neben Heinz Rühmann sind das u.a. Fita Benkhoff, Lil Dagover, Hilde Krahl, Olga Tschechowa und Paula Wessely, Carl-Ludwig Diehl, Rudolf Forster, Richard Häußler, Ferdinand Marian und Hans Moser.

Der Autor, enger Mitarbeiter des Reichsdramaturgen Schlösser, hat sich bereits mit dem Frontstück »Die endlose Straße« (1926) dem neuen Regime empfohlen. Der Held in »Die einsame Tat« ist Karl Ludwig Sand, der 1819 den von den nationalistischen Burschenschaften als »russischen Spion« gehaßten Dramatiker Kotzebue ermordete. Die Aufführung ist, nach Graffs Angabe, auf die Empfehlung Schlössers hin zustandegekommen.
Ernst Wiechert verbringt 1938 wegen Kritik an der Kunstpolitik der Nazis drei Monate im KZ; Hilpert setzt sich für die Freilassung seines Autors ein bis hin zu Himmler. Das christlich-mystische Stück stellt den Krieg und den Soldatentod als anzunehmendes Schicksal dar. (Johannes:) »Nein, ich wollte nicht zurück. Mein Bruder war eben gefallen ..., da erzählte sie mir, wie es war, als ich geboren wurde ..., daß sie ausweichen wollte, und dann blieb sie doch. Daß etwas bleibt, auch wenn wir nicht bleiben, sagte sie. Das Gesetz, nämlich! Und da packten wir zusammen meinen Tornister.« (4. Akt, 2. Szene)

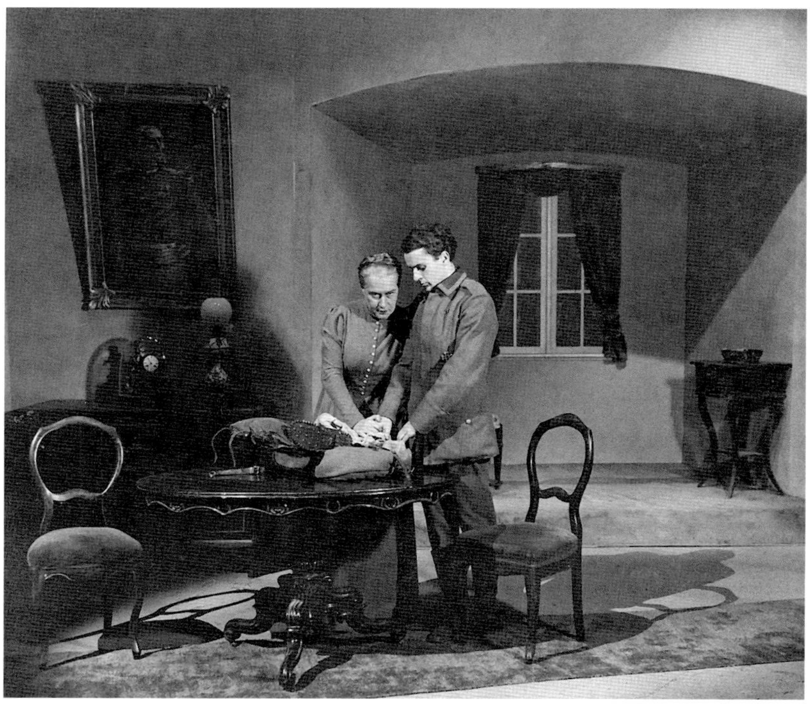

»Der verlorene Sohn« von Ernst Wiechert, Regie Paul Otto, 1938/39; Szene mit Hildegard Grethe als Mutter und Adolph Spalinger als Johannes, ihr Sohn

Von einigen »Studio«-Aufführungen abgesehen sind die Kammerspiele von 1934 bis 1944 allein der Unterhaltung, Lustspielen aller Art und sogenannten »Gesellschaftskomödien« gewidmet. Zu diesem Zweck wird 1937 Reinhardts edel-ernster Zuschauerraum von 1906 durch eine von Goebbels geförderte »Neugestaltung« ins Heitere verändert.

»Der Kirschgarten« von Anton Tschechow, Regie Heinz Hilpert, 1938/39; Szene mit Bruno Hübner (Firs), Gisela von Collande (Marja), Anna Dammann (Ranjewskaja), Theodor Loos (Gajew) und Hans Thimig (Trofimow)

Lizzi Waldmüller und Hans Brausewetter in dem Lustspiel von Charlotte Schultz »Bitte zweimal läuten!«, 1940/41

»Reiner Ausdruck der dramatischen Dichtung durch reinste Menschengestaltung im reinsten Zusammenklang bringt den Regisseur auf seinen richtigen Platz vollkommenster Anonymität, den er einzunehmen hat, wenn der Vorhang sich am Abend hebt ... Die Menschen diesseits und jenseits der Bühne, von der Galerie durch das Parkett bis über die Rampe zu einer Erlebniseinheit zusammenzuschmelzen, müßte sein schönster Triumph besonders gelungener Arbeit sein. Ein solcher Triumph würde dann auch im Publikum den Glauben stärken helfen, der unser aller Glaube ist, daß das Theater das geistig-sinnliche Reich menschlicher Totalität außerhalb und überhalb der Gesellschaft bedeutet.« Heinz Hilpert, Der Regisseur und das Theater (Beitrag im Programmheft »Der Kirschgarten«)

»Coriolan« von William Shakespeare. Nach der Tieckschen Übersetzung eingerichtet von Erich Engel, Regie Erich Engel, Bühnenbilder Caspar Neher, Musik Rudolf Wagner-Régeny, 1936/37; Ewald Balser (Coriolan) und Paul Dahlke (Tullus Aufidius)

»Erich Engel hat das Drama als eine Tragödie des Stolzes inszeniert, vor magischen Hintergrundsbildern, die das zerfallende Rom zeigten, obwohl es damals noch in voller Blüte stand und ruinenfrei war ...« (*Nachtausgabe* am 27. März 1937)

Szene aus dem dritten Bild (1. Akt, 6. Szene) mit Ewald Balser als Coriolan

Caspar Neher, Bühnenbildentwurf zu »Coriolan« (Bilder 3-5)

1. Diener: Wann gehts denn los?
3. Diener: Morgen, heute, sofort. Ihr werdet die Trommeln noch heute nacht schlagen hören. Das ist sozusagen ein Teil ihres Festes und wird ausgeführt, noch ehe sie sich den Mund abgewischt haben.
2. Diener: Na, dann wirds doch wieder lustig in der Welt …

(aus dem 14. Bild)

Der Regisseur Erich Engel gilt durch seine Arbeit in der Weimarer Republik als »belastet«. Hilpert versucht ihn 1934 fest zu engagieren, dies wird vom Reichsdramaturgen abgelehnt; ab 1935 kann er aber, bis 1941, am Deutschen Theater jährlich einmal inszenieren. Die Shakespeare-Inszenierungen »Coriolan«, »Der Sturm« und »Othello« gehören in ihrer dramaturgischen Entschiedenheit, ihrem entwickelten Ensemblespiel und ihrer von Caspar Neher geprägten Ästhetik zu den bedeutendsten dieser Jahre.

»Der Sturm« von William Shakespeare. Weitgehend neu übersetzt und für die Bühne eingerichtet von Erich Engel, Regie Erich Engel, Bühnenbilder Caspar Neher, 1937/38. »Der Sturm ist zu Unrecht als abstrakt verschrien, und zu Unrecht versucht man ihm immer wieder mit einer Art Raimundischer, verspielter Zauberromantik beizukommen. Man wird aber der Grundkonzeption des Werkes nur dann gerecht, wenn man neben der strotzenden Komik und der legendenhaften Innigkeit auch die stählerne Wucht und die abgründige Magie zur Sprache kommen läßt.« Erich Engel, Vorwort zur Einrichtung »Der Sturm«, 1939

Szene aus dem ersten Akt: Das Schiff

Szene aus dem dritten Akt: Ariel läßt die Harpyen erscheinen

▸ »Othello« von William Shakespeare, Neubearbeitung und Regie Erich Engel, 1938/39; Ewald Balser als Othello, Ferdinand Marian als Jago

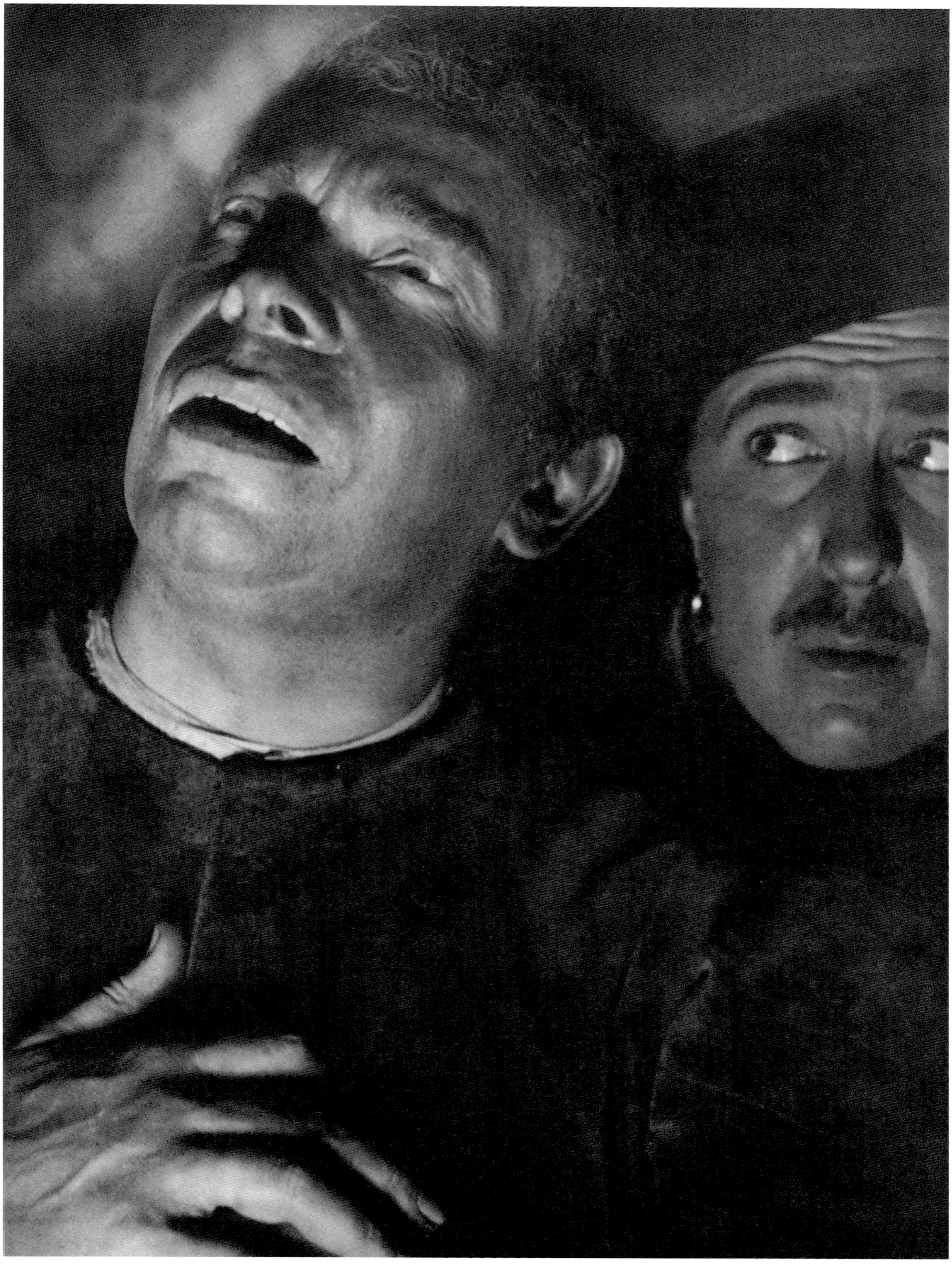

»König Richard II.« von William Shakespeare, Regie Heinz Hilpert, 1940/41; Rudolf Forster in der Titelrolle

Shakespeare ist mit vierzehn Werken der meistgespielte Dramatiker im Deutschen Theater, beziehungsvoll 1934 beginnend mit »Wie es Euch gefällt« und 1944 mit »Das Wintermärchen« endend. Davon inszeniert Hilpert allein zehn, vielleicht in heimlicher Konkurrenz zu Reinhardt. Der große Engländer ist von den Nazis zwar ebenfalls als »germanisch«, »nordisch« und »heroisch« vereinnahmt; seine Werke eignen sich andererseits aber auch für die Mitteilung jenes »Ewig-Menschlichen«, das Hilpert als Regisseur anstrebt.

»König Lear« von William Shakespeare, Regie Heinz Hilpert, Bühnenbilder (und Projektionen) Caspar Neher, 1939/40; Otto Wernicke (Gloster), Albin Skoda (Edgar) und Ewald Balser (Lear)

»Die unerhörte Zeitnähe des ›Faust‹ liegt in erster Linie darin, daß das Schicksal einen Individualisten über viele Umwege, über wirkliche Erkenntnisse und Scheinerkenntnisse hinaus zu einem zwingenden Gemeinschaftserlebnis führt, in dem er alle Lebensangst überwindet...« Heinz Hilpert, Dramaturgische Notiz, 1939

»Faust I.« von J. W. v. Goethe, Regie Heinz Hilpert, 1938/39; Bruno Hübner als Mephisto, Ewald Balser als Faust

Der Preuße Kleist gilt geradezu als völkischer Prophet, in dessen Leben und Werk »sich die kompromißlose Unbedingtheit nordischer Art, die nach dem Größten und Gefährlichsten greift, um an ihm sich zu bewähren, mit der erdnahen und bluthaften Leidenschaft und mystischen Inbrunst des ostdeutschen Menschen vereint«. (Germanist Prof. Dr. G. Fricke in einem Gutachten für Himmler) Hilpert scheint diesen Kleist zu scheuen; er erscheint erst 1942 im Spielplan; da allerdings, offenbar nach einer energischen Mahnung der Reichsdramaturgie, gleich dreimal hintereinander (»Käthchen von Heilbronn, »Amphitryon«, »Der zerbrochene Krug«). Hilperts Inszenierung des »Homburg« hat, laut *Völkischer Beobachter*, »etwas Zaghaftes. Sie scheut die preußische Fanfare. Sie betont mehr die mildernden Umstände des Falles als den kategorischen Imperativ...«

»Prinz Friedrich von Homburg« von Heinrich von Kleist, Regie Heinz Hilpert, 1942/43; Szene mit Ewald Balser (Kurfürst), Karl John (Homburg) und Bruno Hübner (Kottwitz)

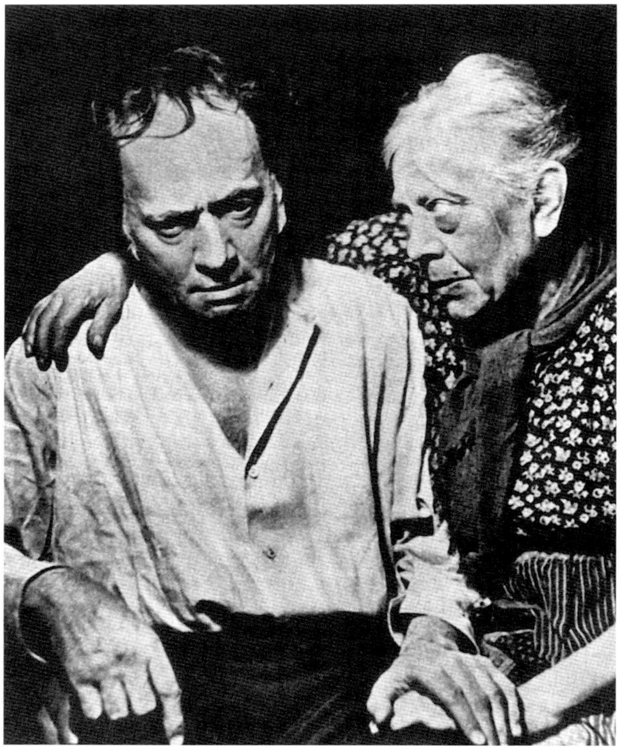

»Der Einsame« von Hanns Johst, Regie Heinz Hilpert, 1940/41; Theodor Loos als Grabbe und Frida Richard als seine Mutter

»Cäsar« von Bernt von Heiseler, Regie Heinz Hilpert, 1941/42; Christian Kayßler als Brutus und Paul Dahlke als Cäsar

»Maria Magdalene« von Friedrich Hebbel, Regie Heinz Hilpert, 1942/43; Siegfried Breuer als Leonhard und Hilde Krahl als Klara

Johst ist einer der prominentesten nationalsozialistischen Autoren und Präsident der Reichsschrifttumskammer. Die Wahl des expressionistischen »Menschenuntergangs« von 1917 statt etwa seines nazistisch-pathetischen »Schlageter« zeigt Zurückhaltung, und in der Inszenierung und Darstellung des traurigen Helden durch Theodor Loos kommt »mehr das Innige und Schmerzliche zur Sprache« (*Völkischer Beobachter*). Heiseler folgt anscheinend der Forderung der nazistischen Literaturtheorie nach der »Tragödie« als der der großen Zeit angemessenen Form des Dramas; es ist aber ein wenig heroisches Kammerspiel um den Tyrannenmord.

▸ »Amphitryon« von Heinrich von Kleist, Regie Heinz Hilpert, 1941/42; Doris Krüger als Charis und Gisela von Collande als Alkmene

»Die letzte Festung« von Werner Deubel, Regie Heinz Hilpert, 1943/44; Szene mit Hans Jungbauer als Gneisenau

Deubels Schauspiel (1942) schildert die Verteidigung der Festung Kolberg unter Gneisenau und Nettelbeck im Oktober 1806 (wie auch der Durchhaltefilm »Kolberg« von Veit Harlan): »Aus Schills Grab und aus Kolbergs Fahne schlägt die gleiche Flamme – und die heißt: Schwert! Für Deutschland – das ist sein hartes Schicksal! – heißt sie heute und heißt sie ewig: Schwert!« (fünfter Akt)

Ernst Schütte, Bühnenbildentwurf zu »Die Sieben gegen Theben« von Max Mell, Regie Bruno Hübner, 1941/42

»Der Verfasser verfährt mit seinem Personenverzeichnis nach dem Grundsatz des Ödipusgeschlechts: Kein Ende ohne das Alleräußerste an Selbstzerstörung. Den Fluch der Drachensaat von Eisenmännern, die sich in blinder Schicksalswut vernichten, reihum und gründlich, überlebt keiner. Das Stück ist ein großer thebanischer Totenzug ..., das erlösende ›Stirb und Werde‹ fehlt.« (*Völkischer Beobachter*)

»Gudruns Tod« von Gerhard Schumann, Regie Ernst Karchow, 1942/43; Anna Dammann (Gudrun, Königin der Hegelingen) mit Erny Bauer, Margrit Reber und Hanna Rucker (Mädchen)

Gerhard Schumann, einer der bekanntesten Nazidichter, Mitglied der NSDAP, der SA (Standartenführer) und Präsidialrat der Reichsschrifttumskammer, verarbeitet das zuletzt versöhnliche Kudrun-Lied zu einer kitschig-blutigen »Tragödie« in Versen; zwischen zwei Recken muß Gudruns »letzter und wahrer Freier ... der Tod sein«: »Du sanfter Stahl, du fährst nur still die Straße,/ Die tausendmal der Schmerz für dich gebahnt/ (sie stößt sich den Dolch in die Brust, sinkt über Hartmut)/ (Aufschrei der Mädchen)/ Es war so schwer – das Leben – und kein Ausweg –/ Nun wie auf Flügeln – alles – unter – uns.«

»Die Probe zu ›Antonius‹ im D.Th. machte einen kläglichen Eindruck. Da stehen Schauspieler in Mänteln frierend auf der Bühne und sagen ihre Worte, die nichts mehr bedeuten in dieser Zeit des Mordens, des Quälens und der Zerrissenheit ...« Rudolf Wagner-Régeny, Januar 1943

»Das Wintermärchen« von William Shakespeare, Regie Heinz Hilpert, Bühnenbilder Caspar Neher, 1943/44; Szene mit Ewald Balser als Leontes und Käthe Dorsch als Hermione

Im letzten Jahrzehnt ist sehr viel davon gesprochen worden, wie sehr die Kulturbestrebungen gerade den Theatern Unterstützung und Hilfe haben zuteil werden lassen. Und es ist wahr, kaum zu einer anderen Zeit ist von einem Staat so viel Geld für Theater ausgegeben worden. Man hat sie sozusagen zu Tode gestützt. Denn als es darum ging, die lebensfördernde Kraft dieser Kunst auf Trümmern einzusetzen, als die Lebensnotwendigkeit der Theater hätte unter Beweis gestellt werden müssen, da machte man ihre Pforten zu und schickte die Schauspieler in die Fabriken, wo sie gar nichts Wesentliches tun konnten; – nur weil es die »Optik des Krieges« so verlangte. Da sah man klar und deutlich, daß hier – wie auch bei anderen autoritären Staatsformen – Theater wieder einmal nur ein Aushängeschild für Kultur, ein Plakat für sogenannte weltanschauliche Haltung sein sollte. Aus dem Prinzip »Wir können's uns ja leisten« und aus dem weiteren »Die Welt soll aber auch sehen, daß wir es uns leisten können", wurden wieder und wieder Unsummen in den Theaterbetrieb geworfen. Der Lebensstandard der Bühnen erdrückte fast jede geistige Linie, jeden inneren Ausdruck, Repräsentanz, Pracht, Ausstattung, Reklame, versteckte Propaganda, politische Statisterie, Komparserie für weltanschauliche Versuche, aber auch glatte Staffage für politische Empfänge: das war das Theater des letzten Jahrzehnts. Nebenbei durfte es auch noch der Unterhaltung, der sexuellen Anregung, der Narkotisierung kritischer Gemüter dienen; – immer aber war es gleichgeschaltet, d.h. als Ausdruck eines freien geistig-seelischen Lebensgefühls, als Ausdruck der Gestaltung zwischenmenschlicher Spannungen an sich ausgeschaltet. Das alles war in der sogenannten Kulturpolitik so verlogen kaschiert, daß es die wenigsten merkten.

Natürlich gab es einige Theater, die aus der Reihe tanzten; aber man konnte sich ja auch einen gewissen Renommier-Liberalismus leisten. Wurde es zuviel, dann wurde eben der Deckel zugeklappt und die Kiste geschlossen. Und so konnte aus diesem Winkel heraus noch manches Gute, manches Hervorragende, manches Tröstliche und manches Wesentliche geleistet werden. (...)

(Heinz Hilpert, Um einen Neubeginn von innen bittend, 1945)

Das Deutsche Theater 1945-1963

Theater für ein anderes Deutschland

Betr. Gebäudeinstandsetzungsabgabe
Die vorgenannten Theatergebäude – Deutsches Theater und Kammerspiele – (wurden) durch Kriegseinwirkung sehr stark zerstört. Auf Befehl des russischen Kommandanten wurde das Deutsche Theater notdürftig instandgesetzt, um der Forderung nach Aufführungen gerecht zu werden.

(Deutsche National-Theater A.G. an das Finanzamt Berlin Mitte, 26. September 1945)

Abbildung S. 215:
Zerstörte Kammerspiele, 1945

Neuanfang

Der Krieg ist an der Schumannstraße nicht vorbeigegangen. Ende November 1943 sind bei einem Bombenangriff die Vorderhäuser und das Quergebäude am Deutschen Theater schwer getroffen worden; auch das Theater selbst mußte Ende 1943 für einen Monat »wegen Bombenschäden« geschlossen werden. Die Kammerspiele haben mehr gelitten, die oberen Etagen des Eingangsgebäudes sind zerstört, damit auch die Direktionsräume. Die Werkstätten sind größtenteils verloren; der (ausgelagerte) wertvolle alte Kostümfundus ist vollständig verbrannt. Das Deutsche Theater aber, der alte Zuschauerraum und die Bühne, sind erhalten; Angestellte, Techniker und einige Schauspieler gehen noch im Mai 1945 an die Aufräumungsarbeiten.

Nach dem Befehl des sowjetischen Stadtkommandanten Bersarin, wieder zu spielen, findet am 24. Juni als erste Veranstaltung nach dem Krieg eine Lessing-Morgenfeier statt, auf der die Ringparabel aus dem »Nathan« vorgetragen wird. Nur sechs Mitglieder des Hilpert-Ensembles und einige Schauspieler des zerstörten Staatstheaters finden sich im Deutschen Theater zusammen.

Es ist mittlerweile in die Verwaltung des Magistrats der Stadt Berlin übergegangen und wird als »Ehemaliges Staatstheater« geführt. Das ist juristisch ungenau. Eigentümer ist noch die »Deutsche Nationaltheater A.G.«, deren Vermögenswerte allerdings, da ihr Aktienkapital fast vollständig im Besitz der Deutschen Arbeitsfront war, gemäß Befehl 126 der SMAD beschlagnahmt sind und treuhänderisch verwaltet werden. Der Magistrat zahlt die Pacht (1945 »RM 96 000 abzüglich 32 000 RM für die nicht bespielbaren Kammerspiele«); ein Pachtvertrag wird entworfen, aber nicht abgeschlossen: 1950 wird das Deutsche Theater in »Volkseigentum« überführt. Vorgesetzte Behörde ist die Abteilung für Volksbildung des Magistrats. Von dort erhält das Theater ab Juni 1945 einen Haushaltszuschuß.

Die sowjetische Militäradministration (SMA), der Stadtkommandant von Berlin, Generaloberst Bersarin, und der für Kultur zuständige Oberst Tulpanow messen dem Theater bei der kulturellen »Umerziehung« eine große Bedeutung bei und treiben seine Reorganisation voran. »Auf Befehl der russischen Kommandantur wurde das Deutsche Theater notdürftig instandgesetzt, um der Forderung nach Aufführungen gerecht zu werden«, teilt die Deutsche Nationaltheater A.G. Ende September 1945 mit.

»Schlangestehen« vor dem Deutschen Theater zur Max-Reinhardt-Feier, Juni 1946

Last der Tradition

Von der SMA werden die personellen Entscheidungen in Zusammenarbeit mit der seit Anfang Juni bestehenden »Kammer der Kunstschaffenden« getroffen. Nach Anmeldung seiner »Kandidatur« wird der aus der Sowjetunion zurückgekehrte Gustav von Wangenheim, Sohn Eduard von Wintersteins, zum Intendanten des Deutschen Theaters ernannt. Das ist nicht unumstritten; ein Teil der Presse zweifelt an der Integrationsfähigkeit eines Kommunisten in dem traditionsreichen Haus.

Wangenheim steht, vor allem was die Ensemblesituation betrifft, vor großen Problemen. Das Hilpert-Ensemble ist in alle Richtungen zerstreut; aus dem ehemaligen Staatstheater kommen fast nur Schauspieler der älteren Generation, jüngere fehlen. »Der körperliche und seelische Zustand der nunmehr von mir Engagierten war größtenteils sehr schlecht.« (G. v. W., Bericht über meine Tätigkeit 1945/46)

Die Neueröffnung am 7. September 1945 wird zu einem bewegenden Ereignis. Das Haus erhält den Namen »Max Reinhardts Deutsches Theater«. Mit dem zwölf Jahre verfemten dramatischen Gedicht »Nathan der Weise«, in dem Paul Wegener die Titelrolle und Eduard von Winterstein den Klosterbruder spielen, wird an die bessere Vergangenheit angeknüpft. Lessings edle Humanität wirkt »so menschlich tief und schlicht, daß man betroffen ist und beglückt zugleich«. Die »saubere Regie« ist dagegen »auf mildes Märchenspiel gestellt«, in Bühnenbildern, die an »eine Jubiläumsausgabe von tausendundeine Nacht« erinnern. (*Neue Zeit*, 11.9.1945)

Dieser erste »Nathan« nach 1945, dessen 245 Vorstellungen außerordentliche Wirkung haben, zeigt die Probleme des ersten Jahrs schon an. Weder die namhaften Regisseure, die sich in den Nazijahren in das Allgemein-Menschliche gerettet haben, noch auch von Wangenheim selbst sind in der Lage, in ihren Inszenierungen Neues auch mit neuen Mitteln künstlerisch überzeugend zu vermitteln. Das erklärte Traditionsbewußtsein

Was gab der Aufenthalt in der Sowjet-Union
meinem Leben und Schaffen?
(...) Gastfreundschaft gab mir die Sowjet-Union.
Dach. Nahrung. Arbeit.
Das ist viel. Viel für Leben und Schaffen.
Bestätigung gab mir die Sowjet-Union.

Bestätigung, daß mein Denken über die Entwicklung der Welt, über die menschliche Ordnung, die mit dem unmenschlichen Chaos mit der Anarchie unseres Daseins aufräumt, Wirklichkeit hat.

Welch eine Gabe!
Sie hat mich zum wahrhaft politischen Menschen gemacht, weil sie mir praktisch ermöglichte, die bisher nur intellektuell erfaßte Lehre der Beziehungen von Theorie und Praxis als eigene Erfahrung aus dem Leben abzuziehen. (...)

In der Sowjet-Union habe ich ein Land gefunden, in dem die Voraussetzungen dafür geschaffen sind, daß bei Auseinanderklaffen von Form und Inhalt, Leben und Schaffen, schöpferischer Tätigkeit, vorallem im einzelnen Menschen selbst die Schuld zu suchen ist. Ich habe, vordem abgelenkt von allzuviel Kritik an der Gesellschaft, hier Selbstkritik gelernt.

(Gustav von Wangenheim, 1942)

Intendant Gustav von Wangenheim (links) mit Ernst Legal bei der feierlichen Umbenennung der Karlstraße in »Max-Reinhardt-Straße«, Juni 1946

In der Zeit der großen Prozesse erhielt ich die ernsteste Lehre meines Lebens. Ich erlebte zu meinem Entsetzen, wie schwach meine Wachsamkeit entwickelt war. Ich lernte den schweren Kampf der Sowjetunion und der Partei der Bolschewiki gegen die verbrecherischen Feinde kennen ...

Ich litt unter den vielen zum Teil gerade auf den ersten Augenblick unfaßbar erscheinenden Verhaftungen bekannter und nahestehender Menschen, die bis zu dieser Stunde meine Genossen gewesen waren. Fast die gesamte »Kolonne links« gehörte dazu, meine beiden Assistenten beim Dimitroff-Film, verschiedene Schauspieler usw. Ich befand mich in dieser Zeit in der ungeheuren seelischen Erregung und wurde mir zutiefst klar, wie verantwortlich jedes Wort, jeder Satz und jede Handlung eines Kommunisten ist. Parteilichkeit in allem, was ich denke und tue. Das war für mich die ernste Lehre aus jener Zeit. (...) Da wir aber erlebt hatten, daß sich scheinbar bis ins Konzentrationslager treu verhaltende Genosssen als korrumpierte Subjekte entpuppten, da andererseits verhaftete Genossen nach einer gewissen Zeit rehabilitiert in die Freiheit zurückkehrten, drängte sich damals jedem ehrlichen Parteigenossen die Lehre und die Pflicht auf, Wach-

realisiert sich als ängstlicher Traditionalismus. Allerdings ist auch mit Schauspielern zu arbeiten, die gerade noch Protagonisten des mehr oder weniger angepaßten Theaters und Films im Dritten Reich waren. Das Komplizierte ist, daß die künstlerische Tradition, an die man anschließen will, in der Zeit zwischen 1933 und 1945 gar nicht beendet, sondern im Deutschen Theater und am Gendarmenmarkt »bewahrt« worden ist – zu lange aber für fragwürdige Inhalte gebraucht. Der »schnelle Verfall der Kunstmittel unter dem Naziregime«, der »nahezu unmerklich« vor sich ging (Brecht), hat die allseitige Verfügbarkeit und schauspielerische Allgemeinheit zur Folge. Herbert Jhering erinnert 1947 daran, daß »die notwendige Besinnung auf die europäische Bedeutung Max Reinhardts (...) zugleich« hieße, »sie von allen Mißverständnissen und Verführungen zu säubern«. (*Berliner Dramaturgie*, S. 47)

Zwischen Förderung und Forderung

Wangenheim erkennt das Problem; es wird nicht erleichtert durch das Nebeneinander des verhalten-sachlichen Stils der ehemaligen Hilpert- und des theaterbewußten Stils der Gründgens-Schauspieler, deren in der Nazizeit gepflegtes Selbstbewußtsein ungebrochen ist. In seinem »Bericht über meine Tätigkeit 1945/46« nennt Wangenheim deshalb als seine »allerwichtigste Aufgabe« in dieser Spielzeit »die Heranziehung und Förderung des Nachwuchses«. Das Engagement einer Gruppe junger auszubildender Schauspieler (»Studio«) kann sich natürlich erst langfristig auswirken.

Kompliziert wird das alles durch die Herrschaft der russischen Besatzungsmacht in ihrer Doppelrolle zwischen hilfreicher Förderung und politischen Forderungen. Diese Ambivalenz ist gerade für Wangenheim prekär, der Emigrant in Moskau war, Heimat und Hölle der deutschen Kommunisten. Dort mußte er – dies die Kehrseite des kunstliebenden »Kulturoffiziers« – mit dem KGB-Offizier »zusammenarbeiten«. Nach außen hin tritt er zwar als auf der richtigen Seite stehend und alles verstehend auf. Dennoch wird seinem Selbstbewußtsein viel zugemutet. Die von ihm mitvertretene Verehrung Reinhardts – oder dessen, was man unter seinem Theater verstehen will – wird vorrangig vom russischen Theatergeschmack diktiert (den man später »sozialistischer Realismus« nennen muß). Das Interesse an schnellen Erfolgen zieht das berühmte Alte dem unerprobt Neuen vor. Wegener etwa wird zu seinem 50jährigen Bühnenjubiläum Hauptmanns »Kollege Crampton« zum »Geschenk« gemacht (*Der Tagesspiegel*: »Hoftheater in der Schumannstraße«).

»Wir wissen den Ausweg«

Der Spielplan als Ganzes ist zu wenig Grundlage, um über einen mittelmäßigen Theaterrealismus hinauszugelangen. Dabei gibt es, nach dem »Nathan«, einen aktuellen Anfang. Mit Julius Hays »Der Gerichtstag« bringt Wangenheim die Katastrophe einer deutschen Familie im zu Ende gehenden Krieg auf die Bühne. Paul Rilla begrüßt die Uraufführung und auch die Inszenierung als einen »großartige(n) Durchbruch zur Thematik der Zeit, zu brennend aktueller szenischer Wirkung«; ein Teil der Presse bemängelt das zähflüssige Stück.

Die Unterschiede in der kritischen Beurteilung werden in der Folgezeit extremer; sie entbehren auch nicht politischer Untertöne, je nach »Sektor«. Auf der einen Seite dominiert der optimistische, auf der anderen der kritisch-skeptische Blick auf die Situation. Der Intendant, dessen Erfahrungen von der stalinistischen sowjetischen Kulturpolitik geprägt sind, interpretiert Kritik mehrmals als politischen Angriff; sie kann dadurch nicht produktiv werden.

Ein zweifelhafter Erfolg für Wangenheim wird seine zweite Inszenierung, Shakespeares »Hamlet«. Die Kritik Rillas beschäftigt sich fast ausschließlich mit dem Hauptdarsteller Caspar. Die Inszenierung wird lediglich als »sorgfältig und ausgewogen« bezeichnet mit dem Vorzug, »daß sie (...) mit glücklichem Instinkt an die Tradition des Reinhardtschen ›Hamlet‹ anknüpft«. Daraus ist trotz der Zwängen und Zwecken gehorchenden Sprache zu lesen, was Friedrich Luft am Ende der Spielzeit 1945/46 ausspricht: »Wie ein ängstliches Anhängen an einer Tradition und einem Aufführungsstil hemmen kann und für unsere Tage nicht mehr gültig sein – das zeigten fast alle Aufführungen im Deutschen Theater.« (*Berliner Theater 1945-1961*) Eine Ursache dafür zeigt eine Rede Wangenheims vor jugendlichen Theaterbesuchern: »Wir wollten alle mit unserem großartigen Hamlet Horst Caspar Ihnen durch unsere Aufführung zurufen: seid radikal, seid radikal wie Hamlet. (...) Wir haben es leichter als Shakespeare und seine Zeitgenossen. (...) Wir wissen den Ausweg.« Das geht mit seinem selbstgewissen »Optimismus« nicht nur an der Tragödie Hamlets, sondern auch an der der Nachkriegsjugend vorbei.

samkeit mit Mut zum Vertrauen zu verbinden. Ich lernte mir trotz alledem das Vertrauen zu guten Genossen zu bewahren. Andererseits versuchte (lernte?) ich, wie viele andere, die Möglichkeit fürchten, bei einer Sicherheitsmaßnahme im Zusammenhang mit meinen verschiedenen, nicht immer bis ins Letzte prüfbaren Bekanntschaften, ebenfalls in Mitleidenschaft gezogen zu werden. Ich sah die einzige Möglichkeit Vertrauen zu erwerben für den Parteimenschen nur in der restlosen Bereitschaft, der Partei jederzeit über alles die volle Wahrheit zu sagen. (...)

(Gustav von Wangenheim, Lebenslauf, 1951)

(Ich muß) mit aller Entschiedenheit erklären, daß ich bis heute nicht weiß, warum ich eigentlich als Intendant in einer in unserem Beruf völlig ungebräuchlichen Art kurz nach Beginn der Spielzeit 1946 gestürzt worden bin. In einer Sitzung, in der außer den Genossen Pieck, Grotewohl und Langhoff unsere sowjetischen Kulturoffiziere teilnahmen, wurde überhaupt nichts, irgendwie ins Gewicht Fallende vorgebracht. (...)

Ich wurde abgesetzt. Die Folge war, daß ich nach 12jähriger Emigration aus meinem Lebensberuf als Schauspieler und Regisseur von einer deutschen Bühne ausgeschlossen wurde. (...)

G.v.W., Lebenslauf

Auf Wunsch der Sowjetischen Zentralkommandantur soll der Platz vor den Theatergebäuden besonders ausgestaltet werden. Für die bisher vorgenommene Teilabräumung des Platzes (Abriß der Vorderhäuser) sowie die Wiederherstellung des Restes (Seitenflügel) werden insgesamt schätzungsweise erforderlich sein 400 000,- RM

(Hauptamt für Hochbau des Magistrats von Berlin, 6.1.1949)

Das Vermögen der Deutschen Nationaltheater AG in Treuhandverwaltung ist laut Rechtsträgerbescheid Nr. 56/1950/155 des Magistrats von Groß-Berlin – Abt. Wirtschaft, Amt Volkseigentum – vom 5. Mai 1951 einschließlich der von den Theaterbetrieben Deutsches Theater und Kammerspiele betrieblich genutzten Grundstücke Schumannstraße 13a und 14 in das Eigentum des Volkes überführt und der Deutschen Demokratischen Republik – Ministerium für Volksbildung – als Rechtsträger übertragen worden.

(Finanzamt Mitte, Bewertungsstelle, 8.1.1952)

Der Zeitpunkt der Übernahme in Volkseigentum ist unklar. Magistrat, Abteilung Volksbildung, Hauptamt Theater – Film – Musik faßt (später, ohne Datum) zusammen, daß die seit Kriegsende als »Städtische Bühnen« mit dem Untertitel »Ehemalige Staatstheater« geführten Theater (Staatsoper und »Max Reinhardts Deutsches Theater« einschließlich der »Kammerspiele«) nach der Gründung der DDR am 1. Januar 1950 »aus der Hand des Berliner Magistrats dem Staat zufielen«. (Landesarchiv Berlin) Die Abteilung Finanzen des Magistrats von Groß-Berlin schreibt am 12.12.1951 an die Verwaltungsstelle für Sondervermögen, daß die »bisher von der Deutschen Nationaltheater A.G. – in Treuhandverwaltung – verwalteten Vermögenswerte mit Wirkung vom 1.1.1951 als Volkseigentum gemäß Verordnung vom 19.10.1950 in Rechtsträgerschaft übertragen wurden: a. Wohngrundstücke Schumannstr. 12 u. 16 der Heimstätte Berlin; b. Theaterbetriebe ›Deutsches Theater‹ und ›Kammerspiele‹ (...) der DDR, Ministerium für Volksbildung, Berlin W 8, Wilhelmstr. 68«. Die Überführung des Vermögens in Volkseigentum erfolgte »auf Grund der Verordnung über die Verwertung von Vermögen der aufgelösten NSDAP, ihrer Gliederungen und der ihr angeschlossenen Verbände vom 19.10.1950 (VO – Bl. von Groß-Berlin, Teil I, S.332)« (ebd.)

Russischer Schluss

Im April 1946 bringt Wangenheim das erste Stück eines jungen Autors, Fred Dengers »Wir heißen Euch hoffen« zur Uraufführung, inszeniert mit den jungen Schauspielern seines »Studios«. Es beschreibt die Versuche einer Gruppe junger Menschen im zerstörten Berlin, nach dem Verlust jedes Ideals und aller Werte mit Hilfe von Schwarzmarktgeschäften, Diebstählen und Raub um jeden Preis weiterzuleben. Die Aufführung hat, unterstützt durch Diskussionen mit Jugendlichen, große Resonanz; sie ist ein wichtiger Versuch auf dem Weg zum zeitgenössischen Theater. Wieder weist allerdings die Kritik darauf hin, daß Denger »mit den billigen Tricks billiger Worte (die bei billigen Liebesworten beginnen und bei nicht weniger billigen Worten vom Aufbau enden) sich und seine Generation aus dem Nihilismus in den Optimismus schwindeln« wolle. (Walther Karsch)

Gustav von Wangenheim gelingt es, trotz allen Verdienstes in dieser schweren Zeit, nicht, das politisch »Neue«, das er mit emotionaler Begeisterung vertritt, auch in überzeugenden künstlerischen Ergebnissen zu realisieren. Damit fehlt es an der integrierenden Kraft, die ein so traditionsreiches (und -belastetes) Theater braucht, um, entsprechend den Vorstellungen der Kulturoffiziere und deutschen Kulturfunktionäre, gegen seine bedeutende Vergangenheit auch unter »neuen Verhältnissen« bestehen und eine entsprechende Rolle spielen zu können.

Das ist der Hintergrund, vor dem sich das demütigende Ende von Gustav von Wangenheims Intendanz vollzieht. Am Beginn der neuen Spielzeit wird unversehens »das Ansinnen« an ihn gestellt, »aus Krankheitsgründen« zurückzutreten. Die dem Intendanten vorgesetzten Behörden und auch das Zentralsekretariat der SED werden vor vollendete Tatsachen gestellt. Letzter Anlaß ist der nicht zu kaschierende Mißerfolg von Rachmanows »Stürmischer Lebensabend«. Die Aufführung, als das erste sowjetische Stück in Max Reinhardts Deutschem Theater, hat für die SMA den höchsten politischen Stellenwert; deshalb ist – gegen den Willen von Wangenheims – die Besetzung Paul Wegeners mit der Hauptrolle befohlen worden. Wegener macht, wohl vollkommen neben der Sache stehend, den großen Wissenschaftler Poleshajew, der sich in der Revolution zu den Bolschewiken bekennt, zu einem »Witzblattprofessor«. (Wolfgang Harich) Der Mißerfolg, bei dem ein Teil des Publikums sich sogar die Freiheit nimmt »zu

Protest und behutsamen Pfiffen« (Friedrich Luft), wird zwar in der »Täglichen Rundschau«, der Zeitung der SMA, noch zum Erfolg umgebogen, bei dem Wegener »die Reihe seiner großen Gestaltungen um eine neue, unvergeßliche« erweitert habe. Doch »Neues Deutschland« findet den Schuldigen: »Das alles hätte der Regisseur, Gustav von Wangenheim, nicht zulassen dürfen.«

Realistischer Optimismus

1946/47 wird Wolfgang Langhoff Intendant des Deutschen Theaters. Er nimmt seine Arbeit in Berlin auf mit dem Willen, »die geistigen Schäden, die seelische und moralische Zertrümmerung zu heilen, die unser Volk durch den Faschismus erlitten hat, und eine menschliche Ordnung zu festigen, die eine neue Katastrophe dieser Art für alle Zeiten unmöglich macht«. (1953) Die wieder hergestellten Kammerspiele können eröffnet werden; Gustaf Gründgens inszeniert »Kapitän Brassbounds Bekehrung« von George Bernard Shaw, mit Käthe Dorsch als Lady Cicely; es folgen auch Stücke von Jean Anouilh und John B. Priestley.

Die zweite Hälfte der Spielzeit 1946/47 läßt die politischen und künstlerischen Absichten des neuen Intendanten deutlicher erkennen. Er stellt Anfang Januar sachlich fest, daß die Bilanz des Theaterwinters »im großen und ganzen ungünstiger als vor einem Jahr« aussieht, da erst jetzt »das Bewußtsein von der ganzen Tiefe unserer Krise und der ganzen Größe unserer Not (...) sichtbarer und klarer geworden« sei. Einem »leichtfertigen« hält er einen »realistischen Optimismus« entgegen, »der nur erreicht werden kann, wenn wir die Wirklichkeit mit allen ihren Spannungen und Gefahren voll erfassen«. (*Tägliche Rundschau,* 1.1.1947)

Die Uraufführungen von Tollers nachgelassenem »Pastor Hall« und Schmidthenners »Ein jeder von uns« wenden sich der Auseinandersetzung mit der nazistischen Vergangenheit zu. In seiner ersten Inszenierung am Deutschen Theater spielt Langhoff den deutschen Stabsarzt Dr. Robschek, der gegenüber Kriegsgefangenen menschlich handelt und dafür mit seinem Leben einsteht. In traditioneller Dramaturgie stellen diese Stücke die anständige Ausnahme, an die man sich halten kann, den Verbrechern gegenüber; sie vernachlässigen damit allerdings die aktuelle Frage nach Verhalten und Verantwortung der Mehrzahl aller Deutschen.

Es war verständlich, daß wir nach 1945 noch nicht an Max Reinhardts verschwenderische Fülle, an den Reichtum seiner Ausdrucksmittel, an den festlichen Glanz seiner Inszenierungen denken konnten. Ein anderer Mann des Deutschen Theaters stand uns näher: Otto Brahm, Max Reinhardts großer Vorgänger, der das Fundament zur realistischen Tradition dieses Hauses legte. Zu ihm, dem geistigen Erneuerer der Bühne als Tribüne ihrer Zeit, dem Kläger und Ankläger, dem Diener des Autors, fühlten wir uns hingezogen. Einfachheit, Wahrheit der Gestaltung, Zeitbezogenheit und Hinwendung zu allen Schichten unseres Volkes waren es, die uns ergriffen. So versuchten wir, ein Theater des Autors, ein Theater des Volkes, ein Theater der Nation zu werden.

Ein neues Publikum füllte unser Haus, ein Publikum, mit dem wir gemeinsam einen neuen Staat erschufen. Die Arbeiterklasse, die das Banner der nationalen Unabhängigkeit ergriffen hatte und vorantrug, suchte auf ihrer Bühne die wahrhaftige, realistische Widerspiegelung des Lebens, die humanistische Tradition des großen klassischen Erbes. Von Jahr zu Jahr erstarkte unser Kollektiv, wenn es auch durch schwere Erschütterungen, die die Spaltung Berlins, die Spaltung Deutschlands hervorgerufen hatten, bedroht wurde. Von Jahr zu Jahr wuchsen unsere Kenntnisse, die uns aus dem Studium Stanislawskis und unserer eigenen Geschichte zuflossen. Otto Brahms Geist – Max Reinhardts Schönheit und Poesie waren unsere Leitsterne. (...)

Unterstützt wurden wir auf unserem Weg durch die Liebe und die nie erlahmende Fürsorge unseres Staates. Und wenn wir heute unseren siebzigsten Geburtstag feiern, so müssen wir auch eines anderen Geburtstages gedenken, den wir drei Tage festlich begehen werden, des vierjährigen Geburtstages unserer jungen Deutschen Demokratischen Republik, deren Staatstheater wir geworden sind. Unsere junge Republik machte es uns erst möglich, den großen Zielen Brahms und Reinhardts nachzustreben, sie gab uns die wirtschaftlichen und geistigen Fundamente, auf denen wir ein Haus des Friedens, der Menschenliebe bauen konnten. Ihr unser erster und letzter Dank!

(Wolfgang Langhoff, Rede zur 70-Jahr-Feier des Deutschen Theaters, 1953)

Einschätzung der Aufführung »Die Sorgen und die Macht« von Peter Hacks im Deutschen Theater

(...) Die verzerrte Sicht unserer Wirklichkeit verhindert, daß sich der Zuschauer mit den Handlungen der Gestalten dieses Stückes identifizieren kann. Die fortschrittlichen Menschen suchen bei Hacks vergeblich Personen, die sie als ihren Bestrebungen und Gefühlen gemäß empfinden oder die den Suchenden als in ihren Handlungen schön und nachahmenswert erscheinen. Gestalten, die Eigenschaften von neuen Menschen tragen sollen, wie etwa der Parteisekretär der Glasfabrik, sind für die Handlung so unbedeutend, daß sie nicht das künstlerische Erlebnis der Aufführung bestimmen. Der Zuschauer vermag sich weder mit der Partei noch mit der Arbeiterklasse zu identifizieren.

Die kritische Distanz ersetzt die sozialistische Parteilichkeit. Parteilich wirkt aber ein Kunstwerk nur dann, wenn der Autor sich voll auf den Boden des Kampfes der Partei stellt und in seinen künstlerischen Gestaltungsmitteln diese Distanz überwindet.

Anstatt Hacks in diesen Punkten zu korrigieren, vertieft Wolfgang Langhoffs Inszenierung diese kritische Distanz zur Partei an zwei entscheidenden Punkten: Erstens durch die Besetzung und Führung des Parteisekretärs Paul Kunze, die dieser Gestalt jeden sympathischen Zug wegnimmt und das Publikum auch dort gegen sich aufbringt, wo er richtig handelt. Und zweitens in der Szene auf der Revierkonferenz, wo die übergeordneten staatlichen Organe durch ihre Vertreter nur als Schwätzer erscheinen. (...)

Im Deutschen Theater halten die Genossen »Sorgen und die Macht« für den bedeutendsten Beitrag zur Entwicklung unserer sozialistischen Gegenwartsdramatik. Wolfgang Langhoff hält es für einen großen Vorzug dieses Stückes, daß es solche unterschiedlichen Reaktionen der Zuschauer, oder wie er sagt, »den Klassenkampf im Zuschauerraum auslöst«. Er wolle – so sagte er in einer Parteiversammlung – mit seiner Inszenierung eine »offene, wahrhaftige Schilderung unserer Widersprüche, einen Beitrag zum Demokratismus gegen Dogmatismus, Sektierertum und Mängel leisten«. Offensichtlich glaubt Genosse Langhoff, daß jetzt der Zeitpunkt gekommen ist, wo man bestimmte kleinbürgerliche Stimmungen und Ideen verschiedener Schichten der DDR, die das Stück von Hacks wiedergibt, von der Bühne her verbreiten kann.

Genossen der Abteilung Kultur beim ZK und der Bezirksleitung Berlin haben zusammen mit Genossen

»Die Wirklichkeit voll erfassen«: eine schwierige Aufgabe in dieser Zeit des Besatzungsrechts und zunehmender ideologischer Konfrontation. Im Mai 1947 bringt das Deutsche Theater »auf höhere Weisung« statt einer deutschen »Die russische Frage« des sowjetischen Schriftstellers Konstantin Simonow auf die Bühne, ein Stück über den Antikommunismus der amerikanischen Presse, das, in Einzelheiten nicht unwahr, in seiner fraglosen Selbstgewißheit seinerseits antiamerikanische Propaganda ist; Langhoff läßt es »miserabel spielen«, wie sich das »Neue Deutschland« noch 1949 erinnert.

Im Theater selbst ist mit Widerständen zu kämpfen; Ensemble und Aufführungen zeigen lange Zeit nicht so sehr die Differenzen zwischen einem alten und einem neuen Theater, sondern viel mehr eine problematische ästhetische Kontinuität, Kehrseite der ehrlichen Bereitschaft, mit allen zu arbeiten. Die politischen und künstlerischen Vorbehalte sind auch gegen Langhoff da; er kann sie nur langsam durch seine menschliche Integrität und theaterpraktische Sachlichkeit verringern. Mit seiner Besetzungspolitik versucht er, Wangenheims Bemühungen um die Verjüngung des Ensembles fortzusetzen.

»Woyzeck« von Georg Büchner, die erste Inszenierung Langhoffs, die sich dem klassischen Repertoire nähert, gilt nicht zufällig jenem Werk, in dem zum ersten Mal in der deutschen Dramatik ein einfacher Mensch zum tragischen Subjekt wird. Das Interesse für das »Volk« ist hier nicht so sehr marxistischen Theorien, sondern der durch Lebenserfahrung bestärkten Solidarität des politisch engagierten Künstlers verpflichtet. Langhoff hat einen auch für ihn als Intendanten wichtigen Erfolg; er zieht sich jedoch bei dem Bemühen, das Geschehen durch das Milieu zu erklären, die politisch getönte Kritik zu: »Wir waren in der guten Stube des historischen Materialismus.« (Walther Karsch, *Der Tagesspiegel,* 14.11.1947) Jede Aufführung befindet sich in dieser Stadt in der Mitte politisch und ästhetisch gegensätzlicher Auffassungen; der unsachliche Verriß einerseits und die unkritische Akklamation andererseits sind die Extreme.

Sartre und Brecht

Die gemeinsame Verantwortung gegenüber der Vergangenheit und für einen demokratischen Neuanfang überdecken zunehmend gegenseitige – nicht zuletzt von der Presse vermittelte – politische Vorwürfe und immer unduldsamere Vorurteile. Dieser kleinere »Kalte Krieg« behindert auch die notwendige Diskussion um die richtigen Mittel des Theaters in der Auseinandersetzung mit dem Nazismus und seinen Nachwirkungen.

In Jean-Paul Sartres radikalem antifaschistischem Stück »Die Fliegen«, im Januar 1948 von Jürgen Fehling im Hebbel-Theater herausgebracht, sieht der Intendant des Deutschen Theaters nur »Orgien des Blutes und der Triebe«; Sartres Philosophie sei ein »Bestandteil der faschistischen Ideologie«. Es handelt sich zwar um eine »Stellungnahme«, hier in der Kampagne der SED gegen den »Existentialismus«; sie zeigt aber, wie Ideologie eine sachliche Auseinandersetzung um das an sich gemeinsame Anliegen verhindert. Sartres schonungslose Darstellung von Menschen in der Diktatur und extreme Vorstellung von Selbstverantwortung scheint Wolfgang Langhoffs »realem Optimismus« zu widersprechen.

Eine »Antwort« des Deutschen Theaters ist Ende Januar 1948 die Premiere von Brechts »Furcht und Elend des Dritten Reiches«. Langhoff inszeniert sieben realistische Szenen, mit Anteilnahme für die positiven und Abscheu gegen die negativen Gestalten; er erreicht damit emotionale Wirkungen. Vernachlässigt werden allerdings ihr »Lehrstück«-Charakter und ihre Dialektik, die Widersprüche auch im Innern der Figuren und damit das Exemplarische menschlichen Verhaltens unter dem Zwang eines totalitären Staats. (Wolfgang Harich, *Tägliche Rundschau,* 1.2.1948)

Noch im gleichen Jahr macht er dem aus der Emigration zurückkehrenden Bertolt Brecht das Angebot, im Deutschen Theater nach seiner Methode zu inszenieren und, bis ein anderes Theater zur Verfügung steht, mit einem eigenen Ensemble an der Schumannstraße zu arbeiten. Diese solidarische Bereitschaft, sich eine bedeutende Konkurrenz ins Haus zu holen, ist folgenreich für das Theater der DDR und sein eigenes. Im Januar 1949 findet im Deutschen Theater die Premiere von Brechts »Mutter Courage und ihre Kinder« statt. Die Aufführung geht »radikal und ohne billige Hoffnung auf einen bequemen Ausweg aus dem Dilemma des Menschen« vor (Friedrich Luft, a.a.O.); sie stellt nicht die Ausnahme, sondern den Normalfall dar, die Illusionen und Interessen der Menschen im Umgang mit Krieg und Gewalten. 1949 bis 1953 arbeitet das »Berliner Ensemble« im Deutschen Theater. Die Herausforderung ist groß, die »Konkurrenz« auf Dauer nicht problemlos, doch produktiv beunruhigend.

des Ministeriums für Kultur die Auseinandersetzung in der Parteiorganisation des Deutschen Theaters begonnen. Die Genossen des Ministeriums für Kultur veranlaßten einige Änderungen an der Inszenierung.

(Kulturabteilung ZK der SED, 26.10.1962)

Über den Standpunkt des Künstlers
zu unserem Kampf
Bemerkungen zu einer Diskussion

(...) Der bewußte Kampf der Mitglieder der SED für den Sieg des Sozialismus wird von Hacks, wo er in seinem Stück als Handlung in Erscheinung tritt, vorallem als widersprüchlich und fehlerhaft dargestellt. Die Widersprüche und Fehler sind im Kopf von Hacks zum Schema geworden, das ihm den Blick für das wirklich Schöne und die Dialektik im Kampf um den Sozialismus versperrt. Gibt es doch in der Deutschen Demokratischen Republik nicht einen einzigen nennenswerten Erfolg, der nicht dadurch errungen wurde, daß sich die Partei an die Spitze des Kampfes der Millionenmassen für ein schöneres Leben in Glück und Frieden stellte. Hacks verlegt das Glück der Menschen in eine ferne Zukunft. Unser Glück besteht doch aber für uns heute in der Existenz des ersten Staates der Arbeiter und Bauern in Deutschland und in der Existenz der Sozialistischen Einheitspartei Deutschlands, die den Kampf um den Sozialismus siegreich führt. (...)

(Siegfried Wagner und Kurt Bork in *Neues Deutschland*, 16. Dezember 1962)

Bericht über die Auseinandersetzung
im Deutschen Theater

Die Auseinandersetzungen im Deutschen Theater haben seit der Parteileitungssitzung am 20.12.1962 zu einer Differenzierung unter den Genossen geführt. Am 3.1.63 erklärten die meisten Genossen der Parteileitung, daß sie die Kritik der Partei an »Sorgen und die Macht«, wie sie vom Genossen Ulbricht in seiner Rede vor der Delegiertenkonferenz in Leipzig, im Artikel vom Genossen Wagner und Bork und in vielen anderen Kritiken zum Ausdruck kommen, in ihrem Kern anerkennen und vor der Mitgliederversammlung am 8.1.1963 vetreten werden.

I. In der Mitgliederversammlung am 30.12.1962 zeichnete sich folgende Differenzierung ab:

1. Eine Gruppe von Genossen gab sehr vorsichtig

Meinungsverschiedenheiten zu, vermied es aber zu sagen, worin sie bestehen und wer andere Ansichten als die Partei vertritt. (...)

2. Eine Gruppe von Genossen wünscht den offenen Kampf mit uns. Das kam am deutlichsten im Diskussionsbeitrag des Genossen Hiemer zum Ausdruck. (...) Die Fabel von »Sorgen und die Macht« sei vorwärtsweisend. Der Schriftsteller müsse von der Wirklichkeit ausgehen, wie sie ist. (...) Man müsse die künstlerische Wahrheit und Lebenswahrheit gestalten, so rauh sie auch sein mag. Ursache für das Mißbehagen, welches dieses Stück auslöse, sei: die Funktionäre fühlen sich betroffen über das, was im Stück über sie gesagt wird.

3. Die Mehrzahl der Genossen wartete ab, wie die Diskussion ausgeht. (...)

Die Entschließung wurde nicht angenommen. Es wurde beschlossen, diese Versammlung am 8. Januar fortzusetzen. Auf der Mitgliederversammlung traten der Genosse Schwarz und der Genosse Grümmer auf. Genosse Schwarz machte deutlich, daß sich jeder Genosse auf den Standpunkt der Partei erheben muß.

II. Gespräch zwischen dem Parteisekretär des Deutschen Theaters – Genossen Schmidt – und dem Genossen Grümmer und Baumgart in der Kulturabteilung am 3. Januar 1963 (...)

III. Beratung der Parteileitung am 3. Januar 1963

(...) Außer dem Genossen Kupke erklärte sich jedes anwesende Parteileitungsmitglied mit dem Kern der Kritik an »Sorgen und die Macht« einverstanden. Es wurde festgelegt, daß die Parteileitungsmitglieder in der Mitgliederversammlung am 8. Januar in diesem Sinne auftreten. (...)

Zusammenfassend ist zu sagen, daß wir zwar einen Schritt vorangekommen sind, aber noch nicht alles ausgesprochen ist, was es an gegen die Partei gerichteten Meinungen im Deutschen Theater gibt.

(Abteilung Kultur beim ZK der SED, 5.1.1963)

Klassiker für alle

Das Deutsche Theater verfügt für aktuelle Aussagen wie die der »Courage« kaum über zureichendes dramatisches Material; die Bedingungen eines Repertoire-Theaters mit einem großen Ensemble auch aus dem bürgerlichen Theater stammender Regisseure und Schauspieler sind diffiziler. In dieser Situation nimmt Langhoff als Alternative zunächst eine andere Herausforderung an: Er beginnt, sich mit der deutschen Klassik auseinanderzusetzen. Nach dem Beschluß der SED zum Goethe-Jahr 1949 ist »die Arbeiterklasse (...) berufen, (...) das humanistische Erbe der deutschen klassischen Dichtung zu übernehmen«. (Dokumente der SED, Bd.II, 1952) Diese Idee kommt Langhoffs Liebe zu dieser Literatur entgegen und der Tradition seines Theaters. Es geht ihm darum, »wie wir das kämpferische, humanistische, die Menschheit vorwärts führende Prinzip, das diesen Werken zugrunde liegt, durch unsere Inszenierungen lebendig machen können (...)«. Erfahrungen als Regisseur hat er nicht, jedoch am Schauspielhaus Zürich zahlreiche klassische Rollen gespielt. Nun sieht er es als seine Aufgabe an, die Klassiker von ihren »Verfälschungen« durch das bürgerliche Theater bis in die Nazizeit »zu befreien, die fortschrittlichen Tendenzen, die in ihnen schlummern, zu entdecken«. Die »Faust«-Inszenierung von 1949, wie Langhoff später erinnert, hat deshalb das vorrangige Anliegen, »die Geschichte, die Fabel zu erzählen, schmucklos und genau, einfach und menschlich«, die »Verbindung zur Sage, zum Volksfaust (...) zu erhellen«. Das Ergebnis ist, daß »diese Aufführung vielleicht wahrer als andere, zugleich aber auch allzu puritanisch, knapp wie eine Zeugenaussage, näher dem ›Urfaust‹ als dem ›Faust‹« gerät. Diese Beschränkung, aus dem Abscheu gegen falsches Theater auferlegt, hat auch einen »pädagogischen« Hintergrund. Es geht um eine Theaterkunst für alle, vor allem aber jene, die lange von ihr ausgeschlossen gewesen sind und nun auf verständliche Weise an sie herangeführt werden sollen.

Faust und Field

In seinen Inszenierungen schlägt sich auch der Lernprozeß nieder, den Langhoff als Regisseur selbst erlebt; das starke bildende und erzieherische Element in ihnen äußert sich in Klarheit und rationaler Organisation auf ein »Hauptanliegen« hin und in der großen Rolle, die der Held des klassischen Dramas als »Vorbild« bzw. »Vorkämpfer« spielt. Eine theoretische Hilfe für seine Inszenierungsarbeit begegnet ihm in der Methode Stanislawskis. Sowjetischen und deutschen Parteitheoretikern in die Hände gefallen, ist sie freilich inzwischen zum »System« geworden: Mit einer »Überaufgabe«, der alles unterzuordnen ist, der »durchgehenden Handlung«, die die »Überaufgabe« zum Ausdruck zu bringen hat, und der »Parteilichkeit«, die dazu befähigt, die »Überaufgabe« zu erkennen. Verführerisch in seiner Geschlossenheit, kann es seinen Zusammenhang mit der stalinistischen Gesellschaftstheorie nicht verleugnen. Die Anwendung dieses »Systems«, das im Zuschauer eine Veränderung des Bewußtseins »im Sinne der Überaufgabe« erzielen soll, trägt zu einer gesellschaftlichen Aktivierung des Theaters und des Schauspielers bei; zugleich aber, mittels der »Parteilichkeit« die »Wahrheit« auf das Genehme und Gehoffte zu beschränken.

Langhoffs erste Klassiker-Inszenierungen – »Egmont« (1951/52), »Don Carlos« (1952/53), »Kabale und Liebe« (1954/55) – sind in starkem Maß der geschichtlichen Aufklärung verpflichtet, versuchen Spuren der Volksgeschichte zu entdecken, die »fortschrittliche« Perspektive des Denkens und Handelns der Helden zu betonen. Der Kommunist, der Konzentrationslager und Emigration erlebt hat, sieht in der gerade entstandenen DDR den Anfang eines anderen, eines »guten Deutschlands«. Deswegen stellen ihm die besten menschlichen Handlungen und Ideen in den klassischen Werken Elemente einer ideellen »Vorgeschichte« dieses Landes und seiner fortschrittlichsten Menschen dar – während in dem anderen Deutschland nur alte und neue Feinde zu herrschen scheinen. 1953 rufen auf einer »Stanislawski-Konferenz« seine konzeptionellen Darlegungen zum »Egmont« und seinem »Helden« eine Kontroverse mit Brecht hervor, der ihre idealistischen Vereinfachungen kritisiert.

Der »Zeugenaussage« von 1949 läßt Langhoff 1954, als ersten Teil einer beabsichtigten Gesamtinszenierung (die nicht realisiert wird), einen theatralisch reicheren »Faust« folgen, beruhend auf der Überzeugung: »Eine breitere Landschaft erschloß sich vor uns. Berge und Täler, Flüsse und Wiesen, Forsten und Felder, die nun uns gehörten, weckten in uns ein neues Gefühl: das der Schönheit, der Mannigfaltigkeit, der Hintergründe. Auch die ›Faust‹-Landschaft zeigte neue, weitere Perspektiven (...).« (Deutsches Theater. Bericht über zehn Jahre, 1957) Für das ganze »neue, gute Deutschland«

Erste Information über die Parteiversammlungen
im Deutschen Theater am 8. und 11.1. 1963
Die Parteileitung des Deutschen Theaters faßte nach 10stündiger gründlicher Auseinandersetzung, in die die Genossen Wagner und Grümmer von der Kulturabteilung des ZK mehrfach eingriffen, den Beschluß, den Kern der Kritik der Partei (ND-Artikel vom 16.12.1962) anzuerkennen und in Konsequenz der Anerkennung dieser Kritik der Theaterleitung vorzuschlagen, das Stück »Sorgen und die Macht« sofort vom Spielplan abzusetzen. Die Parteileitung beschloß, daß am Sonnabend, dem 12.1.1963 Genosse Kohls als stellv. Intendant den Genossen Langhoff, der sich in Gohrisch aufhält, informiert und seine Zustimmung zu diesem Beschluß erwirkt.

Genosse Grümmer von der Kulturabteilung des ZK ist beauftragt, täglich mit der Parteileitung des Deutschen Theaters die Lage einzuschätzen und die notwendigen Maßnahmen im Deutschen Theater zu veranlassen.

Der Beschluß der Parteileitung wurde (von der Mitgliederversammlung) nicht einstimmig angenommen. Das Abstimmungsergebnis war folgendes:
23 Genossen stimmten dem Beschluß zu.

Darunter sind solche bekannte Künstler wie Mathilde Danegger, Irma Münch, Otto Mellies, Hans Lucke u.a.
5 Gegenstimmen. Es sind dies:
der Bühnenbildner Nationalpreisträger Kilger,
Mitglied der Theaterleitung,
Genossin Dr. Leder, Mitarbeiterin der Dramaturgie,
Genosse Horst Hiemer, Schauspieler,
Mitglied der Parteileitung
und die jungen Schauspieler Esche und Höchst.
4 Stimmenthaltungen. Es sind dies die Genossen Stolper und Kupke, Dramaturgie, Christoph, Schauspieler und die Genossin Henny Müller, Schauspielerin (Frau des Genossen Hiemer). (...)

Eine ernste Situation in der Versammlung trat in dem Moment ein, wo Genosse Hiemer sagte, er könne der Absetzung des Stückes nicht zustimmen, weil die Konsequenz dann die Absetzung des Genossen Langhoff sei. Gleich darauf entgegnete die Genossin Danegger sofort, daß das Beharren auf den falschen Positionen in der Grundorganisation des Deutschen Theaters in Bezug auf das Stück von Peter Hacks die Position des Genossen Langhoff auf das ernsteste gefährde. Wenn man dem Genossen Langhoff helfen wolle, dann nur durch eine klare Entscheidung für die Partei und gegen das Stück von Peter Hacks.

Es hat sich deutlich gezeigt, daß die Wurzel der ideologischen Fehler bei leitenden Genossen im Deutschen Theater in einem falschen Qualitätsstandpunkt (...), in einer falschen Einschätzung des Kräfteverhältnisses und in der Rolle des Deutschen Theaters als eines führenden sozialistischen Kulturinstituts (Verkennung der nationalen Rolle der DDR und Tendenzen einer Mittlerfunktion als Ausdruck der Auffassung von einem 3. Weg), in einer falschen Auffassung des Klassenkampfes, besonders auf ideologischem Gebiet – Tendenzen der ideologischen Koexistenz – und in einer Beschränkung bzw. Negierung der führenden Rolle der Partei auf dem Gebiet der Kunst – Fachleute wie Langhoff und Cremer müssen an Stelle des Genossen Ulbricht und der Funktionäre über Kunstfragen entscheiden – liegen.

(Abteilung Kultur, 12.1.1963)

Information über zwei Gespräche
mit dem Genossen Langhoff

I. Am 7.2.1963 führten die Genossen Wagner und Grümmer ein Gespräch mit dem Genossen Langhoff in der Kulturabteilung. Genosse Langhoff sagte uns, daß er sich wieder gesund und fähig fühle, seine Arbeit aufzunehmen. Er wolle wissen, welche Beschlüsse die Partei in Bezug auf seine Person gefaßt habe. Ihm wurde gesagt, daß die Partei keinerlei Festlegungen über ihn getroffen habe. Alles hinge jetzt davon ab, in welchem Maße es ihm möglich sei, die vom Parteitag ausgearbeitete Linie im Deutschen Theater zu verwirklichen. Genosse Langhoff erklärte daraufhin: Er stimme mit dem Programm der Partei vollständig überein. Von Fall zu Fall müsse man aber diskutieren. Er sei mit dem Kern der Kritik an »Sorgen und die Macht« nicht einverstanden, hätte also darum nicht für die Entscheidung der Grundorganisation des Deutschen Theaters gestimmt, wenn er in der Parteiversammlung dabei gewesen wäre. Er sei aber unter den gegenwärtigen Umständen für die Absetzung des Stückes. Genosse Langhoff erklärte weiter, daß er mit der Kulturpolitik der Partei nicht übereinstimmt in folgenden Punkten:

Mit der Tendenz der V. Deutschen Kunstausstellung,dem Hervorheben künstlerisch schwacher Stücke als Vorbilder durch die Partei (»Studentenkomödie«, »Und das am Heiligabend«) und mit einer konfliktlosen schönfärberischen Darstellung unserer Wirklichkeit.

setzt sich Langhoff, unerschütterbar in seinem Glauben, in allen seinen frühen Inszenierungen ein. Sie erscheinen nicht irritiert von den inneren Problemen der DDR und dem nicht so edlen Handeln ihrer Mächtigen.

Das eben betrifft ihn bald und auf die persönlichste Weise. Die SED hat »Fragen an Wolfgang Langhoff«; sie meinen zuerst das Fehlen der »Sowjetdramatik« im Spielplan des Deutschen Theaters: »Das ist eine politische und künstlerische Frage, die geklärt werden muß.« (*Neues Deutschland,* 21.6.1949); später werden sie zu Angriffen auf den Intendanten, dessen »Parteilichkeit« ihre Grenze hat vor gut gemeinten und schlecht gemachten Theaterstücken – ein Konflikt, mit dem er sein Leben verbringt. Im Sommer 1950 verursacht seine Partei einen tiefgehenden und sich nicht wieder schließenden Riß in seiner Biographie, als sie ihn, auf dem Höhepunkt einer spätstalinistischen Hysterie, wegen des Umgangs mit dem angeblichen amerikanischen Spion Noel H. Field in der Emigration und damit wegen »mittelbarer Unterstützung des Klassenfeindes« aus ihrem Zentralkomitee entfernt. Eine »Reinigung« der Partei, wie das heißt, die er nach außen mit einer heute kaum mehr zu verstehenden Disziplin durchsteht um des »Ganzen« und seines Traums willen.

Kipphardt, Müller, Hacks

Im September 1950 tritt ein 28jährigen Arzt, Heinar Kipphardt, der zu schreiben begonnen hat, in die von Herbert Jhering seit 1945 geleitete Dramaturgie ein. Langhoff erhofft von ihm einen Beitrag zur neuen Dramatik. In den folgenden Jahren wird er, ab 1954 Chefdramaturg, zum engen Partner in den konzeptionellen und künstlerischen Fragen des Theaters.

Kipphardt, aus dem »Westen« gekommen, teilt mit seinem Intendanten die Begeisterung, in der DDR einer neuen Gesellschaftsordnung zu dienen, jedoch ebenso die Beharrlichkeit, in Sachen des Theaters und einer neuen Dramatik auf Qualität zu bestehen. »Das Theater lebt vom Drama seiner Zeit«, äußert er 1957 und, nach Erfahrungen als Dramaturg: »Die neuen Zuschauer, die zu einem großen Teil aus Arbeitern bestehen, die vielfach vor 1945 niemals ein Theater betreten haben, wollen ein Theater, das ihnen die Wahrheit sagt, ausschließlich die Wahrheit, ohne Beschönigung, ohne Kompromisse, die harte Wahrheit über den Menschen (...).« (Deutsches Theater. Bericht über zehn Jahre, S.28) Das neue Drama dieser Art ist nicht vorhanden und wird durch politische Forderungen der Partei, ihre taktische Auffassung von »Wahrheit«, aber auch das Fehlen von echten Talenten nicht vorangebracht. Ende Juni 1953 wird Kipphardts Lustspiel »Shakespeare dringend gesucht« uraufgeführt, das das dumpfe Verhindern auf diesem Gebiet in einer witzigen und aktuellen Satire darstellt. Nach dem Tod Stalins und im kurzzeitig der »Kritik und Selbstkritik« geneigteren Umfeld des 17. Juni, segelt das Lustspiel im Fahrwasser des »Neuen Kurses« durch das ganze Land.

Die Schwierigkeiten mit einer ernsthaften und wahrheitsgemäßen Darstellung der Gegenwart bleiben, behindert auch, so Kipphardt, von dem »Willen zur allgemeinen Richtigkeit« bei den meisten Autoren. Als allerdings er und Langhoff Heiner Müllers »Der Lohndrücker«, die erste realistische, das Theater durch Inhalt und Form herausfordernde Darstellung der »Arbeiterklasse« und ihrer Konflikte mit der Partei, kennenlernen, können sie sich zu einer Aufführung im Deutschen Theater nicht entschließen.

Stücke mit historischen Themen ersetzen lange Zeit die wahrheitsgemäße Auseinandersetzung mit den Realitäten der DDR; das Theater sieht aber seine Aufgabe auch darin, zur Entwicklung eines antifaschistischen und sozialistischen Geschichtsbewußtseins beizutragen. Die Uraufführungen von Friedrich Wolfs »Thomas Münzer« (1953, Regie und Titelrolle Wolfgang Langhoff) und Alfred Matusches »Die Dorfstraße« (1955) wenden sich den geschichtlichen Voraussetzungen angestrebter Veränderungen auf dem Land zu. Darin gibt es Einigkeit mit der SED-Führung, die allerdings Darstellungen erwartet, in denen die revolutionären Vorgänge in der deutschen Geschichte mehr oder weniger auf die DDR hinarbeiten, als der Verwirklichung aller Träume von sozialer Gerechtigkeit.

Mitte der fünfziger Jahre gewinnt das Deutsche Theater durch Kipphardts Initiative endlich einen Dramatiker, der durch seine gut gebauten und aufklärerischen Stücke dem Anspruch des Intendanten und seines Chefdramaturgen entspricht: Peter Hacks. Mit ihrer an Brechts dialektischen Mitteln geschulten Neubesichtigung geschichtlicher Ereignisse und Gestalten tragen seine »Historien« (»Columbus oder Eröffnung des Indischen Zeitalters«, »Die Schlacht bei Lobositz«, »Der Müller von Sanssouci«) auch, im geistigen Umfeld des XX. Parteitags, zu einem skeptischeren, kritischeren Blick auf die Gegenwart bei, obwohl sie, wie alles, was im Theater

Heinar Kipphardt, Heinrich Kilger und Wolfgang Langhoff

Er erklärte außerdem, daß es unmoralisch sei, Hacks aus dem Deutschen Theater zu entlassen. (...) Er deutete an, daß er es nicht richtig finde, daß seine Rehabilitation als Genosse nur inoffiziell erfolgt sei.
II. Kurze Zeit danach hatte Genosse Langhoff ein Gespräch mit dem Genossen (Kultur-)Minister und dem Genossen Bork. Aus diesem Gespräch glaubte Genosse Langhoff für sich entnehmen zu können, daß er auf jeden Fall Intendant bleiben soll. Darauf baute Genosse Langhoff seine Taktik in dem folgenden Gespräch auf, welches am 12.2.1963 in seiner Wohnung stattfand. (...)

In diesem Gespräch war zu erkennen, daß sich Langhoff mit einigen falschen Auffassungen des Stückes »Die Sorgen und die Macht« identifiziert. Als wir kritisierten, daß Hacks aus objektiven Widersprüchen Fehler der Partei gemacht habe, die die Partei gar nicht begangen habe, antwortete Langhoff: aber die Partei hat doch auch Fehler gemacht. (...) Als wir auf das Problem des Verhältnisses der Partei zum Volk zu sprechen kamen, erklärte Genosse Langhoff sinngemäß, er habe nachgedacht, warum wir so wenig Kontakt mit den Massen in einigen Fragen haben. »Sorgen und die Macht« habe geholfen, bei einigen Schichten diesen Kontakt herzustellen, die hätten mit Achtung von uns gesprochen, weil die Partei es zugelassen habe, daß in einem Stück über ihre Fehler offen gesprochen worden sei. Als wir den Genossen Langhoff darauf aufmerksam machten, daß wir

Der Regisseur Wolfgang Heinz

nicht den Weg einer Fehlerdiskussion gehen, sondern (...) Fehler im Vorwärtsschreiten überwinden, antwortete Langhoff, Lenin habe gesagt, man müsse dem Volk die ganze Wahrheit sagen.

Im Zusammenhang mit der Frage, ob die Partei Fehler gemacht habe, und ob durch solche Fehler der Kontakt der Partei zum Volk gestört sei, sagte Langhoff: sein Sohn halte ihn heute für nicht mehr so kompetent wie früher, weil er in der Zeit des Personenkults zu den Jasagern gehört habe. Offensichtlich glaubt Genosse Langhoff, daß der Personenkult die Ursache für bestimmte Schwierigkeiten und Konflikte in der DDR sei. (...)

In diesem Gespräch distanzierte sich Genosse Langhoff nicht von den falschen Auffassungen in der Parteiorganisation des Deutschen Theaters vor dem VI. Parteitag. Im Gegenteil, er sprach mit Anerkennung von der ehrlichen, standhaften Haltung der Genossen.
III. Zusammenfassung
Das Gespräch läßt unserer Meinung nach erkennen, daß Genosse Langhoff der Meinung ist, die Politik und Kulturpolitik der Partei sei fehlerhaft, weil durch den Personenkult entstellt. (...) Er glaubt sich darin in Übereinstimmung mit vielen Intellektuellen in der DDR. Die Opposition einiger Intellektueller erkennt er nicht als politische Schwankung, sondern als Ausdruck dafür, daß die Partei Fehler gemacht habe, sei-

gedacht und gespielt wird, die DDR in keiner Weise in Frage stellen wollen.

Nach der Schließung der Wiener »Scala« kommt Wolfgang Heinz mit einer Gruppe von österreichischen Schauspielern nach Berlin; es können Ensembleverluste (durch Eröffnung des Schiller-Theaters 1955) ausgeglichen werden. Die »Wiener« bringen in den norddeutsch-rationalen Darstellungsstil des Deutschen Theaters eine österreichisch-barocke Farbe ein. Die »Kleinbürger«-Inszenierung von Karl Paryla und Wolfgang Heinz (1956/57) verschafft nicht nur der realistischen russischen Dramatik Geltung; sie wirkt auch in der psychologischen Vertiefung des Ensemblestils weiter.

Die Differenz

Nach dem Aufstand in Ungarn, den die SED als Folge falscher »Entstalinisierung« und als Menetekel eigenen Machtverlusts ansieht, werden die Hoffnungen auf eine durchgreifende Wirkung des XX. Parteitags in der DDR enttäuscht. Langhoff wird zwar von den Vorwürfen aus dem Jahr 1950 losgesprochen und »rehabilitiert«, aber lediglich in beleidigender Heimlichkeit. In der Haltung zu seiner Partei ändert sich nach außen hin nichts. Es scheint aber jetzt eine schmerzende, uneingestandene Differenz zu entstehen. In seiner künstlerischen Arbeit ist eine Beunruhigung und erstaunende Erneuerung zu bemerken; es entstehen in den folgenden Jahren eine Reihe von Inszenierungen, die, je auf verschiedene Weise, Interesse am Experiment, an unterschiedlichen Stilen und schauspielerischen Mitteln zeigen, sich mit der Tradition des revolutionären Theaters sowie verstärkt mit Brecht auseinandersetzen – und dabei eine zunehmende theatralische Freiheit erreichen. Dazu gehören die Inszenierungen »Die Schlacht bei Lobositz« und »König Lear« (1956/57), »Woyzeck/ Astutuli« (1958/59) und vor allem »Sturm« (1957/58), in denen auch die langjährige Arbeit mit dem Bühnenbildner Heinrich Kilger zu interessanten ästhetischen Gesamtwirkungen führt. Diese Aufführungen werden aber auch von einem Ensemble getragen, das die politische und künstlerische Unruhe des Regisseurs teilt und daraus einen leidenschaftlichen Realismus, einen zwischen Identifikation und Distanz spielenden Darstellungsstil zu entwickeln beginnt. Er ist der Ausdruck einer politischen Haltung: der der *kritischen* Anteilnahme an den Angelegenheiten der DDR.

Diese politische und künstlerische Aktivierung des Ensembles wird von den oberen Parteiorganen mit Sorge betrachtet. Seit 1958 gibt es verstärkt Auseinandersetzungen über den Spielplan des Theaters, vor allem über das Fehlen »sozialistischer Dramatik« der DDR, das heißt dessen, was der Partei gefällt, und wegen der Aufführung »westlicher« Werke von Sartre, Giraudoux, Orff und Remarque. Im April 1958 muß Langhoff auf einer vom ZK beschickten Parteiversammlung im Theater seinen Chefdramaturgen in Schutz nehmen: »Die Genossen der Kulturabteilung sehen nicht, daß sich die Welt verändert. Es nützt nichts, Stücke zu geben, die zwar das (Gegenwarts-) Thema enthalten, aber idealistisch sind und keine Beweisführung geben.« Im Februar 1959 lassen »Genossen Autoren« des Schriftstellerverbands einen »Offenen Brief an das Deutsche Theater« los: »Warum verschließen Sie theatererfahrenen sozialistischen Autoren Ihre Bühnen? (...) Warum liegen Ihnen Remarque, Sartre, Orff mehr am Herzen als Wangenheim, Hauser, Tschesno-Hell, Gorrish und andere? (...) Glauben Sie, daß die von Ihnen gebrachten Stücke das wahre Gesicht unserer neuen Gesellschaft, den erregenden Atem des Aufbaus unserer sozialistischen Gesellschaft wiedergeben? Wir glauben es nicht.« (*Neues Deutschland,* 17.2.1959)

Für die Parteiführung ist – noch – der Chefdramaturg Kipphardt der Schuldige. Eine Beratung der Kulturkommission beim Politbüro des ZK der SED mit Berliner Theaterschaffenden Mitte März dekretiert, »daß leitende Mitarbeiter (von Berliner Theatern) die führende Rolle der Partei auf dem Gebiet der Kultur nicht eindeutig anerkannten«.

Wolfgang Langhoff stimmt »den in der Diskussion gewonnenen Erkenntnissen«, das heißt, der Maßregelung seines Chefdramaturgen zu. »Sein Verhältnis zum Genossen Kipphardt« sei nicht von der nötigen kritischen und parteimäßigen Einschätzung bestimmt gewesen. Um »Versäumnisse« in der Spielplangestaltung aufzuholen, verspricht er, daß »in diesem Jahr noch ›Neuland unterm Pflug‹, ›Studentenkomödie‹ und ›Professor Mamlock‹ aufgenommen« werden. (*Neues Deutschland,* 16.3.1959). Heinar Kipphardt, »als Theaterfunktionär (...) durch seine Praxis und durch seine prinzipielle Einstellung (...) erledigt« und als Autor ebenfalls, da man in seinem letzten Stück (der Satire »Esel schrein im Dunkeln«) »die Sprache des Feindes« entdeckt, kündigt im Theater und verläßt noch im gleichen Jahr die DDR. (In der Sache Heinar Kipphardt, S. 23-32)

ner Meinung nach bestünde die Aufgabe jetzt darin, diese Fehler zu beseitigen, indem man sie offen diskutiert. (...)

Genosse Langhoff steht in einer Reihe von Fragen nicht auf dem Boden der Partei. (...) Seine ideologische Verfassung nimmt ihm jede Möglichkeit, eine politische Wende im Deutschen Theater und in der Arbeit der Grundorganisation herbeizuführen. Genosse Langhoff ist zur Zeit nicht in der Lage, die Beschlüsse des Parteitags durchzuführen.
Berlin, 13.2.1963

(Auszüge aus Dokumenten der Kulturabteilung des ZK der SED)

Göttingen, 29. Mai 1963

Mein lieber, verehrter Herr Langhoff!

Ich habe hier in den Zeitungen gelesen, daß Sie zurückgetreten sind.

Es war allerdings nicht so als freiwillige Handlung dargestellt. Lassen Sie mich Ihnen bitte meine tiefste Sympathie zum Ausdruck bringen.

Ich persönlich finde gerade, daß Ihr Spielplan und Ihre ganze Haltung als Leiter des Theaters so erfrischend und wohltuend war, weil es nicht nur eine politische Haltung war, sondern weit darüber hinaus ins allgemein Menschliche hineinstrahlte. Dabei ist uns doch allen klar, daß auch das Sympathische und sehr Werbende an Ihrer ganzen Persönlichkeit war, daß Sie in allen ihren Reaktionen zeigten, daß Sie ein gläubiger und auch denkender, aber auf jeden Fall unabänderlicher Kommunist waren. Die restlose Überzeugtheit Ihrer inneren Einstellung hat auch uns, die wir es doch von einer anderen Seite aus sehen, völlig überzeugt und man hat ja immer eine Freundschaft zu einem Menschen, wenn man weiß, daß er das, was er ist und sein will, unverbrüchlich und ganz ist.

Seien Sie von meiner tiefsten Verbundenheit überzeugt.

Ihr Ihnen ergebener
Heinz Hilpert

Treffbericht von FIM »René« mit IM »Stern«
der Abt. V/1 der Verwaltung Groß-Berlin
vom 9. September 1963* (Auszug)

1. Die offizielle Verabschiedung des ehemaligen Intendanten Langhoff gestaltete sich zu einer Sympathiekundgebung für ihn. Als Kurt Bork sagte, daß seine Arbeit zwar gut war, aber doch hin und wieder Fehler gemacht worden sind, antwortete Langhoff ihm, daß er Fehler gemacht habe, daß aber bestimmt auch in Zukunft Fehler gemacht werden. Alle Angehörigen des Theaters bekundeten durch starken Beifall, daß sie der gleichen Ansicht sind.

Vermerk: Handschriftlicher Bericht m.U. von René

* BStU, ASt Berlin AIM 1356/67 Bd. II/2, Bl. 9-10

Ein konfliktreiches Stück

Auf der »Schauspieltheater-Konferenz« im Januar 1960 kann Langhoff diese moralische Niederlage, wie immer sein Theater und die westlichen »Zaungäste« im Auge, nur in Bildern herunterspielen. Er spricht von einem Stück mit dem Titel »Kritik am Deutschen Theater«, das »ein sehr konfliktreiches Stück« gewesen sei, »mit dramatischen Zuspitzungen, ja manchmal auch kleinen tragischen Varianten«, das aber »einen optimistischen Ausgang genommen« habe.

Nach der Ableistung des Pflichtbeitrags »Neuland unterm Pflug« wendet er sich noch 1960 dem unbestechlichen Lessing zu, dessen »Minna von Barnhelm« er ohne »Aktualisierung« zu aktueller Wirkung bringt, mit der Hilfe von Schauspielern, in deren zweihundertjährigen Figuren zugleich sehr bekannte Lebenshaltungen gegeneinander stehen: Liebende Vernunft siegt über preußische »Ideologie«, mit der Hilfe eines renitenten Proletariers, behelligt von der Neugier des Staats. Langhoff erklärt dem ZK-Mitglied Minetti den Tellheim als einen Mann, der sich hundertprozentig nach dem preußischen Ehrbegriff zu richten versucht und dabei ist, sein Leben und das anderer zu zerstören.

Im selben Jahr noch holt Langhoff den bedeutendsten Brecht-Schüler, Benno Besson, für die Uraufführung von Erwin Strittmatters »Die Holländerbraut« (zunächst als Gast, ab 1962/63 fest engagiert) in das Theater. Die Inszenierung ist nach der »Minna« die folgerichtige Fortsetzung des Wegs zu einem »dialektischen Theater«. Das ist ein noch von Kipphardt vorgeschlagener Begriff, der den durch Widerspruchslosigkeit diskreditierten des »sozialistischen Realismus« ergänzen sollte, ihn in der Folgezeit am Deutschen Theater – mindestens in der Arbeit – aber stillschweigend ersetzt.

Der 13. August und der Bau der Mauer wirken sich auch auf das Theater aus. Um diese Zeit verändert sich das Ensemble erneut; Schauspieler, die in Westberlin wohnen, ziehen es vor, dort zu bleiben, jüngere und ungeduldigere, mit intensiveren DDR-Erfahrungen kommen. Mit dem »antifaschistischen Schutzwall« verbindet sich die Hoffnung, daß man sich hinter ihm nun ungehindert den vom XX. Parteitag aufgeregten Fragen zur Geschichte des Sozialismus, der DDR und der SED zuwenden könne. Das stellt sich zwar schnell als Illusion heraus, hat aber dennoch in der Folgezeit auf Denken und künstlerische Konzeptionen im Theater einen bedeutenden Einfluß. Zunächst allerdings scheitert nach dem 13. August die

Absicht, das für das Theater geschriebene Stück »Die Umsiedlerin« von Heiner Müller uraufzuführen. Eine »Versuchsaufführung« durch die Studentenbühne der Hochschule für Ökonomie, Ende September 1961, wird umgehend abgesetzt; es folgt eine Untersuchung durch Partei-, Regierungs- und Sicherheitsbehörden, das Stück wird gebrandmarkt: »Konterrevolutionär«. Das Theater, wegen seiner Mitverantwortung auch im Visier, windet und distanziert sich; immerhin, ohne in dieses schrecklichste aller Verdikte einzustimmen.

Die Mauer und die Macht

1959 bis 1962 wird das Deutsche Theater umfassend rekonstruiert und ein gutes halbes Jahr nach dem Mauerbau mit Langhoffs Inszenierung von »Wilhelm Tell« wiedereröffnet: In der Aufführung bleibt trotz »richtiger« Konzeption eine ambivalente Wirkung der Freiheits- und Einheitsidee erhalten.

Langhoffs Inszenierung von Peter Hacks' »Die Sorgen und die Macht« (2. Oktober 1962) unterstellt man wegen darin enthaltener Kritik an kleinen Funktionären einen Angriff auf die »führende Rolle der Partei«. Die Inszenierung wird vom Ensemble verteidigt. In einem pseudo-demokratischen, vom ZK und der Bezirksleitung der SED ganz nach stalinistischem Muster gelenkten Verfahren, werden die Parteimitglieder des Theaters – unter ihnen auch prominente Schauspieler – so lange bearbeitet, bis sie, teils von »Parteidisziplin« und Opportunismus, teils von Sorge um das Theater und Langhoff übermannt, in ihrer überwältigenden Mehrheit die Absetzung der Inszenierung beschließen – und damit ihren Intendanten und Regisseur verraten. Die Hoffnung, daß mit diesem Umfall auch die Gefahren von ihm abgewendet sind, erfüllt sich nicht. Die Angriffe setzen sich auf dem VI. Parteitag im Januar 1963, der die »Einheit und Geschlossenheit« der SED nach dem 13. August 1961 dokumentieren muß, und auf einer »Beratung« von Ulbrichts Politbüro mit Schriftstellern und Künstlern im März fort. Dort gibt Langhoff eine »Selbstkritik« ab; sein Ende als Intendant ist jedoch schon beschlossene Sache. Der Hinauswurf wird als Rücktritt aus Krankheitsgründen getarnt. In der gleichen Spielzeit erlebt sein Ensemble mit dem von Benno Besson inszenierten, alle Theatermittel entfesselnden »Frieden« von Peter Hacks einen seiner größten künstlerischen Triumphe.

Die Sozialistische Einheitspartei Deutschlands hat einen ihrer treuesten Kämpfer verloren. Der verdienstvolle Schauspieler und Regisseur, unser lieber und verehrter Genosse Professor Wolfgang Langhoff, ist nach längerer Krankheit am 25. August 1966 verstorben. (...) Die Regierung der Deutschen Demokratischen Republik würdigte seine großen Leistungen mit der mehrfachen Verleihung des Nationalpreises, des Vaterländischen Verdienstordens, des Ordens »Banner der Arbeit« und anderen Auszeichnungen.

Das Zentralkomitee der Sozialistischen Einheitspartei Deutschlands und die Werktätigen unserer Republik trauern um den großen Künstler und treuen Genossen Wolfgang Langhoff. Sein Werk wird in der sozialistischen Kultur unserer Republik immer lebendig bleiben.

(Ein großer Künstler und treuer Genosse.
Nachruf des ZK der SED,
Neues Deutschland, 6. August 1966)

Langhoffs Dramaturgie
Chefdramaturg ist von 1945 bis 1954 der langjährige Theaterkritiker Herbert Jhering; nach ihm, von 1954 bis 1959, der 1950 in die Dramaturgie gekommene Arzt und Schriftsteller Dr. Heinar Kipphardt. Theaterstücke bis 1959: »Entscheidungen« (1952), »Shakespeare dringend gesucht« (1953), »Der Aufstieg des Alois Piontek« (1956), »Die Esel schrein im Dunkeln« (nicht aufgeführt). 1959 nach heftigen Auseinandersetzungen über die Kulturpolitik der SED-Führung aus der DDR in die BRD gegangen. Geschäftsführende Dramaturgen danach Dr. Gerhard Piens und Jürgen Schmidt. 1962/63 gehören der Dramaturgie u.a. Dr. Lily Leder und Dr. Peter Hacks an, der nach den Konflikten um sein Stück »Die Sorgen und die Macht« das Theater verlassen muß.

Dokumente:
LAB, Rep. 120, Nr. 3314, 1906, Rep. 105, Nr. 6913;
SAPMO-BArch Dy 30/ IV 2/2.026/68, NL 182/932

»Wir heißen Euch hoffen« von Fred Denger, Uraufführung im April 1946; Szene mit Agathe Poschmann als Ria (Mitte), Max Eckard als Veit und Antje Weisgerber als Claire

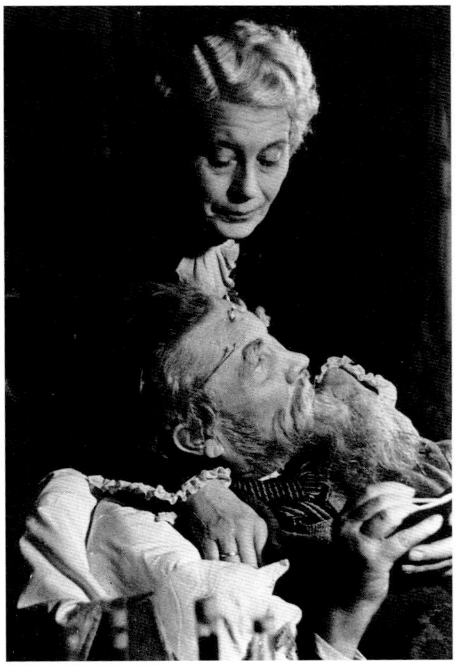

Paul Wegener als Professor Poleshajew und Gerda Müller als seine Frau in »Stürmischer Lebensabend« von Leonid Rachmanow, Juni 1946

◄ Paul Wegener als Nathan in Lessings »Nathan der Weise«, Regie Fritz Wisten, Premiere am 7. September 1945 zur Wiedereröffnung des Deutschen Theaters

»Hamlet« von William Shakespeare, Regie Gustav von Wangenheim, Dezember 1945; Horst Caspar als Hamlet, Gerda Müller als Gertrud und Walter Richter als Claudius

Die Eröffnungsvorstellung der Intendanz Gustav von Wangenheim im Deutschen Theater mit »Nathan der Weise« ist Programm. Lessings dramatisches Gedicht um Humanität und Toleranz durfte zwölf Jahre lang in keinem »deutschen« Spielplan erscheinen; mit Paul Wegener spielt den Juden Nathan einer der ältesten noch lebenden Reinhardt-Schauspieler.
Das erste neue deutsche Stück des schwierigen Anfangsjahrs, Dengers »Wir heißen Euch hoffen«, setzt sich mit der moralischen Situation der Jugend im zerstörten Berlin auseinander. »Stürmischer Lebensabend« von Rachmanow ist das erste sowjetische Stück im Deutschen Theater. Wegener spielt auch, auf Wunsch der russischen Militärverwaltung, den bürgerlichen Wissenschaftler, der sich in der Oktoberrevolution zu den Bolschewiki bekennt.

Wolfgang Langhoff als Kreon und Gustaf Gründgens als Ödipus in »König Ödipus« von Sophokles, Regie Karl Heinz Stroux, 1946

Käthe Braun als Elektra in der Uraufführung von »Agamemnons Tod« und »Elektra«, aus Gerhart Hauptmanns während des Kriegs geschriebener Atridentetralogie, 1947

»Pastor Hall« von Ernst Toller, Uraufführung Januar 1947; Eduard von Winterstein, Ernst Sattler (Friedrich Hall), Käthe Haack und Liselotte Reimann

Nach der nur einjährigen Intendanz von Wangenheims kann erst Wolfgang Langhoff langfristig mit dem Wiederaufbau des Ensembles und Repertoires beginnen. Geistiges Zentrum seiner ersten Spielzeit ist, mit mehreren Uraufführungen, die Auseinandersetzung mit dem Faschismus. Seine erste Inszenierung ist die Uraufführung des Stücks eines jungen Autors, in dem er selbst die Hauptrolle spielt. Als Schauspieler stellt der Intendant Langhoff sich damit mitten unter die Menschen, die er zu dem Ensemble machen will, das die großen Traditionen des Deutschen Theaters erneuern und fortsetzen kann. »Es war der Wille zu einem Theater, das die Intentionen des Autors verfolgt, es war der Wille zur Einfachheit, zur sachlichen Wahrheit …« (Heinar Kipphardt)

Wolfgang Langhoff als Stabsarzt Dr. Robschek und Robert Trösch als Obersturmführer Ringler in »Ein jeder von uns« von Hansjörg Schmidthenner, Regie Wolfgang Langhoff, Uraufführung März 1947

Szene »Die Bergpredigt« aus Langhoffs Erstaufführung von Brechts »Furcht und Elend des Dritten Reiches«, 1948, mit Reinhard Kolldehoff, Käthe Reich, Wilhelm Krüger und Walter Richter

»Brigade Karhan« von Vašek Kana, 1950/51; Heinz Voß als Jarka, Hans Weniger als Tulach und Harry Hindemith als Karhan

»Im Prozeß, den wir gegen unsere Vergangenheit führten, sollte der ›Faust‹ eine Zeugenaussage sein, eingedenk der Formel, die seit ewiger Zeit alle Zeugen beschwören, ›nichts hinzuzufügen und nichts wegzulassen, die Wahrheit zu sagen und nichts als die Wahrheit‹. So war also unser erstes Anliegen, die Geschichte, den Hergang, die Fabel zu erzählen, schmucklos und genau, einfach und menschlich ...« (Wolfgang Langhoff, 1957). Die Inszenierung des gegen Tito gerichteten Stücks »Der große Verrat«, am Ende der gleichen Spielzeit, zeigt die Schwierigkeit mit der ganzen Wahrheit in der Zeit der ideologischen Klischees, des Stalinismus und des kalten Kriegs.

»Der große Verrat« von Ernst Fischer, Regie Wolfgang Langhoff, 1950; Wolfgang Heinz als Malabranca mit Wolf von Beneckendorf als Sherman

◄ Wolfgang Langhoff als Mephisto und Willy A. Kleinau als Faust in »Faust. Erster Teil« von J.W.v. Goethe, Regie Wolfgang Langhoff, 1949

»Marek im Westen« von Gerhard W. Menzel, Uraufführung 1951/52; Paula Ronay, Herbert Richter (Marek) und Heino Winkler

»Shakespeare dringend gesucht« von Heinar Kipphardt, Uraufführung 1952/53; Margret Homeyer und Rudolf Wessely (Färbel)

Stücke, die »das Neue« in der DDR »widerspiegeln«, sind dringend erwünscht; um sie dreht sich ein großer Teil der Anstrengungen – und Auseinandersetzungen des Theaters. Die Inszenierung des »Produktionsstücks« »Brigade Karhan« ist Ausdruck eines ehrlichen Interesses für Leben und Arbeit der »Werktätigen«. In seinem Chefdramaturgen Heinar Kipphardt gewinnt das Theater zugleich einen Autor; er macht diese Mühen zum Gegenstand seiner ironisch-witzigen Komödie »Shakespeare dringend gesucht«. Die Ablehnung schlechter, der Konjunktur geschuldeter Stücke dieses Genres bringt Langhoff und Kipphardt aber bald in politische Schwierigkeiten mit der Partei und ihren dogmatischen Vorstellungen von der »sozialistischen Wirklichkeit«.

»Thomas Münzer« von Friedrich Wolf, Regie Wolfgang Langhoff, Uraufführung 1953; Wolfgang Langhoff (Münzer), Wilhelm Koch-Hooge (Markas Stübner), Herbert Richter (Bartel Krumbach)
Das Schauspiel über Münzers Kampf um Gottes Gerechtigkeit für die unterdrückten Bauern will, wie Matusches »Dorfstraße«, geschichtliches Zeugnis für die Notwendigkeit eines sozialistischen Wegs auf dem Land sein.

»Die Dorfstraße«
von Alfred Matusche;
Szene aus der Uraufführung
im Februar 1955

Ernst Busch als Mephisto und Kurt Oligmüller als Faust in »Faust. Erster Teil« von Johann Wolfgang von Goethe, Regie Wolfgang Langhoff, 1954

Die sozialistische Interpretation des »klassischen Erbes« ist ein wichtiges Anliegen (und ein Auftrag) des Theaters in den 50er Jahren. 1954 inszeniert Langhoff »Faust« erneut, nachdem »sich unser Leben bereits weitgehend gefestigt« hat: »Eine breitere Landschaft erschloß sich vor uns.« Dementsprechend zeigt ihm »auch die ›Faust‹-Landschaft ... neue, weitere Perspektiven, feinere Differenzierungen von Licht und Schatten«. (1957)

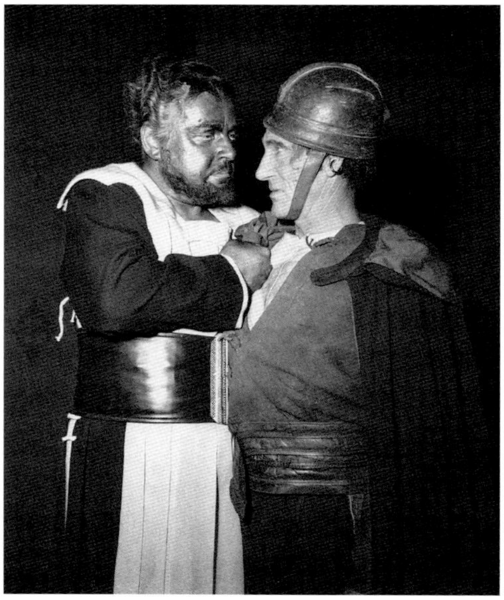

Willy A. Kleinau (Othello) und Ernst Busch (Jago) in »Othello« von William Shakespeare, Regie Wolfgang Heinz, 1953/54

»König Lear« von William Shakespeare, Regie Wolfgang Langhoff, 1956/57; Willy A. Kleinau als Lear und Margarete Taudte als Cordelia

In Ernst Busch und Willy A. Kleinau hat das Deutsche Theater in diesen Jahren zwei außerordentliche Charakterdarsteller von großer Unterschiedlichkeit. Kleinaus Stimme umfaßt »von rührender Herzenswärme über ungehemmte Raserei und erschütternden Schmerz bis zu hoffnungsloser Gebrochenheit die ganze Gefühlsweite mächtiger, von der eigenen Unbedenklichkeit gefährdeter Temperamente« (Lothar Creutz), während in Buschs Stimme und Spiel die »karge Schönheit, ... die harte Klarheit, ... die metallene Schärfe« und »die glühende Vernunft« begegnen (Heinar Kipphardt).

Heinrich Kilger, Bühnenbildentwurf zu »Lear«. Der Bühnenbildner ist seit 1947 (»Ein jeder von uns«) bzw. 1949 (»Faust«) mit dem Regisseur Langhoff künstlerisch eng verbunden; er prägt mit seinen technisch praktikablen und malerisch ausdrucksstarken Räumen entscheidend die Ästhetik der großen Klassiker-Inszenierungen.

»Die Schlacht bei Lobositz« von Peter Hacks, Uraufführung 1956/57; Szene mit Emil Stöhr als Invalide

Der 1955 aus München in die DDR gekommene, von Brecht inspirierte Peter Hacks ist endlich ein Dramatiker, der mit seinen dramaturgisch intelligenten, die Geschichte respektlos inspizierenden historischen Komödien dem von Langhoff und Kipphardt vertretenen Anspruch an die theatralische Qualität aufzuführender Stücke entspricht. Beginnend mit »Columbus oder Eröffnung des indischen Zeitalters« (1955/56) und »Die Schlacht bei Lobositz«, gipfelt die enge Zusammenarbeit (über »Der Müller von Sanssouci«, 1957/58) im Oktober 1962 fast zeitgleich in den beiden Inszenierungen von »Der Frieden« (Regie Besson) und »Die Sorgen und die Macht« (Regie Langhoff): Die eine wird zu einem der größten künstlerischen Erfolge des Deutschen Theaters nach 1945, die andere muß, auf Veranlassung des ZK der SED, vom Spielplan genommen werden und leitet das infame Ende von Langhoffs Intendanz ein.

»Professor Mamlock« von Friedrich Wolf, 1959/60; Kati Székely, Rudolph Christoph, Ursula Burg, Wolfgang Heinz als Mamlock und Johannes Maus

»Das Tagebuch der Anne Frank« von Frances Goodrich und Albert Hackett, 1957/58; Szene mit Wolfgang Heinz, Ursula Burg, Werner Pledath, Hans-Edgar Stecher, Irmgard Somnitz, Kati Székely als Anne und Loni Michelis

»Sturm« von Wladimir Bill-Bjelozerkowski, Regie Wolfgang Langhoff, 1957/58; Szene mit Ernst Busch

Szene mit Heinz Voss, Walter Lendrich, Ernst Busch als Sekretär des Kreisparteikomitees, Gerhard Bienert und Paul R. Henker

»Sturm« ist ein eher bescheidenes Stück über einen »Parteiarbeiter« in der Zeit des russischen Bürgerkriegs, die in der DDR schon zum romantischen Gegenbild geworden ist als noch undoktrinär und voller Bewegung. Nach dem XX. Parteitag der KPdSU vermitteln Langhoff und sein Hauptdarsteller Ernst Busch in der auch gegen Kleinmut und Großmannssucht polemisierenden Inszenierung die idealische Hoffnung, daß es den Sozialismus Majakowskis und Meyerholds doch noch geben wird.

»Somow und andere« von Maxim Gorki, Regie Wolfgang Heinz, 1953/54; Inge Keller in der Rolle der Lydia und Herwart Grosse als Somow

»Drei Schwestern« von Anton Tschechow, Regie Heinz Hilpert, 1957/58; Szene mit Margarete Taudte (Irina), Inge Keller (Olga) und Ursula Burg (Mascha)

»Der Kirschgarten« von Anton Tschechow, Regie Wolfgang Heinz, 1961/62; Fritz Hofbauer (Firs), Elfriede Née (Warja), Friedrich Richter (Gajew) und Erika Pelikowsky (Ranjewskaja)

Der Schauspieler und Regisseur Wolfgang Heinz ist Langhoff seit der gemeinsamen Arbeit am Züricher Schauspielhaus in der Emigrationszeit freundschaftlich verbunden. Mit seinen Gorki- und Tschechow-Inszenierungen trägt er entscheidend zur Entwicklung der realistisch-psychologischen Darstellungskunst des Ensembles bei.

»Woyzeck« von Georg Büchner, 1958/59; Szene mit Fred Düren als Woyzeck und Rudolf Wessely als Doktor

Langhoffs mutige Zusammenstellung der beiden gegensätzlichen Werke läßt einen in seinen Gefühlsextremen starken Abend entstehen, der an die reinigende Kraft des antiken Theaters erinnert. Der »parteiliche« Kritiker Erpenbeck sieht aber den »klassenbedingten Konflikt« in »Woyzeck« vernachlässigt und Orffs Komödie nur als »Sylvesterscherz« an. Wenig später beginnen (vom ZK der SED initiierte) Angriffe auf Langhoff wegen Vernachlässigung des (DDR-)»Neuen« im Spielplan des Deutschen Theaters.

Szene aus »Astutuli« von Carl Orff, 1958/59

Heinrich Kilger, Bühnenbildentwurf zu »Minna von Barnhelm«, 1959

»Minna von Barnhelm« von Gotthold Ephraim Lessing, Regie Wolfgang Langhoff, 1959/60; Käthe Reichel als Minna und Hans-Peter Minetti als Tellheim

Mit »Minna von Barnhelm« gelingt Langhoff die Zusammenführung seiner eigenen Erfahrungen mit denen des lange als sein Antipode geltenden Regisseurs Brecht. Die »sächsische« Heiterkeit der Minna von Käthe Reichel, die »preußische« Starrheit des Tellheim von Hans-Peter Minetti, die Obrigkeitshörigkeit des Wirts von Herwart Grosse, die proletarische Indolenz von Friedo Solters Just lassen Lessings Lustspiel ohne jede äußerliche Nachhilfe in der DDR aktuell erscheinen.

Wolfgang Langhoff als Piccolomini und Wolfgang Heinz als Wallenstein in Schillers »Wallenstein«-Trilogie 1958/59, Inszenierung Karl Paryla

▸ »Wilhelm Tell« von Friedrich Schiller, Regie Wolfgang Langhoff, 1962; Adolf-Peter Hoffmann, Friedo Solter (Tell) und Horst Drinda (Geßler)

Mit Schillers Schauspiel um Freiheit und Einheit der Schweizer Eidgenossen eröffnet Langhoff das Deutsche Theater nach einer Restaurierung – und wenige Monate nach dem Bau der Mauer. Damit zieht er sich, trotz der Bemühungen um »Parteilichkeit«, endgültig das Mißtrauen der SED-Führung und Ulbrichts zu.

»Die Holländerbraut« von Erwin Strittmatter, Uraufführung 1960/61; Käthe Reichel als Hanna Tainz Die durch die Darstellung einer fatalen deutschen Kontinuität umstrittene Inszenierung ist die erste der erfolgreichen Arbeiten Benno Bessons im Deutschen Theater.

»Der Frieden« von Peter Hacks nach Aristophanes, Regie Benno Besson, 1962;
Fred Düren (Trygaios), Reimar Joh. Baur (Chorführer), Klaus Piontek (Hermes)

Die Uraufführung der Komödie um den unorthodoxen und lustvollen »Kampf um den Frieden« des athenischen Bauern Trygaios weckt ebenfalls Argwohn. Er wagt sich jedoch nicht an die Öffentlichkeit wegen des sensationellen Erfolgs der mit allen Theatermitteln souverän spielenden Inszenierung. Durch viele Gastspiele wird sie zu einem Ereignis des Welttheaters.

»Die Sorgen und die Macht« von Peter Hacks, Regie Wolfgang Langhoff, 1962; Szene mit Franz Bonnet, Walter Lendrich, Bärbel Bolle, Hans-Joachim Hanisch (Parteisekretär der Brikettfabrik), Margarete Taudte, Gerhard Bienert, Otto Mellies, Friedo Solter und Anny Stöger

Die Aufführung verursacht die heftigste Kritik der Parteiführung an Hacks und an Regisseur Langhoff, der »einige Schwächen des Stückes, die besonders die Rolle der Partei und das Antlitz der Arbeiterklasse betreffen, in seiner Inszenierung nicht gemildert«, ja, die »kritische Distanz zur Partei« vertieft habe (»Einschätzung« der Kulturabteilung des ZK der SED). Der erzwungenen Absetzung der Inszenierung folgt im Mai 1963 Langhoffs Rücktritt als Intendant, aus »Krankheitsgründen«.

»Der Mann mit dem Gewehr« von Nikolai Pogodin, Regie Hannes Fischer, 1962; Herwart Grosse (Lenin), Friedo Solter (Iwan Schadrin)

Das sozialistisch-realistische Märchen Pogodins aus der Stalinzeit (1937) rettet im Umfeld dieser Auseinandersetzungen nichts.

»Die Sorgen und die Macht« von Peter Hacks, Premiere am 2. Oktober 1962, letzte Vorstellung am 9. Januar 1963;
Szene »Bergarbeiterball« mit u.a. Elsa Grube-Deister, Annelene Hischer, Otto Mellies und Bärbel Bolle

Anläßlich der Festveranstaltung zum 20. Jahrestag der Wiedereröffnung am 8. September 1965 steht Wolfgang Langhoff zum letzten Mal auf der Bühne des Deutschen Theaters. Sein Nachfolger Wolfgang Heinz überreicht ihm die Urkunde eines Ehrenmitglieds des Deutschen Theaters

▸ Wolfgang Langhoff als Thoas in seiner Inszenierung von Goethes »Iphigenie auf Tauris«, Premiere 4. Oktober 1963

(...) Im ersten Akt (von »Faust. Zweiter Teil«) gibt es den Mummenschanz im Karneval. Der sonst mit seinen Regiebemerkungen sehr sparsame Goethe schreibt da:
»Die Grab- und Nachtdichter lassen sich entschuldigen, weil sie soeben im interessantesten Gespräch mit einem neu erstandenen Vampyren begriffen seien, woraus eine neue Dichtart sich vielleicht entwickeln könnte; der Herold muß es gelten lassen und ruft indessen die Mythologie, die, selbst in moderner Maske, weder Charakter noch Gefälliges verliert.« Es treten zuerst auf die drei Grazien, und die sagen:
(Die Erste) »Anmut bringen wir ins Leben;/ Leget Anmut in das Geben«;
(Die Zweite) »Leget Anmut ins Empfangen,/ Lieblich ist's, den Wunsch erlangen«;
(Die Dritte) »Und in stiller Tage Schranken/ Höchst anmutig sei das Danken«.
Und jetzt wär's an mir, ein bissel Anmut in das Danken zu legen, wie es mir Goethe da vorgeschrieben hat. Das kann ich nicht. Aber als ich mir das überlegte, fiel mir diese schöne Strophe von Bertolt Brecht ein, in der dasselbe Wort erscheint, und es heißt: »Anmut sparet nicht noch Mühe,/ Leidenschaft nicht noch Verstand,/ Daß ein gutes Deutschland blühe/ Wie ein andres gutes Land.« – Ich hoffe, ich habe es in dieser Zeit an Mühe und Leidenschaft nicht fehlen lassen. Manchmal hat es vielleicht mit der Anmut und auch mit dem Verstand ein bißchen gehapert. Das können wir ja alles miteinander nachholen. Aber daß dieses neue gute Deutschland blühe, das war Tag und Nacht das Ziel meiner Kollegen und mein Ziel. (...)

(Wolfgang Langhoff, Rede zur Verleihung der Ehrenmitgliedschaft des Deutschen Theaters am 8. September 1965)

Der mit seinen Bemerkungen ebenfalls sparsame Langhoff deutet mit dem Zitat noch auf eine andere Strophe hin. Unmittelbar vor den Grazien kündigt der Herold verschiedene Poeten an; allerdings »läßt keiner den andern zum Vortrag kommen«. Doch »einer schleicht mit wenigen Worten vorüber«; es ist der Satiriker: »Wißt ihr, was mich Poeten/ Erst recht erfreuen sollte?/ Dürft' ich singen und reden,/ Was niemand hören wollte.«

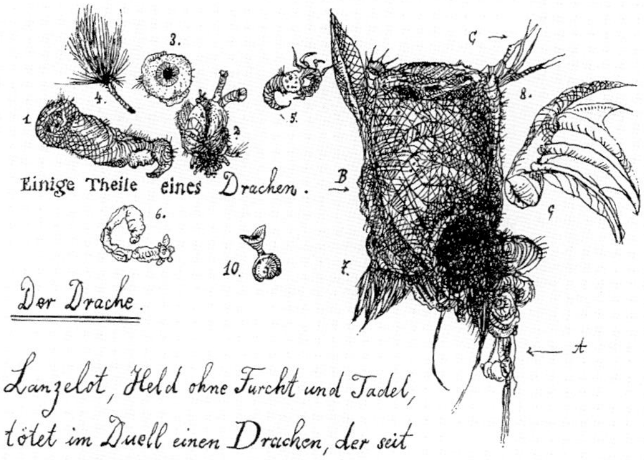

Der Drache.

Lanzelot, Held ohne Furcht und Tadel, tötet im Duell einen Drachen, der seit mehr als 400 Jahren eine Stadt tyrannisiert. Überraschender Widerstand der Einwohner gegen den Befreier und die ungewöhnliche Liebe des Helden zu einer Jungfrau – zum Opfer, das er dem Drachen entreißen will, – krempeln den Helden tiefgehend um. Der einst romantische Held, der einsame Verteidiger der Schwachen und Unterdrückten, beginnt, die Befreiung des Menschen durch den Menschen selbst zu organisieren.

Das Deutsche Theater 1963-1984

Zwischen Ensembletheater und »Staatstheater«

»Streng geheim«
Der Theaterbetrieb der DDR war Bestandteil eines kulturpolitischen Systems, in dem die SED die ideologischen Prämissen setzte und der von ihr zentral gesteuert wurde. Die Theaterkunst sollte, wie alle anderen Kunstgattungen auch, nicht nur bilden und unterhalten, sondern gleichzeitig den totalen Herrschaftsanspruch der Partei ideologisch begründen. Die Künstler und ihre Werke galten demzufolge der SED vornehmlich als agitatorisch-propagandistisches Instrument, welches sowohl im »Kampf gegen den Feind« als auch zur Formung der »sozialistischen Persönlichkeit« eingesetzt werden sollte. Folglich war auch die Beherrschung der kulturpolitischen Lage eines so gewichtigen »Ideologieproduzenten« wie des traditionsreichen Deutschen Theaters Berlin für die Parteiführung und ihren Machtapparat stets von Belang. Verstärkt wurde dieses gespannte Interesse durch ein latentes Mißtrauen der SED gegenüber den »unberechenbaren« Künstlern. Eine permanente ideologische Kontrolle durch die Partei, ergänzt durch eine stetig wachsende Überwachung von seiten der Staatssicherheit, waren die Folge.

Die Geschichte der Überwachung der DDR-Kunst- und Kulturszene durch das MfS läßt sich in drei Phasen aufteilen. Die erste umfaßt den Zeitraum von 1950 bis 1963.

Nach dem 17. Juni 1953 wurden im MfS-Apparat erste strukturelle Voraussetzungen für eine »fachspezifische« Überwachung des Kunst- und Kulturlebens der DDR geschaffen. Doch fehlendes Personal, operative und bildungsmäßige Defizite und eine in der Anfangsphase charakteristische Personalfluktuation verhinderten eine umfassende Kontrolle des Medien- und Kulturbereiches. Hinzu kam, daß das MfS im Kunstbereich noch kein besonderes Gefahrenpotential sah.

Erich Mielke, seit 1957 Minister für Staatssicherheit, mißtraute allerdings grundsätzlich der »wissen-

Abbildung S. 255:
Grafik von Horst Hussel aus dem Programmheft zu »Der Drache« (1965-1981)

Der demokratische Patriarch

Die Vorgänge um Langhoff wirken im Ensemble lange nach; sie verursachen Verdrängungen und Entfremdungen, stärken aber auch inneren Widerstand. Die Irritationen führen zu einer deutlicheren Wahrnehmung von Differenzen zwischen Idee und Realität der DDR und ihres »Sozialismus«. Dazu trägt auch die Verjüngung des Ensembles durch Schauspieler und Regisseure bei, für die nicht mehr Emigration und Kriegserlebnis bestimmend sind und die DDR einen unbefragbaren Fortschritt darstellt. Diese »Differenz« wird produktiv, weil sie mit sich verändernden künstlerischen Arbeitsmethoden im Theater selbst einhergeht. Deren Entwicklung hängt mit dem wachsenden politischen und künstlerischen Anspruch des Ensembles zusammen; ihr Ausdruck sind länger zusammenarbeitende, von Regisseuren, Bühnenbildnern und Dramaturgen gebildete »Regieteams«, die auch Schauspieler an Inszenierungsvorbereitungen beteiligen. Ihre Arbeitsweise geht auf die kollektiven Methoden des Brecht-Theaters zurück; ihr Zweck ist es u.a., politische und theoretische Ideen nicht mehr als beherrschende »Vorgabe« anzusehen, sondern sie in dem Umfang und der Art zu verarbeiten, in denen sie in Theater zu verwandeln sind.

Wolfgang Heinz, der neue Intendant, in den zwanziger Jahren Schauspieler am Preußischen Staatstheater, in der Emigration (zusammen mit Wolfgang Langhoff) am Züricher Schauspielhaus, ist dem Ensemble vertraut seit den fünfziger Jahren als Regisseur und Schauspieler, seit 1958 als Oberspielleiter. Durch Inszenierungen kritisch-realistischer Dramatiker hat er zu einem auf psychologischer Wahrheit beruhenden Darstellungsstil des Ensembles beigetragen, zuletzt mit »Kirschgarten« von Anton Tschechow und »Haus Herzenstod« von George Bernard Shaw (1961/62). Obwohl sie »überwundene« Lebenswelten darzustellen trachten, haben diese Inszenierungen, durch ihr intensives Eingehen auf das menschliche Leiden, eine bewegende Wirkung in einer Gesellschaft, deren »führende Kraft« die innere Verfassung der Menschen eher als zweitrangig und durch die richtige »Weltanschauung« als regulierbar ansieht.

Heinz, nicht weniger überzeugter Sozialist wie sein Vorgänger, ist zugleich ein streitlustiger Künstler barocken Formats, der den Widerspruch braucht, ja geradezu herausfordert. Über Gewerkschaftsgruppen, das »Regiekollegium« und die zu ungewöhnlich offenen Diskussionen benutzte Parteiorganisation haben Schauspieler, Regisseure und Dramaturgen trotz des herrschenden Prinzips der »Einzelleitung« ein Mitspracherecht in der Spielplan- und Ensemblepolitik. Eine starke demokratische Kraft stellen die um die Regisseure Benno Besson, Friedo Solter und Adolf Dresen entstehenden Regieteams mit ihren Inszenierungs- und Besetzungsvorschlägen dar. Die künstlerischen Meinungen und Methoden sind sehr unterschiedlich; dahinter stehen auch unterschiedliche, mehr oder weniger kritische Einstellungen zu den Realitäten DDR.

In Theorie und Praxis sind Heinz und Besson der vollkommene Gegensatz; in einem Theater stehen sich Stanislawski- und Brechttradition direkt gegenüber, bei Besson durch die Komödientradition des französischen Theaters erhellt. Die aus dem Gegensatz entstehende Spannung läßt ein höchst produktives Arbeitsfeld entstehen, allerdings auch ein fragiles.

Besson inszeniert in der ersten Spielzeit der neuen Intendanz 1963/64 Molières »Der Tartüff« als Tragikomödie des aufgestiegenen, aber seiner Macht noch nicht sicheren Bürgers, der geistigen Beistand zu brauchen meint und das willenlose Opfer des Heuchlers wird, der hinter Phrasen nur eigene Interessen verfolgt. Die Inszenierung ist eine Neuentdeckung Molières für das deutschsprachige Theater und hat großen Erfolg.

Dagegen kann der Intendant in der gleichen Spielzeit mit einer »Hamlet«-Inszenierung keine wirkliche Vergegenwärtigung Shakespeares erreichen, da sie, »parteilich«, eine allgemeine weltpolitische Konstellation im Auge hat: Hamlet geht zugrunde, weil er Gewalt nicht rechtzeitig mit Gewalt beantwortet. Damit trifft sie die unmittelbareren Erfahrungen der Zuschauer kaum. Es deutet sich an, daß Heinz aus seiner inszenatorischen Tradition heraus es schwer hat, bei der Klassikerrezeption die durch Langhoff begonnene Erneuerung fortzusetzen. Bewegend und aus Herkunft und Lebensgang zutiefst glaubhaft ist er dagegen als Darsteller des Nathan in der das »dramatische Gedicht« Lessings wohl zum ersten Mal ganz in lebendiges Theater umsetzenden Inszenierung von Friedo Solter (1966/67).

schaftlichen und künstlerischen Intelligenz«. Er betrachtete sie als anfällig gegenüber »feindlichen« Einflüssen, sah bei ihnen »Rudimente alter bürgerlicher Denk- und Lebensgewohnheiten«[1] und hegte Argwohn gegenüber ihrem Klassenbewußtsein.

Die zweite Phase (1964 bis 1975/76) ist durch eine vermehrte Wachsamkeit gekennzeichnet. Sie konzentrierte sich jedoch zunächst nur auf die Massenmedien. Im Kunst- und Kulturbereich setzte erst im Zuge des »Prager Frühlings« eine intensivere Überwachung durch das MfS ein. Die Hauptabteilung XX, neben dem Kultur- und Medienbereich vor allem auch für die Kirchen und die sogenannte Diversion und Untergrundtätigkeit zuständig, hatte nach dem Einmarsch der Warschauer Pakt-Truppen in die ČSSR eine Anlayse zur Lage im Medien- und Kulturbetrieb der DDR erstellt.[2] Fazit dieser Analyse war die Feststellung, daß auch in der DDR viele Künstler und Kulturschaffende, bis hin zu Leitungskadern in gesellschaftlichen Organisationen mit dem »Prager Frühling« sympathisierten und gegen die militärische Intervention in der ČSSR auftraten. Die SED-Kreisleitung im MfS zog im Dezember 1968 aus dieser Entwicklung den Schluß, daß der Klassenfeind »bei der Organiserung der Konterrevolution (...) immer von dem scheinbar unpolitischen Bereich der Kunst ausgeht«.[3] Dementsprechend bewertete das MfS nun Fragen der Kunst und Kultur auch als Machtfragen. Vor diesem Hintergrund erklären sich die 1969 im MfS-Apparat eingeleiteten strukturellen und organisatorischen Veränderungen zur Kontrolle und Überwachung der »Sicherungsbereiche Kultur und Massenkommunikationsmittel«.

Im Juni 1969 erließ Mielke den Befehl 20/69[4], der den Aufbau der »Linie XX/7« für die Bereiche »Kultur und Massenkommunikationsmittel« anwies. In deren Folge entstand in der MfS-Zentrale die Hauptabteilung XX/7 bzw. in den Abteilungen XX der Bezirksverwaltungen die Referate 7. Die neue »Linie XX/7« sollte ihr Augenmerk in der Hauptsache auf die Bereiche Fernsehen, Rundfunk, ADN und die Printmedien sowie auf alle kulturellen Institutionen vom Ministerium für Kultur bis hin zum Theater in der Provinz richten. Vornehmliche Aufgabe der neugeschaffenen Struktureinheit war es, das kulturelle Leben der DDR mit all seinen Einrichtungen zu kontrollieren und damit zugleich einen wichtigen Beitrag zur Durchsetzung der Kulturpolitik der SED zu leisten.

In der Dienstanweisung 3/69 »Zur Organisierung der politisch-operativen Arbeit in den Bereichen der

Kultur und Massenkommunikationsmittel«[5] sind die Grundzüge dieser geheimpolizeilichen Tätigkeit festgehalten. Deren Zweck bestand in der »zielgerichteten und ständigen Informationsbeschaffung zur operativen Bearbeitung feindlicher Kräfte«. Diese Arbeit hatte im Zusammenwirken mit anderen Diensteinheiten des MfS zu erfolgen. Die Dienstanweisung 3/69 behielt bis zur Auflösung des MfS im Herbst 1989 ihre Gültigkeit. Die letzte und zugleich intensivste Phase der Überwachung des Kunstbetriebes begann mit der Biermann-Ausbürgerung im November 1976.

Auf dem Gebiet der Kulturpolitik war die Kompetenzverteilung zwischen der SED und dem MfS, wie auch in allen anderen Politikbereichen, klar geregelt. Dazu äußerte sich der stellvertretende Abteilungsleiter der HA XX/7, Oberstleutnant Karl Brosche, im Oktober 1975 folgendermaßen: »Die Prinzipien der Kulturpolitik und ihre detaillierte Verwirklichung werden durch die Partei und die zuständigen staatlichen Organe, speziell durch das Ministerium für Kultur und seine nachgeordneten Einrichtungen, bestimmt. Das MfS hat in diesem Prozeß, insbesondere bei der Festlegung der konkreten Maßnahmen zur Durchsetzung der Kulturpolitik, keine bestimmende oder entscheidende Funktion. Die Aufgabe des MfS besteht darin, die Partei und die zuständigen Staatsorgane über das Verhalten von Künstlern im Ergebnis unserer operativen Arbeit zu informieren. Dieser Grundsatz wird durch die HA XX/7 dergestalt realisiert, daß das ZK der SED bzw. der Minister für Kultur oder zuständige Funktionalorgane bei notwendigen Entscheidungen über Reisekadereinsatz, Auftrittserlaubnis, Zulassung o.a. bzw. bei operativen Vorkommnissen mit der Formel ›Zu Ihrer Entscheidungsfindung/Information teilen wir Ihnen mit, daß beim MfS Hinweise folgender Art vorliegen ...‹ unterrichtet werden, wobei eine Stellungnahme hinsichtlich der Entscheidungsfindung nicht erfolgt. Nur in seltenen Ausnahmefällen wird die Information mit einer Empfehlung, nicht aber mit einer Forderung, verbunden. Prinzipiell bleibt die Auswertung unserer Hinweise der Entscheidung der Partei- bzw. Staatsorgane überlassen.«[6]

Der vergleichsweise kleine Bereich der Berliner Theater fiel innerhalb des MfS-Apparates mit seinen zuletzt insgesamt 91 000 hauptamtlichen Mitarbeitern in den Zuständigkeitsbereich des Referates II der Hauptabteilung XX/7. Die unmittelbare »politisch-operative« Arbeit am Deutschen Theater Berlin wurde durch das Referat II der Abteilung XX/7 der Berliner Verwaltung des MfS ausgeführt. 1989 war dieses Re-

Das Engagement des in Greifswald durch seine interessanten Inszenierungen aufgefallenen Regisseurs Adolf Dresen verbindet er auch mit der Erwartung, die Position eines realistischen Theaters seines Verständnisses neben der Bessons zu stärken, obwohl Dresen sich in allen seinen Arbeiten ebenfalls als von Brecht beeinflußt zu erkennen gibt. Das hindert Heinz nicht daran, ihn zu engagieren, auch nicht, daß Dresen wegen einer »Hamlet«-Inszenierung mit provinziellen Parteiorganen politische Schwierigkeiten gehabt hat und das Kulturministerium sein Engagement in Berlin nicht will.

Kunsthöhe und Baugrube

Die Spielzeit 1964/65 eröffnet die erste Inszenierung des Schauspielers Friedo Solter (mit Hans-Diether Meves, Bühne Josef Svoboda), »Unterwegs« von Viktor Rosow. Die Geschichte eines gegen Bevormundung rebellierenden jungen Kerls, der sich nach Sibirien aufmacht, um seinen eigenen Weg zu finden, drückt, mit allen Mitteln des modernen Theaters realisiert, auch die Lage und das Lebensgefühl der DDR-Jugend aus. Wolodja und Sima, gespielt von den Absolventen Dieter Mann und Christine Schorn, werden zu Identifikationsfiguren der Selbstfindung.

Vervollständigt durch eine Heinz-Inszenierung von Kiltys »Geliebter Lügner« und zwei Inszenierungen Bessons, »Die Schöne Helena« von Peter Hacks und das Märchen »Der Drache« von Jewgeni Schwarz, ist die Spielzeit 1964/65 außergewöhnlich erfolgreich – nicht ohne opportunistischen Mißgriff. Kubas »Terra incognita«, ein Stück über die heroische Erdöl-Suche in Mecklenburg unter führender Rolle der Partei, läßt Wolfgang Langhoff beim Anblick des auf der Bühne errichteten Bohrturms, bezweifeln, daß man unter dem Deutschen Theater ebenfalls Öl finden wird; der so ironisch prophezeite Mißerfolg ist entsprechend.

»Der Drache«, im Spielplan bis in die achtziger Jahre mit fast sechshundert Aufführungen, wird zur erfolgreichsten Inszenierung des Deutschen Theaters in seiner Geschichte. Sie ist der Prototyp eines Theaters, das, umgeben von politischer Starre (der Parteiführung) und ermutigt von geistiger Unruhe (eines Teils des Publikums), eine durch Kunst unangreifbare, undeutlich-deutliche Sprache zu entwickeln beginnt. Schwarz' antistalinistisches Märchen einer vom Drachen beherrschten Stadt, vom Helden, der ihn besiegt, und von einem kriechenden Bürgermeister, der danach der nächste »Drache« wird, ist als politische Parabel lesbar. Rolf Ludwig als in »anziehenden« und abstoßenden Gestalten der Macht auftretender Drache, »ein Denkmal der Gerontokratie« (Heiner Müller), Horst Drinda als Bürgermeister, Dieter Franke als schicksalergebener Bürger Charlesmagne und Eberhard Esche als Lanzelot schaffen, unvergeßlich, das Kunstbild einer Gesellschaft zwischen verinnerlichter Unterwerfung und verstecktem Aufbegehren. Die artistische Qualität der Aufführung macht sie ambivalent in ihrer Wirkung, sie kann politisch verstanden, aber auch als bloßes Märchen genossen werden. Müller nennt sie insofern »das Ende des politischen Theaters in der DDR«. Man kann auch sagen, daß sie der Beginn jenes indirekten, viele Mitteilungsformen entwickelnden, immer seine Grenzen wissenden, nur noch andeutenden »politischen« und kritischen Theaters darstellt, das angesichts umfassender Parteiaufsicht vor allem in den Klassikinterpretationen und mit einem »geschulten« Publikum wirksam wird.

Müller ist zur gleichen Zeit von dieser Wendung betroffen. Das sehr frei nach Neutschs Roman »Die Spur der Steine« im Auftrag des Deutschen Theaters entwickelte Stück »Der Bau« hat er allerdings »immer mehr von dem Stoff weggeschrieben, (...) von Neutschs Titel auf den Kafkatitel zu«. (Müller, *Krieg ohne Schlacht*, S.196) Nach dem Abbruch der Inszenierung des Schauspielers Ernst Kahler im Mai 1965, verursacht durch Probleme mit dem anspruchsvollen Werk und den durch die Arbeit mit Besson nicht weniger anspruchsvollen Schauspielern, will der Intendant, der sich auch nach außen hin vehement für Müller einsetzt, weitermachen. Das muß Müller ihm ausreden, da das »vielleicht nicht eine Literatur von der Art« ist, »die er gewöhnt sei zu inszenieren«. (Müller, a.a.O., S. 199/200)

Auf dem kulturpolitisch verheerenden 11. Plenum des ZK der SED im Dezember 1965 wird das Stück in dem von Honecker vorgetragenen Bericht des Politbüros ausdrücklich als eines jener literarischen Werke genannt, in denen es »dem Sozialismus fremde, schädliche Tendenzen und Auffassungen« gebe und in denen dem einzelnen »Kollektive und Leiter von Partei und Staat oftmals als kalte und fremde Macht gegenüber« stünden. Obwohl diese Meinung im Theater nicht geteilt wird, kommt es in der Atmosphäre nach dem 11. Plenum nicht zur Wiederaufnahme der Arbeit.

ferat außer für das Deutsche Theater auch für die Distel, das Theater im Palast, das Berliner Ensemble, das Brecht-Zentrum der DDR, die Staatsoper, die Komische Oper und das Metropol-Theater zuständig. In den sechziger Jahren wurde dieser »Sicherungsbereich« von Arnold Klemer (Jg. 1931)[7] bearbeitet. Ihm folgte Anfang der siebziger Jahre Wilhelm Girod (Jg. 1943), der neben dem Berliner Ensemble auch für das Deutsche Theater als »Objektverantwortlicher« zuständig war. Bevor der aus Sachsen stammende Girod 1969 in das MfS eintrat, hatte er mehrere Jahre als staatlich geprüfter Krankenpfleger und dann als Fotolaborant in der Komischen Oper gearbeitet. Im MfS beschränkte sich seine Ausbildung zunächst auf einen einjährigen »politisch-operativen« Grundlehrgang. Später absolvierte Girod eine »pädagogisch-psychologische Grundlagenausbildung der sozialistischen Menschenführung« und schloß Ende der siebziger Jahre ein Fernstudium als Fachschuljurist an der MfS-eigenen Juristischen Hochschule in Potsdam erfolgreich ab.[8] Zusätzlich war in den späten achtziger Jahren Frank Hellmuth für sämtliche Reisekaderangelegenheiten der Berliner Sprechbühnen zuständig. So waren 1988 allein im Deutschen Theater 180 Ensemblemitglieder als bestätigte Reisekader für das westliche Ausland registriert. Sie wurden entsprechend der Richtlinie 1/82[9] vom MfS regelmäßig überprüft. Allein schon deshalb unterlag das »Sicherungsobjekt« Deutsches Theater einer großräumigen Überwachung durch das MfS. Vor allem zu Ensemblemitgliedern aus den künstlerischen Bereichen des Hauses wurden daraus jedoch nur sehr vereinzelt intensivere operative Maßnahmen, etwa eine operative Personenkontrolle (OPK) bzw. ein Operativer Vorgang (OV) eingeleitet.

Theaterkantinen, Künstlergarderoben und Konversationszimmer sind mehr oder weniger in jedem Theater klassische Orte für Klatsch und Tratsch und zuweilen auch für manch konspiratives Geflüster. Um diese mehr oder weniger konspirative Nachrichtenbörse geht es hier nicht, wenn auch der eine oder andere Spitzel des MfS aus diesem Fundus gezielt Informationen abgeschöpft und in seinen IM-Berichten verarbeitet hat. Der Staatssicherheitsdienst richtete seine operative Tätigkeit einerseits auf als politisch gefährlich oder gefährdet geltende Personen, die entsprechend »aufgeklärt« oder »gesichert« wurden, und zum anderen auf Personen, welche das MfS selbst für seine konspirative Arbeit als inoffizielle Mitarbeiter nutzte.

Wie überall, so wurden auch am Deutschen Theater die inoffiziellen Mitarbeiter als »Hauptwaffe im Kampf gegen den Feind« eingesetzt.

Die bereits genannte Abteilung XX/7 der Berliner Verwaltung des MfS verfügte sowohl unter dem künstlerischen als auch nichtkünstlerischen Personal des Deutschen Theaters über etliche konspirative Quellen. Dazu gehörten im Verlauf von fast vierzig Jahren die inoffiziellen Mitarbeiter »Axel«, »Baum«, »Brauns«, »Dorfrichter«, »Ekhof«, »Gustav Adolf«, »Hölderlin«, »Lene Mattke«, »Robert Hinz«, »Peter«, »Stern«, »Sumatic« und »Zaulich«.

Vor allem unter den Schauspielern gab es IM, die sich bereits vor ihrem Engagement am DT zu einer inoffiziellen Zusammenarbeit verpflichtet hatten. Deren Bereitschaft und Motivation nahm häufig jedoch am DT ab, zumal wenn sie Karriere machten. Dagegen konnte im Falle einer Neuwerbung unter den Ensemblemitgliedern der objektverantwortliche Führungsoffizier zumindest für einige Zeit mit mehr Engagement rechnen.

Nach gegenwärtigem Forschungsstand konnte das MfS in dem als Staatstheater klassifizierten DT, ganz im Gegensatz zu anderen Berliner Kultureinrichtungen, keine IM in Schlüsselpositionen plazieren. Dafür steuerten IM aus anderen Institutionen, wie z.B. dem Henschelverlag, wertvolle Interpretationshilfen zu Inszenierungen und Aufführungsprojekten bei (siehe »Faust«-Aufführung), und andere IM lieferten selbst dann noch Berichte über die Situation des Hauses, wenn sie dort gar nicht mehr engagiert waren.

In einem im September 1971 vom Intendanten Hanns Anselm Perten gewünschten Gespräch mit dem MfS äußerte sich der stellvertretenden Leiter der Berliner Abteilung XX, Hauptmann Bronder, zu den Arbeitsaufgaben seiner Abteilung wie folgt: »Sofern die anstehenden Probleme rein kulturpolitischer Natur sind, müssen diese im Einvernehmen mit den vorgeordneten zuständigen staatlichen Organen bzw. den entsprechenden Organen des Parteiapparates einer Lösung zugeführt werden. Wir als Sicherheitsorgan besitzen in derartigen Angelegenheiten weder den Willen noch das Recht, in irgendeiner Weise maßgeblich in Erscheinung zu treten. Unsere Kompetenz beginnt bei jenen Fragen, die mit der Gewährleistung der Sicherheit des Objektes wie auch der Abwehr vor Anschlägen der sozialistischen Kunstpolitik. Wesentlich für unsere Aktivitäten ist stets die Feststellung, ob bei den beobachteten Vorgängen strafrechtlich relevante Handlungen vorliegen oder nicht.

Empfindliches Gleichgewicht

Das Deutsche Theater bringt nach all dem in den folgenden beiden Spielzeiten kein DDR-Stück mehr heraus. Im Oktober 1965 versucht Adolf Dresen bei seiner ersten Inszenierung, drei Einaktern von Sean O'Casey unter dem Titel »Der Mond scheint auf Kylenamoe«, in der so unbewußten wie unerschütterlichen Renitenz irischer Proletarier auch Haltungen im sozialen Unterbau der DDR zu reflektieren und, mit rauher Poesie, als Hoffnung zu formulieren – es geht um den »Rubin auf dem Kopf der Kröte« (O'Casey). Dresen inszeniert mit unbekannteren Schauspielern, den »Arbeitern« des Ensembles; das macht sein Anliegen glaubhaft und setzt ihn im Theater durch. Der Abend stellt, in drei Rollen, den Schauspieler Dieter Franke als bedeutenden Darsteller heraus. Dresen versucht, einen Weg zwischen dem traditionellen Realismus von Heinz und dem artifiziellen Theater Bessons, einen poetisch-phantastischen Realismus zu entwickeln, der an unentdeckten Kräften in den »Leuten« und an der Darstellung sozialer Realitäten festhält.

Es ist damit eine Konstellation geschaffen, die auf hohem Niveau große Vielfalt ermöglicht; zwischen den Teams kommt es auch zu interessanten Auseinandersetzungen über die künstlerische Arbeit. Die fragile Balance von sehr unterschiedlichen Künstlern und Konzepten ist aber nicht lange zu halten. Ihr offener Charakter entspricht nicht den politischen Verhältnissen und den Vorstellungen, die sich die »Verantwortlichen« von der Leitung dieses Theaters machen. Doch auch persönliche Empfindlichkeiten spielen eine Rolle. Die Erfolge Bessons – 1966/67 kommt seine bedeutende Inszenierung von Sophokles' »Ödipus Tyrann« heraus – machen dem Intendanten als Regisseur zu schaffen wie seine Ästhetik; der erfolgreichste Regisseur des Hauses sieht sich seinerseits auf Dauer nicht ausreichend in die Leitung und die Perspektive des Theaters einbezogen, auch an Gastspielen seiner in Europa gefragten Inszenierungen gehindert. Entwickelt Besson langsam »einen geradezu mythischen Haß« gegen den Intendanten (Dresen), so Heinz ein Mißtrauen gegen die Absichten Bessons. Diese inneren Konflikte sind unter DDR-Verhältnissen wie immer durch Außendruck belastet und in ihrer sachlichen Austragung behindert; der hier gefragte Chefdramaturg John ist nicht stark und unparteiisch genug, um auszugleichen. Im April 1968 beendet Besson mit »Don Juan« die Arbeit am Deutschen Theater; einer der erfolgreichsten Abschnitte seiner Geschichte, von Wolfgang Langhoff eingeleitet, ist zu Ende.

Faust und die Folgen

Der »Prager Frühling« 1968, die Hoffnungen auf einen »demokratischen Sozialismus«, fallen mit den Planungen für eine Aufführung beider Teile von Goethes »Faust« zusammen. Es handelt sich um eine Art Auftrag; auch im »Staatstheater der DDR« soll das wichtigste Werk des »nationalen Kulturerbes«, an dessen »drittem Teil«, nach Ulbricht, die Bürger der DDR mit dem Aufbau des Sozalismus arbeiten, in einer repräsentativen Aufführung herauskommen. Das Werk ist mit der von Gustaf Gründgens begründeten Tradition und dem staatlichen Bestätigungsdrang belastet.

Der Intendant bietet dem Regisseur Dresen die gemeinsame Regie an. Dessen Überlegungen zu Konzeption und Besetzung werden für die Inszenierung entscheidend. Mit Fred Düren als Faust und Dieter Franke als Mephisto wird die traditionelle Konstellation, auch polemisch, umgedreht. Mephisto ist nicht »dämonisch«, sondern behäbig; seine Insinuationen an Faust gehen immer dahin, »angekommen« zu sein; das »Dämonische« ist dagegen Fausts Teil. Er ist »aus dem Stamme der Prometheus', Empörer, Revolutionär«, der Aufbruch kommt aus der Verzweiflung, ist illegal, »Ketzerei«. Faust ist »ein Wilder, unkultiviert, mit struppigem Bart, in der Nähe des Asozialen.« (Dresen, Zu Faust, Oktober 1967).

Die Konzeption deutet das Stück aus der Zeit um die Französische Revolution, seinen Gang aus einer vorrevolutionären in eine nachrevolutionäre Situation, aus dem »Sturm und Drang« in eine etablierte Gesellschaft. Die Inszenierung des ersten Teils rückt in Denken und Darstellung, Tempo und Theatralität, mit schnellen Verwandlungen einer dramaturgisch ausdrucksstarken Bühne und Kostümen im Stil der Wertherzeit das Stück um dreihundertfünfzig Jahre an die Gegenwart heran.

Näher. 1967 sieht sich die SED-Führung auf ihrem VII. Parteitag, in der erreichten »Periode der Vollendung des Sozialismus«, bereits »auf freiem Grund mit freiem Volke stehn« – wie Faust erst am Ende (und ist damit so blind wie er). Fred Düren spielt das Gegenteil dieser Selbstgewißheit; das »Faustische« entsteht nicht aus dem, was er hat, sondern aus dem, was ihm fehlt. Die Gestalt, deren Verzweiflung nach der herrschenden Meinung lediglich »die Verzweiflung eines Kraftvollen« zu sein hat, ist nicht »repräsentativ«, weil sie nicht »über sich selbst hinausweist und Typisches in sich trägt«. Und auch Frankes Mephisto ist nicht »ein Prinzip jeder Klassengesell-

Und nur in diesem Rahmen sind wir vom Gesetzgeber ermächtigt, unmittelbar aktiv zu werden.«[10]

Es ging dem MfS generell darum, möglichst umfassend über die sicherheitspolitische Lage im »Objekt« informiert zu sein, um gegebenenfalls sicherheitspolitische Maßnahmen einleiten zu können. Dazu galt es permanent nach geheimpolizeilichen Gesichtspunkten die politisch-ideologische Haltung des Ensembles bzw. einzelner Mitglieder durch seine inoffiziellen Informanten (IM und GMS[11]) aufzuklären. So gedachte die Staatssicherheit, »feindlich-negative« Kräfte und Strömungen im Theater schnell aufzuspüren. Diese konnten dann jeweils nach Maßgabe und in Übereinstimmung mit grundsätzlichen »staatspolitischen« Gesichtspunkten entweder weiter aufgeklärt (»gesichert«) oder mittels »Zersetzungsmaßnahmen« (z.B. gezielte Desorientierung) aktiv bekämpft werden. In der Regel griff das MfS in solchen Fällen, vor allem in den achtziger Jahren, schon vor der Feststellung »strafrechtlich relevanter Handlungen« »vorbeugend« ein. Die Staatssicherheit konnte damit Gastspielreisen und Programme durch Reisesperren durchaus beeinflussen und im weiteren Sinne auch künstlerische Karrieren behindern.

Der Gesamtkonzeption des Bandes folgend, werden die zumeist redundanzreichen MfS-Dokumente nur in Auszügen abgedruckt. Dabei handelt es sich ausnahmslos um Erstveröffentlichungen, eingeschlossen die im vorhergehenden und im nachfolgenden Kapitel. Sie reflektieren drei Jahrzehnte sozialistische Theaterarbeit des Deutschen Theaters Berlin.

Sie sind überwiegend IM-Vorläufen, IM-Vorgängen, Akten zu Gesellschaftlichen Mitarbeitern (GMS)[12], Operativen Vorgängen (OV) und Allgemeinen Personalablagen (AP) entnommen. Ergänzt wird die Auswahl durch »operative Informationen« der AKG[13] der Verwaltung Groß-Berlin und der ZAIG[14] des MfS.

Der Wahrheitsgehalt der MfS-Unterlagen wird von Experten als relativ hoch eingeschätzt. Dessen ungeachtet sind auch die vorliegenden Aktenauszüge nach den üblichen quellenkritischen Kriterien zu interpretieren.

Matthias Braun

Anmerkungen siehe S. 271

Folgende MfS-internen Abkürzungen gelten für die hier abgedruckten Dokumente:

+++	=	anonymisierte Namen
IM	=	Inoffizieller Mitarbeiter
FIM	=	Führungs-IM
GI	=	Geheimer Informator
HFIM	=	Hauptamtlicher Führungs-IM
IMF	=	IM mit Feindberührung
IMS	=	IM für Sicherheit
KP	=	Kontaktperson

Vermerke weisen auf hand- und maschinenschriftliche Zusätze im Dokument hin.

Operative Information der Abt. XX/1
vom 16. Oktober 1968* (Auszug)
Erste politisch-operative Einschätzung
der Inszenierung »Faust 1« im DT

Aus der gezielten Befragung einschlägiger Quellen ergeben sich die folgenden Aspekte:

1. Im Ansatz lag bei den verantwortlichen Regisseuren Dresen und Heinz die Absicht vor, einen gegenwartsverbundenen ›Faust‹ – gemeint ist die Figur des ›Faust‹ – unter Berücksichtigung der gerade in den Kreisen der Intelligenz (schwankende und negative Elemente) aufgeworfenen Problemstellungen (›Mit wem verbindet sich der Geist wie?‹) zu präsentieren.

Diese subjektiv zu bejahende Absicht hätte zu ihrer überzeugten Darstellung jedoch einer entschiedenen Parteinahme bedurft. Diese Parteinahme hätte zumindest die schicksalhafte Alternative herausarbeiten müssen, mit der ›Faust‹ in seiner Wahrheitssuche konfrontiert ist; und zwar: Finde ich (der ›Faust‹) ›der Weisheit letzten Schluß‹ im Menschsein mit dem Volk (realistisch-humanistische Variante) oder in der Abhebung vom Volk im Pakt mit dem Teufel (metaphysisch-reaktionäre Variante)?

2. (...) Zugespitzt formuliert, agiert ›Faust‹ als ein zu bemitleidender seniler Trottel und ›Mephisto‹ als ein extravaganter doch recht gemütlicher Onkel, dem sich anzuvertrauen eigentlich weder schadet noch nutzt.

Allem Anschein nach wird die Wahrheitssuche des ›Faust‹ wie auch das Verführerisch-Teuflische des ›Mephisto‹ bewußt unterspielt. Dies ist ideologisch wie auch künstlerisch höchst problematisch, da das tiefe philosophische Anliegen Goethes sträflich vergewaltigt wird.

Zu nahe drängt sich einem der Eindruck auf, als würden die agierenden Figuren bewußt passivistisch vorgeführt, um dem Zuschauer die Überlegung zu as-

schaft, in besonderem Maße (...) Prinzip kapitalistischer Klassengesellschaft«. (Prof. Edith Braemer, »Faust«-Diskussion im Deutschen Theater, 12.11.1968) Damit sieht die SED-Führung die »dialektische Aufhebung des humanistischen Erbes in der sozialistischen deutschen Nationalkultur« verfehlt. (Vogt, Sekretär des Verbandes der Theaterschaffenden, ebd.) Denn »die eigentliche Meinung der Marxisten ist, daß es sich bei Faust von Anfang an um eine *starke* Persönlichkeit handelt, um eine Renaissance-Gestalt«. (Alexander Abusch, Mitglied des ZK der SED, ebd.) Es entsteht der – nicht unbegründete – Verdacht, daß die Konzeption dieses »Faust« von den Ideen des »Prager Frühlings« und der Studentenbewegungen beeinflußt ist. Nach der umstrittenen Premiere wird umgehend der um witzige Strophen gegen Kulturpolitik und Kritik erweiterte »Walpurgisnachtstraum« verboten. Das beschädigt unheilbar die künstlerisch-technische Lösung der Walpurgisnacht und den Gesamtrhythmus der Inszenierung. Die Aufführung darf weiter gespielt werden, aber die – so nicht erwarteten – Angriffe gegen sie lassen für eine Realisierung der Absicht, im zweiten Teil die Widersprüche von Fausts Handeln noch extremer herauszustellen, Schlimmeres befürchten.

Durch die wochenlangen Diskussionen muß seine Premiere bis in den Herbst 1970 verschoben werden. Es gibt im Regieteam Zweifel, ob in einer von politischem Argwohn belasteten Atmosphäre diese viel kompliziertere Arbeit überhaupt machbar ist. Der Intendant hat allerdings seine bewundernswerte Verteidigung der Inszenierung eng mit der Behauptung ihrer bisher »fragmentarischen«, erst mit dem zweiten Teil zu vervollständigenden und zu verstehenden Aussage verbunden. Im Staatsrat hat er erklärt, »daß wir erst im zweiten Teil den Faust als Tatmenschen werden gestalten können; erst wenn uns das nicht gelänge, könnte man uns mit Recht eine verfehlte Konzeption zum Vorwurf machen, erst dann hätten wir unsere kulturpolitische Verpflichtung nicht erfüllt«. (W.H. an die Parteileitung des Deutschen Theaters, 20.10.1969) Über eine solche »kulturpolitische Verpflichtung« kommt es angesichts des verheerenden Wirkens eben der »Kulturpolitiker« der SED zu inneren Konflikten. Dresen hält die Realisierung von »Faust II« unter politischem Druck nicht für möglich und verläßt das Team. Da sich der Intendant an seine Erklärungen nach außen gebunden sieht, wird die Arbeit mit den bleibenden Dramaturgen fortgesetzt, mehr theoretisch als praktisch. Das Theater befindet sich nach den feindseligen Diskussionen in einer Phase der Erschöpfung. Der Intendant Heinz drängt auf die Regelung seiner Nachfolge; auch das Ensemble, das ihn sehr verehrt, ist an einem bedachten Übergang interessiert. Das Ministerium für Kultur schiebt, trotz der Signale, die Frage vor sich her; es ist allerdings nicht leicht, nach großen Persönlichkeiten wie Langhoff und Heinz einen Intendanten für dieses Theater zu finden. Im Oktober 1969 schreibt der Dramaturg Klaus Wischnewski einen die Situation, vor allem die des Ensembles, umfassend analysierenden, aber auch die Probleme des verbliebenen Faust-Teams ehrlich aussprechenden Brief an den Intendanten. Er ist besorgt, daß ein unter Erfüllungsdruck durchgesetztes Großunternehmen wie »Faust II« bei den aktuellen Umständen dem Ensemble eher schaden kann. Der Regisseur Heinz liest aus ihm Mißtrauen in seine Fähigkeiten heraus und erklärt als Intendant sofort seinen Rücktritt, mit der Begründung, daß, wenn er den der Staatsführung und der Partei versprochenen zweiten Teil nicht machen, er auch nicht Intendant bleiben kann. Es gelingt nicht, diesen tragischen Knoten zu lösen. Vorsorge für den Fall ist nicht getroffen. Dennoch akzeptiert die SED-Führung den Rücktritt. Man sieht wohl die Gelegenheit, den unter seiner Intendanz eingerissenen demokratischen Gepflogenheiten (»K.u.K.-Schlamperei«), den registrierten tschechischen Einflüssen und Träumen von einem »demokratischen Sozialismus« im Theater ein Ende zu machen.

Die »Kampfabteilung unserer Partei«

Die hastige Fehlentscheidung, den als Theaterleiter diktatorischen, als Regisseur mittelmäßigen, dafür sich mit der SED identifizierenden und als großen Organisator geschätzten Rostocker Generalintendanten Perten zum Intendanten des Deutschen Theaters zu machen, läßt sich kaum anders erklären. Sie wird von der Bezirksleitung der SED bzw. ihrem ersten Sekretär Konrad Naumann befürwortet, der in der unruhigen Kulturszene Berlins »ideologisch« Ordnung zu schaffen entschlossen ist. Perten 1969: »Wir sehen uns als eine spezielle Kampfabteilung unserer Partei in der täglichen ideologischen Auseinandersetzung.« Die schon zum Januar 1970 organisierte »Übernahme«, die ersten Auftritte und Maßnahmen des neuen Intendanten bestätigen Ängste des Ensembles. Zwar ist er darauf verpflichtet worden, mit den vorhandenen Menschen zu arbeiten, läßt aber schnell merken, daß er feind-

soziieren: Im Grunde ist es egal, wie es kommt. Unterstrichen wird dieser Eindruck durch die tief nihilistische Darbietung des ›Faust‹.

Der vergeblich ›entstaubte‹ ›Faust‹ ist der ›entlaubte‹ ›Faust‹, bis er gar nicht mehr ›Faust‹ selbst ist, sondern irgendeine auswechselbare Durchschnittsfigur, die nicht treibt, sondern getrieben wird (wobei die Motivation völlig offen bleibt). (...)

4. Dem dargestellten ›Faust‹ fehlt jede überzeugende menschliche Substanz, es sei denn, man erkenne seine Vorführung als schwankendes Element (aktuelle Deutung) aus tragikomischer Sicht an. Dieser ›Faust‹ ist eine moralisch zerbrochene Figur, die ›protestiert‹ und sich doch launig manipulieren läßt; und das wider besserem Wissen, denn die Weisheiten des ›Faust‹ werden im Spiel in merklicher Abhebung von den ›avisierten Mehrdeutigkeiten‹ als Nebensächlichkeiten heruntergerattert.

Es bleibt so die große Frage: Wie will dieser ›Faust‹ zur Lösung im Menschsein mit dem Volk (›Faust 2‹) gelangen?

Will man die vorgezeichnete Konzeption durchhalten, dann steht am Ende ›Faust‹ als ein wider seinen Willen und sein Wissen manipulierter Individualist (Intellektueller) da. So gesehen, dürften sich die verklemmten Intellektuellen in einer solchen Figuration heimlich bestätigt finden; und in dieser Tendenz wird diese Inszenierung aktuell-reaktionär.

(...)

Operativ ergeben sich aus dieser Angelegenheit nachstehende Schlußfolgerungen:

a) Im Rahmen der zuständigen Sachgebiete sollte den Regisseuren und Dramaturgen erhöhte Aufmerksamkeit zukünftig geschenkt werden. Dabei kommt es darauf an, solche inofiziellen Möglichkeiten zu eröffnen, durch die gewährleistet werden kann, daß wir spätestens vor der Premiere erfahren, welche ideologische Konsequenz die jeweilige Inszenierungskonzeption enthält. (Welche gedanklichen Assoziationsabsichten sind ihr unterlegt?)

b) Die verantwortlichen Regisseure sollten öffentlich aufgefordert werden zu erklären, wie sie diesen ›Faust‹ verstanden wissen wollen. Von dem Gedanken ausgehend: Nutzen für wen? könnte man dann in künstlerischer und zugleich ideologischer Hinsicht einen Klärungsprozeß einleiten, durch den die positiven Kräfte mobilisiert und die negativen isoliert werden.

Vermerk: Handschriftlich unterzeichnet Klemer

Quellen: IM »Verlag«, »Riese«, »Schmiedeberg«

* BStU, ASt Berlin, AKK 3476/89 Bd. 1, Bl. 123-126

Information der Abt. XX/7 der Verwaltung
Groß Berlin vom 2. Dezember 1969 * (Auszug)
Hinweise zur politisch-operativen Situation
im Deutschen Theater Berlin

Von einer inoffiziellen Quelle wird darauf aufmerksam gemacht, daß seitens der westlichen Kontaktpartner des DT bzw. der Ensemblemitglieder ein zunehmendes Interesse an den internen Vorgängen rund um die Demission des Intendanten Prof. Wolfgang Heinz spürbar wird.

Der feindlichen Seite ist nicht unbekannt geblieben, daß das Ensemble des DT in sich ein stark politisch-ideologisch differenziertes Gepräge besitzt. Geradezu die nahezu kompromißlerische Leitungstätigkeit des Intendanten hat in der Vergangenheit das Entstehen einer ausgesprochenen Cliquenwirtschaft begünstigt. Jedoch muß in diesem Zusammenhang auch die lasche Haltung der Parteileitung erwähnt werden, die stets versuchte zwischen dem schwachen Intendanten und der damals sehr selbstbewußten Position des Benno Besson und seines ›Paladins‹, dem Chefdramaturgen Karl-Heinz Müller zu lavieren.

Da es also über einen längeren Zeitraum keine klare theaterpolitische Konzeption des DT gab und den Ensemblemitgliedern immer ungewisser wurde, wer denn hier nun tatsächlich etwas zu sagen habe, fühlten sich die negativen Elemente ermuntert, diese Situation auszunutzen und an dem allgemeinen ›Tauziehen‹ im Hause aus den verschiedensten Motiven heraus wie auch in verschiedenen Richtungen teilzunehmen. (...)

Nach Ansicht der Quelle blieb die Feindseite bis zum Zeitpunkt der Demission des Intendanten relativ zurückhaltend; wohl in der an sich berechtigten Hoffnung, das Ensemble werde sich von selbst zersetzen und so – ohne ausdrückliches feindliches Zutun – eine für den Partei- und Staatsapparat komplizierte Situation schaffen, in die dann folgerichtig ›eingegriffen‹ werden muß. (...)

Jetzt ist die Feindseite offensichtlich dabei, die nun geschaffene Situation im DT zu so etwas wie einem ›kulturpolitisch bedeutsamen Theaterskandal‹ propagandistisch aufzubauschen, um damit zugleich auch den negativen Elementen im Ensemble eine gewisse ›Schützenhilfe‹ zu geben. (...) Neben der Darstellung des Fakts der Demission des Intendanten, wie der Erinnerung an die Auseinandersetzung um die problematische Inszenierung des Stückes ›Faust I‹, wird durchgehend die Auffassung propagiert, daß Wolfgang Heinz ›gehen mußte‹ und daß als Nachfolger

liches Territorium betreten hat. In umgehend anberaumten Einzelgesprächen mit allen Mitgliedern (in alphabetischer Reihenfolge) stößt er leitende Mitarbeiter so vor den Kopf, daß sie es vorziehen zu gehen – unter ihnen der Regisseur Solter und drei Dramaturgen. Das hat System: Das Regiekollegium wird abgeschafft; alles wird auf den Intendanten zentriert, der sich als einer der in Mode gekommenen »sozialistischen Manager« produziert. In einer »Programmerklärung« finden sich die politische »Linie« und zahllose Projekte, aber keine verbindende künstlerische Idee. Es stellt sich bald heraus, daß es keine Abstimmung mit den Werkstätten gibt; ihnen wird Sabotage vorgeworfen. Da Perten sich als das politisch Richtige personifiziert sieht (»Nicht ich habe mich hier zu ändern, sondern Sie!«), betrachtet und diffamiert er sachlichen Widerspruch als persönlichen und politischen Angriff. Es stellt sich letzten Endes heraus, daß in ihm ein vollständig stalinistisches Verständnis von »Sozialismus« den Vorstellungen von einem demokratischen Sozialismus im Ensemble gegenübersteht. Erkennbar ist bald, daß das ihm nachgesagte Organisationstalent auf Drohung und Unterordnung beruht hat; der Versuch, dem Ensemble des Deutschen Theaters in gleicher Weise beizukommen, scheitert an dem Rechts- und Selbstbewußtsein, das es unter den beiden vorhergehenden Intendanten entwickelt hat.

Des »politischen Gesichts« des Spielplans wegen wird Dresens Inszenierung von »Maria« (Autor: das Stalinopfer Isaak Babel) unterbrochen; um sie beenden zu können, erklärt sich der Regisseur dazu bereit, die Dramatisierung einer Erzählung von Alfred Kurella, »Der lange Weg zu Lenin«, zu inszenieren. In der Spielzeit 1970/71, die die ersten von Perten geplanten Projekte vorstellen soll, ist nach seiner Kritik an den bisherigen Inszenierungen ein großer Erfolg dringend nötig. Der Opernregisseur Götz Friedrich soll Beaumarchais' »Der tolle Tag« die notwendige Opulenz verleihen, versagt aber am Schauspieltheater. »Warten auf Godeau«, der eher peinliche Versuch, Beckett sozial zu »konkretisieren« und mit Ausstattung zu wirken, und Weskers schwache »Goldene Städte« bessern nichts an der schlechten Spielzeit. Dagegen übersteigt die einzige bemerkenswerte Inszenierung, Lorcas »Doña Rosita bleibt ledig« in den Kammerspielen, in ihrer anrührenden Trauer über ein verlorenes Leben, den politischen und künstlerischen Horizont des Intendanten, wie schon Haltung und ästhetische Qualität von »Maria« ein halbes Jahr vorher.

Die schlechten Ergebnisse werden nicht ausgewertet; vielmehr schiebt Perten die Mißerfolge dem Ensemble und seiner »Renitenz« in die Schuhe. Die Vorstellung, daß im Theater überall »Gruppen« gegen ihn tätig seien, verdichtet sich zum Verfolgungswahn. Versuche, durch die Wiederherstellung eines Regiekollegiums und die Einsetzung einer Besetzungskommission mehr gegenseitige Verständigung zu erreichen, bleiben stecken, da der Intendant nach seinem Verständnis von »sozialistischer Leitungstätigkeit« zu demokratischen Umgangsformen gar nicht in der Lage ist.

der Chef des Volkstheaters Rostock, Anselm Perten, in der Diskussion sei. Indirekt wird ausgesagt, daß mit Anselm P. ein ›harter Mann‹ in das DT einziehen würde.

Vermerk: Handschriftlich unterzeichnet Klemer
Quellen: IMF »Verlag«; »Offizielle Verbindung zu einem leitenden Genossen im Theaterwesen (GMS-Kandidat). Die offizielle Verbindung ist aufgefordert, die weitere innere Entwicklung im Ensemble des DT aufmerksam zu beobachten; und darüber hinaus festzustellen, wer zum ›Anhang‹ der in Erscheinung getretenen Regisseure, Dramaturgen und Schauspieler zählt.«
* BStU, ASt Berlin, AIM 4238/70, Bd. I/1, Bl. 164-166

Die Zeit der »offenen Messer«

In der Vorbereitungsphase von Goethes »Clavigo« (Regie Adolf Dresen, Bühne und Kostüme Achim Freyer) beweist der Intendant noch einmal auf seine Art »politische Verantwortlichkeit«. Freyer ist seit der Ausstattung zu »Der gute Mensch von Sezuan« in der Volksbühne als westlich-modernistisch abgestempelt. Nachdem von oben »durchgestellt« worden ist, daß man eine Zusammenarbeit Dresens mit Freyer nicht für gut halte, der Intendant aber die Verantwortung habe, läßt Perten Freyer mitteilen, daß »die vorgelegten Entwürfe für die Ausstattung von *Clavigo* (...) nicht den künstlerischen und kulturpolitischen Maßstäben einer Inszenierung am Deutschen Theater« entsprächen und daß »Herr Freyer (...) damit seine Arbeit für die Inszenierung *Clavigo* als beendet ansehen« möge. Es beginnt ein langwieriger Kleinkrieg um die Erhaltung des Teams gegen den Intendanten, der die Entwürfe von der »westlichen Hippie-Mode« beeinflußt sieht. Die Kündigung muß er zurücknehmen. Die Inszenierung kann fortgesetzt werden, steht aber unter einem Druck, der der Arbeit schadet; sie ist zur Premiere unfertig und unentschieden. Da mit der Absetzung zu rechnen ist, bittet der Regisseur von sich aus, die Inszenierung aus dem Spielplan zu nehmen, um mit Freyer eine zweite Fassung erarbeiten zu können. Damit ist eine ästhetische Provokation gescheitert, eine Inszenierung in annehmbarerer Fassung gerettet, der Intendant nach außen Sieger, nach innen Verlierer. Die Idee, beide ästhetisch konträren Lösungen zu zeigen, kann nicht realisiert werden.

Die erste Inszenierung Pertens, Walsers Zweipersonenstück »Die Zimmerschlacht«, die die von ihm, das heißt von den Technikern des Deutschen Theaters erbaute »Kleine Komödie« eröffnen soll, ist an der Flucht des Regisseurs vor den an-

Bericht von IMS »Sumatic« der Abt. XX/7 der Verwaltung Groß-Berlin vom 3. März 1972* (Auszug)
Situation am DT seit Antritt Pertens
Die Bereitschaft der Verbleibenden, sich auf den neuen Leiter und neuen Leitungsstil einzustellen (der als das Gegenteil des bisherigen »Laissez-faire«-Stils in Erscheinung trat), war sehr gering. Es gab deutlich sich abzeichnende Gruppierungen für und gegen die Person des Leiters. Die ehemals auf Prof. Heinz Eingeschworenen verließen das Haus, obwohl Heinz blieb. Doch war er praktisch außer Kurs gesetzt. Dazu kamen öffentlich rivalisierende Haltungen des neuen Leiters gegen den alten: Diese eindeutige Frontstellung gegen alles, was war, machte sich Luft in einer Versammlung mit den Worten: Ich bin hier, nicht damit ich mich ändere, sondern, damit Sie sich ändern.

Soweit ich das beurteilen kann, bestand die Arbeit der Parteileitung darin, die gröbsten Ungerechtigkeiten, die sich auch beim Auskehren mit dem harten Besen ergaben, zu verhindern und zwischen Leiter und Ensemble zu vermitteln. Das war die Zeit, in der der Leiter die Technik durch soziale Korrekturen für sich gewann. Hier waren Fortschritte zu verzeichnen, die ich im einzelnen nicht kenne, doch war die Stimmung der Technik in dieser Zeit gut. Auf einem Betriebsfest erschien bezeichnenderweise die Technik vollzählig, dafür kein Künstler, bis auf geringe Ausnahmen. Die Atmosphäre des Abends wurde getragen von einer Woge der Antipathie des Leiters gegen den künstlerischen Sektor, die in der Technik Resonanz fand. (...) Der behauptete Leitungsanspruch der Gruppe um den neuen Leiter stand unter genauester Kontrolle und mitunter im Gegensatz zu ihren tatsächlichen fachlichen Leistungen. Das verhinderte Autoritätszuwachs. Die Autorität gründete sich also notwendigerweise vorherrschend auf seiner existenten Machtbefugnis als staatlicher Leiter. Sie verwirklichte sich vorwiegend durch seine Anordnungen; die andere wichtige Seite der Autorität (die echte), persönliches Ansehen und die Lösung zwischenmenschlicher Kooperationsbeziehungen im Betrieb, wurde fast ganz vernachlässigt. Es mag an den vorgefundenen Verhältnissen liegen oder an bestimmten Auffassungen über Leitungsstil, daß dieser Zustand bis heute nicht überwunden wurde oder lediglich modifiziert und verfeinert in Erscheinung tritt. Die Barriere des Mißtrauens zwischen Leiter und Geleiteten hielt lange Zeit an. Dieser Zustand ließ selbst produktive und berechtigte Kritik nicht aufkommen oder wirksam werden, da sie leicht negativ mißdeutet wurde. Das verhinderte Mitarbeitswillen. Abneigung gegenüber kritischen Aktivitäten auf Seiten des Leiters, begleitet von einem ständigen Repertoire von Vorwürfen gegen Haus und Hauptstadt, war wenig autoritätsfördernd. (...) Bei der Aufstellung des Spielplans 1972/73 (Spielplan der Regisseure) keine Einbeziehung des Betriebs oder der Parteigruppe in die Diskussion. Massive Kritik der BGL (Betriebsgewerkschaftsleitung) läßt erst Partei-Aktivität einsetzen. Parteileitung im Schlepptau des staatlichen Leiters. Aussprache in erweiterter Parteileitung führt zur massiven Kritik an seinem Demokratieverständnis.

Vermerk: Handschriftlich unterzeichnet Sumatic

* BStU, ASt Berlin AIM 6210/91 Bd. II/1, Bl. 96-100

** Gemeint ist die Inszenierung von Beaumarchais` »Der tolle Tag oder Wenn Figaro Hochzeit macht«

Perspektivische Festlegung des IMS »Robert Hinz« der Abteilung XX/7 der Verwaltung Groß-Berlin vom 23.10.1972* (Auszug)

I) Voraussetzungen/Möglichkeiten

Der IM besitzt die Möglichkeit des persönlichen Kontaktes zu allen namhaften Schauspielern des DT. Allerdings ist der Umstand, im Gefolge Pertens nach Berlin gekommen zu sein, der Herstellung von tieferen Vertrauensverhältnissen immer noch sehr hinderlich. Inzwischen wurde aber dennoch der IM seitens dieser langjährig zum Hause zählenden Schauspieler als einer der ihren anerkannt; jedoch mit der differenzierenden Bewertung als »Neuling«. (...)

II) Schwerpunktaufgabe

Feststellung der wahren politisch-ideologischen Position der namhaften Schauspieler des DT. Beobachtung der Entwicklung der politisch-ideologischen Grundhaltungen. Ermittlung der Umstände und Ge-

spruchsvollen Schauspielern (Inge Keller und Jürgen Hentsch) gescheitert. Das offenbare Mißverhältnis zwischen politischem Anspruch und künstlerischer Kompetenz hat die Achtung für ihn auf den Tiefpunkt sinken lassen; im Gegenzug versucht er die Staatssicherheit gegen das Ensemble zu mobilisieren, weil sein Wahn steigt, »die Zeit der offenen Messer« sei ausgebrochen.

Das Ende der unhaltbaren Verhältnisse kommt Anfang 1972, herbeigeführt durch den wachsenden Protest des Ensembles; es ist gelungen, eine Analyse der Leitungssituation des Theaters an die seit dem Frühjahr 1971 neue »Partei- und Staatsführung« unter Honecker und Sindermann heranzutragen. Perten wird, über den Kopf des Bezirkssekretärs Naumann hinweg, per Spielzeitende abgesetzt. Da er sich als politisches Opfer des Ensembles sieht, fühlt er sich von den eigenen Genossen verraten und betritt das Theater nicht mehr. In der Interimszeit kann eine kollektive Leitung eine vernünftige und beruhigte Weiterarbeit organisieren; mit Shakespeares »Leben und Tod König Richard III.« und Tschechows »Onkel Wanja« entstehen zwei gute und wirksame Aufführungen.

Zwischen Hoffmann und Naumann

Der neuernannte Intendant Gerhard Wolfram hat das Landestheater Halle mit pragmatischen Theaterprojekten zum Gegenwartsthema, den sogenannten »Anregungen«, ins Gespräch gebracht und mit der Uraufführung von Plenzdorfs umstrittenem Stück »Die neuen Leiden des jungen W.« schnell auf eine vom VIII. Parteitag erhoffte kulturpolitische »Öffnung« reagiert. Wolfram, dessen Arbeit in Halle von einem gewissen Vertrauensverhältnis mit dem SED-Bezirkssekretär Sindermann getragen gewesen ist, sieht sich in Berlin mit einer ganz anderen Situation konfrontiert. Hier gibt es zwischen Kulturministerium, Zentralkomitee und Bezirksleitung der SED differierende Ansichten dazu, wie es mit dem »Staatstheater der DDR« weitergehen soll, dessen Ensemble, in welcher Not auch immer, gerade einen geschätzten Parteikader moralisch demoliert hat.

Der übergangene Bezirkssekretär Naumann hält die Entscheidung von Anfang an für falsch und entwickelt sich zum eisigen Gegner des neuen Intendanten, dessen demokratische Leitungsmethoden als organisatorische und dessen Interesse an unangepaßter Gegenwartsdramatik als ideologische

»Schwäche« angesehen werden. Die Aufführungen von Ulrich Plenzdorfs »Die neuen Leiden des jungen W.« und Volker Brauns »Die Kipper« noch in der ersten Spielzeit bestätigen mit ihrem kritischen Potential die Abneigung der Naumann-Fraktion. Die Premiere der »Kipper« verläßt der Sekretär für Kultur der Bezirksleitung, Bauer, in der Pause. Wolfram gelingt es, um die Zensur der puren Texte zu umgehen, vom Ministerium für Kultur die Erlaubnis zu Proben *vor* der Genehmigung zur Aufführung zu erlangen, damit man Theaterwirkungen und nicht Textstellen beurteilen kann. Dieser vertrauensselige Versuch, mehr Verständnis von »Theater« zu erwecken, mißglückt allerdings mehrmals – was als verstärktes Mißtrauen auf den dann »schuldigen« Intendanten zurückfällt. Aufführungen werden, schon geprobt, verboten, so »Tinka« (1975, Regie Friedo Solter) und »Che Guevara oder der Sonnenstaat« (1977, Regie Klaus Erforth/Alexander Stillmark) von Volker Braun; als Vorwand werden hier »die kubanischen Genossen« vorgeschoben. Der Versuch von Horst Schönemann, Kants anekdotisches »Impressum« als »Beitrag zum IX. Parteitag« zu adaptieren (1975/76), scheitert allerdings mangels dramatisch verwertbarer Substanz. Die kühne Idee, Heiner Müllers bis dahin verbotenes Stück »Germania Tod in Berlin« aufzuführen, wird schon im ersten Stadium der Vorarbeit abgewiesen (1981). Zuletzt trägt die, ebenfalls mit einer halben Erlaubnis fast fertig geprobte »Legende vom Glück ohne Ende« von Ulrich Plenzdorf (1982, Regie Erforth/Stillmark) mit ihrer Kritik an der vollendeten Entfremdung in der DDR zur ehrabschneidenden Entfernung des Intendanten bei.

Angesichts dieser Lage werden zunehmend »Klassiker«-Inszenierungen zu einem Mittel, die aktuellen Themen auf das Theater zu bringen. Dresens Kleist-Doppelprojekt »Prinz Friedrich von Homburg/Der zerbrochne Krug« (1974/75, mit Dieter Franke und Alexander Lang), der erste Kleist-Abend im Deutschen Theater nach 1945, thematisiert das Verhältnis des Staats zum Einzelnen und stellt die Macht (in dem Richter, der der Verbecher ist) zugleich in Frage. Solters »Torquato Tasso« (1975/76, mit Christian Grashof) ist eine unmittelbare Reaktion auf das im Fall »Tinka« offenbar gewordene Zwangsverhältnis zwischen Macht und Kunst; »König Lear« (mit Fred Düren) akzentuiert die von Ansehen und Amt abhängige Behandlung des Menschen. Dresens »Michael Kohlhaas« (1976/77, mit Kurt Böwe) ist Abrechnung mit einer Gesellschaft, in der einer, der auf dem Recht besteht, zum Verbre-

gebenheiten, die die ideologische Einwirkungsmöglichkeit des Feindes begünstigen.

Feststellung von ideologisch feindlichen Plattformen im Prozeß ihrer Herausbildung; bei gleichzeitiger Ermittlung von solchen Fakten, die zur offensiven Zersetzungstäigkeit genutzt werden können.

Feststellung jener Schauspieler, die einen engeren persönlichen Kontakt zu den Geheimnisträgern in bedeutsamen gesellschaftlichen Bereichen haben und deren Aufklärung zum Zwecke der Abwehr.

Vermerk: Handschriftlich unterzeichnet Klemer
* BStU, ASt Berlin, AIM 6538/71, Bd. I/1, Bl. 100

Information von HFIM »René« der Abt. XX/7
der Verwaltung Groß-Berlin vom 14. Juli 1973*
(Auszug)
Diskussion um das Zeitstück »Die Kipper«
von Volker Braun am DT Berlin

1. In der Vollversammlung des Deutschen Theaters Berlin am 7.6.1973 wurde auch über das Zeitstück von Volker Braun »Die Kipper«, welches auf der 9. Tagung des ZK der SED kritisiert worden war, gesprochen. Dabei wurde festgestellt, daß kein Anlaß bestünde, das Stück vom Spielplan zu nehmen, daß die Intendanz und die beteiligten Mitarbeiter und Schauspieler hinter dem Stück stehen würden. (...)

3. Inzwischen wurde auf Veranlassung der Intendanz der kritisierte Satz über »die DDR, das langweiligste Land der Welt«, aus dem Stück »Die Kipper« gestrichen. Am Theater wird dieses Vorgehen so kommentiert, daß der Intendant, trotz aller Bekennungen zu dem Stück, letztlich doch wieder nachgegeben hat.

Vermerk: Quelle: IM »Gustav Adolf«;
handschriftlich unterzeichnet Renè
* BStU, ASt Berlin, AIM 8002/91 Bd. II/2, Bl. 225 f.

Operative Information von Oberfeldwebel Girod der Abt. XX/7 Groß-Berlin vom 14. Juni 1973* (Auszug)
Auf Befragung des IMF »Sumatic« berichtete er über ein Gespräch mit dem Intendanten des Deutschen Theaters Gen. Wolfram

Hier in Berlin versuche man nur, immer fertige Rezepte zu verteilen. Eine Diskussion sei völlig unproduktiv. Jetzt war Gen. Wolfram mit dem Oberspielleiter Schönemann und dem Parteisekretär Ziethen bei dem Gen. Hager. Es sei traurig, daß er diesem nun erst ein Stück zu lesen geben muß, damit entschieden werden kann, ob es im Deutschen Theater gespielt wird oder nicht. (...)

Der Genosse Wolfram will in seiner weiteren Arbeit versuchen dem Deutschen Theater verschiedene Handschriften zu erhalten. Er will erreichen, daß die Gruppenwirtschaft beendet wird. Es sollen dann immer Arbeitsgruppen für die jeweilige Aufgabe gebildet werden. Um dieses Ziel zu erreichen wird er noch viele Hindernisse und Vorbehalte im Ensemble des Theaters zu überwinden haben.
Vermerk: gezeichnet Girod
* BStU, ASt. Berlin AIM 6210/91 Bd. II/1, Bl. 196

Information von HFIM »René« der Abt. XX/7 der Verwaltung Groß-Berlin vom 31. Oktober 1973* (Auszug)
+++ Bühnenarbeiter am Deutschen Theater Berlin
1. Der Bühnenarbeiter am Deutschen Theater +++ soll inhaftiert worden sein. Der Grund dafür ist bisher im Bereich der Technik des Theaters noch nicht bekannt geworden.

Bei +++ handelt es sich um den Bühnenarbeiter, der auch bei der Premiere des Zeitstücks »Kipper« negativ aufgefallen ist. (...)
2. Wie jetzt bekannt wurde, beabsichtigen die Bühnenarbeiter +++ und +++, den +++ in der Haftanstalt zu besuchen. +++ ist Genosse und hatte damals bei der Premiere der »Kipper« den +++ bei seinem negativen Verhalten unterstützt.
Vermerk: Quelle: IM »Gustav Adolf«;
handschriftlich unterzeichnet René
* BStU, ASt Berlin, AIM 8002/91 Bd. II/2, Bl. 249

Information von HFIM »René« der Abt. XX/7 von Groß-Berlin vom 18. Februar 1975* (Auszug)
Situation am Deutschen Theater Berlin
Mehrfach kann man jetzt am Deutschen Theater den Begriff »Belastbarkeit des Sozialismus prüfen« hören. Dieser Begriff wird nach Meinung der Quelle auf den Bereich der zeitgenössischen Dramatik angewandt und sollte wahrscheinlich mit dem Stück »Tinka« praktiziert werden.
Vermerk: Quelle: IM »Gustav Adolf«;
handschriftlich unterzeichnet René
* BStU, Ast. Berlin AIM8002/91, Bd. II/2, Bl. 306f.

cher gemacht wird. In dieser Zeit der »Abgrenzung« und der bornierten Vorstellung von einer »sozialistischen deutschen Nation« entwickeln auch harmloser scheinende Unternehmungen wie Heines »Deutschland. Ein Wintermärchen« (mit Eberhard Esche) und die Abende mit »Deutschen Volksliedern« eine sanfte kritische Kraft.

Theaterstücke aus der Sowjetunion, die offener, als es in der DDR erlaubt ist, moralische Probleme aussprechen, spielen als »Ersatz« eine Rolle. Unter ihnen sind »Der Mann von draußen« von Dworezki (1972/73), »Die Nacht nach der Abschlußfeier« von Tendrjakow (1976/77) und »Kümmert euch um Malachow« von Agranowski (1980/81). Ein Höhepunkt dieser anderen »sowjetischen Hilfe« ist ab 1977/78 die Aufführung von Majakowskis theatralischer Funktionärssatire »Das Schwitzbad«.

Der »Zögerliche«

Wolfram bezeichnet die ersten Jahre seiner Intendanz als »ganz gewiß am Theater meine schwierigste Zeit. (...) Ich hätte das sicherlich damals gleich weniger zögerlich anpacken müssen.« (*Die deutsche Bühne*, Oktober 1990) Vom Sekretär für Kultur des ZK Hans-Joachim Hoffmann (ab 1973 Kulturminister) heftig »agitiert«, die Intendanz des Deutschen Theaters zu übernehmen, wird er auf eine Theaterarbeit verpflichtet, die sich von dem »Zeitgenossen-Programm« in Halle sehr unterscheidet: Der gutgesinnte Hoffmann spricht davon, daß in Berlin dieser »linke Unsinn« nicht geht. Obwohl Wolfram das zunehmend begreift, bleibt er als Intendant des wichtigen »Staatstheaters« vom Anfang bis zum Ende Gegenstand der Machtkämpfe zwischen dogmatischen und liberaleren Kräften in der SED nach deren VIII. Parteitag.

Doch auch das Ensemble ist in einer schwierigen Situation. Durch die Vorgänge seit 1970 ist der Leitungswechsel belastet. Der Loyalität ist zuviel zugemutet worden; das Vertrauen in die Entscheidungen »von oben« ist dahin. Es gibt Anzeichen, daß der Kampf der letzten beiden Jahre ermüdet hat. In der neuen Freiheit gibt es Motivationsprobleme und Lustlosigkeit; auch ästhetische Differenzen werden deutlicher. Es gibt keine Abwehrhaltung, jedoch eine gewisse Skepsis gegen das in Halle praktizierte pragmatische Gegenwartstheater. Es wiegt schwer, daß der Oberspielleiter Schönemann nach der erfolgreichen Wiederholung der »Neuen Leiden des jungen W.«

Probleme mit seiner ersten Klassiker-Inszenierung hat. Die »Geschichte Gottfriedens von Berlichingen« kommt erst nach einem Jahr belastender Proben heraus. Mit dem künstlerischen Ergebnis selbst unglücklich, ist Schönemann verunsichert und nicht in der Lage, jener das Ensemble überzeugende Partner zu werden, auf den der »Dramaturg« Wolfram angewiesen ist. Die Stabilität der Teams um die Regisseure Dresen, Heinz und Solter kann Wolframs »zögerliche« Leitung in der Praxis, in der Arbeit mit dem Ensemble, ausgleichen. Neben den genannten entstehen eine Anzahl erfolgreicher Inszenierungen verschiedenen Genres, wie »Juno und der Pfau«, »Die Sommerfrische« und »Zwei Krawatten« sowie die von den Regisseuren Erforth und Stillmark adäquat aus andersartigen Spielräumen entwickelten Inszenierungen »Glanz und Tod des Joacquín Murieta« und »Die Insel«.

Eines der nachwirkenden Verdienste des Intendanten ist die behutsame Entwicklung des Schauspielers Alexander Lang zum Regisseur eines den Schauspieler aus der funktionalen Einengung, der Gefahr der »Verwissenschaftung« in eine neue spielerische Souveränität befreienden Theaters, das als ästhetisches Ereignis die zunehmende Befreiung der jungen Generation aus den ideologischen Zwängen der Gesellschaft reflektiert. Lang ist als Schauspieler in seiner kritischen Leidenschaft von der Arbeit mit Dresen geprägt, doch ebenso von der Artistik Bessons beeinflußt; die konzeptionelle Intelligenz verbindet ihn mit beiden. Freigesetzten Theatersinn, ein unideologisches Geschichtsbild und mythologisch vertiefte Psychologie zeichnen die beiden ersten bedeutenden Inszenierungen Langs aus: »Sommernachtstraum« und »Dantons Tod«. Die menschenfremde Macht und ihre Indoktrinationen, die menschenverschlingenden Antinomien einer Revolution sind aktuelle und schwerwiegende Themen; die Inszenierungen stellen sie jedoch mittels ihrer Theatralität, in der der Schauspieler aus dem Vertreter- oder Vorbild-Korsett zu einer modernen Abart des ursprünglichen, verantwortungsloseren »Komödianten« befreit ist, zur Disposition – ins Spielen.

Ein Riss

Die auf »sozialpolitischem« Gebiet mit Gagenerhöhungen und unkündbaren Verträgen verführerisch beruhigend wirkende, andererseits auf geistigem zunehmend beunruhigende Entwicklung der Honecker-Zeit mündet im Herbst 1976 in dem

Information 2/82 vom Leiter der Verwaltung Groß-Berlin, Generalmajor Schwanitz, vom 18. Januar 1982* (Auszug)

Die Situation im Deutschen Theater

Im letzten halben Jahr – bezugnehmend auf die zentrale Parteiinformation 345/81 vom 8.7.1981 – hat sich die innere Situation im Deutschen Theater weiter verschlechtert. Heute muß eingeschätzt werden, daß sich die Leitungssituation in einem desolaten Zustand befindet und sich der Intendant, Genosse Wolfram, selbst so äußert. Der Intendant hat in der Vergangenheit offensichtlich eine Reihe von Leitungsentscheidungen nicht zum erforderlichen Zeitpunkt getroffen und kann sich gegenwärtig nicht auf ihm unterstellte Leiter stützen. (...)

Die Schauspieler des Deutschen Theaters erklären offen, daß sie dem Intendanten gegenwärtig kein Vertrauen entgegenbringen und davon überzeugt sind, daß er nicht in der Lage ist, das Deutsche Theater aus seiner Misere herauszuführen. Die gegenwärtige Praxis des Intendanten, in Einzelgesprächen mit Regisseuren und anderen künstlerischen Mitarbeitern Versprechungen zu machen, die sich in kurzer Zeit als nicht erfüllbar erweisen, führt zu einer Desorganisation einfachster Theaterabläufe. (...)

Die Leitungssituation im Deutschen Theater führt zu einem Vertrauensschwund in die Fähigkeiten des Staatsapparates, diffizil zu behandelnde Prozesse des Umganges mit führenden Künstlern zu handhaben und den kulturpolitischen Anforderungen der achtziger Jahre gerecht zu werden. (...)

Bereits jetzt müßten Rollenumbesetzungen von Schauspielern erfolgen, die aus sicherheitspolitischen Gründen nicht als Reisekader eingesetzt werden können. (...)

Wegen der erheblichen sicherheitspolitischen Bedenken zu Personen, die auf den Besetzungslisten der vorgesehenen Stücke genannt sind, wird vorgeschlagen, daß eine Arbeitsgruppe des Ministeriums für Kultur und des Deutschen Theaters gebildet wird, die auf der Grundlage des Ministerratsbeschlusses zur Reisetätigkeit in das NSW** zu jedem vorgeschlagenen Reisekader Festlegungen über dessen Einsatzfähigkeit trifft.

Vermerk: Handschriftlich unterzeichnet Schwanitz

Verteiler: Mitglied des Politbüros des ZK der SED und 1. Sekretär der SED BL Berlin – Genossen Konrad Naumann, 1x HA XX, 1x Abt. XX/7, 3x AKG

* BStU, BF-Dok. 28, 4 Bl.

** Nichtsozialistisches Wirtschaftsgebiet

Vermerk der Hauptabteilung XX vom 24.2.1982*
Die beiliegende Stellungnahme über die Situation im Deutschen Theater im Zusammenhang mit einer Gastspielreise in der Zeit vom 8.5. bis 24.5.1982 nach der BRD und Frankreich hat dem Genossen Generalmajor Kienberg** vorgelegen. (...)

Auf der Kontrollberatung vom 3.2.1982 im Ministerium für Kultur, an der Vertreter der Abt. Kultur im ZK der SED, des Ministeriums für Kultur sowie der Intendant des Theaters teilnahmen, wurde entschieden, daß die Schauspieler +++ und +++ keine Reisekader sind und ihre Rollen umbesetzt werden. (...)

Zwischenzeitlich wurde nach Abstimmung mit der Partei durch den Minister für Kultur, Genossen Hans-Joachim Hoffmann, entschieden, daß das Deutsche Theater nicht in der BRD, sondern nur in Strasbourg/Frankreich mit dem Stück »Dantons Tod« von Georg Büchner gastiert. In diesem Theaterstück ist der Schauspieler +++ nicht eingesetzt.

* BStU, BF-Dok 28, 1 Bl.

** Generalmajor Paul Kienberg war Leiter der Hauptabteilung XX.

Information 16/82 der Verwaltung Groß-Berlin vom 30. März 1982* (Auszug)
Die aktuelle Situation am Deutschen Theater im Zusammenhang mit der Absage der Gastspielreise in die BRD
Unter den Mitarbeitern des Theaters rief die vom Intendanten, Gen. Wolfram, bekanntgegebene Nichtdurchführung der Gastspielreise in die BRD eine gewisse Unruhe hervor. Es wird darüber gesprochen, daß die »verschwommene« Begründung seitens des Intendanten nicht eindeutig zum Ausdruck gebracht habe, welche wirklichen Gründe für die Absage vorliegen würden. (...) Es entstand bei Genossen und parteilosen Mitarbeitern des Deutschen Theaters der Eindruck, daß die Absage auch für Gen. Wolfram unverständlich sei und nach dessen Meinung seitens zentraler Stellen auf der Grundlage von fachlich fragwürdigen Berichten getroffen worden wäre.

Die unter den Mitarbeitern des Deutschen Theaters vorhandenen Unklarheiten zeigen sich unter anderem in der Absicht des Schauspielers Nationalpreisträgers Dietrich Körner – Gewerkschaftsvertrauensmann der Gruppe Schauspiel, gemeinsam mit anderen Künstlern beim Minister für Kultur vorzusprechen, um die tatsächlichen Gründe des »Boykotts des Ensembles des Deutschen Theaters durch unverständliche zentrale Entscheidungen« zu erfahren.

* BStU, BF-Dok 28; 3 Bl.

tief irritierenden Vorgang der »Ausbürgerung« Biermanns. Dies erscheint geradezu als die Umkehrung dessen, was die meisten Künstler auch, trotz aller Schwierigkeiten, immer noch mit der DDR verbindet – einmal die Heimat Exilierter geworden zu sein wie Brecht und Seghers, Langhoff und Heinz. Die Empörung ist allgemein; Unterschriften gegen die »Maßnahme unseres Staates« gibt es auch aus dem Deutschen Theater. Ende November bringen auf einer Parteiversammlung Regisseure und Schauspieler zum Ausdruck, daß sie das Vertrauen zur Partei verloren haben. Daraufhin muß sich die Parteiorganisation im Dezember 1976 mit »den mit Hilfe der Person Wolf Biermanns unternommenen Versuchen des Gegners« auseinandersetzen, »das Gesellschaftssystem in der DDR anzugreifen, die Kulturpolitik des VIII. und IX. Parteitages zu gefährden und das Verhältnis zwischen unserer Partei und den Kunstschaffenden zu stören«. Mit den Kollegen soll die »Auseinandersetzung« mit »dem Ziel der politischen Klärung und Übereinstimmung« geführt werden, während mit »den beiden Genossen Dresen und Esche (...) wegen ihres parteischädigenden Verhaltens diese Auseinandersetzung entsprechend dem Statut unserer Partei in einem Parteiverfahren geführt« wird. Der Regisseur Adolf Dresen erklärt seinen Austritt aus der Partei, wird aber, auch zur »Klärung« der »Haltung« anderer, von der Mehrheit ausgeschlossen. Noch immer wirkt der Hinweis auf den »Gegner« disziplinierend.

»Michael Kohlhaas« von Dresen nach Kleist, Solters »Schwitzbad« und nicht zuletzt die Schauspielerproduktion des ersten im Deutschen Theater gespielten Stücks von Heiner Müller, »Philoktet«, sind unmittelbare Reaktionen auf die Ereignisse des Herbsts 1976 und auf eine das Unrecht nicht scheuende Machtpolitik. 1977 verläßt Dresen die DDR, um mit der Genehmigung des Kulturministers am Burgtheater zu arbeiten. Er kehrt an das Deutsche Theater nicht zurück.

Neues Haus und alte Methoden

Das »Staatstheater der DDR« selbst ist in keinem guten Zustand; technische Anlagen, Beleuchtung und Garderoben sind veraltet und insgesamt die sogenannten »Lebens- und Arbeitsbedingungen« der Schauspieler und Techniker schlecht. In den Kammerspielen ist seit 1937 nichts Wesentliches geschehen, hinter der Bühne und in den Nebengebäuden herrscht der Verfall. Im Januar 1979 müssen sie wegen Baufälligkeit geschlossen werden. Anfang Januar 1980 fassen ZK der SED und Ministerrat der DDR den Beschluß zur Rekonstruktion des Deutschen Theaters anläßlich seiner Hundertjahrfeier 1883 und zum »Wiederaufbau« der Kammerspiele. Damit beginnt eine organisatorisch komplizierte Arbeitsphase. Aufführungen müssen in andere Theater verlegt, Inszenierungen dort oder in anderen Räumen erarbeitet werden. 1981 wird auch das Deutsche Theater geschlossen. Das Berliner Ensemble, das Maxim-Gorki-Theater und die Volksbühne helfen. Interessant wird es, wo es komplizierter ist. Trotz aller Probleme bietet der zeitweise Auszug aus den edlen Denkmälern die Chance, näher an das »Leben«, an Menschen heranzukommen, die das Deutsche Theater nicht besuchen, und andere künstlerische und kommunikative Methoden auszuprobieren. Das ermöglichen vor allem das BAT in der Belforter Straße und das Kino am Friedrichshain. Diesen interessanten Platz in einem Arbeiterbezirk will das Theater als dauerndes »drittes Haus« behalten. Das offenbar als politisch gefährlich angesehene Vorhaben – es wird dazu noch Plenzdorfs freche »Legende vom Glück ohne Ende« geprobt – führt zu einem undurchschaubaren Machtkampf zwischen dem das Theater unterstützenden Kulturminister und dem »Einflüsse« fürchtenden Oberbürgermeister (d.h. dem Bezirksparteichef Naumann), für dessen negativen Ausgang am Ende der Intendant verantwortlich gemacht wird, ebenso wie für die sich immer mehr komplizierende Lage, die durch das in der DDR übliche Hin und Her in Planung und Bauablauf mit verursacht wird.

Noch größere Komplikationen sind zu befürchten angesichts des ehrgeizigen Vorhabens des Theaters, mit Goethes »Faust II« wieder zu eröffnen. Natürlich handelt es sich um ein künstlerisch, aber auch organisatorisch und technisch anspruchsvolles Projekt. Es gibt Zweifel, ob die Leitung den steigenden organisatorischen Anforderungen gewachsen sein wird, einzelne Mitglieder des Hauses hoffen auf Hilfe – indem sie die Probleme dem Mitglied des Politbüros Kurt Hager vortragen. Entscheidend trägt jedoch der Bezirkssekretär Naumann, der nun endlich zuschlagen kann, zur »Hilfe« bei: Sie besteht in der Absetzung des Intendanten Wolfram, ein Jahr vor der von ihm vorbereiteten Wiedereröffnung des Deutschen Theaters.

Anmerkungen zum Artikel von Matthias Braun, S. 256-261

1 Dienstanweisung (DA) 3/69 des Ministers zur Organisierung der politisch-operativen Arbeit in den Bereichen der Kultur und Massenkommunikationsmittel vom 18.6.1969, BStU, ZA, DSt 101073, Bl. 2
2 HA XX: Bericht über die politisch-operative Lage in den Bereichen der Kultur und Massenkommunikationsmittel in den Bezirken der DDR vom 24.1.1969; BStU, ZA, HA XX/AKG 804, Bl. 149-204
3 Benno Paroch: Die feindlichen Angriffe im Bereich von Kunst und Literatur, (Diskussionsbeitrag auf der SED-Kreisleitungssitzung) am 12.12.1968; BStU, ZA, SED-Kl 197, Bl. 560
4 Befehl 20/69 des Ministers vom 18.6.1969; BStU, ZA, DSt 106590
5 DA 3/69, S. 1-23; ebd.
6 BStU, ASt Leipzig, AOP 1231/76, Bd. 1, Bl. 58f
7 Kaderakte Arnold Klemer; BStU, ASt Berlin KS II 306/91
8 Kaderkarteikarte Wilhelm Girod; BStU, ASt Berlin, Bl. 1-2
9 Richtlinie 1/82 vom 17.11.1982 zur Durchführung von Sicherheitsüberprüfungen; BStU, ZA, DSt 102900
10 BStU, ASt Rostock, AP 2078/83 Bd. II, Bl. 195
11 Gesellschaftliche Mitarbeiter Sicherheit
12 GMS sind »Bürger der DDR mit einer auch öffentlich bekannten staatsbewußten Einstellung und Haltung, die sich für eine vertrauensvolle Zusammenarbeit mit dem MfS bereit erklären und entsprechend ihren Möglichkeiten und Voraussetzungen an der Lösung unterschiedlicher politisch-operativer Aufgaben mitarbeiten«. Vgl. Richtlinie 1/79 für die Arbeit mit Inoffiziellen Mitarbeitern (IM) und Gesellschaftlichen Mitarbeitern (GMS) vom 8.12.1979 in: Helmut Müller-Enbergs (Hrsg.): Inoffizielle Mitarbeiter des MfS, Berlin 1995, S. 305-373.
13 Auswertungs- und Kontrollgruppe
14 Zentrale Auswertungs- und Informationsgruppe

»Iphigenie auf Tauris« von Johann Wolfgang von Goethe, Regie Wolfgang Langhoff, 1963/64; Inge Keller als Iphigenie und Wolfgang Langhoff als Thoas

In seiner letzten Regiearbeit betont Langhoff, nur auf Goethes Sprache konzentriert, die humane Botschaft der »Iphigenie«: wie der Mensch sich vom Walten überirdischer Mächte befreit, zu sich selbst finden und erkennen muß, daß sein Schicksal seine eigene Angelegenheit ist.

»1913« von Carl Sternheim, 1963/64; Wolfgang Langhoff als Christian Maske und Hans-Peter Minetti als Wilhelm Krey

»Terra incognita« von Kuba (Kurt Bartel), 1964/65; Szene mit Friedo Solter

Die zweite Spielzeit des Intendanten Wolfgang Heinz bringt »Gegenwartsdramatik« von extremer Unterschiedlichkeit. Kubas »dramatisches Poem« über Erdölbohrung im Norden der DDR, ein »parteiliches« Werk mit allen verlangten Bestandteilen – der Arbeiterklasse, der führenden Rolle der Partei, der deutsch-sowjetischen Freundschaft und auch westlichen Agenten – wird gerade dreizehn Mal gespielt. 161 Aufführungen erlebt »Unterwegs«, ein sowjetisches Stück, in dem ein Jugendlicher »aussteigt« und sich auf die lange Straße der Selbsterfahrung begibt. Mit den Schauspielabsolventen Christine Schorn und Dieter Mann in den Hauptrollen trifft die Inszenierung, in der der Bühnenbildner Josef Svoboda die Mittel modernster Bühnentechnik mit filmischen Elementen verbindet, das Lebensgefühl, die Unruhe und Sehnsüchte der DDR-Jugend in dieser Zeit.

»Unterwegs« von Viktor Rosow, Regie Hans-Diether Meves und Friedo Solter, Bühne Josef Svoboda; Dieter Mann als Wolodja und Christine Schorn als Sima mit Ingolf Gorges

Eberhard Esche in der Rolle des Lanzelot

Rolf Ludwig als Drache

»Der Drache« von Jewgeni Schwarz, Regie Benno Besson, Bühnenbilder und Kostüme Horst Sagert, 1964/65; Szene mit Eberhard Esche (Lanzelot), Peter Dommisch (Heinrich), Horst Drinda (Bürgermeister) und Rolf Ludwig (Drache). Bessons Inszenierung dieser »Komödie« über die Verinnerlichung von Unterdrückung ist in ihrer Aktualität, aber unangreifbar märchenhaften Gestalt mit mehr als 600 Aufführungen und zahlreichen Gastspielen die erfolgreichste Inszenierung in der Geschichte des Deutschen Theaters.

Das durch Wolfgang Langhoff künstlerisch und moralisch geprägte, von seiner Behandlung durch die SED politisch irritierte und sensibilisierte Ensemble findet Mitte der sechziger Jahre in den Regisseuren Besson, Dresen, Heinz und Solter, den Bühnenbildnern Freyer, Kilger, Reinhardt und Sagert die Organisatoren seines künstlerischen und kritischen Mitteilungsbedürfnisses. Es entstehen bedeutende Inszenierungen wie »Der Tartüff«, »Die schöne Helena«, »Der Drache« und »Ödipus Tyrann« (Besson), »Der Mond scheint auf Kylenamoe« und »Maß für Maß« (Dresen), »Unterwegs« und »Nathan der Weise« (Solter).

»Der Mond scheint auf Kylenamoe«, drei Einakter von Sean O'Casey, Regie Adolf Dresen, Bühne und Kostüme Achim Freyer, 1965/66; Szene mit Johannes Maus, Heinz Hinze, Dieter Franke, Günter Sonnenberg, Trude Bechmann und Fritz Links

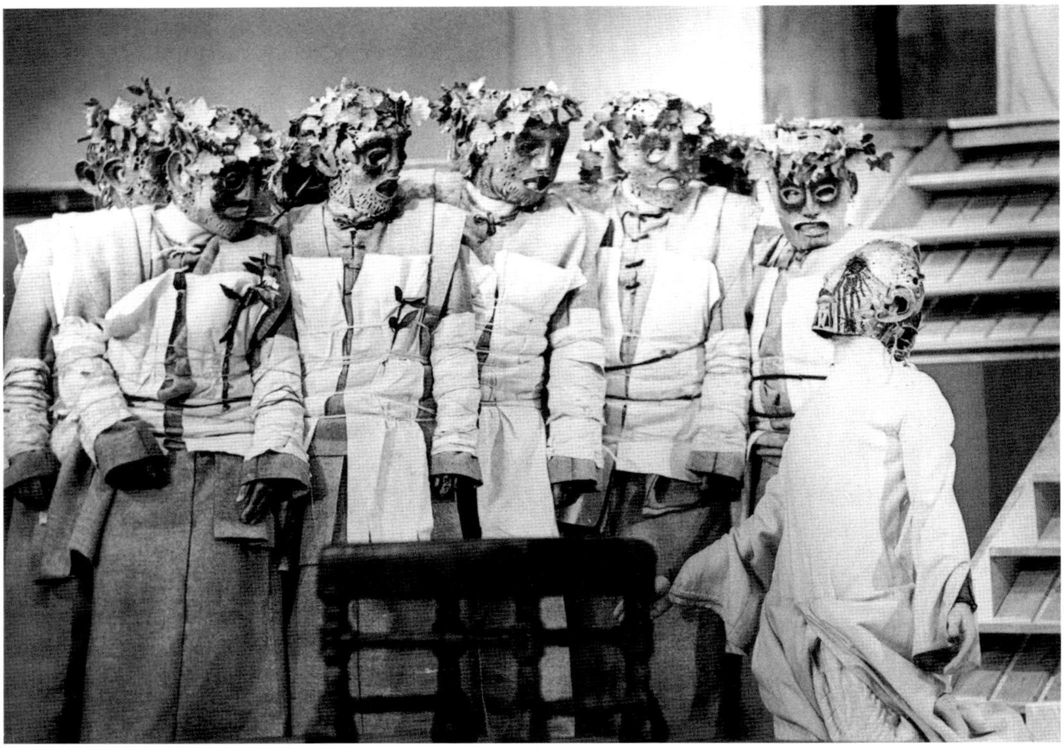

»Ödipus Tyrann« von Sophokles, Regie Benno Besson, Bühnenbild und Kostüme Horst Sagert, Uraufführung (der Bearbeitung) 1966/67; Szenen mit Fred Düren als Ödipus, Dieter Franke als Kreon und dem Chor

Nach »Der Frieden« ist »Ödipus Tyrann« Bessons zweite bedeutende Auseinandersetzung mit der Antike; die Grundlage bildet eine Bearbeitung der Hölderlinschen Übersetzung von Heiner Müller. Damit setzt das Theater eine Zusammenarbeit fort, die zweimal auf politischen Druck hin abgebrochen worden ist (»Die Umsiedlerin« 1961; »Der Bau« 1965). Die Inszenierung untersucht, mit eindrucksvollem Ergebnis, den zeitgenössischen Umgang mit dem antiken Chor; die aus einfachen Theatermaterialien errichtete Bühne von Horst Sagert hat eine starke innovative Wirkung im DDR-Theater. Müller sieht in dieser Inszenierung allerdings die politischen Ideen in der »Kunstfalle« verschwinden.

Wolfgang Heinz in der Titelrolle von Lessings »Nathan der Weise«, Regie Friedo Solter, 1966/67

»Der Stellvertreter« von Rolf Hochhuth, 1965/66; Szene mit Reimar Joh. Baur, Herwart Grosse, Erik S. Klein, Wolfgang Heinz, Horst Drinda (Papst Pius XII.) und Dieter Mann

Szene Studierzimmer mit Fred Düren in der Titelrolle

»Faust 1« von J.W.v. Goethe, Regie Adolf Dresen und Wolfgang Heinz, Bühne Andreas Reinhardt, 1968; Szene Walpurgisnacht mit Gudrun Ritter (Irrlicht), Fred Düren (Faust) und Dieter Franke (Mephisto)

Kerkerszene mit Bärbel Bolle als Margarete und Fred Düren als Faust

Der in Abweichung von den landläufigen Aufführungen aus dem Geist des Sturm und Drang und des Theaters inszenierte »Faust 1« erregt durch die zeitliche Nähe zum Prager Frühling und eine neuartige Darstellung des Faust den politischen Verdacht der Kulturabteilung des ZK der SED. Die Absicht, ihm den zweiten Teil folgen zu lassen, muß wegen einer aufgezwungenen dogmatischen »Erbe«-Diskussion und der dabei entstehenden denunziatorischen Atmosphäre aufgegeben werden. Die Vorgänge um »Faust« führen in der Folge zur Demission des Intendanten Wolfgang Heinz.

»Doña Rosita bleibt ledig« von Federico García Lorca, Regie Siegfried Höchst und Horst Sagert, 1970/71; Christine Schorn (Doña Rosita) und Inge Keller (Tante)

Horst Sagert, Modell zu »Doña Rosita bleibt ledig«, 1970

»Maria« von dem jüdischen Schriftsteller und Stalinopfer Babel wird noch während der Intendanz von Wolfgang Heinz geplant. Der neue Intendant H. A. Perten erzwingt eine Unterbrechung der Proben, um einen politisch »richtigeren« Spielplan zu machen. Um »Maria« zu retten, inszeniert Adolf Dresen »Der lange Weg zu Lenin« von Baierl nach einer biographischen Erzählung von Alfred Kurella. Die Aufführung wird ein Erfolg durch ihre unkonventionelle Polemik gegen die Klischees von Revolution und »revolutionär« und ist damit in ihrer Haltung auch Babels »Maria« nicht fern, in der ein unheroisches und unschönes Bild der Revolutionszeit gezeichnet wird.

»Der lange Weg zu Lenin« von Helmut Baierl, Regie Adolf Dresen, 1969/70; Horst Lebinsky als Rotarmist und Alexander Lang als Viktor Kleist

»Maria« von Isaak Babel, Erstaufführung in der DDR, Regie Adolf Dresen, Bühnenbild Ilona Freyer, 1969/70; Szene mit Horst Hiemer, Margit Bendokat und Jürgen Hentsch

»Onkel Wanja« von Anton Tschechow, Regie Wolfgang Heinz, 1971/72;
Christine Schorn als Jelena und Dietrich Körner als Iwan

Für Goethes Liebes- und Karrieredrama »Clavigo« entwickelt der Bühnenbildner Achim Freyer Räume und Kostüme aus blumengemusterten Stoffen von emotional starker Farbigkeit. Das ungewöhnliche Ergebnis wird vom Intendanten Perten »parteilich« als von den »Hippies« und westlicher Mode beeinflußt angesehen, die Aufführung nach der Premiere abgesetzt. Dresen und Freyer entwickeln daraufhin eine konträr strenge Fassung mit der Idee, beide zu zeigen; das kommt natürlich nicht zustande. Im gleichen Jahr verläßt mit Freyer, tief deprimiert, eines der innovativsten Talente des DDR-Theaters das Land. Vorgänge solcher Art steigern den Widerstand des Ensembles gegen den Intendanten; nach nur anderthalb Jahren muß er zurückgezogen werden.

»Clavigo« von Johann Wolfgang Goethe, Regie Adolf Dresen, Bühne und Kostüme Achim Freyer, 1971/72;
Christian Grashof als Beaumarchais und Siegfried Höchst als Clavigo in der abgesetzten Fassung

»Die Kipper« von Volker Braun, Regie Klaus Erforth und Alexander Stillmark, Bühne und Kostüme Hans Brosch, 1972/73; Szene mit Horst Weinheimer, Gudrun Ritter, Alexander Lang (Kipper Paul Bauch), Gerhard Lau und Christian Grashof

Der neue Intendant Gerhard Wolfram setzt, in einer kurzen liberalen Phase nach dem Ende der Ulbricht-Zeit, Aufführungen unbequemer DDR-Autoren wie Braun und Plenzdorf durch. Brauns poetisches »Produktionsstück« um den romantisch-anarchistischen Proletarier Paul Bauch fordert die vom Sozialismus verheißene »Selbstverwirklichung« ausdrücklich für die Benachteiligten und die Besonderen ein. Plenzdorfs »neuer Werther«, der vom Unverständnis der Gesellschaft umgebene Aussteiger, wird durch Inszenierungen überall in der DDR eine Identifikationsfigur der unzufriedenen Jugend. Mit über dreihundert Aufführungen ist auch in Berlin die Wirkung des Stücks beträchtlich.

»Die neuen Leiden des jungen W.« von Ulrich Plenzdorf, Regie Horst Schönemann, 1972/73; Dieter Mann als Edgar Wibeau

◂ Elsa Grube-Deister als »Juno« Boyle und Dieter Franke als »Captain« Boyle in der irischen Tragikomödie »Juno und der Pfau« von Sean O'Casey, Regie Adolf Dresen, 1972/73

»König Lear« von William Shakespeare, Regie Friedo Solter, 1975/76; Fred Düren als Lear

»Leben und Tod König Richard des Dritten« von William Shakespeare, Regie Manfred Wekwerth, Bühne Andreas Reinhardt; Szene mit Hilmar Thate als König Richard

»Prinz Friedrich von Homburg/Der zerbrochne Krug« von Heinrich von Kleist, Regie Adolf Dresen, Bühne und Kostüme Hans Brosch, 1974/75; Szene aus »Der zerbrochne Krug« mit Bärbel Bolle (Eve), Dieter Franke (Adam), Alexander Lang, Gerhard Lau, Elsa Grube-Deister, Klaus Piontek und Dietrich Körner

Da es in der DDR keine Öffentlichkeit gibt, andererseits die Aufführung kritischer Gegenwartsdramatik (von Braun, Müller, Plenzdorf) im Deutschen Theater mehrfach verhindert wird, sind auch Klassiker-Inszenierungen ein Mittel, aktuelle Fragen darzustellen und – in einem sehr bescheidenen Rahmen – zu diskutieren. Die Zusammenstellung von »Homburg« und »Krug« konfrontiert den Zustand »Preußens« oben mit dem unten; die »Kohlhaas«-Dramatisierung als Abschluß des Kleist-Projekts konstatiert, daß in der Gesellschaft ein Zustand herrscht, in dem das Eintreten für das Recht als Verbrechen gilt.

»Michael Kohlhaas« von Adolf Dresen, nach Heinrich von Kleist, Uraufführung 1976/77; Szene mit Kurt Böwe als Kohlhaas

»Die Insel« von Athol Fugard, Regie Klaus Erforth und Alexander Stillmark, 1976/77; Alexander Lang (Winston) und Christian Grashof (John)

In »kleineren« Produktionen können klarer große Fragen gestellt werden. Die Antigone-Situation in Fugards ergreifendem Zwei-Personen-Stück über zwei Gefangene auf Robben Island ist nicht nur in Südafrika aktuell. »Philoktet« ist das erste Stück Heiner Müllers, das im Deutschen Theater gespielt werden kann; daß der politische Zweck jedes Mittel heiligt, versteht man, ist nicht die zynische Auffassung des Odysseus allein. Die ohne »Bühnenbild« gespielten Aufführungen sind ganz auf die Schauspieler konzentriert; in »Philoktet« nehmen sie nach Auseinandersetzungen mit der Regie ihr politisches und künstlerisches Anliegen selbst in die Hand.

»Philoktet« von Heiner Müller, Regie Die Schauspieler, 1977/78; Roman Kaminski (Neoptolemos), Christian Grashof (Odysseus) und Alexander Lang (Philoktet)

»Zwei Krawatten« von Georg Kaiser, Musik Mischa Spoliansky, Regie Friedo Solter, 1976/77; Gudrun Ritter als Trude und Dieter Mann als Kellner Jean in der Revue von 1929

»Das Schwitzbad« von Wladimir Majakowski, Regie Friedo Solter, 1977/78; Szene mit Dieter Franke (Koprochef) und Volkmar Kleinert (Belvederski); eine revolutionär-romantische und phantastische Satire von 1929 auf die Nullen und Nutznießer der Revolution, auf Selbstherrlichkeit und Schönrednerei

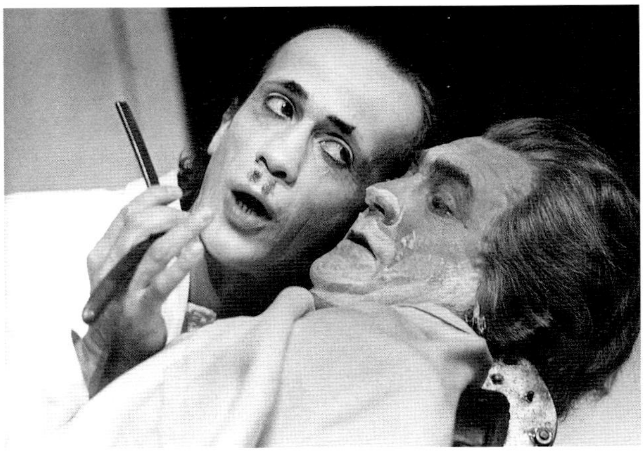

Nach bemerkenswerten Versuchen seit 1976 wird Alexander Lang, beginnend mit »Sommernachtstraum«, zum wichtigsten, in Thema und Ästhetik neuen Regisseur des Deutschen Theaters. Shakespeares Komödie konzentriert er, in einem zwanghaften Bühnenraum von Gero Troike, ganz auf das Thema der durch den Elfenkönig Oberon ausgeübten Manipulation und Gewalt an Titania und den jugendlichen Paaren. Bei Tollers Satire über den wildwerdenden Kleinbürger beginnt die langjährige Zusammenarbeit mit dem Bühnenbildner Volker Pfüller, der an der aggressiv-theatralischen und »nachrealistischen« Gestalt von Langs Inszenierungen entscheidenden Anteil hat.

Christian Grashof (Wotan) und Günter Sonnenberg (Fremder Herr) in »Der entfesselte Wotan« von Ernst Toller, Regie Alexander Lang, 1979/80

»Sommernachtstraum« von William Shakespeare, Regie Alexander Lang, 1979/80; Dieter Mann (Demetrius), Margit Bendokat (Helena), Roman Kaminski (Lysander), Simone von Zglinicki (Hermia)

»Draußen vor der Tür« von Wolfgang Borchert im bat, Regie Klaus Erforth und Alexander Stillmark, 1979/80; Käthe Reichel (Die Elbe) und Thomas Neumann (Beckmann)

1980 werden das Deutsche Theater und die Kammerspiele wegen ihrer Rekonstruktion für drei Jahre geschlossen. In den räumlich andersartigen Spielstätten sind, aus den jeweiligen Gegebenheiten entwickelt, inhaltlich und formal interessante Experimente möglich. Der Versuch allerdings, in einem Kino Plenzdorfs DDR-kritische »Legende vom Glück ohne Ende« (Regie Erforth/Stillmark) aufzuführen, wird unerbittlich verhindert.

»Elektra« von Sophokles im Plenarsaal der Akademie der Künste, Regie Friedo Solter, 1980/81; Szene mit Gudrun Ritter (Elektra) und Chor

»Dantons Tod« von Georg Büchner, Regie Alexander Lang, 1980/81; Szene mit Christian Grashof (Robespierre)

Inge Keller (Julie), Christian Grashof (Danton), Margit Bendokat (Marion), Katrin Klein (Rosalie), Harry Pietzsch (Hérault)

Die Inszenierung stellt, nach dem »Faust« von 1968, für ihre Zeit die wichtigste Neudeutung eines bedeutenden deutschen Dramas dar. Ihre Perspektive ist, mit dem Dichter, der Blick auf die Revolution aus einer nachrevolutionären Situation, in der keines der Ideale des Anfangs realisiert ist; die Besetzung Dantons und Robespierres mit *einem* Schauspieler verschärft die von Büchner in diesen Figuren gedachten Antinomien der Revolution.

Szene in der Bühne von Volker Pfüller

»Wallenstein« von Friedrich Schiller, Regie Friedo Solter, 1979/80; Lissy Tempelhof (Gräfin Terzky), Dieter Mann (Illo), Eberhard Esche (Wallenstein)

»Maria Stuart« von Friedrich Schiller, Regie Thomas Langhoff, 1980/81; Gudrun Ritter (Elisabeth), Lisa Macheiner (Kennedy), Jutta Wachowiak (Maria Stuart)

»Gespenster« von Henrik Ibsen, Regie Thomas Langhoff, 1983/84 (Premiere zur Wiedereröffnung der Kammerspiele); Inge Keller (Frau Alving) und Ulrich Mühe (Osvald)

Die Wiedereröffnung der Kammerspiele will, mit »Gespenster«, an die Eröffnung 1906 und die Inszenierung Max Reinhardts erinnern, mit Agnes Sorma als Frau Alving und Alexander Moissi als Osvald. (1894 hatte »Wiedergänger«, wie der norwegische Titel wörtlich übersetzt wäre, mit Rosa Bertens und Rudolf Rittner im Deutschen Theater zum ersten Mal Premiere.) Ibsens »Familiendrama« über Lebenslüge und Last der Vergangenheit ist 1983 von bedrängender Aktualität; sein langanhaltender Erfolg aber auch Schauspielern zu verdanken, die den großen Vorgängern in ihrer Kunst nicht nachstehen.

»Die wahre Geschichte des Ah Q« von Christoph Hein (Uraufführung), Regie Alexander Lang, Bühne und Kostüme Gero Troike, 1983/84; Dieter Montag (Ah Q), Roman Kaminski (Tempelwächter) und Christian Grashof (Wang). Das katastrophale Leben in Zeiten von »Revolutionen« nach einer Erzählung von Lu Hsun: Wer auch an der Macht ist, die Kleinen sind die Verlierer.

◂ »Die Rundköpfe und die Spitzköpfe« von Bertolt Brecht, Regie Alexander Lang, Bühne und Kostüme Volker Pfüller, 1983/84; Szene mit Gudrun Ritter, Horst Manz, Dietrich Körner (Iberin), Katja Paryla, Harry Pietzsch und Helga Labudda

PROLOG
(gedacht für eine Voraufführung)

Unseren höchst auserlesenen Gästen
Die gekommen sind, unser Spiel zu testen
Geben wir hier gleich offen Bescheid
Von unsrer geheimen Verlegenheit.
Nämlich die Sache ist die: was Sie hier sehn
Ist uns selbst nicht angenehm.
Der Fall ist verwickelt, und die Figuren in ihn
Und wir können sie nicht an den Haaren herausziehn
Die wir darin finden. Sondern im Gegenteil:
Die müssen da hindurch, und zwar möglichst heil.
Daß ihnen das nicht eben gelingt –
Das ist es, was uns zum Schwitzen bringt.
Wir leiden darunter wie Sie, glauben Sie mir
Der Braun brachte das deshalb aufs Papier.
Wir fordern Sie, bestenfalls, heraus
Das ist einer der Zwecke von diesem Haus.
Nichts da, mit dem Sie sich abfinden sollen!
Jetzt wissen Sie, was wir wollen.
Was **Sie** wollen, wissen zunächst nur Sie.
Aber nicht nur Sie testen das Stück: das Stück testet auch Sie.
Und wir sind uns nicht sicher, ob Sie dem genügen
Wenn Sies nicht machen zu Ihrem Vergnügen.
Das Gute Ende, nehmen wirs nur vorweg:
Das zeigt nicht das Spiel, aber es ist sein Zweck.

Volker Braun

Der Prolog wurde für eine Voraufführung von Brauns »Tinka« (Regie Friedo Solter, Bühne Jochen Finke, mit Simone von Zglinicki, Dieter Mann, Otto Mellies u.a.) 1975 geschrieben. Zu den Proben hatte der Intendant die Genehmigung des Ministeriums für Kultur, die Voraufführung sollte über die Aufführungsgenehmigung entscheiden. Im Februar 1975 wurden die Proben abgebrochen, nachdem der Intendant dem Dramatiker und dem Regieteam mitgeteilt hatte, »daß die Probleme, die er sieht, nicht in unserm Arbeitsprozeß geklärt werden können und er als Einzelleiter die Weiterführung der Proben nicht verantwortet«. (Volker Braun, Erklärung nach dem Abbruch der »Tinka«-Proben am 7. Februar 1975, Texte in zeitlicher Folge, Bd. 4) Die Entscheidung des Intendanten ging offensichtlich auf einen Probenbesuch von Mitarbeitern des Ministeriums zurück.

Das Deutsche Theater 1984–1998

Vom Staatsbesuch zum Staatsende

Intendant Rolf Rohmer und Erich Honecker am Abend der Wiedereröffnung des Deutschen Theaters am 29. September 1983

Bericht des IM »Jan« der Abt. XX/7 der Bezirksverwaltung Leipzig zu Rolf Rohmer vom 29. November 1985* (Auszug)

Ca. April (1982) fuhr Prof. Rohmer zur Kur ins Ausland, und als er von der Kur zurückkehrte, hat er uns mit der Mitteilung überrascht, daß ein Vertreter des Ministeriums oder des ZK (ich weiß es nicht mehr genau) ihn in der Kur besucht hatte und ihm die Frage gestellt hatte, ob er bereit sei, die Funktion des Generalintendanten des Deutschen Theaters zu übernehmen. Er hat mir persönlich und zum Teil auch in der Parteileitung gesagt, daß dies ihm in einer Form angetragen worden sei, wo er nur noch die Möglichkeit gesehen habe, ja zu sagen. Er hat keine Möglichkeit gesehen, groß zu überlegen, nein zu sagen. Er hat diesen Vorgang so begründet, daß es zu kulturpolitischen Fragen Berlin betreffend, vor allem das Theaterwesen in Berlin, es zu Meinungsverschiedenheiten und Auseinandersetzungen im Parteiapparat gekommen sei bis hin zur höchsten Spitze in der Zentrale. Und daß dann in der zentralen Parteiführung ein Machtwort gesprochen sei, die Sache umgehend zu klären und daß man daraufhin auf ihn als Person gekommen sei, also ihm dieses Amt anzutragen bzw. ihn zu beauftragen, die Funktion des Generalintendanten zu übernehmen. Er hat auch mehrere Male durchblicken lassen, daß er der Meinung sei, daß eigentlich der höchste Mann im Staate hinter dieser Entscheidung stehe und daß er mit allerhöchstem Kredit versehen ist und alle Machtbefugnisse nun habe, im Vorfeld des 100. Jahrestages des Deutschen Theaters dort die Arbeit zu organisieren.

Vermerk: gezeichnet Jan

* BStU, ASt Leipzig, AGMS 536/91 Bd. I/1, Bl. 79-85

Ein neues Haus

Die Rekonstruktion des Deutschen Theaters und der Neuaufbau der Kammerspiele in den Jahren 1980 bis 1983 sind die gründlichste Erneuerung seit ihrem Bestehen; der Umfang ist durch den Zustand der Gebäude und ihrer veralteten theatertechnischen Ausrüstung dringend notwendig, mit Rücksicht auf die Denkmalpflege kompliziert. Der Auftraggeber ist das Ministerium für Kultur der DDR; da der Umbau auf einen Beschluß des Sekretariats des ZK der SED und des Ministerrats zurückgeht, leitet ihn die Aufbauleitung Sondervorhaben Berlin; die Architekten sind Peter Flierl und Gottfried Hein.

Das Deutsche Theater wird grundlegend renoviert und außen und innen dem Zustand von 1906 angenähert, das Foyer, bis dahin geweißt, wieder farblich gestaltet und mit neuen Deckenmalereien versehen. Die 1937 eingebaute »Führerloge« wird entfernt, die seinerzeit beseitigten Logen im Parkett und im ersten Rang allerdings nicht wieder hergestellt. Bühnentechnik und -maschinerie, Licht- und Tontechnik werden erneuert und erweitert. Die bisher durch eine Hofeinfahrt getrennten Theater werden durch einen gemeinsamen Kassenraum verbunden, ebenso das Vestibül des Deutschen Theaters mit dem Foyer im neuerbauten »Funktionsgebäude« der Kammerspiele, das auch die Garderoben, eine Hinter- und Seitenbühne sowie eine Probebühne und alle technischen Bereiche aufnehmen soll.

Im Herbst 1980 sind die Kammerspiele und die sie umgebenden alten Gebäude bis auf die Außenmauern des Zuschauerraums abgebrochen worden, mit seiner 1937 überstrichenen Mahagoniverkleidung von 1906. Ein Bühnenturm wird errichtet, den Zuschauerraum baut man, da Unterlagen für die Fassung des Architekten William Müller nicht gefunden werden, nach dem Aussehen von 1937 neu auf, nun mit einem ausgebauten Rang und, der Sicht wegen, einem nach vorn abfallenden Parkett. Durch die Absenkung entsteht eine Rampe; damit entfällt auch das letzte originelle Relikt der Reinhardtschen Kammerspiele, die durch Stufen vermittelte Nähe von Bühne und Zuschauerraum.

Kein »Faust« vor Honecker

Mit Blick auf den »Staatsbesuch« zur festlichen Wiedereröffnung des Deutschen Theaters am Beginn der Spielzeit 1983/84, auf die Anwesenheit Honeckers und anderer »Repräsentanten von Partei und Regierung«, ist inzwischen nach einem ebenfalls repräsentativen neuen Intendanten gesucht worden. Der Theaterwissenschaftler Professor Rolf Rohmer (Rektor der Theaterhochschule Leipzig) wird vom ZK der SED gedrängt, das Amt zu übernehmen. Dem mit der Theaterpraxis wenig vertrauten Wissenschaftler wird ein organisatorisch erfahrenerer stellvertretender Intendant zur Seite gestellt. Konfrontiert mit der »heißen Phase« der Rekonstruktion, den Ende 1982 beginnenden Proben zu »Faust II« und dem an einem Dutzend verschiedener Orte zu organisierenden Spielbetrieb ist die neue Leitung außergewöhnlich belastet und bald überfordert.

Zu schweren Konflikten kommt es vor allem um die Durchsetzung der für die Wiedereröffnung vorgesehenen Inszenierung von Goethes »Faust II« (Regie Friedo Solter, Bühnenbilder und Kostüme Gero Troike, Masken Wolfgang Utzt, mit Alexander Lang in der Titelrolle und Dieter Mann als Mephisto). Der sachlich und zeitlich falsche Intendantenwechsel beginnt sich auszuwirken; da man sich kaum kennt, ist die Zusammenarbeit schwierig; statt auf die Verursacher entladen sich die Ressentiments im Theater. Die eine Seite sieht die andere mehr an theaterwissenschaftlichen als an den dringend anstehenden organisatorischen Angelegenheiten des Theaters interessiert; die andere kann die aus den technischen Dimensionen des Projekts sich ergebenden zusätzlichen Probenzeiten und verlangten umfangreichen Vorstellungsausfälle nicht realisieren. Verzögerungen und Veränderungen im Rekonstruktionsablauf erschweren ab März 1983 die Bedingungen für die »Faust«-Inszenierung, unzureichende konzeptionelle Voraussicht auf Seiten des Regieteams und organisatorische Probleme der technischen Leitung kommen hinzu. Eine Verschiebung der »festlichen Wiedereröffnung« im Interesse des »Faust II« kommt zwar dem Regisseur, nicht jedoch dem Intendanten in den Sinn; eine Anfrage der Parteileitung des Theaters weisen auch die »übergeordneten Leitungen« aus »nationalen und internationalen politischen Gründen« zurück.

Die Wiedereröffnung des Deutschen Theaters findet am 29. September 1983 statt, ohne »Faust II«; statt dessen sehen Erich Honecker und die anderen »Repräsentanten« einen an-

Gerhard Wolfram, Regisseur Alexander Lang und der Schauspieler Kurt Böwe

Information von HFIM »René« der Abt. XX/7 der Verwaltung Groß-Berlin vom 14. Februar 1985*
(Auszug)
Im Zusammenhang mit Spielplanveränderungen (es ist geplant die beiden »Wallenstein«-Abende künftig in einer Vorstellung zu vereinen) äußerte sich der Schauspieler des Deutschen Theaters Eberhard Esche kritisch über die Leitungstätigkeit am Deutschen Theater. In Anlehnung an einen volkstümlichen Ausdruck sprach er von einer »solterdiepolter«-Leitung am Theater und wollte damit zum Ausdruck bringen, daß am Haus viel durcheinander geht und der wirkliche Intendant eigentlich Friedo Solter heißt. Esche gab dem IM gegenüber an, daß er von der gegenwärtigen Entwicklung am Theater enttäuscht ist, weil er sich von der Tätigkeit des Intendanten Dieter Mann mehr versprochen hat.
Vermerk: Quelle: IM »Gustav Adolf«
* BStU, ASt Berlin, AIM 8002/91, Bd. II/3, Bl. 196

deren Goethe, den in seiner Anzüglichkeit kaum verstandenen »Torquato Tasso« von 1975. Im Laufe der Spielzeit gelingt es auch unter Anrufung von Ministerium für Kultur und Kulturabteilung des ZK nicht, zwischen technischen Möglichkeiten und künstlerischen Forderungen, Spielbetrieb und notwendigen Proben der »Faust II«-Produktion zu vermitteln, die Zeit vergeht; als sich der Regisseur, um dem Verlangen nach einer Aufführung im März nachkommen zu können, zu einer Reduzierung des Bühnenbilds entschließt, kündigt der Bühnenbildner Troike die Mitarbeit auf; der Faust-Darsteller Lang läßt erkennen, daß er nicht weitermachen will. Ende 1983 erklärt der Intendant, daß die Premiere von »Faust II« bis März nicht mehr zu garantieren ist, weil die Schließung des Theaters für zwei Monate vor der Öffentlichkeit nicht zu rechtfertigen sei; er nimmt die Produktion aus dem Spielplan. Im Theater werden die Ursachen für das Scheitern des sehr teuren Unternehmens sehr kontrovers beurteilt.

Im Herbst sind inzwischen die neuen Kammerspiele fertiggestellt und am 18. November mit »Gespenster« von Ibsen in der Inszenierung Thomas Langhoffs wiedereröffnet worden. Im Dezember ist die Uraufführung von Christoph Heins »Die wahre Geschichte des Ah Q« (Inszenierung Alexander Lang, mit Christian Grashof, Dieter Montag u.a.) gefolgt. »Gespenster«, mit Inge Keller als Frau Alving, Ulrich Mühe als Osvald, Dietrich Körner als Pastor Manders und Kurt Böwe als Engstrand u.a. hervorragend besetzt, wird auch als erschütternde Anklage gegen die Verfehlungen der Väter und ihr Verschweigen verstanden.

Ein schwieriger Beginn

Im Februar 1984 werden die Schauspieler Dieter Mann und Otto Mellies in das ZK zum Politbüromitglied Kurt Hager und um eine Darstellung der Lage gebeten. Mann, geradlinig und geladen, stellt die Situation aus der Sicht der »Faust«-Mannschaft so eindrucksvoll dar, daß der mächtigste Funktionär der DDR-Kulturpolitik ihn noch einmal einlädt und ihm am nächsten Tag die Intendanz des Deutschen Theaters anbietet. Nach Gesprächen mit Mitgliedern des Ensembles sagt Mann zu; künstlerischer Leiter wird auf seinen Vorschlag der »Faust II«-Regisseur Friedo Solter, geschäftsführender Dramaturg Hans Nadolny. Eine aus der Konstellation erklärliche, aber moralisch fragwürdige Bedingung der neuen Leitung ist, daß der

Chefdramaturg seit 1976, Klaus Wischnewski, 1965 nach dem 11. Plenum schon einmal als Chefdramaturg (der DEFA) entlassen, aus dem Theater geht.

Alles in allem begrüßt aber das Ensemble die neue Entwicklung, weil die Wahl mit Dieter Mann auf ein langjähriges Ensemble- und kritisches Parteimitglied gefallen ist. Die für beide Seiten unglückliche Intendanz Rolf Rohmers, mehr das Opfer der Unfähigkeit der Kulturpolitiker als seiner eigenen, geht zu Ende, ohne daß seine »langfristige strategische Konzeption« noch praktische Folgen haben kann.

Dieter Mann beginnt das Theater in einer schwierigen Situation zu leiten. Die Biermann-Ausbürgerung hat bei den Künstlern eine allgemeine Depression bewirkt; Hoffnungen sind dahin, der stets produktive Motor »Utopie« steht endgültig still. Es entsteht der Eindruck kulturpolitischer Konzeptionslosigkeit. Doch mit diktatorischen Methoden haben die Regierenden keinen Erfolg mehr, wie die Vorgänge um und nach Biermann gelehrt haben. Da echte Demokratie die »führende Rolle der Partei« in Frage stellen könnte, hat sich für eine gewisse Nachgiebigkeit der Feudalismus angeboten; seit Honecker ist es, wenn etwas nicht funktioniert, allgemeiner Brauch geworden, Probleme an ihn direkt oder andere »Persönlichkeiten« heranzutragen. Da das Geld nicht viel wert ist, werden Privilegien aller Art als selbstverständliches Äquivalent von Leistungen angesehen. Gerade auch das Theater, auf Grund seiner Geschichte von gewissen feudalen Resten nie ganz befreit, ist dafür anfällig. Wenn man prominent ist, kann man mit dem Genossen reden, den man kennt; über das Theater, das man in Gefahr sieht, über den Intendanten, der Fehler macht, über das Haus oder das Auto, das man auf einem anderen Weg nicht erhalten kann. Obwohl im Ensemble des Deutschen Theaters in geringem Umfang praktiziert, tragen Methoden dieser Art zu einer moralischen Schwächung bei: des alten Zusammenhalts, der politischen Haltung, der künstlerischen Glaubwürdigkeit. Auch der Kampf um »Faust II« ist von dynastisch-feudaler Sprache nicht frei, wenn mehrfach von dem »zentralen Projekt« die Rede ist, »dem sich alles andere zuordnen muß«.

Ungefähr zur gleichen Zeit, im Herbst 1983, scheitert endgültig der Versuch, mit dem Kino am Friedrichshain auf Dauer einen experimentellen Spielort zu gewinnen: Ministerium für Kultur (pro) und Bezirksleitung der SED (kontra) halten die Entscheidung »offen«. Der Argwohn des Bezirkssekretärs

Bei der »Lohndrücker«-Inszenierung 1988 fragten die Schauspieler nach der Generalprobe, ob sie zur Premiere ihre Zahnbürsten mitbringen sollten. Das war schon nur noch Koketterie. Das einzige politische Ereignis in den letzten Probenwochen, an das ich mich erinnere, war die Rosa-Luxemburg-Demonstration für die »Freiheit der Andersdenkenden«, von Freya Klier, Stephan Krawtschik und anderen in Berlin. (...) Mit einer ganzen Stadt voll Polizei hatte der Satz in »Lohndrücker«: »Ihr seid nicht besser als die Nazis« natürlich einen anderen Klang.

In dieser Spannung habe ich den fünften Teil von »Wolokolamsker Chaussee« im Deutschen Theater auf einer Sonntagsmatinee nach der »Lohndrücker«-Premiere vorgelesen. Vorher mußte ich den Intendanten darüber informieren, weil der Text noch für gefährlich galt. Dieter Mann war einverstanden. Es war eine atemlose Stille im überfüllten Zuschauerraum. Die Leute hielten noch im Januar 1988 nicht für möglich, daß so etwas laut gelesen wird. Auch ich hatte Schwierigkeiten, das zu lesen, ohne daß die Stimme zitterte, weil mir der Abschied von der DDR nicht leicht fiel. Plötzlich fehlt ein Gegner, fehlt die Macht, und im Vakuum wird man sich selbst zum Gegner. Die Bedingung für die Lesung war: Keine Diskussion. Zu »Findling« gibt es einen Kommentar von Ernst Jünger, in den »Adnoten zum Arbeiter«. Die »Adnoten« sind nach dem Krieg entstanden. Er schreibt da sinngemäß: Das Banausentum der Revolutionäre in Kunstfragen ist jakobinischer Instinkt. Die Kraft für die notwendigen Säuberungen reicht höchstens bis in die zweite Generation. Schon die dritte Generation fängt an, musische Neigungen zu entwickeln. Von da ab wird ein neuer Tanz gefährlicher als eine Armee. Der Riß zwischen den Generationen in der Führungsschicht war die Initialzündung für die Implosion des Systems.

Heiner Müller, aus: *Krieg ohne Schlacht,* 1992

Die Matinee »Volker Braun und Heiner Müller lesen« fand am 31.1.1988 im Deutschen Theater statt, nach den Premieren von Müllers »Der Lohndrücker« am 29.1. und Brauns »Transit Europa« am 30.1.1988. »Der Findling« ist der Titel des 5. Teils von »Wolokolamsker Chaussee«.

Information 12/88 der Bezirksverwaltung Berlin vom 16. Februar 1988* (Auszug)
Stimmungen und Meinungen von Beschäftigten des Deutschen Theaters im Zusammenhang mit dem Forum am 10. Februar 1988

Im Zusammenhang mit den jüngsten Erscheinungen am Deutschen Theater und dem Forum mit dem Mitglied des Politbüros, Sekretär des ZK der SED und 1. Sekretär der Bezirksleitung Berlin der SED, Genossen Günter Schabowski, am 10. Februar 1988 im Foyer des Deutschen Theaters sind differenzierte Reaktionen aus den künstlerischen sowie technischen Bereichen des Deutschen Theaters zu verzeichnen. (...)

Positive Kräfte unter den Schauspielern bedauern, daß die inhaltlich interessierenden Antworten des Genossen Schabowski in ihrer Form der Darbietung nicht den »Nerv der Künstler« getroffen haben und er sich von der Heftigkeit der Fragestellungen beeindrucken ließ. (...)

In den technischen Bereichen des Deutschen Theaters wird die Diskussion zu dem Forum überwiegend von den politisch indifferenten Personen beeinflußt, die mit hämischem Unterton verbreiten, daß durch die Künstler dem Genossen Schabowski »mal richtig die in der Bevölkerung herrschende Meinung gesagt wurde«. Sie zeigen sich aber von dem Forum enttäuscht, da es nicht zu der von ihnen erwarteten »politischen Sensation« gekommen ist.

Zusammenfassend wird eingeschätzt, daß die auf dem Forum aufgeworfenen Probleme von dem größten Teil der Künstler weiterhin als ungeklärt betrachtet werden und die nachfolgenden Veranstaltungen des Künstlerensembles des Deutschen Theaters (wie: Zusammenkunft des Ensembles »Transit Europa« zur Klärung von Problemen der Inszenierung am 16. Februar 1988; Zusammenkunft der Gewerkschaftsvertreter des künstlerischen Personals am 17. Februar 1988) davon inhaltlich bestimmt sein werden. Dazu beabsichtigen Gewerkschaftsvertreter der Künstler einen Themenkreis von sie interessierenden Problemen, insbesondere über die Anwendung des sozialistischen Strafrechts, Fragen zur »Ausreiseproblematik«, zur pädagogischen Arbeit in der DDR, zur Kulturpolitik der SED, zu erarbeiten sowie kompetente Persönlichkeiten des öffentlichen Lebens für diesbezügliche Diskussionsrunden zu gewinnen.

Aus den uns streng intern vorliegenden Informationen ist weiterhin zu entnehmen, daß die Grundorganisation der SED, die staatliche Leitung und die Gewerkschaftsleitung am Deutschen Theater gegen-

Naumann gegen das Deutsche Theater ist unverändert; nach Art der Ernennung kann der neue Intendant allerdings mit der Unterstützung durch die Kulturabteilung des ZK und den Kulturminister Hoffmann rechnen.

Verlust und Gewinn

Hauptsächliche Aufgaben sind die zu erneuernde Solidarität und Motivation des Ensembles durch kontinuierliche Arbeit und Integration, das heißt die Durchsetzung einer schon in den sechziger Jahren (kurzzeitig) erfolgreichen Balance zwischen unterschiedlichen Regisseuren und Regieteams, künstlerischen Auffassungen und Handschriften. Das gilt vor allem für die beiden nun bestimmenden Regisseure des Hauses, Friedo Solter und Alexander Lang, deren Beziehungen seit den Ereignissen um »Faust II« belastet sind. Langs Erfolge beruhen auch darauf, daß er um sich eine feste Gruppe des Ensembles versammelt hat, mit der zusammen er seit Ende der siebziger Jahre arbeitet und seine regieliche und darstellerische Ästhetik entwickelt hat. Das verstärkte Augenmerk auf dauerhafte Zusammenarbeit mit Gastregisseuren soll nicht nur der Idee einer Einheit in Vielfalt dienen, sondern auch dazu, eine unproduktive Frontstellung innerhalb des Theaters zu entspannen. Regisseure, die Mann gewinnen kann und die das Gesicht des Hauses in den folgenden Jahren mitbestimmen, sind zunächst Thomas Langhoff und Rolf Winkelgrund, später noch Frank Castorf und Heiner Müller. In der ersten Spielzeit gelingt es, mit mehr Produktionen und durchdachten Besetzungen das ganze Ensemble arbeitend in Bewegung zu setzen.

Der Intendant hat sich mit leitenden Mitarbeitern umgeben, denen er vertraut. Solter hat ihn (mit »Unterwegs«) an das Deutsche Theater geholt und ihn als Schauspieler entwickelt. Im Ensemble besteht zunächst der Eindruck einer durch Dankbarkeit verursachten Abhängigkeit des Intendanten von seinem künstlerischen Leiter; in der ersten Zeit ist es schwierig, dieser noch unsicheren Leitung kritische Fragen zum Theater, zu seiner Führung oder zu Inszenierungsergebnissen zu stellen. Die Konstellation der sechziger Jahre wiederholt sich insofern, als die auffälligeren Erfolge (beim Publikum, bei der Kritik und international) der Regisseur Lang hat, sein Anspruch wächst deshalb, an der Leitung und perspektivischen Planung mehr beteiligt zu werden. Das führt zu gegenseitigen Schwierigkeiten; sie enden 1986, wie immer zusammen mit anderen, kulturpolitischen und persönlichen Gründen, in Langs Weggang aus dem Deutschen Theater und aus der DDR. Das Ministerium für Kultur ist nicht in der Lage, ihm eine Alternative in Gestalt eines eigenen Theaters zu schaffen. Der Weggang Langs ist, ähnlich wie im Fall Dresen zehn Jahre vorher, ein schwerer Verlust für das Theater, der auch zu Enttäuschungen im Ensemble führt.

Der Anteil dieses Regisseurs am künstlerischen Gesicht des Hauses ist in den achtziger Jahren stark und von ebenso starker, auch ästhetischer Gegenwärtigkeit gewesen; sein Bühnenbildner Volker Pfüller hat sie entscheidend mitbestimmt. Brechts »Die Rundköpfe und die Spitzköpfe«, mit Dietrich Körner als Iberin, ist 1983 die zweite Eröffnungspremiere. 1984/85 werden in dem Doppelprojekt mit Grabbes »Herzog Theodor von Gothland« und Goethes »Iphigenie auf Tauris« die Welt-Alternativen Vernunft oder Vernichtung gegeneinander gestellt. Die »Trilogie der Leidenschaften«, bestehend aus »Medea« von Euripides, Goethes »Stella« und Strindbergs »Totentanz« macht den Versuch, deutlichere konzeptionelle Zusammenhänge im Spielplan zu etablieren und auf zerstörerische Kräfte im »Privatleben« der Gesellschaft hinzuweisen; sie läßt allerdings auch Gefahren einer ästhetischen Formalisierung erkennen.

Eine eindrucksvolle Wiederentdeckung ist 1984/85 Langs Inszenierung von Johannes R. Bechers »Winterschlacht«, der Tragödie des Gefreiten Johannes Hörder (Dieter Mann) zwischen deutschem Idealismus und deutschen Verbrechen. Mit der Aufführung, die zum 40. Jahrestag der Befreiung herauskommt, gelingt es, eine neuere Arbeit von Heiner Müller zur Uraufführung zu bringen; es ist der 1. Teil (»Russische Eröffnung«) von »Wolokolamsker Chaussee«, Müllers »Nachruf« auf die Sowjetunion und die DDR, der als Prolog verwendet wird und die deutsche Kriegstragödie um die russische ergänzt. Kurz vor der Premiere versucht der Bezirksparteisekretär Naumann diesen Prolog zu verhindern; die Erschießung eines Deserteurs paßt nicht in das heroische Bild der Roten Armee. Der vom Ministerium um einen Rückzieher ersuchte Intendant Mann besteht auf der Genehmigung; da ist man dankbar, daß er die Verantwortung übernimmt. Kulturpolitische Unsicherheiten und Differenzen zwischen staatlichen Leitungen und denen der Partei lassen einen gewissen künstlerischen Spielraum entstehen, der in den letzten Jahren der DDR genutzt werden kann.

wärtig nicht in der Lage sind, solche Kräfte zu organisieren und zu mobilisieren, die die anstehenden künstlerischen Fragen am Deutschen Theater in Verbindung mit den Problemen der gesellschaftsspezifischen Entwicklung unter den Schauspielern klären und gleichzeitig politisch fragwürdige Aktivitäten verhindern können.

Vermerk: Verteiler: Mitglied des Politbüros und Sekretär des ZK der SED, 1. Sekretär der Bezirksleitung Berlin der SED, Genossen Günter Schabowski, HA XX, Abt. XX, 3x AKG

* BStU, BF-Dok. 28, 3 Bl.

Als Rom im Stand der höchsten Blüte war
Und grad bevor der mächtige Caesar fiel
Standen die Gräber leer, verhüllt die Toten
Kreischten und heulten durch die Gassen Roms
Blutig der Tau, feuergeschweift die Sterne
Die Sonne fleckig, und der feuchte Mond
Auf dessen Einfluß Neptuns Reich sich gründet
Krank an Verfinstrung wie zum Jüngsten Tag.
Ganz solche Vorschau von schlimmem Ereignis
Wie Boten, die voraufgehn einem Schicksal
Prolog des Unheils, das im Kommen ist
Haben Himmel und Erde jetzt verhängt
Auf unsre Breiten und auf unser Volk.

(aus: William Shakespeare, »Hamlet«;
Übersetzung Heiner Müller)

Heiner Müller (Mitte) auf einer Probe zu »Mauser« (1991) mit Christine Stromberg, Wolfgang Utzt, Jannis Kounellis und Alexander Weigel (von links)

Information der Zentralen Auswertungs- und Informationsgruppe (ZAIG) des MfS vom 16. Oktober 1989* (Auszug)
Über beachtenswerte Aspekte der aktuellen Lage im Bereich Kunst/Kultur
Am 15. Oktober 1989 fand in der Zeit von 11.00 Uhr bis 14.30 Uhr auf Einladung der Gewerkschaftsgruppen der Berliner Theater und des Zentralvorstandes der Gewerkschaft Kunst eine Zusammenkunft von Kunst- und Kulturschaffenden im Deutschen Theater statt. Anwesend waren ca. 800 Personen, unter ihnen der stellvertretende Minister für Kultur, Genosse Siegfried Böttger, der Vorsitzende des Verbandes der Theaterschaffenden der DDR und Mitglied des ZK der SED, Genosse Hans-Peter Minetti, und der Vorsitzende des Zentralvorstandes der Gewerkschaft Kunst, Genosse Herbert Bischoff.

Bereits vor dieser Zusammenkunft war deutlich geworden, daß oppositionelle Kräfte unter Schauspielern des Deutschen Theaters (Mühe, Ulrich; Neumann, Thomas) versucht hatten, durch die Vorbereitung einer Protestresolution dieser Veranstaltung den Charakter eines »Tribunals« gegen die Maßnahmen der Schutz- und Sicherheitsorgane am 7. und 8. Oktober 1989 zu geben.

Die Schauspieler Schall, Johanna und Neumann, Thomas, Leiter der Diskussion, erklärten zum Ziel der Versammlung, sich gegenseitig zu informieren und

Neuentdeckungen, neue Hoffnungen

In den Spielzeiten 1984/85 bis 1986/87 werden mit Erfolg mehrere selten gespielte Stücke in den Spielplan aufgenommen. Thomas Langhoff inszeniert, über siebzig Jahre nach der letzten Aufführung im Deutschen Theater, Shakespeares »Kaufmann von Venedig« (mit Fred Düren als Shylock); zum ersten Mal überhaupt wird, in einer poesievollen Inszenierung Rolf Winkelgrunds, Ernst Barlach gespielt (»Der blaue Boll« mit Kurt Böwe als Boll sowie Elsa Grube-Deister, Jutta Wachowiak, Rolf Ludwig u.a.). Friedo Solter arbeitet in Calderóns »Das Leben ist Traum« mit Ulrich Mühe als Zygmunt den Väter-Söhne-Konflikt und das Motiv des Machtmißbrauchs heraus. Eine frappierend aktuelle Wiederentdeckung ist auch Sudermanns Komödie »Sturmgeselle Sokrates« (1903) über das Ende eines jugendlichen 48er Revoluzzerbunds in der bravsten Bürgerlichkeit und seiner Ideale in der Phrase (Regie Thomas Langhoff, mit Dietrich Körner in der Hauptrolle). Zu diesen erfolgreichen »Seltenheiten« gehört auch Turgenjews traurige Komödie »Ein Leben auf dem Lande« (Regie Thomas Langhoff, mit Jutta Wachowiak, Ulrike Krumbiegel, Christian Grashof, Jan-Josef Liefers u.a.). In den »tragischen Komödien« Barlachs, Sudermanns und Turgenjews vor allem kommt die nicht vergessene realistische Ensemblekunst des Deutschen Theaters in zugleich genauen psychologischen und sozialen Charakterisierungen und Beziehungen der Figuren wieder zu eindrucksvoller Wirkung.

Schwierigkeiten werden dem Deutschen Theater nach wie vor mit Gegenwartsstücken gemacht, insbesondere mit denen der beiden wichtigsten Dramatiker der DDR, Heiner Müller und Volker Braun. Arbeitsbeziehungen mit anderen Autoren, wie Georg Seidel, der als Beleuchter am Haus tätig ist, haben keine Aufführung zur Folge. Der unverhohlene Wunsch des Ministeriums für Kultur ist es sowieso, daß sich das schön renovierte »Staatstheater« besser mit der Klassik statt mit problematischen Gegenwartsstoffen zu befassen habe. Als 1987 die 750 Jahre Berlins, in beiden Teilen der Stadt eine Imponiergelegenheit, begangen werden sollen, schlagen Intendant und Dramaturgie als Beitrag des Deutschen Theaters ein Projekt »Lessing und kein Ende« vor. Es sollen im Sinne Lessings auch neuere Stücke zur Aufführung gebracht werden; der repräsentative Anlaß erfordere die wichtigsten Dramatiker der DDR, Müller und Braun. Der Vorschlag wird akzeptiert. Es kommt nicht nur eine interessante Spielplankonstellation der

Vorwendezeit, sondern auch die für das Ensemble und seine politische Aktivierung während der Wende wichtige Zusammenarbeit des Deutschen Theaters mit Müller zustande. Dessen überraschende Meinung, daß mehr als sein Lessing-Stück sein erstes von 1956, »Der Lohndrücker«, aktuell sei, beantwortet der Intendant, vorausahnend, daß sich kein Regisseur für diese »alte« Sache interessieren werde, mit dem Vorschlag an Müller, es selbst zu inszenieren.

Gorbatschows Anfang 1986 verkündete Idee eines Umbaus (Perestrojka) der sowjetischen Gesellschaft hat im Deutschen Theater eine tiefe Wirkung, besonders jedoch die der notwendigen Öffentlichkeit (Glasnost). Sie bestätigt die seit 1961, selbst in den Parteiversammlungen immer wieder vorgebrachten, von der SED-Führung jedoch ignorierten Forderungen nach demokratischer Öffentlichkeit in der DDR, der Durchsichtigkeit politischer Vorgänge und, nicht zuletzt, nach der ganzen Wahrheit über die Geschichte des Kommunismus und der DDR – also den vorenthaltenen Lebenselementen und Themen eines zeitnahen Theaters.

Die lange Zeit der Depression nach 1976 mündet noch einmal in eine Hoffnung, ähnlich der des Frühlings 1968; noch einmal scheint es nicht sinnlos, sich gegen den sogenannten »real existierenden« für einen demokratischen Sozialismus einzusetzen. Die Verantwortung des Theaters als einer der wenigen Orte bescheidener Öffentlichkeit wird um so deutlicher herausgefordert, da die SED-Mächtigen – zum ersten Mal – keine Anstalten machen, dem »großen Bruder« zu folgen, ja, in senilem Starrsinn meinen, daß in ihrer DDR im wesentlichen alles zum Besten stehe. Dies wird in einem solchen Maß als paradox und verlogen empfunden, daß die Distanz immer mehr zunimmt.

1986/87 haben Sartres »Fliegen«, die radikale Darstellung des totalen Staats und seiner menschlichen Folgen (Regie Friedo Solter), eine erschreckende Aktualität und finden große Resonanz; Wolfgang Langhoffs auf die Zukunft bauender »realistischer Optimismus«, mit dem er 1948 Fehlings Aufführung des Stücks im Hebbeltheater als Ausdruck »ungesunder Dekadenz« verkennen konnte, hat sich vierzig Jahre später, was das »bessere Deutschland« anbelangt, in tiefe Skepsis verwandelt. Im Rahmen des Lessing-Projekts wird auch das von Solter inszenierte einaktige Trauerspiel »Philotas« (1758) über einen so verständlichen wie verblendeten Heroismus für die Staats- und Vaterlandsidee, in eindrucksvoller Darstellung durch Ulrich Mühe, als sehr gegenwärtig verstanden.

sich zu artikulieren, damit sie – die Theaterschaffenden – nicht nur zu »Stichwortgebern« in der nun beginnenden Diskussion genutzt würden. In der darauffolgenden Diskussion sprachen 19 Teilnehmer, die sich bis auf den Beitrag des Genossen Hans-Peter Minetti gegen den gegenwärtigen Kurs der Politik von Partei und Regierung aussprachen. (Gen. Minetti, der die Politik des Theaterverbandes verteidigte, wurde von den Anwesenden zum Teil ausgepfiffen.)

Die Teilnehmer dieser Zusammenkunft nahmen eine von Hamburger, Mike (Dramaturg des Deutschen Theater) vorgetragene Resolution an, in der eine öffentliche Untersuchung der angeblichen Übergriffe der Volkspolizei und des MfS am 7. und 8. Oktober 1989 gefordert wird. Diese Resolution wurde auch vom stellvertretenden Kulturminister, Böttger, Siegfried, unter zustimmendem Beifall unterzeichnet (der Wortlaut der Resolution wurde im ADN** vom 15. Oktober 89 veröffentlicht).

Im weiteren Verlauf der Zusammenkunft wurden – wie auch im ADN vom 15. Oktober 1989 veröffentlicht – von Teilnehmern Resolutionen ihrer Ensembles verlesen und zur Teilnahme aufgefordert,
– zu »friedlichen Demonstrationen« am 4. November 1989 in Berlin (...) und anderen Städten der DDR gegen die derzeit praktizierte Medienpolitik der DDR und für Pressefreiheit,
– zu einer großen »Matinee« aller Berliner Theater am 21. Dezember 1989 – dem Geburtstag Stalins – zur öffentlichen und im Fernsehen der DDR als Direktübertragung ausgestrahlten »Erörterung« der aktuellen politischen Situation in der DDR.

* BStU, ZA, ZAIG 5377, 12 Bl.
** Allgemeiner Deutscher Nachrichtendienst

Berlin, 13.10.1989

Deutsches Theater
Michael Hamburger

Antrag
An das Treffen der Berliner Theaterschaffenden und ihrer Gäste
Angesichts der besorgniserregenden Polizeiübergriffe, von denen auch einige unserer Kollegen betroffen sind, beantrage ich die Annahme folgender Resolution:

Wir, die Teilnehmer des Treffens der Berliner Theaterschaffenden, verurteilen aufs schärfste das gesetzwidrige und menschenunwürdige Vorgehen der Polizei gegenüber Hunderten von zugeführten Bürgern am 7., 8. und 9. Oktober.

Die zugeführten Bürgerinnen und Bürger wurden gezwungen, stundenlang, z. T. unbekleidet, bewegungslos mit dem Gesicht zur Wand zu stehen. Ihnen wurde unter Androhung von Gewalt der Schlaf entzogen. Sie wurden auf beleidigende Weise beschimpft. Einige trugen Verletzungen davon.

Dieses Vorgehen widerspricht völlig den Normen sozialistischer Rechtsstaatlichkeit. Es steht auch in keinem Verhältnis zur mutmaßlichen Ursache der Zuführung, die in fast allen Fällen mit einer Ordnungsstrafe bzw. straffreier Entlassung endete.

Wir fordern eine öffentliche Untersuchung dieser Vorgänge. Wir fordern eine Stellungnahme des Ministers des Innern und des Ministers für Staatssicherheit sowie die Bestrafung der Verantwortlichen.

Wir fordern die Gewerkschaft auf, sich für die Rechte der Betroffenen, unter denen sich auch Kollegen befinden, einzusetzen.
Verteiler: Ministerrat, MDI, MfS,
Zentralvorstand FDGB, Tribüne

Diagnose eines Krankheitsbildes

Zu einem künstlerischen und politischen Höhepunkt der Vorwendezeit im Deutschen Theater wird Müllers »Der Lohndrücker«. Das Stück ist 1956 entstanden und als zu fragmentarische und kurze, nicht gerade »blutvolle« Aktivisten-Geschichte mißverstanden und inszeniert, danach in der DDR nicht mehr gespielt worden, da Ende der fünfziger Jahre unter das Verdikt gegen das »didaktische Lehrtheater« (Ulbricht) gefallen. Es zeigt sich jetzt, daß in das seinerzeit kritisierte »Fragmentarische« des Texts dreißig Jahre DDR-Erfahrungen eindringen konnten, auch, weil in ihm die grundlegenden Widersprüche dieses Staats bereits beschrieben sind: der Stalinismus und die prinzipiellen Schwierigkeiten mit der Demokratie; die unterdrückten und verleugneten Konflikte zwischen der SED und den Arbeitern am 17. Juni 1953. Müller entdeckt das Stück neu als »die Diagnose eines Krankheitsbildes (...) eine(r) Erbkrankheit vielleicht«, beim Schreiben so noch nicht gedacht: »Der Text wußte mehr als der Autor.« Denk- und Arbeitsmethoden Müllers, der nicht als professioneller Regisseur agiert und seinem eigenen Stück und dem Theater mit naiver Neugier begegnet; seine radikalen Ansichten zum Stand der Dinge und seine Fähigkeit, Mitarbeit herauszufordern, setzen im Ensemble große politische und künstlerische Energien frei. Die Aufführung wird zur politisch und ästhetisch eindrucksvollen kritischen Darstellung der Geschichte der DDR – und implizit ihrer Gegenwart. Sie endet mit der Metapher zeremonieller Umarmung, die in Erwürgen übergeht, sich quälend wiederholend, zwischen dem »Helden der Arbeit« (Dieter Montag) und dem »Parteisekretär« (Michael Gwisdek). Die Kritik wagt nicht, diese Aktualität zu reflektieren und retiriert in die Erinnerung an die Schwierigkeiten früherer Zeiten. Politische Reaktionen bleiben aus; um diese Zeit ist das stets eiserne Selbstverständnis der SED-Führung bereits angerostet; es steht so arg, daß es anscheinend keine Argumente mehr gibt. Einladungen zum »Theater der Welt« in Hamburg, zum Theatertreffen in (West-) Berlin und zum »Théâtre des Nations« in Paris bringen das Deutsche Theater wieder international ins Gespräch.

Dagegen gelingt es Friedo Solter, dem Regisseur der Uraufführung von Volker Brauns »Transit Europa« (nach Anna Seghers) nicht, einen theatralischen Zugang zu dem sensiblen Text zu finden. Nach den Verhaftungen bei der Luxemburg-Liebknecht-Demonstration liest Müller in einer gemeinsamen

Matinee mit Braun nach den Premieren und unter atemloser Spannung der Zuhörer die Szene »Der Findling« aus »Wolokolamsker Chaussee«, die so wirkt, als sei sie dazu geschrieben: Ihr Thema ist der Verlust der Zukunft der DDR durch den Verlust der Jugend, die Abkehr der Kinder von ihren Vätern.

Die Haltung des Theaters zu den politischen Entwicklungen in der DDR spiegelt sich in der Folge als satirische Studie eines »Mitarbeiters« in »Tagebuch eines Wahnsinnigen« von Werner Buhss nach Gogol (Regie Michael Jurgons, mit Michael Schweighöfer) und in »Diktatur des Gewissens« von Michail Schatrow (Regie Friedo Solter), einem im Dokumentarstil geschriebenen Stück, in dem Lenin dazu dient, das stalinistisch-heroische Bild von Revolutions- und Bürgerkriegszeit zu versachlichen. In »Paris Paris« (nach »Sonjas Wohnung«) von Michail Bulgakow entfesselt Frank Castorf die politische und moralische Anarchie der der Revolution folgenden Zeit der NÖP, der Geschäftemacherei und Korruption. Werner Buhss' »Die Festung« (nach Dino Buzzati, Regie Bernd Weißig) stellt den notwendigen Realitätsverlust einer eingeschlossenen und durch ein Feindbild gewaltsam zusammengehaltenen Gesellschaft dar.

1988/89, in der Zeit zunehmender Krise der DDR, ist im Deutschen Theater mit der Arbeit Müllers, Castorfs, Solters, Langhoffs und mehrerer jüngerer Regisseure ein interessantes Nebeneinander verschiedener künstlerischer Handschriften erreicht, die dem politisch emotionalisierten und besorgten Ensemble vielgestaltigen Ausdruck geben können. Damit ist ein wichtiges Ziel, das sich der Intendant Mann gestellt hat, erreicht – was sich auch in gewachsener Souveränität ausdrückt. Durch intensive Spielpanung ist das Ensemble weitgehend beschäftigt; es gibt ein durch zeremonielle Grenzen nicht eingeschränktes Vertrauensverhältnis zwischen den Schauspielern und dem Schauspieler-Intendanten. Er setzt eine großzügigere Handhabung von Arbeits- und Reisemöglichkeiten in Berlin und der Bundesrepublik durch; er will und vertritt die mit hohem »Devisen«-Aufwand verbundene Zusammenarbeit Müllers mit dem österreichischen Bühnenbildner Erich Wonder (»Der Lohndrücker«, »Hamlet/Maschine«). Bei allen Rücksichten nach außen ist man sich auch in der Beurteilung der politischen Situation einig. Diese Konstellation ist für die komplizierte »Wende«-Zeit von großem Wert, durch die der Intendant das Deutsche Theater schließlich mit Mut und Umsicht führt.

Die Lesereihe »Texte zur Lage« 1989/90

SCHWIERIGKEITEN MIT DER WAHRHEIT
von Walter Janka
DT, 28.10.1989, Ulrich Mühe

MARKUS WOLF LIEST AUS »DIE TROIKA«
DT, 12.11.1989

STEFAN HEYM LIEST AUS »NACHRUF«
DT, 18.11.1989

DIE ZU UNRECHT VERURTEILTEN NICHT VERGESSEN – Erinnerungen von Helmut Damerius
KS, 25.11.1989, Friedo Solter

FRAGEN ANTWORTEN FRAGEN –
Texte von Robert Havemann
KS,15.12.1989, Käthe Reichel

KEIN RUNTER KEIN FERN –
Ulrich Plenzdorf liest die Prosafassung
DT, 12.1.1990

HOHENSCHÖNHAUSEN ZELLE 51 –
Erinnerungen von Anna Schlotterbeck
KS, 3.2.1990, Inge Keller

PLATZ DER FREIHEIT BUKAREST
KS Foyer, 10.4.1990, Jutta Wachowiak, Klaus Piontek

Intendant Dieter Mann und Walter Janka nach der Lesung aus dem Buch »Schwierigkeiten mit der Wahrheit«, Oktober 1989

Die Dramaturgie 1963–1991
Nach dem Weggang Heinar Kipphardts 1959 gibt es erst 1964 wieder einen Chefdramaturgen, Hans-Rainer John (bis 1970). Mit der Intendanz von Wolfgang Heinz entwickelt sich die Arbeitsform der »Inszenierungsteams«, in denen Dramaturgen unmittelbarer als bisher an der konzeptionellen Vorbereitung und der praktischen Erarbeitung der Inszenierungen beteiligt sind; die wichtigsten sind die Gruppen Wolfgang Heinz/Helmut Rabe, Benno Besson/Karl-Heinz Müller, Adolf Dresen/Alexander Weigel, Friedo Solter/Hans Nadolny. Der Dramaturgie gehören in dieser Zeit u.a. Ilse Galfert, Klaus Pfützner, Kurt Seeger und Klaus Wischnewski an.

Der Intendant Perten schafft den Chefdramaturgen ab und umgibt sich mit einer Anzahl von neu engagierten Mitarbeitern; die Dramaturgie spielt, auch, da mehrere Dramaturgen (Nadolny, Pfützner und Rabe) gegangen sind, als Ganzes eine Nebenrolle, zeitweise ist Ilse Galfert geschäftsführende Dramaturgin.

Mit dem Intendanten Wolfram, der, selbst Dramaturg, die Dramaturgie ernst nimmt, kommt 1972 Armin Stolper als Chefdramaturg ins Theater (bis 1976), dazu Michael Hamburger, Hans-Martin Rahner und später wieder Hans Nadolny. Die Teams gewinnen an Bedeutung; es sind weiter die Gruppen Solter/Nadolny, Dresen/Weigel, Heinz/Rabe und neu Alexander Lang/Ilse Galfert. 1976 wird Klaus Wischnewski Chefdramaturg (bis 1984); gegen Ende der siebziger Jahre kommen Regina Griebel und Susanne Wolf/Thelemann in die Dramaturgie.

Zur Zeit der Intendanz Dieter Manns ist Hans Nadolny geschäftsführender Dramaturg. In Teams arbeiten u.a. Ilse Galfert (mit Alexander Lang), Hans Nadolny

Der Riss in der Zeit

Nach der »Lohndrücker«-Aufführung, deren Epilog »Der Findling« den Riß zwischen den Generationen ausspricht, ist es für Müller naheliegend, an Shakespeares »Hamlet« zu denken, der einen Riß zwischen Zeiten darstellt. Im März 1988 beginnen die Vorarbeiten. Vorgesehen ist der ganze »Hamlet«, geteilt von »Hamletmaschine«; die Aufführung dauert am Ende acht Stunden. Das ist Absicht; es geht um die Darstellung einer Tragödie der Zeit, ihres unabänderlichen Vergehens und des in ihr sich vollziehenden Sinnverlusts. Müller findet dafür die Metapher eines Klimasturzes; einen Ausgang des Stücks aus einer eisig kalten Welt im ersten in eine ausgeglühte Wüste im zweiten Teil.

Die Wahl des Stücks, die Ideen dazu sind von erstaunlicher Prophetie. Als im September 1989 die Proben beginnen, ist die DDR schon am Überkochen; Botschaften sind besetzt, Ausreisen erzwungen. Die schwierige Arbeit wird von den sich steigernden Ereignissen, Protesten und Demonstrationen, beeinflußt. Die Zugriffe von Polizei und Staatssicherheit auf Demonstranten im Prenzlauer Berg führen zu einer ungeheuren Erregung im Ensemble.

Am 15. Oktober findet auf Einladung von Gewerkschaftsgruppen der Berliner Theater eine Protestveranstaltung im Deutschen Theater statt; der Intendant hat das Haus auf eigene Verantwortung zur Verfügung gestellt. Auf ihr wird, unter maßgeblicher Beteiligung von Schauspielern des Deutschen Theaters (auch aus der »Hamlet«-Produktion), eine Protestdemonstration zum Alexanderplatz beschlossen.

Am 4. November verlesen dort Schauspieler des Deutschen Theaters (Johanna Schall und der Darsteller des Hamlet, Ulrich Mühe) die Bürgerrechtsartikel der Verfassung. Diese Demonstration für eine andere DDR löst eine große Hoffnung und Euphorie aus; es ist schwer, sich auf Shakespeare und die »Hamlet«-Proben zu konzentrieren, obwohl die Identität dessen, was im Stück und in der Wirklichkeit geschieht, auch von einmaliger Faszination ist: da die durch den Geist blutiger Vergangenheit ausgelöste Krise Dänemarks und der Rache- und Rettungsauftrag an den Denker Hamlet, hier die Agonie einer alten Staatsform und die kurzzeitige Illusion der Intellektuellen, die DDR durch Demokratie reformieren zu können. Im Theater finden nach jeder Vorstellung von den Ereignissen aufgeregte Zuschauergespräche statt, mehrere Schauspieler sind im »Neuen Forum« aktiv.

Nach dem 9. November, dem Tag der Maueröffnung, ist für den illusionslosen Dramatiker und Regisseur Müller der weitere Weg klarer, als es die meisten im Theater glauben wollen: Die DDR geht ihrem Ende entgegen. Die aufgeschobene Frage, wer Fortinbras ist, beantwortet die Premiere des »Hamlet« im Januar 1990, angekommen in einer anderen Zeit: »Aus Stalins Geist, der in der ersten Stunde auftrat, wurde in der letzten Stunde der Aufführung die Deutsche Bank.« (Heiner Müller, Krieg ohne Schlacht, 1992)

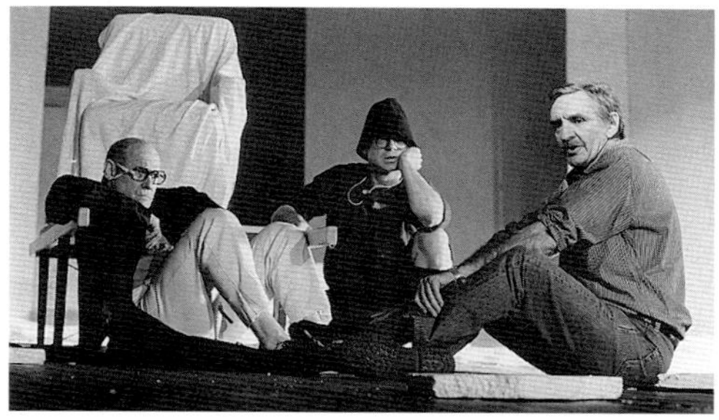

Thomas Langhoff mit Klaus Löwitsch und Thomas Neumann auf einer Probe zu »Der kaukasische Kreidekreis«, 1998

Zwischen den Zeiten

Der Riß in der Zeit bewirkt, daß »Hamlet« schließlich von anderen Zuschauern gesehen wird als denen, für die er gedacht gewesen ist und mit deren Erfahrungen die Inszenierung gerechnet hat. Die DDR-Zuschauer wenden sich zunächst vom Theater ab und anderen, neuen Erlebnissen zu, auch, weil die Eintrittspreise empfindlich steigen; ein anderes Publikum, das diese Erfahrungen nicht hat, interessiert eher der Kunstwert dieses letzten großen politischen Theaterereignisses der DDR. Damit ist der »Hamlet« charakteristisch für die ganze komplizierte Lage, in der das Deutsche Theater sich 1990 und 1991 befindet. Sinnfrage, Publikumsumschichtung und Existenzsorge beeinflussen die innere Verfassung des Ensembles, das in seiner Mehrheit mit Heiner Müller meint: »Mit unserer Geschichte müssen wir selbst fertig werden und dürfen uns das nicht wegnehmen lassen; die Bewältigung unserer Vergangenheit sollten wir nicht Leuten überlassen, die sie nicht selbst erfahren haben.« In diesem Sinn wird der Beitritt der DDR zur Bundesrepublik im Oktober 1990 vom Ensemble, nach »Hamlet«, erlebt: »Mit sozusagen abgetaner Freude/ Mit einem heitern einem feuchten Auge/ Lust beim Begräbnis, Jammer bei der Hochzeit/ In gleicher Schale wiegend Freuden und Schmerz.«

Ein hoffnungsvolles Vorzeichen ist allerdings im Frühjahr 1991, wie sich der anstehende Wechsel der Leitung des Hauses vollzieht, der erste nach 1945 in menschlicher Würde, gegenseitiger Achtung, Freundlichkeit. Dieter Mann übergibt die Intendanz an Thomas Langhoff; das ist, auch in Erinnerung an Verdienst und Schicksal seines Vaters, der Wunsch der Schauspieler des Deutschen Theaters.

(mit Friedo Solter), Hans-Martin Rahner (mit Rolf Winkelgrund), Susanne Thelemann (mit Frank Castorf), ab 1985 Eva Walch (mit Thomas Langhoff) und Alexander Weigel (mit Heiner Müller), der 1985-1992 wieder »Blätter des Deutschen Theaters« als »Vierteljahresschrift der Dramaturgie des Deutschen Theaters« redigiert. An der in dieser Zeit eingerichteten, von Hans-Martin Rahner organisierten Reihe der »Matineen« im Deutschen Theater, einer wichtigen literarischen und von Fall zu Fall auch politischen Ergänzung des Spielplans, arbeiten alle Dramaturgen mit.

Eintrittspreise 1988/89: 12,– - 2,– Mark der DDR
Eintrittspreise 1991/92: 43,– - 11,– Deutsche Mark

Heute und für alle Zeiten muß der Mensch im Mittelpunkt aller Schauspielkunst stehen, der Mensch als Schauspieler. Wo der Schauspieler zugleich dramatischer Schriftsteller ist, hat er die Kraft, eine Welt nach seinem eigenen Bild zu schaffen und so das Drama zu seiner höchsten Lebensform zu erwecken – wie Shakespeare und Molière. Wer auch immer irgend etwas mit dem Theater zu tun hat, sollte Schauspieler sein. Ob er die Schauspielkunst ausübt oder nicht, ist die zweitrangige Frage. Viele große Stückeschreiber, Schauspiellehrer und Theaterdirektoren waren Schauspieler, ohne jedoch je auf der Bühne gespielt zu haben. Nur wenn der Regisseur, der Theaterdirektor, der Dichter, der Lehrer der dramatischen Kunst, der Bühnenbildner, der Musiker, nur wenn sie alle Schauspieler sind, wenn jeder auf der Bühne und jeder im Zuschauerraum Schauspieler ist und am Spiel teilnimmt, dann und nur dann erfüllt das Theater seine höchste Sendung.

(Max Reinhardt, 1924)

Die Suche nach einer eigenen Revolution

Thomas Langhoff in einem Gespräch

Das Interessante, als ich die Intendanz des Deutschen Theaters übernahm, war ein geschichtlicher Moment, der sich nicht oft wiederholt, eine Zwischenzeit, zwischen dem einen, »sozialistischen« System, das sich erledigt hatte, und einem anderen. Diese Zeiten sind immer interessant, ich habe das im »Kreidekreis« zu beschreiben versucht. In einer solchen Zwischenzeit, wie Azdak Richter, bin ich Intendant geworden; ich habe es zum großen Teil dem Ensemble zu verdanken, das es wollte. Da war ich plötzlich in einer Position, in die ich nie hinein wollte. Aber ich sah auch dieses Theater in Gefahr, denn bei den vielen Theatern in dem nun geeinten Berlin war es gefährdet wie alle anderen. Deshalb war mein Einsatz selbstverständlich.

Sonderbar auch: Da ich das Ende meines Vaters an diesem Haus, das nicht rühmliche, das schmerzhafte, miterlebte, war es auch eines, zu dem ich keine enge Bindung hatte; die war da, und deswegen meine Regiearbeit hier seit 1980, zu Schauspielern, mit denen ich anderswo gearbeitet hatte. Daß das ein wunderbares Haus ist, war mir allerdings klar.

Denn es gab etwas Besonderes. Immer, wenn der Gedanke der »Sozietät« lebte, war es da: Die Ursprungsidee dieses Theaters, daß sich sehr gute Schauspieler treffen in einem sehr selbstverantwortlichen Sinn, in einem »Ensemble«, das mehr einbringt als üblich. Brecht fand, daß Talent gemessen werden kann am Interesse, das der Einzelne am Ganzen hat. Dieses Gefühl für das Gemeinsame fand ich in anderen Theatern nicht in dem Maße, das Wissen, daß man in einem Theater lebt, in dem viele große Tote als Vorbilder noch »dabei« sind.

Deshalb war es wichtig, sich gegen eine Mentalität der Vereinnahmung, der Überhebung zu wehren, daß alles, was »DDR«, auch staatsdienend und parteibeeinflußt und damit nicht künstlerisch gewesen sei. Es ging um die Wahrheit, die kundige Leute wußten: daß hier gutes Theater gemacht wurde. Das, wollte ich, sollte in einen Einigungsprozeß mit eingehen. Der hat in dem Sinn, wie ich ihn erhoffte, nicht stattgefunden; es ist mehr eine »Übernahme« geworden. Manches läßt sich aber nachholen, dachte ich, denn erneuernde Kräfte gingen immer wieder aus diesem Theater selbst hervor. Das sollte nicht von außen bestimmt werden. Es ging um Bewahren, aber auch um Erneuern. Natürlich haben wir damals ein besonderes Augenmerk auf die Stücke gehabt, die zum Verständnis dessen, was in Deutschland vor sich ging, beitragen konnten, von der Klassik bis Klaus Pohl, den wir, mit dem Stück »Karate-Billi kehrt zurück«, gleich gespielt haben, in dieser Stadt, wo der komplizierte Näherungsprozeß am direktesten stattfand. Das war eine Aufgabe, von der ich glaube, daß wir sie in der ersten Zeit erfüllt haben.

Damals fand ich aber auch, daß das Theater zu sehr »Festung« war, was sich aus seiner DDR-Geschichte erklärte. Es war anfangs schwer, Begegnungen herzustellen. Regisseure aus dem Westen haben, von mir eingeladen, hier gearbeitet, nicht sogleich erfolgreich. Dazu kam eine gewisse Selbstherrlichkeit dieses von seiner Bedeutung überzeugten Ensembles. Es war in der DDR das stärkste und hatte in ihr eine einmalige Stellung, auch durch das zentralistische System. Nach meinen ersten Arbeiten habe ich gedacht, die Arroganz dieses Hauses wird es mir schwer machen, und ich weiß nicht, ob ich das mag. Der Entschluß, hier zu arbeiten, war mit dem Wunsch verbunden, das zu überwinden. Heute, denke ich, ist das anders geworden, auch dadurch, daß es einen Wechsel der Generationen gibt – und daß wir verstehen mußten, daß wir nicht immer die Besten sind. Es war notwendig, systematisch jüngere Schauspieler in die erste Reihe zu bringen wie Ulrike Krumbiegel, Petra Hartung, Guntram Brattia, Götz Schubert und andere, die jetzt dabei sind, die ersten Positionen in diesem Haus einzunehmen; an ihrer Entwicklung bin ich beteiligt gewesen.

Natürlich, alles in allem, auch der Spielplan, den wir gemacht haben. Ich meinte, die Klassik sollte stets Bestandteil dieses Hauses sein, wenn sie hilft, aus dem Erinnern heraus zu einem Nach-vorn-Denken zu kommen. Ich hatte nach der Wende das Gefühl, einer erinnerungslosen Zeit entgegenzugehen, in der das Geschichtsbewußtsein durch eine erneute Verdrängung der deutschen Geschichte getrübt und für eine Hälfte als überflüssig angesehen wird. Deswegen lag mir daran, Kleist zu spielen, von dem ich meinte, daß er uns gerade in dieser Zeit viel zu sagen hat. Es ging um die Untersuchung der Klassik auf Themen hin, die gebraucht werden. Das war auch ein Auftrag aus der Tradition des Deutschen Theaters, verbunden mit der Dramatik der Gegenwart. Da gab es am Anfang Heiner Müller mit »Mauser«. Heute drückt sich das, anders, im ganz und gar gegenwärtigen Programm der Baracke aus.

Das geht auch auf die Arbeit des Chefdramaturgen Michael Eberth zurück. Ich meinte, vielleicht zu schnell, daß eine Öffnung des Theaters durch einen Mann, der andere Literatur kennt, der ganz einer aus dem »Westen« war, diesem Haus gut tun könnte. Die kritisch-verantwortliche Haltung zu Inszenierungen und zur Arbeit der Schauspieler ist damals vom Ensemble nicht recht angenommen worden; andererseits fühlte auch er sich vom Ensemble nicht verstanden. Es war ein wechselseitiger Prozeß eskalierender Mißverständnisse, an dem ich sehen mußte, daß noch ein unterschiedliches Denken, eine andere Sprache dahinterstanden. Es war zu früh, und es war schmerzhaft lehrreich: zu erkennen, wie lange um eine echte Gemeinsamkeit des lange Getrennten gekämpft werden muß. Die Verdienste von Eberth sind unbestritten, er hat das Richtige gewollt, doch die Sprache war noch nicht die gleiche. Und das Ensemble war das jahrzehntelang nicht gewohnt. Man läßt sich nicht so gern die Wahrheit sagen; da kommt es auf jeden Tonfall an. Es gibt in einem solchen Ensembleleben ein tieferes Element, und das hat, ja, mit Eros, mit Liebe zu tun.

Der Spielplan der ersten Spielzeiten war dazu gedacht, Material heranzubringen, das stofflich und formal neu war. Eine Zeit lang haben wir in den Kammerspielen fast nur Modernes gespielt, sehr Verschiedenes, ohne an einer Stelle beharrlich genug zu sein. Der Gewinn war die Öffnung für Dramatik, die in der DDR nicht gespielt wurde. Manches thematisch Wichtige, wie »Berlin Bertie« von Brenton, ist nicht gut gegangen, auch deshalb, weil wir nicht den langen Atem hatten. Daß wir in der schwierigen Übergangszeit weitere Risiken fürchteten, sehe ich heute als Fehler an. Der Versuch, durch diese Literatur zugleich ein anderes Verhältnis der Schauspieler gegenüber der Wirklichkeit und sich selbst herbeizuführen, war auch deshalb ein Problem, da dieses anspruchsvolle Ensemble dafür die bedeutenderen Stücke gebraucht hätte, wie es dann, etwas später, die von Botho Strauß waren.

Ermüdungserscheinungen des Hauses konnte ich mehrmals wettmachen durch die Arbeit mit einem größeren Teil des Ensembles in größeren Stücken, wie »Turm« oder »Käthchen von Heilbronn«, wie »Ithaka« oder »Kaukasischer Kreidekreis«. Da gelingt es mir, etwas sichtbar zu machen, was in der Summe von verhältnismäßig ähnlichen Regiehandschriften nicht lebendig-verschieden genug erscheint. Aufregend ist es, mehr »auseinander« zu sein, mehr Widerspruch zu erleben. Deshalb sehe ich die Gründung der Baracke als eine ganz wichtige Erfahrung meiner Intendanz an. Und manchmal muß etwas gegen das Ensemble und gegen die Presse durchgesetzt werden, wie »Ithaka«, auch, weil es aktuell und kontrovers im Gespräch war und weil es das Ensemble am Ende mehr geeint hat.

Ein das Haus als Künstler mit prägender Intendant ist, bin ich überzeugt, mindestens für dieses Theater sehr wichtig. Es sollte aber eine starke Gegenkraft da sein. Am Anfang gab es noch Heiner Müller und Frank Castorf; das wäre eine interessante Konstellation gewesen. Dies ist dann, da sie ein eigenes Theater übernahmen, nicht so gekommen. Seitdem bin ich auf der Suche nach dieser Gegenkraft. Es ist die Suche nach einer eigenen, einer hausgemachten Revolution. Die jetzt hier arbeitenden Regisseure sind, anders als seinerzeit Besson oder der junge Lang, in einer abgeklärteren Phase bei uns, das merkt man manchen Inszenierungen zu sehr an. Ich finde, daß die Konstellation für Gosch, Lang, Solter und mich, die wir alle aus einem ähnlichen Ursprung kommen, in ihrer Nähe nicht günstig war, daß es mehr ein Nebeneinander als eine belebende Gegenwirkung gab. Die Revolte aus dem eigenen Haus, das ist noch mein Ziel.

Die Baracke ist so etwas geworden, im Rahmen des Deutschen Theaters, doch mit eigener Verantwortung und Planung. 1996 habe ich mich für den Regieschüler Ostermeier als ihren Leiter entschieden, hauptsächlich wegen seines massiven Einsatzes im Kampf gegen die Schließung der Schauspielschule. Das ist der Richtige, fand ich – was sich dann auch erwiesen hat. Ich denke, daß man auf den Spielplan und die Qualität der Baracke stolz sein kann; nur wird in der Öffentlichkeit und von der jugendlichen Pressekritik oft vergessen, daß sie bei aller Selbständigkeit die »Baracke des Deutschen Theaters« und ein so gewollter Teil unseres Programms ist. Heute werden Revolutionäre zu schnell zu Regierenden gemacht; statt, wie gedacht, Regisseur bei uns, wird Thomas Ostermeier bald Leiter der Schaubühne sein.

Es bleibt die Suche nach einem starken Regisseur, der mit dem Ensemble, fest engagiert, ständig zusammenarbeitet. Das brauchen wir, um mit dem Ensemblegedanken auch weiter überzeugen und bestehen zu können. Ich glaube zutiefst an die Notwendigkeit eines Ensemble- und Repertoire-Theaters in Berlin. Hier muß es ein Theater geben, wo man ständig andere Stücke sehen kann; es muß ein Theater geben, das große Werke aufführt, die sonst verschwinden. In einer Welt der Beliebigkeit, in der ein Schauspieler unzählige Angebote vom Fernsehen, für »Ereignisse« und alles Mögliche und Unmögliche erhält, muß es einen erstrebenswerten Ort geben, wo es um mehr geht: die Erkenntnis, daß man besser werden kann nur im engsten Verhältnis zu einem Ganzen, eine Schule des Theaters und der Schauspielkunst, eine Grund-Schule. Das kann der Nagel sein, an dem eine ganze Theaterkultur hängt: Wenn man den herauszieht, fällt mehr herunter.

Das Ensembletheater braucht natürlich eine Lobby. Die gibt es in allen möglichen gesellschaftlichen Gruppierungen, in unserem Freundes- und Förderverein, auch in Parteien. Eine kleinere Rolle sollten da Politik und die Politiker spielen: die aber helfend und anständig, wie die kleinen Rollen in jeder guten Aufführung.

»Herzog Theodor von Gothland« von Christian Dietrich Grabbe, Regie Alexander Lang, 1984/85
(Doppelprojekt mit »Iphigenie auf Tauris« von Goethe); Volker Pfüller, Bühnenbildentwurf, 1984
Szene mit Dieter Montag (Berdoa), Ulrich Mühe (Gustav) und Christian Grashof (Herzog Theodor)

»Winterschlacht« von Johannes R. Becher, Vorspiel (»Wolokolamsker Chaussee 1«) von Heiner Müller, Regie Alexander Lang, 1984/85; Szene mit Dieter Mann als Johannes Hörder und Horst Hiemer als von Rundstedt

»Das Leben ist Traum« von Pedro Calderón de la Barca, Regie Friedo Solter, 1985/86; Szene mit Ulrich Mühe als Zygmunt und Gerhard Lau

»Medea« von Euripides,
Regie Alexander Lang,
Bühne Volker Pfüller,
1985/86;
Katja Paryla (Medea) und
Dieter Montag (Jason)
Die Aufführung ist Teil einer
»Trilogie der Leidenschaft«,
zusammen mit »Stella« von
Goethe und »Totentanz« von
Strindberg.

»Der Kaufmann von Venedig«
von William Shakespeare,
Regie Thomas Langhoff,
1984/85;
Horst Weinheimer (Salerio),
Dietrich Körner (Antonio),
Dagmar Manzel (Porzia),
Fred Düren (Shylock) und
Dieter Montag (Gratiano)

»Der blaue Boll«
von Ernst Barlach,
Regie Rolf Winkelgrund,
1984/85;
Elsa Grube-Deister (Frau Boll),
Kurt Böwe (Boll) und
Jutta Wachowiak (Grete)

»Ein Monat auf dem Lande«
von Iwan Turgenjew,
Regie Thomas Langhoff,
1986/87; Jutta Wachowiak
(Natalja Petrowna),
Gudrun Ritter, Inge Keller,
Peter Dommisch und
Christian Grashof (Rakitin)

»Paris Paris« von
Michail Bulgakow,
Regie Frank Castorf, 1988/89;
Szene mit Johanna Schall
(Chinesin), Dagmar Manzel
(Manjuschka), Gerd Preusche
(Halleluja), Sewan Latchinian
(Gandsa-Lin)

»Philotas« von
Gotthold Ephraim Lessing,
Regie Friedo Solter, 1987/88
(Doppelprojekt mit
»Nathan der Weise«);
Dieter Montag (Aridäus),
Ulrich Mühe (Philotas) und
Volkmar Kleinert (Strato)

»Der Lohndrücker« von Heiner Müller, Regie Heiner Müller, 1987/88; Dieter Montag als Aktivist Balke (Mitte)

Schlußszene mit Dieter Montag (Balke), Michael Gwisdek (Parteisekretär Schorn) und Hermann Beyer (Direktor)

Mit »Lohndrücker« (geschrieben 1956) beginnt Müllers künstlerisch und für das Ensemble politisch wichtige Arbeit als Regisseur am Deutschen Theater. Der lange als bloßes »Produktionsstück« angesehene erste aufgeführte Theatertext um den »Aktivisten« Balke wird als frühe »Diagnose eines Krankheitsbildes« wiederentdeckt. Er stellt Probleme der frühen DDR dar, die sich nach dreißig Jahren zugespitzt haben: das Verhältnis von Arbeitern und Partei, das Fehlen von Demokratie und einer ehrlichen Auseinandersetzung mit Faschismus und Stalinismus. Der Prolog, Müllers Stück »Der Horatier« über »Helden«, und der Epilog »Kentauren« (aus »Wolokolamsker Chaussee«) über das Ende des »Sozialismus« in der (Staats-)Sicherheit machen die Aufführung zu einer Warnung, die allerdings »oben« kaum mehr wahrgenommen wird.

»Hamlet/Maschine« von Shakespeare/Heiner Müller, Regie Heiner Müller, Bühne Erich Wonder, 1989/90; Ulrich Mühe (Hamlet), Dagmar Manzel (Gertrud), Jörg Gudzuhn (Claudius)

»Mauser« von Heiner Müller, Regie Heiner Müller, Bühne Jannis Kounellis, 1991/92; Szene mit Hermann Beyer und Claudia Michelsen. Nach Ende der DDR inszeniert Müller mehrere seiner Stücke als »Museum der Opfer«.

◂ Ulrich Mühe als Hamlet und Margit Broich als Ophelia in »Hamlet/Maschine« (Friedhofszene)

»John Gabriel Borkman« von Henrik Ibsen, Regie Frank Castorf, 1990/91; Bärbel Bolle (Gunhild), Katrin Klein (Fanny), Horst Lebinsky (Borkman) und Margit Bendokat (Ella Rentheim)

Thomas Neumann (Der Mann) und Dagmar Manzel (Antonia) in »Offene Zweierbeziehung« von Franca Rame und Dario Fo, Regie Carlos Medina, 1988/89

Im Herbst 1990 erweist sich Kleists Lustspiel um den Richter, der der Verbrecher ist, von neuer, befreiender Gegenwärtigkeit und wird zu einem wichtigen Erfolg in einer schwierigen Übergangszeit mit Zuschauerproblemen und sozialer Verunsicherung im Ensemble. Regisseur Thomas Langhoff wird mit Beginn der Spielzeit 1991/92 Intendant des Deutschen Theaters.

Käthe Reichel (Frau Brigitte) und Jörg Gudzuhn (Dorfrichter Adam) in »Der zerbrochne Krug« von Heinrich von Kleist, Regie Thomas Langhoff, 1990/91

Die Inszenierung des Trauerspiels nach Calderón, geschrieben in den zwanziger Jahren, ist die Neuentdeckung eines wirksamen Theaterstücks. Hofmannsthals Darstellung des Mißbrauchs von Politik, sein kritisches Verhältnis zu angeblichen »Revolutionen« und die ahnungsvolle Warnung vor totalitärer Gewalt machen als geschichtliche Erfahrungen von starker Aktualität einen tiefen Eindruck.

»Der Turm« von Hugo von Hofmannsthal, Regie Thomas Langhoff, 1992/93; Szene mit Dietrich Körner (Großkanzler), Daniel Morgenroth (Sigismund) und Jörg Gudzuhn (König Basilius)

Gerhart Hauptmann in den Kammerspielen des Deutschen Theaters. »Der Biberpelz«, Regie Thomas Langhoff, 1992/93; Szene mit Dieter Mann (von Wehrhahn), Kurt Böwe (Rentier Krüger), Klaus Piontek (Glasenapp) und Jutta Wachowiak (Frau Wolff)

»Das Friedensfest«, Regie Jürgen Gosch, 1993/94; Szene mit Gudrun Ritter (Frau Scholz), Daniel Morgenroth (Wilhelm) und Otto Mellies (Dr. Scholz)

»Der rote Hahn«, Regie Horst Lebinsky, 1997/98; Szene mit Reimar Joh. Baur (Fielitz), Dieter Mann (von Wehrhahn), Erhard Marggraf (Glasenapp) und Jutta Wachowiak (Frau Fielitz verw. Wolff)

Dagmar Manzel als Lilly Groth und Jürgen Hentsch als Christoph Groth in »Das Gleichgewicht« von Botho Strauß, Regie Thomas Langhoff, 1993/94

Die Ankunft in der Bundesrepublik und ihren anderen Lebensverhältnissen macht auch ihre Dramatik aktuell, zumal, wenn sie sich, wie »Karate-Billi kehrt zurück« (1991/92) von Klaus Pohl, mit der Nachwendezeit auseinandersetzt. 1993/94 inszeniert Thomas Langhoff als neue Erfahrung für das Ensemble das erste Stück von Botho Strauß im Deutschen Theater. Tankred Dorsts »Herr Paul« beschreibt direkt die konfliktreiche Konfrontation unterschiedlicher Lebenshaltungen der schnell vereinigten, sich fremden Deutschen.

▸ Kurt Böwe als Herr Paul und Christine Schorn als Luise in »Herr Paul« von Tankred Dorst, Regie Michael Gruner, 1993/94

Dagmar Manzel als Kriemhild und Jörg Gudzuhn als Hagen in »Kriemhilds Rache« von Friedrich Hebbel, Regie Thomas Langhoff, 1994/95

Horst Hiemer als Tschikatilo und Petra Hartung als Natascha in der Uraufführung von »Werwölfe« von Stefan Schütz, Regie Tatjana Rese, 1994/95

Das Leben in der einen Welt bringt, wie vieles Verdrängte, auch die alltägliche Gewalt an den Tag; die Auseinandersetzung mit ihr in der Geschichte und der Gegenwart nimmt im Spielplan einen wichtigen Platz ein. Schütz stellt einen Zusammenhang zwischen dem Hausen des Massenmörders Tschikatilo und der Agonie eines totalitären Staates her. Die Hebbel-Aufführung konzentriert die »Nibelungen«-Trilogie auf den letzten Teil, mit der durch Gewalt um Gewalt verursachten Selbstvernichtung der »Burgunden«.

»Die Geschichte von Heinrich IV.« von William Shakespeare, Regie Thomas Langhoff, 1995/96; Michael Maertens als Prinz Heinrich und Kurt Böwe als Falstaff

»Der Widerspenstigen Zähmung« von William Shakespeare, Regie Johanna Schall, 1994/95; Szene mit Guntram Brattia als Petruchio und Simone von Zglinicki als Katharina

1996/97 werden die in der Öffentlichkeit umstrittenen »Königsdramen« der beiden wichtigen deutschsprachigen Theaterautoren Handke und Strauß in engem zeitlichem Zusammenhang zur Diskussion gestellt.

»Zurüstungen für die Unsterblichkeit« von Peter Handke, Regie Jürgen Gosch, 1996/97; Szene mit Fritz Schediwy, Horst Lebinsky, Otto Mellies, Claudia Geisler und Bettina Kurth

Rolf Ludwig als Laertes und Dieter Mann als Odysseus

»Ithaka« von Botho Strauß, Regie Thomas Langhoff, 1996/97; Ulrike Krumbiegel als Athene und Dieter Mann als Odysseus

Christian Grashof (Wladimir) und Jürgen Holtz (Estragon) in »Warten auf Godot« von Samuel Beckett, Regie Jürgen Gosch, 1995/96

Schubert verabschiedet in einer sehr komischen und genauen Charakterstudie, nach dem Roman von Brussig, den Typ des Stasimitarbeiters und darüber hinaus den gedrückten DDR-Kleinbürger. Wladimir und Estragon, zum ersten Mal auf der Bühne des Deutschen Theaters, sind in der improvisiert wirkenden, todernsten und clownesken Darstellung von Grashof und Holtz die sehr verschiedenen Seiten einer ungewollten und doch unausweichlichen Beziehung.

Götz Schubert als Klaus Uhltzscht in »Helden wie wir« von Thomas Brussig, Regie Thomas Dehler, 1995/96

Thomas Bading als Mark
und André Szymanski als Gary
in »Shoppen & Ficken« von
Mark Ravenhill, 1997/98

»Messer in Hennen« von David Harrower, 1996/97;
Petra Hartung als Junge Frau und
Daniel Morgenroth als Pony William

»Mann ist Mann« von Bertolt Brecht, 1996/97;
Szene mit Ronald Kukulies, Martin Engler, André Szymanski,
Petra Hartung (Begbick) und Tilo Werner (Galy Gay)

Die »Baracke« des Deutschen Theaters ist seit 1996 der Experimentierraum einer jungen Mannschaft von Regisseuren und Schauspielern unter der Leitung von Thomas Ostermeier, Absolvent des Regieinstituts der Hochschule für Schauspielkunst »Ernst Busch«, Berlin. In konzeptionell selbständiger Arbeit ist seitdem ein erfolgreiches Repertoire mit ungewöhnlichen Arbeiten fast ausschließlich junger, internationaler Autoren entstanden. Darüber hinaus ist die Baracke auch Tanz-, Musik- und Hörraum für junge Künstler, die hier neue Werke vorstellen, sowie Ort von »Wochen« internationaler Dramatik und »Streitraum« für aktuelle Themen.

Götz Schubert (Tasso), Claudia Geisler (Leonore Sanvitale), Kay Schulze (Herzog) und Sophie von Kessel (Leonore von Este) in »Torquato Tasso« von Goethe, Regie Alexander Lang, 1996/97

»Ein Sommernachtstraum« von William Shakespeare, Regie Jürgen Gosch, 1997/98; Horst Weinheimer, Christian Grashof, Michael Gerber, Stephan Grossmann, Bernd Stempel, Hans Bergermann

Walter Schmidinger (Reger) und Klaus Piontek (Atzbacher) in »Alte Meister« von Thomas Bernhard, Regie Friedo Solter, 1997/98

»Der kaukasische Kreidekreis« von Bertolt Brecht, Regie Thomas Langhoff, 1997/98; Klaus Löwitsch als Azdak und Petra Hartung als Grusche

Azdak: *winkt Grusche zu sich und beugt sich zu ihr, nicht unfreundlich.* Ich hab gesehen, daß du was für Gerechtigkeit übrig hast. Ich glaub dir nicht, daß es dein Kind ist, aber wenn es deines wär, Frau, würdest du da nicht wollen, es soll reich sein? Da müßtest du doch nur sagen, es ist nicht deins. Und sogleich hätt es einen Palast und hätte die vielen Pferde an seiner Krippe und die vielen Bettler an seiner Schwelle, die vielen Soldaten in seinem Dienst und die vielen Bittsteller in seinem Hofe, nicht? Was antwortest du mir da? Willst du's nicht reich haben? *Grusche schweigt.*

Der Sänger: Hört nun, was die Zornige dachte, nicht sagte. *Er singt.*
Ginge es in goldnen Schuhn
Träte es mir auf die Schwachen
Und es müßte Böses tun
Und könnte mir lachen.

Ach, zum Tragen, spät und frühe
Ist zu schwer ein Herz aus Stein
Denn es macht zu große Mühe
Mächtig tun und böse sein.

Wird es müssen den Hunger fürchten
Aber die Hungrigen nicht!
Wird es müssen die Finsternis fürchten
Aber nicht das Licht.

Azdak: Ich glaub, ich versteh dich, Frau.
Grusche: Ich geb's nicht mehr her. Ich hab's aufgezogen, und es kennt mich.

(Bertolt Brecht, »Der kaukasische Kreidekreis«, 1944/45)

Vorbemerkungen zu den Spielplänen

Im folgenden Verzeichnis sind erstmals alle Premieren des Deutschen Theaters seit seiner Eröffnung im September 1883, sowie die der Kammerspiele seit 1906 erfaßt. Abgeschlossen wurde die Liste mit dem Ende der Spielzeit 1997/98 (Stand: Juli 1998).
Im Falle von Max Reinhardts vielfältigen Aktivitäten in Berlin sind nur Übernahmen aus seinen anderen Theatern berücksichtigt, wenn sie im Repertoire eine Rolle spielten. Eine umfassende Übersicht bietet *Welttheater Reinhardt* von Huesmann.
Es sind nur Aufführungen von Theaterstücken, die den „Spielplan" im eigentlichen Sinn ausmachen, verzeichnet. Das sieht ab von den zahlreichen, aus dem kulturpolitischen Auftrag und dem Selbstverständnis des Theaters herrührenden anderen Aktivitäten in der Zeit nach 1945, wie Festveranstaltungen zu politischen Jahrestagen, Ehrungen von historischen und künstlerischen Persönlichkeiten, andere literarische Programme, Matineen usw. Das gilt auch für die „Morgenfeiern" Hilperts mit deutscher Dichtung von 1939 bis 1944. Für die Zeit von 1945 bis 1992 informieren darüber das Buch *100 Jahre Deutsches Theater Berlin* (1983) und die *Blätter des Deutschen Theaters* 1985–1992, für die Zeit von 1939 bis 1944 die Hilpert-Biographie von Dillmann.
Es sind innerhalb einer Direktionszeit im wesentlichen nur die ersten Premieren berücksichtigt; „Neueinstudierungen" bzw. Neuinszenierungen desselben Regisseurs dann, wenn in zeitlichem Abstand bemerkenswerte Besetzungsänderungen stattfanden.
Die Besetzungen werden – besonders in der früheren Zeit und vor allem bei größeren Werken – in einer Auswahl wiedergegeben, die die wichtigen Rollen und Darsteller berücksichtigt (bei Doppelbesetzung ebenfalls). Für Rollennamen werden bei bekannten Stücken die eingeführten Verkürzungen benutzt, bei heute eher unbekannten ist versucht worden, wenigstens teilweise die soziale oder familiäre Struktur eines Stücks erkennbar bleiben zu lassen. Die Schreibung von Rollennamen folgt dem Zeitgebrauch und ist nur bei Klassikern und anderen bekannten Werken weitgehend vereinheitlicht worden. Für die Reinhardt-Zeit wurde bei russischen Namen die von Huesmann verwendete Transkription übernommen.
Da das 19. Jahrhundert den Begriff der „Uraufführung" noch nicht kannte (in der L'Arronge-Zeit sagte man „Novität"; die Programme der Brahm-Zeit benutzen nur das vieldeutige „Zum ersten Male"), mußten diese zum Teil mit Hilfe anderer Quellen festgestellt bzw. verifiziert werden.
Den Regisseur gab es im modernen Sinn erst mit Max Reinhardt. „Regie" bedeutete vor ihm vor allem die äußere Organisation einer Aufführung. Deshalb wurde ein „Regisseur" während der Direktion L'Arronge nicht genannt, auch nicht in den Kritiken – von Ausnahmen abgesehen. Inszeniert haben in dieser Zeit im wesentlichen Adolph L'Arronge und Dr. August Förster; vor allem dessen Arbeiten hatten schon einen künstlerischen und ensembleerzieherischen Charakter. Beide sind nur in belegbaren Fällen angeführt. Zur Zeit Brahms wiederum war, obwohl Cord Hachmann oder Dr. Emil Lessing stets als Regisseure genannt sind, der geistige und künstlerische Anteil des Direktors an den wichtigen Inszenierungen entscheidend, wie auch der Gerhart Hauptmanns bei einigen Inszenierungen seiner Werke.
Der „Bühnenbildner" wurde erst in der Zeit Reinhardts zu einem künstlerischen Theaterberuf; vorher wurden die Dekorationen in selbständigen Berliner Werkstätten für Theaterdekorationen und -kostüme, entweder nach gewissen Grundmustern oder, zunehmend in der Brahm-Zeit, nach Entwürfen ihrer Leiter, zum Beispiel Leo Impekovens von Obronski, Impekoven & Co., angefertigt.
Die Vorstellungsanzahl steht, so weit ermittelt, in Klammern hinter dem Premierendatum. Im Fall der Direktion L'Arronge konnte durch die Vorarbeit Kurt Raecks (1928) zwischen Vorstellungen in der gleichen Saison und solchen in folgenden Spielzeiten (nach Schrägstrich) unterschieden werden. Um für die Direktion Brahm die Homogenität des zeitgenössischen Repertoires einerseits und den immer reduzierteren Umgang mit der Klassik andererseits zu dokumentieren, werden in jeder Spielzeit außer den neuen die noch gespielten Aufführungen genannt.
Im vorgegebenen Rahmen ist Vollständigkeit angestrebt; erkennbare zeitliche Lücken sind auf Schließungen zurückzuführen: Geschlossen waren die Kammerspiele 1931 bis 1933 und 1933/34 aus wirtschaftlichen Gründen, 1935 bis 1937 im Vorfeld ihrer inhaltlichen und innenarchitektonischen „Neugestaltung"; beide Theater wurden 1944 zusammen mit allen anderen Theatern Berlins geschlossen; nach 1945 waren die Kammerspiele 1945/46 wegen der Kriegszerstörungen geschlossen, das Deutsche Theater 1959 bis 1962 und beide Häuser 1981 bis 1983 wegen umfassender Rekonstruktionsarbeiten. Die Inszenierungen in anderen Spielstätten sind verzeichnet.
Eine Gesamtübersicht dieses Umfangs ist gegen Versehen, unbeabsichtigte oder auf die Quellenlage zurückzuführende Auslassungen, aber auch das eine oder andere Mißverständnis, nicht vollkommen gesichert. Korrekturen sind willkommen.

Abkürzungen

A	Ausstattung (Bühnenbild und Kostüme)
AdK	Akademie der Künste (Plenarsaal)
AV	Abendvorstellung
B	Bühnenbild(er)
bat	Berliner Arbeitertheater, Belforter Straße
BE	Berliner Ensemble
BBE	Bearbeitung des Berliner Ensembles
C	Choreographie
D	Darsteller
DEA	Deutsche Erstaufführung
ders.	Derselbe (Regisseur)
dies.	Dieselbe (Premiere)
Dir	Dirigent
Distel	Kabarett „Die Distel" am Bhf. Friedrichstraße
DSA	Apollosaal der Deutschen Staatsoper
DT	Deutsches Theater
EA	Erstaufführung
Ei	„Das Ei", Kleines Theater im Friedrichstadtpalast
EÖA	Erste öffentliche Aufführung
EP	Erste Premiere
K	Kostüme
KaF	Kino am Friedrichshain
KK	Kleine Komödie
KS	Kammerspiele
L	Leitung
LA	Noch laufende Aufführung Ende Dezember 1998
Li	Licht
M	Musik
Ma	Masken
ME	Musikalische Einstudierung
MGT	Maxim-Gorki-Theater
ML	Musikalische Leitung
MV	Mittagsvorstellung bzw. Matinee
NE	Neueinstudierung
NF	Neufassung
NV	Nachmittagsvorstellung
o.A.	Ohne Angabe in der Quelle
P	Premiere
PdRJ	Jugendtreff im Palast der Republik
Pr	Probebühne
R	Regie
SD	Sommerdirektion
SKS	Studio-Aufführung
TiP	Theater im Palast
UA	Uraufführung
ÜKK	Übernahme aus der Komödie am Kurfürstendamm
ÜKSch	Übernahme aus dem Kleinen Schauspielhaus
ÜKT	Übernahme aus dem Kleinen Theater
ÜNT	Übernahme aus dem Neuen Theater
VA	Vorstellungsanzahl
VB	Volksbühne
WA	Wiederaufnahme

Die Spielpläne des Deutschen Theaters 1883–1998

Die Sozietät und die Direktion Adolph L'Arronge 1883–1894

SPIELZEIT 1883/84

KABALE UND LIEBE von Friedrich Schiller
P: 29.9.1883 (8/7), R: August Förster, D: Hedwig Niemann-Raabe (Prolog), Ludwig Barnay (Präsident), Josef Kainz (Ferdinand), Friedrich Haase (Kalb), Anna Haverland (Milford), Siegwart Friedmann (Wurm), August Förster (Miller), Auguste Schönfeldt (Millerin), Jolanthe Ramazetta (Luise), Paul Nollet (Kammerdiener)

MINNA VON BARNHELM
von Gotthold Ephraim Lessing
P: 2.10.1883 (9/1), R: Friedrich Haase, D: Otto Sommerstorff (Tellheim), Adele Sandrock (Minna), Franz Kierschner (Bruchsall), Hedwig Niemann-Raabe (Franziska), August Förster (Just), Ludwig Barnay (Werner), Georg Engels (Wirt), Anna Haverland (Dame in Trauer), Friedrich Haase (Riccaut)

IPHIGENIE AUF TAURIS
von Johann Wolfgang von Goethe
P: 5.10.1883 (2/5), D: Anna Haverland (Iphigenie), Otto Sommerstorff (Thoas), Ludwig Barnay (Orest), Josef Kainz (Pylades), August Förster (Arkas)

KRISEN von Eduard von Bauernfeld
P: 10.10.1883 (10/4), D: Friedrich Haase (Lämmchen), Auguste Schönfeldt (Babette), Hedwig Niemann-Raabe (Priska), Siegwart Friedmann (Hohenberg), Ludwig Barnay (Doktor), Franz Kierschner (von Dorn), August Förster (Simon), Clotilde Schwarz (Elise)

JUGENDLIEBE von Adolf von Wilbrandt
P: 15.10.1883 (11/5), D: Clara Müller (Frau von Rosen), Agnes Sorma (Adelheid), Carl Stallmann (Roller), Ludwig Barnay (von Bruck), Emil Mathes (Gärtner), Marie Flor (Betty)
DER ZERBROCHENE KRUG von Heinrich von Kleist
P: dies. (10) D: Emil Mathes (Walter), Friedrich Haase (Adam), Franz Kierschner (Licht), Auguste Schönfeldt (Marthe), Mathilde Thate (Eve), Hans Olden (Ruprecht), Clara Müller (Brigitte)
DER HUT von Delphine Gay Girardin
P: dies. (17/14) D: Carl Peppler (Gonzales), Julius Wessels (Rodricourt), Georg Engels (Amandé), Mathilde Thate (Henriette), Louis Kühn (Uhrmacher)

DER MENONIT von Ernst von Wildenbruch
UA, P: 22.10.1883 (3), D: Paul Nollet (Waldemar), Anna Jürgens (Marie), Josef Kainz (Reinhold), Siegwart Friedmann (Mathias), August Förster (Justus), Carl Galster (Joseph), Carl Peppler (Tissot), Otto Sommerstorff (Hennecker)

DER KÖNIGSLIEUTENANT von Karl Gutzkow
P: 31.10.1883 (2), D: Friedrich Haase (Graf Thorane), Paul Nollet (Rat Goethe), Clara Guinand (Frau Rat Goethe), Clotilde Schwarz (Wolfgang); Franz Kierschner (Mittler), Julius Wessels (Alcidor), Marie Flor (Belinde), Agnes Sorma (Dienstmagd)

DAS HEIMCHEN von Adolph L'Arronge
UA, P: 1.11.1883 (4) D: Ludwig Barnay (Stumpf), Hedwig Niemann-Raabe (Hanna), Siegwart Friedmann (Holtermann), August Förster (Wiese), Josef Kainz (Hermann), Jolanthe Ramazetta (Martha), Georg Engels (Riedel), Auguste Schönfeldt (seine Frau)

DON CARLOS von Friedrich Schiller
P: 9. und 10.11.1883 (zwei Abende; ab 19.11. ein Abend) (37/77), R: Ludwig Barnay, D: Siegwart Friedmann (Philipp II.), Angela Bormann (Elisabeth), Josef Kainz (Carlos), Emma Trautmann (Olivares), Clara Guinand (Mondecar), Otto Sommerstorff (Posa), Paul Nollet (Alba), Franz Kierschner (Domingo), Friedrich Haase (Großinquisitor), August Förster (Lerma), Otto Eppens (Feria), Hedwig Walles (Eboli)

DIE BURGRUINE von Carl Caro
UA, P: 15.11.1883 (5/2), D: Oskar Höcker (Walheim), Agnes Sorma (Erni), Julius Wessels (Lenthold), Georg Engels (Sperber), Clara Müller (Kathrine), Louis Kühn (Knopf)

DER VETTER von Roderich Benedix
P: 15.11.1883 (3), D: Franz Kierschner (Gärtner), Marie Flor (Pauline), Agnes Sorma (Wilhelm), Oskar Höcker (Siegel), Carl Peppler (Buchheim), Anna Jürgens (Haushälterin)

URIEL ACOSTA von Karl Gutzkow
P: 19.11.1883 (3/2), D: Emil Mathes (Manasse), Jolanthe Ramazetta (Judith), Julius Wessels (Ben Jochaï), August Förster (de Silva), Siegwart Friedmann (Rabbi Ben Akiba), Ludwig Barnay (Uriel Acosta), Clara Guinand (Esther), Josef Kainz (Ruben), Agnes Sorma (Spinoza), Paul Nollet (de Santos)

FEENHÄNDE von Eugène Scribe
P: 26.11.1883 (5), D: Clara Guinand (Gräfin Lesneve), Franz Kierschner (ihr Sohn), Julius Wessels (Tristan), Agnes Sorma (Bertha), Siegwart Friedmann (von Kerbriand), Emma Trautmann (Marquise von Meneville), Carl Peppler (Penn-Marr), Matilde Thate (Frau von Berny)

DIE KARLSSCHÜLER von Heinrich Laube
P: 1.12.1883 (5/2), D: August Förster (Herzog), Anna Haverland (Gräfin Hohenheim), Agnes Sorma (Laura), Paul Nollet (Rieger), Julius Wessels (von Silberkalb), Oskar Höcker (Bleistift), Otto Sommerstorff (Schiller), Carl Peppler (Koch), Bruno Köhler (von Hover)

OTHELLO von William Shakespeare
P: 7.12.1883 (6), D: Emil Mathes (Doge), August Förster (Brabantio), Otto Eppens (Gratiano), Carl Peppler (Ludovico), Ludwig Barnay (Othello), Josef Kainz (Cassio), Siegwart Friedmann (Jago), Carl Galster (Rodrigo), Paul Nollet (Montano), Jolanthe Ramazetta (Desdemona), Hedwig Walles (Emilia)

DER GEHEIME AGENT
von Friedrich Wilhelm von Hackländer
P: 12.12.1883 (4), D: Josef Kainz (Herzog Alfred), Emma Trautmann (seine Mutter), Agnes Sorma (Prinzessin Eugenie), August Förster (Minister Steinhausen), Georg Engels (Obersthofmeister)

DAS LÜGEN von Roderich Benedix
P: 18.12.1883 (1), D: Otto Sommerstorff (Dr. Wassenberg), Carl Peppler (Wolfgang Wassenberg), Anna Jürgens (Karoline), Julius Wessels (Bernhard), Paul Nollet (Haindorf), Marie Flor (Hildegard), Georg Engels (Meusler)

DER PROBEPFEIL von Oskar Blumenthal
UA, P: 22.12.1883 (35/22), D: Franz Kierschner (Graf Dohnegg), Clara Guinand (Gräfin Alexandra), Agnes Sorma (Beate), Anna Haverland (Hortense), August Förster (von der Egge), Julius Wessels (Helmuth), Georg Engels (von Dedenroth), Siegwart Friedmann (Krasinski, Pianist)

KÖNIG LEAR von William Shakespeare
P: 30.12.1883 (4), D: Ludwig Barnay (Lear), Paul Nollet (Gloster), August Förster (Kent), Otto Sommerstorff (Edgar), Siegwart Friedmann (Edmund), Josef Kainz (Narr), Emma Trautmann (Regan), Anna Haverland (Goneril), Jolanthe Ramazetta (Cordelia)

DORF UND STADT von Charlotte Birch-Pfeiffer
P: 7.1.1884 (4/1), D: Otto Sommerstorff (Reinhard, ein Maler), Julius Wessels (Reichenmeyer), August Förster (Lindenwirth), Hedwig Niemann-Raabe (Lorle), Auguste Schönfeldt (Bärbel), Josef Kainz (Fürst), Paul Nollet (von Felseck), Anna Jürgens (Ida)

DIE GESCHWISTER von Johann Wolfgang Goethe
P: 16.1.1884 (6/7), D: Otto Sommerstorff (Wilhelm), Hedwig Niemann-Raabe (Marianne), Julius Wessels (Fabrice)
IM BUNDE DER DRITTE von Paul Heyse
UA, P: dies. (7/9), D: Carl Peppler (Haller), Anna Haverland (Helene), Otto Sommerstorff (von Werder), Agnes Sorma (Cornelia)
DER WEG DURCHS FENSTER von Eugène Scribe
P: dies. (6), D: Siegwart Friedmann (d'Harcourt), Julius Wessels (Rudolph), Agnes Sorma (Gabriele), Emma Trautmann (Marquise de l'Esparre), Hedwig Niemann-Raabe (Lise Pomme)

DER RICHTER VON ZALAMEA
von Pedro Calderón de la Barca
P: 26.1.1884 (27/28), R: August Förster, D: Paul Nollet (Phillip II.), Siegwart Friedmann (Don Lope), Hans Olden (Don Alvaro), August Förster (Pedro Crespo), Josef Kainz (Juan), Anna Jürgens (Isabel), Marie Flor (Ines), Georg Engels (Mendo)

DIE JOURNALISTEN von Gustav Freytag
P: 4.2.1884 (7/24), D: Paul Nollet (Oberst Berg), Marie Flor (Ida), Hedwig Niemann-Raabe (Adelheid), Carl Peppler (Senden), Otto Sommerstorff (Prof. Oldendorf), Siegwart Friedmann (Bolz), Bruno Köhler (Bellmaus), Franz Kierschner (Blumenberg), Georg Engels (Schmock), August Förster (Piepenbrink)

VIEL LÄRM UM NICHTS von William Shakespeare
P: 13.2.1884 (15/2), D: Carl Peppler (Don Pedro), Franz Kierschner (Don Juan), Josef Kainz (Claudio), Ludwig Barnay (Benedict), Paul Nollet (Leonato), Emil Mathes (Antonio), Otto Eppens (Pater), Georg Engels (Holzapfel), Hedwig Niemann-Raabe (Beatrice), Anna Jürgens (Hero)

DIE VALENTINE von Gustav Freytag
P: 3.3.1884 (3), D: Carl Peppler (Fürst), Agnes Sorma (Prinzessin Marie), Anna Haverland (Valentine von Geldern), August Förster (Minister von Minegg), Julius Wessels (Graf Möning), Franz Kierschner (Hofmarschall), Paul Nollet (Rat Müller), Ludwig Barnay (Minegg), Siegwart Friedmann (Benjamin, Spitzbube)

ROMEO UND JULIA von William Shakespeare
P: 15.3.1884 (17/98), D: Otto Eppens (Escalus), Julius Wessels (Paris), Emil Mathes (Montague), Clara Guinand (Gräfin Montague), Paul Nollet (Capulet), Emma Trautmann (Gräfin Capulet), Josef Kainz (Romeo), Karl Peppler (Mercutio), Hans Olden (Tybalt), Anna Jürgens (Julia), August Förster (Lorenzo), Auguste Schönfeldt (Amme)

ER MUSS AUFS LAND von Wilhelm Friedrich (Ps.)
UA, P: 29.3.1884 (1), D: Auguste Schönfeldt (Frau von Ziemer), Agnes Sorma (Celestine), Franz Schönfeld a.G.

(von Drang), Mathilde Thate (Pauline), Georg Engels (Presser)

GRAF ESSEX von Heinrich Laube
P: 4.4.1884 (2/4), D: Arthur Kraußneck a.G. (Graf Essex), Anna Haverland (Königin Elisabeth), Paul Nollet (Cecil), Otto Eppens (Nottingham), Siegwart Friedmann (Raleigh), Julius Wessels (Southampton), Anna Jürgens (Gräfin Rutland)

DIE RÄUBER von Friedrich Schiller
P: 22.4.1884 (12/12), R: Adolph L'Arronge, D: Paul Nollet (Maximilian), Arthur Kraußneck (Karl Moor), Siegwart Friedmann (Franz Moor), Karl Peppler (Spiegelberg), Otto Eppens (Schweizer), Otto Sommerstorff (Roller), Josef Kainz (Kosinsky), Hedwig Walles (Amalia), Julius Wessels (Hermann)

DONNA DIANA von Agustín Moreto
P: 30.4.1884 (1/4), D: Otto Eppens (Don Diego), Anna Haverland (Diana), Anna Jürgens (Laura), Agnes Sorma (Donna Fenisa), Otto Sommerstorff (Don Cesar), Julius Wessels (Don Luis), Max Pohl (Perin)

DER LETZTE BRIEF von Victorien Sardou
P: 12.5.1884 (12/5), D: Ludwig Barnay (von Block), Otto Sommerstorff (von Vanhove), Agnes Sorma (Clarisse), Hedwig Niemann-Raabe (Susanne von Bric), Georg Engels (Thirion), Clara Müller (Colomba)

SCHACH DEM KÖNIG von August Schauffert
UA, P: 20.5.1884 (1), D: August Förster (Jacob I.), Carl Galster (Heinrich), Julius Wessels (Rochester), Otto Sommerstorff (Lord Rich), Max Pohl (Lord Hay), Emma Trautmann (Prinzessin Elisabeth), Anna Jürgens (Isabella Cope), Auguste Schönfeldt (Herzogin von Lenor), Josef Kainz (Calvert, Geheimschreiber), Marie Flor (Lady Chandos), Paul Nollet (Thomson), Agnes Sorma (Harriet)

DER HÜTTENBESITZER von Georges Ohnet
P: 31.5.1884 (12/21), D: Clara Guinand (Marquise von Beaulieu), Josef Kainz (Octave), Hedwig Niemann-Raabe (Claire), Carl Peppler (von Préfont), Anna Jürgens (Baronin von Préfont), Ludwig Barnay (Derblay), Agnes Sorma (Suzanne), Julius Wessels (von Bligny), August Förster (Moulinet), Max Pohl (Bachelin), Paul Nollet (Gobert)

SPIELZEIT 1884/85

DIE WELT, IN DER MAN SICH LANGWEILT
von Edouard Pailleron
P: 1.9.1884 (37/43), D: Louise von Poellnitz (Herzogin von Réville), Agnes Sorma (Suzanne von Villiers), Otto Sommerstorff (Graf von Céran), Siegwart Friedmann (Bellac), Gustav Kadelburg (Raymond), Marie Flor (Miß Wattson), Louise Dumont (Frau von Arriego)

WILHELM TELL von Friedrich Schiller
P: 27.9.1884 (14/4), D: Siegwart Friedmann (Geßler), Max Pohl (Attinghausen), Paul Nollet (Stauffacher), August Förster (Reding), Arthur Kraußneck (Tell), Josef Kainz (Melchtal), Anna Haverland (Gertrud), Lidy Bernardelli (Hedwig), Anna Jürgens (Berta von Bruneck), Otto Sommerstorff (Parricida)

DIE GROSSE GLOCKE von Oskar Blumenthal
UA, P: 11.10.1884 (31/1), D: Hedwig Niemann-Raabe (Baronin von Solden), Georg Engels (Konsul Gundermann), Anna Haverland (seine Gattin), Mathilde Thate (Elly), Siegwart Friedmann (Murner), Gustav Kadelburg (Vogt), Otto Sommerstorff (Wilfried), Luise von Poellnitz (seine Mutter), August Förster (Dr. Huschke), Franz Schönfeld (Tenor Wolkenburg)

DIE NEUVERMÄHLTEN von Björnstjerne Björnson
P: 1.11.1884 (16/15), D: Georg Engels (Amtmann), Agnes Sorma (Laura), Gustav Kadelburg (ihr Gatte), Anna Schmiedt (Mathilde)
DER EINGEBILDETE KRANKE
von Jean Baptiste Molière
P: dies. (6), D: August Förster (Argan), Lidy Bernardelli (Béline), Anna Schmiedt (Angélique), Paul Nollet (Béralde), Julius Wessels (Cléante), Claudius Merten (Dr. Diafoirus), Max Pohl (Bonnefoi), Hedwig Niemann-Raabe (Toinette), Paul Löwe (Dr. Purgon)

KÖNIG RICHARD III. von William Shakespeare
P: 19.11.1884 (13/12), D: Otto Sommerstorff (Eduard IV.), Agnes Sorma (Wales), Mathilde Thate (York), Josef Kainz (Clarence), Siegwart Friedmann (Richard), Arthur Kraußneck (Richmond), Max Pohl (Buckingham), Carl Peppler (Rivers), Franz Schönfeld (Grey), Otto Eppens (Hastings), Ludwig Welly (Stanley), Franz Kierschner (Catesby), Carl Galster (Ratcliff), Paul Nollet (Tyrrel), Julius Wessels (Blunt), Bruno Köhler (Mörder), Anna Haverland (Margaretha), Emma Trautmann (Elisabeth), Luise von Poellnitz (Herzogin von York), Anna Jürgens (Lady Anne)

FRAU SUSANNE von Paul Lindau und Hugo Lubliner
UA, P: 3.12.1884 (6), D: Georg Engels (Professor Körten), Hedwig Niemann-Raabe (Susanne), Luise von Poellnitz (Henriette), Gustav Kadelburg (Martini), Agnes Sorma (Toni), Franz Schönfeld (Schleebusch), Max Pohl (Riehle)

PITT UND FOX von Rudolf von Gottschall
P: 15.12.1884 (5), D: Siegwart Friedmann (Georg III.), Gustav Kadelburg (Fox), Otto Sommerstorff (Pitt), Julius Wessels (Sheridan), August Förster (Snoughton), Max Pohl (Jenkinson), Anna Haverland (Herzogin von Devonshire), Agnes Sorma (Harriet, Putzmacherin)

FLATTERSUCHT von Victorien Sardou
P: 27.12.1884 (10), D: Franz Schönfeld (von Champignac), Anna Schmiedt (seine Frau), Hedwig Niemann-Raabe (Camille), Carl Peppler (von Riverol), Georg Engels (Fridolin)

DER WEG ZUM HERZEN von Adolph l'Arronge
UA, P: 10.1.1885 (25/29), D: August Förster (Fabrikant Kern), Emma Trautmann (seine Frau), Agnes Sorma (Martha), Georg Engels (Kommerzienrath Kern), Marie Flor (Anna), Gustav Kadelburg (von Schott), Franz Schönfeld (Sanders), Paul Nollet (Mendel)

DIE HAGESTOLZEN von August Wilhelm Iffland
P: 19.1.1885 (7/2), D: Siegwart Friedmann (Hofrath Reinhold), Lidy Bernardelli (seine Schwester), August Förster (Wachtel), Paul Nollet (Linde), Emma Trautmann (seine Frau), Hedwig Niemann-Raabe (Margarethe)

DIE VERSCHWÖRUNG DES FIESKO ZU GENUA
von Friedrich Schiller
P: 4.2.1885 (12/1), D: Otto Eppens (Doge), Max Pohl (Gianettino Doria), Josef Kainz (Fiesko), Paul Nollet (Verrina), Edgar Bolz (Bourgognino), Julius Wessels (Calcagno), Franz Kierschner (Sacco), Carl Peppler (Romano), Siegwart Friedmann (Muley Hassan), Anna Jürgens (Leonore), Anna Haverland (Gräfin Imperiali)

EHRENSCHULDEN von Paul Heyse
UA, P: 17.2.1885 (9/9), D: Gustav Kadelburg (Baron von Aldringen), Carl Peppler (Dr. Mathias), August Förster (Banquier Leinburg)
UNTER BRÜDERN von Paul Heyse
UA: P: dies. (9), D: Otto Sommerstorff (Professor Guntram), Franz Schönfeld (Dr. Hans), Agnes Sorma (Clara), Mathilde Thate (Toni), Julius Wessels (Architekt Winzer)

HAMLET von William Shakespeare
P: 16.3.1885 (10/11), R: Adolph L'Arronge, D: Max Pohl (Claudius), Otto Sommerstorff (Hamlet), August Förster (Polonius), Carl Peppler (Horatio), Arthur Kraußneck (1. Schauspieler), Siegwart Friedmann (Laertes), Paul Nollet (Geist), Otto Eppens (Fortinbras), Emma Trautmann (Gertrude), Agnes Sorma (Ophelia), Franz Kierschner (Marcellus), Bruno Köhler (Bernardo), Julius Wessels (Rosenkranz), Max Brandeis (Güldenstern)

PRINZ FRIEDRICH VON HOMBURG
von Heinrich von Kleist
P: 31.3.1885 (18/24), D: August Förster (Kurfürst), Luise von Poellnitz (Kurfürstin), Anna Jürgens (Natalie), Max Pohl (Dörfling), Josef Kainz (Prinz von Homburg), Siegwart Friedmann (Kottwitz), Carl Peppler (Hohenzollern), Otto Eppens (Mörner), Paul Nollet (Reuß)

FESSELN von Eugène Scribe
P: 13.4.1885 (2), D: Julius Wessels (d'Albret, ein Componist), August Förster (Clérambeau), Agnes Sorma (Aline), Arthur Kraußneck (Graf von Saint Géran), Anna Haverland (seine Frau), Franz Schönfeld (Ballandard), Louis Kühn (Notar)

EMILIA GALOTTI von Gotthold Ephraim Lessing
P: 11.5.1885 (4/10), D: Teresina Geßner a.G. (Emilia), Paul Nollet (Odoardo), Emma Trautmann (Claudia), Josef Kainz (Prinz), Siegwart Friedmann (Marinelli), Otto Eppens (Conti), Otto Sommerstorff (Appiani), Anna Haverland (Orsina), Max Pohl (Angelo)

AM HERZOGSHOF von Carl Caro
P: 23.5.1885 (3), D: Arthur Kraußneck (Herzog), Anna Haverland (seine Gemahlin), Paul Nollet (Leontio), Teresina Geßner a.G. (Carlotta), Otto Sommerstorff (Ortensio), Otto Eppens (Stefano), Max Pohl (Clodio), Louise Dumont (Kammerfrau), Gustav Kadelburg, Carl Peppler (Banditen)
FUNKEN UNTER DER ASCHE von Heinrich Stobitzer
UA P: dies. (5), D: Lidy Bernardelli (Gräfin von Buchenau), Hedwig Niemann-Raabe (Ada von Lüde), Gustav Kadelburg (von Stein), Claudius Merten (Baron Bretten)
AUS FREUNDSCHAFT von Moreau und Delacour
P: dies. (5/1), D: Georg Engels (Montonet), Anna Schmiedt (Césarine), Arthur Kraußneck (Blanchard), Anna Jürgens (Hortense), Edgar Bolz (Paul)

KÖNIG LEAR von William Shakespeare
NE, P: 1.6.1885 (2/14), D: Max Pohl (Lear), Paul Nollet (Gloster), Ludwig Welly (Kent), Otto Sommerstorff (Edgar), Arthur Kraußneck (Edmund), Josef Kainz (Narr), Emma Trautmann (Regan), Anna Haverland (Goneril), Anna Jürgens (Cordelia)

MARIA MAGDALENE von Friedrich Hebbel
P: 14.6.1885 (3/2), D: August Förster (Meister Anton), Luise von Poellnitz (seine Frau), Hedwig Niemann-Raabe (Klara), Josef Kainz (Karl), Max Pohl (Leonhard), Arthur Kraußneck (Sekretär)

SPIELZEIT 1885/86

DER HEXENMEISTER von Gustav Triesch
UA, P: 7.9.1885 (7), D: Gustav Kadelburg (von Schönhoff), Oskar Höcker (Knaus), Teresina Geßner (Jenny), Agnes Sorma (Ella), Franz Schönfeld (von Feleki), Claudius Merten (Günthner)

DES MEERES UND DER LIEBE WELLEN
von Franz Grillparzer
P: 19.9.1885 (16/1), D: Teresina Geßner (Hero), Max Pohl (Oberpriester), Josef Kainz (Leander), Arthur Kraußneck (Naukleros), Anna Jürgens (Janthe), Paul Nollet (Tempelhüter), Oskar Höcker (Heros Vater), Luise von Poellnitz (Mutter)

DER JUNGBRUNNEN von Paul Lindau
P: 26.9.1885 (7), D: Oskar Höcker (Professor Reißner), Emma Trautmann (seine Frau), Agnes Sorma (Clara), Gustav Kadelburg (Dr. Bremser), Claudius Merten (Thiemann), Max Pohl (Intendant von Wicke), Lidy Bernar-

delli (Victorine), Julius Wessels (Petersdorff), Paul Nollet (Prottmann)

EIN TROPFEN GIFT von Oskar Blumenthal
UA, P: 10.10.1885 (68/8), D: Siegwart Friedmann (von Mettenhorn), Otto Sommerstorff (von Weidegg), Hedwig Niemann-Raabe (seine Gattin), Agnes Sorma (Liddy), Max Pohl (Graf Bahlberg), Josef Kainz (Prinz Karl Emil), Oskar Höcker (Fabricius), Paul Nollet (von Wendlingen), Gustav Kadelburg (Bruno), Georg Engels (Baron Brendel)

GRACCHUS, DER VOLKSTRIBUN
von Adolf von Wilbrandt
P: 27.10.1885 (6), D: Josef Kainz (Gracchus), Teresina Geßner (Licinnio), Rosa Hildebrandt (Cornelia), Arthur Kraußneck (Scipio), Paul Nollet (Quintus Metellus), Max Pohl (Lucinus), Julius Wessels (Livius), Otto Eppens (Pomponius), Max Pategg (Euporus, Sklave)

DAS FRÄULEIN VON SEIGLIÈRE von Jules Sandeau
P: 27.11.1885 (5), D: Siegwart Friedmann (Marquis von Seiglière), Teresina Geßner (Helene), Emma Trautmann (Baronin von Vaubert), Franz Schönfeld (Raoul), August Förster (Destournelles), Otto Sommerstorff (Bernard)

DAS KÄTHCHEN VON HEILBRONN
von Heinrich von Kleist
P: 23.12.1885 (21/26), R: Adolph L'Arronge, D: Arthur Kraußneck (Kaiser), Otto Sommerstorff (Wetter vom Strahl), Luise von Poellnitz (Gräfin Helena), August Förster (Gottschalk), Lidy Bernardelli (Brigitte), Anna Schmiedt (Kunigunde), Marie Flor (Rosalie), Oskar Höcker (Friedeborn), Agnes Sorma (Käthchen), Franz Schönfeld (Rheingraf)

DER BUREAUKRAT von Gustav von Moser
UA, P: 31.12.1885 (11), D: Claudius Merten (von Meng), Agnes Sorma (Ella), Gustav Kadelburg (Eberhard), Georg Engels (Lemke), Lidy Bernardelli (seine Frau), Marie Flor (Gertrud)

NATHAN DER WEISE von G.E. Lessing
P: 22.1.1886 (16/16), D: Otto Eppens (Saladin), Rosa Hildebrandt (Sittah), August Förster (Nathan), Anna Jürgens (Recha), Lidy Bernardelli (Daja), Josef Kainz (Tempelherr), Oskar Höcker (Patriarch), Siegwart Friedmann (Derwisch), Max Pohl (Klosterbruder)

DIE LORELEI von Adolph l'Arronge
UA, P: 6.2.1886 (10), D: Arthur Kraußneck (Landgraf von Hessen), Teresina Geßner (Maria), Paul Nollet (Bischof), Richard Wirth (Ritter Wolf), Max Pohl (Klosterguardian), August Förster (Pater Constantin), Josef Kainz (Bruder Philippus), Siegwart Friedmann (Burgvogt), Otto Sommerstorff (Walter), Agnes Sorma (Marthe, ein Bürgermädchen), Anna Jürgens (Lorelei)

DIE ARMEN REICHEN von Hugo Lubliner
UA, P: 20.2.1886 (5), D: Georg Engels (Bergmann), Lidy Bernardelli (seine Frau), Teresina Geßner (Frau von Garatow), Agnes Sorma (Melanie), Gustav Kadelburg (von Schönbühl), Siegwart Friedmann (Dr. Ringhofer)

DER KÖNIGSLIEUTENANT von Karl Gutzkow
NE, P: 27.2.1886 (12/5), D: Siegwart Friedmann (Graf Thorane), Max Pohl (Rat Goethe), Rosa Hildebrandt (Frau Rat Goethe), Anna Jürgens (Wolfgang), Oskar Höcker (Mittler), Julius Wessels (Alcidor), Marie Flor (Belinde), Agnes Sorma (Dienstmagd)

ANTIGONE von Sophokles
P: 16.3.1886 (5), R: Adolph L'Arronge, M: Felix Mendelssohn Bartholdy, D: Teresina Geßner (Antigone), Anna Jürgens (Ismene), Max Pohl (Kreon), Luise von Poellnitz (Eurydike), Josef Kainz (Haemon), Siegwart Friedmann (Teiresias), Claudius Merten (Chorführer)

DAS URBILD DES TARTÜFFE von Karl Gutzkow
P: 10.4.1886 (10/6), D: Franz Schönfeld (Ludwig XIV.), Max Pategg (Lionne), Max Pohl (La Roquette), Julius Wessels (Lefêvre), Paul Nollet (Dubois), Josef Kainz (Molière), Teresina Geßner (Armande), Anna Schmiedt (Madeleine), Georg Engels (Matthieu), Marie Flor (Louison)

DIE LIEBESBOTSCHAFT von Albin Rheinisch
UA, P: 16.4.1886 (5), D: Oskar Höcker (Graf Fürstenegg), Otto Sommerstorff (von Salmen), Franz Schönfeld (von Leers), Julius Wessels (Lodron), Anna Schmiedt (Friederike), Anna Jürgens (Cornelia Ferrer, Sängerin), Georg Engels (Tambow, Theaterdirektor)

DER WIDERSPENSTIGEN ZÄHMUNG
von William Shakespeare
P: 8.5.1886 (7/21), D: Oskar Höcker (Baptista), Hedwig Niemann-Raabe (Katharina), Paul Nollet (Vincentio), Edgar Bolz (Lucentio), Arthur Kraußneck (Petruchio), Claudius Merten (Gremio), Julius Wessels (Hortensio), Georg Engels (Grumio)

DIE ANNA-LISE von Hermann Hersch
P: 5.6.1886 (4), D: Gustav Kadelburg (Leopold zu Anhalt-Dessau), Luise von Poellnitz (Fürstin), Paul Nollet (Apotheker Föhse), Agnes Sorma (Anna-Lise), Siegwart Friedmann (de Chalisac)

SPIELZEIT 1886/87

ZOPF UND SCHWERT von Karl Gutzkow
P: 1.9.1886 (15/5), D: August Förster (Friedrich Wilhelm I.), Emma Trautmann (Königin), Alice Politzer (Prinzessin Wilhelmine), Josef Kainz (Erbprinz von Bayreuth), Max Pategg (Grumbkow), Louis Kühn (Wartensleben), Franz Schönfeld (Hotham), Agnes Sorma (Fräulein von Sonnsfeld), Georg Engels (Eversmann, Kammerdiener)

EIN ERFOLG von Paul Lindau
P: 3.9.1886 (14/2), D: Paul Nollet (von Harden), Paula Carlsen (Hermine), Agnes Sorma (Eva), Claudius Merten (Dr. Klaus), Julius Wessels (Baron Fabre), Gustav Kadelburg (Marlow, Journalist), Max Pategg (Schallmeyer, Redacteur), Georg Engels (Schandauer, Reporter)

HAUS FOURCHAMBAULT von Emile Augier
P: 25.9.1886 (8), D: Claudius Merten (Bankier Fourchambault), Paula Carlsen (seine Frau), Gustav Kadelburg (Leopold), Agnes Sorma (Blanche), Siegwart Friedmann (Bernard), Teresina Geßner (Marie), Max Pohl (Rastiboulois)

GRÄFIN LAMBACH von Hugo Lubliner
UA, P: 16.10.1886 (9), D: Otto Sommerstorff (Graf Lambach), Hedwig Niemann-Raabe (seine Frau), August Förster (Sievers), Max Pohl (von Nordheim), Anna Jürgens (Seine Frau), Agnes Sorma (Susanne), Siegwart Friedmann (von Birkowitz), Julius Wessels (von Werdenfels), Paul Nollet (von Delberg), Claudius Merten (Crosby)

DER SCHWARZE SCHLEIER von Oskar Blumenthal
UA, P: 6.11.1886 (24), D: Josef Kainz (von Brügge), Max Pohl (Rupertus), Agnes Sorma (Clarisse), Franz Schönfeld (Hagedorn), Teresina Geßner (Gräfin Wolfshagen), Oskar Höcker (Menk), Max Pategg (Hartung)

DOKTOR KLAUS von Adolph L'Arronge
P: 25.11.1886 (11/26), D: Oskar Höcker (Juwelier Griesinger), Gustav Kadelburg (von Roden), August Förster (Dr. Klaus), Paula Carlsen (Marie, seine Frau), Agnes Sorma (Emma), Franz Schönfeld (Gerstel), Georg Engels (Kutscher Lubowski), Siegwart Friedmann (Behrmann), Max Pategg (Bauer)

MACBETH von William Shakespeare
P: 19.12.1886 (16/2), R: August Förster, D: Paul Nollet (Duncan), Josef Kainz (Malcolm), Max Pohl (Macbeth), Teresina Geßner (Lady Macbeth), Max Pategg (Banquo), Marie Flor (Fleance), Otto Sommerstorff (Macduff), Anna Jürgens (Lady Macduff)

GOLDFISCHE
von Franz von Schönthan und Gustav Kadelburg
UA, P: 23.12.1886 (59/11), D: Paul Nollet (Oberst von Felsen), Gustav Kadelburg (Erich), August Förster (Winter), Agnes Sorma (Emmy), Hedwig Niemann-Raabe (Josephine von Pöchlaar), Georg Engels (von Pöchlaar-Benzberg)

DIE BLUTHOCHZEIT von Albert Lindner
P: 22.1.1887 (11), D: Julie Schamberg (Katharina von Medici), Siegwart Friedmann (Karl IX.), Arthur Kraußneck (König von Navarra), Julius Wessels (Anjou), Franz Schönfeld (Alençon), Josef Kainz (Guise), Claudius Merten (Kardinal), Max Pohl (Coligny), Max Pategg (Poltrot), Louis Kühn (Magus), Anna Jürgens (Margarethe von Valois)

WEISSE ROSEN von Felice Cavalotti
P: 11.2.1887 (3), D: August Förster (Balthasar), Max Pohl (Antonio), Agnes Sorma (Adelina)
CLAVIGO von Johann Wolfgang Goethe
P: dies. (3/8), D: Otto Sommerstorff (Clavigo), Siegwart Friedmann (Carlos), Josef Kainz (Beaumarchais), Anna Jürgens (Marie), Fanny Link (Sophie), Max Pategg (Guilbert), Richard Wirth (Buenco)

DIE LIEBESBOTSCHAFT von Albin Rheinisch
P: 11.3.1887 (6), D: August Förster (Graf Fürstenegg), Otto Sommerstorff (von Salmen), Franz Schönfeld (von Leers), Julius Wessels (Lodron), Agnes Sorma (Friedericke), Georg Engels (Tambow)

KORNBLUMEN von Adolph L'Arronge
(Festspiel zum 90. Geburtstag von Kaiser Wilhelm I.)
UA, P: 20.3.1887 (5), D: Ludwig Welly (Pastor Reinhardt), Georg Engels (Kastellan Miesecke), Paula Carlsen (Witwe Harmuth), Arthur Kraußneck (Franz, Schmied), Agnes Sorma (Wilhelm)

ALTE MÄDCHEN von Friedrich Schütz
P: 2.4.1887 (7), D: Hedwig Niemann-Raabe (Ottilie), Agnes Sorma (Minna), Gustav Kadelburg (von Velden), Franz Schönfeld (Georg)
UNTER VIER AUGEN von Ludwig Fulda
UA, P: dies. (9/4), D: Gustav Kadelburg (Dr. Volkart), Agnes Sorma (seine Gattin), Julius Wessels (von Berkow), Georg Engels (Diener), Marie Flor (Kammermädchen)
DIE PROVINZIALIN von Iwan S. Turgenjew
P: dies. (7), D: Claudius Merten (Blinow), Hedwig Niemann-Raabe (Dorothea), Ludwig Hertzer (Mischa), Georg Engels (Lubin), Paula Carlsen (Wassiljewna)

DIE HOCHZEIT AUF DEM AVENTIN von Paul Heyse
UA, P: 18.5.1887 (9/1), D: Max Pohl (Caligula), Emma Trautmann (Caesonia), Claudius Merten (Claudius), Paul Nollet (Cassius), Josef Kainz (Calpurnius), Teresina Geßner (Clollia), Max Pategg (Marcus)

DER G'WISSENSWURM von Ludwig Anzengruber
P: 28.5.1887 (13/11), D: Max Pohl (Grillhofer), Siegwart Friedmann (Dusterer), Gustav Kadelburg (Wastl), Marie Flor (Annamirl), Max Pategg (Leonhardt), Claudius Merten (Poltner), Bertha Hausner (Horlacherlies)

SPIELZEIT 1887/88

FAUST I von Johann Wolfgang von Goethe
P: 3.9.1887 (51/88), R: Adolph L'Arronge, D: Otto Sommerstorff (Faust), Ludwig Welly (Wagner), Siegwart Friedmann (Mephistopheles), Teresina Geßner (Gret-

chen), Josef Kainz (Valentin), Paula Carlsen (Marthe), Edgar Bolz (Schüler), Max Pategg (Erdgeist), Fanny Link (Hexe)

WENN DER SOMMER KOMMT
von Charles Delannoy (Hugo Lubliner)
UA, P: 24.9.1887 (2), D: Agnes Sorma (Blanche), Georg Engels (Garnier), Rudolf Retty (Loriol), Julius Wessels (von Saulieu), Hedwig Meyer (Lucie), Gustav Kadelburg (von Flavignac), Carl Galster (Lacassade)

GALEOTTO von José Echegaray
P: 8.10.1887 (31/9), D: Siegwart Friedmann (Don Manuel), Maria Ortwin (Donna Julia), Paul Nollet (Don Severo), Paula Carlsen (Donna Mercedes), Richard Schultz (Miguel), Josef Kainz (Ernesto)

DER ATTACHÉ von Henry Meilhac
P: 31.10.1887 (6/6), D: Georg Engels (von Scharpf), Gustav Kadelburg (Graf Prachs), Marie Pospischil (Madeleine), Claudius Merten (von Estillac), Julius Wessels (von Ramsay), Max Pohl (Feige)

DIE PHILOSOPHIN von Friedrich Spielhagen
UA, P: 14.11.1887 (3), D: Maria Ortwin (Friedericke), Paula Carlsen (Gräfin von Heideck), Julius Wessels (Oskar), Georg Engels (Baron Windsbach), Hedwig Meyer (Baronin Schönhof), Gustav Kadelburg (Sturm), Agnes Sorma (Grete, Gesellschaftsfräulein), Otto Sommerstorff (Römer, Verwalter), Josef Kainz (dessen Bruder)

GÖTZ VON BERLICHINGEN
von Johann Wolfgang Goethe
P: 9.12.1887 (33/32), R: Adolph L'Arronge, D: Max Pohl (Kaiser), Ernst Pittschau (Götz), Friederike Bognar (Elizabeth), Teresina Geßner (Maria), Claudius Merten (Bischof), Otto Sommerstorff (Weislingen), Marie Pospischil (Adelheid), Josef Kainz (Franz), Siegwart Friedmann (Sellnitz), Otto Eppens (Franz von Sickingen), Paul Nollet (Lerse), Maria Ortwin (Georg), Rudolf Retty (Hauptmann der Reichstruppen)

FLECKEN IN DER SONNE von Max Bernstein
UA, P: 19.12.1887 (2), D: Siegwart Friedmann (von Holzenstein), Gustav Kadelburg (Franz), Hedwig Meyer (Comtesse Anna), Paula Carlsen (Frau von Droysen), Georg Engels (von Schönau), Rudolf Retty (Hinze)

DIE GUTEN FREUNDE von Victorien Sardou
P: 31.12.1887 (5), D: August Förster (Caussade), Marie Pospischil (dessen Frau), Gustav Kadelburg (Dr. Tholosan), Georg Engels (Marécat), Rudolf Retty (Vigneux), Paula Carlsen (Eulalie), Claudius Merten (Abdallah)

DIE VERKANNTEN von Adolph L'Arronge
UA, P: 14.1.1888 (4), D: Gustav Kadelburg (Rechtsanwalt Richard), Agnes Sorma (dessen Frau), Claudius Merten (Kästner, Maler), Georg Engels (Rosmarin, Schauspieler), Paula Carlsen (Frau Brummer, Schriftstellerin), Paul Nollet (Romaneck, Maler), Teresina Geßner (Clara)

DIE MAKKABÄER von Otto Ludwig
P: 28.1.1888 (7), D: Otto Eppens (Antiochus), Max Pategg (Gorgias), Paul Nollet (Rikanor), Max Pohl (Mattathias), Teresina Geßner (Raemi), Claudius Merten (Simei)

DIE BERÜHMTE FRAU
von Franz von Schönthan und Gustav Kadelburg
UA, P: 4.2.1888 (34/3), D: Georg Engels (Baron Ottokar), Emma Trautmann (Seine Frau), Agnes Sorma (Herma), Paula Carlsen (Frau Hartwig), Maria Ortwin (Ottilie), Gustav Kadelburg (Graf Palmay)

HERZOG ERNST von Emil Wolff
UA, P: 5.3.1888 (3), D: Max Pohl (Konrad II.), Josef Kainz (Ernst, Herzog von Schwaben), Paul Nollet (Herzog von Oberlothringen), Otto Sommerstorff (Graf Werner), Ernst Pittschau (Graf Mangold), Max Pategg (Bischof von Konstanz), Teresina Geßner (Edelgard), Rudolf Retty (Burgvogt)

KÖNIG UND BAUER
von Friedrich Halm (nach Lope de Vega)
P: 24.3.1888 (12), D: Josef Kainz (Heinrich IV.), Hedwig Meyer (Prinzessin Margarete), Richard Wirth (Ritter Ganthier), August Förster (Gomard), Maria Ortwin (Rosanna)

ZWISCHEN LIPP' UND BECHERSRAND von Paul Heyse
UA, P: 17.4.1888 (8/2), D: Otto Sommerstorff (Berg), Maria Ortwin (Lydia, seine Frau), Ludwig Menzel (Wenzel)
DER SCHIERLING von Emil Augier
P: dies. (9/1), D: Josef Kainz (Klinias), August Förster (Paris), Siegwart Friedmann (Kleon), Teresina Geßner (Hippolyta)
COEUR-DAME von Max Bernstein
UA, P: dies. (5), D: Gustav Kadelburg (von Staff), Agnes Sorma (Ella), Georg Engels (von Belling), Claudius Merten (Jean)

SAPPHO von Franz Grillparzer
P: 5.5.1888 (3), D: Marie Pospischil (Sappho), Edgar Bolz (Phaon), Teresina Geßner (Melitta), Marie Flor (Eucharis), Paul Nollet (Rhamnes, Sklave), Richard Wirth (Ein Landmann), Carl Galster (Einer aus dem Volke)

SPIELZEIT 1888/89

DIE HERMANNSSCHLACHT von Heinrich von Kleist
P: 1.9.1888 (17), D: Ernst Pittschau (Hermann), Maria Ortwin (Thusnelda), Paul Nollet (Eginhard), August Förster (Marbod), Otto Sommerstorff (Wolf), Hermann Nissen (Thuiskomar), Siegwart Friedmann (Ventidius), Gustav Kadelburg (Septimius Nerva), Max Pohl (Quintilius Varus)

GRAF WALDEMAR von Gustav Freytag
P: 12.9.1888 (9), D: Hermann Nissen (Waldemar), Julius Wessels (sein Vater), Richard Wirth (von Randor), Siegwart Friedmann (Fürst Ubaschkin), Marie Pospischil (Fürstin), Paul Nollet (Gärtner), Teresina Geßner (seine Frau)

DIE JÜDIN VON TOLEDO von Franz Grillparzer
P: 6.10.1888 (26), Josef Kainz (Alfons VIII.), Maria Ortwin (Eleonore), Max Pohl (Isaac), Teresina Geßner (Esther), Agnes Sorma (Rahel)

FRÜHLING IM WINTER von Ludwig Fulda
UA, P: 20.10.1888 (10/1), D: Hermann Nissen (von Eichhofen), Agnes Sorma (Leonie von Schildegg), Ulrike Fey (Alwine), Carl Galster (Diener)
QUINTUS HORATIUS FLACCUS von Hans Müller
UA, P: dies. (11/7), D: Hedwig Meyer (Hedwig von Wenden), Otto Sommerstorff (Professor Horst), Claudius Merten (Martin)
ZWEI TAUBE von Georges Courteline
P: dies. (11/2), D: Franz Tewele (Damoiseau), Georg Engels (Boniface, sein Diener), Gustav Kadelburg (Placide)

DER PFARRER VON KIRCHFELD
von Ludwig Anzengruber
P: 26.10.1888 (28/66), D: Paul Nollet (von Finsterberg), Otto Sommerstorff (Pfarrer Hell), Paula Carlsen (Haushälterin), Maria Ortwin (Anna), Gustav Kadelburg (Michel), Max Pohl (Wurzelsepp)

DIE BEIDEN LEONOREN von Paul Lindau
UA, P: 6.11.1888 (15/2), D: Franz Tewele (Justizrat Kaiser), Marie Pospischil (Leonore, seine Frau), Berta Hausner (Lorchen), Georg Engels (Wieberg), Gustav Kadelburg (Hermann), Claudius Merten (Dr. Brosius), Paula Carlsen (Minna)

DIE GLÜCKLICHEN BETTLER von Carlo Gozzi
P: 22.12.1888 (5), D: Hermann Nissen (König Usbek), Otto Eppens (Iman), Franz Tewele (Wesir), Ulrike Fey (Zoraide), Georg Engels (Ben Abbas), Agnes Sorma (Gülnese), Paul Nollet (Kassim), Gustav Kadelburg (Kusch, ein Bettler)

EINE LÜGE von Carl Schönfeld
UA, P: 11.1.1889 (3), D: Ernst Pittschau (von Ettingen), Hermann Nissen (Paul), Edgar Bolz (Oswald), Paula Carlsen (Frau Reichardt), Marie Pospischil (Hedwig), Siegwart Friedmann (Tschernow), Richard Wirth (Dr. Hagen)

KÖNIG HEINRICH IV. von William Shakespeare
P: 27.1.1889 (17/5), R: Adolph L'Arronge, D: Max Pohl (Heinrich IV.), Josef Kainz (Prinz Heinrich), Ulrike Fey (Prinz Johann), Paul Nollet (Worcester), Otto Sommerstorff (Percy), Edgar Bolz (Mortimer), Louis Kühn (Scroop), Otto Eppens (Douglas), Ernst Pittschau (Glendower), Siegwart Friedmann (Falstaff), Franz Tewele (Poins), Rudolf Retty (Gadshill), Claudius Merten (Bardolph), Maria Ortwin (Lady Percy), Georg Engels (Schaal), Ludwig Menzel (Stille), Marie Gundra (Frau Hurtig)

ARRIA UND MESSALINA von Adolf von Wilbrandt
P: 8.2.1889 (5), D: Marie Pospischil (Valeria Messalina), Therese Leithner (Arria), Ernst Pittschau (Silius), Paul Nollet (Calpurnianus), Josef Kainz (Marcus), Rudolf Retty (Kallias, Sklave)

WEH DEM, DER LÜGT von Franz Grillparzer
P: 2.3.1889 (13), D: Max Pohl (Bischof Gregor), Josef Kainz (Leon), Ernst Pittschau (Kattwald), Agnes Sorma (Edrita), Franz Tewele (Galomir), Edgar Bolz (Atalus)

MARIA UND MAGDALENA von Paul Lindau
P: 12.3.1889 (5), D: Hermann Nissen (Fürst zu Rothenturn), Claudius Merten (Graf Egg), Georg Engels (Werren), Marie Pospischil (Magdalena), Gustav Kadelburg (Professor Laurentius), Maria Ortwin (Maria Verrina), Paul Nollet (Schelmann, Theateragent)

WILDDIEBE von Theodor Herzl und C. F. Wittmann
UA, P: 23.3.1889 (3), Hedwig Meyer (Julie), Agnes Sorma (Clarisse), Gustav Kadelburg (von Soran), Georg Engels (Knöpke), Hermann Nissen (Brown)

DÄMMERUNG
von Carmen Sylva (d.i. Elizabeth, Königin von Rumänien)
UA, P: 5.4.1889 (2), D: Maria Ortwin (Oda, Schloßherrin), Marie Pospischil (Medje, Araberin)

DIE VASALLIN von Albin Rheinisch
UA, P: 10.4.1889 (2), D: Max Pohl (Ludwig XI.), Ernst Pittschau (Karl der Kühne), Gustav Kadelburg (Prinz von Orleans), Hermann Nissen (von Comynes), Marie Pospischil (Agnes von Boulogne), Hedwig Meyer (Helene de Chambes-Monsoreau), Louis Kühn (Tristan L'Hermite)

DIE STÜTZEN DER GESELLSCHAFT von Henrik Ibsen
P: 20.4.1889 (16/23), D: Max Pohl (Konsul Bernick), Hedwig Meyer (Martha), Hermann Nissen (Tönnesen), Paula Carlsen (Lona Hessel), Gustav Kadelburg (Hilmar), Julius Wessels (Rohrland), Rudolf Retty (Kaufmann Rummel), Ulrike Fey (Frau Rummel), Claudius Merten (Kaufmann Wiegeland), Ludwig Menzel (Kaufmann Altstedt), Paul Nollet (Schiffbauer Auler)

DER COMPAGNON von Adolph L'Arronge
UA, P: 4.5.1889 (16/22), D: Georg Engels (Fabrikant Voß), Hedwig Meyer (Adele), Hermann Nissen (Schumann), Claudius Merten (Kanzleirath Voß), Gustav Kadelburg (Winkler), Paula Carlsen (Wittwe Lerche), Agnes Sorma (Marie, Dienstmädchen)

SPIELZEIT 1889/90

FAUSTS TOD
von Johann Wolfgang von Goethe, Fassung von Adolph L'Arronge
P: 3.9.1889 (50/17), R: Adolph L'Arronge, D: Agnes Sorma (Ariel), Otto Sommerstorff (Faust), Max Pohl (Mephistopheles), Julius Wessels (Kaiser), Rudolf Retty (Kanzler), Carl Galster (Marschalk), Franz Tewele (Schatzmeister), Ernst Pittschau (Raufebold), Hermann Nissen (Habebald), Albert Patry (Haltefest), Fritz Herz (Wanderer), Claudius Merten (Philemon), Paula Carlsen (Baucis), Gustav Kadelburg (Lynceus), Maria Ortwin (Mater gloriosa), Marie Pospischil (Maria Magdalena), Hedwig Meyer (Samariterin), Teresina Geßner (Gretchen)

DAS GLAS WASSER von Eugène Scribe
P: 26.9.1889 (7), D: Agnes Sorma (Königin Anna), Marie Pospischil (Herzogin von Marlborough), Hermann Nissen (Saint-John), Fritz Herz (Masham), Julius Wessels (von Torcy), Ulrike Fey (Lady Albermale)

DER SCHATTEN von Paul Lindau
UA, P: 17.10.1889 (9), D: Gustav Kadelburg (von Waldhofen), Agnes Sorma (Ellen), Otto Sommerstorff (von Brück), Hedwig Meyer (Ada), Max Pohl (Nehringen), Hermann Nissen (Leopold), Teresina Geßner (Edith)

NÄCHSTENLIEBE von Julius Rosen
UA, P: 2.11.1889 (14), D: Georg Engels (Banquier von Strecker), Agnes Sorma (Ella), Richard Wirth (von Bart), Paula Carlsen (Frau Ende), Gustav Kadelburg (von Lembach), Julius Wessels (Knorr), Albert Patry (Arnberg), Hedwig Meyer (Fräulein Willers), Max Pategg (Sand)

DER SOHN DER WILDNIS von Friedrich Halm
P: 16.11.1889 (18/15), D: Otto Eppens (Timarch), Julius Wessels (Polydor), Claudius Merten (Myron), Paula Carlsen (Actäa), Teresina Geßner (Parthenia), Carl Galster (Amyntas), Rudolf Retty (Elpenor), Ernst Pittschau (Ingomar), Max Pategg (Trinobant)

KRIEG IM FRIEDEN
von Gustav von Moser und Franz von Schönthan
P: 31.12.1889 (21/3), R: Adolph L'Arronge, D: Claudius Merten (Rentier Heindorf), Agnes Sorma (Ilka Etvös), Hedwig Meyer (Gesellschafterin), Rudolf Retty (Henkel), Albert Patry (von Sonnenfels), Gustav Kadelburg (von Folgen), Julius Wessels (Stabsarzt), Georg Engels (von Reif-Reiflingen)

ZWISCHEN DEN SCHLACHTEN
von Björnstjerne Björnson
P: 18.1.1890 (6), D: Max Pohl (König Sverre), Max Pategg (Thorckel), Ernst Pittschau (Halvard), Marie Pospischil (Inga)
DER TARTÜFF von Jean Baptiste Molière
P: dies. (11) D: Paula Carlsen (Pernelle), Georg Engels (Orgon), Hedwig Meyer (Elmire), Hermann Nissen (Cleant), Gustav Kadelburg (Tartüff), Agnes Sorma (Dorine), Claudius Merten (Loyal)

NORDISCHE HEERFAHRT von Henrik Ibsen
P: 12.2.1890 (4), D: Max Pohl (Oernulf), Ernst Pittschau (Sigurd), Otto Sommerstorff (Gunnar), Marie Pospischil (Hjördis), Max Pategg (Kare)

DER UNTERSTAATSSEKRETÄR
von Adolf von Wildbrandt
UA, P: 15.2.1890 (19/1), D: Paula Carlsen (Baronin Schwartau), Hedwig Meyer (Lili von Helldorf), Hermann Nissen (von Stargard), Claudius Merten (von Wachemuth), Albert Patry (Felsing), Julius Wessels (Kurt), Agnes Sorma (Marianne), Rudolf Retty (Dr. Baumann)

KÖNIG MIDAS von Gunnar Heiberg
P: 29.3.1890 (7), R: Adolph L'Arronge, D: Agnes Sorma (Anna Hielm), Max Pohl (Ramfeth), Hermann Nissen (Dahl), Gustav Kadelburg (Hielm), Hedwig Meyer (Lindemann), Paula Carlsen (Frau Ottesen), Ulrike Fey (Fräulein Lommrut)

MEIN LEOPOLD von Adolph L'Arronge
P: 19.4.1890 (11/3), D: Claudius Merten (Amtsrichter Zernickow), Paula Carlsen (dessen Frau), Agnes Sorma (Emma), Georg Engels (Schuhmacher Weigelt), Hedwig Meyer (Clara), Julius Wessels (Referendar Leopold), Gustav Kadelburg (Werkführer Starke), Otto Sommerstorff (Klavierlehrer Mehlmeyer), Ernst Pittschau (Unteroffizier Krümel)

EGMONT von Johann Wolfgang von Goethe
P: 8.5.1890 (4/8), R: Adolph L'Arronge, D: Hermann Nissen (Egmont), Max Pohl (Oranien), Siegwart Friedmann (Alba), Otto Sommerstorff (Brackenburg), Gustav Kadelburg (Vansen), Max Pategg (Buyck), Georg Engels (Jetter), Maria Reisenhofer a.G. (Clärchen), Paula Carlsen (Mutter)

SPIELZEIT 1890/91

DAS WINTERMÄRCHEN von William Shakespeare
DT, P: 31.8.1890 (38/12), D: Otto Sommerstorff (Leontes), Teresina Geßner (Hermione), Claudius Merten (Antigonus), Marie Frauendorfer (seine Frau), Agnes Sorma (Perdita), Hermann Nissen (Polyxenes), Friedrich Taeger (Florizel), Georg Engels (Autolykus), Max Pategg (Camillo), Albert Kühle (Alter Schäfer)

DIE HAUBENLERCHE von Ernst von Wildenbruch
UA, P: 20.9.1890 (33/4), D: Hermann Nissen (Fabrikant Langenthal), Gustav Kadelburg (Hermann), Hedwig Meyer (Juliane), Paula Carlsen (Fabrikarbeiters-Witwe Schmalenbach), Else Lehmann (Lene, ihre Tochter), Georg Engels (Ale), Ernst Pittschau (Geselle Ilefeld)

DER FECHTER VON RAVENNA von Friedrich Halm
P: 23.10.1890 (2), D: Max Pohl (Caligula), Albertine Scheller (Cäsonia), Carl Galster (Piso), Julius Wessels (Marcius), Rudolf Retty (Valerius), Max Pategg (Merowig), Ulrike Fey (Ramis), Claudius Merten (Glabrio), Maria Reisenhofer (Lycisca), Ernst Pittschau (Thumelicus), Albert Patry (Keyr)

DAS VERLORENE PARADIES von Ludwig Fulda
UA, P: 1.11.1890 (16), D: Max Pohl (Fabrikant Bernardi), Paula Carlsen (seine Frau), Else Lehmann (Edith, seine Tochter), Gustav Kadelburg (von Ottendorf), Georg Engels (Dr. Heideck, Schriftsteller), Hedwig Meyer (seine Frau)

HAND UND HERZ von Ludwig Anzengruber
P: 15.11.1890 (3), D: Max Pategg (Senner), Hermann Nissen (Paul Weller), Hedwig Niemann-Raabe (sein Weib), Rudolf Retty (Wirt), Max Pohl (Görg), Otto Sommerstorff (Bettelmönch), Albert Patry (Laienbruder), Claudius Merten (Müller)

DIE KINDER DER EXCELLENZ
von Ernst von Wolzogen und William Schumann
UA, P: 9.12.1890 (77/33), D: Flora Kester (Mathilde), Maria Reisenhofer (Asta), Else Lehmann (Trudi), Gustav Kadelburg (Bodo), Georg Engels (von Muzell), Hermann Nissen (Norman), Claudius Merten (Diedrichsen), Fritz Herz (Hans)

DES MEERES UND DER LIEBE WELLEN
von Franz Grillparzer
NE, P: 15.1.1891 (12/12), D: Teresina Geßner (Hero), Max Pohl (Oberpriester), Alexander Barthel (Leander), Ernst Pittschau (Naukleros), Maria Reisenhofer (Janthe), Max Pategg 99 (Tempelhüter), Claudius Merten (Heros Vater), Paula Carlsen (Mutter)

MARIA STUART von Friedrich Schiller
P: 18.12.1891 (3/3), D: Marie Frauendorfer (Elisabeth), Teresina Geßner (Maria Stuart), Otto Sommerstorff (Leicester), Max Pategg (Shrewsbury), Max Pohl (Burleigh), Albertine Scheller (Hanna Kennedy), Claudius Merten (Paulet), Alexander Barthel (Mortimer)

EHRBARE MÄDCHEN von Marco Praga
P: 29.1.1891 (7), D: Alexander Barthel (Carocci), Hermann Nissen (Olgiati), Fritz Herz (Cantoni), Julius Wessels (Vercellini), Carl Galster (Cozzi), Richard Wirth (Dellago), Paula Carlsen (Frau Tossi), Teresina Geßner (Paolina), Else Lehmann (Nini), Maria Reisenhofer (Selene)

DAS ALTE LIED von Felix Philippi
UA, P: 25.2.1891 (12), D: Max Pohl (Cornelius, Rechtsanwalt), Maria Reisenhofer (seine Frau), Julius Wessels (Rahden, Bankier), Max Pategg (Wehlau, Staatsanwalt), Paula Carlsen (Frau Nowack), Else Lehmann (Hedwig), Eugenie Lenau (Anna), Hermann Nissen (Dr. Nicolai), Albert Patry (Scolzini)

EINSAME MENSCHEN von Gerhart Hauptmann
P: 21.3.1891 (6), D: Otto Sommerstorff (Johannes Vockerat), Else Lehmann (Käthe), Claudius Merten (Vockerat), Paula Carlsen (Frau Vockerat), Marie Frauendorfer (Anna Mahr), Gustav Kadelburg (Braun), Albert Kühle (Pastor Collin), Ulrike Fey (Die Amme), Josefine Stolle (Frau Lehmann)

SPIELZEIT 1891/92

WILDFEUER von Friedrich Halm
P: 1.9.1891 (7), D: Ida Theumer (Graf von Dommartin), Julius Wessels (Graf von Brienne), Claudius Merten (Renard), Rudolf Retty (Pignerol), Carl Galster (Ripaille), Ludwig Menzel (Burgvogt), Else Lehmann (Margot, ein Bauernmädchen)

DER BLAUE BRIEF von Rudolf Stratz
UA, P: 17.9.1891 (11), D: Hermann Nissen (von Lindow), Friedrich Basil (von Walldorff), Fritz Herz (Max), Gustav Kadelburg (Graf Wolfsteyn), Georg Engels (Freiherr von Wolfsteyn), Else Lehmann (Elly, seine Tochter), Hedwig Meyer (Helene Valora), Max Pategg (von Werben), Julius Wessels (Mueller), Claudius Merten (von Tietzow), Carl Galster (von Harwitz), Rudolf Retty (Assessor Lenz), Bruno Köhler (Freiherr von Bruck), Rosa Retty (Käthe von Herg), Adolf Baumann (Karl, Offiziersbursche), Louis Kühn (Ökonom des Militär-Kasinos)

DIE SONNE von Paul Lindau
UA, P: 29.9.1891 (4), D: Friedrich Basil (Clemens von Hohenrade), Hedwig Meyer (dessen Frau), Rosa Retty (Marietta), Ida Theumer (Berg, Erzieherin), Georg Engels (Alexis, Bankier), Marie Frauendorfer (dessen Frau), Gustav Kadelburg (Rechtsanwalt)

DIE EINE WEINT, DIE ANDRE LACHT
von Dumanoir und Keranion
P: 6.10.1891 (2), D: Paula Carlsen (Frau Rey), Ida Theumer (Laurence, ihre Tochter), Hedwig Niemann-Raabe (Witwe Rey), Friedrich Basil (Notar)

DAS GOLDNE BUCH von Franz von Schönthan
P: 17.10.1891 (2), D: Max Pategg (Prinz Ludwig Ferdinand), Hermann Nissen (Graf Bretelles), Else Lehmann (Erika, seine Frau), Claudius Merten (Professor Klußmann), Hedwig Niemann-Raabe (Hanna), Gustav Kadelburg (von Lasansky), Friedrich Basil (Clemens), Julius Wessels (von Henneberg)

DIE SKLAVIN von Ludwig Fulda
UA, P: 31.10.1891 (8), D: Hermann Nissen (Waldeck, Weinhändler), Marie Frauendorfer (seine Frau), Georg Engels (Kolb), Paula Carlsen (Frau Kolb), Max Pohl (Lukas, Baumeister), Rosa Retty (Käthe), Claudius Merten (Steffens, Hotellier), Hedwig Meyer (seine Frau), Gustav Kadelburg (Ebeling), Eugenie Lenau (Lina)

STELLA von Johann Wolfgang Goethe
P: 11.11.1891 (10/2), D: Teresina Geßner (Stella), Marie Frauendorfer (Cäcilie), Rosa Retty (Lucie), Alexander Barthel (Fernando), Vilma von Mayburg (Annchen), Carl Galster (Bedienter)
DIE MITSCHULDIGEN von Johann Wolfgang Goethe
UA, P: dies. (9/8), D: Georg Engels (Wirt), Else Lehmann (Sophie), Gustav Kadelburg (Söller), Hermann Nissen (Alcest)

TORQUATO TASSO von Johann Wolfgang von Goethe
P: 20.11.1891 (5/2), D: Hermann Nissen (Alphons), Teresina Geßner (Leonore von Este), Clara Seldburg (Leonore Sanvitale), Otto Sommerstorff (Tasso), Max Pohl (Antonio)

DIE KLEINE FRAU von Felix Philippi
UA, P: 7.12.1891 (2), D: Gustav Kadelburg (Larun, Bauunternehmer), Marie Frauendorfer (seine Frau), Hermann Nissen (von Roggenbach), Claudius Merten (Dr. Valentin), Max Pohl (Schlüter), Fritz Herz (Dr. Lenz), Rudolf Retty (Dr. Ruhland), Paula Carlsen (Frau Böhme), Ida Theumer (Gusti), Vilma von Mayburg (Schwester Hildegard), Ulrike Fey (Frau Schmelzer)

DER HUNGERTHURM von Henry A. Jones
P: 25.12.1891 (4), D: Friedrich Basil (Lord Asgarby), Rosa Retty (Eve), Claudius Merten (Lord Prall), Hermann Nissen (Juxon), Otto Sommerstorff (Llewellon), Max Pohl (Prof. Jopp), Eugenie Lenau (Sophie), Georg Engels (Dethic), Teresina Geßner (Mary)
IN CIVIL von Gustav Kadelburg
P: dies. (4/19), D: Claudius Merten (Oberst von Harten), Else Lehmann (Henny), Friedrich Basil (Major von Ruthenstein), Gustav Kadelburg (von Waldow), Georg Engels (Fritz)

DER OBOLUS von Alfred Klaar
P: 31.12.1891 (10), D: Marie Frauendorfer (Frau von Bertau), Claudius Merten (von Blum, Gutsbesitzer), Hermann Nissen (Dr. Georg Stahl, Privatdocent), Albert Kühle (Rath Krumm), Carl Galster (Josef, Diener), Vilma von Mayburg (Pauline, Stubenmädchen)
SCHWIEGERMAMA
von Victorien Sardou und Raymond Deslandes
P: dies. (7), D: Gustav Kadelburg (Thévenot, Notar), Ida Theumer (seine Frau), Hedwig Niemann-Raabe (Frau Noirel), Georg Engels (Boudinois), Julius Wessels (von Barsac), Eugenie Lenau (Frau Rosemonde), Albert Kühle (Bérard), Claudius Merten (Davenay), Gustav Schefraneck (Bertot), Rudolf Retty (Hauptmann Poulot), Paula Carlsen (Madame Filoche), Ludwig Menzel (Beriquin), Vilma von Mayburg (Olympe)

KOLLEGE CRAMPTON von Gerhart Hauptmann
UA, P: 16.1.1892 (37/14), R: Adolph L'Arronge, D: Georg Engels (Crampton), Else Lehmann (Gertrud), Hedwig Meyer (Agnes), Hermann Nissen (Adolf Strähler), Claudius Merten (Prof. Kircheisen), Julius Wessels (Milius), Gustav Schefranek (Janetzki), Bruno Köhler (Weißbach), Carl Galster (Feist), Ludwig Menzel (Kunze), Friedrich Basil (Seifert), Eugenie Lenau (Selma), Rudolf Retty (Löffler)

GLÜCK von Karl Jaenicke
UA, P: 20.2.1892 (3), D: Claudius Merten (Dr. Eckart), Paula Carlsen (seine Frau), Hedwig Meyer (Marie), Hermann Nissen (Böttcher), Georg Engels (Vierling), Gustav Kadelburg (Caesar), Friedrich Basil (Dr. Liebig), Rudolf Retty (Buxbaum), Ulrike Fey (Frau Krause), Ida Theumer (Lottel)

HAUS LONEI von Adolph L'Arronge
P: 10.3.1892 (5), D: Fritz Herz (von Seewald), Max Pohl (Kommerzienrath Lonei), Paula Carlsen (dessen Frau), Rosa Retty (Marie), Rudolf Retty (Hummel), Hermann Nissen (Reinhard, Schauspieler), Claudius Merten (Winterberger), Ulrike Fey (Anna)

GYGES UND SEIN RING von Friedrich Hebbel
P: 14.3.1892 (2), D: Otto Sommerstorff (Kandaules), Teresina Geßner (Rhodope), Alexander Barthel (Gyges), Ida Theumer (Hero), Max Pategg (Thoas), Gustav Schefranek (Karna)

DAS URBILD DES TARTÜFFE von Karl Gutzkow
NE, P: 23.4.1892 (5), D: Hermann Nissen (Ludwig XIV.), Max Pategg (Lionne), Max Pohl (La Roquette), Julius Wessels (Lefèvre), Friedrich Basil (Dubois), Claudius Merten (Akademiker), Josef Kainz (Molière), Hedwig Meyer (Armande), Ida Theumer (Madeleine), Rudolf Retty (Matthieu), Ulrike Fey (Louison)

SPIELZEIT 1892/93

DER MISANTHROP von Jean Baptiste Molière
P: 1.10.1892 (20/2), D: Josef Kainz (Alcest), Fritz Herz (Philint), Claudius Merten (Oront), Lilli Petri (Celimene), Ida Theumer (Eliante), Marie Wolff (Arsinoe), Carl Galster (Basque), Bruno Köhler (Dubois)
DAS WUNDERKIND von Ludwig Fulda
UA, P: dies. (4), D: Gustav Kadelburg (Euler, Privatgelehrter), Else Lehmann (seine Frau), Ulrike Fey (Amme)

LOLO'S VATER von Adolph L'Arronge
UA, P: 29.10.1892 (19), D: Georg Engels (Klemm), Paula Carlsen (seine Frau), Else Lehmann (Hedwig), Lilli Petri (Charlotte), Julius Wessels (von Stein), Otto Sommerstorff (Neumann), Hermann Nissen (Hilgers)

DIE RÄUBER von Friedrich Schiller
NE, P: 16.11.1892 (4), D: Max Pategg (Maximilian), Ernst Pittschau (Karl Moor), Josef Kainz (Franz Moor), Teresina Geßner (Amalia), Claudius Merten (Spiegelberg), Otto Sommerstorff (Roller) Fritz Herz (Kosinsky), Julius Wessels (Hermann)

DIE JÜDIN VON TOLEDO von Franz Grillparzer
NE, P: 2.12.1892 (10/6), D: Josef Kainz (Alfons), Marie Frauendorfer (Eleonore), Friedrich Basil (Manriquez), Fritz Herz (Garceran), Ulrike Fey (Kammerfrau), Max Pohl (Isaak), Teresina Geßner (Esther), Lilli Petri (Rahel)

ZWEI GLÜCKLICHE TAGE
von Franz von Schönthan und Gustav Kadelburg
UA, P: 23.12.1892 (61/3), D: Claudius Merten (Weinholz), Rosa Retty (Else), Hermann Nissen (Witte), Else Lehmann (seine Frau), Paula Carlsen (Christine), Georg Engels (Lüttchen), Gustav Kadelburg (Freisinger), Bruno Köhler (Edgar), Friedrich Basil (Hiller), Ulrike Fey (Frau Morawetz), Carl Galster (Dr. Werndl), Rudolf Retty (Ruschke)

DER TALISMAN von Ludwig Fulda
UA, P: 4.2.1893 (77/59), D: Josef Kainz (Astolf), Max Pohl (Berengar), Friedrich Basil (Diomed), Max Pategg (Pansilio), Claudius Merten (Ferrante), Teresina Geßner (Maddalena), Ernst Pittschau (Stefano), Otto Sommerstorff (Omar), Georg Engels (Habakuk), Rosa Retty (Rita), Julius Wessels (Anselm), Rudolf Retty (Benedict)

SPIELZEIT 1893/94

DER BIBERPELZ von Gerhart Hauptmann
UA, P: 21.9.1893 (6), D: Georg Engels (von Wehrhahn), Claudius Merten (Krüger), Otto Sommerstorff (Fleischer), Max Pohl (Motes), Hedwig Meyer (Frau Motes), Ernst Pittschau (Julius Wolff), Else Lehmann (Frau Wolff), Lilli Petri (Leontine), Rosa Retty (Adelheid), Rudolf Retty (Wulkow), Rudolf Senius (Glasenapp)

MAN SAGT
von Victor Léon (Viktor Hirschfeld) und Heinrich von Waldberg
UA, P: 12.10.1893 (10), D: Friedrich Basil (Bender, Bankier), Paula Carlsen (seine Frau), Otto Sommerstorff (Emil), Lilli Petri (Angelika), Rudolf Senius (Theodor), Georg Engels (Seelen), Hedwig Meyer (Toni), Hermann Nissen (Triberg), Julius Wessels (von Hiller), Bruno Köhler (Lambach), Fritz Herz (Strehls), Rudolf Retty (Bröse), Claudius Merten (Siefering), Teresina Geßner (Adele Linden, Schauspielerin)

KAIN von George Lord Byron
P: 11.11.1893 (9), D: Ernst Pittschau (Adam), Josef Kainz (Kain), Fritz Herz (Abel), Marie Frauendorfer (Eva), Teresina Geßner (Adah), Otto Sommerstorff (Lucifer)
DER KÖNIG IN THULE von Hans Hopfen
P: dies. (3), D: Ernst Pittschau (Magnus, König von Thule), Josef Kainz (Oger), Hermann Nissen (Olaf), Rosa Retty (Miranda), Fritz Herz (Florestan), Max Pohl (Suen), Otto Sommerstorff (Heimeran), Lilli Petri (Alschild), Hedwig Meyer (Estrid), Max Pategg (Gurd), Friedrich Basil (Björn), Claudius Merten (Halfdan)

DER HERR SENATOR
von Franz von Schönthan und Gustav Kadelburg
UA, P: 25.12.1893 (108), D: Georg Engels (Senator Andersen), Paula Carlsen (seine Frau), Hedwig Meyer (Agathe), Rosa Retty (Stephanie), Fritz Herz (Oscar), Gustav Kadelburg (Dr. Gehring), Rudolf Retty (Dr. Steiner)

DER RIEGNITZER BOTE von Hugo Lubliner
UA, P: 24.3.1894 (5), D: Friedrich Basil (Arnsberg), Lilli Petri (Gabriele), Julius Wessels (Gellersdorf), Marie Frauendorfer (seine Frau), Georg Engels (Ackermann), Hedwig Meyer (seine Frau), Rudolf Retty (Görz), Hermann Nissen (Brock), Claudius Merten (Gisbert), Rosa Retty (Paula)

GEOGRAPHIE UND LIEBE von Björnstjerne Björnson
P: 20.4.1894 (13), D: Hermann Nissen (Prof. Tygesen), Hedwig Meyer (seine Gattin), Rosa Retty (Helga), Paula Carlsen (Malla Rambeck), Marie Frauendorfer (Birgit Römer), Fritz Herz (Henning), Friedrich Basil (Turman), Lilli Petri (Dienstmädchen)

DIE JOURNALISTEN (II. Akt), DIE KINDER DER EXCELLENZ (II. Akt), DER HERR SENATOR (II. Akt), PRINZ FRIEDRICH VON HOMBURG (V. Akt, 1. Verwandlung), DAS WINTERMÄRCHEN (III. Akt)
30.6.1894 (Letzte Vorstellung der Direktion L'Arronge)

Die Direktion Otto Brahm 1894–1904

SPIELZEIT 1894/95

KABALE UND LIEBE von Friedrich Schiller
P: 1.9.1894 (5), R: Cord Hachmann, D: Hermann Nissen (Präsident), Rudolf Rittner (Ferdinand), Hermann Müller (von Kalb), Rosa Bertens (Milford), Josef Kainz (Wurm), Arthur Kraußneck (Miller), Margarethe von Lazár (Luise), Emil Lessing (Kammerdiener)

NORA von Henrik Ibsen
P: 3.9.1894 (51), R: Cord Hachmann, D: Hermann Nissen (Helmer), Agnes Sorma (Nora), Rudolf Rittner (Rank), Rosa Bertens (Frau Linden), Arthur Kraußneck (Krogstad)

ESTHER von Franz Grillparzer
P: 6.9.1894 (11), R: Cord Hachmann, D: Josef Kainz (König), Hermann Müller (Haman), Rosa Bertens (Zares), Max Reinhardt (Theres), Bruno Köhler (Aridai), Wilhelm Noster (Nesmal), Eugen Burg (Brightan), Agnes Sorma (Esther), Arthur Krausneck (Mardochai)
DER TARTÜFF von Jean Baptiste Molière
P: dies. (12), R: ders., D: Hermann Müller (Orgon), Agnes Sorma (Elmire), Eugen Burg (Valère), Arthur Kraußneck (Cléante), Josef Kainz (Tartüff), Hanns Fischer (Loyal)

DAS VIERTE GEBOT von Ludwig Anzengruber
P: 14.9.1894 (7), R: Cord Hachmann, D: Hanns Fischer (Hutterer), Hermann Nissen (Stolzenhalter), Hermann Müller (Schalanter), Rudolf Rittner (Martin), Gisela Schneider (Josepha), Max Reinhardt (Dunker), Arthur Kraußneck (Eduard), Eugen Burg (Stötzl), Emil Ludwig (Stille)

DIE WEBER von Gerhart Hauptmann
P: 25.9.1894 (352), R: Cord Hachmann, D: Hermann Nissen (Dreißiger), Gisela Schneider (Frau Dreißiger), Hanns Fischer (Pfeifer), Josef Kainz (Der rote Bäcker), Emil Ludwig (Reimann), Paula Eberty (Bertha), Rudolf Rittner (Moritz Jaeger), Hermann Müller (Ansorge), Ernst Pittschau (Wittich), Max Reinhardt (Kittelhaus), Eugen Burg (Weinhold), Emil Ludwig (Johann), Arthur Kraußneck (Hilse), Rosa Bertens (Luise)

DER KAUFMANN VON VENEDIG
von William Shakespeare
P: 4.10.1894 (19), R: Cord Hachmann, D: Emil Marx (Doge), Ernst Pittschau (Marokko), Arthur Kraußneck (Antonio), Josef Kainz (Bassanio), Eugen Burg (Solanio), Rudolf Rittner (Graziano), Emanuel Reicher (Shylock), Max Reinhardt (Tubal), Emil Ludwig (Balthasar), Agnes Sorma (Porzia), Gertrud Sicker (Jessica)

DIE KAMERADEN von Ludwig Fulda
UA, P: 16.10.1894 (12), R: Cord Hachmann, D: Arthur Kraußneck (Karsten), Agnes Sorma (Gertrud), Emanuel Reicher (Wulff), Hermann Nissen (Hildebrandt), Rosa Bertens (Thekla), Emil Ludwig (Droschkenkutscher)

DANIELA WEERT von Ernst von Wolzogen
UA, 20.11.1894 (3), R: Cord Hachmann, D: Arthur Kraußneck (von Veldegg), Hermann Müller (von Villiers), Agnes Sorma (Daniela Weert), Hanns Fischer (Adam)

GESPENSTER von Henrik Ibsen
P: 27.11.1894 (20), R: Cord Hachmann, D: Rosa Bertens (Frau Alving), Rudolf Rittner (Osvald), Emanuel Reicher (Manders), Hermann Müller (Engstrand), Agnes Sorma (Regine)

BLAU von Max Bernstein
UA, P: 8.12.1894 (25), R: Cord Hachmann, D: Georges Stollberg (Dr. Müller), Rudolf Rittner (Wedding), Margarethe von Lazár (Hedwig), Hermann Müller (Dressel)
CYPRIENNE von Victorien Sardou und Edouard de Najac
P: dies. (16), R: ders., D: Hermann Nissen (von Prunelles), Agnes Sorma (Cyprienne), Hermann Müller (von Gratignan), Gisela Schneider (Frau von Brionne), Paula Eberty (Josepha), Hanns Fischer (Joseph), Emil Ludwig (Jean)

DIE KATAKOMBEN von Gustav Davis
P: 27.12.1894 (6), R: Cord Hachmann, D: Emanuel Reicher (von Oestergard), Arthur Kraußneck (von Nielsen), Gisela Schneider (Irene), Margarethe von Lazár (Nastja), Hanns Fischer (Sikert), Hermann Nissen (Bohrmann), Rudolf Rittner (Döhnfurt), Emil Ludwig (von Rehl), Hermann Müller (Blimm), Max Reinhardt (Strack)

KLEIN EYOLF von Henrik Ibsen
P: 12.1.1895 (6), R: Cord Hachmann, D: Emanuel Reicher (Allmers), Agnes Sorma (Rita), Hans Pauli (Eyolf), Martha Hachmann-Zipser (Asta), Rudolf Rittner (Borgheim)

WEH DEM, DER LÜGT von Franz Grillparzer
P: 24.1.1895 (46), R: Cord Hachmann, D: Arthur Kraußneck (Gregor), Max Eisfeld (Atalus), Josef Kainz (Leon), Ernst Pittschau (Kattwald), Agnes Sorma (Edrita), Josef Jarno (Galomir), Max Reinhardt (Sigrid)

DER MANN IM SCHATTEN von Carlot Reuling
P: 12.2.1895 (8), R: Cord Hachmann, D: Hermann Müller (Merkel), Ernst Pittschau (Goßler), Eugen Burg (Büchting), Hanns Fischer (Häuser), Bruno Köhler (Schülz), Max Reinhardt (Bürgermeister), Emil Ludwig (Diener)

DER G'WISSENSWURM von Ludwig Anzengruber
P: 2.3.1895 (6), R: Cord Hachmann, D: Emanuel Reicher (Grillhofer), Hermann Müller (Dusterer), Josef Jarno (Wastl), Gisela Schneider (Horlacherlies), Max Reinhardt (Poltner), Eugen Burg (Hanns)

ER, SIE UND ER von Robert Bracco
UA, P: 16.3.1895 (1), R: Emil Lessing, D: Hermann Nissen (Julius), Rosa Bertens (Clotilde), Josef Jarno (Friedrich), Emil Ludwig (Diener)
DROHNEN von Rudolph Stratz
UA, P: dies. (5), R: ders., D: Emanuel Reicher (Graf Greiff), Hermann Nissen (Witt), Hermann Müller (dy Frenoy), Arthur Kraußneck (von Helsing), Eugen Burg (Pfannenschmiedt), Hedwig Pauly (Baronin Crüdem), Hanns Fischer (Hempel), Paul Biensfeldt (Baptist)

PASTOR BROSE von Adolph L'Arronge
UA, P: 30.3.1895 (13), R: Adolph L'Arronge, D: Hermann Müller (Pastor Brose), Auguste Wilbrandt-Baudius (Johanna Brose), Josef Jarno (Hermann), Emanuel Reicher (Zellendorf), Hermann Nissen (Kramer), Josef Kainz (Franz), Arthur Kraußneck (Sievers), Hanns Fischer (Birnbaum), Paula Worm (Gretchen)

DAS LUMPENGESINDEL von Ernst von Wolzogen
P: 20.4.1895 (37), R: Cord Hachmann, D: Emanuel Reicher (Dr. Kern), Hermann Nissen (Wilhelm), Hermann Müller (Polke), Else Lehmann (Else), Rudolf Rittner (von Plattner), Max Reinhardt (Dessoir), Josef Jarno (Faßmann), Hanns Fischer (Dippel), Paula Eberty (Mieze)

PRINZ FRIEDRICH VON HOMBURG
von Heinrich von Kleist
P: 4.5.1895 (7), R: Emil Lessing, D: Hermann Nissen (Kurfürst), Ferdinande Schmittlein (Kurfürstin), Margarethe von Lazár (Natalie), Josef Kainz (Prinz von Homburg), Emil Marx (Dörfling), Ferdinand Gregori (Hohenzollern), Ernst Pittschau (Kottwitz), Emil Ludwig (Hennings), Eugen Burg (Sparren), Paul Biensfeldt (Stranz), Friedrich Kayßler (Mörner)

DER WIDERSPENSTIGEN ZÄHMUNG
von William Shakespeare
P: 17.5.1895 (10), R: Cord Hachmann, D: Arthur Kraußneck (Baptista), Agnes Sorma (Katharina), Paula Worm (Bianca), Hermann Nissen (Petrucchio), Hanns Fischer (Gremio), Josef Jarno (Tranio), Bruno Köhler (Grumio), Emil Ludwig (Curtis)

ZWEI WITTWER von G. Esmann
P: 28.5.1895 (5), R: Cord Hachmann, D: Emanuel Reicher (Voigt), Josef Jarno (Heyde), Emil Ludwig (Herr)
DER EINGEBILDETE KRANKE
von Jean Baptiste Molière
NE P: dies. (5), R. ders., D: Hermann Müller (Argan), Auguste Wilbrandt-Baudius (Belinde), Paula Worm (Angelique), Arthur Kraußneck (Béralde), Paul Biensfeldt (Cléante), Hanns Fischer (Dr. Diafoirus)

DON CARLOS von Friedrich Schiller
P: 15.8.1895 (25), R: Cord Hachmann, D: Hermann Müller (Philipp II.), Nina Sandow (Elisabeth), Josef Kainz (Carlos), Ferdinand Gregori (Posa), Ernst Pittschau (Alba), Hanns Fischer (Domingo), Louis Kühn (Großinquisitor), Lucie Lissl (Eboli), Meta Bünger (Mondecar)

Außerdem auf dem Spielplan:

Fulda: Der Talisman, Shakespeare: Hamlet (58)

SPIELZEIT 1895/1896

ROMEO UND JULIA von William Shakespeare
P: 11.9.1895 (24), R: Cord Hachmann, D: Otto Roehl (Escalus), Eugen Burg (Paris), Emil Marx (Montague), Hermann Müller (Capulet), Agnes Sorma (Julia), Joseph Kainz (Romeo), Meta Bünger (Gräfin Montague), Auguste Wilbrandt-Baudius (Gräfin Capulet), Hermann Nissen (Mercutio), Ferdinand Gregori (Benvolio), Ernst Pittschau (Tybalt), Emanuel Reicher (Lorenzo)

DIE MÜTTER von Georg Hirschfeld
P: 17.9.1895 (42) (UA 12.5.1895, MV der „Freien Bühne" im DT), R: Emil Lessing, D: Ferdinande Schmittlein (Dora), Rudolf Rittner (Robert), Elise Sauer (Hedwig), Hermann Müller (Frey), Auguste Wilbrandt-Baudius (Frau Munk), Emanuel Reicher (Munk), Else Lehmann (Marie), Paula Eberty (Grete), Paul Biensfeldt (Josef)

DER MEISTER VON PALMYRA von Adolf Wilbrandt
P: 8.10.1895 (45), R: Cord Hachmann, D: Josef Kainz (Apelles), Auguste Wilbrandt-Baudius (Bolana), Hanns Fischer (Timolgos), Ernst Pittschau (Saturninus), Hermann Müller (Wahballath), Hermann Nissen (Longinus), Emanuel Reicher (Pausanias), Agnes Sorma (Zoe, Phoebe, Persida, Nymphas, Zenobia), Eugen Burg (Jamlichus), Paul Biensfeldt (Mäonios)

ROBINSONS EILAND von Ludwig Fulda
UA, P: 26.10.1895 (10), R: Emil Lessing, D: Hermann Müller (Castor), Agnes Sorma (Lydia), Emanuel Reicher (Hartenstein), Emil Lessing (Reinitz), Hermann Nissen (Dr. Ruprecht), Hanns Fischer (Prof. Dedekind), Rudolf Rittner (Palm), Max Reinhardt (Barkhusen), Ernst Pittschau (Lürsen)

TEDEUM von Ernst Rosmer (d.i. Elsa Bernstein)
UA, P: 14.11.1895 (7), R: Emil Lessing, D: Hermann Müller (Kron), Rudolf Rittner (Dr. Löwenfeld), Hermann Nissen (Smith), Emanuel Reicher (Brummer), Gisela Schneider (Gisela Flesch), Paul Biensfeldt (Bethge)

DIE JÜDIN VON TOLEDO von Franz Grillparzer
P: 23.11.1895 (51), R: Cord Hachmann, D: Josef Kainz (Alfons), Elise Sauer (Eleonore), Hermann Müller (Manriquez), Ferdinand Gregori (Garceran), Hanns Fischer (Isaak), Agnes Sorma (Rahel), Emil Ludwig, Friedrich Kayßler (Standesherren), Nina Sandow (Esther)

DER MISANTHROP von Jean Baptiste Molière
P: 7.12.1895 (6), R: Cord Hachmann, D: Josef Kainz (Alceste), Hermann Nissen (Philinte), Agnes Sorma (Célimène), Hermann Müller (Oronte), Hanns Fischer (Acaste), Josef Jarno (Clitandre), Margarethe von Lazár (Eliante)

DAS HOHE LIED von Ludwig Fulda
UA, P: dies., R: ders. D: Hermann Müller (Soranzo), Gisela Dahlen (Pia), Josef Kainz (Antonio)

FLORIAN GEYER von Gerhart Hauptmann
UA, P: 4.1.1896 (9), R: Emil Lessing, D: Ferdinand Gregori (Bischof Konrad), Emil Ludwig (Gilgenessig), Emanuel Reicher (Florian Geyer), Emil Lessing (von Berlichingen), Josef Jarno (von Grumbach), Hermann Nissen (Tellermann), Max Reinhardt (Besenmeyer), Hanns Fischer (Löffelholz), Ernst Pittschau (Kohl), Rudolf Rittner (Schäferhans), Helene Staglé (Marei), Ferdinande Schmittlein (Anna)

LEBENSWENDE von Max Halbe
UA, P: 21.1.1896 (3), R: Emil Lessing, D: Else Lehmann (Olga), Paula Eberty (Bertha), Rudolf Rittner (Ebert), Hermann Nissen (Weyland), Emanuel Reicher (Heyne), Paul Pauli (Jahnke)

DER ZERBROCHENE KRUG von Heinrich von Kleist
P: 4.2.1896 (25), R: Cord Hachmann, D: Max Reinhardt (Walter), Hermann Müller (Adam), Hanns Fischer (Licht), Marie Meyer (Marthe), Helene Staglé (Eve), Paul Biensfeldt (Ruprecht), Marie Corbach (Brigitte)
LIEBELEI von Arthur Schnitzler
P: dies. (37), R: ders., D: Emanuel Reicher (Weiring), Agnes Sorma (Christine), Gisela Schneider (Mizi Schlager), Marie Meyer (Katharina), Rudolf Rittner (Lobheimer), Josef Jarno (Kaiser), Hermann Nissen (Herr)

KÖNIG HEINRICH IV. von William Shakespeare
P: 19.2.1896 (13), R: Cord Hachmann, D: Emanuel Reicher (Heinrich IV.), Josef Kainz (Prinz Heinrich), Gisela Pahlen (Prinz Johann), Emil Marx (Northumberland), Hermann Nissen (Percy), Louis Kühn (Erzbischof), Max Reinhardt (Westmoreland), Hans Gregor (Blunt), Ferdinand Gregori (Worcester), Eugen Burg (Mortimer), Otto Röhl (Douglas), Ernst Pittschau (Glendower), Hermann Müller (Falstaff), Josef Jarno (Poins), Arthur Rosenberg (Gadshill), Paul Pauli (Bardolph), Hanns Fischer (Schaal), Ludwig Menzel (Stille), Nina Sandow (Lady Percy), Marie Corbach (Hurtig)

DIE JUNGE FRAU ARNECK von Hugo Lubliner
P: 7.3.1896 (4), R: Emil Lessing, D: Emanuel Reicher (Arneck), Agnes Sorma (Gabriele), Hermann Müller (Rottman), Paula Eberty (Else), Josef Jarno (Erlbach), Nina Sandow (Melanie), Rudolf Rittner (Steffen)

KÖNIG RICHARD III. von William Shakespeare
P: 19.3.1896 (6), R: Cord Hachmann, D: Hermann Müller (Eduard IV.), Gisela Pahlen (Eduard), Helene Staglé (Richard), Hermann Nissen (Clarence), Josef Kainz (Richard Gloster), Otto Röhl (Richmond), Ferdinand Gregori (Buckingham), Ernst Pittschau (Hastings), Max Reinhardt (Catesby), Emil Marx (Tyrrel), Nina Sandow (Elizabeth), Ferdinande Schmittlein (Margaretha), Auguste Wilbrandt-Baudius (Herzogin von York), Elise Sauer (Anna), Paul Pauli, Hanns Fischer (Mörder)

ZU HAUSE von Georg Hirschfeld
UA, P: 9.4.1896 (8), R: Emil Lessing, D: Hermann Müller (Doergens), Ferdinande Schmittlein (Frau Doergens), Rudolf Rittner (Ludwig), Paul Biensfeldt (Arthur), Hanns Fischer (Magnus), Max Reinhardt (Selig), Eugen Burg (Schlösser), Paula Eberty (Anna), Erna Sudow (Caroline)
DER WEIBERSCHRECK von Moritz Heimann
UA, P: dies. (2), R: ders., D: Josef Jarno (Tiburtius), Else Lehmann (Fannie), Marie Meyer (Frau Hildebrandt), Paula Eberty (Alix), Hermann Nissen (Schuster)

JUGEND von Max Halbe
P: 23.4.1896 (18), R: Emil Lessing, D: Emanuel Reicher (Hoppe), Helene Staglé (Annchen), Paul Biensfeldt (Amandus), Josef Jarno (Kaplan), Rudolf Rittner (Hartwig)

DER BÖSE GEIST LUMPAZIVAGABUNDUS
von Johann Nestroy
P: 3.5.1896 (27), R: Cord Hachmann, D: Emil Marx (Stellaris), Nina Sandow (Fortuna), Paula Eberty (Brillantine), Elise Sauer (Amorosa), Hermann Nissen (Lumpazivagabundus), Louis Kühn (Mystifax), Friedrich Kayßler (Hilaris), Ludwig Menzel (Knieriem), Josef Kainz (Zwirn), Rudolf Rittner (Leim), Hermann Müller (Hobelmann), Eugen Burg (Windwachel), Bruno Köhler (Lüftig)

DIE STÜTZEN DER GESELLSCHAFT von Henrik Ibsen
P:16.5.1896 (7), R: Cord Hachmann, D: Emanuel Reicher (Konsul Bernick), Nina Sandow (Frau Bernick), Helene Staglé (Olaf), Marie Meyer (Martha), Hermann Nissen (Johann Tönnesen), Ferdinande Schmittlein (Lona Hessel), Hanns Fischer (Hilmar Tönnesen)

Außerdem auf dem Spielplan:

Bernstein: Blau, Esmann: Zwei Wittwer, Fulda: Der Talisman, Grillparzer: Weh dem, der lügt!, Hauptmann: Die Weber, Kleist: Prinz Friedrich von Homburg, Molière: Der eingebildete Kranke, Sardou: Cyprienne, Shakespeare: Hamlet, Der Kaufmann von Venedig, Der Widerspenstigen Zähmung, Wolzogen: Das Lumpengesindel

SPIELZEIT 1896/1897

JULIUS CÄSAR von William Shakespeare
P: 5.9.1896 (17), R: Cord Hachmann, D: Emanuel Reicher (Cäsar), Rudolf Opel (Octavius), Josef Kainz (Antonius), Hermann Nissen (Brutus), Hermann Müller (Cassius), Oscar Sauer (Casca), Emil Marx (Wahrsager), Paul Pauli (Artemidorus), Max Reinhardt (Cinna), Tilly Waldegg (Lucius), Nina Sandow (Calpurnia), Annie Trenner (Portia)

OHNE LIEBE von Marie von Ebner-Eschenbach
UA, P: 19.9.1896 (17), R: Emil Lessing, D: Marie Meyer (Gräfin Laßnitz), Annie Trenner (Emma), Oscar Sauer (Graf Rüdiger), Emanuel Reicher (Marko), Elli Rothe (Dora), Lotti Sarrow (Elise), Emil Ludwig (Bedienter)

HANNELES HIMMELFAHRT von Gerhart Hauptmann
P: 22.9.1896 (23), R: Emil Lessing, M: Max Marschalk, D: Helene Staglé (Hannele), Emanuel Reicher (Gottwald), Hermann Müller (Maurer Mattern), Marie Meyer (Frauengestalt), Annie Trenner (Diakonissin), Oscar Sauer (Amtsvorsteher), Else Lehmann (Hedwig), Marie Corbach (Tulpe), Paul Pauli (Pleschke), Paul Biensfeldt (Hanke)

MORITURI von Hermann Sudermann
UA, P: 3.10.1896 (72), R: Cord Hachmann, D: I. TEJA: Josef Kainz (Teja), Agnes Sorma/Elise Steinert (Balthilda), Emanuel Reicher (Agila), Max Reinhardt (Eurich), Ferdinand Gregori (Theodemir), Hermann Müller/Adolf Kurth (Ildibald), II. FRITZCHEN: Hermann Nissen (Drosse), Marie Meyer/Luise von Poellnitz (Frau Drosse), Josef Kainz (Fritz), Agnes Sorma/Elise Steinert (Agnes), Oscar Sauer (Hallerpfort), Emil Ludwig (Stephan), III. DAS EWIG-MÄNNLICHE: Agnes Sorma/Gisela Schneider (Königin), Emanuel Reicher/Adolf Kurth (Marschall), Josef Kainz (Maler), Hermann Müller/Hans Wassmann (Kammerdiener), Oscar Sauer (Marquis in rosa), Guido Thielscher/Bruno Köhler (Marquis in blaßblau), Marie Corbach/Margarethe Pix (Schläfrige Hofdame), Luise Peroni/Agnes Müller (Taube Hofdame)

FREIWILD von Arthur Schnitzler
UA, P: 3.11.1896 (23), R: Emil Lessing, D: Oscar Sauer (Karinski), Hermann Nissen (Rohnstedt), Annie Trenner (Anna Riedel), Rudolf Rittner (Rönning), Hanns Fischer (Grehlinger), Emanuel Reicher (Wellner), Hermann Müller (Vogel), Paul Biensfeldt (Balduin), Max Reinhardt (Enderle), Gisela Schneider (Pepi), Paula Eberty (Käthchen)

DIE VERSUNKENE GLOCKE von Gerhart Hauptmann
UA, P: 2.12.1896 (289), R: Cord Hachmann, D: Josef Kainz (Heinrich), Annie Trenner (Magda), Agnes Sorma (Rautendelein), Hermann Müller (Nickelmann), Rudolf Rittner (Waldschratt), Emanuel Reicher (Pfarrer), Max Reinhardt (Schulmeister), Marie Corbach (Nachbarin), Marie Meyer (Wittichen)

DIE WILDENTE von Henrik Ibsen
P: 7.1.1897 (20), R: Emil Lessing, D: Hermann Nissen (Werle), Oscar Sauer (Gregers), Hanns Fischer (Ekdal), Emanuel Reicher (Hjalmar Ekdal), Else Lehmann (Gina), Paula Eberty (Hedwig), Nina Sandow (Frau Sörby), Rudolf Rittner (Relling), Hans Wassmann (Molvik)

JOHN GABRIEL BORKMAN von Henrik Ibsen
P: 29.1.1897 (14), R: Emil Lessing, D: Hermann Nissen (Borkman), Luise von Poellnitz (Gunhild), Rudolf Rittner (Erhard), Else Lehmann (Ella Rentheim), Nina Sandow (Fanny), Max Reinhardt (Foldal), Helene Staglé (Frida)

DER SOHN DES KALIFEN von Ludwig Fulda
P: 27.2.1897 (12), R: Cord Hachmann, D: Hermann Müller (Alhadi), Josef Kainz (Prinz Assad), Oscar Sauer (Schehriar), Nina Sandow (Selmira), Ferdinand Gregori (Kairam), Agnes Sorma (Morgiane), Gisela Schneider (Amine), Hanns Fischer, Max Reinhardt (Ärzte), Emanuel Reicher (Bettler)

EINSAME MENSCHEN von Gerhart Hauptmann
P: 30.3.1897 (40), R: Emil Lessing, D: Hermann Müller (Vockerat), Marie Meyer (Frau Vockerat), Oscar Sauer (Johannes Vockerat), Else Lehmann (Käthe Vockerat), Hanns Fischer (Braun), Annie Trenner (Anna Mahr), Max Reinhardt (Pastor Collin)

GRETES GLÜCK von Emil Marriot
P: 11.4.1897 (1, MV der „Freien Bühne"), R: Emil Lessing, D: Luise von Poellnitz (Frau Horn), Paul Biensfeldt (Fritz), Paula Eberty (Hedwig), Else Lehmann (Grete), Hermann Müller (Hallwig), Rudolf Rittner (Julius Löhrs), Agnes Müller (Frau Beck), Helene Staglé (Elfriede)

DIE UNEHRLICHEN von Gerolamo Rovetta
P: 27.4.1897 (2), R: Cord Hachmann, D: Oscar Sauer (Moretti), Else Lehmann (Elise), Hermann Müller (Orlandi), Hermann Nissen (Sigismondi), Annie Trenner (Frau Fornaris), Hanns Fischer (Serrano)
AM ENDE von Marie von Ebner-Eschenbach
P: dies. (5, UA, 11.4.1897, MV der „Freien Bühne"), R: Emil Lessing, D: Hermann Müller (Fürst), Marie Meyer (Fürstin), Lotti Sarrow (Vorleserin), Ludwig Menzel (Kammerdiener), Meta Bünger (Kammerfrau), Fritz Seelen (Lakai)

DIE RÄUBER von Friedrich Schiller
P: 18.5.1897 (5), R: Cord Hachmann, D: Hermann Müller (Maximilian), Hermann Leffler (Karl), Josef Kainz (Franz), Annie Trenner (Amalia), Hanns Fischer (Spiegelberg), Hermann Nissen (Schweizer), Max Reinhardt (Grimm), Paul Biensfeldt (Schufterle), Rudolf Rittner (Roller), Emil Marx (Razmann), Richard Vallentin (Kosinsky), Ferdinand Gregori (Hermann), Emil Ludwig (Daniel)

DIE SCHULREITERIN von Emil Pohl
UA, P: 20.5.1897 (3), R: Cord Hachmann, D: Nina Sandow (Thea), Oscar Sauer (Caesar), Hermann Nissen (Meiningshausen)
GUTEN MORGEN, HERR FISCHER
von Friedrich nach Lockroy
P: dies., (3), R: ders., D: Hermann Müller (Dr. Hippe), Sophie Kanée (Aurora), Elise Hofmann (Klara), Ludwig Menzel (Fischer), Hanns Fischer (Fritzchen), Gisela Schneider (Guste)

Außerdem auf dem Spielplan:

Fulda: Der Talisman, Grillparzer: Die Jüdin von Toledo, Hauptmann: Die Weber, Hirschfeld: Die Mütter, Ibsen:

Nora, Kleist: Der zerbrochene Krug, Nestroy: Lumpazivagabundus, Schnitzler: Liebelei, Schiller: Don Carlos, Shakespeare: Hamlet, Wilbrandt: Der Meister von Palmyra

SPIELZEIT 1897/1898

FAUST. ERSTER TEIL von Johann Wolfgang von Goethe
P: 28.8.1897 (59), R: Cord Hachmann, D: Josef Kainz (Faust), Max Reinhardt (Wagner), Hermann Müller (Mephistopheles), Elise Steinert (Gretchen), Hans Wassmann (Schüler), Paul Biensfeldt (Frosch), Hanns Fischer (Brander), Hermann Nissen (Siebel), Bruno Köhler (Altmayer), Ferdinand Gregori (Erdgeist), Alwine Wiecke (Böser Geist), Guido Thielscher (Hexe), Rudolf Rittner (Valentin), Luise von Poellnitz (Marthe)

MUTTER ERDE von Max Halbe
UA, P: 18.9.1897 (25), R: Emil Lessing, D: Rudolf Rittner (Warkentin), Alwine Wiecke (Hella), Paul Biensfeldt (Glyßinski), Hermann Müller (Laskowski), Else Lehmann (Antoinette), Luise von Poellnitz (Tante Klärchen), Ferdinand Gregori (von Lindemann), Hanns Fischer (Raabe), Max Reinhardt (Bodenstein)

AGNES JORDAN von Georg Hirschfeld
UA, P: 9.10.1897 (15), R: Emil Lessing, D: Emanuel Reicher (Jordan), Agnes Sorma (Agnes), Paula Eberty (Hans), Rudolf Rittner (Hans), Oscar Sauer (Ludwig), Max Reinhardt (Sommer), Luise von Poellnitz (Frau Sommer), Hermann Müller (Krebs), Hanns Fischer (Wiener), Paul Biensfeldt (Weiß), Hans Wassmann (Laporte), Else Lehmann (Betty), Annie Trenner (Frida)

JUGENDFREUNDE von Ludwig Fulda
UA, P: 30.10.1897 (29), R: Emil Lessing, D: Hermann Nissen (Dr. Martens), Oscar Sauer (Winkler), Rudolf Rittner (Hagedorn), Hanns Fischer (Waldemar), Else Lehmann (Dora), Annie Trenner (Amelie), Gisela Schneider (Toni), Paula Eberty (Lisbeth)

DAS KÄTHCHEN VON HEILBRONN
von Heinrich von Kleist
P: 23.11.1897 (5), R: o.A., D: Adolf Kurth (Kaiser), Hermann Leffler (Wetter), Alwine Wiecke (Gräfin Helena), Richard Oeser (Flammberg), Hermann Müller (Gottschalk), Annie Trenner (Kunigunde), Agnes Müller (Rosalie), Emanuel Reicher (Friedeborn), Agnes Sorma (Käthchen), Hans Wassmann (Gottfried), Ferdinand Gregori (Maximilian), Hermann Nissen (Rheingraf), Paul Biensfeldt (von Herrnstadt)

MÄDCHENTRAUM von Max Bernstein
UA, P: 8.12.1897 (24), R: Emil Lessing, D: Agnes Sorma (Leonora), Ferdinand Gregori (Diego), Luise von Poellnitz (Serafina), Oscar Sauer (Hernando), Josef Kainz (Pedro de Giron), Hermann Nissen (Arias), Gisela Schneider (Ines), Guido Thielscher (Lifardo), Paul Biensfeldt (Alonso), Paula Eberty (Blanca), Helene Staglé (Finea)

JOHANNES von Hermann Sudermann
UA, P: 15.1.1898 (141), R: Emil Lessing, D: Emanuel Reicher (Herodes), Louise Dumont/Annie Trenner (Herodias), Agnes Sorma/Maria Reisenhofer (Salome), Josef Kainz (Johannes), Hermann Nissen (Josaphat), Paul Biensfeldt (Matthias), Max Reinhardt (Amarja), Ferdinand Gregori (Manasse), Else Heims (Mirjam), Hermann Müller (Amasai)

DER BIBERPELZ von Gerhart Hauptmann
P: 3.3.1898 (111), R: Emil Lessing, D: Oskar Sauer (Wehrhahn), Hanns Fischer (Krüger), Emanuel Reicher/Richard Vallentin (Fleischer), Hermann Müller (Motes), Annie Trenner (Frau Motes), Luise von Poellnitz (Frau Wolff), Hermann Nissen (Julian), Gisela Schneider (Leontine), Paula Eberty (Adelheid), Max Reinhardt (Wulkow), Paul Biensfeldt (Glasenapp), Guido Tielscher/Bruno Köhler (Mitteldorf)

HEDDA GABLER von Henrik Ibsen
P: 19.3.1898 (18), R: Emil Lessing, D: Hermann Nissen (Tesman), Louise Dumont (Hedda), Luise von Poellnitz (Juliane), Gertrud Eysoldt (Thea Elvstedt), Oscar Sauer (Brack), Emanuel Reicher (Lövborg), Agnes Müller (Berte)

DIE GESCHWISTER von Johann Wolfgang Goethe
P: 24.3.1898 (1), R: Emil Lessing, D: Hermann Leffler (Wilhelm), Gertrud Eysoldt (Marianne), Hermann Nissen (Fabrice), Wilhelm Noster (Briefträger)
HANNELES HIMMELFAHRT (siehe 22.9.1896)

GYGES UND SEIN RING von Friedrich Hebbel
P: 15.4.1898 (4), R: Emil Lessing, D: Josef Kainz (Kandaules), Maria Reisenhofer (Rhodope), Carl Wagner (Gyges), Else Heims (Lesbia), Helene Staglé (Hero), Ferdinand Gregori (Thoas), Adolf Kurth (Karna)

NATHAN DER WEISE von Gotthold Ephraim Lessing
P: 29.4.1898 (5), R: Emil Lessing, D: Hermann Leffler (Saladin), Annie Trenner (Sittah), Emanuel Reicher (Nathan), Leni Blankenfeld/Else Heims (Recha), Luise von Poellnitz (Daja), Carl Wagner/Josef Kainz (Tempelherr), Hermann Müller (Derwisch), Hanns Fischer (Patriarch), Max Reinhardt (Klosterbruder)

MADONNA DIANORA von Hugo von Hofmannsthal
P: 15.5.1898 (1) (MV der „Freien Bühne") R: Emil Lessing, D: Hermann Müller (Braccio), Louise Dumont (Dianora), Luise von Poellnitz (Amme)
TOTE ZEIT von Ernst Hardt
UA, P: dies. (1), R: ders., D: Oscar Sauer (Vollmar), Louise Dumont (Dora), Lotti Sarrow (Estelle), Else Seelen (Alexander), Rudolf Rittner (Wiegand)

Außerdem auf dem Spielplan

Bernstein: Blau, Hauptmann: Die versunkene Glocke, Einsame Menschen, Hanneles Himmelfahrt, Die Weber, Ibsen: Nora, Nestroy: Lumpazivagabundus, Shakespeare: Hamlet, Schiller: Die Räuber, Don Carlos, Sudermann: Morituri

SPIELZEIT 1898/1899

JOHANNA von Björnstjerne Björnson
P: 31.8.1898 (5), R: Emil Lessing, D: Luise von Poellnitz (Witwe Sylow), Lotti Sarrow (Johanna), Else Seelen (Hans), Lotti Rothe (Johann), Emanuel Reicher (Hans Sylow), Rudolf Rittner (Orax Bergheim), Maria Reisenhofer (Astrid), Oscar Sauer (Strohm), Hanns Fischer (Birch)

CYRANO VON BERGERAC von Edmond Rostand
P: 14.9.1898 (118), R: Emil Lessing, D: Josef Kainz (Cyrano), Julius Geisendörfer (Neuvillette), Maria Reisenhofer (Roxane), Eduard von Winterstein (Le Bret)

DAS VERMÄCHTNIS von Arthur Schnitzler
UA, P: 8.10.1898 (6), R: Emil Lessing, D: Emanuel Reicher (Losatti), Luise von Poellnitz (Betty), Rudolf Rittner (Hugo), Lotti Sarrow (Franzisca), Marie Elfinger (Lulu), Louise Dumont (Emma), Dora Lux (Agnes), Else Lehmann (Toni Weber), Oscar Sauer (Schmidt), Eduard von Winterstein (Brander), Max Reinhardt (Arzt), Emil Ludwig (Mann)

FUHRMANN HENSCHEL von Gerhart Hauptmann
UA, P: 5.11.1898 (93), R: Emil Lessing, D: Rudolf Rittner (Henschel), Else Lehmann (Hanne Schäl), Elly Rothe (Berta), Hermann Müller (Walter), Oscar Sauer (Siebenhaar), Emanuel Reicher (Wermelskirch), Agnes Müller (Frau Wermelskirch), Paula Eberty (Franziska), Hanns Fischer (George), Richard Vallentin (Fabig), Bruno Ziener (Hildebrant), Max Reinhardt (Hauffe), Eduard von Winterstein (Franz)

WEH DEM, DER LÜGT von Franz Grillparzer
NE, P: 17.12.1898, R: Emil Lessing, D: Hermann Müller (Gregor), Bruno Ziener (Atalus), Josef Kainz (Leon), Hermann Nissen (Kattwald), Gisela Schneider (Edrita), Hanns Fischer (Galomir), Max Reinhardt (Sigrid)

DIE DREI REIHERFEDERN
von Hermann Sudermann
UA, P: 21.1.1899 (12), R: Emil Lessing, D: Teresina Geßner (Königin), Else Heims (Unna), Emanuel Reicher (Cölestin), Max Reinhardt (Kanzler), Hermann Müller (Widwolf), Josef Kainz (Prinz Witte), Hermann Nissen (Hans Lorbaß), Louise Dumont (Begräbnisfrau)

PAULINE von Georg Hirschfeld
UA, P: 18.2.1899 (6), R: Emil Lessing, D: Else Lehmann (Pauline), Luise von Poellnitz (Frau König), Eduard von Winterstein (Sperling), Oscar Sauer (Barnim), Else Heims (Anna), Annie Trenner (Frau Suhr), Rudolf Rittner (Radke), Hermann Nissen (Hippel), Max Reinhardt (Bolle), Hanns Fischer (Fink), Paula Eberty (Ernestine), Hermann Müller (Klimsch)

DIE JÜDIN VON TOLEDO von Franz Grillparzer
NE, P: 1.3.1899, R: Emil Lessing, D: Josef Kainz (Alfons), Annie Trenner (Eleonore), Hermann Müller (Manriquez), Eduard von Winterstein (Garceran), Hanns Fischer (Isaak), Louise Dumont (Esther), Maria Reisenhofer (Rahel), Emil Ludwig, Louis Kühn, Conrad Marcus (Standesherren)

DIE HOCHZEIT DER SOBEÏDE
von Hugo von Hofmannsthal
UA, P: 18.3.1899 (3), R: Emil Lessing, D: Josef Kainz (Kaufmann), Else Heims (Sobeïde), Paul Schwaiger (Bachtjar), Max Reinhardt (Schalnassar), Eduard von Winterstein (Assad), Bruno Ziener (Sklave)
DER ABENTEURER von Hugo von Hofmannsthal
UA, P: dies. (4), R: ders., D: Josef Kainz (Weidenstamm), Oscar Sauer (Venier), Louise Dumont (Vittoria), Marie Elfinger (Redegonde), Bruno Ziener (Achilles), Gertrud Ehlert (Marfisa), Luise von Poellnitz (Frau Corticelli), Adolf Kurth (Gamba), Richard Vallentin (Gassi), Hanns Fischer (Le Duc)

MUTTERHERZ von Stefan Vacano
UA, P: 8.4.1899 (19), R: Emil Lessing, D: Gisela Schneider (Frau Pistra), Max Reinhardt (Pistra), Marie Elfinger (Anna), Josefine Stolle (Marie)
HANS von Max Dreyer
UA, P: dies. (32), R: ders., D: Oscar Sauer (Prof. Hartog), Louise Dumont (Johanna), Hanns Fischer (Mahnke), Lotti Sarrow (Anna), Luise von Poellnitz (Großmutter), Hermann Nissen (Jensen), Bruno Ziener (Dr. Brömel), Richard Vallentin (Dr. Graff), Jenny Höhne (Christine), Carl Meinhard (Petersen)

DIE GEFÄHRTIN von Arthur Schnitzler
P: 29.4.1899 (21), R: Emil Lessing, D: Hermann Nissen (Pilgram), Eduard von Winterstein (Hausmann), Adolf Kurth (Werkmann), Paul Martin (Brand), Lotti Sarrow (Olga), Emil Ludwig (Diener)
DER GRÜNE KAKADU von Arthur Schnitzler
P: dies. (31), R: ders., D: Hanns Fischer (Prospère), Josef Kainz (Henri), Eduard von Winterstein (Cadignan), Maria Reisenhofer (Léocadie), Richard Vallentin (Nogeant), Julius Geisendörfer (Tremouille), Bruno Köhler (Lansac), Louise Dumont (Séverine), Paul Biensfeldt (Guillaume), Bruno Ziener (Scaevola), Paul Schwaiger (Jules), Paula Eberty (Michette), Max Reinhardt (Grasset), Rudolf Rittner (Grain)
PARACELSUS von Arthur Schnitzler
P: dies. (27), R: ders., D: Hermann Nissen (Cyprian), Louise Dumont (Justina), Else Heims (Cäcilia), Hanns Fischer (Doctor Copus), Bruno Ziener (Anselm), Josef Kainz (Paracelsus)

DER TALISMAN von Ludwig Fulda
P: 16.5.1899 (37), R: Emil Ludwig, D: Josef Kainz

(Astolf), Eduard von Winterstein (Omar), Max Reinhardt (Diomed), Annie Trenner (Maddalena), Else Heims (Rita), Paul Martin (Berengar)

EINSAME MENSCHEN von Gerhart Hauptmann
NE, P: 6.6.1899 (40), R: Emil Lessing, D: Max Reinhardt (Vockerat), Luise von Poellnitz (Frau Vockerat), Oscar Sauer (Johannes Vockerat), Else Lehmann (Käthe), Hanns Fischer (Braun), Annie Trenner (Anna Mahr), Adolf Kurth (Pastor Collin), Agnes Müller (Frau Lehmann)

PRINZ FRIEDRICH VON HOMBURG
von Heinrich von Kleist
NE, P: 9.6.1899, R: o.A., D: Hermann Nissen (Kurfürst), Luise von Poellnitz (Kurfürstin), Louise Dumont (Natalie), Josef Kainz (Prinz von Homburg), Paul Martin (Dörfling), Eduard von Winterstein (Hohenzollern), Max Reinhardt (Kottwitz), Emil Ludwig (Hennings), Julius Geisendörfer (Sparren), Paul Biensfeldt (Stranz), Richard Vallentin (Mörner)

DIE RÄUBER von Friedrich Schiller
NE, P: 20.6.1899, R: o.A., D: Max Reinhardt (Maximilian), Eduard von Winterstein (Karl), Josef Kainz (Franz), Annie Trenner (Amalia), Hanns Fischer (Spiegelberg), Hermann Nissen (Schweizer), Richard Vallentin (Grimm), Paul Biensfeldt (Schufterle), Rudolf Rittner (Roller), Bruno Köhler (Razmann), Julius Geisendörfer (Kosinsky), Bruno Ziener (Hermann), Emil Ludwig (Daniel)

DER MISANTHROP von Jean Baptiste Molière
NE, P: 27.6.1899, R: Emil Lessing, D: Josef Kainz (Alceste), Hermann Nissen (Philinte), Maria Reisenhofer (Célimène), Oscar Sauer (Oronte), Hanns Fischer (Acaste), Bruno Ziener (Clitandre), Marie Elsinger (Eliante)

Außerdem auf dem Spielplan:

Grillparzer: Die Jüdin von Toledo, Hauptmann: Der Biberpelz, Die versunkene Glocke, Fuhrmann Henschel, Ibsen: Nora, Nestroy: Lumpazivagabundus, Schiller: Don Carlos, Schnitzler: Das Vermächtnis, Shakespeare: Hamlet, Romeo und Julia, Sudermann: Johannes

SPIELZEIT 1899/1900

HEDDA GABLER von Henrik Ibsen
NE, P: 2.9.1899, R: Emil Lessing, D: Hermann Nissen (Tesman), Louise Dumont (Hedda), Luise von Poellnitz (Juliane), Else Lehmann (Thea Elvstedt), Oscar Sauer (Brack), Emanuel Reicher (Lövborg)

KOLLEGE CRAMPTON von Gerhart Hauptmann
P: 3.9.1899 (37), R: Emil Lessing, D: Georg Engels (Crampton), Gisela Jurberg (Gertrud), Annie Trenner (Agnes), Hermann Nissen (Strähler), Bruno Ziener (Max), Paul Martin (Kircheisen), Adolf Kurth (Milius), Friedrich Kayßler (Weißbach), Max Reinhardt (Feist), Bruno Köhler (Raffner), Hanns Fischer (Seifert), Richard Vallentin (Kunze), Paula Eberty (Selma), Rudolf Rittner (Löffler)

ROSMERSHOLM von Henrik Ibsen
P: 15.9.1899 (19), R: Emil Lessing, D: Emanuel Reicher (Rosmer), Louise Dumont (Rebecca), Hermann Nissen (Kroll), Oscar Sauer (Brendel), Max Reinhardt (Mortensgard), Luise von Poellnitz (Frau Helseth)

CYRANO VON BERGERAC von Edmond Rostand
NE, P: 22.9.1899, R: Emil Lessing, D: Otto Sommerstorff (Cyrano), Kurt Junker (Neuvillette), Teresina Geßner (Roxane), Eduard von Winterstein (Le Bret)

EIN GLÜCKLICHES PAAR von Hermann Faber
UA, P: 1.10.1899 (2), R: Emil Lessing, D: Hanns Fischer (Helm), Agnes Müller (Therese), Gisela Jurberg (Hilde), Paula Eberty (Hedwig), Georg Engels (Dr. Wendelin), Luise von Poellnitz (Frl. Reichardt), Hermann Nissen (Dr. Lamprecht), Annie Trenner (Frl. Julie Römer), Else Heims (Paula)

DAS FRIEDENSFEST von Gerhart Hauptmann
P: 14.10.1899 (9), R: Emil Lessing, D: Max Reinhardt (Scholz), Luise von Poellnitz (Frau Scholz), Annie Trenner (Auguste), Emanuel Reicher (Robert), Rudolf Rittner (Wilhelm), Louise Dumont (Frau Marie Buchner), Gisela Jurberg (Ida), Hanns Fischer (Friebe)

DER MEISTER VON PALMYRA von Adolf Wilbrandt
NE, P: 27.10.1899, R: Emil Lessing, D: Otto Sommerstorff (Apelles), Luise von Poellnitz (Bolana), Hanns Fischer (Timolaos), Eduard von Winterstein (Malku), Friedrich Kayßler (Saturninus), Adolf Kurth (Wahballath), Hermann Nissen (Longinus), Emanuel Reicher (Pausanias), Teresina Geßner (Zoe, Phoebe, Persida, Nymphas, Zenobia), Max Reinhardt (Herennianos), Else Heims (Tryphena), Kurt Junker (Jamlichus), Bruno Ziener (Mäonios)

EIN GASTSPIEL
von Ernst von Wolzogen und Hans Olden
UA, P: 4.11.1899 (3), R: Emil Lessing, D: Georg Engels (Dankelmann), Hanns Fischer (Appelt), Else Lehmann (Antonie Krause), Eduard von Winterstein (Wendeborn), Max Reinhardt (Müller-Gautsch), Paula Eberty (Piccolo), Paul Martin (Direktor), Annie Trenner (seine Frau), Friedrich Kayßler, Bruno Ziener (Schauspieler)

DER PROBEKANDIDAT von Max Dreyer
UA, P: 18.11.1899 (166), R: Emil Lessing, D: Oscar Sauer/Friedrich Kayßler i.W. (Heitmann), Hermann Nissen (Malte Heitmann), Luise von Poellnitz (Luise), Paul Martin (Dr. von Korff), Hanns Fischer (Brokelmann), Agnes Müller (Frau Brokelmann), Else Heims (Gertrud), Louise Dumont (Marie), Emanuel Reicher/Paul Schwaiger (Prof. Holzer), Bruno Ziener (Prof. Vollmiller), Max Reinhardt (Störmer), Richard Vallentin (Dr. Balduin), Rudolf Rittner/Eduard von Winterstein (Bennefeldt)

DER VIELGEPRÜFTE von Wilhelm Meyer-Förster
P: 31.12.1899 (5), R: Emil Lessing, D: Georg Engels (Bookemann), Luise von Poellnitz (Henriette), Gisela Jurberg (Lilly), Paula Eberty (Käthchen), Eduard von Winterstein (Rauch), Friedrich Kayßler (Niquet), Max Reinhardt (Bürgermeister), Richard Vallentin (Moebes), Paul Martin (Bruns), Hanns Fischer (Blobel), Else Lehmann (Bertha)

JUGENDFREUNDE von Ludwig Fulda
NE, P: 11.1.1900, R: Emil Lessing, D: Hermann Nissen (Dr. Martens), Oscar Sauer (Winkler), Rudolf Rittner (Hagedorn), Hanns Fischer (Scholz), Lotti Sarrow (Dora), Annie Trenner (Amelie), Gisela Schneider (Toni), Gisela Jurberg (Lisbeth)

SCHLUCK UND JAU von Gerhart Hauptmann
UA, P: 3.2.1900 (14), R: Emil Lessing, D: Otto Sommerstorff/Eduard von Winterstein (Jon Rand), Hermann Nissen (Karl), Max Reinhardt (Malmstein), Else Heims (Sidselill), Else Lehmann (Frau Adeluz), Rudolf Rittner (Jau), Hanns Fischer (Schluck), Bruno Ziener (Hadit)

DAS TAUSENDJÄHRIGE REICH von Max Halbe
P: 24.2.1900 (2), R: Emil Lessing, D: Oscar Sauer (von Biberstein), Eduard von Winterstein (Pastor), Emanuel Reicher (Drewss), Else Lehmann (Frau Drewss), Lotti Sarrow (Lenie), Hanns Fischer (Krebs), Georg Engels (Hinz), Hermann Nissen (Gerstenberger), Max Reinhardt (Grenz), Friedrich Kayßler (Joergen)

DER GRÜNE KAKADU von Arthur Schnitzler
NE, P: 13.3.1900, R: Emil Lessing, D: Hanns Fischer (Prospère), Otto Sommerstorff (Henri), Eduard von Winterstein (Cadignan), Gisela Schneider (Léocadie), Richard Vallentin (Nogeant), Kurt Junker (Tremouille), Bruno Köhler (Lansac), Louise Dumont (Séverine), Friedrich Kayßler (Guillaume), Bruno Ziener (Scaevola), Paul Schwaiger (Jules), Paula Eberty (Michette), Max Reinhardt (Grasset), Rudolf Rittner (Grain)

WENN WIR TOTEN ERWACHEN von Henrik Ibsen
P: 17.3.1900 (22), R: Emil Lessing, D: Emanuel Reicher (Prof. Rubek), Gisela Schneider (Maja), Rudolf Rittner (Ulsheim), Bruno Ziener (Badeinspektor), Louise Dumont (Dame), Annie Trenner (Diakonissin)

WINTERSCHLAF von Max Dreyer
P: 7.4.1900 (6), R: Emil Lessing, D: Hermann Nissen (Ahrens), Lotti Sarrow (Trude), Luise von Poellnitz (Frl. Gerloff), Rudolf Rittner (Voigt), Oscar Sauer (Meincke)
PARACELSUS von Arthur Schnitzler
NE, P: dies., R: ders., D: Hermann Nissen (Cyprian), Louise Dumont (Justina), Else Heims (Cäcilia), Hanns Fischer (Doctor Copus), Bruno Ziener (Anselm), Emanuel Reicher (Paracelsus)

GESPENSTER von Henrik Ibsen
NE, P: 21.4.1900, R: Emil Lessing, D: Louise Dumont (Frau Alving), Rudolf Rittner (Oswald), Emanuel Reicher (Manders), Max Reinhardt (Engstrand), Else Lehmann (Regine)

JOHN GABRIEL BORKMAN von Henrik Ibsen
NE, P: 28.4.1900, R: Emil Lessing, D: Hermann Nissen (Borkman), Luise von Poellnitz (Gunhild), Friedrich Kayßler (Erhard), Else Lehmann (Ella Rentheim), Louise Dumont (Fanny), Max Reinhardt (Wilhelm), Else Heims (Frida)

Außerdem auf dem Spielplan:

Dreyer: Hans, Vacano: Mutterherz, Hauptmann: Fuhrmann Henschel, Die versunkene Glocke, Einsame Menschen, Der Biberpelz, Die Weber, Ibsen: Nora, Hedda Gabler, Rostand: Cyrano von Bergerac, Sudermann: Johannes, Schnitzler: Der grüne Kakadu

SPIELZEIT 1900/01

FAUST I von Johann Wolfgang von Goethe
NE, P: 15.9.1900, R: Emil Lessing, D: Otto Sommerstorff (Faust), Richard Vallentin (Wagner), Max Reinhardt (Mephistopheles), Teresina Geßner (Gretchen), Bruno Ziener (Schüler), Georg Engels (Frosch), Albert Bassermann (Brander), Hermann Nissen (Siebel), Emanual Reicher (Erdgeist), Hanns Fischer (Hexe), Rudolf Rittner (Vallentin), Bruno Köhler (Altmayer), Louise Dumont (Böser Geist), Luise von Poellnitz (Marthe)

ROSENMONTAG von Otto Erich Hartleben
UA, P: 4.10.1900 (199), R: Emil Lessing, D: Else Lehmann/Lotti Sarrow (Gertrude), Rudolf Bernauer (Hauptmann), Adolf Kurth (Marschall), Albert Bassermann (Hofmann), Friedrich Kayßler (Peter von Ramberg), Eduard von Winterstein (Paul von Ramberg), Hermann Nissen (von Grobitzsch), Hanns Fischer (Diesterbeg), Rudolf Rittner (Rudorff), Bruno Ziener (Klewitz), Richard Vallentin (Glahn), Max Reinhardt (Schmitz)

DIE MACHT DER FINSTERNIS von Leo Tolstoi
P: 3.11.1900 (43), R: Emil Lessing, D: Paul Schwaiger (Peter), Else Lehmann (Anissja), Lotti Sarrow (Akulina), Albert Bassermann (Nikita), Max Reinhardt (Akim), Luise von Poellnitz (Matrona), Agnes Müller (Gevatterin), Else Heims (Marina), Hanns Fischer (Mitritsch), Margarethe Bode (Marfa), Adolf Kurth (Marfas Mann), Rudolf Bernauer (Verwalter)

MICHAEL KRAMER von Gerhart Hauptmann
UA, P: 21.12.1900 (14), R: Emil Lessing, D: Max Reinhardt (Kramer), Luise von Poellnitz (Frau Kramer),

Louise Dumont (Michaline), Friedrich Kayßler (Arnold Kramer), Oscar Sauer (Lachmann), Gisela Schneider (Alwine), Paula Eberty (Liese Bänsch)

DER TAG von Stefan Vacano
UA, P: 19.1.1901 (4), R: Emil Lessing, D: Albert Bassermann (von Barannò), Eduard von Winterstein (Bèla), Bruno Ziener (János), Adolf Kurth (Pope), Friedrich Kayßler (Blasel), Max Reinhardt (Matta), Rudolf Rittner (Pedro), Rudolf Bernauer (Wassil), Annie Trenner (Márfa), Hanns Fischer (Adam), Else Heims (Ljuba), Emanuel Reicher (Moische)

DER JUNGE GOLDNER von Georg Hirschfeld
UA, P: 8.2.1901 (4), R: Emil Lessing, D: Max Reinhardt (Goldner), Rudolf Rittner (Fritz), Lotti Sarrow (Bertha), Emanuel Reicher (Jansen), Else Heims (Grete), Oscar Sauer (Dr. Rosenberg), Hanns Fischer (Dr. Johannisburger), Richard Vallentin (Prof. Weldig), Bruno Ziener (Elkan), Annie Trenner (Frau Elkan), Luise von Poellnitz (Prökelmann)

DER SIEGER von Max Dreyer
UA, P: 26.2.1901 (7), R: Emil Lessing, D: Hermann Nissen (Looks), Luise von Poellnitz (Auguste), Louise Dumont (Hertha), Hanns Fischer (Prueß), Friedrich Kayßler (Brinker), Eduard von Winterstein (Thormann), Paula Eberty (Olga), Emanuel Reicher (Holthausen), Oscar Sauer (Hubert), Albert Bassermann (Hammerschmidt)

DIE VERSUNKENE GLOCKE von Gerhart Hauptmann
NE, P: 6.3.1901, R: Adolf Kurth, D: Otto Sommerstorff (Heinrich), Annie Trenner (Magda), Teresina Geßner (Rautendelein), Hanns Fischer (Nickelmann), Eduard von Winterstein (Waldschratt), Max Reinhardt (Pfarrer), Carl Meinhard (Schulmeister), Agnes Müller (Nachbarin), Luise von Poellnitz (Wittichen)

MORGEN von Georg Reicke
UA, P: 23.3.1901 (4), R: Emil Lessing, D: Louise Dumont (Lucie), Eduard von Winterstein (Stefan), Agnes Müller (Therese), Richard Vallentin (Borkenhagen), Paul Schwaiger (Merling)
WIEDERFINDEN von Rudolf Rittner
UA, P: dies. (4), R: ders., D: Hermann Nissen (Dr. Jahn), Paul Schwaiger (Bäckerle), Max Reinhardt (Henckeberg), Bruno Ziener (Neumann), Emanuel Reicher (Birkmann), Friedrich Kayßler (Hartmann), Else Lehmann (Else), Annie Trenner (Mizi)

DAS LUMPENGESINDEL von Ernst von Wolzogen
NE, P: 2.4.1901, R: Emil Lessing, D: Eduard von Winterstein (Dr. Kern), Friedrich Kayßler (Wilhelm), Hermann Nissen (Polke), Lotti Sarrow (Else), Rudolf Rittner (von Plattner), Max Reinhardt (Dessoir), Albert Bassermann (Faßmann), Hanns Fischer (Dippel), Luise von Poellnitz (Witwe Schwumbe), Else Lehmann (Mieze)

EIN VOLKSFEIND von Henrik Ibsen
P: 11.5.1901 (16), R: Emil Lessing, D: Albert Bassermann (Thomas Stockmann), Else Lehmann (Frau Stockmann), Lotti Sarrow (Petra), Oscar Sauer (Peter Stockmann), Hanns Fischer (Morten Kiil), Bruno Ziener (Hovstad), Carl Meinhard (Billing), Paul Schwaiger (Horster), Max Reinhardt (Aslaksen)

MUTTER MARIA von Ernst Rosmer (d. i. Elsa Bernstein)
UA, P: 19.5.1901 (1), R: Emil Lessing, D: Otto Sommerstorff (Tod), Hanns Fischer (Einsiedel), Friedrich Kayßler (Bergjäger), Teresina Geßner (Maria), Ellen Rott, Josefine Sorger (Bergschwestern), Adolf Kurth (Reicher), Agnes Müller (Weiblein)

Außerdem auf den Spielplan:

Dreyer: Der Probekandidat, Goethe: Faust I., Hauptmann: Kollege Crampton, Das Friedensfest, Fuhrmann Henschel, Biberpelz, Die Weber, Ibsen: Wenn wir Toten erwachen, Gespenster, Hedda Gabler, Rosmersholm, John Gabriel Borkman, Nora, Rostand: Cyrano von Bergerac, Wilbrandt: Der Meister von Palmyra

SPIELZEIT 1901/02

JOHANNES von Hermann Sudermann
NE, P: 5.9.1901, R: Emil Lessing, D: Albert Bassermann (Herodes), Louise Dumont (Herodias), Irene Triesch (Salome), Otto Sommerstorff (Johannes), Willy Werthmann (Josaphat), Rudolf Bernauer (Matthias), Friedrich Kayßler (Amarja), Edmund Weinau (Manasse), Else Heims (Mirjam), Max Reinhardt (Amasai)

NORA von Henrik Ibsen
NE, P: 12.9.1901, R: Emil Lessing, D: Albert Bassermann (Helmer), Irene Triesch (Nora), Rudolf Rittner (Rank), Annie Trenner (Frau Linden), Max Reinhardt (Krogstad)

DIE HOFFNUNG von Herman Heijermans
P: 28.9.1901 (17), R: Emil Lessing, D: Luise von Poellnitz (Kniertje), Rudolf Rittner (Geert), Friedrich Kayßler (Barend), Else Lehmann (Jo), Max Reinhardt (Cobus), Paul Pauli (Daantje), Albert Bassermann (Bos), Annie Trenner (Mathilde), Lotti Sarrow (Clementine), Hanns Fischer (Simon), Bruno Ziener (Kaps), Paula Eberty (Saart), Rudolf Bernauer (Gendarm)

EINSAME MENSCHEN von Gerhart Hauptmann
NE, P: 4.10.1901, R: Emil Lessing, D: Oscar Hofmeister (Vockerat), Luise von Poellnitz (Frau Vockerat), Oscar Sauer (Johannes Vockerat), Else Lehmann (Käthe), Hanns Fischer (Braun), Irene Triesch (Anna Mahr), Adolf Kurth (Pastor Collin)

DIE WILDENTE von Henrik Ibsen
NE, P: 19.10.1901, R: Emil Lessing, D: Oscar Hofmeister (Werle), Oscar Sauer (Gregers Werle), Max Reinhardt (Ekdal), Albert Bassermann (Hjalmar Ekdal), Else Lehmann (Gina), Else Seelen (Hedwig), Louise Dumont (Frau Sörby), Hanns Fischer (Relling), Bruno Ziener (Molvik), Rudolf Bernauer (Lohndiener)

MARIA MAGDALENE von Friedrich Hebbel
P: 5.11.1901 (8), R: Emil Lessing, D: Rudolf Rittner (Anton), Luise von Poellnitz (seine Frau), Irene Triesch (Klara), Friedrich Kayßler (Karl), Hanns Fischer (Leonhard), Otto Sommerstorff (Sekretär)

DER ROTE HAHN von Gerhart Hauptmann
UA, P: 27.11.1901 (14), R: Emil Lessing, D: Max Reinhardt (Fielitz), Luise von Poellnitz (Frau Fielitz), Paula Eberty (Leontine), Hanns Fischer (Schmarowski), Oscar Sauer (von Wehrhahn), Rudolf Rittner (Rauchhaupt), Carl Meinhard (Gustav), Albert Bassermann (Langheinrich), Bruno Ziener (Ede), Friedrich Kayßler (Dr. Boxer), Rudolf Bernauer (Glasenapp), Agnes Müller (Frau Schulze), Paul Schwaiger (Schulze)

DIE JÜDIN VON TOLEDO von Franz Grillparzer
NE, P: 16.12.1901, R: Emil Lessing, D: Albert Bassermann (Alfons), Lotti Sarrow/Hedwig Pauly (Eleonore), Oscar Hofmeister/Adolf Kurth (Manriquez), Richard Hahn (Garceran), Hanns Fischer (Isaak), Louise Dumont/Else Heims (Esther), Irene Triesch (Rahel), Louis Kühn, Wilhelm Roster, Richard Müller (Standesherren)

LEBENDIGE STUNDEN von Arthur Schnitzler
UA, P: 4.1.1902 (35), R: Emil Lessing, D: I. LEBENDIGE STUNDEN: Max Reinhardt (Hausdorfer), Rudolf Rittner (Heinrich), Hanns Fischer (Borromäus), II. DIE FRAU MIT DEM DOLCHE: Irene Triesch (Pauline), Richard Hahn (Leonhard), Otto Sommerstorff (Remigio), III. DIE LETZTEN MASKEN: Max Reinhardt (Rademacher), Hanns Fischer (Jackwerth), Albert Bassermann (Weihgast), Oscar Hofmeister (Dr. Halmschlöger), Edmund Weinau (Dr. Tann), Agnes Müller (Juliane), IV. LITERATUR: Irene Triesch (Margarethe), Albert Bassermann (Clemens), Rudolf Rittner (Gilbert)

ES LEBE DAS LEBEN von Hermann Sudermann
UA, P: 1.2.1902 (125), R: Emil Lessing, D: Albert Bassermann/Wilhelm Werthmann (von Kellinghausen), Louise Dumont/Hedwig Pauly (Beate), Else Heims (Ellen), Oscar Sauer/Oscar Hofmeister (Richard von Völkerlingk), Friedrich Kayßler (Norbert), Oscar Hofmeister/Leopold Iwald (Ludwig von Völkerlingk), Bruno Ziener (Ufingen), Hanns Fischer (von Berkelwitz-Grünhof), Paul Schwaiger (Kahlenberg), Max Reinhardt/Carl Meinhard (Meixner), Rudolf Bernauer (Arzt)

DREI EINAKTER von Max Dreyer
UA, P: 8.3.1902 (7), R: Emil Lessing, D: I. ECCLESIA TRIUMPHANS: Rudolf Rittner (Dr. Jahnke), Lotti Sarrow (Käthe), Max Reinhardt (Petersen), Hanns Fischer (Claaßen), II. PUSS: Wilhelm Werthmann (Thießen), Else Lehmann (Betty), Louise Dumont (Brigitte), III. VOLKSAUFKLÄRUNG: Oscar Sauer (von Dannenberg), Louise Dumont (Franziska), Bruno Ziener (Döring), Rudolf Rittner (Kruse)

DER WEG ZUM LICHT von Georg Hirschfeld
UA, P: 5.4.1902 (6), R: Emil Lessing, D: Wilhelm Werthmann (Erzbischof), Oscar Hofmeister (Pfalzgraf), Hedwig Pauly (Gertrude), Teresina Geßner (Mechthilde), Otto Sommerstorff (von Zweter), Hanns Fischer (Ortlieb), Adolf Kurth (von Corova), Max Reinhardt (Hahngikl), Luise von Poellnitz (Frau Perchtl), Else Heims (Grundlrose)

LIEBELEI von Arthur Schnitzler
NE, P: 19.4.1902, R: Emil Lessing, D: Max Reinhardt (Weiring), Irene Triesch (Christine), Jenny Rauch (Mizi Schlager), Luise von Poellnitz (Katharina Binder), Rudolf Rittner (Lobheimer), Hanns Fischer (Kaiser), Oscar Sauer (Herr)
DER GRÜNE KAKADU von Arthur Schnitzler
P: dies., R: ders., D: Hanns Fischer (Prospère), Otto Sommerstorff (Henri), Friedrich Kayßler (Cadignan), Irene Triesch (Léocadie), Oscar Hofmeister (Nogeant), Kurt Mahlsdorf (Tremouille), Bruno Köhler (Lansac), Rosa Bertens (Séverine), Rudolf Bernauer (Guillaume), Bruno Ziener (Scaevola), Paul Schwaiger (Jules), Paula Eberty (Michette), Max Reinhardt (Grasset), Rudolf Rittner (Grain)

Außerdem auf dem Spielplan:

Dreyer: Der Probekandidat, Goethe: Faust I., Hartleben: Rosenmontag, Hauptmann: Der Biberpelz, Die versunkene Glocke, Die Weber, Ibsen: Nora, Ein Volksfeind, Rostand: Cyrano von Bergerac, Sudermann: Johannes, Tolstoi: Macht der Finsternis

SPIELZEIT 1902/03

NORA von Henrik Ibsen
NE, P: 25.8.1902, R: Emil Lessing, D: Hans Godeck (Helmer), Irene Triesch (Nora), Friedrich Kayßler (Rank), Hedwig Pauly (Frau Linden), Robert Wach (Krogstad)

JUGEND von Max Halbe
NE, P: 27.8.1902, R: Emil Lessing, D: Robert Wach (Hoppe), Else Heims (Annchen), Bruno Ziener (Amandus), Hans Godeck (von Schigorski), Friedrich Kayßler (Hartwig)

WENN WIR TOTEN ERWACHEN von Henrik Ibsen
NE, P: 6.9.1902, R: Emil Lessing, D: Albert Bassermann (Prof. Rubek), Gisela Schneider (Maja), Friedrich Kayßler (Ulsheim), Bruno Ziener (Badeinspektor), Irene Triesch (Dame), Hedwig Pauly (Diakonissin)

STICHWAHL von Max Dreyer
UA, P: 20.9.1902 (4), R: Emil Lessing, D: Luise von Poellnitz (Iben), Carl Forest (Bartel), Kurt Mahlsdorf (Kroogmann), Paul Marx (Brümmer), Paul Pauli (Schult), Carl Meinhard (Tüt), Paul Schwaiger (Pumiller),

Hanns Fischer (Dr. Schütz), Adolf Kurth (Boldt), Adolf Baumann (Ludwig)
DER SCHATZGRÄBER von Carlot Gottfried Reuling
UA, P: dies. (4), R: ders., D: Albert Bassermann (Hornoff), Else Lehmann (Annemarie), Luise von Poellnitz (Hornossin), Hanns Fischer (Sepp), Paula Eberty (Rosinchen), Paul Schwaiger (Hannes)

MONNA VANNA von Maurice Maeterlinck
P: 8.10.1902 (221), R: Emil Lessing, D: Albert Bassermann/Wilhelm Werthmann/Friedrich Kayßler (Colonna), Max Reinhardt/Carl Meinhardt (Marco), Teresina Geßner/Hedwig Pauly (Giovanna), Otto Sommerstorff/Kurt Stieler (Prinzivalli), Hanns Fischer/Carl Forest (Trivulzio)

D'MALI von Max Bernstein
UA, P: 1.11.1902 (8), R: Emil Lessing, D: Max Reinhardt (Vitus Lechner), Carl Meinhardt (Josef), Irene Triesch (Amalie), Oscar Sauer (Wiedemann), Friedrich Kayßler (Eduard)

DER ARME HEINRICH von Gerhart Hauptmann
P: 6.12.1902 (47), R: o.A., B: Leo Impekoven, D: Rudolf Rittner/Kurt Stieler (Heinrich), Otto Sommerstorff/Leopold Iwald (Hartmann), Friedrich Kayßler/Bruno Ziener (Ottaker), Max Reinhardt/Adolf Kurth (Pater Benedikt), Oscar Hofmeister/Paul Schwaiger (Gottfried), Luise von Poellnitz (Brigitte), Irene Triesch/Hermine Medelsky (Ottegebe)

SONNWENDTAG von Karl Schönherr
P: 10.1.1903 (5), R: Emil Lessing, D: Rudolf Rittner (Rosnerbauer), Else Lehmann (Rosnerin), Hanns Fischer (Mattes), Paul Schwaiger (Metzger), Agnes Müller (Häuserin), Bruno Ziener (Gugler), Friedrich Kayßler (Jungreithmair), Carl Meinhard (Dorfschuster), Luise von Poellnitz (Schusterin), Bruno Köhler (Hummel)

DAS TAL DES LEBENS von Max Dreyer
UA, NV 6.2.1903 (1) (Geschlossene Sondervorstellung wegen Zensurverbots), R: Emil Lessing, D: Albert Bassermann (Markgraf), Irene Triesch (Markgräfin), Oscar Sauer (Geistlicher Rat), Otto Sommerstorff (Pastor), Luise von Poellnitz (Hebamme), Rudolf Rittner (Hans, Ammenkönig), Else Lehmann (Liesbeth, Amme)

DER SCHLEIER DER BEATRICE von Arthur Schnitzler
P: 7.3.1903 (9), R: Emil Lessing, D: Friedrich Kayßler (Bentivoglio), Otto Sommerstorff (Fantuzzi), Oscar Sauer (Cosini), Adolf Kurth (Chiaveluzzi), Bruno Ziener (Orlandino), Rudolf Rittner (Loschi), Hanns Fischer (Nardi), Luise von Poellnitz (Frau Nardi), Louise Dumont (Rosine), Albert Bassermann (Francesco), Irene Triesch (Beatrice), Paul Schwaiger (Capponi), Agnes Müller (Claudia), Hedwig Pauly (Lukrezia)

AUF STORHOVE von Björnstjerne Björnson
P: 2.4.1903 (2), R: Adolf Kurth, D: Louise Dumont (Frau Ura), Albert Bassermann (Dr. Ura), Friedrich Kayßler (Hans), Irene Triesch (Maria), Oscar Sauer (Dr. Kann), Else Heims (Cecilie), Luise von Poellnitz (Josefine), Agnes Müller (Kaja), Paula Eberty (Lena), Bruno Ziener (Dag), Otto Sommerstorff, Paul Marx (Fremde)

Außerdem auf dem Spielplan:

Goethe: Faust I., Grillparzer: Die Jüdin von Toledo, Hartleben: Rosenmontag, Hauptmann: Der Biberpelz, Einsame Menschen, Fuhrmann Henschel, Die versunkene Glocke, Die Weber, Heijermans: Die Hoffnung, Ibsen: Ein Volksfeind, Die Wildente, Schnitzler: Lebendige Stunden, Sudermann: Es lebe das Leben, Tolstoi: Macht der Finsternis

SPIELZEIT 1903/04

KOLLEGE CRAMPTON von Gerhart Hauptmann
NE, P: 1.9.1903, R: Emil Lessing, D: Albert Bassermann (Crampton), Hermine Medelsky (Gertrud), Hedwig Pauly (Agnes), Bruno Ziener (Strähler), Kurt Stieler (Max), Wilhelm Werthmann (Prof. Kircheisen), Adolf Kurth (Milius), Leopold Iwald (Weißbach), Carl Meinhard (Feist), Bruno Köhler (Raffner), Paul Pauli (Seifert), Louis Dietrich (Kunze), Paula Eberty (Selma), Rudolf Rittner (Löffler)

DER PUPPENSPIELER von Arthur Schnitzler
UA, P: 12.9.1903 (4), R: Emil Lessing, D: Albert Bassermann (Merklin), Leopold Iwald (Jagisch), Irene Triesch (Anna)
TRUGBILD von Georges Rodenbach
UA, P: dies. (4), R: ders., D: Oscar Sauer (Hugo), Oscar Hofmeister (Borlunt), Irene Triesch (Jane), Luise von Poellnitz (Barbara), Hedwig Pauly (Rosalia)

GESCHÄFT IST GESCHÄFT von Octave Mirbeau
P: 2.10.1903 (13), R: Emil Lessing, D: Albert Bassermann (Lechat), Luise von Poellnitz/Agnes Müller (Frau Lechat), Irene Triesch (Germaine), Hans Godeck (Xavier), Kurt Stieler (Garraud), Carl Forest (de la Fontenelle), Bruno Ziener (Fink), Carl Meinhard (Gruggh), Oscar Sauer (von Porcellet), Carl Noack (Doktor), Agnes Müller (seine Frau), Franz Reßner (Friedensrichter), Robert Wach (Hauptmann)

ROSE BERND von Gerhart Hauptmann
UA, P: 31.10.1903 (96), R: Emil Lessing, B: Leo Impekhoven, D: Oscar Sauer/Carl Meinhard/Claudius Merten (Bernd), Else Lehmann/Hedwig Pauly (Rose Bernd), Rudolf Rittner/Leopold Iwald/Alwin Reuß (Flamm), Paula Conrad/Gusti Brand/Hedwig Pauly/Agnes Müller (Frau Flamm), Albert Bassermann/Hans Godeck (Streckmann), Carl Forest/Kurt Stieler (Keil), Franz Reßner (Hahn), Paul Marx/Karl Jaedicke (Golisch), Paul Schwaiger/Hermann Hellweger (Heinzel), Paul Pauli/Adolf Kurth (Kleinert), Margarete Bode/Gertrud Seelen (Hausmädchen), Robert Wach/Adolf Mehner (Gendarm)

CYRANO VON BERGERAC von Edmond Rostand
NE, P: 28.11.1903, R: Emil Lessing, D: Otto Sommerstorff (Cyrano), Kurt Stieler (Neuvillette), Teresina Geßner (Roxane), Bruno Ziener (Le Bret)

JOHANNES von Hermann Sudermann
NE, P: 3.12.1903, R: Emil Lessing, D: Oscar Hofmeister (Herodes), Hedwig Pauly (Herodias), Irene Triesch (Salome), Otto Sommersdorff (Johannes), Willy Werthmann (Josaphat), Paul Marx (Matthias), Carl Forest (Amarja), Leopold Iwald (Manasse), Else Heims (Mirjam), Hans Godeck (Amasai)

DER MEISTER von Hermann Bahr
UA, P: 12.12.1903 (19), R: Emil Lessing, D: Rudolf Rittner (Caius Duhr), Irene Triesch/Hedwig Pauly (Violet), Carl Forest (Dr. Duhr), Agnes Müller (Julie), Leopold Iwald (von Vanin), Carl Meinhard (Dr. Rokoro), Paul Marx (Dr. Balsam), Hermine Medelsky/Else Heims (Ida Nessel), Oscar Hofmeister (Sirius), Franz Reßner (Pummerer), Bruno Ziener (Wieck), Paul Schwaiger (Clemens)

NOVELLA D'ANDREA von Ludwig Fulda
P: 16.1.1904 (32), R: Emil Lessing, D: Oscar Hofmeister/Adolf Kurth (d'Andrea), Teresina Geßner (Novella), Else Heims/Hermine Medelsky (Bettina), Otto Sommerstorff (da Sangiorgio), Carl Meinhard (Ramenghi), Franz Reßner (Zancari), Kurt Stieler (Ugo), Leopold Iwald (Riniero), Carl Forest (Fava), Paul Schwaiger (Galuzzi), Hans Godeck (de Cluny), Wilhelm Werthmann (von Buchheim), Bruno Ziener (von Dettingen), Adolf Kurth/Franz Meißner (Seneschall), Luise von Poellnitz/Agnes Müller (Lippa), Hermine Mendelsky/Emmy Jähne (Christina)

DER EINSAME WEG von Arthur Schnitzler
UA, P: 13.2.1904 (15), R: Emil Lessing, D: Oscar Sauer (Prof. Wigrath), Hedwig Pauly (Gabrielle), Kurt Stieler (Felix), Irene Triesch (Johanna), Rudolf Rittner (Fichtner), Albert Bassermann (von Sala), Else Lehmann (Irene), Hans Godeck (Dr. Reumann)

ORA ET LABORA von Herman Heijermans
P: 12.3.1904 (5), R: Emil Lessing, D: Wilhelm Werthmann (Watze), Luise von Poellnitz (Maaike), Rudolf Rittner (Eelke), Paula Eberty (Jikke), Carl Forest (Hiddes), Agnes Müller (Jeltje), Else Lehmann (Sytske), Paul Pauli (Wiebe), Hermine Medelsky (Akke), Paul Schwaiger (Tjerk), Bruno Ziener (Douwe)
DAS WUNDER DES HEILIGEN ANTONIUS
von Maurice Maeterlinck
P: dies. (5), R: ders., D: Oscar Sauer (Antonius), Carl Forest (Gustave), Bruno Ziener (Achille), Wilhelm Werthmann (Doktor), Paul Marx (Pfarrer), Wilhelm Noster (Joseph), Carl Meinhard (Polizei-Sergeant), Adolf Baumann (Schutzmann), Agnes Müller (Frl. Hortense), Paula Eberty (Virginie)

DER PFARRER VON KIRCHFELD
von Ludwig Anzengruber
P: 9.4.1904 (15), R: Adolf Kurth, D: Wilhelm Werthmann/Adolf Kurth (von Finsterberg), Franz Reßner/Adolf Mehner (Lux), Otto Sommerstorff/Kurt Stieler (Hell), Margarethe Albrecht/Agnes Müller (Brigitte), Carl Meinhard/Claudius Merten (Vetter), Teresina Geßner/Hermine Medelsky (Anna), Leopold Iwald/Kurt Stieler/Hermann Hellweger (Berndorfer), Bruno Ziener/Paul Heppner (Thalmüller), Carl Forest/Franz Reßner (Schulmeister), Paul Schweiger/Carl Jaedicke (Wirt)

Außerdem auf dem Spielplan:

Goethe: Faust I, Grillparzer: Die Jüdin von Toledo, Hartleben: Rosenmontag, Hauptmann: Der arme Heinrich, Der Biberpelz, Fuhrmann Henschel, Die versunkene Glocke, Die Weber, Ibsen: Ein Volksfeind, Nora, Maeterlinck: Monna Vanna, Sudermann: Es lebe das Leben, Johannes

Letzte Vorstellung der Direktion Brahm:

ROSE BERND von Gerhart Hauptmann, 30.6.1904

Die Direktion Paul Lindau 1904/05

SPIELZEIT 1904/05

TROILUS UND CRESSIDA von William Shakespeare
P: 1.9.1904 (8), R: o.A., D: Franz Stephans (Priamus), Otto Sommerstorff (Hektor), Harry Walden (Troilus), Franz Schlaeger (Aenaeas), August Heller (Kalchas), Max Marx (Pandarus), Albert Friedrich (Agamemnon), Paul Schwaiger (Menalaus), Julius Strobl (Achilles), Carl Waldow (Ajax), Julius Geisendörfer (Diomedes), Gertrud Arnold (Cassandra), Paula Müller (Cressida), Käthe Hannemann (Andromache)

LADY WINDERMERES FÄCHER von Oscar Wilde
P: 6.9.1904 (10), R: o.A., D: Paula Müller (Lady Windermere), Harry Walden (Lord Windermere), Julius Geisendörfer (Darlington), Julius Strobl (Lorton), Alfred Abel (Dumby), Max Landa (Graham), Max Marx (Mr. Hopper), Clara Meyer (Herzogin von Berwick), Therese Biel (Lady Carlisle), Margarethe Pix (Lady Jedburgh), Adele Harwig (Mrs. Erlynne)

KETTENGLIEDER von Herman Heijermans
P: 17.9.1904 (41), R: o.A., D: Max Marx (Duif), Paul Schwaiger (Jan), Max Landa (Henk), Julius Geisendörfer (Toon), Käthe Hannemann (Coba), Alfred Abel (Dirk), Grete Gallus (Margriet), Paula Müller (Elsje), Ernst Arndt (Hein Duif), Margarete Pix (Gerritje), Clara Rabi-

tow (Marianne), Emil Lind (Sally), Julius Strobl (Dr. von Ryn), Franz Stephans (Joseph), Paul Askonas (Dulk), Oscar Prohaska (Comptoirdiener)

MARIA FRIEDHAMMER von Heinrich Lilienfein
UA, P: 4.10.1904 (10), R: o.A., D: Albert Friedrich (Friedhammer), Gertrud Arnold (Afra), Käthe Hannemann (Maria), Max Landa (Lösti), Otto Sommerstorff (Welsch), Franz Schläger (Scheffler), Ernst Arndt (Liebrecht), Oskar Prohaska (Meßner)

DAGLAND von Björnstjerne Björnson
P: 29.10.1904 (13), R: o.A., D: Adolf Klein (Dag), Margarete Pix (Felicie), Otto Sommerstorff (Steuer), Clara Rabitow (Ragna), Paula Müller (Berthe), Julius Strobl (Ramset), Karl Waldow (Pastor)

DON CARLOS von Friedrich Schiller
P: 8.11.1904 (22), R: o.A., D: Adolf Klein/Albert Friedrich (Philipp II.), Stephanie Stauffen (Elisabeth), Julius Geisendörfer (Carlos), Otto Sommerstorff (Posa), Franz Schläger (Alba), Emil Lind (Domingo), Paul Askonas (Großinquisitor), Gertrud Arnold (Eboli), Margarete Hübler (Mondecar)

MASKERADE von Ludwig Fulda
P: 22.11.1904 (31), R: o.A., D: Adolf Klein (Max), Julius Strobl (Karl), Ernst Arndt (Schellhorn), Margarete Otto-Körner (Johanna), Julius Geisendörfer (Edmund), Adele Hartwig (Ellen), Käthe Hannemann (Gerda), Grete Gallus (Frau Schwalb), Oscar Prohaska (Friedrich), Fritz Lorenz (Klettke), Else Seelen (Minna)

HELDEN von George Bernard Shaw
P: 8.12.1904 (35), R: o.A., D: Ernst Arndt (Petkoff), Margarete Otto-Körner (Katharina), Adele Hartwig (Raina), Julius Strobl (Saranoff), Otto Sommerstorff (Bluntschli), Marie Olly (Louka), Paul Schwaiger (Nicola), Emil Heyse (Offizier)

DER VERSCHWENDER von Ferdinand Raimund
P: 18.12.1904 (5), R: o.A., D: Toni von Seyfferitz (Cheristane), Albert Friedrich (Azur), Julius Geisendörfer (von Flottwell), Max Landa (Wolf), Max Marx (Valentin), Grete Gallus (Rosa), Emil Lind (Gründling), Franz Schläger (Sockel), Julius Strobl (Dumont), Paul Askonas (von Klugheim), Else Weirauch (Amalie), Kurt Rinkel (Flitterstein), Alfred Abel (Juwelier), Ernst Arndt (Gärtner), Margarete Pix (Weib)

DAS NACHTMAHL DER KARDINÄLE von Julio Dantas
P: 1.1.1905 (12), R: o.A., D: Adolf Klein (de Castro), Max Landa (Rufo), Karl Waldow (de Montmorency)
DIE GROSSE LEIDENSCHAFT von Raoul Auernheimer
P: dies. (12), R: o.A., Adolf Klein (Arnberg), Klara Rabitow (Sophie), Paula Müller (Beate), Julius Strobl (Streit), Alfred Abel (Brenner), Else Seelen (Emilie)

FAUST I von Johann Wolfgang von Goethe
P: 25.1.1905 (20), R: o.A., D: Otto Sommerstorff (Faust), Max Landa (Wagner), Adolf Klein/Oscar Hofmeister a.G. (Mephistoles), Käthe Hannemann (Gretchen), Kurt Rinkel (Schüler), Ernst Arndt (Frosch), Max Marx (Brander), Karl Waldow (Siebel), Alfred Abel (Altmayer), Albert Friedrich (Erdgeist), Gertrud Arnold/Minnie Hahlo (Böser Geist), Paul Schwaiger (Hexe), Julius Geisendörfer (Valentin), Margarete Otto-Körner (Marthe)

DIE BRÜDER VON ST. BERNHARD von Anton Ohorn
P: 7.2.1905 (15), R: o.A., D: Karl Waldow (Prior), Paul Schwaiger (Subprior), Adolf Klein (Fridolin), Paul Askonas (Servaz), Max Landa (Simon), Otto Sommerstorff (Meinrad), Emil Lind (Erhard), Julius Geisendörfer (Paulus), Alfred Abel (Sales), Emil Heyse (Bruno), Ernst Arndt (Döbler), Margarete Otto-Körner (Marie), Paul Müller (Grethe), Julius Strobl (Franz Richter), Max Marx (Brinkmann)

SCHUSSELCHEN von Georg Reicke
UA, P: 18.2.1905 (12), R: o.A., D: Adolf Klein (Hessen), Margarete Otto-Körner (seine Mutter), Marietta Olly (Christine), Max Marx (ihr Vater), Julius Strobl (Paul), Alfred Abel (Max), Grete Gallus (Frau Baumann), Oscar Prohaska (Händler), Carl Waldow (Prof. Bremann), Paul Askonas (Gerling), Franz Schläger (Roberts)

OEDIPUS von Sophokles
P: 11.3.1905 (6), R: o.A., D: Albert Heine (Oedipus), Gertrud Arnold (Jokaste), Max Landa (Kreon), Paul Askonas (Teiresias), Franz Schläger (Priester), Julius Geisendörfer (Bote), Max Marx (Hirte), Albert Friedrich, Paul Schwaiger, Alfred Abel, Hans Sturm, Franz Stephans, Kurt Rinkel (Priester, Ratsherren, Chorführer)

WILHELM TELL von Friedrich Schiller
P: 24.3.1905 (11), R: o.A., D: Albert Heine/Paul Schwaiger (Geßler), Paul Askonas (Attinghausen), Robert Hartberg/Fritz Blum (Rudenz), Albert Friedrich (Stauffacher), Emil Lind (Reding), Franz Schläger (Fürst), Otto Sommerstorff (Tell), Karl Waldow (Rösselmann), Oscar Prohaska (Kuoni), Alfred Abel (Ruodi), Julius Geisendörfer (Melchtal), Emil Heyse (Baumgarten), Margarete Otto-Körner (Gertrud), Gertrud Arnold/Adele Hartwig (Hedwig), Käthe Hannemann (Berta), Max Landa (Parricida)

DIE BOHÈME von Henry Murger und Theodor Barrière
P: 7.4.1905 (7), R: o.A., D: Ernst Arndt (Durandin), Julius Geisendörfer (Rudoph), Adele Hartwig (Césarine), Julius Strobl (Marcel), Max Marx (Schaunard), Alfred Abel (Calline), Käthe Hannemann (Mimi), Marietta Olly (Musette), Grete Gallus (Phemie), Franz Schläger (Benoit), Paul Schwaiger (Baptiste), Emil Heyse (Arzt), Fritz Lorenz (Kassenbote), Franz Stephans (Dupont)

DER PRIVATDOZENT von Ferdinand Wittenbauer
P: 22.4.1905 (24), R: o.A., D: Oskar Hofmeister/Franz Schläger (Prof. Kellersheim), Margarete Otto-Körner (Amalie), Ernst Arndt (Prof. Prutz), Emil Lind (Prof. Lendenberg), Franz Schläger/Franz Stephans (Prof. Gayer), Paul Schwaiger (Prof. Karthaus), Margarete Pix (Frau Lendenberg), Grete Gallus/Marie Bilau (Frau Gayer), Adele Hartwig (Frau von Leucht), Max Marx (Obermayer), Max Landa (Lukanius), Emil Heyse (Kern), Kurt Rinkel (Lederer), Käthe Hannemann (Käthe)

Ludwig-Anzengruber-Gastspiel, unter Mitwirkung des Ensembles, Leitung: Sigmund Lautenburg

DER PFARRER VON KIRCHFELD, P: 13.5.1905 (4); DER MEINEIDBAUER, P: 16.5.1905 (3); DIE KREUZELSCHREIBER, P: 19.5.1905 (7); DER G'WISSENSWURM, P: 25.5.1905 (3); DOPPELSELBSTMORD, P: 29.5.1905 (3)

DER VIELGEPRÜFTE von Wilhelm Meyer-Förster
P: 10.6.1905 (18), R: o.A., D: Ernst Arndt (Bookemann), Clara Meyer (Henriette), Käthe Hannemann (Lilly), Paula Müller (Käthchen), Harry Walden (Alexander), Kurt Rinkel (Niquet), Franz Schläger (Bürgermeister), Paul Askonas (Moebes), Adolf Baumann (Bruns), Alfred Abel (Blobel), Auguste Prasch-Grevenberg (Bertha)

Letzte Vorstellung: 30.6.1905

Die Direktion Max Reinhardt (mit den Direktionen Felix Hollaender, Karl Rosen, Adolf Edgar Licho, Robert Klein, Heinz Herald/Heinz Adamec, Karl Heinz Martin/Rudolf Beer)

SPIELZEIT 1905/06

Deutsches Theater

DAS KÄTHCHEN VON HEILBRONN
von Heinrich von Kleist (Eröffnungsvorstellung)
P: 19.10.1905 (30), R: Max Reinhardt, B: Karl Walser, M: Hans Pfitzner, D: Adolf Winds (Kaiser), Louis Kühn (Gebhardt), Friedrich Kayßler (Wetter vom Strahl), Rosa Wohlgemuth (Gräfin Helena), Wilhelmine Wüllner (Eleonore), Ludwig Hartau (Flammberg), Georg Engels (Gottschalk), Hedwig Wangel (Brigitte), Tilla Durieux (Kunigunde), Max Reinhardt (Friedeborn), Lucie Höflich (Käthchen), Bernhard von Jacobi (Gottfried), Albert Steinrück (Maximilian), Eduard von Winterstein (Rheingraf), Jakob Tiedtke (Köhler)

ELEKTRA von Hugo von Hofmannsthal
ÜKT, P: 21.10.1905 (3), KS (5), R: Max Reinhardt, B: Max Kruse, K: Lovis Corinth, D: Rosa Bertens (Klytämnestra), Gertrud Eysoldt (Elektra), Lucie Höflich (Chrysothemis), Julius Nollet (Ägisth), Alexander Moissi (Orest)

NACHTASYL von Maksim Gorkij
ÜKT, P: 25.10.1905 (1), R: Richard Vallentin, B: Obronski, Impekoven u. Co., M: Friedrich Bermann, D: Victor Arnold (Kostylëv), Rosa Bertens (Vasilisa), Else Heims (Nataša), Julius Nollet (Medvedev), Eduard von Winterstein (Pepel), Paul Conradi (Klešc), Erna Urfus (Anna), Gertrud Eysoldt (Nastja), Rosa Wohlgemuth (Kvašnja), Guido Herzfeld (Bubnov), Friedrich Kayßler (Satin), Hans Wassmann (Baron), Hans Pagay (Schauspieler), Max Reinhardt (Luka), Richard Großmann (Alëška), Georg Hötzel (Schiefkopf), Wilhelm Techel (Tatar)

KABALE UND LIEBE von Friedrich Schiller
ÜNT, P: 30.10.1905 (7), R: Max Reinhardt, B: Berthold Held, Gustav Knina, D: Albert Steinrück (von Walter), Eduard von Winterstein (Ferdinand), Georg Engels (von Kalb), Tilla Durieux (Lady Milford), Emil Lind (Wurm), Max Reinhardt (Miller), Hedwig Wangel (Millerin), Lucie Höflich (Luise), Grete Berger (Sophie), Guido Herzfeld (Kammerdiener)

DER KAMMERSÄNGER von Frank Wedekind
ÜNT, P: 2.11.1905 (3), R: Victor Arnold, B: Gustav Knina, D: Paul Biensfeldt (Gerardo), Tilla Durieux (Helene Marowa), Victor Arnold (Prof. Dühring), Else Kupfer (Isabel Coeurne), Elisabeth Huch (Klavierlehrerin), Paul Conradi (Müller)
DIE NEUVERMÄHLTEN von Bjørnstjerne Bjørnson
P: dies. (3), KS (3), R: Felix Hollaender, B: ders., D: Georg Engels (Amtmann), Hedwig Wangel (Amtmannsfrau), Gertrud Eysoldt (Laura), Heinrich Schroth (Axel), Tilla Durieux (Mathilde)

DER KAUFMANN VON VENEDIG
von William Shakespeare
P: 9.11.1905 (206), R: Max Reinhardt, B: Obronski, Impekoven u. Co., K: Emil Orlik, M: Engelbert Humperdinck, Dir: Friedrich Bermann, D: Josef Wilhelmi (Doge), Albert Steinrück (Marocco), Hans Wassmann (Arragon), Friedrich Kayßler (Antonio), Eduard von Winterstein (Bassanio), Alexander Moissi (Solanio), Ludwig Hartau (Salarino), Heinrich Schroth (Graziano), Alexander Ekert (Lorenzo), Rudolf Schildkraut (Shylock), Guido Herzfeld (Tubal), Richard Großmann (Lanzelot Gobbo), Hans Pagay (Alter Gobbo), Agnes Sorma (Porzia), Hedwig Wangel (Nerissa), Ida Roland (Jessica)

MINNA VON BARNHELM
von Gotthold Ephraim Lessing
ÜNT, P: 20.11.1905 (6), R: Max Reinhardt, B: Gustav Knina, K: Lovis Corinth, D: Eduard von Winterstein (Tellheim), Agnes Sorma (Minna), Heinrich Marlow (Bruchsall), Lucie Höflich (Franziska), Guido Herzfeld (Just), Friedrich Kayßler (Paul Werner), Georg Engels (Wirt), Hedwig Wangel (Dame in Trauer), Albert Steinrück (Riccaut)

DIE FLORENTINISCHE TRAGÖDIE von Oscar Wilde
EA, P: 12.1.1906 (6), R: Felix Hollaender, D: Rudolf Schildkraut (Simone), Tilla Durieux (Bianca), Alexander Moissi (Guido)
DER HEILIGE BRUNNEN von John Millington Synge
P: dies. (8), R: ders., D: Rudolf Schildkraut (Martin Doul), Hedwig Wangel (Mary Doul), Carl Sauermann (Timmy), Else Heims (Molly Byrne), Martha Flanz (Nora), Max Schütz (Mat Simon), George Henrich (Heiliger)
DER HERR KOMMISSÄR von Georges Courteline
P: dies. (8), R: ders., D: Rudolf Schildkraut (Kommissär), Paul Biensfeldt (Floche), Victor Arnold (Breloc), Max Schütz (Herr), Tilla Durieux (Dame), Jakob Tiedtke (Lagrenaille), Wilhelm Techel (Garrigon), Richard Großmann (Punez)

ÖDIPUS UND DIE SPHINX
von Hugo von Hofmannsthal
UA, P: 2.2.1906 (24), R: Max Reinhardt, B/K: Alfred Roller, M: Oskar Fried, D: Friedrich Kayßler (Ödipus), Eduard von Winterstein (Phönix), Albert Steinrück (Laios), Agnes Sorma (Jokaste), Alexander Moissi (Kreon), Adele Sandrock (Antiope), Wilhelm Royaards (Teiresias), Gertrud Eysoldt (Schwertträger), Hans Pagay (Magier), Rudolf Schildkraut (Sterbender), Richard Großmann (Zwerg), Jakob Feldhammer (Mann), Jakob Tiedtke (Hundewärter), Ludwig Hartau (Sprecher des Volkes)

DER GRAF VON CHAROLAIS
von Richard Beer-Hofmann
ÜNT, P: 8.3.1906 (8), R: Max Reinhardt, B/K: Gustav Knina, D: Friedrich Kayßler (von Charolais), Eduard von Winterstein (Romont), Albert Steinrück (Rochfort), Lucie Höflich (Désirée), Rosa Wohlgemuth (Barbara), Alexander Moissi (Philipp), Ludwig Hartau (Sekretär), Oscar Sabo (Gerichtsrat), Hans Wassmann (Wirt), Victor Arnold (Müller), Max Reinhardt (Roter Itzig)

TARTÜFF von Jean Baptiste Molière
P: 25.4.1906 (7), R: Max Reinhardt, D: Hedwig Wangel (Pernelle), Georg Engels (Orgon), Tilla Durieux (Elmire), Jakob Feldhammer (Damis), Lucie Höflich (Marianne), Alexander Ekert (Valer), Eduard von Winterstein (Cleant), Frank Wedekind (Tartüff), Else Heims (Dorine), Victor Arnold (Loyal), Ludwig Hartau (Polizeibeamter), Margarete Wellhoener (Flipote)
DIE MITSCHULDIGEN von Johann Wolfgang Goethe
P: dies., R: ders., B: Gustav Knina, D: Georg Engels (Wirt), Lucie Höflich (Sophie), Paul Biensfeldt (Söller), Eduard von Winterstein (Alcest)

EIN SOMMERNACHTSTRAUM
von William Shakespeare
ÜNT, P: 7.6.1906 (122), R: Max Reinhardt, B/K: Karl Walser, M: Felix Mendelssohn Bartholdy, Dir: Friedrich Bermann, D: Ludwig Hartau (Theseus), Fritz Richard (Egeus), Alexander Ekert (Lysander), Eduard von Winterstein (Demetrius), Wilhelm Techel (Philostrat), Paul Conradi (Squenz/Prolog), Max Schütz (Schnock/Löwe), Hans Wassmann (Zettel/Pyramus), Oscar Sabo (Flaut/Thisbe), Richard Großmann (Schnauz/Wand), Bernhard von Jacobi (Schlucker), Gertrud Korn (Hippolyta), Else Kupfer (Hermia), Else Heims (Helena), George Henrich (Oberon), Helene Burger (Titania), Gertrud Eysoldt (Puck), Margarete Wellhoener (Elfe), Gertrud Kohl (Bohnenblüte), Elly Rothe (Spinnweb), Elisabeth Kielblock (Motte), Victoria Posch (Senfsamen), Jakob Tiedtke (Mondschein), John Gottowt (Rüpel)

ERDGEIST von Frank Wedekind
ÜNT, P: 22.6.1906 (11), KS (6), R: Richard Vallentin, D: Jakob Tiedtke (Dr. Goll), Albert Steinrück (Dr. Schön), Hans Wassmann (Alwa Schön), Eduard von Winterstein (Schwarz), Friedrich Kayßler (Prinz Escerny), Hans Pagay (Schigolch), Richard Leopold (Rodrigo), Else Kupfer (Hugenberg), John Gottowt (Escherich), Gertrud Eysoldt (Lulu), Margarete Wellhoener (Gräfin Geschwitz), Wilhelm Techel (Ferdinand), Ella Barth (Henriette)

SPIELZEIT 1906/07

Deutsches Theater

DAS WINTERMÄRCHEN von William Shakespeare
P: 15.9.1906 (120), R: Max Reinhardt, B/K: Emil Orlik, M: Engelbert Humperdinck, Dir: Friedrich Bermann, D: Friedrich Kayßler (Leontes), Agnes Sorma (Hermione), Elly Rothe (Mamillus), Lucie Höflich (Perdita), Ludwig Hartau (Camillo), Hermann Traeger (Antigonus), Hans Schütz (Cleomenes), Bernhard von Jacobi (Dion), Hedwig Wangel (Paulina), Eduard von Winterstein (Polyxenes), Alexander Ekert (Florizel), Fritz Richard (Archidamus), Elisabeth Weirauch (Emilia), Sidonie Lorm (Agathe), Jakob Tiedtke (Kerkermeister), Hans Pagay (Alter Schäfer), Hans Wassmann (sein Sohn), Rudolf Schildkraut (Autolycus), Else Kupfer (Mopsa), Grete Berger (Dorcas), Gertrud Eysoldt (Die Zeit)

DER LIEBESKÖNIG von Leo Greiner
UA, P: 17.10.1906 (3), R: Emil Milan, B/K: Ernst Stern, M: Friedrich Bermann, D: Tilla Durieux (Isabella), George Henrich (Alphonso), Paul Wegener (Wladimir), Eduard von Winterstein (Ladislaus), Albert Steinrück (Kunhardt), Ludwig Hartau (Kanzler), Bernhard von Jacobi (Fürst Zaleski), Gertrud Eysoldt (Marianne), Grete Berger (Helene), Gertrud Korn (Lenore), Sidonie Lorm (Melitta), Elisabeth Weirauch (Clara), John Gottowt (Narr), Paul Conradi (Kurier), Jakob Feldhammer, Richard Großmann (Edelmänner)

RINGELSPIEL von Hermann Bahr
UA, P: 20.12.1906, R: Hermann Bahr, B: Emil Orlik, D: Albert Steinrück (Eggers), Agnes Sorma (Franzl), Hans Wassmann (Sandel), Lucie Höflich (Domenica), Paul Wegener (King), Alexander Moissi (Gigio), Else Wasa (Rune)

DIE GESCHWISTER von Johann Wolfgang Goethe
P: 4.1.1907 (9), R: Felix Hollaender, B: Ernst Stern, D: Eduard von Winterstein (Wilhelm), Lucie Höflich (Marianne), Ludwig Hartau (Fabrice), Georg Hötzel (ein Briefträger)
DIE MITSCHULDIGEN von Johann Wolfgang Goethe
P: dies. (9), R: Max Reinhardt, B: Gustav Knina, D: Victor Arnold (Wirt), Lucie Höflich (Sophie), Paul Biensfeldt (Söller), Eduard von Winterstein (Alcest)

ROMEO UND JULIA von William Shakespeare
P: 29.1.1907 (67), R: Max Reinhardt, B/K: Karl Walser, M: Friedrich Bermann, D: Ludwig Hartau (Escalus), George Henrich (Paris), Albert Steinrück (Montague), Rudolf Schildkraut (Capulet), Alexander Moissi (Romeo), Paul Wegener (Mercutio), Hermann Traeger (Benvolio), Eduard von Winterstein (Tybalt), Hans Pagay (Lorenzo), Else Kupfer (Balthasar), Paul Biensfeldt (Simson), Richard Großmann (Gregorio), Richard Leopold (Abraham), Hans Wassmann (Peter), Victor Arnold (Apotheker), Gertrud Korn (Gräfin Montague), Tilla Durieux (Gräfin Capulet), Camilla Eibenschütz (Julia), Hedwig Wangel (Amme)

DER REVISOR von Nikolaj Gogol'
P: 8.3.1907 (19), R: Rudolf Bernauer, B/K: Ernst Stern, D: Paul Wegener (Stadthauptmann), Hedwig Wangel (Anna Andreevna), Else Kupfer (Mar'ja Antonovna), Rudolf Blümner (Chlopov), Margarete Wellhoener (seine Frau), Jakob Tiedtke (Ljapkin-Tjapkin), Richard Leopold (Zemljanka), Richard Großmann (Špekin), Victor Arnold (Dobcinskij), Paul Biensfeldt (Bobcinskij), Hans Wassmann (Chlestakov), Oscar Sabo (Osip)

DER GOTT DER RACHE von Schalom Asch
EA, P: 19.3.1907 (24), R: Ephraim Frisch, B: Ernst Stern, D: Rudolf Schildkraut (Jankel), Hedwig Wangel (Sara), Camilla Eibenschütz (Riwkele), Tilla Durieux (Hindl), Helene Burger (Manjka), Grete Berger (Resl), Margarete Kupfer (Bassja), Ludwig Hartau (Schlojme), Guido Herzfeld (Reb Elje), Hans Pagay (Reb Aron)

ROBERT UND BERTRAM oder DIE LUSTIGEN VAGABONDEN von Gustav Raeder
P: 25.4.1907 (59), R: Berthold Held, B: Ernst Stern, Dir: Friedrich Bermann, D: Paul Biensfeldt (Robert), Hans Wassmann (Bertram), Oscar Sabo (Michel), Jakob Tiedtke (Mehlmeyer), Richard Leopold (Lips), Else Kupfer (Rösel), Victor Arnold (Ipelmeyer), Lucie Höflich (Isidora), Ludwig Hartau (Bandheim), Hedwig Wangel (Kommerzienrätin), Fritz Richard (Cordmann), Richard Großmann (Jack), Emilie Kurz (Frau Müller), Alexander Ekert (Schildwache), Paul Conradi, Eduard von Winterstein (Landgendarmen), Bernhard von Jacobi (Korporal)

Kammerspiele

GESPENSTER von Henrik Ibsen (Eröffnungsvorstellung)
P: 8.11.1906 (72), R: Max Reinhardt, B: Edvard Munch, D: Agnes Sorma (Helene Alving), Alexander Moissi (Osvald), Friedrich Kayßler (Manders), Lucie Höflich (Regine), Max Reinhardt (Engstrand)

SALOME von Oscar Wilde
ÜNT, P: 10.11.1906 (3), R: Max Reinhardt, B/K: Max Kruse, Lovis Corinth, M: Friedrich Bermann, D: Paul Wegener (Herodes), Adele Sandrock (Herodias), Gertrud Eysoldt (Salome), Alexander Moissi (Jochanaan), George Henrich (Junger Syrer), Bernhard von Jacobi (Tigellinus)

FRÜHLINGS ERWACHEN von Frank Wedekind
UA, P: 20.11.1906 (387), DT (17), R: Max Reinhardt, B: Karl Walser, D: Bernhard von Jacobi (Melchior), Alexander Moissi (Moritz Stiefel), Fritz Sterler (Ernst Röbel), Oscar Sabo (Georg), Arthur Pezzey (Robert), August Momber (Otto), Jakob Feldhammer (Hänschen Rilow), Camilla Eibenschütz (Wendla), Ella Barth (Martha), Else Kupfer (Thea), Gertrud Eysoldt (Ilse), Albert Steinrück (Gabor), Hedwig Wangel (Frau Gabor), Emilie Kurz (Frau Bergmann), Grete Berger (Ina Müller), Oscar Sabo (Habebald), Victor Arnold (Senftleben), Jakob Tiedtke (Schulze), Max Schütz (Friedepohl), Richard Großmann (Müller), Rudolf Blümner (Morgenroth), John Gottowt (Wunderhold/1. Totengräber), Adolf Baumann (Lindemann), Jakob Tiedtke (Brausepulver), Richard Leopold (Kahlbauch), Max Schütz (Rentier Stiefel), Georg Hötzel (Onkel Probst), Ludwig Sillé (Ziegenmelker), Eugen Neumann (2. Totengräber), Frank Wedekind (Vermummter Herr)

MENSCH UND ÜBERMENSCH
von George Bernard Shaw
EA, P: 6.12.1906 (3), DT (7), R: Rudolf Bernauer, B: Ernst Stern, D: Paul Wegener (Tanner), Alexander Ekert (Robinson), Tilla Durieux (Violet), Hedwig Wangel (Frau Whitefield), Lucie Höflich (Ann), Victor Arnold (Malone), Bernhard von Jacobi (Hector), Jakob Tiedtke (Ramsden), Emilie Kurz (Susanne), Paul Biensfeldt (Straker)

DAS FRIEDENSFEST von Gerhart Hauptmann
P: 7.1.1907 (20), R: Max Reinhardt, B: Emil Orlik, D: Max Reinhardt (Dr. Scholz), Hedwig Wangel (Minna Scholz), Tilla Durieux (Auguste), Paul Biensfeldt (Robert), Friedrich Kayßler (Wilhelm), Elise Sauer (Frau Buchner), Else Heims (Ida), Victor Arnold (Friebe)

HEDDA GABLER von Henrik Ibsen
P: 11.3.1907 (8), R: Hermann Bahr, B: Edvard Munch, D: Eduard von Winterstein (Tesman), Gertrud Eysoldt

(Hedda), Emilie Kurz (Juliane), Friedrich Kayßler (Lövborg), Albert Steinrück (Brack), Lucie Höflich (Frau Elvsted), Agnes Müller (Berte)

KOMÖDIE DER LIEBE von Henrik Ibsen
P: 25.3.1907 (4), R: Hermann Bahr, B: Gustav Knina, K: Ernst Stern, D: Agnes Müller (Frau Halm), Traute Kempner (Schwanhild), Else Kupfer (Anna), Eduard von Winterstein (Falk), George Henrich (Lind), Albert Steinrück (Goldstadt), Hans Wassmann (Stüber), Grete Berger (Frl. Elster), Victor Arnold (Strohmann), Emilie Kurz (Frau Strohmann)

AGLAVAINE UND SELYSETTE von Maurice Maeterlinck
UA, P: 15.4.1907 (34), R: Max Reinhardt, B: Ludwig von Hofmann, D: Friedrich Kayßler (Meleander), Else Heims (Aglavaine), Gertrud Eysoldt (Selysette), Hedwig Wangel (Meligrane), Elly Rothe (Die kleine Yssaline)

GYGES UND SEIN RING von Friedrich Hebbel
P: 2.5.1907 (80), R: Emil Milan, B: Max Slevogt, Ernst Stern, K: Ernst Stern, D: Paul Wegener (Kandaules), Tilla Durieux (Rhodope), Friedrich Kayßler (Gyges), Camilla Eibenschütz (Lesbia), Sidonie Lorm (Hero), Albert Steinrück (Thoas), Paul Conradi (Karna)

SPIELZEIT 1907/08

Deutsches Theater

PRINZ FRIEDRICH VON HOMBURG
von Heinrich von Kleist
P: 14.9.1907 (27), R: Max Reinhardt, B: Richard Knötel, M: Oskar von Chelius, D: Wilhelm Diegelmann (Kurfürst), Adele Sandrock (Kurfürstin), Else Heims (Natalie), Rudolf Blümner (Dörfling), Friedrich Kayßler (Prinz von Homburg), Paul Wegener (Kottwitz), Friedrich Kühne (Hennings), Paul Conradi (Truchß), Eduard von Winterstein (Hohenzollern), Ludwig Hartau (Sparren), August Momber (Stranz), George Henrich (Mörner), Leopoldine Konstantin (Page)

WAS IHR WOLLT oder FASTNACHT
von William Shakespeare
P: 17.10.1907 (140), R: Max Reinhardt, B: Gustav Knina, K: Ernst Stern, M: Engelbert Humperdinck, D: Oscar Beregi (Orsino), Alexander Ekert (Sebastian), Ludwig Hartau (Antonio), Hans Zillich (Kapitän), Max Schütz (Valentin), Paul Conradi (Curio), Wilhelm Diegelmann (Rülps), Hans Wassmann (Bleichenwang), Rudolf Schildkraut (Malvolio), Oscar Sabo (Fabian), Alexander Moissi (Narr), Else Heims (Olivia), Lucie Höflich (Viola), Hedwig Wangel (Maria), Jakob Tiedtke (Priester)

DER ARZT SEINER EHRE
von Pedro Calderón de la Barca
P: 20.12.1907 (3), R: Albert Steinrück, B/K: Ernst Stern, D: Wilhelm Diegelmann (Don Pedro), George Henrich (Don Enrique), Friedrich Kayßler (Don Gutierre), Else Heims (Mencia de Acunja), Friedrich Kühne (Don Ottavio), Albert Steinrück (Don Arias), Eugen Dumont (Don Diego), Adele Sandrock (Leonore), Hans Pagay (Elsazar), Jakob Tiedtke (Perico)

DIE RÄUBER von Friedrich Schiller
P: 10.1.1908 (82), R: Max Reinhardt, B/K: Emil Orlik, D: Rudolf Schildkraut (Maximilian), Oscar Beregi (Karl), Paul Wegener (Franz), Lucie Höflich (Amalia), Alexander Moissi (Spiegelberg), Wilhelm Diegelmann (Schweizer), August Momber (Grimm), Max Schütz (Razmann), Paul Biensfeldt (Schufterle), Ludwig Hartau (Roller), Jakob Feldhammer (Kosinsky), Bernhard von Jacobi (Schwarz), Eduard von Winterstein (Herrmann), Hans Pagay (Daniel), Albert Steinrück (Pastor Moser), Victor Arnold (Pater)

DER COMPAGNON von Adolph L'Arronge
P: 7.3.1908 (7), R: Adolph L'Arronge, D: Wilhelm Diegelmann (Voß), Elise Sauer (Mathilde), Else Heims (Adele), Eduard von Winterstein (Schumann), Victor Arnold (Bernhard Voß), Lucie Haensel (Fanny), Susi Liebrecht (Betty), Grete Bendorff (Cäcilie), Hans Wassmann (Winkler), Betty L'Arronge (Witwe Lerche), Hedwig Wangel (Marie), Jakob Tiedtke (Friedrich)

ULRICH, FÜRST VON WALDECK von Herbert Eulenberg
P: 16.5.1908 (3), R: Emil Milan, B/K: Ernst Stern, D: Friedrich Kayßler (Ulrich), Camilla Eibenschütz (Amalie), Hedwig Wangel (Sophie Auguste), Paul Wegener (August Friedrich), Lotte Müller (Wilhelm Ulrich), Hans Pagay (Hassenstein), Paul Biensfeldt (Masolino)

Kammerspiele

FRÄULEIN JULIE von August Strindberg
P: 29.8.1907 (8), R: Ephraim Frisch, B: Gustav Knina, M: Friedrich Bermann, D: Gertrud Eysoldt (Julie), Albert Steinrück (Jean), Margarete Kupfer (Christel)

LIEBELEI von Arthur Schnitzler
P: 19.9.1907 (33), R: Rudolf Bernauer, B: Ernst Stern, D: Hans Pagay (Weiring), Lucie Höflich (Christine), Grete Berger (Mizi Schlager), Sofie Pagay (Katharina), Elly Rothe (Lina), Eugen Dumont (Lobheimer), Alexander Ekert (Kaiser), Albert Steinrück (Herr)

ESTHER von Franz Grillparzer
P: 26.10.1907 (4), R: Berthold Held, B/K: Ernst Stern, D: Paul Wegener (Ahashver), Victor Arnold (Haman), Elise Sauer (Zares), Jakob Feldhammer (Theres), Ludwig Sillé (Aridai), John Gottowt (Nesmal), August Momber (Bightan), Richard Großmann (Rat), Gertrud Eysoldt (Esther), Hans Pagay (Mardochai)
DER DIENER ZWEIER HERREN von Carlo Goldoni
P: 26.10.1907 (3), R: Rudolf Bernauer, B/K: Ernst Stern, D: Victor Arnold (Pandolfo), Minnie Hahlo (Rosaura), Richard Großmann (Dr. Lombardi), Jakob Feldhammer (Silvio), Gertrud Eysoldt (Beatrice), Alexander Ekert (Florindo), Jakob Tiedtke (Tebaldo), Else Kupfer (Blandina), Paul Biensfeldt (Truffaldino)

DER MARQUIS VON KEITH von Frank Wedekind
P: 9.11.1907 (9), R: Frank Wedekind, D: Frank Wedekind a.G. (Konsul Casimir), Tilly Wedekind a.G. (Hermann Casimir), Paul Wegener (Marquis von Keith), Eduard von Winterstein (Scholz), Ella Barth (Molly Griesinger), Tilla Durieux (Anna Werdenfels), Friedrich Kühne (Saranieff), John Gottowt (Zamrjaki), Rudolf Blümner (Sommersberg), Eugen Dumont (Raspe), Victor Arnold (Ostermeier), Richard Großmann (Krenzl), Ludwig Sillé (Brandauer), Sofie Pagay (Frau Ostermeier), Emilie Kurz (Frau Krenzl), Leopoldine Konstantin (Freifrau von Rosenkron), Else Kupfer (Sascha), Margarete Kupfer (Simba)

CATHERINA GRÄFIN VON ARMAGNAC UND IHRE BEIDEN LIEBHABER von Karl Gustav Vollmoeller
P: 9.12.1907 (10), R: Emil Milan, B/K: Ernst Stern, D: Lucie Höflich (Cathérina), Leopoldine Konstantin (Gismonde), Margarete Kupfer (Marguerite), Bernhard von Jacobi (René), August Momber (Gaspard), Friedrich Kühne (Gil Galais), Albert Steinrück (Graf von Armagnac), Alexander Moissi (Tristan), Max Schütz (Pétrinel)

HOCHZEIT von Emil Strauß
UA, P: 23.1.1908 (7), R: Felix Hollaender, B: Ernst Stern, D: Jakob Tiedtke (Liesegang), Friedrich Kayßler (Rod), Victor Arnold (Üing), Else Heims (Emma Üing), Sofie Pagay (Regine)

LYSISTRATA
von Aristophanes, bearbeitet von Leo Greiner
P: 27.2.1908 (76), R: Max Reinhardt, B/K: Ernst Stern, M: Engelbert Humperdinck, D: Gertrud Eysoldt (Lysistrata), Else Kupfer (Kalonike), Camilla Eibenschütz (Myrrhine), Hedwig Wangel (Lampito), Rudolf Schildkraut (Kinesias), Victor Arnold (Ratsherr), Hans Wassmann (Sosias), Richard Großmann (Manes), Jakob Feldhammer (Lakonischer Gesandter), Margarete Kupfer (Chorführerin), Grete Wiesenthal (Eine Tänzerin)

DER TOR UND DER TOD von Hugo von Hofmannsthal
P: 30.3.1908 (9), R: Max Reinhardt, B/K: Ernst Stern, M: Eugen d'Albert, D: Oscar Beregi (Tod), Alexander Moissi (Claudio), Friedrich Kühne (Kammerdiener), Gertrud Eysoldt (Claudios Mutter), Camilla Eibenschütz (Claudios Geliebte), Paul Wegener (Jugendfreund)

NJU von Osip Dymov
EA, P: 30.3.1908 (12), R: Felix Hollaender, B: Gustav Knina, D: Gertrud Eysoldt (Nju), Eduard von Winterstein (Gatte), Alexander Moissi (Er), Margarete Kupfer (Marie), Elly Rothe (Kostja), Jakob Tiedtke (Vater), Emilie Kurz (Mutter), John Gottowt (Kommis), Wilhelm Bendow (Herr)

Gastspiel Eleonora Duse

ROSMERSHOLM von Henrik Ibsen
P: 13.1.1908 (1), D: Eleonora Duse (Rebecca West), Leo Orlandini (Rosmer), Guiseppe Masi (Kroll), Alfredo Robert (Brendel), Vittore Capellaro (Mortensgaard), Argenide Scalambretti (Signora Helseth)

SPIELZEIT 1908/09

Deutsches Theater

DES MEERES UND DER LIEBE WELLEN
von Franz Grillparzer
P: 8.8.1908 (7), R: Berthold Held, B: Gustav Knina, D: Camilla Eibenschütz (Hero), Wilhelm Diegelmann (Oberpriester), George Henrich (Leander), Paul Wegener (Naukleros), Leopoldine Konstantin (Janthe), Friedrich Kühne (Hüter des Tempels), Hans Pagay (Heros Vater), Agnes Müller (Heros Mutter)

MEDEA von Franz Grillparzer
P: 25.8.1908 (17), R: Woldemar Runge, B/K: Ernst Stern, D: Wilhelm Diegelmann (Kreon), Leopoldine Konstantin (Kreusa), Eduard von Winterstein (Jason), Adele Sandrock (Medea), Hedwig Wangel (Gora), August Momber (Herold)

KETTENGLIEDER von Herman Heijermans
P: 9.9.1908 (4), R: Albert Steinrück, D: Rudolf Schildkraut (Duif), Eduard von Winterstein (Jan), Eugen Dumont (Henk), Paul Biensfeldt (Toon), Leopoldine Konstantin (Coba), Ludwig Hartau (Dirk), Margarete Kupfer (Margriet), Elly Rothe (Elsje), Jakob Tiedtke (Hein Duif)

KÖNIG LEAR von William Shakespeare
P: 16.9.1908 (34), R: Max Reinhardt, B: Carl Czeschka, M: Friedrich Bermann, D: Rudolf Schildkraut (Lear), Bernhard von Jacobi (Frankreich), August Momber (Burgund), Ludwig Hartau (Cornwall), George Henrich (Albanien), Paul Wegener (Gloster), Harry Walden (Edgar), Oscar Beregi (Edmund), Eduard von Winterstein (Kent), Alexander Moissi (Narr), Friedrich Kühne (Oswald), Helene Fehdmer (Goneril), Hilma Schlüter (Regan), Lucie Höflich (Cordelia)

KABALE UND LIEBE von Friedrich Schiller
NE, P: 29.9.1908 (10) (EP 30.10.1905), R: Max Reinhardt, B: Berthold Held, Gustav Knina, D: Paul Wegener (von Walter), Harry Walden (Ferdinand), Hans Wassmann (von Kalb), Tilla Durieux (Milford), Alfred Abel (Wurm), Wilhelm Diegelmann (Miller), Hedwig Wangel (Millerin), Lucie Höflich (Luise), Sidonie Lorm (Sophie), Hans Pagay (Kammerdiener)

DIE VERSCHWÖRUNG DES FIESKO ZU GENUA
von Friedrich Schiller
P: 21.10.1908 (6), R: Felix Hollaender, B/K: Ernst Stern, D: Hans Pagay (Andreas Doria), Paul Wegener (Gianettino Doria), Alexander Moissi (Fiesko), Wilhelm Diegel-

mann (Verrina), George Henrich (Bourgognino), Friedrich Kühne (Calcagno), August Momber (Sacco), Fritz Richard (Lomellino), Jakob Feldhammer (Zenturione), Paul Conradi (Zibo), Fritz Drach (Asserato), Ludwig Hartau (Romano), Rudolf Schildkraut (Muley Hassan), Jakob Tiedtke, John Gottowt (Bürger), Camilla Eibenschütz (Leonore), Tilla Durieux (Julia), Leopoldine Konstantin (Rosa)

REVOLUTION IN KRÄHWINKEL von Johann Nestroy
P: 14.11.1908 (108), R: Max Reinhardt, B/K: Ernst Stern, D: Victor Arnold (Bürgermeister), Wilhelm Bendow (Sperling), Jakob Tiedtke (Rummelpuff), John Gottowt (Pfiffspitz), Harry Walden (Ultra), Rudolf Blümner (Reakzerl), Margarete Kupfer (Frau von Frankenfrei), Paul Biensfeldt (Siegl), Ludwig Hartau (Wachs), Alfred Abel (Klaus), Emilie Kurz (Emerenzia), Sidonie Lorm (Cäcilie), Hans Pagay (Nachtwächter), Elisabeth Weirauch (Walpurga), Richard Großmann (Pemperl)

TREULIEB UND WUNDERHOLD
von Elisabeth Weirauch
UA, NV, P: 2.12.1908 (1), D: Lucie Höflich (Page), Camilla Eibenschütz (Dame Wunderhold), Hedwig Wangel (Bären...), Eduard von Winterstein (Riese Vielfraß), John Gottowt, Richard Großmann (Zwerge), Jakob Tiedtke (König)

DIE LEHRERIN von Alexander Brody
P: 29.1.1909 (7), R: Max Reinhardt, B/K: Ernst Stern, D: Lucie Höflich (Suza Horváth), Rudolf Schildkraut (Stefan Hegedüs sen.), Adele Sandrock (Frau Hegedüs), Oscar Beregi (Stefan Hegedüs jun.), Hans Pagay (Pfarrer), Paul Biensfeldt (Lehrer), Jakob Tiedtke (Kantor), Hedwig Wangel (Käthe), Alfred Abel (Kaplan), Wilhelm Bendow (Apotheker), Richard Großmann (Pächter), Else Schiff (Ida Krey), John Gottowt (Postbote)

FAUST. DER TRAGÖDIE ERSTER TEIL
von Johann Wolfgang von Goethe
P: 25.3.1909 (323), R: Max Reinhardt, B/K: Alfred Roller, M: Felix Weingartner, D: Wilhelm Diegelmann (Herr), George Henrich (Raphael), Jakob Feldhammer (Gabriel), Alexander Moissi (Michael), Rudolf Schildkraut (Mephistopheles), Friedrich Kayßler (Faust), Lucie Höflich (Margarete), Hedwig Wangel (Marthe), Eduard von Winterstein (Valentin), Victor Arnold (Wagner), Hans Wassmann (Schüler), Ludwig Hartau (Erdgeist), Paul Biensfeldt (Brander), Wilhelm Diegelmann (Siebel), August Momber (Frosch), Jakob Tiedtke (Altmayer), Paul Wegener (Hexe), Adele Sandrock (Böser Geist), Else Kupfer (Lieschen), Friedrich Kühne (Alter Bauer), Else Kupfer (Irrlicht), Margarete Weilhoener (Baubo)

Kammerspiele

SOZIALARISTOKRATEN von Arno Holz
P: 4.9.1908 (15), R: Jacques Burg, B: Gustav Knina, D: Hans Wassmann (Fiebig), Agnes Müller (Frau Fiebig), Leontine Kühnberg (Anna), Wilhelm Bendow (Hahn), Paul Biensfeldt (Dr. Gehrke), Emilie Kurz (Meischen), Wilhelm Diegelmann (Werner), John Gottowt (von Stycinski), Rudolf Blümner (Bellermann), Jakob Tiedtke (Sprödowski), Jakob Tiedtke (Amtsvorsteher), Albert Karchow (Schwabe), Richard Großmann (Naphtali)

TERAKOYA – DIE DORFSCHULE
von Wolfgang von Gersdorff, nach Takeda Izumo
P: 14.9.1908 (9), R: Woldemar Runge, B/K: Ernst Stern, D: Elsa Stoike (Kwan Shusai), Friedrich Kayßler (Matsuo), Gertrud Eysoldt (Chiyo), Hans Kuhn (Kotaro), Alfred Abel (Genzo), Tilla Durieux (Tonami), Bernhard von Jacobi (Gemba), Richard Großmann (Wadagati)
KIMIKO von Wolfgang von Gersdorff
P: dies. (8), R: ders., B/K: ders., D: Friedrich Kayßler (Yoshitaro), Tilla Durieux (Kimiko), Ella Barth (Sugihara), Sidonie Lorm (Kajinoha), Emilie Kurz (Oguruma)

CLAVIGO von Johann Wolfgang Goethe
P: 16.10.1908 (23), R: Max Reinhardt, B/K: Ernst Stern, D: Harry Walden (Clavigo), Alfred Abel (Carlos), Oscar Beregi (Beaumarchais), Gertrud Eysoldt (Marie), Hedwig Wangel (Sophie), Eugen Dumont (Guilbert), Bernhard von Jacobi (Buenco), August Momber (Saint George)

EINE HEIRATSGESCHICHTE (DIE HEIRAT)
von Nikolaj Gogol'
P: 30.10.1908 (6), R: Woldemar Runge, B: Ernst Stern, D: Lucie Höflich (Agaf'ja Tichonovna), Emilie Kurz (Arina Pantelejmonovna), Hedwig Wangel (Fekla), Hans Wassmann (Podkolesin), Paul Biensfeldt (Kockarev), Richard Großmann (Rührei), Rudolf Blümner (Anuckin), Victor Arnold (Zevakin), John Gottowt (Starikov), Jenny Höhne (Dunjaska), Wilhelm Bendow (Stepan)

DER ARZT AM SCHEIDEWEG von George Bernard Shaw
EA, P: 21.11.1908 (159), R: Felix Hollaender, B: Gustav Knina, D: Paul Wegener (Ridgeon), Wilhelm Diegelmann (Cullen), Eduard von Winterstein (Bennington), Hans Wassmann (Walpole), Friedrich Kühne (Blenkinsop), Eugen Dumont (Schutzmacher), Alexander Moissi (Dubedat), Tilla Durieux (Jennifer), August Momber (Redpenny), Sofie Pagay (Emmy), Else Schiff (Minnie), John Gottowt (Reporter), Bernhard von Jacobi (Schreiber)

NIEMAND WEISS ES von Theodor Wolff
P: 5.12.1908 (10), R: Emil Milan, B/K: Emil Orlik, D: Rudolf Schildkraut (Fürst), Gertrud Eysoldt (Tajo), Oscar Beregi (Yori), Friedrich Kühne (Haushofmeister), Sidonie Lorm (Yama), Alexander Moissi (Erzähler)

ELEKTRA
von Hugo von Hofmannsthal
P: 15.12.1908 (7), R: Max Reinhardt, B: Max Kruse, D: Tilla Durieux (Klytämnestra), Gertrud Eysoldt (Elektra), Lucie Höflich (Chrysothemis), August Momber (Ägisth), Alexander Moissi (Orest), Jakob Feldhammer, Richard Großmann (Diener)

DER GRAF VON GLEICHEN von Wilhelm Schmidtbonn
P: 22.12.1908 (66), R: Felix Hollaender, B/K: Gustav Knina, D: Paul Wegener (Engelbrecht), Tilla Durieux (Notburg), Elly Rothe (Angel), Camilla Eibenschütz (Naëmi), Hans Pagay (Heimeran), Alexander Moissi (Kriegsknecht/Regen), August Momber (Johannes), Paul Conradi (Wetzel), Emilie Kurz (Helche), Else Schiff (Veronika)

WOLKENKUCKUCKSHEIM von Josef Ruederer
P: 25.4.1909 (3), R: Max Reinhardt, B/K: Ernst Stern, D: Wilhelm Diegelmann (Zeus), Robert Hartberg (Hermes), Bernhard von Jacobi (Apollo), Carl Ebert (Ares), Eduard von Winterstein (Herakles), Tilla Durieux (Psyche), Alexander Moissi (Euelpides), Paul Wegener (Banausios), Hans Wassmann (Mikelos), Eugen Dumont (Geometer), Jakob Tiedtke (Schutzmann), Victor Arnold (Chorführer)

DER UNVERSTANDENE MANN von Ernst von Wolzogen
P: 4.5.1909 (7), R: Felix Hollaender, D: Ludwig Hartau (Hugenbach), Hedwig Wangel (Irene), Lucie Höflich (Adda), Jakob Tiedtke (Cordes), Emilie Kurz (Auguste), Harry Liedtke (Heinrich), Margarete Kupfer (Iduna Lilienthal), Else Kupfer (Esther), John Gottowt (Moritz)

Gastspiel Eleonora Duse

GIAN GABRIELE BORKMAN von Henrik Ibsen
P: 28.10.1908 (3), D: Dante Capelli (Borkman), Argenide Scalambretti (Gunhild Borkman), Armando Lavaggi (Erhart), Eleonora Duse (Ella Rentheim), Gemma de Sanctis (Fanny Wilton), Alfredo Robert (Foldal)

HEDDA GABLER von Henrik Ibsen
P: 29.10.1908 (1), D: Eleonora Duse (Hedda), Ciro Galvani (Tesman), Argenide Scalambretti (Juliane Tesman), Vittorina Verani (Thea Elvsted), Dante Capelli (Loevborg), Alfredo Robert (Brack), Annita Granozio (Berta)

LA GIOCONDA von Gabriele d'Annunzio
P: 22.1.1909 (1), D: Eleonora Duse (Silvia Settala), Alfredo Robert (Lucio Settala), Ciro Galvani (Lorenzo Gaddi), Dante Capelli (Cosimo Dalbe), Annita Granozio (Francesca Doni), Gemma de Sanctis (Gioconda Dianti)

LA DONNA DEL MARE (DIE FRAU VOM MEER)
P: 23.1.1909 (2), D: Eleonora Duse (Ellida Wangel), Dante Capelli (Wangel), Vittorina Verani (Bolette), Annita Granozio (Hilde), Armando Lavaggi (Lyngstrand), Vittore Capellaro (Ballested), Ciro Galvani (Arnholm)

SPIELZEIT 1909/10

Deutsches Theater

HAMLET, PRINZ VON DÄNEMARK
von William Shakespeare
P: 16.10.1909 (75), R: Max Reinhardt, B/K: Fritz Erler, M: Anton Beer-Walbrunn, D: Paul Wegener (Claudius), Alexander Moissi/Albert Bassermann, ab 24.11.1910 (Hamlet), Victor Arnold (Polonius), Eduard von Winterstein (Horatio), Oscar Beregi (Laertes), Friedrich Kühne (Voltimand), Wilhelm Techel (Cornelius), Hans Wassmann (Rosenkranz), Wilhelm Bendow (Güldenstern), Harry Liedtke (Marcellus), Carl Ebert (Bernardo), Paul Conradi (Francisco), Wilhelm Diegelmann (Geist), Jakob Feldhammer (Fortinbras), Adele Sandrock (Gertrude), Camilla Eibenschütz (Ophelia), Ludwig Hartau (1. Schauspieler), Hans Pagay, Richard Großmann (Totengräber)

DON CARLOS von Friedrich Schiller
P: 10.11.1909 (52), R: Max Reinhardt, B/K: Ernst Stern, D: Albert Bassermann (Philipp II.), Else Heims (Elisabeth), Harry Walden (Don Carlos), Margarete Damm (Olivarez), Elisabeth Weirauch (Mondecar), Tilla Durieux (Eboli), Alexander Moissi (Posa), Paul Wegener (Alba), Wilhelm Diegelmann (Lerma), Paul Conradi (Feria), Ludwig Hartau (Medina), Friedrich Kühne (Domingo), Hans Pagay (Großinquisitor)

DER WIDERSPENSTIGEN ZÄHMUNG
von William Shakespeare
P: 15.12.1909 (56), R: Max Reinhardt, B/K: Ernst Stern, M: Leo Blech, D: Adolf Edgar Licho (Lord), Hans Wassmann (Schlau), Victor Arnold (Baptista), Hans Pagay (Vincentio), Harry Liedtke (Lucentio), Albert Bassermann (Petruchio), Friedrich Holthaus (Gremio), Alexander Ekert (Hortensio), Paul Biensfeldt (Tranio), Richard Großmann (Grumio), John Gottowt (Curtis), Lucie Höflich (Katharina), Leopoldine Konstantin (Bianca)

DER GUTE KÖNIG DAGOBERT von André Rivoire
P: 19.1.1910 (5), KS (67), R: Felix Hollaender, B/K: Ernst Stern, D: Harry Walden (Dagobert), Hans Wassmann (Eloi), Rudolf Blümner (Odoric), Carl Ebert (Ega), Paul Conradi (Pepin), Tilla Durieux (Königin), Else Bassermann (Nantilde), Ella Barth (Bertrude)

CRISTINAS HEIMREISE von Hugo von Hofmannsthal
UA, P: 11.2.1910 (5), R: Max Reinhardt, B/K: Ernst Stern, D: Hans Pagay (Don Blasius), Else Heims (Cristina), Margarete Kupfer (Pasca), Alexander Moissi (Florindo), Wilhelm Diegelmann (Tomaso), Rudolf Schildkraut (Pedro), Leopoldine Konstantin (Teresa), Victor Arnold (Hausknecht), Friedrich Kühne (Romeo)

JUDITH von Friedrich Hebbel
P: 25.2.1910 (71), R: Max Reinhardt, B: Julius Diez, D: Tilla Durieux (Judith), Paul Wegener (Holofernes), Friedrich Kühne (Oberpriester), Sidonie Lorm (Mirza), Ludwig Hartau (Ephraim), Harry Liedtke (Assad), Rudolf Schildkraut (Daniel), Carl Ebert (Achior), Hans Pagay (Samuel)

DIE BRAUT VON MESSINA oder DIE FEINDLICHEN BRÜDER von Friedrich Schiller
P: 12.4.1910 (10), R: Max Reinhardt, B/K: Robert Engels, D: Adele Sandrock (Donna Isabella), Alexander Moissi (Don Manuel), Oscar Beregi (Don Cesar), Else Heims (Beatrice), Friedrich Kühne (Diego), Wilhelm Diegelmann (Cajetan), Paul Wegener (Berengar), Paul Conradi (Manfred), Carl Ebert (Tristan), Ludwig Hartau (Bohemund), Harry Liedtke (Roger), Jakob Feldhammer (Hippolyt)

Kammerspiele

DIE ZUFLUCHT von Dario Niccodemi
P: 8.10.1909 (15), R: Felix Hollaender, B: Ernst Stern, D: Albert Bassermann (de Volmières), Tilla Durieux (Juliette), Margarete Kupfer (Madame de Volmières), Hans Pagay (Lacroix), Hilma Schlüter (Frau Lacroix), Lucie Höflich (Dora), Leopoldine Konstantin (Nina), Paul Wegener (St. Airan), Wilhelm Bendow (Lucien)

MAJOR BARBARA von George Bernard Shaw
P: 5.11.1909 (28), R: Felix Hollaender, B: Ernst Stern, Gustav Knina, D: Paul Wegener (Undershaft), Emilie Kurz (Lady Undershaft), Paul Biensfeldt (Stephen), Lucie Höflich (Barbara), Leopoldine Konstantin (Sarah), Harry Liedtke (Lomax), Alfred Abel (Cusins), Sofie Pagay (Rummy), John Gottowt (Snobby), Jakob Tiedtke (Shirley), Eduard von Winterstein (Walker)

DAS HEIM von Octave Mirbeau und Thadée Natanson
EA, P: 9.12.1909 (24), R: Woldemar Runge, B: Gustav Knina, D: Eduard von Winterstein (du Hallier), Tilla Durieux (Thérèse), Paul Wegener (Biron), Oscar Ingenohl (d'Auberval), Carl Ebert (Dufrère), Jakob Tiedtke (Abbé Laroze), Margarete Kupfer (Frl. Rambert), Hans Pagay (Lerible), Rudolf Blümner (Arnaud-Tripier), Margarete Wellhoener (Frau Pirin), Sofie Pagay (Frau Tupin), Emilie Kurz (Frau Pigeon), Hilma Schlüter (Frau Rature)

DER NATÜRLICHE VATER von Herbert Eulenberg
P: 21.1.1910 (2), R: Berthold Held, B/K: Ernst Stern, D: Paul Wegener (Anselm), Luise Werkmeister (Brigitte), Oscar Beregi (Leo), Paul Conradi (Justus), Leopoldine Konstantin (Beate), Victor Arnold (Richter Thomas), Paul Biensfeldt (Theophil), John Gottowt (Blasius), Friedrich Kühne (Düsterich), Jakob Tiedtke (Meinardus), Wilhelm Diegelmann (Veit)

HILFE! EIN KIND IST VOM HIMMEL GEFALLEN von Wilhelm Schmidtbonn
UA, P: 28.2.1910 (2), R: Felix Hollaender, B: Gustav Knina, D: Eduard von Winterstein (Vogelsang), Emilie Kurz (Frau Vogelsang), Else Heims (Maria), Ludwig Hartau (Bischof), Jakob Tiedtke (Bartelmastel), John Gottowt (Zaunkönig), Sidonie Lorm (Lisa), Sofie Pagay (Lisbeth), Albert Karchow (Gottlieb)

GAWÂN von Eduard Stucken
P: 30.3.1910 (93), R: Eduard von Winterstein, B/K: Ernst Stern, D: Wilhelm Diegelmann (König Artus), Margarete Damm (Königin Ginover), Heinrich Galeen (Bischof), Josef Wilhelmi (Agravain), Friedrich Kayßler (Gawân), Jakob Feldhammer (Kei), Ludwig Hartau (Hautdesert), Leopoldine Konstantin (Marie), Friedrich Kühne (Schatelier)

SUMURÛN von Friedrich Freksa (Pantomime)
UA, P: 24.4.1910 (45), DT (29), R: Max Reinhardt, B/K: Ernst Stern, M: Victor Hollaender, C: Grete Wiesenthal, D: Paul Wegener (Alter Scheich), Eduard von Winterstein (sein Sohn), Grete Wiesenthal (Sumurûn), Else Wiesenthal (Dienerin), Albert Karchow (Obereunuch), Hans Pagay (Sklavenhändler), Ludwig Hartau (Neger), Alexander Moissi (Nur al Din), Rudolf Schildkraut (Buckliger), Leopoldine Konstantin (Tänzerin), Richard Großmann (Die Alte), Sant M'ahesa (Odaliske), Rudolf Blümner (Aufseher), Friedrich Kühne (Blinder)

SPIELZEIT 1910/11

Deutsches Theater

SIMSON UND DELILA von Sven Lange
UA, P: 19.8.1910 (12), R: Emil Geyer, D: Paul Biensfeldt (Krumbak), Lucie Höflich (Dagmar), Josef Klein (Meyer), Jakob Tiedtke (Theaterdirektor), Rudolf Blümner (Dücker), Harry Liedtke (Lundberg), Adolf Baumann (Nagel), Ernst Friedlaender (Mogensen), Julius Krott (Olsen), Leontine Kühnberg (Laura)

AMPHITRYON von Heinrich von Kleist
P: 5.9.1910 (6), R: Friedrich Kayßler, B: Gustav Knina, D: Friedrich Kayßler (Jupiter), Alexander Ekert (Merkur), Ludwig Hartau (Amphitryon), Guido Herzfeld (Sosias), Helene Fehdmer (Alkmene), Margarete Kupfer (Charis)

DIE ROMANTISCHEN von Edmond Rostand
EA, P: 21.9.1920 (5), R: John Gottowt, B/K: Ernst Stern, D: Jakob Tiedtke (Bergamin), Harry Liedtke (Percinet), Rudolf Blümner (Pasquinot), Lucie Höflich (Sylvette), Paul Biensfeldt (Straforel), Adolf Baumann (Blaise)

HERR UND DIENER von Ludwig Fulda
P: 29.10.1910 (20), R: Felix Hollaender, B/K: Ernst Stern, D: Harry Walden (Kosru), Tilla Durieux (Odatis), Albert Bassermann (Artaban), Lucie Höflich (Gülsade), Carl Ebert (Sapor), Friedrich Kühne (Bahram), Paul Paulsen (Juba), Hans Bielschowsky (Mansor), Erna Fuchs (Nadira), Henriette Wolf (Thamar), Carl Dostal (Milas), Ilse Ghiberti (Manjana)

OTHELLO von William Shakespeare
P: 10.12.1910 (38), R: Max Reinhardt, B/K: Ernst Stern, D: Hans Pagay (Herzog), Wilhelm Diegelmann (Brabantio), Friedrich Kühne, Paul Conradi (Senatoren), Robert Hartberg (Gratiano), Josef Wörz (Lodovico), Albert Bassermann (Othello), Harry Liedtke (Cassio), Paul Wegener (Jago), Paul Biensfeldt (Rodrigo), Carl Ebert (Montano), Richard Großmann (Narr), Paul Paulsen (Gerichtsdiener), Else Heims (Desdemona), Margarete Kupfer (Emilia), Leopoldine Konstantin (Bianca)

DER BÖSE GEIST LUMPAZIVAGABUNDUS oder DAS LIEDERLICHE KLEEBLATT von Johann Nestroy
P: 31.12.1910 (7), R: Max Reinhardt, B/K:Ernst Stern, M: Adolf Müller, Dir: Eduard Künneke, D: Wilhelm Diegelmann (Stellaris), Leopoldine Konstantin (Fortuna), Paul Biensfeldt (Lumpazivagabundus), Alexander Ekert (Leim), Ferdinand Bonn (Zwirn), Albert Bassermann (Knieriem), Jakob Tiedtke (Hobelmann), Margarete Kupfer (Peppi), Gertrud Urban (Anastasia Hobelmann), Sofie Pagay (Gertrud), Friedrich Kühne (Hackauf), Josef Danegger (Maler), Harry Liedtke (Windwachel), Wilhelm Bendow (Lüftig), Werner Lotz (Papillon), Emilie Kurz (Signora Palpiti), Camilla Eibenschütz (Camilla)

DER SCHATZ von David Pinski (Dowid Pinskij)
UA, P: 2.2.1911 (3), R: Felix Hollaender, B: Rudolf Dworsky, D: Victor Arnold (Chone), Margarete Kupfer (Jachne-Braine), Camilla Eibenschütz (Tille), John Gottowt (Judke), Richard Großmann (Heiratsvermittler), Jakob Tiedtke (Ssoskin), Friedrich Kühne (Gemeindevorsteher)

WIELAND von Karl Gustav Vollmoeller
UA, P: 7.2.1911 (2), R: Max Reinhardt, B: Gustav Knina, D: Eduard von Winterstein (Sir Marks), Hilma Schlüter (Fürstin Sagan), Luise Werkmeister (Mrs. Hutzler), Else Bassermann (Ethel), Jakob Feldhammer (Eric), Albert Bassermann (Wieland), Paul Paulsen (Lord Northwick), Alexander Ekert (Tom), Tilly Waldegg (Mrs. Stewart), Sidonie Lorm (Miß Chatterton), Irene Raphael (Lady Hungerford), Paul Conradi (Sir Croß), Emilie Kurz (Lady Northwick), Paul Biensfeldt (Shustermann), Wilhelm Bendow (Halifax)

FAUST. DER TRAGÖDIE ZWEITER TEIL von Johann Wolfgang von Goethe
P: 15.3.1911 (99), R: Max Reinhardt, B: Alfred Roller, K: Ernst Stern, M: Robert Schumann, Eduard Künneke, D: Friedrich Kayßler (Faust), Albert Bassermann (Mephistopheles), Camilla Eibenschütz (Ariel), Else Heims, Gertrud Eysoldt u.a. (Elfen), Alexander Moissi (Kaiser), Friedrich Kühne (Bischof/Kanzler/pater profundus), Wilhelm Diegelmann (Heermeister), Fritz Richard (Schatzmeister), Paul Paulsen (Marschalk), Josef Wilhelmi (Astrolog), Jakob Feldhammer (Herold), Wilhelm Bendow (Pulcinell), Paul Biensfeldt (Trunkener), Leopoldine Konstantin (Hoffnung/mater gloriosa), Sidonie Lorm (Klugheit/Trojanerin/Sorge), Gertrud Eysoldt (Homunculus/Euphorion/Knabe/Lenker), Josef Wörz (Baccalaureus/pater ecstaticus), Victor Arnold (Wagner), Else Heims (Helena/mulier samaritana), Hilma Schlüter (Erichtho/Not), Margarete Kupfer (1. Sphinx/Panthalis/Schuld/Eilebeute), Wilhelm Diegelmann (Chiron/Habebald), Elisabeth Weirauch (Manto/Maria Aegyptica), Ernst Karchow (Proteus), Carl Ebert (Thales/Wanderer/pater seraphicus), Paul Conradi (Nereus), Josef Danegger (Lynceus), Eduard von Winterstein (Raufebold), Paul Conradi (Haltefest), John Gottowt (Philemon), Emilie Kurz (Baucis/Mangel), Josef Danegger (Dr. Marianus), Camilla Eibenschütz (magna peccatrix), Lucie Höflich (Gretchen)

BANKBAN von József Katona
EA, P: 24.5.1911 (3), R: Max Reinhardt, B/K: Ernst Stern, D: Carl Ebert (Andreas II.), Mary Dietrich (Gertrud), George Henrich (Meran), Eduard von Winterstein (Banus Bánk), Leopoldine Konstantin (Melinda), Hildegard Müller (Soma), Josef Klein (Petur), Eduard Rothauser (Simon), Jakob Tiedtke (Michael), Elisabeth Weirauch (Isidora), Friedrich Kühne (Biberach), Josef Wilhelmi (Myska), Josef Danegger (Solom), Wilhelm Diegelmann (Tiborcz)

Kammerspiele

DIE LETZTEN von Maksim Gorkij
UA, P: 6.9.1910 (4), R: John Gottowt, B: Gustav Knina, D: Rudolf Blümner (Ivan Kolomijcev), Jakob Tiedtke (Jakov), Ellen Neustädter (Sof'ja), Paul Biensfeldt (Aleksandr), Luise Werkmeister (Nadezda), Lucie Höflich (Ljubov'), Jakob Feldhammer (Petr), Ella Barth (Vera), Margarete Kupfer (Sokolova), Alexander Ekert (Lesc), Harry Liedtke (Jakorev), Emilie Kurz (Fedos'ja)

DAS KLOSTER von Emile Verhaeren
EA, P: 23.9.1910, R: Felix Hollaender, B/K: Ernst Stern, D: Hans Pagay (Der Prior), Friedrich Kayßler (Dom Balthasar), Carl Ebert (Dom Marc), Josef Klein (Thomas), Eduard Rothauser (Dom Militien), Fritz Richard (Isebald), Paul Paulsen (Theodul), Josef Danegger (1. Mönch), Ernst Karchow (2. Mönch)

DIE KOMÖDIE DER IRRUNGEN von William Shakespeare
P: 7.10.1910 (58), R: Max Reinhardt, B/K: Ernst Stern, M: Einar Nilson, D: Josef Wörz (Solinus), Eduard von Winterstein (Ägeon), Hans Wassmann (Antipholus von Ephesus), Alexander Moissi (Antipholus von Syrakus), Victor Arnold (Dromio von Ephesus), Richard Großmann (Dromio von Syrakus), Paul Conradi (Balthasar), Josef Wilhelmi ((Kaufmann), Wilhelm Techel (Angelo), Friedrich Kühne (Dr. Zwick), Elisabeth Weirauch (Ämilia), Else Heims (Adriana), Camilla Eibenschütz (Luciana), Leopoldine Konstantin (Kurtisane)
DIE HEIRAT WIDER WILLEN von Jean Baptiste Molière
P: dies. (62), R: ders., B/K: ders., M: ders., D: Victor Arnold (Sganarelle), Friedrich Kühne (Geronimo), Leopoldine Konstantin (Dorimene), Paul Conradi (Alcantor), Alexander Moissi (Alcidas), Harry Liedtke (Lykast), Hans Wassmann (Pancrazio), Richard Großmann (Marforio)

DER VERWUNDETE VOGEL von Alfred Capus
EA, P: 18.11.1910 (31), R: Max Reinhardt, B: Gustav Knina, K: Ernst Stern, D: Eduard von Winterstein (Salvière), Rudolf Blümner (Villerat), Josef Wörz (Roland), Paul Biensfeldt (Bombel), Ernst Karchow (Sardin), Arthur Laubert (François), Camilla Eibenschütz (Yvonne Janson), Helene Fehdmer (Madeleine Salvière), Emilie Kurz (Frau Janson), Elisabeth Weirauch (Frau Villerat), Leopoldine Konstantin (Frau Lahonce)

EIN ENGEL von Alfred Capus
EA, P: 8.12.1910 (5), R: Felix Hollaender, B: Ernst Stern, D: Hans Wassmann (Saintfol), Alexander Ekert (Lebelloy), Victor Arnold (Bille), Jakob Tiedtke (de Sauterre), Rudolf Blümner (Lambrède), Eduard Rothauser (Sivoir), Ernst Karchow (De Prangis), Julius Krott (Granson), Hans Bielschowsky (D'Ingrand), Wilhelm Bendow (Emile), Tilla Durieux (Antoinette)

LANZELOT von Eduard Stucken
UA, P: 3.1.1911 (38), R: Eduard von Winterstein, B/K: Ernst Stern, M: Einar Nilson, D: Eduard von Winterstein (König Artus), Helene Fehdmer (Königin Ginover), George Henrich (Agravain), Ernst Karchow (Gawân), Friedrich Kayßler (Lanzelot), Carl Ebert (Bors de Ganis), Josef Wilhelmi (Pater Brasias), Josef Wörz (König Anfortas), Gertrud Eysoldt (Elaine), Werner Lotz (Lavaine), Paul Paulsen (Castor)

DER RIESE (DIE HOSE) von Carl Sternheim
UA, P: 15.2.1911 (8), R: Felix Hollaender, B: Gustav Knina, D: Jakob Tiedtke (Theobald Maske), Else Heims (Luise), Margarete Kupfer (Deuter), Josef Wörz (Scarron), Paul Biensfeldt (Mandelstam), Rudolf Blümner (Fremder)

DIE KÖNIGIN von Theodor Wolff
UA, P: 29.3.1911 (31), R: Felix Hollaender, B/K: Emil Orlik, D: Tilla Durieux (Königin), Paul Wegener (Herzog), Alexander Moissi (Graf René), Else Bassermann (Nini), George Henrich (Georg), John Gottowt (Schuhmacher), Rudolf Blümner (Löwenbändiger), Josef Danegger (Tragödienschreiber)

SPIELZEIT 1911/12

Deutsches Theater

DER FETTE CAESAR von Friedrich Freksa
UA, P: 26.8.1911 (3), R: Felix Hollaender, B: Gustav Knina, K: Ernst Stern, D: Paul Wegener (Julianus), Mary Dietrich (Fulvia), Riza Bajor (Marcia), Josef Wörz (Marcellus), Alfred Kühne (Creticus), Dietrich von Oppen (Ausonius), Ernst Lubitsch (Fibula), Jakob Tiedtke (Zosimus), Paula Ronay (Glauke), Paul Paulsen (Maximinianus), Carl Ebert (Longinus), Alfred Breiderhoff (Curio), George Henrich (Cirula), Friedrich Kühne (Burrus), Paul Conradi (Furius), Paul Paulsen (Haruspex), Alexander Ekert (Klopas)

PENTHESILEA von Heinrich von Kleist
P: 23.9.1911 (51), R: Felix Hollaender, B/K: Ernst Stern, M: Einar Nilson, D: Gertrud Eysoldt (Penthesilea), Margarete Kupfer (Prothoe), Mary Dietrich (Meroe), Irene Raphael (Asteria), Ellen Neustädter (Oberpriesterin), Alexander Moissi (Achilles), Josef Danegger (Odysseus), Josef Wörz (Diomedes), Carl Ebert (Antilochus), Alfred Breiderhoff (Hauptmann), Paul Conradi (Myrmidonier), Robert Hartberg (Ätolier), Paul Paulsen (Doloper), Fritz Kortner (Automedon), Wilhelm Techel (Griechenfürst)

TURANDOT von Carlo Gozzi
EA der Übersetzung von Karl Gustav Vollmoeller, P: 27.10.1911 (52), R: Max Reinhardt, B/K: Ernst Stern, M: Ferruccio Busoni, Dir: Oskar Fried, D: Gertrud Eysoldt (Turandot), Wilhelm Diegelmann (Altoum), Johanna Terwin (Adelma), Camilla Eibenschütz (Zelima), Emilie Kurz (Skirina), Friedrich Kühne (Barak), Alexander Moissi (Kalaf), Hans Pagay (Timur), Josef Danegger (Ismael), Victor Arnold (Pantalone), Paul Biensfeldt (Tartaglia), Jakob Tiedtke (Brighella), Hans Wassmann (Truffaldino)

DIE KASSETTE von Carl Sternheim
UA, P: 24.11.1911 (1), KS ab 26.11.1911 (10), R: Felix Hollaender, B: Gustav Knina, D: Albert Bassermann (Krull), Johanna Terwin (Fanny), Else Bassermann (Lydia Krull), Emilie Kurz (Elsbeth Treu), Hans Wassmann (Seidenschnur), Grete Berger (Emma), Albert Blumenreich (Dettmichel)

OFFIZIERE von Fritz von Unruh
UA, P: 15.12.1911 (10), R: Max Reinhardt, B: Gustav Knina, D: Paul Wegener (von Kracht), Leonor Fiebag (von Heidenberg), Paul Paulsen (Borke-Demmin), Paul Biensfeldt (Albemarle), Friedrich Kayßler (von Schlichting), Albert Bassermann (von Henner), Carl Ebert (von Detleffsen), Harry Liedtke (von Globinsky), Eduard von Winterstein (von Rüxleben), Hans Wassmann (Werckmeister), Wilhelm Bendow (von Favarger), Wilhelm Diegelmann (Götz)

DER ZORN DES ACHILLES von Wilhelm Schmidtbonn
P: 13.1.1912 (3), R: Felix Hollaender, B/K: Ernst Stern, D: Eduard von Winterstein (Agamemnon), Paul Wegener (Achilles), Wilhelm Diegelmann (Nestor), Eduard Rothauser (Odysseus), Josef Wörz (Ajax), Josef Danegger (Eurypylos), Fritz Kortner (Kromios), Ernst Karchow (Taltybios), Paul Paulsen (Eurybates), Alexander Moissi (Patroklos), Friedrich Kühne (Kalchas), Gina Mayer (Chryseis), Mary Dietrich (Briseis), Hans Pagay (Priamos), Elsa Wagner (Hekabe), Carl Ebert (Hektor), Fritz Hofbauer (Glaukos)

VIEL LÄRM UM NICHTS von William Shakespeare
P: 23.2.1912 (37), R: Max Reinhardt, B/K: Ernst Stern, M: Einar Nilson, D: Carl Ebert (Don Pedro), Wilhelm Diegelmann (Leonato), Paul Biensfeldt (Don Juan), Josef Wörz (Claudio), Albert Bassermann (Benedikt), Jakob Tiedtke (Antonio), Berthold Reissig (Balthasar), Friedrich Kühne (Borachio), Eduard Rothauser (Konrad), Hans Wassmann (Holzapfel), Victor Arnold (Schlehwein), Johanna Terwin (Hero), Else Heims (Beatrice), Else Bassermann (Margaretha), Käte Rosenberg (Ursula), Albert Blumenreich (Mönch)

GEORGE DANDIN oder DER BESCHÄMTE EHEMANN von Jean Baptiste Molière
P: 13.4.1912 (30), R: Max Reinhardt, B/K: Ernst Stern, M: Einar Nilson, C: Paul Mürich, D: Victor Arnold (Dandin), Else Heims (Angelique), Jakob Tiedtke (de Sotenville), Emilie Kurz (Madame de Sotenville), Harry Liedtke (Clitander), Johanna Terwin (Claudine), Paul Biensfeldt (Lubin), Ernst Lubitsch (Colin); in den Zwischenspielen: Alexander Moissi (Tirsis), Josef Danegger (Philen), Gertrud Hesterberg (Climene)

Kammerspiele

LANVÂL von Eduard Stucken
P: 9.9.1911 (20), R: Eduard von Winterstein, B: Ernst Stern, D: George Henrich (König Artus), Maria Vera (Königin Ginover), Eduard von Winterstein (Agravain), Paul Paulsen (Gawân), Camilla Eibenschütz (Lionors), Elly Rothe (Clarisin), Wilhelm Techel (Herzog Kadur), Ernst Karchow (Lanzelot), Robin Robert (Bischof Baldewin), Friedrich Kayßler (Lanvâl), Harry Liedtke (Briant)

VERTAUSCHTE SEELEN oder DIE KOMÖDIE DER AUFERSTEHUNGEN von Wilhelm von Scholz
P: 5.10.1911 (8), R: Eduard von Winterstein, B/K: Ernst Stern, D: George Henrich (Fadlallah), Mary Dietrich (Zemrouda), Paul Biensfeldt (Babelbeck), Paul Wegener (Kalab), Friedrich Kühne (Greis), Ernst Karchow (Zamruk), Victor Arnold (Dr. Tertan)

NATHAN DER WEISE von Gotthold Ephraim Lessing
P: 9.11.1911 (35), R: Felix Hollaender, B/K: Ernst Stern, D: Carl Ebert (Saladin), Riza Bajor (Sittah), Albert Bassermann (Nathan), Camilla Eibenschütz (Recha), Margarete Kupfer (Daja), Friedrich Kayßler (Tempelherr), Paul Wegener (Derwisch), Jakob Tiedtke (Patriarch), Hans Pagay (Klosterbruder)

EINE GLÜCKLICHE EHE von Peter Nansen
EA, P: 20.1.1912 (64), R: Felix Hollaender, B: Gustav Knina, D: Victor Arnold (Mogensen), Johanna Terwin (Nancy), Alexander Moissi (Dr. Jermer), Maria Vera (Lily), Harry Liedtke (Martin), Grete Berger (Marie)

MARGOT KANN MIR GESTOHLEN WERDEN
von Georges Courteline und Pierre Wolff
EA, P: 19.3.1912 (5), R: Robin Robert, B: Gustav Knina, D: Else Bassermann (Margot), Victor Arnold (Laurianne), Harry Liedtke (Lavernié), Berthold Reissig (Marvéjol), Paula Reimann (Camille), Annie Brabenetz (Ursula), Elly Rothe (Aurélie)
PIERROTS LETZTES ABENTEUER
von Victor Arnold (Pantomime)
P: dies. (5), R: Victor Arnold, B/K: Ernst Stern, M/Dir: Friedrich Bermann, D: Albert Bassermann (Pierrot), Else Bassermann (Pierrots Frau), Wilhelm Bendow (Pierrots Sohn), Hildegard Müller (Pierrots Tochter), Lyda Salmon (Pierrette)

DER FEIND UND DER BRUDER von Moritz Heimann
UA, P: 26.3.1912 (2), R: Felix Hollaender, D: Mary Dietrich (Laura Badoer), George Henrich (Stephan), Gina Mayer (Pallas), Alfred Breiderhoff (Graf Brazza), Josef Wörz (Tuzi), Friedrich Kühne (Sorri), Carl Ebert (Doge), Eduard Rothauser (Zeno), Fritz Profe (Dandoldo), Willi Prager (Flordomo), Elsa Wagner (Christina), Margarete Kupfer (Maddalena Massia)

MEIN FREUND TEDDY
von André Rivoire und Lucien Besnard
P: 7.5.1912 (198), R: Felix Hollaender, B: Ernst Stern, D: Leonor Fiebag (Didier-Morel), Else Heims (Madeleine), Gina Mayer (Francine), Wilhelm Diegelmann (Verdier), Wilhelm Bendow (D'Allonne), Hans Wassmann (Teddy Kimberley), Harry Liedtke (Bertin), Rosa Bertens (Madame Roucher), Paula Reimann (Mathilde), Beate Finkh (Juliette), Grete Berger (Yvonne)

Gastspiel Frank und Tilly Wedekind, Deutsches Theater

SO IST DAS LEBEN (KÖNIG NICOLO)
von Frank Wedekind
P: 1.6.1912 (4), R: Frank Wedekind, D: Frank Wedekind (Nicolo), Tilly Wedekind (Alma), Josef Klein (Pietro Folchi), Josef Wörz (Filipo Folchi), Dietrich Jenke (Valori), Robert Anders (Nardi), Siegfried Knöttig (Pandolfo/Theaterbesitzer), Josef Danegger (Gutsbesitzer/Theaterbesitzer), Josef Wilhelmi (Michele), Carl Dostal (Battista/Schauspieler), Ernst Karchow (Noè), Fritz Richard (Verteidiger), Max Ehrlich (Gerichtsaktuar), Fritz Kortner (Kerkermeister)

HIDALLA (KARL HETMANN, DER ZWERGRIESE)
von Frank Wedekind
P: 4.6.1912 (3), R: Frank Wedekind, D: Eduard Rothauser (Launhart), Else Bassermann (Berta Launhart), Tilly Wedekind (Fanny Kettler), Frank Wedekind (Karl Hetmann), George Henrich (Gellinghausen), Josef Danegger (Morosini), Paul Paulsen (von Brühl), Luise Werkmeister (Fürstin Sonnenburg-Hohenstein), Grete Berger (Mrs. Grant), Paula Ronay (Fritz), Fritz Richard (Cotrelly), Fritz Kortner (Dr. Mittenbach)

MUSIK von Frank Wedekind
P: 7.6.1912 (2), R: Frank Wedekind, D: Frank Wedekind (Reißner), Käte Rosenberg (Else Reißner), Tilly Wedekind (Klara Hühnerwadel), Eduard Rothauser (Gefängnisdirektor), Luise Werkmeister (Aufseherin), Josef Wörz (Lindekuh), Annibert Schröder (Hildegard), Josef Wilhelmi (Dr. Schwarzkopf)

DER ERDGEIST von Frank Wedekind
NE, P: 10.6.1912 (3) (EP 6.9.1907), R: Frank Wedekind, D: Albert Blumenreich (Dr. Goll), Frank Wedekind (Dr. Schön), Paul Paulsen (Alwa Schön), Josef Wörz (Schwarz), Ernst Karchow (Escerny), Eduard Rothauser (Schigolch), Robin Robert (Rodrigo), Paula Ronay (Hugenberg), Victor Arnold (Escherich), Tilly Wedekind (Lulu), Annibert Schröder (Gräfin Geschwitz), Fritz Kortner (Ferdinand)

OAHA, DIE SATIRE DER SATIRE von Frank Wedekind
P: 12.6.1912 (2), R: Frank Wedekind, D: Eduard von Winterstein (Olestierna), Tilly Wedekind (Leona), Frank Wedekind (Sterner), Paul Paulsen (von Tichatscheck), Konrad Lassen (Laube), George Henrich (Burry), Josef Danegger (Dr. Kilian), Rudolf Blümner (Bouterweck), Ernst Karchow (Dürr), Else Bassermann (Wanda Washington), Emilie Kurz (Scheuerfrau), Max Ehrlich (Oaha)

(DER) MARQUIS VON KEITH von Frank Wedekind
P: 15.6.1912 (2), R: Frank Wedekind, D: Josef Klein (Konsul Casimir), Else Bassermann (Hermann Casimir), Frank Wedekind (Marquis von Keith), Eduard von Winterstein (Scholz), Ellen Neustädter (Molly Griesinger), Tilly Wedekind (Anna Werdenfels), Friedrich Kühne (Saranieff), Carl Dostal (Zamrjaki), Josef Wilhelmi (Sommersberg), Carl Ebert (Raspe), Fritz Richard (Ostermeier), Willi Prager (Krenzl), Fritz Hofbauer (Grandauer), Paula Ronay (Sascha), Margarete Kupfer (Simba)

SPIELZEIT 1912/13

Deutsches Theater

DON JUAN von Carl Sternheim
UA, P: 13.9.1912 (2), R: Felix Hollaender, B/K: Ernst Stern, M: Otto Vrieslander, D: Paul Wegener (Philipp II.), Alexander Moissi (Don Juan), Victor Arnold (Ripio), Friedrich Kühne (Gomez), Eduard Rothauser (de Mendoza), Mary Dietrich (Laurentia de Mendoza), Gina Mayer (Maria de Mendoza), Marie Wolff (Aminta), Margarete Kupfer (Inez), Josef Wörz (de la Paz), Johanna Terwin (Mädchen), Fritz Kortner (Franzisko), Carl Ebert (Ottavio), Else Eckersberg (Marketenderin), Gina Mayer (Stimme der Kirche), Paul Biensfeldt (Mann), Ernst Lubitsch (Souffleur)

TOTENTANZ von August Strindberg
P: 27.9.1912 (15), R: Max Reinhardt, B: Gustav Knina, D: Paul Wegener (Edgar), Gertrud Eysoldt (Alice), Paul Biensfeldt (Kurt), Annie Brabenetz (Jenny), Emilie Kurz (Alte)

KÖNIG HEINRICH DER VIERTE (Erster Teil)
von William Shakespeare
P: 12.10.1912 (39), R: Max Reinhardt, B/K: Ernst Stern, D: Paul Wegener (Heinrich IV.), Alexander Moissi (Prinz Heinrich), Werner Schott (Lancaster), Paul Conradi (Westmoreland), Carl Ebert (Blunt), August Momber (Worcester), Alfred Breiderhoff (Northumberland), Albert Bassermann (Percy), George Henrich (Mortimer), Josef Wörz (Douglas), Josef Danegger (Glendower), Eduard Rothauser (Vernon), Wilhelm Diegelmann (Falstaff), Harry Liedtke (Poins), Erwin Kopp (Gadshill), Ernst Lubitsch (Peto), Friedrich Kühne (Bardolph), Else Heims (Lady Percy), Gina Mayer (Lady Mortimer), Paula Reimann (Frau Hurtig)

KÖNIG HEINRICH DER VIERTE (Zweiter Teil)
von William Shakespeare
P: 18.10.1912 (34), R: Max Reinhardt, B/K: Ernst Stern, M: Einar Nilson, D: Paul Wegener (Heinrich IV.), Alexander Moissi (Prinz Heinrich), Ernst Hofmann (Clarence), Werner Schott (Lancaster), Greta Schröder (Gloster), Eduard Rothauser (Warwick), Paul Conradi (Westmoreland), Julius Witt (Gower), Wilhelm Techel (Harcourt), Carl Ebert (Oberrichter), Alfred Breiderhoff (Northumberland), August Momber (Scroop), Paul Paulsen (Mowbray), Josef Wörz (Hastings), Josef Danegger (Lord Bardolph), Josef Wilhelmi (Travers), Fritz Kortner (Morton), Wilhelm Diegelmann (Falstaff), Friedrich Kühne (Bardolph), Paul Biensfeldt (Pistol), Else Eckersberg (Page), Harry Liedtke (Poins), Emil Lettner (Peto), Victor Arnold (Schaal), Hans Pagay (Stille), Maria Vera (Lady Northumberland), Else Heims (Lady Percy), Sofie Pagay (Frau Hurtig), Else Bassermann (Dortchen Lakenreißer), Leopoldine Konstantin (Das Gerücht als Prolog)

DER BLAUE VOGEL von Maurice Maeterlinck
P: 23.12.1912 (54), R: Max Reinhardt, B/K: Ernst Stern, M: Engelbert Humperdinck, Dir: Einar Nilson, D: Lia Rosen (Tyltyl), Mathilde Danegger (Myltyl), Mary Dietrich (Licht), Käte Rosenberg (Zauberin Berylune/Nachbarin Berlingot), Josef Klein (Vater Tyl), Else Heims (Mutter Tyl/Mutterliebe), Emilie Kurz (Großmutter Tyl), Friedrich Kühne (Genius der Zeit), Anna Feldhammer (Nacht), Karoline Möslein (Tochter der Berlingot), Fritz Richard (Hund), Gertrud Eysoldt (Katze), Wilhelm Diegelmann (Brot), Paul Biensfeldt (Zucker), Ernst Matray (Feuer), Johanna Terwin (Wasser), Friedrich Kühne (Wolf), Willi Prager (Schwein), Luise Werkmeister (Kuh), Josef Klein (Eiche), Paul Conradi (Tanne)

ASTRID von Eduard Stucken
UA, P: 24.1.1913 (2), R: Eduard von Winterstein, B/K: Paul von Schlippenbach, D: Alfred Breiderhoff (Olaf), Lothar Koerner (Kjartan), Fritz Kortner (Steinthor), Armin Schweizer (Halldor), Eduard von Winterstein (Bolli), Friedrich Kühne (Osvif), Paul Conradi (Ketill), Harry Liedtke (Thorolf), Mary Dietrich (Astrid), Elisabeth Weirauch (Hrefna), Elsa Wagner (Geirrid), Josef Danegger (Arnmod)

DER LEBENDE LEICHNAM von Lev Tolstoj
EA, P: 7.2.1913 (128), R: Max Reinhardt, B: Gustav Knina, D: Alexander Moissi (Fedor Protasov), Lucie Höflich (Liza), Hildegard Müller (Miša), Gina Mayer (Saša), Margarete Kupfer (Anna Pavlovna), Eduard von Winterstein (Karenin), Rosa Bertens (Anna Dmitrievna), Johanna Terwin (Maš), Alfred Breiderhoff (Ivan Makarovic), Elsa Wagner (Nastas'ja Ivanovna), Eugenie Ratimirova (Zigeunerin), Paul Conradi (Stachow), Josef Wilhelmi (Butkevic), Wilhelm Diegelmann (Aleksandrov), Carl Ebert (Petruškov), Friedrich Kühne (Artemiev), Josef Klein (Untersuchungsrichter), Hermann [Alexander] Granach (Kellner)

DER KAMPF UMS ROSENROTE von Ernst Hardt
NV: 7.2.1913 (1), D: Rudolf Blümner (Vater), Alexander Ekert (Schmierenkomödiant), Adalbert Ulrici (Brück), Ilse Ghiberti (Käthe), Ernst Dumcke (Vult)

Kammerspiele

MARIA MAGDALENE von Friedrich Hebbel
P: 12.11.1912 (31), R: Felix Hollaender, B: Gustav Knina, D: Albert Bassermann (Meister Anton), Rosa Bertens (seine Frau), Lucie Höflich (Klara), August Momber (Karl), Alfred Abel (Leonhard), Carl Ebert (Sekretär), George Henrich (Wolfram), Josef Wilhelmi (Adam)

FIORENZA von Thomas Mann
P: 3.1.1913 (6), R: Eduard von Winterstein, B: Paul von Schlippenbach, D: Paul Wegener (Lorenzo de Medici), Fritz Kortner (Piero de Medici), Wilhelm Bendow (Kardinal), Mary Dietrich (Fiore), Lothar Koerner (Prior), Josef Danegger (Mirandola), Eduard Rothauser (Poliziano), Josef Wilhelmi (Ficino), Willi Prager (Pulci), Fritz Richard (Pierleoni), Paul Paulsen (Grifone), Wilhelm Techel (Romano), Werner Schott (Ghino), Jakob Tiedtke (Leone), August Momber (Aldobrandino), Ernst Waldow (Simonesto), Alfred Breiderhoff (Gambi), Harry Liedtke (Ognibene)

SCHÖNE FRAUEN von Etienne Rey
P: 17.1.1913 (45), R: Felix Hollaender, B: Gustav Knina, D: Albert Bassermann (François), Camilla Eibenschütz (Germaine), Paul Biensfeldt (Jacques), Else Bassermann (Marthe), Johanna Terwin (Lucienne), Leopoldine Konstantin (Frau Duroy)

BÜRGER SCHIPPEL von Carl Sternheim
UA, P: 5.3.1913 (27), R: Max Reinhardt, B: Gustav Knina, D: Erich Kaiser-Titz (Fürst), Wilhelm Diegelmann (Hicketier), Cornelie Gebühr (Jenny), Lucie Höflich (Thekla), Paul Biensfeldt (Krey), Victor Arnold (Wolke), Alfred Abel (Schippel), Willi Prager (Arzt), Adolf Baumann (Müller), Heinrich von Reichardt (Schultze)

DIE EINNAHME VON BERG-OP-ZOOM
von Sacha Guitry
EA, P: 4.4.1913 (43), R: Richard Ordynski, B: Ernst Stern, D: Hans Wassmann (Hériot), Paul Biensfeldt (Vannaire), Leopoldine Konstantin (Paulette), Jakob Tiedtke (Vidal), Käte Rosenberg (Frau Vidal), Harry Liedtke (Rocher), Else Bassermann (Lulu), Paul Paulsen (Dr. Schütz), Willi Prager (La Cobette), Fritz Richard (Duroseau), Marie Andor (Frau Duroseau), Albert Blumenreich (Goldenblum)

DER BUND DER SCHWACHEN von Schalom Asch
EA, P: 9.5.1913 (4), R: Felix Hollaender, B: Gustav Knina, D: Josef Klein (Stepan Berkowitsch), Anna Feldhammer (Jadwiga Berkowitsch), George Henrich (Andraschi), Gertrud Eysoldt (Helenka), Eva Karehn (Jascha), Lotte Müller (Talscha), Fritz Richard (Malermeister), Lothar Müthel, Alexander Granach (Studenten)

KAISERLICHE HOHEIT
von Josina Adriana Simons-Mees
P: 4.6.1913 (79), R: Felix Hollaender, B: Gustav Knina, D: Leonor Fiebag (Boris), Otto Krauß (Graf Wladimir), Hans Wassmann (van Erkelenz), Beatrice Altenhofer (Else), Harry Liedtke (von Berlevoort), Wilhelm Bendow (Potter), Richard Perlberg (Walsum), Elsa Wagner (Gräfin Dawydoff), Grete Berger (Baronesse Ram), Else Eckersberg (Mlle. Mimi), Konrad Veidt (Polizeipräfekt), Ernst Lubitsch (Journalist), Alexander Granach (Photograph), Paula Ronay (Stubenmädchen)

SPIELZEIT 1913/14

Deutsches Theater

TORQUATO TASSO von Johann Wolfgang von Goethe
P: 27.9.1913 (24), R: Max Reinhardt, B/K: Ernst Stern, D: Eduard von Winterstein (Alphons II.), Else Heims (Leonore von Este), Leopoldine Konstantin (Leonore Sanvitale), Alexander Moissi (Tasso), Alfred Abel (Antonio)

EMILIA GALOTTI von Gotthold Ephraim Lessing
P: 31.10.1913 (12), R: Max Reinhardt, B/K:Ernst Stern, D: Lucie Höflich (Emilia Galotti), Eduard von Winterstein (Galotti), Anna Feldhammer (Claudia), Alexander Moissi (Gonzaga), Albert Bassermann (Marinelli), Hans Pagay (Rota), Josef Danegger (Conti), Carl Ebert (Appiani), Mary Dietrich (Orsina), Friedrich Kühne (Angelo), Gustav Roos (Pirro), Richard Perlberg (Battista), Wilhelm Techel (Kammerdiener)

EIN SOMMERNACHTSTRAUM
von William Shakespeare (Shakespeare-Zyklus I)
NE, P: 14.11.1913 (62) (EP 7.6.1906), R: Max Reinhardt, B/K: Ernst Stern, M: Felix Mendelssohn Bartholdy, Dir: Einar Nilson, D: Josef Danegger (Theseus), Friedrich Kühne (Egeus), Werner Lotz (Lysander), Ernst Dumcke (Demetrius), Wilhelm Murnau (Philostrat), Josef Klein (Squenz), Wilhelm Diegelmann (Schnock/Löwe), Hans Wassmann (Zettel/Pyramus), Victor Arnold (Flaut/Thisbe), Ernst Lubitsch (Schnauz/Wand), Ernst Matray (Schlucker/Mond), Mary Dietrich (Hippolyta), Johanna Terwin (Hermia), Else Heims (Helena), Alexander Moissi (Oberon), Leopoldine Konstantin (Titania), Gertrud Eysoldt (Puck), Elly Rothe (Elfe)

VIEL LÄRM UM NICHTS
von William Shakespeare (Shakespeare-Zyklus II)
NE, P: 21.11.1913 (20) (EP 23.2.1912), R: Max Reinhardt, B/K: Ernst Stern, D: Carl Ebert (Don Pedro), Wilhelm Diegelmann (Leonato), Paul Biensfeldt (Don Juan), Felix Knüpfer (Claudio), Albert Bassermann (Benedikt), Josef Klein (Antonio), Berthold Reissig (Balthasar), Friedrich Kühne (Borachio), Eduard Rothauser (Conrad), Hans Wassmann (Holzapfel), Victor Arnold (Schlehwein), Cornelie Gebühr (Hero), Else Heims (Beatrice), Elsa Wagner (Margaretha), Käte Rosenberg (Ursula)

HAMLET, PRINZ VON DÄNEMARK
von William Shakespeare (Shakespeare-Zyklus III)
NE, P: 1.12.1913 (100) (EP 16.10.1909), R: Max Reinhardt, B: Fritz Erler, Ernst Stern, M: Anton Beer-Walbrunn, D: Werner Krauß (Claudius), Alexander Moissi/Albert Bassermann (Hamlet), Victor Arnold (Polonius), Eduard von Winterstein (Horatio), Fritz Delius (Laertes), Erwin Kopp (Voltimand), Eugen Felber (Cornelius), Hans Wassmann (Rosenkranz), Ernst Dumcke (Güldenstern), Josef Wilhelmi (Osrick), Alfred Breiderhoff (Marcellus), Wilhelm Murnau (Bernardo), Wilhelm Techel (Francisco), Josef Danegger (Geist), Carl Ebert (Fortinbras), Rosa Bertens (Gertrude), Else Eckersberg (Ophelia), Rudolf Schildkraut (1. Schauspieler), Hans Pagay, Ernst Lubitsch (Totengräber)

DER KAUFMANN VON VENEDIG
von William Shakespeare (Shakespeare-Zyklus IV)
NE, P: 15.12.1913 (38) (EP 9.11.1905), R: Max Reinhardt, B/K: Ernst Stern, M: Engelbert Humperdinck, Dir: Gunnar Ahlberg, D: Wilhelm Diegelmann (Doge), Alfred Breiderhoff (Marocco), Hans Wassmann (Arragon), Carl Ebert (Antonio), Fritz Delius (Bassanio), Max Nemetz (Solanio), Josef Schildkraut (Salarino), Alexander Moissi (Graziano), Werner Lotz (Lorenzo), Albert Bassermann (Shylock), Victor Arnold (Tubal), Werner Krauss (Lanzelot Gobbo), Hans Pagay (Alter Gobbo), Fritz Richard (Gerichtsschreiber), Else Heims (Porzia), Else Bassermann (Nerissa), Camilla Eibenschütz (Jessica)

KÖNIG LEAR
von William Shakespeare (Shakespeare-Zyklus V)
NE, P: 15.1.1914 (27) (EP 30.12.1883), R: Max Reinhardt, B/K: Ernst Stern (nach Carl Czeschka), M: Friedrich Bermann, D: Albert Bassermann (Lear), Werner Lotz (Frankreich), Lothar Müthel (Burgund), Alfred Breiderhoff (Cornwall), Carl Ebert (Albanien), Josef Klein (Gloster), Werner Krauss (Edgar), Josef Danegger (Edmund), Eduard von Winterstein (Kent), Alexander Moissi (Narr), Friedrich Kühne (Oswald), Fritz Richard (Arzt), Leopoldine Konstantin (Goneril), Anna Feldhammer (Regan), Camilla Eibenschütz (Cordelia)

ROMEO UND JULIA
von William Shakespeare (Shakespeare-Zyklus VI)
NE, P: 28.1.1914 (18) (EP 15.3.1884), R: Max Reinhardt, B/K: Ernst Stern, M: Friedrich Bermann, D: Carl Ebert (Escalus), Hanns Unterkircher (Paris), Eduard Rothauser (Montague), Wilhelm Diegelmann (Capulet), Alexander Moissi (Romeo), Josef Danegger (Mercutio), Fritz Delius (Benvolio), Eduard von Winterstein (Tybalt), Hans Pagay (Lorenzo), Paula Ronay (Balthasar), Ernst Lubitsch (Simson), Hans Wassmann (Peter), Fritz Richard (Apotheker), Maria Kromer (Gräfin Montague), Anna Feldhammer (Gräfin Capulet), Camilla Eibenschütz (Julia), Margarete Kupfer (Amme), Johanna Terwin (Prolog)

KÖNIG HEINRICH DER VIERTE (Erster Teil)
von William Shakespeare (Shakespeare-Zyklus VII)
NE, P: 11.2.1914 (5) (EP 12.10.1912), R: Max Reinhardt, B/K: Ernst Stern, D: Josef Klein (Heinrich IV.), Alexander Moissi (Prinz Heinrich), Lothar Müthel (Lancaster), Konrad Veidt (Westmoreland), Carl Ebert (Blunt), Heinrich Witte (Worcester), Alfred Breiderhoff (Northumberland), Albert Bassermann (Percy), Fritz Delius (Mortimer), Wilhelm Murnau (Archibald), Josef Danegger (Glendower), Josef Wilhelmi (Vernon), Wilhelm Diegelmann (Falstaff), Ernst Dumcke (Poins), Erwin Kopp (Gadshill), Ernst Lubitsch (Peto), Friedrich Kühne (Bardolph), Else Heims (Lady Percy), Else Bassermann (Lady Mortimer), Sofie Pagay (Frau Hurtig)

KÖNIG HEINRICH DER VIERTE (Zweiter Teil)
von William Shakespeare (Shakespeare-Zyklus VIII)
NE, P: 20.2.1914 (5) (EP 18.10.1912), R: Max Reinhardt, B/K: Ernst Stern, M: Einar Nilson, D: Josef Klein (Heinrich IV.), Alexander Moissi (Prinz Heinrich), Ernst Hofmann (Clarence), Lothar Müthel (Lancaster), Paula Ronay (Gloster), Eduard Rothauser (Warwick), Konrad Veidt (Westmoreland), Julius Witt (Gower), Wilhelm Techel (Harcourt), Alfred Breiderhoff (Northumberland), Fritz Richard (Scroop), Hanns Unterkirchner (Mowbray), Max Nemetz (Hastings), Josef Danegger (Lord Bardolph), Josef Wilhelmi (Travers), Heinrich Witte (Morton), Wilhelm Diegelmann (Falstaff), Friedrich Kühne (Bardolph), Paul Biensfeldt (Pistol), Ernst Dumcke (Poins), Emil Lettner (Peto), Victor Arnold (Schaal), Hans Pagay (Stille), Else Eckersberg (Page), Maria Vera (Lady Northumberland), Else Heims (Lady Percy), Sofie Pagay (Frau Hurtig), Else Bassermann (Dortchen Lakenreißer), Leopoldine Konstantin (Das Gerücht als Prolog)

WAS IHR WOLLT oder FASTNACHT
von William Shakespeare (Shakespeare-Zyklus IX)
NE, P: 13.3.1914 (83) (EP 17.10.1907), R: Max Reinhardt, B/K: Ernst Stern, M: Engelbert Humperdinck, Dir: Einar Nilson, D: Carl Ebert (Orsino), Lothar Müthel (Sebastian), Josef Klein (Antonio), Alfred Breiderhoff (Kapitän), Wilhelm Murnau (Valentin), Felix Knüpfer (Curio), Wilhelm Diegelmann (Rülps), Hans Wassmann (Bleichenwang), Albert Bassermann (Malvolio), Ernst Lubitsch (Fabian), Alexander Moissi (Narr), Else Heims (Olivia), Johanna Terwin (Viola), Lucie Höflich (Maria)

SCHEITERHAUFEN von August Strindberg
NV, P: 9.4.1914 (1), KS (31), R: Max Reinhardt, B: Ernst Stern, D: Rosa Bertens (Mutter), Alexander Moissi (Sohn), Else Bassermann (Tochter), Alfred Abel (Eidam), Emilie Kurz (Grete)

OTHELLO
von William Shakespeare (Shakespeare-Zyklus X)
NE, P: 18.5.1914 (5) (EP 10.12.1910), R: Max Reinhardt, B/K: Ernst Stern, D: Josef Klein (Herzog), Wilhelm Diegelmann (Brabantio), Fritz Richard (Gratiano), Fritz Delius (Lodovico), Albert Bassermann (Othello), Josef Danegger (Cassio), Eduard von Winterstein (Jago), Paul Biensfeldt (Rodrigo), Carl Ebert (Montano), Else Heims (Desdemona), Margarete Kupfer (Emilia)

Kammerspiele

VENEZIANISCHES ABENTEUER EINES JUNGEN MANNES von Karl Gustav Vollmoeller (Pantomime)
EA, P: 29.8.1913 (8), R: Max Reinhardt, B: Ernst Stern, M: Friedrich Bermann, Einar Nilson, D: Maria Carmi (Marchesina), Josef Klein (Bräutigam), Paul Biensfeldt (Fremder), Berthold Reissig (Wirt), Georg Hötzel (Trapolla), Ernst Matray (Trastullo)
DIE STÄRKERE von August Strindberg
P: dies. (4), R: Berthold Held, B: Ernst Stern, D: Leopoldine Konstantin (Frau X), Gertrud Eysoldt (Fräulein Y)

FRANZISKA von Frank Wedekind
P: 5.9.1913 (25), R: Frank Wedekind, D: Ernst Dumcke (Herzog), Maria Kromer (Herzogin/Gespensterschreck), Leonor Fiebag (von Hohenkemnath/Kiesgräber), Gertrud Hackelberg (Gislind von Glonnthal), Friedrich Kühne (Pater Emmeran), Paul Biensfeldt (Polizeipräsident/Bein), Emilie Kurz (Frau Eberhardt), Tilly Wedekind a.G. (Franziska), Werner Lotz (Dr. Hofmiller), Frank Wedekind a.G. (Veit Kunz), Carl Swinborne (Dr. Malkolm), Ernst Lubitsch (Kullmann), Willi Prager (Hagelmeier), Elsa Wagner (Rohrdommel), Else Eckersberg (Mausi), Carl Ebert (Dirckens), Cornelie Gebühr (Sophie), Alfred Breiderhoff (Drache/Hundekopf), Josef Danegger (Breitenbach), Ernst Lubitsch (Fahrstuhl)

DIE GOLDENEN PALMEN (L'HABIT VERT)
von Robert de Flers und Gaston de Caillavet
EA, P: 1.10.1913 (7), R: Richard Ordynski, B: Gustav Knina, D: Hans Wassmann (Graf Hubert), Victor Arnold (Herzog), Paul Biensfeldt (Parmeline), Gustav Roos (Durand), Leonor Fiebag (Bénin), Eduard Rothauser (Roussy), Konrad Veidt (Schloßkommandant), Fritz Richard (Alterspräsident), Rosa Bertens (Herzogin), Johanna Terwin (Brigitte)

MUSIK von Frank Wedekind
P: 9.10.1913 (4), R: Eduard von Winterstein, D: Eduard von Winterstein (Reißner), Käte Rosenberg (Else Reißner), Camilla Eibenschütz (Klara Hühnerwadel), Eduard Rothauser (Gefängnisdirektor), Margarete Kupfer (Aufseherin), Werner Krauss (Lindekuh), Melanie Wedelhorst (Hildegard), Josef Wilhelmi (Dr. Schwarzkopf)

DER VERLORENE SOHN von Wilhelm Schmidtbonn
UA, P: 24.10.1913 (29), R: Max Reinhardt, B/K: Ernst Stern, M: Aladár Radó, D: Rudolf Schildkraut (Joa), Rosa Bertens (Elisa), Josef Danegger (Gaal), Josef Schildkraut (Jether), Gertrud Hackelberg (Manoah), Max Nemetz (Korah), Hans Pagay (Chus), Alfred Breiderhoff (Henoch), Elsa Wagner (Abja), Else Eckersberg (Kis), Josef Wilhelmi (Seth), Lothar Müthel (Kenan), Berthold Reissig (Gomer), Gustav Roos (Madai), Wilhelm Murnau (Put)

ANDROKLUS UND DER LÖWE
von George Bernard Shaw
EA, P: 25.11.1913 (18), R: Richard Ordynski, B/K: Ernst Stern, M: Gunnar Ahlberg, D: Victor Arnold (Androklus), Ernst Matray (Löwe), Egon Friedell (Kaiser), Wilhelm Diegelmann (Ferrovius), Ernst Dumcke (Hauptmann), Gustav Roos (Centurio), Werner Krauss (Spintho), Wilhelm Techel (Retiarius), Margarete Kupfer (Megära), Mary Dietrich (Lavinia)

WETTERLEUCHTEN von August Strindberg
P: 10.12.1913 (100), R: Max Reinhardt, B: Gustav Knina, D: Albert Bassermann (Herr), Eduard von Winterstein (Bruder), Paul Biensfeldt (Starck), Gertrud Hackelberg (Agnes), Else Bassermann (Luise), Gertrud Eysoldt (Gerda)

DIE PARISERIN von Henry Becque
P: 29.12.1913 (16), R: Carl von Gersdorff, B: Gustav Knina, D: Gertrud Eysoldt (Clothilde), Paul Biensfeldt (Du Mesnil), Ernst Dumcke (Lafont), Carl Swinborne (Simpson), Frieda Lemke (Adèle)

DER SNOB von Carl Sternheim
UA, P: 2.2.1914 (55), R: Max Reinhardt, B: Gustav Knina, D: Victor Arnold (Theobald Maske), Cornelie Gebühr (Luise Maske), Albert Bassermann (Christian Maske), Eduard von Winterstein (Graf Palen), Leopoldine Konstantin (Marianne), Else Bassermann (Sybil Hull)

VOM TEUFEL GEHOLT von Knut Hamsun
EA, P: 6.3.1914 (6), R: Max Reinhardt, B: Gustav Knina, M: Ilja Saz, D: Victor Arnold (Alter Gihle), Gertrud Eysoldt (Juliane), Alfred Abel (Blumenschön), Rudolf Schildkraut (Peter Bast), Paul Biensfeldt (Lynum), Johanna Terwin (Fanny Norman), Willi Prager (Aron Gislesen), Alexander Moissi (Fredriksen), Alexander Granach (Boy), Fritz Richard (Theodor)

DIE GELBE JACKE
von George Cochrane Hazelton und J. Harry Benrimo
P: 30.3.1914 (13), R: Max Reinhardt, B/K: Paul von Schlippenbach, M: Walter Fürst, D: Rudolf Schildkraut (Bühnenmeister), Victor Arnold (Chorus), Alfred Breider-

hoff (Wu Sin Yin), Leopoldine Konstantin (Due Jung Fah), Johanna Terwin (Tso), Wilhelm Diegelmann (Tai Fah Min), Gertrud Eysoldt (Chee Moo), Friedrich Kühne (Ling Won), Paul Biensfeldt (Yin Suey Gong), Paula Ronay (Yong Soo Kow), Else Eckersberg (Chow Wan), Camilla Eibenschütz (Moy Fah Loy), Margarete Kupfer (See Noi)

FREIHEIT von Max Halbe
P: 28.4.1914 (3), R: Eduard von Winterstein, D: Alfred Breiderhoff (van Steen), Lothar Müthel (Karl August), Werner Krauß (Lichtenhagen), Carl Ebert (Gustav), Margarete Kupfer (Wilhelmine Ahrenfeld), Gertrud Hackelberg (Friederike), Else Eckersberg (Laura), Werner Lotz (Christian), Ernst Dumcke (Volkmarshausen), Friedrich Kühne (Domanski-Peranini), Eduard von Winterstein (de Kaltschmid), Konrad Veidt (Beyle)

Gastspiel Frank und Tilly Wedekind, Kammerspiele

FRANZISKA von Frank Wedekind
UA der Versbearbeitung, P: 31.5.1914 (4), R: Frank Wedekind, D: Ernst Dumcke (Herzog), Maria Kromer (Herzogin/Gespensterschreck), Eduard Rothauser (von Hohenkemnath), Else Eckersberg (Gislind von Glonnthal), Friedrich Kühne (Pater Emmeran), Paul Biensfeldt (Polizeipräsident), Emilie Kurz (Frau Eberhardt), Tilly Wedekind a.G. (Franziska), Carl Swinborne (Dr. Hofmiller), Frank Wedekind a.G. (Veit Kunz), Alfred Breiderhoff (Dr. Malkolm/Breitenbach), Heinrich Witte (Kiesgräber/Hundekopf), Ernst Lubitsch (Kullmann), Werner Krauss (Bein), Else Eckersberg (Mausi), Carl Ebert (Dirckens/Almex), Ernst Lubitsch (Fahrstuhl)

DER MARQUIS VON KEITH von Frank Wedekind
P: 1.6.1914 (3), R: Frank Wedekind, D: Josef Klein (Konsul Casimir), Else Bassermann (Hermann), Frank Wedekind a.G. (Marquis von Keith), Eduard von Winterstein (Scholz), Cornelie Gebühr (Molly Griesinger), Tilly Wedekind a.G. (Anna Werdenfels), Friedrich Kühne (Saranieff), Alexander Granach (Zamrjaki), Josef Wilhelmi (Sommersberg), Ernst Hofmann (Raspe), Paula Ronay (Sascha), Margarete Kupfer (Simba)

DER ERDGEIST von Frank Wedekind
P: 2.6.1914 (17), R: Frank Wedekind, D: Albert Blumenreich (Dr. Goll), Frank Wedekind a.G. (Dr. Schön), Carl Swinborne (Alwa Schön), Werner Lotz (Schwarz), Ernst Dumcke (Escerny), Eduard Rothauser (Schigolch), Alfred Breiderhoff (Rodrigo), Else Eckersberg (Hugenberg), Ernst Lubitsch (Escherich), Tilly Wedekind a.G. (Lulu), Annibert Schröder (Gräfin Geschwitz), Wilhelm Techel (Ferdinand), Grete Bendorff (Henriette)

OAHA, DIE SATIRE DER SATIRE von Frank Wedekind
P: 4.6.1914 (2), R: Frank Wedekind, D: Eduard von Winterstein (Olestierna), Tilly Wedekind a.G. (Leona), Frank Wedekind a.G. (Sterner), Carl Swinborne (von Tichatscheck), Ernst Lubitsch (Laube), Heinrich Witte (Burry), Josef Klein (Dr. Kilian), Werner Krauß (Bouterweck), Fritz Richard (Vollmann), Erwin Kopp (Dürr), Else Bassermann (Wanda Washington), Selman Nilsson (Oaha)

HIDALLA von Frank Wedekind
P: 5.6.1914 (2), R: Frank Wedekind, D: Werner Krauss (Rudolf Launhart), Else Bassermann (Berta Launhart), Tilly Wedekind a.G. (Fanny Kettler), Frank Wedekind a.G. (Hetmann), Carl Swinborne (Gellinghausen), Josef Danegger (Morosini), Werner Lotz (von Brühl), Elsa Wagner (Marie von Sonnenburg-Hohenstein), Beate Finkh (Mrs. Grant), Paula Ronay (Fritz), Fritz Richard (Cotrelly), Karl Zander (Dr. Mittenbach)

DER STEIN DER WEISEN oder LAUTE, ARMBRUST UND PEITSCHE von Frank Wedekind
P: 9.6.1914 (2), R: Frank Wedekind, D: Werner Krauß (Pater Porphyrion), Frank Wedekind a.G. (Valentinus), Tilly Wedekind a.G. (Leonhard/Kunz von Blutenburg/Lamia/Guendolin)

DER KAMMERSÄNGER von Frank Wedekind
P: dies. (2), R: ders., D: Frank Wedekind a.G. (Gerardo), Tilly Wedekind a.G. (Frau Marowa), Werner Krauss (Prof. Dühring), Else Eckersberg (Miß Coeurne), Richard Perlberg (Müller)

SPIELZEIT 1914/15

Deutsches Theater

PRINZ FRIEDRICH VON HOMBURG
von Heinrich von Kleist
NE, P: 28.8.1914 (9) (14.9.1907), R: Max Reinhardt, B: Ernst Stern, D: Wilhelm Diegelmann (Kurfürst), Rosa Bertens (Kurfürstin), Lucie Höflich (Natalie), Josef Klein (Dörfling), Fritz Delius (Prinz von Homburg), Werner Krauss (Kottwitz), Friedrich Kühne (Hennings), Alfred Breiderhoff (Truchß), Eduard von Winterstein (Hohenzollern), Carl Bernhardt (Sparren), Konrad Veidt (Stranz), Carl Ebert (Mörner), Else Eckersberg (Page)

ZOPF UND SCHWERT von Karl Gutzkow
P: 12.9.1914 (7), R: Felix Hollaender, B/K: Ernst Stern, D: Wilhelm Diegelmann (Friedrich Wilhelm I.), Rosa Bertens (Königin), Else Heims (Prinzessin Wilhelmine), Ernst Dumcke (Erbprinz), Werner Krauss (von Grumbkow), William Huch (Schwerin), Albert Blumenreich (Wartensleben), Hans Wassmann (Seckendorf), Paul Biensfeldt (Hotham), Emilie Kurz (Frau von Viereck), Leopoldine Konstantin (Fräulein von Sonnsfeld), Fritz Delius (Eckhof), Konrad Veidt (Kamke)

„1914" von Wilhelm Schmidtbonn
UA, P: 25.9.1914 (10), D: Lucie Höflich (Junge Frau), Eduard von Winterstein (Bauer), Jakob Feldhammer (Arbeiter), Werner Krauss (Fabrikherr), Alfred Breiderhoff (Krieg)
WALLENSTEINS LAGER von Friedrich Schiller
P: dies., (10), R: Max Reinhardt, B/K: Ernst Stern, D: Wilhelm Diegelmann (Wachtmeister), Josef Klein (Trompeter), Erwin Kopp (Konstabler), Alfred Breiderhoff (Buttlerischer Dragoner), Carl Ebert (Wallonischer Kürassier), Fritz Delius (Lombardischer Kürassier), Felix Dahn (Dragoner), Ernst Matray (Kroat), Konrad Veidt (Ulan), Lothar Müthel (Rekrut), Fritz Richard (Bauer), Fritz Rasp (Bauernknabe), Hans Wassmann (Kapuziner), Margarete Kupfer (Marketenderin), Else Eckersberg (Aufwärterin)

DIE PICCOLOMINI von Friedrich Schiller
P: 9.10.1914 (36), R: Max Reinhardt, B/K: Ernst Stern, D: Albert Bassermann (Wallenstein), Eduard von Winterstein (Piccolomini), Paul Hartmann (Max), Josef Klein (Terzky), Wilhelm Diegelmann (Illo), Friedrich Kühne (Isolani), Bruno Decarli (Buttler), Ernst Benzinger (Tiefenbach), Konrad Veidt (Maradas), Gustav Roos (Götz), Hanns Unterkircher (Colalto), Josef Danegger (Questenberg), Fritz Richard (Seni), Hedwig Pauly (Herzogin von Friedland), Else Heims (Thekla), Rosa Bertens (Gräfin Terzky), Lothar Müthel (Kornet)

WALLENSTEINS TOD von Friedrich Schiller
P: 13.11.1914 (27), R: Max Reinhardt, B/K: Ernst Stern, D: Albert Bassermann (Wallenstein), Eduard von Winterstein (Piccolomini), Paul Hartmann (Max), Josef Klein (Terzky), Wilhelm Diegelmann (Illo), Friedrich Kühne (Isolani), Bruno Decarli (Buttler), Konrad Veidt (Neumann), Werner Krauss (Wrangel), Josef Danegger (Gordon), Fritz Rasp (1. Kürassier), Alfred Breiderhoff (Deveroux), Ernst Benzinger (Macdonald), Carl Ebert (Schwedischer Hauptmann), Wilhelm Techel (Bürgermeister von Eger), Fritz Richard (Seni), Hedwig Pauly (Herzogin von Friedland), Rosa Bertens (Gräfin Terzky), Else Heims (Thekla)

GENOVEVA von Friedrich Hebbel
P: 8.12.1914 (3), R: Felix Hollaender, B: Gustav Knina, K: Ernst Stern, D: Carl Ebert (Pfalzgraf), Mary Dietrich (Genoveva), Werner Krauss (Golo), Margarete Kupfer (Katharina), Anna Feldhammer (Alte Margaretha), Konrad Veidt (Hildebrant), Fritz Richard (Drago), Alfred Breiderhoff (Balthasar), Lothar Müthel (Edelknecht), Friedrich Kühne (Toller Klaus), Josef Danegger (Alter Jude)

DAS WINTERMÄRCHEN
von William Shakespeare (Shakespeare-Zyklus XI)
NE, P: 30.12.1914 (28) (EP 15.9.1906), R: Max Reinhardt, B/K: Emil Orlik, M: Engelbert Humperdinck, Dir: Einar Nilson, D: Eduard von Winterstein (Leontes), Else Heims (Hermione), Gertrud Hackelberg (Perdita), Josef Klein (Camillo), Wilhelm Diegelmann (Antigonus), Fritz Rasp (Cleomenes), Dietrich Jenke (Dion), Margarete Kupfer (Paulina), Carl Ebert (Polyxenes), Lothar Müthel (Florizel), Eugen Klimm (Archidamus), Johanna Hofer (Emilia), Alfred Breiderhoff (Oberrichter), Fritz Richard (Alter Schäfer), Hans Wassmann (Junger Schäfer), Werner Krauss (Antolycus), Else Eckersberg (Mopsa), Paula Ronay (Dorcas), Johanna Terwin (Zeit)

RAPPELKOPF oder ALPENKÖNIG UND MENSCHENFEIND von Ferdinand Raimund
P: 18.1.1915 (46), R: Max Reinhardt, B/K: Ernst Stern, M: Max Marschalk, Dir: Einar Nilson, D: Josef Danegger (Astragalus), Ernst Matray (Linarius), Alfred Breiderhoff (Alpanor), Max Pallenberg (Rappelkopf), Cornelie Gebühr (Sophie), Johanna Terwin (Malchen), Josef Klein (Silberkern), Paul Hartmann (Dorn), Camilla Eibenschütz (Lieschen), Wilhelm Diegelmann (Habakuk), Fritz Richard (Glühwurm), Sofie Pagay (Marthe), Friedrich Kühne (Sebastian), Margarete Kupfer (Sabina), Mathilde Danegger (Andres), Lothar Müthel (Franzel)

SCHLUCK UND JAU von Gerhart Hauptmann
P: 18.3.1915 (42), R: Max Reinhardt, B/K: Ernst Stern, M: Max Marschalk, Dir: Einar Nilson, D: Eduard von Winterstein (Jon Rand), Bruno Decarli (Karl), Josef Danegger (Malmstein), Else Eckersberg (Sidselill), Cornelie Gebühr (Frau Adeluz), Hans Wassmann (Jau), Max Pallenberg (Schluck), Lothar Müthel (Hadit), Wilhelm Techel (Haushofmeister), Ernst Lubitsch (Pelzhändler)

MARIA MAGDALENE von Friedrich Hebbel
NE, P: 5.5.1915 (6) (EP 5.11.1901), R: Felix Hollaender, B: Gustav Knina, D: Bruno Decarli (Meister Anton), Sofie Pagay (seine Frau), Lucie Höflich (Klara), Werner Krauss (Karl), Paul Biensfeldt (Leonhard), Paul Hartmann (Sekretär), Fritz Richard (Wolfram)

DIE MITSCHULDIGEN von Johann Wolfgang Goethe
P: 21.5.1915 (9), NE (EP 4.1.1907), R: Max Reinhardt, B/K: Ernst Stern, D: Hans Wassmann (Wirt), Johanna Terwin (Sophie), Paul Biensfeldt (Söller), Eduard von Winterstein (Alcest)
DAS JAHRMARKTSFEST ZU PLUNDERSWEILERN
von Johann Wolfgang Goethe
P: dies. (9), R: ders., B/K: ders., M: Anna Amalia von Sachsen-Weimar, Einar Nilson, D: Friedrich Kühne (Marktschreier), Werner Krauss (Doktor), Sofie Pagay (Amtmännin), Stefanie von Stürmer (Fräulein), Emilie Kurz (Gouvernante), William Huch (Pfarrer), Ernst Lubitsch (Tiroler), Elly Rothe (Tirolerin), Selman Nilsson (Bauer), Fritz Richard (Nürnberger), Albert Blumenreich (Wagenschmermann), Else Eckersberg (Pfefferkuchenmädchen), Katta Sterna (Tänzerin), Josef Danegger (Bänkelsänger), Elsa Wagner (Bänkelsängerin), Johanna Terwin (Marmotte), Alfred Breiderhoff (Zigeunerhauptmann), Lothar Müthel (Zigeunerbursch), Dietrich Jenke (Schweinemetzger), Gustav Roos (Ochsenhändler), Ernst Matray (Lichtputzer), Wilhelm Techel (Bedienter), Wilhelm Diegelmann (Schattenspielmann), Paul Biensfeldt (Haman), Hans Wassmann (Ahasverus), Leopoldine Konstantin (Esther), Georg Baselt (Mardochai)

Kammerspiele

VORTRAG VATERLÄNDISCHER DICHTUNGEN
P: 10.9.1914 (4), D: Leopoldine Konstantin, Berthold Held, Gertrud Eysoldt, Josef Danegger, Paul Biensfeldt, Lia Rosen, Eduard von Winterstein

DAS ALTE SPIEL VOM JEDERMANN
von Hugo von Hofmannsthal
P: 19.9.1914 (14), R: Max Reinhardt, B/K: Alfred Roller, Ernst Stern, M/Dir: Einar Nilson, D: Alfred Breiderhoff (Tod), Ernst Lubitsch (Teufel), Eduard von Winterstein (Jedermann), Elsa Wagner (Mutter), Carl Ebert (Guter Gesell), Wilhelm Techel (Hausvogt), Friedrich Kühne (Armer Nachbar), Eugen Klimm (Schuldknecht), Margarete Kupfer (sein Weib), Johanna Terwin (Buhlschaft), Josef Klein (Dicker Vetter), Friedrich Kühne (Dünner Vetter), Selman Nilsson (Vorsänger), Josef Schildkraut (Knecht), Josef Danegger (Mammon), Gertrud Eysoldt (Gute Werke), Camilla Eibenschütz (Glaube), Heinrich von Reichardt (Mönch), Wilhelm Murnau (Spielansager)

DIE DEUTSCHEN KLEINSTÄDTER
von August von Kotzebue
P: 30.10.1914 (246), DT (19), R: Max Reinhardt, B/K: Ernst Stern, D: Georg Baselt (Staar), Else Heims (Frau Staar), Else Eckersberg (Sabine), Paul Biensfeldt (Gewürzkrämer Staar), Leopoldine Konstantin (Frau Brendel), Lucie Höflich (Frau Morgenroth), Hans Wassmann (Sperling), Ernst Dumcke (Olmers), Erwin Kopp (Nachtwächter), Fritz Rasp (Klaus)

DER SCHARMANTE von Carl Sternheim
UA, P: 26.2.1915 (3), R: Felix Hollaender, B: Gustav Knina, D: Hans Wassmann (Graf Pfuel), Leopoldine Konstantin (Gräfin Pfuel), Paul Hartmann (von Insingen), Lore Wagner (Handpflege-Fräulein), William Huch (Haarkünstler), Arthur Laubert (Diener)

DER WEIBSTEUFEL von Karl Schönherr
P: 6.4.1915 (285), R: Max Reinhardt, B: Gustav Knina, D: Max Pallenberg (Der Mann), Lucie Höflich (sein Weib), Paul Hartmann (Junger Grenzjäger)

SPIELZEIT 1915/16

Deutsches Theater

JUDITH von Friedrich Hebbel
NE, P: 13.9.1915 (29) (EP 25.2.1910), R: Max Reinhardt, D: Maria Fein (Judith), Paul Wegener (Holofernes), Friedrich Kühne (Oberpriester), Käte Rosenberg (Mirza), Rudolf Schildkraut (Daniel), Josef Klein (Samaja), Heinrich Witte (Josua), Elsa Wagner (Delia), Fritz Delius (Achior), Fritz Richard (Samuel)

KOLLEGE CRAMPTON von Gerhart Hauptmann
P: 29.9.1915 (17), R: Felix Hollaender, B: Gustav Knina, D: Paul Wegener (Crampton), Johanna Terwin (Gertrud), Martha Santen (Agnes), Eduard von Winterstein (Strähler), Lothar Müthel (Max Strähler), Ernst Benzinger (Kircheisen), Friedrich Kühne (Janetzki), Ernst Lubitsch (Feist), Josef Wilhelmi (Kaßner), Max Gülstorff (Seifert), Fritz Hofbauer (Weißbach), Emil Jannings (Löffler)

MARIA STUART von Friedrich Schiller
P: 29.10.1915 (53), R: Max Reinhardt, B/K: Ernst Stern, D: Hermine Körner (Elisabeth), Maria Fein (Maria), Ferdinand Bonn (Dudley), Eduard von Winterstein (Talbot), Bruno Decarli (Cecil), Ernst Benzinger (Kent), Hermann Wlach (Davison), Josef Klein (Paulet), Paul Bildt (Mortimer), Fritz Richard (Melvil), Martha Santen (Kennedy), Auguste Pünkösdy (Kurl), Adolf Wohlbrück (Page)

DAS NÜRNBERGISCH EI von Walter Harlan
P: 2.12.1915 (3), R: Eduard von Winterstein, B: Paul von Schlippenbach, D: Eduard von Winterstein (Henlein), Johanna Terwin (Ev), Eva Holberg (Charitas), Heinrich Witte (Apfelbaum), Paul Biensfeldt (Güldenbeck), Werner Krauss (Schedel), Emil Jannings (Bratvogel), Sofie Pagay (Schwertfegerin)

DER STERN VON BETLEHEM von Otto Falckenberg
UA, P: 27.12.1915 (10), R: Max Reinhardt, B/K: Ernst Stern, M: Johann Sebastian Bach, Michael Pretorius u.a., Dir: Gunnar Ahlberg, Georg Müller, D: Else Heims (Maria), Bruno Decarli (Josef), Paul Hartmann (Engel der Verkündigung), Katta Sterna (Stern von Betlehem), Heinrich Witte (Alter König), Lothar Müthel (Junger König), Alfred Breiderhoff (Schwarzer König), Josef Danegger (Lenzei), Friedrich Kühne (Alter Hirt), Fritz Hofbauer (Wirt), Sofie Pagay (Wirtin), Ernst Lubitsch (König Herodes), Max Gülstorff (Gewissen), Johannes Borchardt (Teufel)

DER BIBERPELZ von Gerhart Hauptmann
P: 12.1.1916 (59), R: Max Reinhardt, B: Ernst Stern, D: Hans Wassmann (Wehrhahn), Max Pallenberg (Krüger), Paul Hartmann (Dr. Fleischer), Emil Jannings (Motes), Marga Kuhn (Frau Motes), Else Lehmann (Frau Wolff), Wilhelm Diegelmann (Julius Wolff), Else Eckersberg (Adelheid), Camilla Eibenschütz (Leontine), Werner Krauss (Wulkow), Max Gülstorff (Glasenapp), Paul Biensfeldt (Mitteldorf)

MACBETH
von William Shakespeare (Shakespeare-Zyklus XIII)
P: 29.2.1916 (27), R: Max Reinhardt, B/K: Ernst Stern, D: Friedrich Kühne (Duncan), Paul Hartmann (Malcolm), Lothar Müthel (Donalbain), Paul Wegener (Macbeth), Emil Jannings (Banquo), Bruno Decarli (Macduff), Fritz Delius (Lenox), Heinrich Witte (Rosse), Armin Schweizer (Angus), Hans Wojan (Fleance), Emil Wittig (Siward), Ernst Benzinger (Seyton), Wilhelm Diegelmann (Pförtner), Hermine Körner (Lady Macbeth), Auguste Pünkösdy (Lady Macduff), Martha Santen (Kammerfrau), Maria Fein (Hecate), Alfred Breiderhoff, Fritz Rasp, Elsa Lorenz (Hexen), Paul Biensfeldt, Max Gülstorff, Fritz Hofbauer (Mörder)

DIE GRÜNE FLÖTE von Hugo von Hofmannsthal (Ballett)
P: 26.4.1916 (30), R: Max Reinhardt, B/K: Ernst Stern, M: Wolfgang Amadeus Mozart, Dir: Einar Nilson, D: Lillebil Christensen (Fay-Jen), Ernst Matray (Zauberer Wu), Ernst Lubitsch (Hexe Ho), Katta Sterna (Sing-Ling)
DIE LÄSTIGEN von Jean Baptiste Molière
EA, P: dies. (30), R: ders., B/K: ders., D: Leopoldine Konstantin (Orphise), Paul Hartmann (Alceste), Fritz Delius (Philinth), Camilla Eibenschütz (Dorimene), Friedrich Kühne (Alcidor), Josef Danegger (Damon), Max Pallenberg (Ergaste), Max Gülstorff (Helianth), Johanna Terwin (Programmverkäufer)

DIE FAMILIE SCHIMEK von Gustav Kadelburg
P: 2.6.1916 (201), R: Emil Jannings, D: Emil Jannings (Kaltenbach), Else Bäck (Bernhardine), Margarete Lichnowsky (Dora), Max Gülstorff (Weigel), Harry Liedtke (Dr. Kießling), Max Pallenberg (Zawadil), Sofie Pagay (Frau Schimek), Clara Bergen (Hedwig)

Kammerspiele

DER VATER von August Strindberg
P: 27.10.1915 (20), R: Felix Hollaender, B: Ernst Stern, D: Paul Wegener (Rittmeister), Lucie Höflich (Laura), Else Eckersberg (Berta), Werner Krauss (Dr. Östermark), Emil Jannings (Pastor), Heinrich Witte (Nöjd), William Huch (Henrik)

DER LIEBESTRANK von Frank Wedekind
P: 5.11.1915 (4), R: Carl Heine, B: Gustav Knina, D: Emil Jannings (Fürst Rogoschin), Marga Kuhn (Lisaweta), Gertrud Kanitz (Enjuscha), Maria Wollenberg (Alioscha), Leopoldine Konstantin (Gräfin Totzky), Alfred Abel (Schwigerling), Werner Krauss (Leboeuf), Eva Holberg (Tatjana), Max Baum (Mitja), Josef Wilhelmi (Kolja)

GYGES UND SEIN RING von Friedrich Hebbel
NE, P: 24.1.1916 (14) (EP 2.5.1907), R: Felix Hollaender, B: Ernst Stern, D: Paul Wegener (Kandaules), Maria Fein (Rhodope), Paul Hartmann (Gyges), Eva Holberg (Lesbia), Sybilla Bley (Hero), Alfred Breiderhoff (Thoas), Ernst Benzinger (Karna)

DER EINGEBILDETE KRANKE
von Jean Baptiste Molière
P: 10.3.1916 (87), R: Max Reinhardt, B/K:Ernst Stern, D: Max Pallenberg (Argan), Leopoldine Konstantin (Beline), Camilla Eibenschütz (Angelique), Lotte Müller (Louison), Josef Klein (Berald), Lothar Müthel (Cleant), Paul Biensfeldt (Dr. Diafoirus), Max Gülstorff (Thomas Diafoirus), Werner Krauss (Dr. Purgon), Fritz Richard (Fleurant), Friedrich Kühne (Bonnefoi), Johanna Terwin (Toinette)

DER FLOH IM PANZERHAUS
von Robert Forster-Larrinaga
P: 7.7.1916 (43), R: Maximilian Sladek, B: Rudolf Dworsky, D: Paul Bildt (Der Alte), Werner Krauss (Der Professor), Helene Rosner (seine Frau), Marie Immisch (Dame), Else Eckersberg (Die Kleine)

Gastspiel Frank und Tilly Wedekind

DER MARQUIS VON KEITH von Frank Wedekind
NE, P: 9.6.1916 (10) (EP 1.6.1914), R: Frank Wedekind, D: Werner Krauss (Konsul Kasimir), Magda Simon (Hermann Kasimir), Frank Wedekind a.G. (Marquis von Keith), Fritz Delius (Scholz), Käte Rosenberg (Molly Griesinger), Tilly Wedekind a.G. (Anna Werdenfels), Josef Wilhelmi (Saranieff), Arno Sommerfeld (Zamrjaki), Paula Ronay (Sascha), Grete Berger (Simba)

SIMSON von Frank Wedekind
P: 21.6.1916 (4), R: Frank Wedekind, D: Frank Wedekind a.G. (Simson), Tilly Wedekind a.G. (Delila), Werner Krauss (Og), Emil Wittig (Azav), Fritz Delius (Nebrod), Fritz Hofbauer (Jetur), Heinrich Witte (Gadias), Arno Sommerfeld (Chetim)

SPIELZEIT 1916/17

Deutsches Theater

ROSE BERND von Gerhart Hauptmann
P: 9.9.1916 (36), R: Felix Hollaender, B: Gustav Knina, D: Werner Krauss (Bernd), Lucie Höflich (Rose Bernd), Roma Bahn (Marthel), Eduard von Winterstein (Christoph Flamm), Rosa Bertens (Frau Flamm), Emil Jannings (Streckmann), Max Gülstorff (Keil), Otto Krauß (Hahn), Arno Sommerfeld (Heinzel), Dietrich Jenke (Golisch), Siegmund Nunberg (Kleinert)

SOLDATEN
von Jakob Michael Reinhold Lenz (Deutscher Zyklus)
P: 13.10.1916 (16), R: Max Reinhardt, B/K: Ernst Stern, D: Wilhelm Diegelmann (Wesener), Paula Eberty (Frau Wesener), Camilla Eibenschütz (Marie), Auguste Pünkösdy (Charlotte), Olga Heydecker (Alte Wesener), Hermann Thimig (Stolzius), Sofie Pagay (seine Mutter), Johannes Riemann (Desportes), Magnus Stifter (Graf Spannheim), Eduard von Winterstein (Haudy), Werner Krauss (Pirzel), Emil Jannings (Rammler), Paul Hartmann (Mary), Hermine Körner (Gräfin), Lothar Müthel (ihr Sohn), Elsa Wagner (Frau Bischof), Johanna Terwin (Jungfer Zipfersaat)

DAS LEIDENDE WEIB von Carl Sternheim
nach Friedrich Maximilian Klinger (Deutscher Zyklus)
P: 30.10.1916 (2), (UA: KS 30.3.1916, Privatvorstellung), R: Max Reinhardt, B: Gustav Knina, D: Bruno Decarli (Gesandter), Lucie Höflich (Gesandtin), Fritz Delius (Franz), Johannes Riemann (Graf Louis), Eduard von Winterstein (von Blum), Paul Hartmann (E. v. Brandt), Lothar Müthel (F. v. Brandt)

MINNA VON BARNHELM oder DAS SOLDATENGLÜCK
von Gotthold Ephraim Lessing (Deutscher Zyklus)
NE, P: 9.11.1916 (19), KS (40) (EP 20.11.1905), R: Max Reinhardt, B: Gustav Knina, D: Eduard von Winterstein (Tellheim), Else Heims (Minna), Otto Koenig (Bruchsall), Lucie Höflich (Franziska), Wilhelm Diegelmann (Just), Josef Klein (Werner), Hans Wassmann (Wirt), Hermine Körner (Dame in Trauer), Ferdinand Bonn (Riccaut)

KABALE UND LIEBE
von Friedrich Schiller (Deutscher Zyklus)
NE, P: 17.11.1916 (13) (EP 30.10.1905), R: Max Reinhardt, B/K: Ernst Stern, D: Paul Wegener (von Walter), Paul Hartmann (Ferdinand), Hans Wassmann (von Kalb), Hermine Körner (Milford), Werner Krauss (Wurm), Wilhelm Diegelmann (Miller), Paula Eberty (Millerin), Camilla Eibenschütz (Luise), Gertrud Welcker (Sophie), Josef Klein (Kammerdiener)

DANTONS TOD von Georg Büchner (Deutscher Zyklus)
P: 15.12.1916 (62), R: Max Reinhardt, B/K: Ernst Stern, D: Ferdinand Bonn (Danton), Josef Klein (Legendre), Josef Danegger (Camille Desmoulins), Fritz Delius (Hérault-Séchelles), Bernhard Goetzke (Lacroix), Konrad Veidt (Philippeau), Friedrich Kühne (Payne), Bruno Decarli (Robespierre), Werner Krauss (St. Just), Johannes Riemann (Barrère), Fritz Richard (Varennes), Paul Biensfeldt (Simon), Elsa Wagner (Frau Simons), Max Gülstorff (Laflotte), Auguste Pünkösdy (Julie), Maria Fein (Lucile), Gertrud Welcker (Marion), Carola Toelle (Rosalie), Fritz Richard (Bänkelsänger)

FIGAROS HOCHZEIT oder DER TOLLE TAG
von Pierre-Augustin Caron de Beaumarchais
P: 31.12.1916 (27), R: Max Reinhardt, B/K: Ernst Stern, M: André Ernest Modeste Grétry u.a., D: Otto Gebühr (Graf Almaviva), Else Heims (Gräfin), Max Pallenberg (Figaro), Camilla Eibenschütz (Susanne), Rosa Bertens (Marzelline), Paul Biensfeldt (Antonio), Carola Toelle (Fanchette), Else Eckersberg (Cherubin), Emil Jannings (Bartholo), Friedrich Kühne (Basilio), Max Gülstorff (Don Gusman)

OTHELLO von William Shakespeare
NE, P: 15.2.1917 (37) (EP 10.12.1910), R: Max Reinhardt, B/K: Ernst Stern, D: Fritz Richard (Herzog), Otto Koenig (Brabantio), Konrad Velten (Gratiano), Martin Lübbert (Lodovico), Paul Wegener (Othello), Johannes Riemann (Cassio), Eduard von Winterstein (Jago), Paul Biensfeldt (Rodrigo), Armin Schweizer (Montano), Gertrud Welcker (Desdemona), Hermine Straßmann-Witt (Emilia)

JUDITH von Friedrich Hebbel (Deutscher Zyklus)
P: 8.3.1917 (3), R: Max Reinhardt, B: Ernst Stern, D: Maria Fein (Judith), Paul Wegener (Holofernes), Friedrich Kühne (Oberpriester) Kläre von Gruner (Mirza), Arthur Bergen (Ephraim), Max Falk (Assad), Werner Krauss (Daniel), Josef Klein (Samaja), Heinrich Witte (Josua), Elsa Wagner (Delia), Konrad Veidt (Achior), Fritz Richard (Samuel)

JOHN GABRIEL BORKMAN von Henrik Ibsen
P: 14.3.1917 (19), R: Max Reinhardt, B: Ernst Stern, D: Paul Wegener (Borkman), Rosa Bertens (Gunhild), Paul Hartmann (Erhard), Else Lehmann (Ella Rentheim), Maria Fein (Fanny Wilton), Max Pallenberg (Foldal), Paula Somary (Frida)

TOBIAS BUNTSCHUH von Carl Hauptmann
UA, P: 26.3.1917 (20), R: Carl Heine, B: Gustav Knina, D: Max Pallenberg (Tobias Buntschuh), Eduard von Winterstein (Wendelborn), Maria Fein (Luisa), Gertrud Welcker (Radiana), Max Gülstorff (Vater Buntschuh), Elsa Wagner (Mutter Buntschuh), Emil Jannings (Clown Odebrecht), Arthur Bergen (Clown Ambrois), Otto Krauß (Sekretär), William Huch (Arzt)

DER GEIZIGE von Jean Baptiste Molière,
eingerichtet von Carl Sternheim
EA, P: 16.4.1917 (28), R: Max Reinhardt, B/K: Ernst Stern, D: Max Pallenberg (Harpagon), Hanna Wisser (Elise), Hermann Thimig (Cléante), Lothar Müthel (Valère), Mady Christians (Marianne), Paula Eberty (Frosine), Siegmund Nunberg (Simon), Ernst Lubitsch (Gensbourger), Josef Danegger (Jacques), Max Gülstorff (La Flèche)

DER KLEINE NAPOLEON
von Robert Misch und Franz Cornelius
P: 13.7.1917 (59), R: Ferdinand Gregori, B/K: Ernst Stern, D: Max Pallenberg (Napoleon I./Cerf), Maria Fein (Fürstin Pauline), Emil Rameau (Fürst Camillo), Werner Krauss (Fouché), Siegmund Nunberg (Oberhofmeister), Johannes Riemann (Oberst Canouville), Gertrud Welcker (Colette)

Kammerspiele

DIE LIEBESINSEL von August Neidhardt
P: 19.8.1916 (13), R: Berthold Held, B: Gustav Knina, D: Werner Krauss (Mannheimer), Helene Rosner (Hildegard), Carola Toelle (Lola), Paul Hartmann (von Sievers), Arnold Korff (Dr. Bernbrunn), Fritz Delius (Marulic), Hans Zillich (Grothe), Arthur Laubert (Paul)

DER SCHNELLMALER oder KUNST UND MAMMON
von Frank Wedekind
P: 2.9.1916 (3), R: Berthold Held, D: Wilhelm Diegelmann (Knapp), Sofie Pagay (Pasiphae), Lothar Müthel (Thomas), Else Eckersberg (Johanna), Elsa Wagner (Amalie Zeisig), Paul Biensfeldt (Wald), Max Kronert (Dr. Steiner), Friedrich Kühne (Dr. Grübelmeier), Arthur Klaproth (Dr. Streckeisen), Rudolf Werner (von Bernolt)

HEDDA GABLER von Henrik Ibsen
NE, P: 16.9.1916 (10) (EP 11.3.1907), R: Max Reinhardt, B: Gustav Knina, D: Eduard von Winterstein (Tesman), Hermine Körner (Hedda), Paula Eberty (Juliane), Camilla Eibenschütz (Frau Elvsted), Emil Jannings (Brack), Werner Krauss (Lövborg)

JONATHANS TÖCHTER von Langdon Mitchell
P: 30.9.1916 (23), R: Carl Heine, B: Ernst Friedmann, D: Werner Krauss (Richter Phillimore), Elsa Wagner (Mrs. Phillimore), Sybilla Bley (Grace), Wilhelm Diegelmann (Matthias), Hermine Straßmann-Witt (Miss Heneage), Max Gülstorff (Sudley), Hermine Körner (Viola), Eugen Rex (Cates-Darby)

GESPENSTERSONATE von August Strindberg
EA, P: 20.10.1916 (98), R: Max Reinhardt, B: Gustav Knina, D: Paul Wegener (Hummel), Paul Hartmann (Archenholz), Gertrud Welcker (Milchmädchen), Olga Heydecker (Pförtnerin), William Huch (Der Tote), Hedwig Meyer (Dunkle Dame), Bruno Decarli (Oberst), Gertrud Eysoldt (Mumie), Roma Bahn (Fräulein), Max Kronert (Johannsson), Siegmund Nunberg (Bengtsson), Hermine Straßmann-Witt (Köchin), Elsa Wagner (Verlobte)

ARMUT von Anton Wildgans
P: 29.12.1916 (18), R: Adolf Edgar Licho, B: Gustav Knina, D: Adolf Edgar Licho (Spuller), Rosa Bertens (Mathilde), Ernst Deutsch (Gottfried), Martha Angerstein (Marie), Hermann Thimig (Strantz), Carl Bernhardt (Stanck), Josef Klein (Dr. Radinovich), Ferdinand Gregori (Amtsvorstand), Fritz Richard (Goldsohn)

DAS KONZERT von Hermann Bahr
P: 30.1.1917 (63), R: Carl Heine, B: Gustav Knina, D: Ferdinand Bonn (Heink), Lucie Höflich (Marie), Otto Gebühr (Dr. Jura), Else Eckersberg (Delfine), Aenne Gebhard (Eva Gerndl), Fritz Richard (Pollinger), Sofie Pagay (Frau Pollinger), Elsa Wagner (Frl. Wehner), Carola Toelle (Selma Meier)

FASCHING von Ferenc Molnár
P: 2.4.1917 (105), R: Felix Hollaender, B: Gustav Knina, K: Ernst Stern, D: Bruno Decarli (Oroszy), Leopoldine Konstantin (Kamilla), Friedrich Kühne (Oez), Else Eckersberg (Liszka), Raoul Aslan (Nikolaus), Johannes Riemann (Rudolf), Hermann Thimig (Edmund), Magnus Stifter (Hauptmann), Josef Wilhelmi (Oberkommissär), Ernst Nadler (Polizeisekretär)

DIE TÄNZERIN von Menyhért Lengyel
P: 7.6.1917 (36), R: Eduard von Winterstein, B: Gustav Knina, D: Leopoldine Konstantin (Lola), Eduard von Winterstein (Bojdan), Curt Goetz (Laszlo), Arthur Bergen (Tomy), Hellmuth Krüger (Lingart), Margarete Kupfer (Mascha), Carola Toelle (Nina), Eleanore von Basthorst (Elvira), Klara von Mühlen (Olga), Josef Wilhelmi (Direktor), Gertrud Welcker (Stubenmädchen), Arthur Laubert (Diener)

SPIELZEIT 1917/18

Deutsches Theater

DER LEBENDE LEICHNAM von Lev Tolstoj
NE, P: 25.9.1917 (109) (EP 7.2.1913), R: Max Reinhardt, B: Gustav Knina, M: Einar Nilson, D: Alexander Moissi (Protasov), Lucie Höflich (Liza), Rolf Müller (Miša), Marija Leiko (Saša), Margarete Kupfer (Anna Pavlovna), Eduard von Winterstein (Karenin), Rosa Bertens (Anna Dmitrievna), Ferdinand Gregori (Fürst Abrezkow), Johanna Terwin (Maša), Elsa Wagner (Nastas'ja Ivanovna), Fritz Richard (Korotkov), Wilhelm Diegelmann (Aleksandrov), Friedrich Kühne (Artem'ev), Josef Klein (Untersuchungsrichter), Fritz Rasp (Protokollführer), Siegmund Nunberg (Petrušin)

WINTERBALLADE von Gerhart Hauptmann
UA, P: 17.10.1917 (16), R: Max Reinhardt, B/K: Ernst Stern, D: Wilhelm Diegelmann (Pfarrer Arne), Elsa Wagner (Pfarrerin), Werner Krauss (Pfarrer Arnesohn), Marija Leiko (Berghild), Eduard von Winterstein (Torarin), Margarete Kupfer (Kathrin), Helene Thimig (Elsalil), Paul Wegener (Sir Archie), Emil Jannings (Sir Douglas), Bruno Decarli (Sir Donald), Josef Klein (Frederik)

DON CARLOS von Friedrich Schiller
NE, P: 9.11.1917 (80) (EP 10.11.1909), R: Max Reinhardt, B/K: Ernst Stern, D: Paul Wegener (Philipp II.), Else Heims (Elisabeth), Paul Hartmann (Carlos), Maria Fein (Eboli), Alexander Moissi (Posa), Bruno Decarli (Alba), Josef Klein (Medina), Friedrich Kühne (Domingo), Werner Krauss (Großinquisitor)

DER BETTLER
von Reinhard Johannes Sorge (Das junge Deutschland)
UA, MV, P: 23.12.1917 (4), R: Max Reinhardt, B: Ernst Stern, D: Ernst Deutsch (Dichter), Paul Wegener (Vater), Gertrud Eysoldt (Mutter), Gertrud Welcker (Schwester), Helene Thimig (Mädchen), Bruno Decarli (Älterer Freund), Emil Jannings (Mäzen), Margarete Kupfer, Elsa Wagner, Carola Toelle (Kokotten), Maria Kromer (Krankenschwester), Konrad Veidt (Erscheinung des Mannes)

MACHT DER FINSTERNIS von Lev Tolstoj
P: 9.2.1918 (43), R: Max Reinhardt, B: Ernst Stern, D: Ferdinand Gregori (Petr), Lucie Höflich (Anis'ja), Auguste Pünkösdy (Akulina), Else Eckersberg (Anjutka), Alexander Moissi (Nikita), Max Pallenberg (Akim), Adele Sandrock (Matrëna), Helene Thimig (Marina), Elsa Wagner (Nachbarin), Eduard von Winterstein (Mitric), Sofie Pagay (Marfa/Heiratsvermittlerin)

SEESCHLACHT
von Reinhard Goering (Das junge Deutschland)
MV, P: 3.3.1918 (1), R: Max Reinhardt, B: Ernst Stern, D: Bernhard Goetzke, Emil Jannings, Werner Krauss, Heinz Sarnow, Hermann Thimig, Konrad Veidt, Paul Wegener (Matrosen)

DER BÜRGER ALS EDELMANN
von Jean Baptiste Molière
EA der Neubearbeitung von Hugo von Hofmannsthal, P: 9.4.1918 (30), R: Max Reinhardt, B: Ernst Stern, M: Richard Strauss, Dir: Einar Nilson, D: Max Pallenberg (Jourdain), Helene Thimig (Lucile), Otto Wanka (Cleonte), Johannes Riemann (Dorante), Arthur Bergen (Mascarille), Else Heims (Dorimene), Margarete Kupfer (Nicole), Hermann Thimig (Covielle), Max Gülstorff (Philosoph), Friedrich Kühne (Fechtmeister), Fritz Richard (Musiklehrer), Gertrud Welcker (Nerine), Carola Toelle (Lucette)

DER SOHN
von Walter Hasenclever (Das junge Deutschland)
MV, P: 24.4.1918 (3), R: Felix Hollaender, B: Ernst Stern, D: Paul Wegener (Vater), Ernst Deutsch (Sohn), Werner Krauss (Freund), Else Heims (Fräulein), Bernhard Goetzke (Hauslehrer), Ferdinand Gregori (Kommissär), Johanna Terwin (Adrienne), Hermann Thimig (Cherubim), Arthur Bergen (von Tuchmeyer), Johannes Riemann (Fürst Scheitel)

BIBIKOFF von Bruno Frank, nach Fedor Dostoevskij
UA, P: 20.6.1918 (14), R: Ferdinand Gregori, B: Ernst Stern, D: Max Pallenberg (Bibikoff), Gertrud Welcker (Glafira), Elsa Wagner (Natascha), Agda Nilsson (Fremde Dame), Emil Rameau (deren Gatte)

DER FESCHE RUDI
von Alexander Engel und Julius Horst
P: 30.7.1918 (33), R: Maximilian Sladek, B: Gustav Knina, D: Georg Kröning (von Zinkendorff), Curt Lucas (Baron Traunstein), Gerda Ital (Baronesse Feldkirch), Elsa Wagner (Miß Truth), Hermine Straßmann-Witt (Isabella von Strammbach), Max Pallenberg (Pimpfinger)

Kammerspiele

GOLDFISCHE
von Franz von Schönthan und Gustav Kadelburg
P: 1.8.1917 (31), R: Hanns Felix, D: Paul Conradi (von Felsen), Otto Gebühr (Erich), Emil Rameau (Winter), Carola Toelle (Emmy), Ida Wüst (Josephine von Pöchlaar), Hans Wassmann (Wolf von Pöchlaar), Hermann Thimig (Roland)

MADAMA D'ORA von Johannes Vilhelm Jensen
UA, P: 14.9.1917 (4), R: Felix Hollaender, B: Gustav Knina, D: Hermine Körner (Madame d'Ora), Werner Krauss (Hall), Emil Jannings (Evanston), Max Gülstorff (Mason), Gertrud Welcker (Mirjam), Heinz Burkart (Lee), Siegmund Nunberg (McCarthy), Olga Heydecker (Frau McCarthy)

EINE GLÜCKLICHE EHE von Peter Nansen
NE, P: 27.9.1917 (35) (EP 20.1.1912), R: Felix Hollaender, B: Gustav Knina, D: Hans Wassmann (Mogensen), Johanna Terwin (Nancy), Otto Gebühr (Dr. Jermer), Edith Weidt (Lily), Hermann Thimig (Martin), Herta Felden (Marie)

KINDER DER FREUDE (VON EWIGER LIEBE/AUF DER BRÜCKE/LEBENSGEFÄHRTEN) von Felix Salten
P: 26.10.1917 (122), R: Felix Salten, B: Gustav Knina, D: Ferdinand Bonn (Rohrbach/Riedenberger/Kron), Johannes Riemann (Wilhelm), Hermann Thimig (Franz/Fritz/Heinz), Johanna Terwin (Hedwig Bollinger/Sylvia Felsenbach), Max Gülstorff (Hajek/Lettenkron/Krüger), Rosa Bertens (Frau von Kirchhof/Katharina), Paula Eberty (Minna/Agathe)

NORA von Henrik Ibsen
P: 23.11.1917 (5), R: Felix Hollaender, B: Gustav Knina, D: Otto Gebühr (Helmer), Lucie Höflich (Nora), Hans Wassmann (Dr. Rank), Marija Leiko (Frau Linde), Emil Jannings (Krogstad), Elise Zachow-Vallentin (Marianne)

DIE KORALLE von Georg Kaiser
P: 17.1.1918 (21), R: Felix Hollaender, B: Gustav Knina, D: Paul Wegener (Milliardär), Ernst Deutsch (Sohn), Else Eckersberg (Tochter), Bernhard Goetzke (Sekretär), Alfred Beierle (Museumsdirektor), Magnus Stifter (Arzt), Hellmuth Krüger (Kapitän), Mady Christians (Sängerin), Werner Krauss (Herr in Grau), Siegmund Nunberg (Mann in Blau), Friedrich Kühne (1. Richter), Johannes Riemann (2. Richter), Konrad Veidt (Geistlicher)

DER SCHWARZE HANDSCHUH (WEIHNACHTEN)
von August Strindberg
P: 20.2.1918 (7), R: Hermine Körner, B: Ernst Stern, D: Johanna Terwin (Frau), Werner Krauss (Konservator), Marija Leiko (Ellen), Sofie Pagay (Christel), Max Gülstorff (Pförtner), Gertrud Eysoldt (Weihnachtsmännchen), Hermine Körner (Weihnachtsengel), Elsa Wagner (Alte Frau)

SUMURÛN von Friedrich Freksa
NE, P: 18.3.1918 (65) (EP 24.4.1910), R: Max Reinhardt, B/K: Ernst Stern, M/Dir: Victor Hollaender, D: Josef Klein (Alter Scheich), Arthur Bergen (sein Sohn), Lillebil Christensen (Sumurûn), Katta Sterna (Dienerin), Ernst Deutsch (Nur al Din), Pola Negri (Tänzerin), Ernst Lubitsch (Die Alte), Fritz Richard, Fritz Rasp (Sklaven)

INKOGNITO von Curt Kraatz und Richard Keßler
UA, P: 4.6.1918 (62), R: Maximilian Sladek, B: Ernst Stern, M: Rudolf Nelson, Dir: Siegfried Nicklas-Kempner, D: Phila Wolff (Gräfin Christine), Mady Christians (Leonie), Karl Grünwald (von Flavigneul), Hans Wassmann (von Grignon), Franz Groß (von Montrichard), Carola Toelle (Lisette), Hellmuth Krüger (André)

DER BESUCH AUS DEM ELYSIUM
von Franz Werfel (Das junge Deutschland)
UA, MV, P: 4.6.1918 (3), R: Heinz Herald, B: Ernst Stern, D: Konrad Veidt (Markus), Marija Leiko (Hedi), Magnus Stifter (Baurat)
KAIN von Friedrich Koffka (Das junge Deutschland)
UA, P: dies. (3), R: ders., B: ders., D: Bruno Decarli (Adam), Elsa Wagner (Eva), Ernst Deutsch (Kain), Hermann Thimig (Abel)

SPIELZEIT 1918/19

Deutsches Theater

MARIA STUART von Friedrich Schiller
NE, P: 18.9.1918 (13) (EP 29.10.1915), R: Max Reinhardt, B: Ernst Stern, D: Hermine Körner (Elisabeth), Else Heims (Maria), Eduard von Winterstein (Leicester), Gustav Czimeg (Talbot), Bruno Decarli (Cecil), Leo Victor (Kent), Bernhard Goetzke (Davison), Josef Klein (Paulet), Ernst Deutsch (Mortimer), Fritz Richard (Melvil), Martha Santen (Kennedy)

CLAVIGO von Johann Wolfgang Goethe
ÜKSch, P: 28.9.1918 (34), R: Max Reinhardt, B: Ernst Stern, M: Oskar von Chelius, D: Alexander Moissi (Clavigo), Paul Wegener (Carlos), Bruno Decarli (Beaumarchais), Helene Thimig (Marie), Centa Bré (Sophie), Arthur Beder (Guilbert), Ernst Wendt (Buenco), Leo Victor (Saint George), Walter Norbert (Diener)

DER KAUFMANN VON VENEDIG
von William Shakespeare
NE, P: 8.11.1918 (39) (EP 9.11.1905), R: Max Reinhardt, B/K: Ernst Stern, D: Friedrich Kühne (Doge), Bruno Decarli (Marocco), Hans Wassmann (Aragon), Konradt Veidt (Antonio), Raul Lange (Bassanio), Otto Gebühr (Gratiano), Hans Brockmann (Lorenzo), Alexander Moissi (Shylock), Paul Graetz (Tubal), Hermann Thimig (Lanzelot Gobbo), Else Heims (Porzia), Johanna Terwin (Nerissa), Gertrud Welcker (Jessica)

UND DAS LICHT SCHEINET IN DER FINSTERNIS
von Lev Tolstoj
P: 13.12.1918 (79), R: Max Reinhardt, B: Ernst Stern, D: Alexander Moissi (Saryncev), Lucie Höflich (Sarynceva), Mady Christians (Ljuba), Josef Ewald (Stëpa), Hans Brockmann (Vanja), Otto Wanka (Starkovskij), Walter Fichelscher (Mitrofan), Rosa Bertens (Kochovceva), Wilhelm Diegelmann (Kochovcev), Hermine Körner ('Ceremšanova), Ernst Deutsch (Boris), Ferdinand Gregori (Vater Gerasim)

EIN GESCHLECHT
von Fritz von Unruh (Das junge Deutschland)
P: 29.12.1918 MV, AV KS ab 7.1.1919 (8), R: Heinz Herald, B: Willy Jaeckel, D: Rosa Bertens (Mutter), Paul Hartmann (Ältester Sohn), Carl Ludwig Achaz (Feiger Sohn), Hans Brockmann (Jüngster Sohn), Marija Leiko (Tochter), Gustav Czimeg (Soldatenführer), Bernhard Goetzke (Anderer Soldatenführer)

DER STURZ DES APOSTELS PAULUS
von Rolf Lauckner (Das junge Deutschland)
UA, P: 26.1.1919, MV, AV KS ab 31.1.1919 (5), R: Felix Hollaender, B: Ernst Stern, D: Alexander Moissi (Schumann), Friedrich Kühne (Czibulka), Magnus Stifter (Dehnicke), Helene Thimig (Hedwig Dehnicke), Jeanette Bethge (Luise Lothar), Paula Eberty (Frau Winter), Siegmund Nunberg (Koppel), Sofie Pagay (Frau Krallbach), Hermann Thimig (Junger Kaplan)

VON MORGENS BIS MITTERNACHTS von Georg Kaiser
P: 31.1.1919 (5), R: Felix Hollaender, B: Ernst Stern, D: Max Pallenberg (Kassierer), Emilie Kurz (Mutter), Elsa Wagner (Frau), Josef Ewald (Sohn), Max Gülstorff (Bankdirektor), Siegmund Nunberg, Max Nemetz, Eugen Herbert, Wolfgang Heinz (Kampfrichter/Herren im Frack), Paul Graetz (Kellner), Maria Kromer (Offizier der Heilsarmee), Auguste Pünkösdy (Heilsarmeemädchen), Margarete Kupfer (Kokotte)

WIE ES EUCH GEFÄLLT von William Shakespeare
P: 27.2.1919 (67), R: Max Reinhardt, B/K: Ernst Stern, M/Dir: Einar Nilson, D: Gustav Czimeg (Herzog), Raul Lange (Herzog Friedrich), Friedrich Kühne (Amiens), Alexander Moissi (Jaques), Wilhelm Diegelmann (Charles), Ernst Deutsch (Oliver), Hans Schweikart (Jakob), Hans Brockmann (Orlando), Siegmund Nunberg (Textdreher), Hans Wassmann (Probstein), Hermann Thimig (Silvius), Fritz Richard (Adam), Carola Toelle (Hymen), Helene Thimig (Rosalinde), Johanna Terwin (Celia), Mady Christians (Phöbe), Auguste Pünkösdy (Käthchen), Valeska Gert (Bauernmädchen)

DER ARME HEINRICH von Gerhart Hauptmann
P: 4.4.1919 (6), R: Felix Hollaender, B: Ernst Stern, D: Paul Hartmann (Heinrich von Aue), Helene Thimig (Ottegebe), Wilhelm Diegelmann (Gottfried), Elsa Wagner (Brigitte), Ferdinand Gregori, Wilhelm Voelcker, Wolfgang Heinz, Bernhard Goetzke, Hans Schweikart, Walter Fichelscher (?)

DIE WUPPER
von Else Lasker-Schüler (Das junge Deutschland)
UA, P: 27.4.1919 MV, AV ab 7.5.1919 (5), R: Heinz Herald, B: Ernst Stern, M/Dir: Friedrich Hollaender, D: Auguste Prasch-Grevenberg (Frau Sonntag), Johannes Riemann (Heinrich), Mady Christians (Marta), Martin Lübbert (Dr. Simon), Paul Graetz (Großvater Wallbrecker), Elsa Wagner (Amanda Pius), Josef Ewald (Carl Pius), Paula Eberty (Mutter Pius), Friedrich Kühne (Pendelfrederech), Wilhelm Voelcker (Lange Anna), Paul Günther (Gläserner Amadeus), Hellmuth Krüger (Puderbach), Margarethe Schlegel (Lieschen)

HIOB von Oskar Kokoschka (Das junge Deutschland)
P: 25.5.1919 (1), R: Oskar Kokoschka, B: Ernst Stern, D: Paul Graetz, Maria Fein, Friedrich Kühne, Lotte Stein, Paul Günther, Valeska Gert, Irmgard Bern, Margarethe Schlegel, Hugo Döblin

DER BRENNENDE DORNBUSCH von Oskar Kokoschka (Das junge Deutschland)
P: dies. (1), R: ders., B: ders., D: Ernst Deutsch, Käthe Richter, Helene Körner, Martha Santen, Siegmund Nunberg, Paul Günther, Eugen Herbert

Kammerspiele

ROSMERSHOLM von Henrik Ibsen
P: 3.10.1918 (24), R: Carl Heine, B: Ernst Stern, D: Eduard von Winterstein (Rosmer), Lucie Höflich (Rebekka West), Ferdinand Gregori (Kroll), Wilhelm Voelcker (Brendel), Paul Graetz (Mortensgard), Paula Eberty (Frau Helseth)

DER ERSTE von Reinhard Goering
UA, P: 25.10.1918 (6), R: Erwin von Busse, B: Ernst Stern, D: Paul Wegener (Antonio), Gertrud Eysoldt (Paula), Paula Eberty (Dienerin), Auguste Pünkösdy (Schwägerin), Hermann Thimig (Fährmannssohn), Günther Hermann (Richter), Erich Nadler (Henker)

DER SOHN von Walter Hasenclever
EÖA, P: 22.11.1918 (44), R: Erwin von Busse, B: Ernst Stern, D: Paul Wegener (Vater), Ernst Deutsch (Sohn), Werner Krauss (Freund), Else Heims (Fräulein), Wilhelm Voelcker (Hauslehrer), Ferdinand Gregori (Kommissär), Gertrud Welcker (Adrienne), Josef Ewald (Cherubim), Paul Graetz (Tuchmeyer), Walter Hasenclever (Fürst Scheitel)

MICHAEL KRAMER von Gerhart Hauptmann
P: 3.12.1918 (26), R: Felix Hollaender, B: Ernst Stern, D: Paul Wegener (Kramer), Elsa Wagner (Frau Kramer), Maria Fein (Michaline), Ernst Deutsch (Arnold), Bernhard Goetzke (Lachmann), Gertrud Wolle (Alwine), Gertrud Welcker (Liese Bänsch), Siegmund Nunberg (Schnabel), Magnus Stifter (Ziehn)

NARRENSPIEL DES LEBENS von Karl Schönherr
UA, P: 4.1.1919 (12), R: Ferdinand Gregori, B: Ernst Stern, D: Paul Wegener (Prof. Hoffer), Emil Rameau (Josef Hoffer), Ernst Wendt (Assistent), Walter Norbert (Diener), Marija Leiko (Frau Wondra), Auguste Prasch-Grevenberg (Frau Rechnungsrat), Helene Körner (ihre Tochter), Wilhelm Voelcker (Notar), Margarete Kupfer (Schwester Alberta), Paul Graetz (Blaustein)

UNTERWEGS (DON JUAN) von Tadeusz Ritter
P: 19.3.1919 (30), R: Eugen Robert, B: Ernst Stern, D: Alexander Moissi (Baron), Ferdinand Gregori (sein Bruder), Werner Krauss (Sekretär), Erika von Unruh (Susanne), Maria Fein (Christine von Felsenburg)

DER STAR von Hermann Bahr
UA?, P: 10.4.1919 (29), R: Erwin von Busse, B: Ernst Stern, D: Leopoldine Konstantin (Lona Ladinser), Hermann Thimig (Wisinger), Helene von Sonnenthal (Martha Wisinger), Mady Christians (Gerty Danzer), Gustav Czimeg (Dr. Rohr), Magnus Stifter (Graf Blowitz), Friedrich Kühne (Indra), Gustav Roos (Wigidak)

DER KINDERFREUND von Mechtilde Lichnowsky
UA, P: 10.5.1919 (8), R: Felix Hollaender, B: Ernst Stern, D: Helene Thimig (Ziegenmarie), Sofie Pagay (Wieserin), Raoul Aslan (Vinzent), Paul Graetz (Nachtwächter), Paula Eberty (Anna), Johanna Terwin (Elise), Siegmund Nunberg (Erzenger)

SPIELZEIT 1919/20

Deutsches Theater

CYMBELIN von William Shakespeare
P: 10.10.1919 (14), R: Ludwig Berger, B/K: Ernst Stern, M: Heinz Tiessen, D: Bruno Decarli (Cymbelin), Hans Wassmann (Cloten), Paul Hartmann (Leonatus), Eduard von Winterstein (Belarius), Raul Lange (Guiderius), Hans Schweikart (Arviragus), Walter Redlich (Philario), Paul Wegener (Jachimo), Magnus Stifter (Caius Lucius), Hermann Thimig (Pisanio), Sitta Staub (Königin), Helene Thimig (Imogen), Helene Körner (Helene), Helene Tesmer (Dame der Königin)

JAÄKOBS TRAUM von Richard Beer-Hofmann
P: 7.11.1919 (59), R: Max Reinhardt, B: Ernst Stern, D: Maria Fein (Rebekah), Alexander Moissi (Jaákob), Paul Hartmann (Edom), Else Heims (Basmath), Mady Christians (Oholibamah), Fritz Richard (Shamártu), Ernst Deutsch (Samáel), Raul Lange (Micháel), Hans Schweikart (Rapháel), Hans Brockmann (Uriel)

UND PIPPA TANZT! von Gerhart Hauptmann
P: 16.12.1919 (38), R: Felix Hollaender, B/K: Josef Block, D: Siegmund Nunberg (Tagliazoni), Else Eckersberg (Pippa), Magnus Stifter (Glashüttendirektor), Emil Jannings (Alter Huhn), Hermann Thimig (Hellriegel), Ludwig Wüllner (Wann), Gustav Roos (Wende), Margarete Kupfer (Kellnerin)

DIE SENDUNG SEMAELS
von Arnold Zweig (Das junge Deutschland)
P: 25.1.1920 (29), R: Heinz Herald, B: Ernst Stern, D: Emil Heß (Stimme des Elohim), Gustav Czimeg (Jizchak), Paul Günther (Der Prophet Elijahu), Siegmund Nunberg (Rabbi Akiba/Krakauer), Hans Schweikart (Baalschem), Raul Lange (Semael), Ilse Cabanis (Dummheit), Ernst Deutsch (Moritz Scharf), Paul Graetz (Vater), Elsa Wagner (Mutter), Fritz Richard (Vorsteher), Auguste Pünkösdy (Esther), Margarete Kupfer (ihre Mutter), Emil Jannings (Bary), Ferdinand Gregori (Szeyfferth)

DAME KOBOLD von Pedro Calderón de la Barca
EA der Übersetzung von Hugo von Hofmannsthal, P: 3.4.1920 (29), R: Max Reinhardt, B/K: Ernst Stern, D: Else Heims (Donna Angela), Raoul Aslan (Don Juan), Ferdinand von Alten (Don Luis), Mady Christians (Donna Beatriz), Paul Hartmann (Don Manuel), Hermann Thimig (Cosme), Hellmuth Krüger (Rodrigo), Carola Toelle (Isabel), Susi Liebrecht (Clara)

HIMMEL UND HÖLLE von Paul Kornfeld
UA, P: 21.4.1920 (3), R: Ludwig Berger, B/K: Rudolf Bamberger, D: Werner Krauss (Graf Ungeheuer), Lina Lossen (Beate), Käte Nevill (Esther), Elsa Wagner (Marquise), Josef Ewald (Leonhard), Agnes Straub (Maria), Auguste Pünkösdy (Johanna), Paul Günther (Jakob)

CANDIDA von George Bernard Shaw
P: 7.5.1920 (8), R: Ferdinand Gregori, B: Ernst Stern, D: Raoul Aslan (Morell), Else Heims (Candida), Werner Krauss (Burgeß), Josef Ewald (Mill), Johanna Terwin (Proserpina), Walter Janssen (Marchbanks)

Kammerspiele

FRÜHLINGSERWACHEN von Frank Wedekind
ÜKSch, P: 1.9.1919 (169), R: Max Reinhardt, B: Ernst Stern, D: Josef Ewald (Melchior Gabor), Ernst Deutsch (Moritz Stiefel), Hellmuth Krüger (Georg), Albrecht Bethge (Robert), Hardy Düwel (Otto), Fritz Feld (Lämmermeyer), Carola Toelle (Wendla Bergmann), Ilse Cabanis (Martha Hessel), Margarethe Schlegel (Thea), Hertha Hambach (Ilse), Magnus Stifter (Herr Gabor), Margarete Kupfer (Frau Gabor), Elsa Wagner (Frau Bergmann), Claire Kromer (Ina Müller), Fritz Richard (Senftleben), Siegmund Nunberg (Schulze), Hugo Döblin (Friedepohl), Richard Martienssen (Müller), Fritz Wilding (Morgenroth), Carl Zickner (Wunderhold), Bruno Klein (Lindemann), Arthur Lauber (Habebald), Gustav Roos (Brausepulver), Günther Hermann (Kahlbauch), Carl Zickner (Rentier Stiefel), Dietrich Jenke (Probst), Rudolf Weinmann (Vermummter Herr)

MARIA MAGDALENE von Friedrich Hebbel
P: 8.9.1919 (2), R: Felix Hollaender, B: Gustav Knina, D: Bruno Decarli (Meister Anton), Sofie Pagay (seine Frau), Maria Fein (Klara), Josef Ewald (Karl), Curt Lucas (Leonhard), Paul Hartmann (Sekretär)

DIE BÜCHSE DER PANDORA von Frank Wedekind
ÜKSch, P: 13.9.1919 (166), R: Carl Heine, B: Ernst Stern, D: Hertha Hambach (Lulu), Raul Lange (Alwa Schön), Emil Jannings (Rodrigo), Werner Krauss (Schigolch), Hans Schweikart (Hugenberg), Hanna Ralph (Gräfin Geschwitz), Walter Redlich (Casti-Piani), Hugo Döblin (Puntschu), Fritz Feld (Heilmann), Margarete Kupfer (Magdelone)

NJU von Osip Dymow
NE, P: 26.9.1919 (7) (EP 30.3.1908), R: Felix Hollaender, B: Gustav Knina, D: Johanna Terwin (Nju), Werner Krauss (Gatte), Alexander Moissi (Er), Margarete Kupfer (Marie), Siegmund Nunberg (Vater), Auguste Prasch-Grevenberg (Mutter), Paul Graetz (Kommis)

IVANOV von Anton Čechov
P: 17.10.1919 (15), R: Felix Hollaender, B: Ernst Stern, D: Alexander Moissi (Ivanov), Maria Fein (Anna Petrovna), Max Gülstorff (Šabelskij), Werner Krauss (Lebedev), Margarete Kupfer (Zinaida), Thea Kasten (Saša), Curt Lucas (L'vov), Lotte Stein (Babakina), Hugo Döblin (Kosych), Friedrich Kühne (Borkin), Elsa Wagner (Avdot'ja)

ADVENT von August Strindberg
P: 9.12.1919 (35), R: Ludwig Berger, B/K: Ernst Stern, M: Heinz Tiessen, Dir: Klaus Pringsheim, D: Paul Wegener (Richter), Rosa Bertens (Richterin), Auguste Pünkösdy (Amalie), Aribert Wäscher (Adolf), Max Gülstorff (Nachbar), Peter Eysoldt (Erich), Gertrud von Hoschek (Thyra)

DER UNMENSCH von Hermann Bahr
P: 10.2.1920 (11), R: Anna Bahr-Mildenburg, B: Ernst Stern, D: Gustav Waldau (Graf Rosian), Meta Jäger (Clementine), Max Gülstorff (Hostiz), Elsa Wagner (Baronin Hostiz), Rosa Bertens (Fürstin Digelheim), Josef Ewald (Baron Vebern), Thea Kasten (Lori), Hermann Thimig (Dr. Harb), Johanna Terwin (Therese)

GABRIEL SCHILLINGS FLUCHT
von Gerhart Hauptmann
P: 4.3.1920 (27), R: Felix Hollaender, B: Ernst Stern, D: Raoul Aslan (Schilling), Rosa Bertens (Eveline), Fritz Delius (Maurer), Helene Thimig (Lucie), Agnes Straub (Hanna), Käte Nevill (Frl. Majakin), Ferdinand Gregori (Rasmussen), Wilhelm Diegelmann (Olfers)

STELLA von Johann Wolfgang Goethe
P: 13.4.1920 (54), DT 3.10.1920 (2) R: Max Reinhardt, B/K: Ernst Stern, D: Helene Thimig (Stella), Agnes Straub (Cäcilie), Raoul Aslan (Fernando), Thea Kasten (Lucie), Siegmund Nunberg (Verwalter), Margarete Kupfer (Postmeisterin), Margarethe Schlegel (Annchen), Carl Janecke (Karl), Richard Martienssen (Wilhelm)

MANN von Lothar Schreyer (Geschlossene Vorstellung der „Sturmbühne")
16.5.1920 (1), D: Ernst Witten, Hannah Grothendieck

DER BRAND IM OPERNHAUS von Georg Kaiser
P: 25.5.1920 (2), R: Bernhard Reich, B: Ernst Stern, D: Raoul Aslan (Herr von ***), Johanna Terwin (Sylvette), Kurt Katsch (Opernsänger), Hugo Döblin (Alter Herr)

SPIELZEIT 1920/21

Deutsches Theater

KAISER KARL V.
von Otto Zarek (Das junge Deutschland)
UA, P: 29.8.1920 (1), MV, R: Heinz Herald, D: Fritz Jeßner, Hans Schweikart

ROMEO UND JULIA von William Shakespeare
NE, P: 4.9.1920 (14) (EP), R: Max Reinhardt, D: Kurt Katsch (Escalus), Harald Paulsen (Paris), Fritz Daghofer

(Montague), Wilhelm Diegelmann (Capulet), Alexander Moissi (Romeo), Raul Lange (Mercutio), Carl Ludwig Achaz (Benvolio), Max Nemetz (Tybalt), Siegmund Nunberg (Lorenzo), Elise Zachow-Vallentin (Gräfin Montague), Maria Kromer (Gräfin Capulet), Johanna Terwin (Julia), Margarete Kupfer (Amme)

EINSAME MENSCHEN von Gerhart Hauptmann
P: 29.9.1920 (24), R: Fritz Wendhausen, Richard Gerner, B: Jan Julius Hahlo, D: Werner Krauss (Vockerat), Else Lehmann (Frau Vockerat), Alexander Moissi (Johannes), Auguste Pünkösdy (Käthe), Hans Marr (Braun), Agnes Straub (Anna Mahr), Max Kronert (Pastor Kollin)

URFAUST von Johann Wolfgang Goethe
P: 22.10.1920 (11), R: Max Reinhardt, B/K: Otto Baumberger, M: Klaus Pringsheim, D: Paul Hartmann (Faust), Ernst Deutsch (Mephistopheles), Helene Thimig (Margarete), Agnes Straub (Marthe), Wilhelm Dieterle (Valentin), Paul Graetz (Wagner), Hermann Thimig (Student), Raul Lange (Erdgeist)

DER CHAUFFEUR MARTIN von Hans José Rehfisch
P: 20.11.1920 (4), R/B: Karl Heinz Martin, D: Eugen Klöpfer (Martin), Elsa Wagner (seine Frau), Paul Günther (Minister Justin), Konrad Veidt (Vinzens), Luis Rainer (Philipp), Fritz Richard (Wirt), Erika von Thellmann (Ulla)

DER ARZT AM SCHEIDEWEG von George Bernard Shaw
P: 24.11.1920 (17), R: Hubert Reusch, D: Max Wesolowsky (Ridgeon), Wilhelm Diegelmann (Cullen), Ferdinand Gregori (Bennington), Victor Schwanneke (Walpole), Friedrich Kühne (Blenkinsop), Rudolf Weinmann (Schutzmacher), Alexander Moissi (Dubedat), Johanna Terwin (Jennifer), Hans Passig (Redpenny), Sofie Pagay (Emmy), Johanna Hoffart (Minnie Tinwell)

CÄSAR UND CLEOPATRA von George Bernard Shaw
P: 22.12.1920 (82), R. Fritz Wendhausen, B/K: George Grosz, John Heartfield, M: Pantscho Wladigeroff, Dir: Klaus Pringsheim, D: Werner Krauss (Cäsar), Else Eckersberg (Cleopatra), Peter Eysoldt (Ptolemäus), Wilhelm Diegelmann (Rufio), Max Gülstorff (Britannus), Hugo Döblin (Theodolus), Ludwig Körner (Achillas), Walter Redlich (Lucius Septimius)

KABALE UND LIEBE von Friedrich Schiller
P: 22.1.1921 (36), KS 7.5.1922 (9), R: Max Reinhardt, B/K: Ernst Stern, D: Wilhelm Dieterle (von Walter), Paul Hartmann (Ferdinand), Albert Bassermann (von Kalb), Agnes Straub (Lady Milford), Ernst Deutsch (Wurm), Heinrich George (Miller), Lotte Stein (Millerin), Helene Thimig (Luise), Dietrich Jenke (Kammerdiener des Fürsten)

DIE JUNGFRAU VON ORLEANS von Friedrich Schiller
P: 19.2.1921 (28), R: Karl Heinz Martin, B/K: Bruno Taut, M: Klaus Pringsheim, D: Walter Janssen (Karl VII.), Agnes Straub (Königin Isabeau), Lina Lossen (Agnes Sorel), Raul Lange (Herzog von Burgund), Paul Hartmann (Graf Dunois), Ricar Dzeia (La Hire), Luis Rainer (Du Chatel), Emil Rameau (Erzbischof von Reims), Harald Paulsen (Montgomery), Helene Thimig (Johanna)

WOYZECK von Georg Büchner
P: 5.4.1921 (9), R: Max Reinhardt, B: John Heartfield, Franz Dworsky, D: Eugen Klöpfer (Woyzeck), Auguste Pünkösdy (Marie), Wilhelm Diegelmann (Hauptmann), Wilhelm Dieterle (Tambourmajor), Friedrich Kühne (Doktor), Fritz Kampers (Andres)

Kammerspiele

DIE BRANDSTÄTTE von August Strindberg
P: 17.9.1920 (14), R/B: Karl Heinz Martin, D: Ernst Deutsch (Fremdling), Max Grünberg (Färber), Helene Körner (dessen Frau), Hubert Orth (Student), Siegmund Nunberg (Maurer), Elsa Wagner (Alte), Max Gülstorff (Gärtner), Harald Paulsen (Alfred)

DIE SPIELER von Nikolaj Gogol
P: 19.10.1920 (61), R: Bernhard Reich, B: Jan Julius Hahlo, D: Alexander Moissi (Icharev), Max Gülstorff (Utešitel'nyj), Hubert von Meyerinck (Švochnev), Gustav Roos (Krugel'), Friedrich Kühne (Alter Glov), Hermann Thimig (Junger Glov), Wilhelm Voelcker (Zamuchry'škin), Hugo Döblin (Aleksej), Max Baum (Gavrjuška)
ER IST AN ALLEM SCHULD von Lev Tolstoj
P: dies. (69), R: ders., B: ders., D: Auguste Prasch-Grevenberg (Akulina), Hermann Thimig (Michajla), Auguste Pünkösdy (Marfa), Rosel Müller (Paraška), Gustav Roos (Taras), Alexander Moissi (Wanderbursche)

EIN HEIRATSANTRAG von Anton Čechov
P: 7.11.1920 (51), DT 26.12.1920 (11), R: Bernhard Reich, B: Jan Julius Hahlo, D: Fritz Richard (Čubukov), Johanna Terwin (Natal'ja Stepanovna), Max Gülstorff (Lomov)

DER ABENTEURER UND DIE SÄNGERIN
von Hugo von Hofmannsthal
UA, P: 7.1.1921 (15), R: Bernhard Reich, B: Jan Julius Hahlo, M: Klaus Pringsheim, D: Alexander Moissi (Baron Weidenstamm), Lina Lossen (Vittoria), Harald Paulsen (Cesarino), Hans Schweikart (Venier), Betty Seipp (Redegonda), Ludwig Körner (Achilles)
FLORINDO (Urfassung von CRISTINAS HEIMREISE) von Hugo von Hofmannsthal
UA, P: dies. (15), R: ders., B: ders., D: Alexander Moissi (Florindo), Rudolf Weinmann (Graf Prampero), Esther Hagen (Gräfin Prampero), Max Gülstorff (Don Blasius)

DER PATHETISCHE HUT von Carl Rößler
UA, P: 21.1.1921 (15), R: Hubert Reusch, B: Jan Julius Hahlo, D: Heinz Salfner (Dr. Lang), Elsa Wagner (Maruschka), Liselotte Denera (Ida), Max Gülstorff (Geheimrat), Wilhelm Voelcker (Tanzmeister), Rudolf Weinmann (Hausverwalter), Otto Sauter-Sarto (Chauffeur)

JENSEITS von Walter Hasenclever
P: 24.2.1921 (3), R: Stefan Großmann, B: Jan Julius Hahlo, M: Klaus Pringsheim, D: Wilhelm Dieterle (Raoul), Agnes Straub (Jeanne)

DER KÖNIG DER DUNKLEN KAMMER
von Rabindrānath Tagore
P: 4.3.1921 (31), R: Bernhard Reich, B/K: John Heartfield, D: Wilhelm Dieterle (König), Liselotte Denera (Königin), Aribert Wäscher (König von Kanya), Hubert von Meyerinck (Sudarna), Ludwig Körner (Avanti), Erika von Thellmann (Rohini), Eugen Klöpfer (Großvater)

KRÄFTE von August Stramm
P: 12.4.1921 (4), R: Max Reinhardt, B: Franz Dworsky, K: Otto Haas-Heye, D: Eugen Klöpfer, Agnes Straub (Ehepaar), Helene Thimig (ihre Freundin), Hermann Thimig (sein Freund), Richard Martienssen (Diener)

SPIELZEIT 1921/22

Deutsches Theater

HERODES UND MARIAMNE von Friedrich Hebbel
P: 19.9.1921 (13), R: Otto Falckenberg, B/K: Otto Reigbert, M: Klaus Pringsheim, D: Werner Krauss (Herodes), Agnes Straub (Mariamne), Helene Senken (Alexandra), Emilie Unda (Salome), Otto Framer (Soemus), Ferdinand von Alten (Joseph), Friedrich Kühne (Sameas), Hans Rodenberg (Judas), Wilhelm Voelcker (Artaxerxes), Hans Deppe (Moses)

LOUIS FERDINAND, PRINZ VON PREUSSEN
von Fritz von Unruh
P: 19.10.1921 (61), R: Gustav Hartung, B: Theodor Caspar Pilartz, M: Louis Ferdinand von Preußen, Dir: Klaus Pringsheim, D: Ferdinand von Alten (König), Lina Lossen (Königin Louise), Paul Hartmann (Louis Ferdinand), Aribert Wäscher (Oranien), Wilhelm Diegelmann (Braunschweig), Wilhelm Dieterle (Hohenlohe), Paul Günther (Haugwitz), Wilhelm Voelcker (Lombard), Werner Krauss (Wiesel), Helene Thimig (Pauline Wiesel)

OSTERN von August Strindberg
P: 16.11.1921 (4), KS 26.12.1921 (5), R/B: Karl Heinz Martin, D: Emilie Unda (Frau Heyst), Hans Schweikart (Elis), Roma Bahn (Eleonore), Charlotte Hagenbruch (Christine), Hans Brausewetter (Benjamin), Eugen Klöpfer (Lindqvist)

EIN TRAUMSPIEL von August Strindberg
P: 13.12.1921 (35), R: Max Reinhardt, B: Franz Dworsky, Dir: Einar Nilson, D: Raul Lange (Indras Stimme), Helene Thimig (Indras Tochter), Fritz Richard (Glasermeister), Hermann Thimig (Offizier), Eugen Klöpfer (Advokat), Raul Lange (Dichter), Werner Krauss (Quarantänemeister), Charlotte Hagenbruch (Viktoria), Olly Boeheim (Mutter), Siegmund Nunberg (Vater), Emilie Unda (Türhüterin), Wilhelm Voelcker (Zettelankleber), Paula Eberty (Kristin)

TARTÜFF von Jean Baptiste Molière
P: 20.1.1922 (16), R: Iwan Schmith, B/K: Rudolf Neppach, M: Klaus Pringsheim, D: Paula Eberty (Mme Pernelle), Max Gülstorff (Orgon), Lina Lossen (Elmire), Edwin Franz (Damis), Dorothea Thies (Marianne), Hans Brausewetter (Valer), Erich Pabst (Cleant), Eugen Klöpfer (Tartüff), Agnes Straub (Dorin)
SCAPINS SCHELMENSTREICHE
von Jean Baptiste Molière
P: dies. (7), R: ders., B/K: ders., M: ders., D: Karl Elzer (Argante), August Eichhorn (Geronte), Werner Pledath (Octave), Willy Fritsch (Leander), Erika von Thellmann (Zerbinette), Paul Graetz (Scapin)

DIE WÖLFE von Romain Rolland
P: 20.2.1922 (13), R: Berthold Viertel, B: Franz Dworsky, K: John Heartfield, D: Werner Krauss (Quesnel), Wilhelm Dieterle (Teulier), Eugen Klöpfer (Verrat), Aribert Wäscher (d'Oyron), Fritz Kampers (Chapelas), August Eichhorn (Vidalot), Gerhard Ritter (Buquet)

JUDITH von Friedrich Hebbel
P: 11.3.1922 (7), GS (32), R: Berthold Viertel, B/K: Ernst Schütte, M: Pantscho Wladigeroff, D: Agnes Straub (Judith), Heinrich George (Holofernes), August Eichhorn (1. Hauptmann), Max Nemetz (2.Hauptmann), Hans Brausewetter (Junger Hauptmann), Fritz Rasp (Kämmerer), Aribert Wäscher (Bote), Raul Lange (Achior), Helene Körner (Mirza), Hans Schweikart (Ephraim)

CYRANO VON BERGERAC von Edmond Rostand
P: 17.3.1922 (60), R: Iwan Schmith, B: Karl Walser, M: Klaus Pringsheim, D: Werner Krauss (Cyrano), Mady Christians (Roxane), Walter Janssen (Neuvillette), Ferdinand von Alten (Guiche), Rudolf Weinmann (Valvert), Otto Bramer (Le Bret)

DER SINGENDE FISCH von Alfred Brust
P: 9.4.1922 (1) MV, R: Bernhard Reich, D: Roma Bahn (Anatolie Wendefeuer), Fritz Kampers (Stöbsand), Olga Wojan (Veronika), Emilie Unda (Frau Stöbsand), Martin Wolfgang (Wendefeuer)

VATERMORD
von Arnolt Bronnen (Gastspiel „Die Junge Bühne")
MV: 14.5.1922 (1); ab 29.5.1922 AV KS (23), R: Berthold Viertel, B/T: Franz Dworsky, D: Alexander Granach (Ignaz Fessel), Agnes Straub (Luise Fessel), Hans Heinrich von Twardowski (Walter), Elisabeth Bergner (Rolf), Albrecht Victor Blum (Edmund)

DES ESELS SCHATTEN von Ludwig Fulda
P: 17.5.1922 (17), R: Iwan Schmith, B: Andrej Andreev, M: Klaus Pringsheim, D: Raul Lange (Kassander), Robert Garrison (Onolaos), Liselotte Denera (Leukippe), Rudolf Weinmann (Morsimos), Fritz Delius (Struthion), Herwart Retslag (Eubuleus), Grete Mosheim (Glauke), Heinrich George (Demokrit)

POTASCH UND PERLMUTTER
von Montague Glass und Charles Klein
NE, P: 3.6.1922 (59) (EP 3.5.1921, SD), R: Iwan Schmith, B: John Heartfield, D: Karl Etlinger (Potasch), Paul Graetz (Perlmutter), Karl Zander (Feldmann), Siegmund Nunberg (Pasinsky), Carl Hannemann (Andrejew), Fritz Feld (Rabbiner), Rudolf Weinmann (Stoyermann)

DER BIBERPELZ von Gerhart Hauptmann
P: 21.6.1922 (1), R: Emil Lind, D: Else Lehmann (Frau Wolff), Gustav Rickelt (Krüger), Willy Grunwald (Wehrhahn), Wilhelm Diegelmann (Wolff), Oskar Fuchs (Motes), Paula Eberty (Frau Motes), Grete Dieriks (Adelheid), Ernst Legal (Wulkow), Bruno Decarli (Dr. Fleischer)

Kammerspiele

DIE JUNGFERN VOM BISCHOFSBERG
von Gerhart Hauptmann
P: 16.9.1921 (30), R: Iwan Schmith, B: John Heartfield, M: Klaus Pringsheim, D: Olly Boeheim (Sabine), Anni Mewes (Adelheid), Liselotte Denera (Agathe), Roma Bahn (Ludowike), Wilhelm Diegelmann (Gustav), Paula Eberty (Emilie), Max Gülstorff (Dr. Nast)

DER HÜHNERHOF von Tristan Bernard
EA, P: 3.10.1921 (82), R: Iwan Schmith, B: Michael Rachlis, D: Anton Edthofer (Bertrand), Hermann Thimig (Bertrand), Erik Baldermann (Arzt), Otto Schotten (Dominique), Herwart Retslag (Firmin)

DER SCHWIERIGE von Hugo von Hofmannsthal
P: 30.11.1921 (9), R: Bernhard Reich, B: Michael Rachlis, D: Anton Edthofer (Bühl), Maria Reisenhofer (Crescence), Hermann Thimig (Stani), Helene Thimig (Helene Altenwyl), Rudolf Weinmann (Altenwyl), Mady Christians (Antoinette Hechingen), Victor Schwanneke (Hechingen), Erich Pabst (Neuhoff)

ANATOL von Arthur Schnitzler
P: 6.1.1922 (70), R: Iwan Schmith, B: John Heartfield, D: Anton Edthofer (Anatol), Hermann Thimig (Max), Erika von Thellmann (Cora), Lina Lossen (Gabriele), Mady Christians (Annie), Grete Bukovics (Bianca), Stella Arbenina (Ilona)

DIE HERBSTVÖGEL von Walther Eidlitz
UA, P: 30.1.1922 (1), R: Heinz Herald, B: Friedrich Winckler-Tannenberg, M: Klaus Pringsheim, D: Fritz Daghofer (Gregor), Roma Bahn (Gertrud), Liselotte Denera (Lisa), Hans Schweikart (Herrmann), Hans Brausewetter (Gustav), Ilsabe Dieck (Käthe), Erika von Thellmann (Lotte), Edwin Franz (Peter), Werner Pledath (Rudi), Charlotte Hagenbruch (Schwester)

DAS ABENTEUER (Ballettpantomime)
P: 31.1.1922 (1), R: Iwan Schmith, B/K: Ernst Stern, M: Gunnar Ahlberg, D: Walter Janssen (Ibrahim Bey), Wera Karalli (Fathme), Eric Charell (Ein Fremdenführer), Fritz Rasp (1. Amerikaner), Willy Fritsch (2. Amerikaner)
DER BAJAZZO (Pantomime)
P: dies. (1), R: ders., B/K: ders., M: Ruggiero Leoncavallo, Dir: Richard Jäger, D: Werner Krauss (Canio/Bajazzo), Wera Karalli (Nedda/Colombine), Eric Charell (Tonio/Taddeo), Helmuth Lotz (Beppo/Harlekin), Jurij Jurovskij (Silvio)

KANZLIST KREHLER von Georg Kaiser
UA, P: 14.2.1922 (3), R: Heinz Herald, B/K: George Grosz, John Heartfield, D: Paul Graetz (Krehler), Margarete Kupfer (Frau Krehler), Liselotte Denera (Ida), Hans Brausewetter (Max), Erich Pabst (Herr Rat)

DIE ERZIEHUNG DURCH „KOLIBRI"
von Hans José Rehfisch
P: 25.2.1922 (4), R: Stefan Hock, B: John Heartfield, D: Max Gülstorff (Hagedorn), Charlotte Hagenbruch (Eva), Roma Bahn (Kornelie), Werner Hollmann (Fischer), Erich Pabst (Hornung), Karl Elzer (Rothkegel), Stella Arbenina (Ada Przybilska), Erika von Thellmann (Lonny)

DER VERTRAG VON NIZZA von Louis Verneuil
P: 16.3.1922 (4), R: Iwan Schmith, B: Franz Dworsky, D: Fritz Daghofer (Marsay), Paula Eberty (Frau Marsay), Hermann Thimig (André), Emil Rameau (d'Aubigny), Hertha Ruß (Jeanne), Anton Edthofer (Jeanville), Wilhelm Voelcker (Le Remois), Olga Wojan (Gabrielle), Willy Fritsch (Fouchard)

DER MEISTER von Hermann Bahr
P: 7.4.1922 (19), R: Eugen Klöpfer, B: Franz Dworsky, D: Eugen Klöpfer (Cajus Duhr), Agnes Straub (Violet), Gerhard Ritter (Dr. Duhr), Paula Eberty (Julie), Erich Pabst (Graf Vanin), Paul Graetz (Kokoro), Fritz Rasp (Balsam), Liselotte Denera (Ida Nessel)

DAS PAKETBOOT TENACITY von Charles Vildrac
EA, P: 19.4.1922 (9), R: Iwan Schmith, B: Franz Dworsky, D: Liselotte Denera (Thérèse), Gertrud Gerlach-Jacobi (Witwe Cordier), Wilhelm Dieterle (Bastien), Hans Brausewetter (Segard), Karl Etlinger (Hidoux)

EINEN JUX WILL ER SICH MACHEN
von Johann Nestroy
P: 9.5.1922 (20), R: Karl Etlinger, B: John Heartfield, M: Adolf Müller sen., Dir: Klaus Pringsheim, D: Fritz Richard (Zangler), Dorothea Thies (Marie), Anton Edthofer (Weinberl), Hans Brausewetter (Christopherl), Fritz Kampers (Kraps), Gertrud Gerlach-Jacobi (Frau Gertrud), Karl Etlinger (Melchior), Felix Norfolk (Sonders), Fritz Daghofer (Hupfer), Grete Bukovics (Madame Knorr)

SPIELZEIT 1922/23

Deutsches Theater

DER VATER von August Strindberg
P: 7.9.1922 (12), R: Felix Hollaender, B: Gustav Knina, D: Eugen Klöpfer (Rittmeister), Agnes Straub (Laura), Grete Scheer (Berta), Aribert Wäscher (Östermark), Max Gülstorff (Pastor), Margarethe Albrecht (Amme)

SIMSON oder SCHAM UND EIFERSUCHT
von Frank Wedekind
P: 26.9.1922 (16), R: Richard Révy, B/K: Theodor Caspar Pilartz, M: Klaus Pringsheim, D: Heinrich George (Simson), Agnes Straub (Delila), Ferdinand Hart (Og), Ferdinand Faber (Azav), Hans Rodenberg (Nebrod), Paul Günther (Jetur), Georg Hilbert (Gadias)

DER BUND DER JUGEND von Henrik Ibsen
P: 13.10.1922 (11), R: Bernhard Reich, B: Theodor Caspar Pilartz, D: Erich Pabst (Bratsberg), Rudolf Amendt (Erik), Hermine Sterler (Thora), Hertha Hambach (Selma), Hans Schweikart (Fjeldbo), Werner Krauss (Stensgard), Carl Hannemann (Helle), Max Gülstorff (Hejre)

KÖNIG RICHARD II. von William Shakespeare
P: 14.11.1922 (10), R: Berthold Viertel, B/K: Theodor Caspar Pilartz, M: Klaus Pringsheim, D: Alexander Moissi (Richard II.), Elisabeth Bergner (Königin), Wilhelm Diegelmann (Langley), Alexander Granach (Gaunt), Heinrich George (Bolingbroke), Paul Mederow (Northumberland), Hans Schweikart (Percy)

TROMMELN IN DER NACHT von Bertolt Brecht
P: 20.12.1922 (4), R: Otto Falckenberg, B: Theodor Caspar Pilartz, D: Alexander Granach (Kragler), Blandine Ebinger (Anna), Georg August Koch (Karl), Margarethe Albrecht (Amalie Balicke), Werner Hollmann (Murk), Paul Graetz (Babusch), Heinrich George (Glubb), Margarete Kupfer (Auguste), Anni Mewes (Marie)

KAISER KARLS GEISEL von Gerhart Hauptmann
P: 12.1.1923 (12), R: Felix Hollaender, B: Theodor Caspar Pilartz, D: Heinrich George (Karl der Große), Liselotte Denera (Gersuind), Paul Günther (Ercambald), Ferdinand Gregori (Alcuin), Paul Mederow (Rorico)

IMPROVISATIONEN IM JUNI von Max Mohr
UA, P: 2.2.1923 (17), R: Iwan Schmith, B/K: Theodor Caspar Pilartz, Rudi Feld, D: Luise Hohorst (Fürstin Orloff), Wilhelm Dieterle (Tomkinow), Heinrich George (Zappe), Liselotte Denera (Olga), Paul Graetz (Samuel Mill), Hans Schweikart (Jan Mill), Jaro Fürth (Wase), Gerhard Bienert (Kriminalbeamter)

PENTHESILEA von Heinrich von Kleist
P: 6.2.1923 (12), R. Richard Révy, B: Edward Suhr, M: Klaus Pringsheim, D: Agnes Straub (Penthesilea), Charlotte Hagenbruch (Prothoe), Lotte Fließ (Meroe), Paul Hartmann (Achilles), Ferdinand Hart (Odysseus), Aribert Wäscher (Antilochus)

ALT-HEIDELBERG von Wilhelm Meyer-Förster
P: 23.2.1923 (94), R: Max Gülstorff, B: Franz Dworsky, D: Hans Brausewetter (Karl Heinrich), Robert Garrison (Haugk), Richard Gerner (Passarge), Werner Pledath (Metzing), Ferdinand Faber (Breitenbach), Werner Krauss (Jüttner), Max Gülstorff (Lutz)

DON CARLOS von Friedrich Schiller
NE, P: 27.4.1923 (7) (EP 10.11.1909), R: Max Reinhardt, B/K: Ernst Stern, D: Albert Steinrück (Philipp II.), Charlotte Hagenbruch (Elisabeth), Paul Hartmann (Carlos), Willy Fritsch (Farnese), Käthe Wittenberg (Eboli), Gertrud Gerlach-Jacobi (Olivarez), Helene Körner (Mondekar), Alexander Moissi (Posa), Ferdinand Gregori (Alba)

DER GRAF VON CHAROLAIS
von Richard Beer-Hofmann
P: 15.5.1923 (21), R: Richard Beer-Hofmann, B: Franz Dworsky, D: Alexander Moissi (Graf), Raul Lange (Romont), Ferdinand Gregori (Rochfort), Maria Fein (Desirée), Sofie Pagay (Barbara), Walter Janssen (Philipp)

Kammerspiele

DER SCHATTENFISCHER von Jean Sarment
P: 13.9.1922 (3), R: Bernhard Reich, B: John Heartfield, D: Hans Brausewetter (Jean), Paul Mederow (René), Gertrud Eysoldt (Mutter), Hertha Hambach (Nelly), Paul Günther (Bischof Lesceure), Elsa Lorenz (Maria)

TIMOTHEUS IN FLAGRANTI
von Charles-Maurice Hennequin und Pierre Véber
P: 27.10.1922 (36), R: Iwan Schmith, D: Max Gülstorff (Ploumanach), Walter Janssen (Courvalin), Max Bing (Lambrusque), Johanna Terwin (Aurélie), Paul Biensfeldt (Auguste), Anni Mewes (Suzanne)

SCHÖNE FRAUEN von Etienne Rey
P: 23.12.1922 (16), R: Max Reinhardt, B: Gustav Singer, D: Hermann Thimig (Villiers), Mady Christians (Germaine), Luis Rainer (Prévost), Anni Mewes (Marthe), Johanna Terwin (Lucienne), Charlotte Hagenbruch (Frau Duroy), Erwied Asdor (de Beaupré)

DER KREIS von William Somerset Maugham
EA, P: 24.1.1923 (37), R: Bernhard Reich, B: Theodor Caspar Pilartz, D: Erich Pabst (Clive), Ferdinand von Alten (Arnold), Max Gülstorff (Porteous), Hans Brausewetter (Luton), Johanna Terwin (Lady Katarina), Elisabeth Bergner (Elisabeth), Marlene Dietrich (Frau Shenstone)

FRÄULEIN JULIE von August Strindberg
P: 22.2.1923 (34), R: Bernhard Reich, B: Franz Dworsky, M: Friedrich Bermann, D: Elisabeth Bergner (Julie), Heinrich George (Jean), Renée Stobrawa (Christel)

LANZELOT UND SANDEREIN.
Ein Spiel aus dem Vlämischen übersetzt von F. M. Huebner
EA, P: dies. (24), R/B: Bernhard Reich, M: Klaus Pringsheim, D: Hans Schweikart (Lanzelot), Elisabeth Bergner (Sanderein), Helene Hariet (Mutter), Heinrich George (Ritter), Carl Hannemann (Reinhold), Fritz Kampers (Waldhüter), Peter Eysoldt (Spielansager)

DIE FLUCHT NACH VENEDIG von Georg Kaiser
P: 27.3.1923 (16), R: Bernhard Reich, B: Hermann Krehan, D: Agnes Straub (Sand), Walter Janssen (Musset), Carl Hannemann (Bruder), Wilhelm Dieterle (Italienischer Arzt), Aribert Wäscher (Engländer)

DAS KROKODIL von Karl Strecker
UA?, P: 10.4.1923 (36), R: Erich Pabst, D: Jaro Fürth (von Grailsheim), Victor Schwanneke (Philipps), Hertha Ruß (Ria), Wilhelm Diegelmann (Engelborn), Grete Mosheim (Annie), Werner Hollmann (Caspari), Hans Schweikart (Dr. Wetzel)

DIE VERFÜHRUNG von Paul Kornfeld
P: 2.5.1923 (8), R: Richard Révy, B: Hermann Krehan, M: Klaus Pringsheim, D: Paul Günther (Veilchen), Elise Zachow-Vallentin (Frau Veilchen), Renée Stobrawa (Marie), Helene Körner (Luise), Margarete Kupfer (Frau Bitterlich), Alexander Granach (Bitterlich), Wilhelm Voelcker (Vogelfrei)

Gastspiel des Moskauer Staatlichen Kammertheaters im Deutschen Theater

SALOME von Oscar Wilde
P: 7.4.1923 (3), R: Aleksandr Tairov, B/K: Aleksandra Ekster, M: Gjutl', Dir: Aleksandr Metner, D: Alice Koonen (Salome) u. a.

PRINZESSIN BRAMBILLA
von Ernst Theodor Amadeus Hoffmann
P: 9.4.1923 (3), R: Aleksandr Tairov, B/K: Jurij Jakulov, M: H. Forter, Dir: Aleksandr Metner, D: Alla Bataeva (Prinzessin) u. a.

DIE ZWILLINGSSCHWESTERN (GIROFLÉ – GIROFLA)
von Albert Vanloo und Eugène Leterrie
P: 10.4.1923 (6), R: Aleksandr Tairov, M: Alexandre Charles Lecocq, B/K: Jurij Jakulov, Dir: Aleksandr Metner, D: Alice Koonen (Zwillingsschwestern) u. a.

PHÄDRA von Jean Baptiste Racine
P: 14.4.1923 (2), R: Aleksandr Tairov, B/K: Aleksandr Vesnin, D: Alice Koonen (Phädra) u. a.

MORITZ VON SACHSEN (ADRIENNE LECOUVREUR)
von Eugène Scribe und Ernest Legouvé
P: 17.4.1923 (2), R: Aleksandr Tairov, B/K: Ferdinandov, M: Anatol Aleksandrov, Dir: Aleksandr Metner, D: Alice Koonen (Adrienne) u. a.

SPIELZEIT 1923/24

Deutsches Theater

PYGMALION von George Bernard Shaw
P: 18.9.1923 (46), R: Viktor Schwanneke, B: Hermann Krehan, D: Gertrud Eysoldt (Frau Higgins), Werner Krauss (Higgins), Max Gülstorff (Doolittle), Käthe Dorsch (Eliza), Ferdinand von Alten (Pickering), Hans Brausewetter (Freddy)

ANNA CHRISTIE von Eugene O'Neill
EA, P: 9.10.1923 (2), R: Fritz Wendhausen, B: Hermann Krehan, D: Wilhelm Voelcker (Johnny), Max Gülstorff (Christopherson), Käthe Dorsch (Anna), Walter Brandt (Burke), Margarete Kupfer (Marthy), Georg Hilbert (Larry), Gerhard Bienert (Smith)

NORA oder EIN PUPPENHEIM von Henrik Ibsen
P: 16.11.1923 (11), R: Erich Pabst D: Erich Pabst (Helmer), Käthe Dorsch (Nora), Ferdinand von Alten (Rank), Hermine Sterler (Frau Linde), Paul Graetz (Krogstad)

DAS CAFÉHAUS nach Carlo Goldoni von Otto Zoff
P: 24.11.1923 (19), R: Fritz Wendhausen, B/K: Hermann Krehan, M: Ernst Roters, D: Fritz Daghofer (Ridolfo), Hans Brausewetter (Eugenio), Erika von Thellmann (Vittoria), Walter Brandt (Leander), Kitty Aschenbach (Eleonora), Max Gülstorff (Don Marzio), Aenne Röttgen (Lisaura), Georg John (Pandolfo), Werner Hinz (Trappola)

ELGA von Gerhart Hauptmann (Inszenierung des „Schauspieltheaters")
P: 1.12.1923 (2), R: Heinz Hilpert, B/K: Ilse Fehling, M: Wolfgang Zeller, D: Walter Brandt (Ritter), Erich Fiedler (Diener), Heinrich George (Mönch/Graf Starschenski), Margarethe Albrecht (Marina), Elisabeth Bergner (Elga), Renée Kürschner (Amme), Ernst Reschke (Dimitri), Werner Pledath (Grischka)
HANNELE von Gerhart Hauptmann
P: dies. (2), R/B: Karl Heinz Martin, D: Elisabeth Bergner (Hannele), Alexander Granach (Gottwald), Miriam Lehmann-Haupt (Martha), Fritz Jeßner (Dr. Wachler), Hans Heinrich von Twardowski (Schwarzer Engel)

SCHERZ, SATIRE, IRONIE UND TIEFERE BEDEUTUNG
von Christian Dietrich Grabbe
P: 22.12.1923 (55), R: Erich Engel, B/K: Hermann Krehan, D: Josef Klein (Haldungen), Anni Mewes (Liddy), Erwied Asdor (Wernthal), Walter Brandt (Mordax), Walter Franck (Mollfels), Hans Herrmann-Schaufuß (Rattengift), Max Gülstorff (Schulmeister), Georg Hilbert (Tobies), Manfred Fürst (Gottliebchen), Renée Kürschner (Gretchen), Gerhard Bienert (Konrad/Grabbe), Fritz Kortner (Teufel), Julius Knispel (Kaiser Nero)

JUGEND von Max Halbe
P: 13.1.1924 (4), MV, D: Hans Brausewetter (Hartwig), Grete Mosheim (Annchen), Walter Brandt (Pastor Hoppe), Fritz Rasp (Amandus), Ludwig Unger (Schirgorski), Renée Kürschner (Maruschka)

DU SOLLST NICHT TÖTEN von Leonid Andreev
P: 8.2.1924 (7), R: Fritz Wendhausen, B/K: Hermann Krehan, M: Klaus Pringsheim, D: Paul Günther (Kulabuchov), Lucie Höflich (Vasilisa), Rudolf Forster (Jakov), Renée Stobrawa (Margarita), Robert Garrison (Feofan), Paul Bildt (Bourbognac), Karl Etlinger (Zajčikov), Grete Mosheim (Lelja)

SON'KIN UND DER HAUPTTREFFER
von Semën Juškevič
P: 16.2.1924 (5), R: Karl Etlinger, B: Franz Dworsky, D: Karl Etlinger (Son'kin), Renée Stobrawa (Manička), Margarethe Albrecht (Son'kins Mutter), Fritz Rasp (Pusis), Paul Günther (Belenkij), Julius Knispel (Moisej), Fritz Kampers (Zitomirskij), Helene Weigel (Latkina)

DANTONS TOD von Georg Büchner
P: 29.2.1924 (23), R: Erich Engel, B: Oskar Strnad, Dir: Klaus Pringsheim, D: Fritz Kortner (Danton), Magnus Stifter (Legendre), Walter Janssen (Desmoulins), Rudolf Amendt (Hérault-Séchelles), Walter Brandt (Lacroix), Ernst Gronau (Robespierre), Rudolf Fernau (St. Just), Maria Fein (Julie), Johanna Hofer (Lucile), Gerda Müller (Marion)

VOM ANDERN UFER von Felix Salten (Drei Einakter)
P: 23.3.1924 (10), R: Richard Gerner, B: Franz Dworsky, D: Rudolf Weinmann (Graf Laurentin), Rudolf Amendt (Aristides), Franziska Kinz (Helene Festenberg), Albert Bassermann (Graf Festenberg), Richard Martienssen (Neumeier)/Albert Bassermann (Hugo von Neustift), Martin Wolfgang (Dr. Hopfner), Hermine Sterler (Emilie)/ Albert Bassermann (Trübner), Else Bassermann (Marie), Charlotte Bosien (Lotti), Fritz Kampers (Koberwein)

ANARCHIE IN SILLIAN
von Arnolt Bronnen (Gastspiel „Die Junge Bühne")
UA, MV: 6.4.1924 (1), R: Heinz Hilpert, D: Hans Heinrich von Twardowski (Carrel), Walter Franck (Grand), Maria Eis (Vergan), Franziska Kinz (Cel)

DIE JÜDIN VON TOLEDO von Franz Grillparzer
P: 12.4.1924 (12), R: Heinz Herald, B/K: Hermann Krehan, M: Klaus Pringsheim, D: Alexander Moissi (Alfons), Ferdinand Gregori (Manrique), Walter Rilla (Garceran), Robert Garrison (Isaak), Franziska Kinz (Esther), Margarethe Schlegel (Rahel)

ER IST AN ALLEM SCHULD von Lev Tolstoj
DT (NE), P: 2.5.1924 (7) (EP 19.10.1920), R: Richard Gerner, B: Jan Julius Hahlo, D: Gertrud Gerlach-Jacobi (Akulina), Walter Brandt (Michajla), Johanna Terwin (Marta), Alice Schiller (Paraška), Gustav Roos (Taras)
PARACELSUS von Arthur Schnitzler
P: dies. (7), R: ders., B: ders., D: Walter Brandt (Cyprian), Renée Stobrawa (Justina), Grete Mosheim (Cäcilia), Rudolf Amendt (Dr. Copus), Walter Rilla (Anselm), Alexander Moissi (Paracelsus)

DER GEFESSELTE PROMETHEUS von Aischylos
P: 17.5.1924 (9), R: Wilhelm Leyhausen, B: Franz Dworsky, Alfred Tokayer, D: Alexander Moissi (Prometheus), Raul Lange (Okeanos), Fritz Jeßner (Haephaistos), Hanskarl Magnus (Hermes), Annemarie Loose (Jo), Gerhard Bienert (Kratos)

CLUBLEUTE von Fritz Friedmann-Frederich
P: 1.7.1924 (62), R: Max Landa, B: Franz Dworsky, D: Walter Brandt (Lindemann), Cläre Reigbert (Jettchen), Carl Walther (Gustav), Max Adalbert (Alex Lindemann), Eugenie Deumert (Röschen)

Kammerspiele

DIE KINDER von Hermann Bahr
P: 10.10.1923 (37), R: Erich Pabst, B: Hermann Krehan, D: Victor Schwanneke (Dr. Scharizer), Erika von Thellmann (Anna), Ferdinand von Alten (Graf Freyn), Hans Brausewetter (Conrad), Fritz Kampers (Bayerlein), Fritz Daghofer (Johann)

CHASTELARD von Algernon Charles Swinburne
P: 19.10.1923 (2), R: Paul Günther, B/K: Hermann Krehan, M: Klaus Pringsheim, D: Maria Fein (Maria Stuart), Anni Mewes (Maria Beaton), Johanna Hoffart (Maria Seyton), Renée Stobrawa (Maria Carmichael), Helene Körner (Maria Hamilton), Walter Janssen (de Boscosel), Willy Gallwitz (Darnley)

TAGESZEITEN DER LIEBE von Dario Niccodemi
P: 24.11.1923 (36), R: Robert Forster-Larrinaga, B: Hermann Krehan, D: Valerie von Martens (Anna), Curt Goetz (Mario)

INGEBORG von Curt Goetz
P: 31.12.1923 (33), R: Curt Goetz, B: Hermann Krehan, D: Valerie von Martens (Ingeborg), Walter Steinbeck (Ottokar), Margarete Kupfer (Ottilie), Curt Goetz (Peter), Siegmund Nunberg (Konjunktiv)

DER NEBBICH von Carl Sternheim
P: 1.2.1924 (32), R: Carl Sternheim, B/K: Thea Sternheim, D: Maria Fein (Rita Marchetti), Paul Graetz (Fritz Tritz), Walter Brandt (Meyer), Siegmund Nunberg (Marlowski), Walter Janssen (von Schmettow), Fritz Delius (Zinn), Rudolf Amendt (Pfeil), Renée Stobrawa (Luise Krüger)

PALME oder DER GEKRÄNKTE von Paul Kornfeld
UA, P: 11.3.1924 (13), R: Victor Schwanneke, B: Hermann Krehan, D: Lina Lossen (Clara), Anni Mewes (Helene), Karl Etlinger (Lauberjahn), Max Gülstorff (Palme), Werner Hollmann (Quinke), Erwied Asdor (Kimmich), Hubert von Meyerinck (Plempe)

UNSERE KLEINE FRAU von Avery Hopwood
EA, P: 26.3.1924 (10), R: Erich Pabst, B: Hermann Krehan, D: Ferdinand von Alten (Warren), Else Eckersberg (Dodo), Anton Pointner (Elliot), Renée Stobrawa (Fanny), Hans Brausewetter (Brown), Grete Mosheim (Angelika)

WETTERLEUCHTEN von August Strindberg
NE, P: 17.4.1924 (13) (EP 10.12.1913), R: Max Reinhardt, B: Richard Gerner, D: Albert Bassermann (Herr), Martin Wolfgang (Bruder), Siegmund Nunberg (Starck), Werra John (Agnes), Else Bassermann (Luise), Gertrud Eysoldt (Gerda)

KOMÖDIE DER WORTE von Arthur Schnitzler
P: 1.5.1924 (12), R: Paul Bildt, B: Franz Dworsky, D: Albert Bassermann (Eckold/Herbot/Staufner), Julie Serda (Klara), Paul Bildt (Ormin), Else Bassermann (Sophie), Martin Gien (Gley), Siegmund Nunberg (Falk), Werra John (Vilma Flamm), Anni Mewes (Agnes), Werner Hollmann (Werning)

ONKELCHEN HAT GETRÄUMT
von Karl Vollmoeller nach Fedor Dostoevskij
P: 17.5.1924 (15), R: Erich Pabst, B/K: Hermann Krehan, D: Johanna Terwin (Mar'ja Aleksandrovna), Walter Brandt (Afanasij), Grete Mosheim (Zinaida), Hans Brausewetter (Mozgljakov), Max Gülstorff (Fürst), Hermine Sterler (Nastas'ja), Gertrud Eysoldt (Sof'ja)

SALOMONS SCHWIEGERTOCHTER
von Paul Frank und Julius Wilhelm
P: 31.5.1924 (31), R: Emil Lind, B: Hermann Krehan, D: Hermann Vallentin (Salomon), Ilka Grüning (Renette), Helmuth Kassing (sein Sohn), Franziska Kinz (Agnes), Martha Hartmann (Berta), Karl Etlinger (Dr. Pulvermacher)

DIE FREUNDIN SEINER EXZELLENZ
von Alexander Engel
P: 2.7.1924 (14), R: Walter Fichelscher, B: Franz Dworsky, D: Walter Steinbeck (Hardenstein), Frida Brock (Thea), Aenne Röttgen (Maisy), Georg Alexander (Baron Haiderer), Anny Barausch (Anny)

KÜMMELBLÄTTCHEN von Robert Overweg
P: 16.7.1924 (20), R: Georg Alexander, B: Hermann Krehan, D: Hans Kuhnert (Polizeipräsident), Walter Steinbeck (Blankenburg), Arthur Laubert (Zigorius), Georg Alexander (von Kluge), Alfred Stratmann (Schallow), Erich Schilling (Schuppke), Heinz Hilpert (Dietchen)

DAS ZEICHEN AN DER TÜR von Channing Pollock
EA, P: 15.8.1924 (17), R: Paul Bildt, B: Franz Dworsky, D: Max Grünberg (Hugh), Walter Steinbeck (Devereaux), Franziska Kinz (Mary/Mrs. Regan), Jaro Fürth (Kapitän Burke), Hans Deppe (Reporter), André Mattoni (Churchill), Liselotte Henke (Helene), Philine Wengerth (Marjorie), Fritz Kortner (Regan)

SPIELZEIT 1924/25

Deutsches Theater

SUMURÛN von Friedrich Freksa
NE, P: 9.9.1924 (13) (EP 24.4.1910), R: Ernst Matray, B: Ernst Stern, M/D: Victor Hollaender, D: Walter Franck (Alter Scheich), Lothar Müthel (sein Sohn), Maria Solveg (Sumurûn), Katta Sterna (Dienerin), Michael Tschärnoff (Obereunuch), Siegmund Nunberg (Sklavenhändler), Walter Rilla (Nur al Din), Ernst Matray (Buckliger), Sybille Binder (Tänzerin)

MICHAEL KRAMER von Gerhart Hauptmann
NE, P: 26.9.1924 (14) (EP 3.12.1918), R: Richard Gerner, B: Franz Dworsky, D: Eugen Klöpfer (Kramer), Martha Hartmann (Frau Kramer), Hermine Sterler (Michaline), Mathias Wieman (Arnold), Paul Bildt (Lachmann), Käthe Werkmeister (Alwine), Anni Mewes (Liese Bänsch)

DIE HEILIGE JOHANNA von George Bernard Shaw
P: 14.10.1924 (168), R: Max Reinhardt, B/K: Oskar Strnad, D: Elisabeth Bergner (Johanna), Rudolf Forster (Dauphin), Paul Hartmann (Dunois), Paul Otto (Warwick), Leopold von Ledebur (La Trémouille), Franz Ludwig (La Hire), Walter Brandt (Baudricourt), Mathias Wieman (Poulengey), Friedrich Kühne (Erzbischof), Hermann Vallentin (Bischof von Beauvais), Walter Franck (Stogumber), Lothar Müthel (Ladvenu), Fritz Kampers (Scharfrichter)

DICKICHT von Bertolt Brecht
P: 29.10.1924 (4), R: Erich Engel, B: Rudolf Caspar Neher, D: Fritz Kortner (Shlink), Walter Franck (Garga), Walter Fried (John Garga), Gertrud Eysoldt (Maë Garga), Franziska Kinz (Jane), Gerda Müller (Marie Garga), Walter Brandt (Mankyboddle), Paul Bildt (Smile), Lothar Müthel (Arkweight), Mathias Wieman (Lyncher)

OTHELLO, DER MOHR VON VENEDIG
von William Shakespeare
P: 14.11.1924 (7), R: Paul Bildt, B/K: Hermann Krehan, M: Klaus Pringsheim, D: Kurt Wenzel (Doge), Walter Fried (Brabantio), Fritz Kortner (Othello), Lothar Müthel (Cassio), Walter Franck (Jago), Mathias Wieman (Rodrigo), Peter Ihle (Montano), Franziska Kinz (Desdemona), Sybille Binder (Emilia), Martin Kosleck (Diener), Herta Bartz (Bianca)

DIE STÜTZEN DER GESELLSCHAFT von Henrik Ibsen
P: 9.2.1925 (5), KS (32), R: Richard Gerner, B: Hermann Krehan, D: Albert Bassermann (Bernick), Hermine Sterler (Betty), Helene Weigel (Martha), Mathias Wieman (Tönnesen), Else Bassermann (Lona Hessel), Paul Bildt (Rörlund), Carl Wallauer (Rummel), Sofie Pagay (Frau Rummel)

PANKRAZ ERWACHT oder DIE HINTERWÄLDLER
von Carl Zuckmayer (Gastspiel „Die Junge Bühne")
UA, MV, 15.2.1925 (1), R: Heinz Hilpert, B: Hans Strohbach, D: Walter Franck (Pankraz), Arthur Beder (Josua), Harry Berber (Christoph), Walter Werner (Harry), Mathias Wieman (Billy), Rudolf Forster (Graf), Alexander Granach (Kaplan), Leonard Steckel (Bembe), Herbert Grünbaum (Kongo), Gerda Müller (Judit)

CORIOLAN von William Shakespeare
DT im Lessingtheater, P: 27.2.1925 (10), R: Erich Engel, B/K: Rudolf Caspar Neher, M: Jaap Kool, D: Fritz Kortner (Cajus Marcius Coriolanus), Agnes Straub (Volumnia), Edith Wilhelmi (Virgilia), Herta Bartz (Valeria), Hugo Schuster (Titus Lartius), Magnus Stifter (Cominius), Jakob Tiedtke (Menenius Agrippa), Siegmund Nunberg (Sicinius Velutus), Hermann Wlach (Junius Brutus), Kurt Scheibach (Marcius), Gerhard Bienert (Römischer Herold), Walter Franck (Tullus Aufidius)

DIE KAMELIENDAME von Alexandre Dumas fils
P: 10.3.1925 (4), R: Bernhard Reich, B: Hermann Krehan, K: Ilse Fehling, D: Elisabeth Bergner (Marguerite), Lothar Müthel (Armand Duval), Ernst Gronau (Georges Duval), Fritz Delius (Rieux), Hugo Döblin (St. Gaudens), Lotte Stein (Prudence), Friedel Harms (Olympia), Anna Lacis (Esther), Hilde Körber (Nichette), Carl Jönsson (Doktor)

OSKAR WILDE von Carl Sternheim
UA, P: 31.3.1925 (10), R: Carl Sternheim, B: César Klein, D: Rudolf Forster (Wilde), Fritz Alberti (Queensberry), Hanns Maria Böhmer (Douglas), Hermann Vallentin (Tushy), Jeff Jeaffreson (Dundee), Paul Bildt (Roß), Werner Kepich (Marlowe), Hans Nachrainer (Smith)

DER REVISOR von Nikolaj Gogol
P: 28.4.1925 (18), R: Martin Kerb, B/K: Rudolf Caspar Neher, M: Klaus Pringsheim, D: Hermann Vallentin (Skvoznik-Dmuchanovskij), Margarete Kupfer (Anna Andreevna), Dorothea Thies (Mar'ja Antonovna), Hugo Döblin (Chlopov), Margarethe Albrecht (seine Frau), Karl Elzer (Ljapkin-Tjapkin), Friedrich Kühne (Zemljanika), Paul Bildt (Špekin), Harry Berber (Dobcinskij), Richard Leopold (Bobcinskij), Hermann Thimig (Chlestakov), Siegmund Nunberg (Osip)

DR. KNOCK oder DER TRIUMPH DER MEDIZIN
von Jules Romains
P: 19.5.1925 (12), R: Erich Engel, B: Rudolf Caspar Neher, D: Eugen Klöpfer (Knock), Hermann Vallentin (Caramelle), Martin Wolfgang (Mousquet), Werner Kepich (Bernard), Carl Jönsson (Ortstrommler), Richard Martienssen (Amédée), Gustav Adolf Henkels (Jean), Helene Weigel (Frau Caramelle), Margarete Kupfer (Frau Rémy)

Kammerspiele

DIE TOTE TANTE UND ANDERE BEGEBENHEITEN
(DER MÖRDER/DAS MÄRCHEN/DIE TOTE TANTE)
von Curt Goetz
UA, P: 1.10.1924 (93), R: Curt Goetz, B: Hermann Krehan, Franz Dworsky, D: Eugen Rex (Apotheker), Curt Goetz (Konrad/Lord/Nägler), Valerie von Martens (Isabella/Nadja), Walter Steinbeck (Hastings), Bertha Monnard (Marianne), Inge Andersen (Innocentia), Sylvia von Hodenberg (Parsival)

1913 von Carl Sternheim
P: 18.12.1924 (8), DT (4), R: Carl Sternheim, B: Thea Sternheim, D: Albert Steinrück (von Buchow), Hubert von Meyerinck (Philipp Ernst), Anni Mewes (Ottilie), Leontine Sagan (Sophie von Beeskow), Walter Steinbeck (Otto von Beeskow), Ulrich Bettac (Prinz Oels), Erwin Kalser (Krey), Otto Brefin (Stadler), Erwied Asdor (Easton), Carl Jönsson (Pfarrer), Arthur Laubert (Diener)

DER LAMPENSCHIRM von Curt Goetz
P: 19.1.1925 (23), R: Curt Goetz, B: Franz Dworsky, D: Curt Goetz (Erichsen), Valerie von Martens (Evchen), Paula Eberty (Amalie), Paul Otto (Erfurt), Gustav Adolf Henkels (Bettler), Gerhard Bienert (Engel), Walter Steinbeck (Tatenat), Jakob Tiedtke (Alter Herr)

DER HERR SEINES HERZENS von Paul Raynal
P: 3.3.1925 (3), R: Richard Gerner, B: Hermann Krehan, D: Hermann Thimig (Guize), Hans Brausewetter (de Pèran), Mady Christians (Aline), Liselotte Denera (Blanche), Arthur Laubert (Édouard)

SECHS PERSONEN SUCHEN EINEN AUTOR
von Luigi Pirandello
ÜKK, P: 13.3.1925 (72), R: Max Reinhardt, B: Hermann Krehan, D: Max Gülstorff (Vater), Frigga Braut (Mutter), Franziska Kinz (Tochter), Mathias Wieman (Sohn), Naftali Lehrmann (Knabe), Edith Volta (Mädchen), Margarete Kupfer (Madame Pace), Paul Bildt (Theaterdirektor), Franz Sondinger, Willy Eberhardt, Fritz Rémond, Dietrich Jenke, Wilhelm Schmidt, Bruno Klein (Schauspieler), Gertrud Kanitz, Aenne Görling, Erika Mann, Dorothea Thies (Schauspielerinnen), Hans Wengefeld (Souffleur), Siegmund Nunberg (Inspizient)

SIE SELBER NENNT SICH HELSINGE
von Wilhelm Stücklen
P: 2.4.1925 (5), R: Adolf Edgar Licho, B: Hermann Krehan, D: Agnes Straub (Helsinge), Hans Brausewetter (Waal), Theodor Loos (Frisac), Walter Franck (Anderfulde), Henni Steimann (Die Generalin), Sylvia von Rodenberg (Daniela), Carl Jönsson (Thies), Hilde Körber (Titienne)

DAS VERGNÜGEN, ANSTÄNDIG ZU SEIN
von Luigi Pirandello
P: 24.4.1925 (34), R: Richard Gerner, B: Hermann Krehan, D: Eugen Klöpfer (Baldovino), Mady Christians (Agata Renni), Hermine Straßmann-Witt (Frau Maddalena), Fritz Delius (Colli), Werner Hollmann (Setti), Rudolf Weinmann (Pfarrer), Werner Kepich (Fongi)

SPIELZEIT 1925/26

Deutsches Theater

MAN KANN NIE WISSEN von George Bernard Shaw
P: 28.8.1925 (28), R: Erich Engel, B: Rudolf Caspar Neher, D: Ilka Grüning (Frau Clandon), Anni Mewes (Gloria), Grete Mosheim (Dolly), Hans Brausewetter (Philipp), Rudolf Fernau (Valentine), Hermann Vallentin (Mc Naughtan), Werner Hollmann (Mc Comas)

DER KREIDEKREIS von Klabund
P: 20.10.1925 (66), R: Max Reinhardt, B: Rudolf Caspar Neher, K: Lotte Pritzel, M: Pantscho Wladigeroff, D: Elisabeth Bergner (Tschang-Haitang), Hedwig Wangel (Frau Tschang), Walter Franck (Tschang-Ling), Ernst Gronau (Tong), Hans Thimig (Pao), Eugen Klöpfer (Ma), Maria Koppenhöfer (Yü-Pei), Paul Bildt (Tschao), Hans Brausewetter (Kuli), Fritz Kampers (Soldat)

DAS KÄTHCHEN VON HEILBRONN
von Heinrich von Kleist
P: 29.12.1925 (35), R: Eugen Klöpfer, B: Max Pechstein, K: Lotte Pritzel, M: Walther Bransen, D: Paul Hartmann (Wetter vom Strahl), Amanda Lindner (Gräfin Helena), Raul Lange (Flammberg), Ferdinand Bonn (Gottschalk), Maria Koppenhöfer (Kunigunde), Charlotte Ziegler (Rosalie), Hermann Vallentin (Friedeborn), Toni van Eyck (Käthchen), Mathias Wieman (Gottfried), Fritz Kampers (Rheingraf)

JUAREZ UND MAXIMILIAN von Franz Werfel
P: 29.1.1926 (53), R: Max Reinhardt, B: Ernst Schütte, K: Karl Hollitzer, M: Pantscho Wladigeroff, D: Paul Hartmann (Maximilian), Sybille Binder (Charlotte), Friedrich Kühne (Labatista), Ferdinand Gregori (Don Lares), Paul Henckels (Don Siliceo), Robert Hartberg (Miramon), Leonard Steckel (Meja), Paul Bildt (Lopez), Richard Martienssen (Don Blasio), Hermann Vallentin (Basch), Herbert Dirmoser (Herzfeld), Maria Koppenhöfer (Agnes Salm-Salm), Carl Jönsson (Soria), Ferdinand Bonn (Wimberger), Oskar Homolka (Bazaine), Mathias Wieman (Pierron), Ernst Deutsch (Diaz), Raul Lange (Palacio)

BAAL von Bertolt Brecht (Gastspiel „Die Junge Bühne")
MV: 14.2.1926 (1), R: Bertolt Brecht, B: Rudolf Caspar Neher, D: Oskar Homolka (Baal), Paul Bildt (Ekart), Gerda Müller (Sophie), Kurt Gerron (Mech), Sybille Binder (Emilie), Hans Heinrich von Twardowski (Johannes), Blandine Ebinger (Johanna), Fritz Strehlen (Mjurk), Helene Weigel (Lupu), Margo Lion (Savetka), Leonard Steckel (Mann)

MORD von Walter Hasenclever
UA, P: 23.3.1926 (27), R: Erich Engel, B: Rudolf Caspar Neher, M: Edwin Geist, D: Eugen Klöpfer (Mann), Maria Koppenhöfer (Frau), Rudolf Fernau (Herr), Charlotte Schultz (Dame), Ferdinand Bonn (Setzer), Harry Berber (Metteur), Hans Herrmann-Schaufuß (Redakteur), Carl Jönsson (Schließer), Leonard Steckel (Arzt), Paul Bildt (Rechtsanwalt), Walter Franck (Roulettegeist), Hermann Vallentin (Untersuchungsrichter), Friedrich Kühne (Vorsitzender), Werner Hollmann (Staatsanwalt)

UNSERE KINDER von Israel Zangwill
EA, P: 20.4.1926 (24), R: Paul Otto, B: Franz Dworsky, D: Heinrich Schroth (Robert Sundale), Jenny Werner (Katharina), Hubert von Meyerinck (Fred), Grete Mosheim (Mary), Walter Rilla (Ashlar), Hans Herrmann-Schaufuß (Pleat), Leonard Steckel (Wimple), Frida Richard (Frau Herzberg)

FEGEFEUER IN INGOLSTADT
von Marieluise Fleißer (Gastspiel „Die Junge Bühne")
UA, MV: 25.4.1926 (1), R: Paul Bildt, B: Traugott Müller, D: Mathias Wieman (Roelle), Walter Franck (Berotter), Maria Koppenhöfer (Olga), Helene Weigel (Clementine), Frida Richard (Frau Roelle), Aribert Wäscher (Protasius), Hans Heinrich von Twardowski (Gervasius), Maria Paudler (Hermine Seitz)

Kammerspiele

DER STROM von Max Halbe
P: 17.9.1925 (3), R: Adolf Edgar Licho, B: Ernst Schütte, D: Hedwig Wangel (Philippine Doorn), Eugen Klöpfer (Peter Doorn), Gustav von Wangenheim (Heinrich Doorn), Mathias Wieman (Jakob Doorn), Franziska Kinz (Renate), Robert Müller (Ulrichs)

DER MANN, DAS TIER UND DIE TUGEND
von Luigi Pirandello
P: 22.9.1925 (18), R: Paul Henckels, B/K: Ernst Schütte, D: Max Gülstorff (Paolino), Oskar Homolka (Perella), Liselotte Denera (Frau Perella), Paul Bildt (Pulejo), Martin Wolfgang (Toto), Sofie Pagay (Rosaria)

PARABLE WILL NICHT HEIRATEN von Jerome K. Jerome
P: 19.10.1925 (12), R: Paul Henckels, B: Ernst Schütte, D: Max Gülstorff (Parable), Victor Schwanneke (Quincey), Gertrud Eysoldt (Frl. Bullstrode), Camilla Spira (Comfort Pryce), Sofie Pagay (Frau Meadows), Leonard Steckel (Knoblauch)

DAS APOSTELSPIEL von Max Mell
P: 29.10.1925 (7), R: Max Reinhardt, B: Franz Dworsky, D: Carl Goetz (Großvater), Helene Thimig (Magdalen), Hans Thimig, Oskar Homolka (Fremde Gäste)

RAMPER von Max Mohr
P: 3.12.1925 (9), R: Paul Henckels, B: Rudolf Caspar Neher, M: Edmund Meisel, D: Paul Wegener (Ramper), Leonard Steckel (Ipling), Harry Berber (Chocolat), Anni Mewes (Zizi), Hermann Vallentin (Barbazin), Franziska Kinz (Norma), Charlotte Ziegler (Schlubbe)

LYSISTRATA von Maurice Donnay
P: 8.1.1926 (8), R: Erich Engel, B/K: Rudolf Caspar Neher, M: Amédée Dutacq, Jaap Kool, D: Else Eckersberg (Lysistrata), Camilla Spira (Lampito), Grete Mosheim (Kallike), Anni Mewes (Salabaccha), Adele Creutznach (Myrrhine), Sylvia von Rodenberg (Rhodope), Leonard Steckel (Lykon), Werner Hollmann (Kynesias), Harry Berber (Theoros), Curt Bois (Agathos)

DIE LETZTE GELIEBTE von Osip Dymow
EA, P: 28.1.1926 (29), R: Adolf Edgar Licho, B: Ernst Schütte, D: Eugen Klöpfer (Der 48jährige), Hans Brausewetter (Der 26jährige), Maria Fein (Sie), Grete Mosheim (Tochter), Hedwig Wangel (Mutter), Gertrud Eysoldt (Fräulein A), Sidonie Lorm (Frau B), Else Wasa (Frau C), Karin Evans (Stubenmädchen)

JOSÉPHINE von Hermann Bahr
P: 26.2.1926 (35), R: Eugen Robert, B: Oskar Kaufmann, K: Ernst Schütte, D: Maria Orska (Joséphine), Hans Brausewetter (Bonaparte), Ferdinand Bonn (Barras), Curt Goetz (Talma), Ernst Gronau (Gesandter), Mathias Wieman (Oberst), Grete Mosheim (Louise), Hedwig Wangel (Larose), Eugen Klöpfer (Moustache)

DIE NACKTEN KLEIDEN... von Luigi Pirandello
EA, P: 3.4.1926 (24), R: Wolfgang Hoffmann-Harnisch, B: Ernst Schütte, D: Maria Orska (Ersilia Drei), Mathias Wieman (Laspiga), Hermann Vallentin (Grotti), Max Gülstorff (Nota), Paul Henckels (Cantavalle), Gertrud Eysoldt (Frau Onoria)

WEEK-END von Noël Coward
P: 24.4.1926 (59), R: Erich Engel, B: Ernst Schütte, D: Rosa Valetti (Judith Bliss), Max Gülstorff (David Bliss), Camilla Spira (Sorel), Hans Brausewetter (Simon), Ludmilla Hell (Myra), Paul Bildt (Greatham)

MEINE COUSINE AUS WARSCHAU von Louis Verneuil
P: 22.6.1926 (9), R: Maria Orska, D: Maria Orska (Sonia Varilowna), Hilde Hildebrand (Lucienne), Hubert von Meyerinck (Carterel), Ferdinand von Alten (Burel)

SPIELZEIT 1926/27

Deutsches Theater

ANDROKLUS UND DER LÖWE
von George Bernard Shaw
P: 2.9.1926 (29), KS 1.10.1926 (15), R: Erich Engel, B: Ernst Schütte, M: Jaap Kool, D: Curt Goetz (Androklus), Oskar Homolka (Ferrovius), Hans Brausewetter (Hauptmann), Hubert von Meyerinck (Lentulus), Fritz Eckert (Metellus), Paul Biensfeldt (Centurio), Otto Wallburg (Kaiser), Paul Hörbiger (Spintho), Rosa Valetti (Megära), Erika von Unruh (Lavinia)

PERIPHERIE von František Langer
EA, P: 1.10.1926 (25), R: Max Reinhardt, B: Oskar Strnad, D: Hermann Thimig (Franzi), Franziska Kinz (Anna), Oskar Homolka (Barborka), Paul Hörbiger (Toni), Max Gülstorff (Richter), Ernst Gronau (Urban), Anni Mewes (Frau Urban), Otto Wallburg (Bardirektor), Friedrich Kühne (Kommissär), Hubert von Meyerinck (Junger Mann), Wladimir Sokoloff (Betrachter)

NEIDHARDT VON GNEISENAU von Wolfgang Goetz
P: 26.10.1926 (119), R: Heinz Hilpert, B: Robert Neppach, M: Edwin Geist, D: Werner Krauss (Gneisenau), Hubert von Meyerinck (Alexander I.), Paul Hörbiger (Franz II.), Kurt Junker (Friedrich Wilhelm), Oskar Homolka (von Knesebeck), Ernst Gronau (von Kalckreut), Max Gülstorff (Möllendorf), Eduard von Winterstein (Scharnhorst), Mathias Wieman (Leutnant Scharnhorst), Otto Wallburg (Blücher), Heinrich Schroth (Yorck), Paul Biensfeldt (Müffling), Werner Schott (Lautewitz), Beate Finckh (Caroline), Sonik Rainer (Marketenderin), Hans Deppe (Gefreiter), Fritz Eckert (Freiwilliger), Gerhard Bienert (Soldat)

BONAPARTE von Fritz von Unruh
P: 15.2.1927 (30), R: Gustav Hartung, B: Ernst Schütte, M: Max Geist, D: Werner Krauss (Bonaparte), Dagny Servaes (Joséphine), Jakob Feldhammer (Lucien), Hadrian M. Netto (Murat), Werner Schott (Ségur), Eduard Rothauser (Corvisart), Hubert von Meyerinck (Caulaincourt), Paul Otto (Talleyrand), Eduard von Winterstein (Carnot), Oskar Homolka (Hulin), Paul Henckels (Guitton), Josef Klein (Bazancourt), Hermann Speelmanns (Rabbe), Heinrich Marlow (Barroir), Paul Biensfeldt (Bautancourt), Heinrich Schroth (Harel), Ernst Gronau (Fouché), Gerhard Bienert (Louval), Rudolf Forster (Enghien), Gertrud Eysoldt (Louise von Orleans), Mathias Wieman (Cadoudal)

DER ARZT AM SCHEIDEWEG
von George Bernard Shaw
P:25.3.1927 (75), R: Erich Engel, B: Rudolf Caspar Neher, M: Ultraphonapparat, D: Oskar Homolka (Ridgeon), Heinrich Schroth (Cullen), Werner Krauss (Bennington), Otto Wallburg (Walpole), Theodor Loos (Blenkinsop), Paul Hörbiger (Schutzmacher), Ernst Deutsch (Dubetat), Carola Toelle (Jennifer), Frida Richard (Emmy)

DER HEXER von Edgar Wallace
EA, P: 27.5.1927 (97), R: Heinz Hilpert, B: Ernst Schütte, D: Ernst Gronau (Bliss), Werner Schott (Wembury), Heinrich Schroth (Walford), Paul Hörbiger (Hackitt), Albert Steinrück (Messer), Oskar Homolka (Lomond), Hanna Ralph (Cora Milton), Hilde Körber (Mary), Mathias Wieman (John Lenley), Hermann Speelmanns (Carter), Hans Deppe (Benny)

Kammerspiele

UND PIPPA TANZT von Gerhart Hauptmann
P: 31.8.1926 (17), R: Heinz Hilpert, B: Franz Dworsky, M: Bruno Hartl, D: Martin Wolfgang (Tagliazoni), Toni van Eyck (Pippa), Heinrich Schroth (Glashüttendirektor), Heinrich George (Alter Huhn), Mathias Wieman (Hellriegel), Eduard von Winterstein (Wann)

DER GEFÄLLIGE THIERRY von Tristan Bernard
EA, P: 16.10.1926 (38), R: Eugen Robert, B: Ernst Schütte, D: Curt Goetz (Thierry), Hans Brausewetter (Thibaut), Käte Haack (Alice), Gertrud Welcker (Laurence), Grete Reinwald (Henriette), Erich Walter (Kellner)

KARUSSELL von Louis Verneuil
P: 24.11.1926 (20), R: Carl Heine, B: Ernst Schütte, D: Maria Orska (Charlotte), Ernst Karchow (Lucien), Hans Brausewetter (Jacques)

OLLAPOTRIDA von Alexander Lernet-Holenia
UA, P: 14.12.1926 (47), R: Heinz Hilpert, B: Ernst Schütte, D: Rudolf Forster (Henninger), Eugen Jensen (Rosenzopf), Paul Hörbiger (Lassarus), Paul Biensfeldt (Ende), Hubert von Meyerinck (Schüssler), Maria Orska (Clara Ende), Bertl Halovanic (Charlotte), Ludmilla Hell (Maria), Max Gülstorff (Direktor)
DAS VEILCHEN von Ferenc Molnár
P: dies. (47), R: ders., B: ders., D: Max Gülstorff (Direktor), Hubert von Meyerinck (Komponist), Grit Haid (Frl. Roboz), Liselotte Denera (Frl. Mashari), Sylvia von Rodenberg (Frl. Rakonolki), Bertl Halovanic (Frl. Thuz), Käthe Werkmeister (Frau Szett), Maria Orska (Ilonka), Wilhelm Diegelmann (Diener)

TONI von Gina Kaus
P: 16.3.1927 (27), R: Heinz Hilpert, B: Ernst Schütte, M: Weintraubs Syncopators, D: Sonik Rainer (Toni), Grete Mosheim (Helene), Sybil Rares (Berta), Hertha Pauli (Nelly), Toni van Eyck (Marie), Mathias Wieman (Michael), Lothar Müthel (Andreas), Géza Weiß (Nathanson), Friedrich Jolowicz (Bork), Leonore Ehn (Frau Krieger), Karl Elzer (Gumpert), Hadrian M. Netto (Engelmann), Gerhard Bienert (Pachulke), Anni Mewes (Straßendirne)

LOCKVÖGEL von Russel Medcraft und Norma Mitchell
EA, P: 12.4.1927 (20), R: Robert Forster-Larrinaga, B: Erich Ernst Stern, M: Ultraphonapparat, D: Robert Forster-Larrinaga (Drake), Anni Mewes (Edith), Eduard von Winterstein (Martin), Dagny Servaes (Susanne), Paul Biensfeldt (Ladd), Ludmilla Hell (Kitty), Hans Brausewetter (Winton), Heinz Rühmann (Nordholm), Mathias Wieman (Smith)

REVUE ZU VIEREN von Klaus Mann
UA, P: 2.5.1927 (8), R: Gustaf Gründgens, B: Thea Sternheim, M: Klaus Pringsheim, D: Erika Mann (Renate), Pamela Wedekind (Ursula), Gustaf Gründgens (Allan), Klaus Mann (Michael), Martin Kosleck (Tänzer Jup), Karl Balhaus (Akrobat Bum), Hans Deppe (Photograph)

DAS LAND DER TREUE von Siegfried Trebitsch
UA, P: 10.5.1927(9), R: Leo Mittler, B: Ernst Schütte, D: Paul Otto (Gregor), Maria Fein (Agathe), Julius Falkenstein (Riffer), Cäcilie Lvovsky (Vera), Theodor Loos (Delago)

DIE PAPIERMÜHLE von Georg Kaiser
P: 28.5.1927 (34), R: Berthold Viertel, B: Arthur Pohl, D: Otto Wallburg (Duchut), Grete Mosheim (Francine), Lothar Müthel (Ollier), Friedrich Kühne (Gonon), Hadrian M. Netto (Piveteau), Erich Walter (Decaplain), Heinz Rühmann (Bertin), Paul Biensfeldt (Vautel)

SPIELZEIT 1927/28

Deutsches Theater

TROILUS UND CRESSIDA von William Shakespeare
P: 13.9.1927 (36), R: Heinz Hilpert, B: Arthur Pohl, M: Wolfgang Zeller, D: Eduard von Winterstein (Priamus), Hans Rehmann (Hector), Mathias Wieman (Troilus), Werner Schott (Paris), Heinrich Schroth (Äneas), Friedrich Kühne (Calchas), Jakob Tiedtke (Pandarus), Ferdinand Bonn (Agamemnon), Walter Gynt (Menelaus), Lothar Müthel (Achilles), Fritz Kampers (Ajax), Paul Otto (Ulysses), Paul Hörbiger (Nestor), Oskar Homolka (Thersites), Margarete Koeppke (Cressida), Agnes von Esterhazy (Helena), Cäcilie Lvovsky (Andromache), Blandine Ebinger (Cassandra)

DOROTHEA ANGERMANN von Gerhart Hauptmann
P: 18.10.1927 (81), R: Max Reinhardt, B: Franz Dworsky, D: Werner Krauss (Angermann), Toni van Eyck (Cläre), Helene Thimig (Dorothea), Friedrich Kayßler (Pfannschmidt), Charlotte Schultz (Leonore), Mathias Wieman (Dr. Pfannschmidt), Oskar Homolka (Malloneck), Gertrud Eysoldt (Frau Renner), Frida Richard (Frau Leinefelder), Paul Henckels (Weiß), Hermann Speelmanns (Individuum), Käthe Werkmeister (Küchenmädchen)

PEER GYNT von Henrik Ibsen
P: 6.1.1928 (28), R: Berthold Viertel, B/K: Oskar Strnad, M: Edvard Grieg, Dir: Herbert Lichtenthal, D: Frida Richard (Aase), Werner Krauss (Peer Gynt), Johanna Hofer (Solvejg), Heinrich Marlow (Haegstadbauer), Sylvia von Rodenberg (Ingrid), Fritz Kampers (Aslak), Blandine Ebinger (Grünes Weib), Jakob Tiedtke (Dovre-Alter), Heinrich Marlow (Cotton), Paul Hörbiger (Ballon), Heinrich Schroth (Eberkopf), Toni van Eyck (Anitra)

ROBERT EMMET von Wolfgang Goetz
UA, P: 3.2.1928 (15), R: Heinz Hilpert, B: Ernst Schütte, D: Hans Rehmann (Emmet), Frida Richard (Mutter Emmet), Toni van Eyck (Anne), Albert Steinrück (Curran), Jessie Vihrog (Sara), Walter Gynt (Moore), Erwin Faber (Malachy), Hermann Speelmanns (Dowdall), Hans Brausewetter (O'Connell), Paul Otto (Sirr)

ZWÖLFTAUSEND von Bruno Frank
P: 18.2.1928 (55), R: Heinz Hilpert, B: Ernst Schütte, M/Dir: Kurt Heuser, D: Werner Krauss (Piderit), Erich Walter (Älterer Bruder), Hans Fiebrandt (Jüngerer Bruder), Albert Steinrück (Herzog), Paul Hörbiger (Treysa), Paul Otto (Faucitt), Dagny Servaes (Gräfin Spangenberg), Mathias Wieman (Preußischer Oberst)

MÖRDER FÜR UNS! von Willi Schäferdiek
(Gastspiel „Die Bühne der Jugend")
P: 4.3.1928 (2), R: Fritz Eckert, B: Jürgen Wegener, M: Leonhard Heinrich, D: Karl Balhaus (Singer), Friedrich Jolowicz (Bewer), Hans Fiebrandt (Zunderfriedel), Fritz Eckert (Bernard), Renée Köhler (Maria), Marianne Hoppe (Lucie), Paul Dahlke (1. Bauernbursch)

PYGMALION von George Bernard Shaw
P: 13.4.1928 (55), R: Leo Mittler, B: Franz Dworsky, D: Gertrud Eysoldt (Frau Higgins), Werner Krauss (Higgins), Max Gülstorff (Doolittle), Carola Neher (Eliza), Heinrich Schroth (Pickering), Karin Evans (Clara), Mathias Wieman (Hill), Ida Wüst (Frau Pearce)

ARTISTEN
von George Watters, Arthur Hopkins und Marcellus Schiffer
EA, P: 9.6.1928 (96), R: Max Reinhardt, B: Ernst Schütte, M: Werner R. Heymann, D: Wladimir Sokoloff (Skid), Grete Mosheim (Bonny), Tibor von Halmay (Bozo), Dagny Servaes (Mazie), Hansi Jarno (Gussie), Jakob Tiedtke (Lefty), Hans Moser (Jimmy), Max Gülstorff (Howell), Maria Solveg (Marco), Heinrich Marlow (Ackermann), Geza Weiß (Theateragent), Julius Knispel (Bühnenbeleuchter), Tänzerinnen und Tänzer, Artisten

Kammerspiele

IHR MANN von Paul Géraldy und Robert Spitzer
P: 6.9.1927 (52), R: Leo Mittler, B: Ernst Schütte, D: Carola Toelle (Jacqueline), Ida Wüst (Frau Jolivet), Pamela Wedekind (Gisèle), Otto Wallburg (Maxime), Oscar Karlweis (Moreuil), Eduard Rothauser (François)

MAYA von Simon Gantillon
EA; P: 28.10.1927 (33), R/B: Gaston Baty, D: Erich Walter (Seemann), Else Eckersberg (Mädchen/Bella), Ida Wüst (Celeste), Erika von Unruh (Phonsine), Blandine Ebinger (Hermance), Bertl Halovanic (Ida), Karl Balhaus (Albert), Toni van Eyck (Fifine), Heinrich Marlow (Werftarbeiter), Hans Rehmann (Nordländer), Oskar Karlweis (Maler), Theodor Loos (Heizer), Fritz Kampers (Viktor), Jakob Tiedtke (Sichi), Paul Hörbiger (Musikant)

BRONX-EXPRESS von Osip Dymow
EA, P: 2.12.1927 (47), R: Heinz Hilpert, B: Ernst Schütte, M: Mischa Spoliansky, D: Albert Steinrück (Hungerstolz), Ilka Grüning (Sara), Berti Hirschlaff (Reesele), Peter Wolff (Josele), Oscar Karlweis (Polischuk), Willi Prager (Smoroszansky), Curt Bois (Fliamkes), Hans Deppe (U-Bahnschaffner), Erwin Faber (Pluto), Hubert von Meyerinck (Arrow), Hanna Ralph (Miss Murad), Ilka Grüning (Tante Jamima)

FINDEN SIE, DASS CONSTANCE SICH RICHTIG VERHÄLT? von William Somerset Maugham
P: 17.1.1928 (153), R: Robert Forster-Larrinaga, B: Ernst Schütte, D: Leopoldine Konstantin (Constance), Robert Forster-Larrinaga (Middleton), Margarete Koeppke (Marie-Louise), Max Gülstorff (Durham), Rosa Bertens (Mrs. Culver), Theodor Loos (Kersal)

SPIELZEIT 1928/29

Deutsches Theater

DIE VERBRECHER von Ferdinand Bruckner
UA, P: 23.10.1928 (111), R: Heinz Hilpert, B: Rochus Gliese, M: Electrola-Musikinstrument, D: Ilka Grüning (Frau von Wieg), Gustaf Gründgens (Ottfried), Phoebe Monnard (Lieselotte), Sonik Rainer (Olga), Erwin Faber (Kummerer), Hans Albers (Tunichtgut), Walter Gynt (Fischau), Elinor Büller (Frau Berlessen), Erhard Siedel (Josef Berlessen), Lucie Höflich (Ernestine Puschek), Maria Fein (Karla), Hans Deppe (Kaks), Jakob Tiedtke u.a. (Vorsitzender), Heinrich Marlow u.a. (Staatsanwalt), Leonard Steckel (Verteidiger)

IM WEISSEN RÖSSL
von Oskar Blumenthal und Gustav Kandelburg
P: 31.12.1928 (1), R: Alfred Ibach, B: Ernst Schütte, D: Lucie Höflich (Josepha Voglhuber), Walter Gynt (Brandmayer), Jakob Tiedtke (Giesecke), Sylvia von Rodenberg (Ottilie), Leonore Ehn (Charlotte), Leonard Steckel (Hinzelmann), Gustaf Gründgens (Siedler), Mathias Wieman (Sülzheimer), Toni van Eyck (Emmi), Sibylle Schmitz (Melanie), Heinrich Marlow (Kracher)

DIE LUSTIGEN WEIBER VON WINDSOR
von William Shakespeare
P: 15.2.1929 (64), R: Heinz Hilpert, B/K: Rochus Gliese, M: Kurt Heuser, D: Werner Krauss (Falstaff), Gustaf Gründgens (Pistol), Herbert Paulmüller (Bardolf), Arnulf Schröder (Nym), Eduard von Winterstein (Page), Lucie Höflich (Frau Page), Marianne Hoppe (Anna Page), Leonard Steckel (Fluth), Leopoldine Konstantin (Frau Fluth), Ida Wüst (Frau Hurtig), Mathias Wieman (Fenton), Heinz Rühmann (Schmächtig), Boris Alekin (Einfach), Ferdinand Martini (Schal), Hans Rehmann (Evans)

PUTSCH DER MÄNNER UM SCHILL
von Peter Martin Lampel (Gastspiel „Die Bühne der Jugend")
UA, NV: 17.3.1929 (1), R: ?, B: ?, D: ?

PAULUS UNTER DEN JUDEN von Franz Werfel
P: 20.4.1929 (29), R: Karl Heinz Martin, B: Ernst Schütte, M: Klaus Pringsheim, D: Kurt Gerron (Marullus), Erwin Klietsch (Aulus Frisius), Hans Deppe (Pinchas), Theodor Loos (Hoher Priester), Erwin Faber (Chanan), Friedrich Kayßler (RaBan Gamaliel), Hans Heinrich von Twardowski (Rabbi Schimon), Friedrich Kühne (Der Rabbi Beschwörer), Ernst Deutsch (Paulus), Walter Gynt (Barnabas von Zypern), Eduard von Winterstein (Jakobus), Mathias Wieman (Simon Petrus)

DIE GEFANGENE von Edouard Bourdet
P: 19.5.1929 (19), R: Max Reinhardt, B: Franz Dworsky, D: Paul Otto (Montcel), Helene Thimig (Irène), Ernst Deutsch (Virieu), Lil Dagover (Mme. Meillant), Theodor Loos (d'Aiguines), Anni Mewes (Giselle), Karin Evans (Josephine)

DIE FLEDERMAUS
von Henri Meilhac und Ludovic Halévy
P: 8.6.1929 (136), R: Max Reinhardt, B/K: Ludwig Kainer, M: Johann Strauß, Dir: Erich Wolfgang Korngold u.a., D: Hermann Thimig (Eisenstein), Maria Rajdl (Rosalinde), Otto Wallburg (Frank), Oscar Karlweiß (Orlofsky), Carl Jöken (Alfred), Tibor von Halmay (Falke), Josef Danegger (Blind), Adele Kern (Adele), Hans Moser (Frosch), Maria Schanda (Melanie)

Kammerspiele

OKTOBERTAG von Georg Kaiser
P: 31.8.1928 (42), R: Robert Forster-Larrinaga, B: Ernst Schütte, D: Albert Steinrück (Coste), Margarete Koeppke (Catherine), Mathias Wieman (Marien), Kitty Aschenbach (Frau Jattefeaux), Oskar Homolka (Leguerche)

EHEN WERDEN IM HIMMEL GESCHLOSSEN
von Walter Hasenclever
UA, P: 12.10.1928 (96), R: Robert Forster-Larrinaga, B: Erich Ernst Stern, M: Electrola-Musikinstrument, D: Werner Krauss (Lieber Gott), Richard Romanovsky (St. Peter), Carola Neher (Hl. Magdalena), Grete Mosheim (Renée), Theodor Loos (Felix), Hermann Thimig (Tonio)

SOEBEN ERSCHIENEN von Edouard Bourdet
EA, P: 17.1.1929 (55), R: Robert Forster-Larrinaga, B: Ernst Schütte, D: Richard Romanovsky (Marc), Carola Neher (Jacqueline), Hermann Vallentin (Moscat), Johannes Riemann (Maréchal), Jakob Tiedtke (Bourgine)

DIE URSACHE von Leonhard Frank
P: 13.3.1929 (30), R: Hans Deppe, B: Ernst Schütte, D: Ernst Deutsch (Anton Seiler), Frida Richard (Mutter), Gertrud Eysoldt (Wirtin), Hermann Vallentin (Zimmerherr/Vorsitzender), Blandine Ebinger (Straßenmädchen), Carl Goetz (Lehrer/Staatsanwalt)

JUSIK von Osip Dymow
P: 12.4.1929 (20), R: Heinz Hilpert, B/K: Erich Ernst Stern, M/Dir: Pantscho Wladigeroff, D: Frida Richard (Großmutter), Karin Evans (Enkelin), Olga Limburg (Gnädige), Werner Schott (Sohn), Karin Evans (Töchterchen), Dagny Servaes (Küchenmädel), Frida Richard (Hühnerfrau), Carl Goetz (Wasserträger), Michael Tschechow (Jusik), Paul Hörbiger (Schornsteinfeger), Willi Prager (Hausierer)

AUFGANG NUR FÜR HERRSCHAFTEN
von Siegfried Geyer
P: 2.5.1929 (45), R: Leo Mittler, B: Franz Dworsky, M: Electrola-Musikinstrument, D: Otto Walburg (Rommer), Arthur Schröder (von Baltin), Annemarie Steinsieck (Frau von Baltin)

SPIELZEIT 1929/30

Deutsches Theater

DER KAISER VON AMERIKA
von George Bernard Shaw
EA, P: 19.10.1929 (226), R: Max Reinhardt, B: Ernst Schütte, D: Werner Krauss (König Magnus), Lina Woiwode (Jemima), Lore Anne Mosheim (Alice), Maria Bard (Orinthia), Max Gülstorff (Proteus), Friedrich Kühne (Nicobar), Kurt Gerron (Boanerges), Egon Friedell (Pliny), Hubert von Meyerinck (Crassus), Helene Thimig (Lysistrata), Margo Lion (Amanda), Otto Wallburg (Vanhattan), Eduard von Winterstein (Balbus), Hans Heinrich von Twardowski (Sempronius), Willi Forst (Pamphilius)

PHAEA von Fritz von Unruh
UA, P: 13.5.1930 (110), R: Max Reinhardt, B: Ernst Schütte, M: Friedrich Hollaender, Dir: Peter Kreuder, D: Michael Tschechow (Prinz), Eduard von Winterstein (Bonien), Tibor von Halmay (Selm), Hubert von Meyerinck (Zittwitz), Curt Bois (Katzenstein/Krah), Dagny Servaes (Lotte), Harald Paulsen (Borke/Uhle), Heinrich George (Morris), Kurt Gerron (Süßmilch), Hans Wassmann (Trott), Friedrich Kühne (Bellini), Grete Mosheim (Toni Bonn), Dagny Servaes (Mia Morella), Maria Schanda (Moppel)

Kammerspiele

DER UNWIDERSTEHLICHE
von Paul Gèraldy und Robert Spitzer
EA, P: 31.8.1929 (73), R: Gustaf Gründgens, B: Ernst Schütte, D: Gustaf Gründgens (Fernand), Grete Mosheim (Madeleine), Paul Biensfeldt (Herr Jolivet), Elinor Büller (Frau Jolivet), Harald Paulsen (Henri), Anni Mewes (Gaby), Toni van Eyck (Jeannine), Frida Richard (Florence)

ZUR GEFÄLLIGEN ANSICHT von Frederick Lonsdale
P: 12.11.1929 (41), R: Gustaf Gründgens, B: Franz Dworsky, D: Gustaf Gründgens (Herzog von Bristol), Otto Wallburg (Halton), Ida Wüst (Maria), Anni Mewes (Helen)

DÉSIRÉ von Sacha Guitry
P: 23.12.1929 (31), R: Leo Mittler, B: Ernst Schütte, D: Anni Mewes (Odette), Leopold Kramer (Montignac), Otto Wallburg (Corniche), Ida Wüst (Henriette), Curt Bois (Désiré), Elma von Bulla (Madeleine), Frida Richard (Adèle)

DER KANDIDAT von Carl Sternheim
P: 27.1.1930 (43), R: Hans Hinrich, B: George Grosz, D: Otto Wallburg (Russek), Maria Fein (Frau Russek), Toni van Eyck (Luise), Cäcilie Lvovsky (Evelyn), Willi Forst (Grübel), Wilhelm Bendow (Seidenschnur), Peter Lorre (Bach), Paul Hörbiger (Rheydt), Victor de Kowa (Achim Rheydt), Paul Günther (Dettmichel), Hans Deppe (Blattgold), Jacob Sinn (Gistl)

DIE LIEBE FEINDIN von André-Paul Antoine
P: 11.3.1930 (77), R: Gustaf Gründgens, B: Ernst Schütte, D: Richard Romanovsky (1. Verstorbener), Mathias Wieman (2. Verstorbener), Hans Albers (3. Verstorbener), Otto Wallburg (Arzt), Lili Darvas (Frau), Erika Mann (Junges Mädchen)

IPHIGENIE AUF TAURIS von J. W. v. Goethe
P: 27.5.1930 (20), R: Richard Beer-Hofmann, B: Franz Dworsky nach Alfred Roller, M: Georg Friedrich Händel, D: Helene Thimig (Iphigenie), Mathias Wieman (Thoas), Gustaf Gründgens (Orest), Günther Hadank (Pylades), Theodor Loos (Arkas)

DER STREIT UM DEN SERGEANTEN GRISCHA
von Arnold Zweig
UA, P: 31.3.1930 (Im Theater am Nollendorfplatz), R: Aleksej Granovskij, B: George Grosz, Traugott Müller, K: Traugott Müller, D: Hermann Thimig (Grischa), Boris Alekin (Aljoscha), Friedrich Gnahs (Fritzke), Dagny Servaes (Babka), Hermann Vallentin (Schieffenzahn), Friedrich Kayßler (v. Lychow), Ernst Ginsberg (Bertin), Sybille Schmitz (Schwester Bärbe), Marianne Hoppe (Schwester Soul)

SPIELZEIT 1930/31

Deutsches Theater

„1914" von Georg Wilhelm Müller
UA, P: 1.9.1930 (19), R: Gustaf Gründgens, B: Ernst Schütte, M: M. Bensussan, D: Kurt Junker (Bethmann-Hollweg), Carl Ludwig Diehl (Rödern), Paul Wagner (Prasch), Hugo Flink (Szogyèny), Paul Otto (Berchtold), Ernst Raden (Hötzendorff), Paul Henckels (Tisza), Magnus Stifter (Stürgkh), Adolf Edgar Licho (Bilinski), Max Landa (Wiesner), Hermann Vallentin (Jaurês), Wladimir Sokoloff (Saronow), Hubert von Meyerinck (Adlerberg), Franz Nicklisch (Kadett), Eduard von Winterstein (Sir Goschen)

EIN SOMMERNACHTSTRAUM
von William Shakespeare
P: 9.10.1930 (23), R: Max Reinhardt, B: Oskar Strnad, K: Ernest de Weerth, M: Felix Mendelssohn Bartholdy, Dir: Einar Nilson, C: Tilly Losch, D: Paul Wagner (Theseus), Hildegard Kähnert (Hippolyta), Vilma Degischer (Hermia), Toni Forster-Larrinaga (Helena), Ludwig Andersen (Egeus), Wolfgang Liebeneiner (Lysander), Franz Nicklisch (Demetrius), Ferdinand von Gorup (Philostrat), Paul Kemp (Squenz), Friedrich Ettel (Schnock), Fritz Steiner (Flaut), Otto Wallburg (Zettel), Robert Horky (Schnauz), Richard Eybner (Schlucker), Karl Heinz Jaffé (Oberon), Else Elster (Titania), Lore Anne Mosheim (Puck)

ELISABETH VON ENGLAND von Ferdinand Bruckner
UA, P: 1.11.1930 (122), R: Heinz Hilpert, B: Ernst Schütte, M: Kurt Heuser, D: Agnes Straub (Elisabeth), Max Gülstorff (Cecil), Adolf Wohlbrück (Essex), Gustaf Gründgens (Bacon), Eberhard Keindorff (Northumberland), Heinrich Marlow (Walsingham), Ernst Karchow (Coke), Paul Kemp (Gresham), Franz Nicklisch (Plantagenet), Auguste Prasch-Grevenberg (Anne), Werner Krauss (Philipp von Spanien)

DER SCHWIERIGE von Hugo von Hofmannsthal
P: 25.12.1930 (8), R: Max Reinhardt, B: Oskar Strnad, D: Gustav Waldau (Bühl), Herta von Hagen (Crescence), Oscar Karlweis (Stani), Kaete Bierkowski (Helene), Rudolf Weinmann (Altenwyl), Else Eckersberg (Antoinette Hechingen), Victor Schwanneke (Hechingen)

DER HAUPTMANN VON KÖPENICK
von Carl Zuckmayer
UA, P: 5.3.1931 (149), R: Heinz Hilpert, B: Ernst Schütte, K: Wilhelm Treichlinger, M: Kurt Heuser, D: Paul Wagner (von Schlettow), Paul Kemp (Wabschke), Hermann Vallentin (Wormser), Wolfgang Frées (Willy), Werner Krauss (Voigt), Heinrich Marlow (Oberwachtmeister), Conrad Lehmann (Wachtmeister), Hans Deppe (Kallenberg), Eberhard Keindorff (Jellinek), Friedrich Ettel (Jupp), Jacob Sinn (Buttje), Max Gülstorff (Obermüller), Hans Halden (Zuchthausdirektor), Ilse Fürstenberg (Frau Hoprecht), Eduard von Winterstein (Hoprecht), Käte Haack (Frau Obermüller), Heinrich Marlow (Kriminalinspektor)

Kammerspiele

DIE SCHULE DER FRAUEN von Jean Baptiste Molière
P: 3.9.1930 (37), R: Hans Deppe, B/K: Hermann Krehan, M: Pantscho Wladigeroff nach Motiven von Jean-Philippe Rameau, D: Max Gülstorff (Arnolph), Lore Anne Mosheim (Agnes), Hans Herrmann-Schaufuß (Chrysald), Carl Jönsson (Oront), Hans Brausewetter (Horace), Harry Berber (Alain), Maria Krahn (Georgette), Paul Kemp (Notar)

ELGA von Gerhart Hauptmann
P: 7.10.1930 (34), R: Gustav Hartung, B: Ernst Schütte, M: Pantscho Wladigeroff, D: Eberhard Keindorff (Ritter), Werner Krauss (Mönch/Starschenski), Gertrud Eysoldt (Marina), Maria Bard (Elga), Sofie Pagay (Amme), Hubert von Meyerinck (Dimitri), Gustaf Gründgens (Oginski), Max Gülstorff (Timoska), Toni van Eyck (Dortka)

DIE ZÄRTLICHEN VERWANDTEN von Roderich Benedix
P: 10.11.1930 (22), R: Gustaf Gründgens, B: Ernst Schütte, K: Wilhelm Treichlinger, D: Georg August Koch (Barnau), Maria Krahn (Ulrike), Ida Wüst (Irmgard), Maria Bard (Ottilie), Johanna Terwin (Adelgunde), Bogislaw von Smelding (Dietrich), Lore Anne Mosheim (Iduna), Wilhelm Bendow (Wismar), Hubert von Meyerinck (Schummrich), Blandine Ebinger (Thusnelde)

JULES, JULIETTE, JULIEN oder DIE SCHULE DER LIEBE
von Tristan Bernard
EA, P: 23.12.1930 (27), R: Hans Deppe, B: Hermann Krehan, D: Gustav Waldau (Jules), Adolf Wohlbrück (Julien), Ferdinand Bonn (Lebleu), Victor Schwanneke (Moreille), Rudolf Amendt (Georges), Hans Schirmeisen (Albert), Nora Gregor (Juliette), Anni Mewes (Catherine), Frida Richard (Frau Moreille)

KRANKHEIT DER JUGEND von Ferdinand Bruckner
NV, P: 25.12.1930 (7), R: Gustav Hartung, B: Karl Ruppert, D: Elisabeth Lennartz, Anni Mewes, Erika Meingast, Ludwig Andersen, Hubert von Meyerinck, Hilde Körber

PARISER PLATZ 13 von Vicki Baum
P: 22.1.1931 (57), R: Gustaf Gründgens, B: Ernst Schütte, D: Lili Darvas (Helen), Anni Mewes (Alix), Ida Wüst (Katja), Hans Moser (Elias), Adolf Wohlbrück (Pix), Olga Limburg (Madame)

DIESE ALTE CANAILLE! von Fernand Nozière
P: 20.3.1931 (12), R: Eugen Robert, B: Ernst Schütte, M: Peter Kreuder, D: Anton Edthofer (Vautier), Willi Forst (Ronsard), Michael von Newlinski (Gravier), Friedrich Kühne (Michel), Hubert von Meyerinck (Paul), Heinrich Marlow (Emil), Karin Evans (Marcelle Fleury)

SPIELZEIT 1931/32

Deutsches Theater

KAT
von Ernest Hemingway (Bühnenfassung von Carl Zuckmayer)
UA, P: 1.9.1931 (20), R: Heinz Hilpert, B: Ernst Schütte, M: Kurt Heuser, D: Heinrich Marlow (Major), Ludwig Roth (Hauptmann), Emilio Cargher (Leutnant), Gustav Fröhlich (Frederic), Paul Hörbiger (Rinaldi), Franz Nicklisch (Priester), Federico Wolf-Ferrari (Ordonnanz), Hans Deppe (Piani), Käthe Dorsch (Katherine), Brigitte Horney (Miß Ferguson), Eduard von Winterstein (Allegri)

KABALE UND LIEBE von Friedrich Schiller
P: 21.9.1931 (49), R: Max Reinhardt, B: Ernst Schütte, D: Rudolf Forster (von Walter), Paul Hartmann (Ferdinand), Gustaf Gründgens (von Kalb), Lili Darvas (Milford), Wladimir Sokoloff (Wurm), Eugen Klöpfer (Miller), Lucie Höflich (Millerin), Ursula Höflich (Luise), Paul Hörbiger (Kammerdiener)

G'SCHICHTEN AUS DEM WIENER WALD
von Ödön von Horváth
UA, P: 2.11.1931 (37), R: Heinz Hilpert, B: Ernst Schütte, D: Kurt Heuser, D: Lina Woiwode (Mutter), Peter Lorre (Alfred), Frida Richard (Großmutter), Willy Trenk-Trebitsch (Hierlinger Ferdinand), Lucie Höflich (Valerie), Heinrich Heilinger (Oskar), Josef Danegger (Havlitschek), Paul Hörbiger (Rittmeister), Carola Neher (Marianne), Hans Moser (Zauberkönig), Paul Dahlke (Erich), Grete Jacobsen (Helene), Cäcilie Lvovsky (Baronin)

ANTONIUS UND CLEOPATRA von William Shakespeare
P: 11.12.1931 (19), R: Heinz Hilpert, B/K: Ernst Schütte, M/Dir: Kurt Heuser, D: Alexander Moissi (Antonius), Ernst Ginsberg (Caesar), Max Gülstorff (Lepidus), Fritz Kampers (Pompejus), Eduard von Winterstein (Enobarbus), Gerda Müller (Cleopatra), Sybille Schmitz (Octavia), Grete Jacobsen (Karmian)

DER RAUB DER SABINERINNEN
von Franz und Paul von Schönthan
P: 31.12.1931 (25), R: Hans Deppe, B/K: Hermann Krehan, D: Felix Bressart (Gollwitz), Frida Richard (Friederike), Lore Anne Mosheim (Paula), Siegfried Schürenberg (Neumeister), Helen Satow (Marianne), Paul Dahlke (Groß), Albert Bassermann (Striese), Lucie Höflich (Rosa)

TIMON von Ferdinand Bruckner
P: 26.1.1932 (20), R: Heinz Hilpert, B/K: Oskar Strnad, M: Kurt Heuser, D: Oskar Homolka (Timon), Leopold Biberti (Alkibiades), Oskar Sima (Lykos/Pluton), Max Gülstorff (Simonides), Fritz Odemar (Kairon), Friedrich Kayßler (Nikias), Brigitte Horney (Myrthis/Aphrodite), Eduard von Winterstein (Zeus), Fritz Odemar (Ares), Gerda Müller (Athene), Franz Nicklisch (Der Junge)

VOR SONNENUNTERGANG von Gerhart Hauptmann
UA, P: 16.2.1932 (85), R: Max Reinhardt, B: Ernst Schütte, D: Werner Krauss (Clausen), Mathias Wieman (Wolfgang), Hans Brausewetter (Egmont), Eleonore von Mendelssohn (Bettina), Käte Haack (Ottilie), Oskar Sima (Klamroth), Maria Koppenhöfer (Paula Clothilde), Eduard von Winterstein (Steynitz), Paul Otto (Hanefeldt), Paul Henckels (Immoos), Max Gülstorff (Geiger), Ludwig Stössel (Wuttke), Jacob Sinn (Ebisch), Helene Fehdmer (Frau Peters), Helene Thimig (Inken Peters), Paul Biensfeldt (Winter), Fritz Alberti (Oberbürgermeister)

DIE JOURNALISTEN
von Gustav Freytag (Neufassung von Felix Joachimson)
UA, P: 12.5.1932 (50), R: Heinz Hilpert, B: Ernst Schütte, K: Wilhelm Treichlinger, M/Dir: Theo Mackeben, D: Harald Paulsen (Bolz), Paul Dahlke (Kämpe), Erik Frey (Körner), Hans Brausewetter (Bellmaus), Heinrich Kalnberg (Müller), Felix Bressart (Schmock), Arthur Mainzer (Henning), Ferdinand von Alten (Oldendorf), Heinrich Schroth (Berg), Lore Anne Mosheim (Ida), Camilla Spira (Adelheid), Siegfried Schürenberg (Senden), Heinrich Marlow (Blumenberg), Otto Walburg (Piepenbrink), Carl Jönsson (Kleinmichel)

SPIELZEIT 1932/33

Deutsches Theater

WUNDER UM VERDUN von Hans von Chlumberg
P: 1.9.1932 (17), R: Karl Heinz Martin, B: Ernst Schütte, D: Theodor Loos (Bote), Mathias Wieman (Weber), Albert Hoerrmann (Morel), Fritz Klippel (Wittekind), Franz Nicklisch (Dubois), Gerhard Bienert (Vaudemont), Siegmund Nunberg (Schmidt), Hans Henninger (Schröder), Erwin Kalser (Delkampe), Eduard von Winterstein (Overtüsch), Heinrich Heilinger (Vernier), Hermann Vallentin (Köchler), Gertrud Eysoldt (Mutter Weber)

ROSE BERND von Gerhart Hauptmann
P: 17.9.1932 (32), KS 27.10.1932 (13), R: Karl Heinz Martin, B: Ernst Schütte, D: Eduard von Winterstein (Bernd), Paula Wessely (Rose Bernd), Gerda Schäfer (Marthel), Albert Hoerrmann (Flamm), Gertrud Eysoldt (Frau Flamm), Eugen Klöpfer (Streckmann), Mathias Wieman (Keil), Günther Vogt (Hahn), Franz Nicklisch (Heinzel), Siegmund Nunberg (Kleinert), Sofie Pagay (Golischen), Jacob Sinn (Gendarm)

PRINZ FRIEDRICH VON HOMBURG
von Heinrich von Kleist
P: 19.10.1932 (41), R: Max Reinhardt, B: Ernst Schütte, M: Mark Lothar, D: Friedrich Kayßler (Kurfürst), Helene Fehdmer (Kurfürstin), Helene Thimig (Natalie), Eduard von Winterstein (Dörfling), Gustav Fröhlich (Prinz von Homburg), Paul Wegener (Kottwitz), Friedrich Kühne (Hennings), Ferdinand von Alten (Truchß), Siegfried Schürenberg (Hohenzollern), Fritz Klippel (Mörner), Siegfried Breuer (Stranz), Werner Schott (Reuß), Rudolf Aicher (Sparren)

HARMONIE von Ferenc Molnár
P: 1.12.1932 (22), R: Max Reinhardt, B: Ernst Schütte, M: Theo Mackeben, D: Max Pallenberg (Béla Kornély), Johanna Terwin (Ilona), Lore Anne Mosheim (Vera), Siegfried Breuer (Pall), Hertha Thiele (Marianne), Karl Etlinger (Sawitsch), Oscar Karlweis (Willy), Hermann Vallentin (Dr. Peter), Arthur Mainzer (Prälat), Grete Finkler (Anna), Josef Danegger (Briefträger)

GOTT, KAISER UND BAUER von Gyula Háy
P: 23.12.1932 (8), R: Karl Heinz Martin, B: Ernst Schütte, M: Mark Lothar, Dir: Rudolf Peterka, D: Fritz Kortner (Sigismund), Margarete Melzer (Barbara), Paul Wegener (Papst Johannes XXIII.), Mathias Wieman (Johann Hus), Ferdinand Hart (Ziska), Josef Danegger (Cillei), Siegfried Breuer (Friedrich von Österreich), Erwin Kalser (Nikolaus Gara), Paul Günther (Frangepan), Albert Hoerrmann (Hunyadi), Franz Nicklisch (Wallenrock), Jacob Sinn (Chlum), Fritz Klipper (Duba), Siegmund Nunberg (Arzt)

IPHIGENIE AUF TAURIS
von Johann Wolfgang von Goethe („Notgemeinschaft der Schauspieler")
NE, P: 7.2.1933 (8), R: Richard Beer-Hofmann, D: Helene Thimig (Iphigenie), Ferdinand Hart (Thoas), Ewald Balser (Orest), Wolfgang Liebeneiner (Pylades), Eduard von Winterstein (Arkas)

Kammerspiele

SCHICKSAL NACH WUNSCH von Christa Winsloe
P: 9.9.1932 (28), R: Rudolf Beer, B: Ernst Schütte, D: Johannes Riemann (Hans), Luise Ullrich (Sylvia), Margarete Melzer (Anna), Alfred Abel (Mottner), Hans Brausewetter (Peter), Hedwig Schlichter (Franziska), Lore Anne Mosheim (Marie)

MICHAEL KRAMER von Gerhart Hauptmann
P: 8.11.1932 (24), R: Karl Heinz Martin, B: Ernst Schütte, D: Eugen Klöpfer (Kramer), Irene Triesch (Frau Kramer), Margarete Melzer (Michaline), Wolfgang Liebeneiner (Arnold), Erwin Kalser (Lachmann), Sidonie Lorm (Alwine), Flockina von Platen (Liese Bänsch)

ENGEL UNTER UNS von František Langer
UA, P: 7.12.1932 (14), R: Rudolf Beer, B: Ernst Schütte, D: Paul Hörbiger (Mise), Arthur Mainzer (Fabrikant), Ehmi Bessel (Lida), Hans Behal (Lysak), Sofie Pagay (seine Frau), Wolfgang Staudte (Julius), Fritz Klippel (Schuster), Alexander Engel (Kosmin), Rudolf Aicher (Schutzmann), Dinorah Press (Paula), Wolfgang Liebeneiner (Priester), Otto Kronburger (Henker), Eduard von Winterstein, Kurt Weisse, Siegmund Nunberg, Jacob Sinn (Geschworene)

ESSIG UND ÖL von Siegfried Geyer und Paul Frank
P: 21.12.1932 (15), R: Otto Ludwig Preminger, B: Otto Niedermoser, M: Robert Katscher, D: Hans Moser (Seiberl), Luise Ullrich (Annie), Carl Staudt (Enzinger), Karl Stepanek (Willi), Eva Henschel (Lene), Gisela Ilgner (Gerda), Lieselotte Kacmarek (Ilse), Eva Müns (Gretl), Johanna Terwin (Frl. Bünzli), Gabriele Rotter (Rita), Karl Etlinger (Weinzierl), Walter Szurovy (Karl), Josef Danegger (Wachmann), Lina Woiwode (Veronika)

Die Direktion Carl Ludwig Achaz/ Heinrich Neft 1933/34

Deutsches Theater

DAS GROSSE WELTTHEATER
von Hugo von Hofmannsthal nach Pedro Calderón de la Barca
P: 1.3.1933 (31), R: Max Reinhardt, B: Oskar Strnad, K: Ernst Schütte, Masken: Erich Goldstaub, M: Mark Lothar, Einar Nilson, Dir: Einar Nilson, D: Josef Danegger (Meister), Friedel Schuster, Frank Alwar, Wally Abel, Hedwig Kauffmann (Engel), Raul Lange (Prophet), Hermine Körner (Welt), Max Gülstorff (Vorwitz), Luis Rainer (Tod), Wladimir Sokoloff (Widersacher), Heinz Klingenberg (König), Jarmila Novotna (Schönheit), Helene Thimig (Weisheit), Siegfried Schürenberg (Reicher), Eduard von Winterstein (Bauer), Eugen Klöpfer (Bettler)

EWIGES VOLK von Kurt Kluge
UA, P: 4.4.1933, R: Karl Heinz Martin, B: Ernst Schütte, D: Hans Rehmann (Leutnant Michael), Attila Hörbiger (Feldwebel Lewt), Eduard von Winterstein (?) (Weiteres nicht ermittelt)

WILHELM TELL von Friedrich Schiller
P: 5.5.1933, R: Carl Ludwig Achaz, B: Ernst Schütte, M: Mark Lothar, D: Heinrich George (Geßler), Friedrich Kayßler (Attinghausen), Siegfried Schürenberg (Rudenz), Theodor Loos (Stauffacher), Jakob Sinn (Reding/Ruodi), Eduard von Winterstein (Fürst), Attila Hörbiger (Tell), Heinrich Gretler (Rösselmann), Claus Clausen (Melchthal), Franz Nicklisch (Baumgarten), Franziska Kinz (Gertrud), Sonik Rainer (Hedwig), Irmgard Willers (Berta), Max Gülstorff (Frießhard), Otto Kronburger (Leuthold), Siegfried Breuer (Harras), Hanns Goslar (Stüssi), Hans J. Schölermann (Fronvogt)

REMBRANDT VOR GERICHT von Hans Kyser
UA, P: 23.1.1934, R: Carl Ludwig Achaz, B: Traugott Müller, M: Mark Lothar, D: Friedrich Ulmer (Gerichtsvorsitzender), Erich Thormann (Staatsanwalt), Fritz Klaudius (Nebenkläger), Heinrich Heilinger (Verteidiger), Wilhelm Diegelmann (Schöffe), Theodor Loos (Rembrandt), Gerda Maurus (Saskia), Agnes Straub/Käte Haack (Hendrickje), Emilia Unda (Geertje), Claus Clausen (Guter Richter)

DIE NIBELUNGEN (DER GEHÖRNTE SIEGFRIED/SIEGFRIEDS TOD) von Friedrich Hebbel
P: 9.3.1934, R: Carl Ludwig Achaz, B: Traugott Müller, M: Mark Lothar, D: Theodor Loos (Gunther), Friedrich Ulmer (Hagen), Fritz Klaudius (Dankwart), Friedrich Gnaß (Volker), Karl Ludwig Schreiber (Giselher), Franz Nicklisch (Gerenot), Herbert Dirmoser (Siegfried), Reinhold Bernt (Wulf), Kurt Weisse (Truchs), Erich Thormann (Kaplan), Fritz Staudte (Kämmerer), Franziska Kinz (Kriemhild), Gertrud de Lalsky (Ute), Gerda Müller (Brunhild), Alexandra Schmitt (Frigga)

STILLE GÄSTE von Richard Billinger
P: 5.4.1934, R: Karl Heinz Stroux, B: Traugott Müller, M: Edmund Nick, D: Gerda Müller (Frau Bachstelzer), Luise Ullrich (Hedwig), Friedrich Ulmer (Rießner), Hermann Erhardt (Pucher), Ernst Gronau (Zangel), Max Gülstorff (Baron Nepomuck), Charlotte Ander (Josefine), Emilia Unda (Mizzi Brezzel), Emilie Kurz (Würz), Dorothea Thieß (Mechtild), Hans Herrmann-Schaufuß (Drehorgelmann), Hans Henninger (Anton/Barnabas), Alexander Engel (Graf), Friedel Pisetta (Gräfin), Hanns Goslar (Schloßkaplan)

Die Direktion Heinz Hilpert 1934–1944

Spielzeit 1934/35

Deutsches Theater

WIE ES EUCH GEFÄLLT von William Shakespeare
P: 11.9.1934, R: Heinz Hilpert, B: Willi Schmidt, M: Erwin Mauß, Dir: Hanns Steinkopf, D: Ernst Karchow (Der Herzog in der Verbannung), Eduard von Winterstein (Friedrich), Theodor Loos, Kurt von Ruffin (Jaques, Amiens), Josef Zeilbeck (Le Beau), Oskar Höcker (Charles), Paul Klinger, Albin Skoda (Oliver, Orlando), Heinrich Marlow (Adam), Max Gülstorff (Probstein), Karl Heinz Carell (Olivarius Textdreher), Hugo Schrader (Silvius), Genia Nikolajewa (Phoebe), Angela Salloker (Rosalinde), Erika Dannhoff (Celia), Gisela von Collande (Käthchen)

DIE HEILIGE JOHANNA von George Bernard Shaw
P: 5.10.1934, R: Heinz Hilpert, B: Ernst Schütte, M: Hanns Steinkopf, D: Paula Wessely (Johanna), Hans Brausewetter (Der Dauphin), Attila Hörbiger (Dunois), Ernst Karchow (von Warwick), Eduard von Winterstein (La Trémouille), Hans Kettler (La Hire), Raul Lange (von Baudricourt), Paul Klinger (von Pulengey), Kurt von Ruffin (de Rais), Elinor Büller (Herzogin von Trémouille), Heinrich Marlow (Erzbischof), Theodor Loos (Bischof von Beauvais), Paul Dahlke (Kaplan), Jakob Tiedtke (Inquisitor), Albin Skoda (Bruder Ladvenu), Arthur Malkowsky (D'Estivet), Josef Zeilbeck (Courcelles), Bruno Hübner (Schloßverwalter)

UTA VON NAUMBURG von Felix Dhünen
P: 20.11.1934, R: Heinz Hilpert, B: Willi Schmidt, M: Nils Lieven, D: Christian Kayßler (Ekkehart II.), Käthe Dorsch (Uta), Paul Klinger (Dietmar), Ernst Karchow (Pater), Theodor Loos (Meister Steinmetz), Josef Zeilbeck (Hofmeister)

DIE TÄNZERIN FANNY ELSSLER von Hans Adler
P: 22.12.1934, R: Heinz Hilpert, B/K: Ernst Schütte, M: Johann Strauß, Dir: Alois Melichar, D: Erich Thormann (Esterhazy), Käthe Dorsch (Fanny), Bruno Hübner (Elßler), Otto Stadelmaier (Fournier), Paul Otto (von Gentz), Ursula Grabley (Minna), Franz Heigl (Dominik), Gisela von Collande (Desirée), Eberhard Schott (von Reichstadt), Sofie Otto (Madame d'Argylle), Toni Tetzlaff (Baronin Tressani), Lutz Goetz (Hohenwarth), Josef Zeilbeck (von Luxburg), Friedel Theile (Aranka)

GRISELDA von Gerhart Hauptmann
P. 12.2.1935, R: Heinz Hilpert, B: Willi Schmidt, M: Nils Lieven, D: Eduard von Winterstein (Helmbrecht), Maria Weißleder (Mutter Helmbrecht), Käthe Dorsch (Griselda), Ewald Balser (Ulrich), Paul Otto (Eberhard), Leonore Ehn (Gräfin Eberhard), Albin Skoda (Heinz), Elke Eckersberg (Baronin)

DER VERRAT VON NOVARA von Cäsar von Arx
P: 9.3.1935, R: Ernst Karchow, B: Ernst Schütte, M: Hanns Steinkopf, D: Paul Otto (General Trivulzio), Theodor Loos (von Baeissey), Heinrich Marlow (In der Gassen), Ewald Balser (Turmann), Paul Klinger (Gylg), Hedwig Bleibtreu (Mutter Turmann), Gisela von Collande (Amei), Manfred Holweger (Jöstli), Josef Zeilbeck (Hanssepp), Erich Thormann (Schreiber), Siegfried Breuer (Wache)

GEORGE DANDIN von Jean Baptiste Molière
P: 26.3.1935, R: Heinz Hilpert, B/K: Willi Schmidt, M: Richard Strauß, Dir: Hanns Steinkopf, D: Heinz Rühmann (George Dandin), Dolly Haas (Angélique), Bruno Hübner (von Sotenville), Charlotte Schulz (Frau von Sotenville), Paul Klinger (Clitandre), Inge Bartsch (Claudine), Hugo Schrader (Lubin), Hans Henninger (Colin)

MICHAEL KOHLHAAS von Walter Gilbricht
UA, P: 13.4.1935, R: Heinz Hilpert, B: Ernst Schütte, M: Hanns Steinkopf, D: Paul Dahlke (Kurfürst von Brandenburg), Hans Jungbauer (Kurfürst von Sachsen), Ernst Karchow (von Schönberg), Paul Klinger (von Schlieben), Paul Otto (von Kaldaun), Otto Wernicke (Michael Kohlhaas), Gisela von Collande (Liesbeth), Eduard von Winterstein (Luther), Carl Jönsson (Reiche)

LUMPAZIVAGABUNDUS von Johann Nestroy
P: 7.5.1935, R: Heinz Hilpert, B/K: Ernst Schütte, M: Hanns Steinkopf, Adolf Müller, D: Heinrich Marlow (Stellaris, Spaziergänger, Stelly), Karin Evans (Fortuna, Lina, Frau von Fortunati), Annelies Schneidereyt (Brillantine, Tine), Marieluise Claudius (Amorosa, Rosa, Frau von Amorosa), Josef Zeilbeck (Mystifax, Fax), Paul Klinger (Hilaris), Albin Skoda (Lumpazivagabundus, Herr von Lumpi), Volker von Collande (Fludribus, Herr von Fludri), Hermann Hellweger (Strunkibus), Hans Kettler (Hobelmann), Elisabeth Lennartz (Babettchen), Eduard Bornträger (Kreppel), Günter Langenbeck (Leim), Heinz Rühmann (Zwirn), Otto Wernicke (Knieriem)

Kammerspiele

REIMS von Friedrich Bethge
Studio, P: 30.9.1934 (MV), R: Paul Dahlke, B: Willi Schmidt, D: Hans Henninger (Jarkusch), Gisela von Collande (Marie), Josef Dahmen (Portjakoff), Erich Gühne (Gazerka), Hans von Zedlitz (Oberst), Erich Thormann (Kriegsgerichtsrat), Heinz von Cleve (Jünger), Hermann Frick (Fielitz), Ferdinand Terpe (Faber), Hans Fiebrandt (Marjewski)

FIRMIAN UND CHRISTINE von Roland Ziersch
UA, Studio, P: 18.11.1934 (MV), R: Wolfgang Liebeneiner, B: Ernst Schütte, M/Dir: Hanns Steinkopf, D: Hans Pollandt (Tiefengrub), Erika Dannhoff (Christine), Lilly Fuhrmann (Adele), Walter Doerry (Hauswurz), Johanna Blum (Iris), Erich Thormann (Schlöfenberg), Hede Bartsch (Herzbart), Paul Herm (von Schnupf), Paul Dahlke (Mura-Mura), Paul Dahlke (Wenthofer)

REGEN UND WIND von Merton Hodge
EA. P: 20.12.1934, R: Heinz Hilpert, B: Willi Schmidt, D: Lucie Höflich (Frau Macfie), Hans Brausewetter, Paul Dahlke, Albin Skoda (Raymond, Williams, Tritton), Otto Brefin (Duhamel), Marieluise Claudius (Anne), Erika Dannhoff (Jill), Hugo Schrader (Cole), Manfred Thau (Morgan)

DIE FRONT UNTER TAGE von Josef Wiessalla
UA, Studio, P: nicht ermittelt, R: Ernst Karchow, B: Ernst Schütte, D: Paul Dahlke (Weber), Gerhard Hinze (Schellenberg), Ernst Karchow (Alling), Fritz Aygrin (Bernadi), Kurt Weisse (Czernetzki), Manfred Thau (Toni)

SEINE EXZELLENZ GIBT SICH DIE EHRE
von Rudolf Kurtz
UA, P: 22.2.1935, R: Wolfgang Liebeneiner, B: Ernst Schütte, D: Paul Dahlke (Barbock), Erika Dannhoff (Pamela), Karl Hellmer (Gorgas), Hans Adolfi (Sarabant), Carlheinz Carell (Castor), Lina Woiwode (Frau Sarabant), Franz Heigl (Laertes), Charlotte Schultz (Frau Castor), Bruno Hübner (Josuah), Marieluise Claudius (Lola), Hans Brausewetter (Parade)

DIE WELT, IN DER MAN SICH LANGWEILT
von Edouard Pailleron
P: 29.3.1935, R: Ernst Karchow, B/K: Ernst Schütte, D: Hedwig Bleibtreu (Herzogin von Réville), Olga Tschechowa (Gräfin von Céran), Jessie Vihrog (Susanne), Rudolf Platte (Roger), Theodor Loos (Bellac), Hans Brausewetter (Raymond), Erika Dannhoff (Johanna), Heinrich Kalnberg (Dirot), William Huch (von Briais), Erich Thormann (Toulonnier), Paul Dahlke (von Saint-Réault)

SPIELZEIT 1935/36

Deutsches Theater

DIE LATERNE von F. Walther Ilges
P: 10.9.1935, R: ?, B: Ernst Schütte, D: Josef Zeilbeck (Bäcker), Gisela von Collande (Bäckerin), Otto Wernicke (Santerre), Trude Haefelin (Pierrette), Paul Klinger (Garde-Kapitän), Hermann Wedekind (Artillerieleutnant, Napoleon), Günter Langenbeck, Carl Jönsson (Bürger), Wilfried Seyfferth (Laternenanzünder), Paul Dahlke (Ludwig XVI.), Charlotte Schultz (Marie-Antoinette), Paul Otto (Herzog von Broglie), Erich Thormann (Chevalier), Siegfried Breuer (Barn), Theodor Loos (Kammerherr), Albin Skoda (André Chenier), Paul Verhoeven (Clootz), Bruno Hübner (Fleury), Hans Brausewetter (de la Roche), Erika Dannhoff (Aimée), Karin Evans (Madeleine), Heinrich Marlow (du Piu-Gouvernet), Franz Pfaudler (Robespierre)

MARKURELL von Hjalmar Bergman
P: 13.9.1935, R: Heinz Hilpert, B: Willi Schmidt, D: Otto Wernicke (Markurell), Gerda Müller (seine Frau), Adolph Spalinger (Johann), Paul Otto (de Lorche), Karin Evans

(seine Frau), Bruno Hübner (Strom), Arthur Malkowsky (Loewen), Heinrich Marlow (Billberg), Paul Dahlke (Barfuß), Franz Pfaudler (Propst)

PANAMASKANDAL von Eberhard Wolfgang Möller
P: 17.9.1935, R: Heinz Hilpert, B: Ernst Schütte, M: Hanns Steinkopf, D: Maria Schanda (Frau von Lesseps), Theodor Loos (von Lesseps), Albin Skoda (Charles), Franz Pfaudler, Hans Brausewetter (Sekretäre), Paul Dahlke (Reinach), Heinrich Marlow (Thomson), Bruno Hübner (Pauillat)

EIN MANN AN DER WENDE von Otto Rombach
UA, P: 8.10.1935, R: Paul Otto, B/K: Willi Schmidt, M: Hanns Steinkopf, D: Theodor Loos (Schlüter), Gerda Maurus (Gräfin Wartenberg), Franz Pfaudler (Potocki), Erika Dannhoff (Aniela), Ernst Karchow (von Eosander), Otto Wernicke (Jacobi), Paul Dahlke (Verch), Bruno Hübner (Heese), Arthur Malkowsky (Kraplow), Paul Klinger (Kronprinz von Preußen)

MASS FÜR MASS von William Shakespeare
P: 30.10.1935, R: Erich Engel, B: Ernst Schütte, M: Hanns Steinkopf, D: Theodor Loos (Herzog), Friedrich Domin (Angelo), Franz Pfaudler (Escalus), Paul Klinger (Claudio), Otto Wernicke (Lucio), Arthur Malkowsky, Erich Thormann (Zwei adelige Herren), Heinrich Marlow (Kerkermeister), Bruno Hübner (Ellenbogen), Hans Brausewetter (Pompe), Karin Evans (Isabella), Reva Holsey (Marianne), Erika Dannhoff (Julia), Jeanette Bethge (Frau Wüst)

DIE HEXE VON PASSAU von Richard Billinger
UA, P: 13.11.1935, R: Heinz Hilpert, B: Ernst Schütte, M: Hanns Steinkopf, D: Käthe Dorsch (Valentine), Otto Wernicke (Valentin), Franz Pfaudler (Seraphim), Bruno Hübner (Alberer), Arthur Malkowsky (Hauptmann), Albin Skoda (Franz)

IPHIGENIE AUF TAURIS von J. W. von Goethe
P: 6.12.1935, R: Heinz Hilpert, B: Willi Schmidt, D: Käthe Dorsch (Iphigenie), Theodor Loos (Thoas), Albin Skoda (Orest), Paul Klinger (Pylades), Heinrich Marlow (Arkas)

DAS WINTERMÄRCHEN von William Shakespeare
P: 22.12.1935, R: Heinz Hilpert, B/K: Herbert Ploberger, M: Wolfgang Zeller, Dir: Hanns Steinkopf, D: Theodor Loos (Leontes), Lil Dagover (Hermione), Paul Dahlke (Camillo), Heinrich Marlow (Antigonus), Artur Malkowsky (Edelmann), Hedwig Bleibtreu (Paulina), Paul Otto (Polyxenes), Hermann Wedekind (Florizel), Franz Pfaudler (Alter Schäfer), Wilfried Seyferth (Junger Schäfer), Bruno Hübner (Autolycus), Erika Dannhoff (Zeit)

ROMEO UND JULIA von William Shakespeare
P: 24.1.1936, R: Heinz Hilpert, B: Ernst Schütte, M: Franz Schubert, Dir: Hanns Steinkopf, D: Erich Thormann (Montague), Paul Dahlke (Capulet), Gabriele Hoffmann (Gräfin Montague), Anni Mewes (Gräfin Capulet), Albin Skoda (Romeo), Angela Salloker (Julia), Hermann Wedekind (Benvolio), Paul Klinger (Tybalt), Siegfried Breuer (Paris), Erich Ponto (Bruder Lorenzo), Bruno Hübner (Apotheker), Melanie Horeschorsky (Amme)

CANDIDA von George Bernard Shaw
P: 14.2.1936, R: Paul Otto, B: Ernst Schütte, D: Ewald Balser (Morell), Käthe Dorsch (Candida), Max Gülstorff (Burgess), Wilfried Seyferth (Mill), Karin Evans (Proserpina), Albin Skoda (Marchbanks)

KABALE UND LIEBE von Friedrich Schiller
P: 29.2.1936, R: Heinz Hilpert, B/K: Willi Schmidt, D: Ernst Karchow (von Walter), Paul Klinger (Ferdinand), Hans Brausewetter (von Kalb), Hilde Wagener (Lady Milford), Bruno Hübner (Wurm), Theodor Loos (Miller), Charlotte Schultz (Millerin), Angela Salloker (Luise), Erich Ponto (Kammerdiener)

DIE HEIRAT von Nicolai Gogol
P: 20.3.1936, R: Bruno Hübner, Besetzung nicht ermittelt

DER TOLLE CHRISTIAN von Theodor Haerten
P: 27.3.1936, R: Ernst Karchow, B: Ernst Schütte, M: Nils Lieven Dir: Erich Thormann (Kurfürst Friedrich V.), Erich Ponto (von Knyphausen), Paul Dahlke (von Overfest), Paul Klinger (von Haefften), Hans Brausewetter (Landsknecht), Gisela von Collande (Helga), Heinrich Marlow (Scultetus), Arthur Malkowsky (Bürgermeister), Charlotte Schultz (seine Frau), Werner Pledath (Kaufmann)

DER ZERRISSENE von Johann Nestroy
P: 25.4.1936, R: Heinz Hilpert, B: Ernst Schütte, M: Wolfgang Zeller, Dir: Hanns Steinkopf, D: Franz Pfaudler (von Lips), Siegfried Breuer (Stifler), Albin Skoda (Wexler), Gerda Maurus (Madame Schleier), Erich Musil (Gluthammer), Bruno Hübner (Krautkopf), Inge List (Kathi), Erich Thormann (Staubmann)

Kammerspiele

AUGUSTUS POTTER von Klaus Hermann
UA, Studio, P: 6.10.1935, R: Werner Jacob, D: Wallrath (Potter), Franz Nigryn (Einkopf), Günther Langenbeck (Sekretär), Hermann Hellweger, Carl Jönsson, Oskar Höcker (Gläubiger), Herbert Brunar (Boxer), Herbert Prigann (Friedrich), Hermann Wedekind (Karl) Charlotte Schultz (Adele), Sabine Peters (Kagel)

DAS KREUZ IM BRUNNEN von Heinrich Bitsch
Studio, P: 12.1.1936, R: Ernst Karchow, D: Herbert Schimkat (Gottschalk), Fiedler (Mechthild), Kurt Weisse (Kranz), Paul Dahlke (General), Wallrath (Helmbrecht), Volker von Collande (Peter Stein), Herbert Prigann (Jörg), Ilse Trautschold (Anna)

ZWISCHEN GENF UND PARIS von Ernst Wurm
UA, Studio, P: 26.4.1936, R: Werner Jacob, Besetzung nicht ermittelt

SPIELZEIT 1936/37

Deutsches Theater

HAMLET IN WITTENBERG von Gerhart Hauptmann
P: 30.9.1936 (19), R: Heinz Hilpert, B: Ernst Schütte, M: Wolfgang Zeller, Dir: Hanns Steinkopf, D: Albin Skoda (Hamlet), Erich Musil (von Fachus), Paul Verhoeven (Horatio), Axel von Ambesser (Wilhelm), Franz Pfaudler (Rosenkranz), Paul Dahlke (Güldenstern), Erika Dannhoff (Felix), Theodor Loos (Melanchthon), Otto Wernicke (Paulus), Hans Brausewetter (Achazius), Lizzi Waldmüller (Hamida), Bruno Hübner (Sasteresko), Gertrud Eysoldt (Brakka), Elisabeth Flickenschildt (Adelheid), Hermann Wedekind (Baccalaureus)

KATTE von Hermann Burte
P: 3.10.1936 (12), R: Paul Otto, B/K: Willi Schmidt, M: Hanns Steinkopf, D: Kurt Fischer-Fehling (Kapitänleutnant von Katte), Otto Wernicke (König), Elisabeth Flickenschildt (Königin), Paul Verhoeven (Kronprinz Friedrich), Erika Dannhoff (Wilhemine), Hildegard Imhof (Frau von Kamecke), Gisela von Collande (Frl. von Sonsfeld), Heinrich Marlow (von Mylius), Kurt Weisse (von Schack), Hermann Wedekind (von Bernstorff), Axel von Ambesser (von Holtzendorff), Paul Dahlke (Feldprediger), Adolph Spalinger (von Hartenfeld), Günther Langenbeck (Arselburg)

AMOR VINCIT OMNIA
von Jacob Michael Reinhold Lenz
P: 6.10.1936 (10), R: Ernst Karchow, B: Ernst Schütte, M: Nils Lieven, D: Otto Bresin (König von Navarra), Paul Verhoeven (Biron), Erich Musil (Longaville), Axel von Ambesser (Dumain), Bruno Hübner (de Armado), Wilfried Seyferth (Motte), Paul Dahlke (Holofernes), Josef Zeilbeck (Nathanael), Hans Brausewetter (Costard), Gisela von Collande (Jakobine), Karin Evans (Prinzessin von Frankreich)

FRIEDRICH I. von Hans Rehberg
EA, P: 30.10.1936 (15), WA 15.9.1937 (7), R: Heinz Hilpert, B/K: Willi Schmidt, M: Hanns Steinkopf, D: Theodor Loos (König), Hans Brausewetter (Kronprinz), Gisela von Collande (Kronprinzessin), Paul Dahlke (Herzog), Erika Ziha (Sophie Luise), Paul Otto (von Wartenberg), Elisabeth Flickenschildt (Gräfin von Wartenberg), Axel von Ambesser (Raby), Albin Skoda (Thodor), Heinrich Marlow (Wittgenstein), Hermann Wedekind (Offizier), Otto Wernicke (Oliphant), Wilfried Seyferth (Narr)

MARIE CHARLOTTE CORDAY von Walter Gilbricht
P: 13.11.1936 (19), R: Ernst Karchow, B/K: Willi Schmidt, D: Heinrich Marlow (Séchelles), Franz Pfaudler (Robespierre), Ferdinand Terpe (St. Just), Herbert Prigann (Marat), Hans Brausewetter (Danton), Albin Skoda (Desmoulin), Theodor Loos (Barbaroux), Erich Musil (Vergniaud), Josef Zeilbeck (Couton), Angela Salloker (Marie Charlotte Corday), Charlotte Schultz (Frau de Bretheville), Elisabeth Flickenschildt (Simonne), Paul Dahlke (Montané)

SCHERZ, SATIRE, IRONIE UND TIEFERE BEDEUTUNG
von Christian Dietrich Grabbe
P: 29.11.1936 (13), R: Paul Verhoeven, B/K: Ernst Schütte, M: Hanns Steinkopf, D: Paul Otto (von Haldungen), Erika Ziha (Liddy), Siegfried Breuer (von Wernthal), Otto Woegerer (von Mordax), Hans Brausewetter (Mollfels), Wilfried Seyferth (Rattengift), Bruno Hübner (Schulmeister), Josef Zeilbeck (Tobies), Rudi Scheere (Gottliebchen), Gerhild Weber (Gretchen), Oskar Höcker (Konrad), Otto Wernicke (Teufel), Elisabeth Flickenschildt (seine Großmutter)

DIE ARMSELIGEN BESENBINDER von Carl Hauptmann
P: 11.12.1936 (8), R: Bruno Hübner, B: Ernst Schütte, M: Wolfgang Zeller, Dir: Hanns Steinkopf, D: Erich Ponto (Der alte Raschke), Maria Weißleder (Frau), Herbert Prigann (Der junge Raschke), Gisela von Collande (Frau), Albin Skoda (Habundus), Carsta Löck (Rapunzel), Elisabeth Flickenschildt (Prinzessin Trull), Günter Langenbeck (Gothly), Volker Soetbeer (Wirt), Sophie Otto (Wirtin), Paul Dahlke (Hunnius), Kurt Weisse (Petrus)

ANDROKLUS UND DER LÖWE von George Bernard Shaw
P: 23.12.1936 (35), R: Heinz Hilpert, B/K: Willi Schmidt, D: Heinz Rühmann (Androklus), Hans Albin (Löwe), Otto Wernicke (Ferrovius), Axel von Ambesser (Hauptmann), Wolf Dohnberg (Lentulus), Adolph Spalinger (Metellus), Hermann Wedekind (Centurio), Paul Dahlke (Kaiser), Franz Pfaudler (Spintho), Siegfried Breuer (Secutor), Gisela von Collande (Megära), Angela Salloker (Lavinia)

DIE JUNGFRAU VON ORLEANS von Friedrich Schiller
P: 25.1.1937 (24), R: Heinz Hilpert, B: Ernst Schütte, M: Hanns Steinkopf, D: Hans Brausewetter (Karl VII.), Elisabeth Flickenschildt (Königin Isabeau), Erika Dannhoff (Agnes), Siegfried Breuer (Philipp), Erich Musil (Dunois), Heinrich Marlow (Du Chatel), Hans Kettler (La Hire), Hans Halden (Erzbischof von Reims), Kurt Weisse (Chatillon), Paul Dahlke (Raoul), Otto Wernicke (Talbot), Albin Skoda (Lionel), Erich Thormann (Falstolf), Bruno Hübner (Thibaut), Luise Ullrich (Johanna), Ernst Karchow (Schwarzer Ritter)

DON CARLOS von Friedrich Schiller
P: 27.2.1937 (32), R: Heinz Hilpert, B: Ernst Schütte, D: Theodor Loos (Philipp II.), Erika Dannhoff (Elisabeth), Albin Skoda (Carlos), Ewald Balser (Posa), Ernst Karchow (Alba), Franz Pfaudler (Domingo), Otto Woegerer (Lerma), Heinrich Marlow (Medina Sidonia), Bruno Hübner (Großinquisitor), Angela Salloker (Eboli), Ilse Mengel (Mondecar)

MAGISTER TINIUS von Paul Gurk
UA, Studio, P: 31.1.1937 (1), R: Heinrich Koch, B: Rudolf Schulz, M: Nils Lieven, D: Boris Alekin (Tinius), Josef Zeilbeck (Rosenmüller), Hermann Pfeiffer (Pfarrer), Elisabeth Blacha (seine Frau), Grete Schaun (deren Tochter), Herbert Pöthke (deren Sohn)

CORIOLAN von William Shakespeare
P: 26.3.1937 (13), WA 16.9.1937 (3), R: Erich Engel, B: Caspar Neher, M: Rudolf Wagner-Régeny, Dir: Hanns Steinkopf, D: Ewald Balser (Coriolan), Ernst Karchow (Cominius), Otto Woegerer (Lartius), Erich Ponto (Menenius Agrippa), Bruno Hübner (Sicinius), Paul Verhoeven (Brutus), Paul Dahlke (Aufidius), Josef Zeilbeck, Günther Langenbeck, Josef Dahmen (Römische Bürger), Kurt Weisse (Senator), Adolph Spalinger (Herold), Hermann Wedekind (Varro), Hans Brausewetter (Adrian), Wilfried Seyferth (Lucius), Siegfried Breuer, Carl Jönsson (Volskische Senatoren), Mary Dietrich (Volumnia), Herta Saal (Virgilia), Erika Ziha (Valeria)

ALPENKÖNIG UND MENSCHENFEIND
von Ferdinand Raimund
P: 21.4.1937 (21), R: Paul Verhoeven, B/K: Willi Schmidt, M: Hanns Steinkopf und Wenzel Müller, D: Paul Otto (Astragalus), Bruno Hübner (von Rappelkopf), Gabriele Hoffmann (Antonie), Georgia Holl (Malchen), Karl Fochler (Silberkern), Erich Musil (Dorn), Franz Pfaudler (Habakuk), Josef Zeilbeck (Glühwurm)

HEIRATEN IST BESSER! von Hermann Roßmann
P: 15.5.1937 (16), R: Paul Otto, B: Willi Schmidt, D: Erika Dannhoff (Lotte), Wilfried Seyferth (Wolf), Elsa Valéry (Lottes Mutter), Hilde Krüger (Ly), Werner Siegert (Gert), Hans Richter (Mayer), Viktor von Zitzewitz (Schwante), Paul Dahlke (Knautschke), Elisabeth Flickenschildt (Margarete), Hans Brausewetter (Piete)

DIE VIER GESELLEN von Jochen Huth
P: 31.5.1937 (28), WA 17.9.1937 (4), R: Erhard Siedel, B: Ernst Schütte, D: Gisela von Collande (Marianne), Elisabeth Flickenschildt (Franziska), Erika Dannhoff (Käte), Karin Evans (Lotte), Paul Verhoeven (Kohlund), Franz Pfaudler (Lange), Erich Thormann (Hintze), Hermann Wedekind (Bachmann)

Kammerspiele

DER ERSTE FRÜHLINGSTAG von Dodie Smith
P: 27.4.1937 (52), R: Heinz Hilpert, B: Ernst Schütte, D: Ernst Karchow (Hilton), Leopoldine Konstantin (Dorothy), Axel von Ambesser (Francis), Blandine Ebinger (Ethel), Lizzi Waldmüller (Muriel), Hans Brausewetter (Haines), Elisabeth Flickenschildt (Elsie)

SPIELZEIT 1937/38

Deutsches Theater

HERZOG UND HENKER von Hermann Burte
P: 19.9.1937 (15), R: Heinz Hilpert, B: Caspar Neher, M: Hanns Steinkopf, Dir: Erwin Mausz, D: Ewald Balser (Herzog Ulrich), Robert Taube (von Neuburg), Siegfried Breuer (von Zwiefalten), Richard Häußler (von Hutten), Otto Woegerer (Bolland), Erich Thormann (Breuning), Volker Soetbeer (Baut), Kurt Weisse (Rechberg), Elisabeth Flickenschildt (Herzogin Sabine), Anna Dammann (Ursula)

FIGARO IN SEVILLA
von Pierre Augustin Caron Beaumarchais
P: 1.10.1937 (13), R: Bruno Hübner, B/K: Willi Schmidt, M/DIR: Erwin Mausz, D: Hans Brausewetter (Almaviva), Max Gülstorff (Bartholo), Fita Benkhoff (Rosine), Otto Wernicke (Figaro), Paul Dahlke (Basilio), Josef Zeilbeck, Erich Thormann (Jung und Munter), Carl Jönsson (Notar), Kurt Weisse (Stadtvogt)

VIEL LÄRM UM NICHTS von William Shakespeare
P: 16.10.1937 (23), R: Heinz Hilpert, B: Ernst Schütte, M: Franz Schubert, Dir: Erwin Mausz, D: Heinrich Marlow (Leonato), Erich Thormann (Antonio), Ernst Karchow (Pedro), Paul Dahlke (Juan), Hans Brausewetter, Volker Soetbeer (Borachio, Conrad), Ewald Balser (Benedikt), Albin Skoda (Claudio), Kurt von Ruffin (Balthasar), Robert Forsch (Mönch), Bruno Hübner (Holzapfel), Franz Pfaudler (Schlehwein)

HERO UND LEANDER von Franz Grillparzer
P: 6.11.1937 (27), R: Heinz Hilpert, B: Caspar Neher, M/Dir: Erwin Mausz, D: Paula Wessely (Hero), Paul Otto (Oberpriester), Albin Skoda (Leander), Kurt Fischer-Fehling (Naukleros), Erika Dannhoff (Janthe), Kurt Weisse (Tempel-Hüter), Editha Wiese (Heros Mutter)

ELGA von Gerhart Hauptmann
P: 30.11.1937 (16), R: Heinz Hilpert, M: Rudolf Wagner-Régeny, B: Ernst Schütte, D: Otto Woegerer (Ritter), Wilmo Schäfer (Diener), Paul Dahlke (Mönch), Auguste Prasch-Grevenberg (Marina), Anna Dammann (Elga), Luscha Wendt (Amme), Siegfried Breuer (Dimitri), Franz Schnyder (Grischka), Richard Häußler (Oginski), Bruno Hübner (Timoska)
HANNELES HIMMELFAHRT
von Gerhart Hauptmann
P: dies., R: Paul Verhoeven, M: Max Marschalk, B: Willi Schmidt, D: Angela Salloker (Hannele), Kurt Fischer-Fehling (Gottwald), Elisabeth Flickenschildt (Martha), Gertrud Eysoldt und Gisela von Collande (Tulpe und Hedwig), Franz Pfaudler und Franz Schnyder (Pleschke und Hanke), Volker Soetbeer (Seidel), Paul Otto (Berger), Ferdinand Tratner (Amtsdiener), Heinrich Marlow (Wachler)

TURANDOT nach Gozzi von Friedrich Schiller
P: 22.12.1937 (27), R: Bruno Hübner, B: Ernst Schütte, M: Wolfgang Zeller, Dir: Erwin Mausz, D: Otto Wernicke (Altoum), Anna Dammann (Turandot), Gisela von Collande (Adelma), Hansi Stadler (Zelima), Charlotte Schultz (Skirina), Paul Dahlke (Barak), Albin Skoda (Kalaf), Kurt Weisse (Timur), Bruno Hübner (Ismael), Franz Pfaudler (Tartaglia), Axel von Ambesser (Pantalon)

KASSANDRA von Paul Ernst
P: 15.1.1938 (12), R: Paul Verhoeven, B: Ernst Schütte, M: Hanns Steinkopf, D: Robert Taube (Priamos), Editha Wiese (Hekuba), Angela Salloker (Kassandra), Otto Woegerer (Hektor), Gisela von Collande (Andromache), Kurt Fischer-Fehling (Paris), Anna Dammann (Helena), Kurt Weisse (Aleander), Albin Skoda (Apollo)

DER KAISER VON AMERIKA von George Bernard Shaw
P: 28.1.1938 (31), R: Heinz Hilpert, B: Caspar Neher, D: Theodor Loos (Magnus), Editha Wiese (Mathilde), Fita Benkhoff (Orinthia), Lotte Schwarzenberg (Alice), Ernst Karchow (Proteus), Heinrich Marlow (Nicobar), Otto Wernicke (Boanerges), Siegfried Breuer (Pliny), Franz Pfaudler (Crassus), Volker Soetbeer (Balbus), Elisabeth Flickenschildt (Amanda), Erika Dannhoff (Lysistrata), Paul Dahlke (Vanhattan)

DER STURM von William Shakespeare
P: 25.2.1938 (30), R: Erich Engel, B: Caspar Neher, M: Wolfgang Zeller, Dir: Erwin Mausz, D: Ernst Karchow (Alonso), Werner Scharf (Sebastian), Theodor Loos (Prospero), Volker Soetbeer (Antonio), Adolph Spalinger (Ferdinand), Armin Schweizer (Gonzalo), Günter Langenbeck (Adrian), Otto Wernicke (Caliban), Wilfried Seyferth (Trinculo), Erhard Siedel (Stephano), Josef Zeilbeck (Bootsmann), Clara Savio (Miranda), Albin Skoda (Ariel)

DIE EINSAME TAT von Sigmund Graff
P: 18.3.1938 (12), R: Heinz Hilpert, B: Rudolf Schulz, D: Richard Häußler (Sand), Kurt Fischer-Fehling (Asmis), Hildegard Grethe (Frau Bratt), Erika Dannhoff (Lene), Albin Skoda (Follen), Paul Otto (von Kotzebue), Franz Pfaudler (Holzweißig, Theaterdirektor), Heinrich Marlow (Präsident), Paul Dahlke (Scharfrichter)

DER GEIZIGE/SCHULE DER FRAUEN
von Jean Baptiste Molière
P: 2.4.1938 (17), R: Ernst Karchow, B: Ernst Schütte, M: Erwin Mausz, D: (Der Geizige:) Erich Ponto (Harpagon), Wilfried Seyferth (Cleant), Clara Savio (Elise), Armin Schweizer (Anselme), Oscar Dimroth (Valer), Hilde Volk (Marianne), Elisabeth Flickenschildt (Frosine), Paul Dahlke (Jacques), Volker Soetbeer (Simon)
(Die Schule der Frauen:) Erich Ponto (Arnulf), Ursula Zeitz (Agnes), Oscar Dimroth (Horaz), Armin Schweizer (Hansjörg), Gisela von Collande (Kathrin), Siefried Breuer (Chrysald), Volker Soetbeer (Enrique), Erich Thormann (Oront), Josef Zeilbeck (Notar)

LETIZIA von Walter Gilbricht
UA, P: 29.4.1938 (13), R: Heinz Hilpert, B: Ernst Schütte, D: Hedwig Bleibtreu (Letizia), Paul Verhoeven (Napoleon), Richard Häußler (Lucien), Lotte Schwarzenberg (Elisa), Karin Evans (Pauline), Hilde Volk (Karoline), Anna Dammann (Josephine), Erika Dannhoff (Hortense)

ERNTEFEST von Max Halbe
P: 13.5.1938 (10), R: Franz Schnyder, B: Ernst Schütte, Dir: Erwin Mausz, D: Theodor Loos (Ramin), Hildegard Grethe (Liselotte), Otto Woegerer (Kamin), Karin Evans (Eva Maria Stadinger), Franz Pfaudler (Ledebur), Otto Wernicke (Schroeter), Volker Soetbeer (Groehn), Heinrich Marlow (Eberty), Kurt Fischer-Fehling (Tscherni-schewski)

Kammerspiele

ER SOLL DEIN HERR SEIN von Michael Egan
P: 15.9.1937 (29), R: Heinz Hilpert, B: Ernst Schütte, D: Gustav Fröhlich (Shale), Lizzi Waldmüller (Angela), Franz Pfaudler (Clayton), Ursula Grabley (Gwen), Oscar Dimroth (Winstone), Armin Schweizer (Webster), Charlotte Schultz (seine Frau), Erika Dannhoff (Lucy)

ÖL INS FEUER von Franz Woertz
UA, P: 14.10.1937 (25), R: Paul Otto, B: Willi Schmidt, D: Armin Schweizer (Farland), Josy Holsten (Geraldine), Wilfried Seyferth (Frank), Axel von Ambesser (Percival), Theodor Loos (Sellshop), Erika Ziha (Irene), Karl Ludwig Diehl (Denny), Karin Evans (Kensington), Gisela von Collande (Catherine), Arthur Malkowsky (Lommington), Paul Otto (Wood)

FLUCHT VOR DEM REICHTUM
von Adelbert Alexander Zinn
P: 8.11.1937 (42), R: Ernst Karchow, B: Ernst Schütte, D: Robert Taube (Wollers), Ernst Karchow (Strempel), Axel von Ambesser (Jefferson), Hilde Volk (Mabel), Fita Benkhoff (Elisabeth), Armin Schweizer und Günter Langenbeck (Evans und Smith), Adolph Spalinger (Dr. Roemhild)

ALSO GUT! LASSEN WIR UNS SCHEIDEN!
von Victorien Sardou und Emile de Najac
P: 23.12.1937 (86), R: Heinz Hilpert, B: Ernst Schütte, D: Karl Ludwig Diehl (Des Prunelles), Richard Häußler (de Gratignan), Hans Brausewetter (Clavignac), Carl Jönsson (Bafourdin), Josef Zeilbeck (Jamarot), Oscar Dimroth (Bastien), Luise Ullrich (Cyprienne), Ilse Mengel (Frau von Brionne), Hildegard Imhof (Frau von Balfontaine), Hilde Volk (Frl. von Lussignan)

DAS HOROSKOP SEINER LORDSCHAFT
von Dietrich Loder
P: 4.3.1938 (27), R: Paul Otto, B: Willi Schmidt, M: Erwin Mausz, D: Max Gülstorff (Lillburn), Sabine Peters (Gladys), Gerda Maurus (Mary Wynton), Charlotte Schultz (Mathilda Moß), Klaus Pohl (Perkins), Oscar Dimroth (Tresillian), Anton Pointner (Brooks), Hans

Brausewetter (Kyne), Ursula Grabley (Lizzi), Axel von Ambesser (Marshall)

DAS SCHÖNE ABENTEUER
von Gaston Arman de Caillavet, Robert de Flers und Etienne Rey
P: 16.4.1938 (45), R: Franz Schnyder, B: Ernst Schütte, D: Paul Otto (d'Eguzon), Trude Hesterberg (Gräfin), Werner Scharf (André), Frida Richard (Frau von Trévillac), Maria Andergast (Hélene von Trévillac), Hans Brausewetter (le Barroner), Axel von Ambesser (Sérignan)

SPIELZEIT 1938/39

Deutsches Theater

MENSCH UND ÜBERMENSCH von George Bernard Shaw
P: 6.9.1938 (36), R: Erich Engel, B: Caspar Neher, D: Ferdinand Marian (Tanner), Wolf Beneckendorff (Ramsden), Charlotte Schultz (Susanne), Adolph Spalinger (Robinson), Anna Dammann (Violet), Frida Richard (Frau Whitefield), Eva Lissa (Ann), Volker Soetbeer (Malone), Axel von Ambesser (Malone), Paul Dahlke (Mendoza/Teufel)

DER BIRNBAUM von Juliane Kay
P: 9.9.1938 (19), R: Franz Pfaudler, B: Georg Weiß, D: Richard Häußler (Hoppe), Carsta Löck (Lieschen), Axel von Ambesser (Engelbrecht), Gisela von Collande (Inge), Hans Brausewetter (Stegemann), Klaus Pohl (Stange), Hermann Wedekind (von Lippitz), Armin Schweizer (Mayer-Morke), Günter Langenbeck (Ahlmüller), Rosemarie Gerstenberg (Käte)

MEIN FREUND JACK von William Somerset Maugham
P: 30.9.1938 (115), R: Heinz Hilpert, B: Ernst Schütte, D: Karl Ludwig Diel (Straw), Elisabeth Flickenschildt (Mrs. Parker-Jennings), Armin Schweizer (Parker-Jennings), Oscar Dimroth (Holland), Agnes von Esterhazy (Lady Wanley), Siegfried Breuer (Serlo), Heinrich Marlow (von Bremer), Katharina Brauren (Mrs. Bashford), Günther Langenbeck (Abbott), Rosemarie Gerstenberg (Rosie)

DER WEBER VON BAGDAD von Hjalmar Bergman
P: 1.10.1938 (5), R: Günter Haenel, B: Ernst Schütte, M: Wolfgang Zeller, Dir: Erwin Mausz, D: Theodor Loos (Kalif), Wolfgang von Schwind (Großwesir), Paul Dahlke (Jussuf), Anna Dammann (Safia), Adolph Spalinger (René), Richard Häußler (Hassan), Wilfried Seyferth (Ali)

SUMMA CUM LAUDE von Franz Karl Franchy
P: 21.10.1938 (9), R: Franz Schnyder, B: Georg Weiß, D: Volker Soetbeer (Wildorf), Editha Wiese (Frau Wildorf), Eva Lissa (Kitty), Axel von Ambesser (Theo Welter), Heinrich Troxbömker (Lundberg), Richard Häußler (Revernigg)

DER VERLORENE SOHN von Ernst Wiechert
P: 4.11.1938 (14), R: Paul Otto, B: Caspar Neher, D: Wolf Beneckendorff (Vater), Hildegard Grethe (Mutter), Richard Häußler (Leberecht), Adolph Spalinger (Johannes), Bruno Hübner (Kilian), Maria Weißleder (Urte), Hermann Hellweger (Händler), Volker Soetbeer (Wirt), Editha Wiese (Wirtin), Paul Dahlke (Andreas), Anja Rohe (Anneliese)

DER KIRSCHGARTEN von Anton Tschechow
P: 18.11.1938 (16), R: Heinz Hilpert, B: Caspar Neher, D: Anna Dammann (Ljubow Ranjewskaja), Eva Lissa (Anja), Gisela von Collande (Marja), Theodor Loos (Gajew), Hans Brausewetter (Lopachin), Hans Thimig (Trofimow), Heinrich Troxbömker (Pischtschik), Melanie Horeschovsky (Charlotta Iwanowna), Kurt Weisse (Jepichodow), Gerd Höst (Dunjascha), Bruno Hübner (Lakai)

MINNA VON BARNHELM
von Gotthold Ephraim Lessing
P: 25.11.1938 (26), R: Heinz Hilpert, B: Ernst Schütte, D: Kurt Fischer-Fehling (von Tellheim), Angela Salloker (Minna), Paul Otto (von Bruchsall), Carsta Löck (Franziska), Paul Dahlke (Just), Otto Wernicke (Werner), Wilfried Seyferth (Wirt), Hildegard Grethe (Dame in Trauer), Adolph Spalinger (Feldjäger), Theodor Loos (Riccaut)

DER BAUER ALS MILLIONÄR von Ferdinand Raimund
P: 22.12.1938 (21), R: Heinz Hilpert, B: Ernst Schütte, M: Josef Drechsler, D: Gerda Maurus (Lacrimosa), Erik Frey (Bustorius), Wilfried Seyferth (Ajaxerle), Traute Manz (Die Zufriedenheit), Angela Salloker (Die Jugend), Karl Ehmann (Das hohe Alter), Hans Thimig (Der Neid), Otto Woegerer (Der Haß), Mihai Popescu (Tophan), Hans Moser (Fortunatus Wurzel), Lisl Kinast (Lottchen), Franz Pfaudler (Lorenz), Albin Skoda (Schif)

SO WAR HERR BRUMMELL von Ernst Penzoldt
P: 17.1.1939 (21), R: Bruno Hübner, B: Caspar Neher, Dir: Erwin Mausz, D: Otto Wernicke (Georg III.), Editha Wiese (Charlotte), Paul Dahlke (George), Ferdinand Marian (Brummell), Heinrich Troxbömker (Robinson), Peter Körner (Prinz William), Inge Landgut (Prinzessin Auguste), Horst Bonnet (Klein-Edward), Erika Dannhoff (Friederike), Marianne Platzhoff (Karoline), Wolfgang Kühne (Queensbury), Erika Ziha (Lady Fitzherbert)

DOROTHEA ANGERMANN von Gerhart Hauptmann
P: 14.2.1939 (32), R: Heinz Hilpert, B: Ernst Schütte, D: Otto Wernicke (Angermann), Anja Rohe (Cläre), Paula Wessely (Dorothea), Theodor Loos (Pfannschmidt), Hildegard Grethe (Leonore), Harald Föhr-Waldeck (Gotthold), Kurt Fischer-Fehling (Herbert), Richard Häußler (Koch)

DIE SONNE IRLANDS von Felix Dhünen
P: 23.2.1939 (13), R: Paul Verhoeven, B: Georg Weiß, D: Theodor Loos (Marke), Eva Lissa (Isote), Albin Skoda (Tristan), Volker Soetbeer (Dinas), Bruno Hübner (Ganelun), Günter Langenbeck (Andret), Kurt Weisse (Cariol), Paul Verhoeven (Melot)

FAUST I von Johann Wolfgang von Goethe
P: 23.3.1939 (28), R: Heinz Hilpert, B: Ernst Schütte, M: Johann Sebastian Bach, Erwin Mausz, D: Ewald Balser (Faust), Bruno Hübner (Mephistopheles), Franz Pfaudler (Wagner), Adolph Spalinger (Schüler), Melanie Horeschovsky (Hexe), Angela Salloker (Margarete), Frida Richard (Marthe Schwerdtlein), Kurt Fischer-Fehling (Valentin)

DIE GUTE SIEBEN von Adelbert Alexander Zinn
P: 13.4.1939 (19), R: Paul Otto, B: Georg Weiß, D: Theodor Loos (Flor), Elisabeth Flickenschildt (Katharina), Editha Wiese (Elfriede), Anna Dammann (Klara), Katharina Brauren (Erna), Gerd Höst (Liesette), Erika Dannhoff (Magda), Oskar Schättiger (Lukas), Rosemarie Gerstenberg (Frigga), Franz Pfaudler (Rossi)

OTHELLO von William Shakespeare
P: 6.5.1939 (18), R: Erich Engel, B: Caspar Neher, M/Dir: Erwin Mausz, D: Heinrich Marlow (Herzog), Karl Ehmann (Brabantio), Oskar Dimroth (Lodovico), Ewald Balser (Othello), Albin Skoda (Cassio), Ferdinand Marian (Jago), Wilfried Seyferth (Rodrigo), Otto Woegerer (Montano), Angela Salloker (Desdemona), Doris Krüger (Emilia)

Kammerspiele

MEIN FREUND JACK von William Somerset Maugham
P: 30.9.1938 (115), R: Heinz Hilpert, B: Ernst Schütte, D: Karl Ludwig Thiel (Straw), Elisabeth Flickenschildt (Mrs. Parker-Jennings), Armin Schweizer (Parker-Jennings), Oscar Dimroth (Holland), Agnes von Esterhazy (Lady Wanley), Siegfried Breuer (Serlo), Heinrich Marlow (von Bremer), Katharina Brauren (Mrs. Bashford), Günther Langenbeck (Abbott), Rosemarie Gerstenberg (Rosie)

WIENERINNEN von Hermann Bahr
(Ensemble-Gastspiel des Theaters in der Josefstadt, Wien), P: 23.12.1938 (29), R: Hans Thimig, B: Otto Niedermoser, D: Dagny Servaes (Emmy), Hilde Krahl (Daisy), Elfriede Kuzmany (Risa), Franz Böheim (Fritz), Jane Tilden (Marie), Herbert Aichinger (Billitzer), Anton Edthofer (Ulrich), Jakob Sulzer (Stöhr), Daisy Solms (Frau von Kanitz), Susi Witt (Frau von Reimann), Irma Herga (Frau von Wallis), Vally Reichert-Heidt (Frau von Adel)

WIR ALLE HABEN SCHULDEN von Honoré de Balzac
P: 22.1.1939 (16), R: Hans Thimig, B: Ernst Schütte, D: Anton Edthofer (Mercadet), Dagny Servaes (Marguerite), Elfriede Datzig (Julie), Adolph Spalinger (Minard), Hans Brausewetter (Berdelin), Axel von Ambesser (De la Brive)

GLASTÜREN von Alexander Lernet-Holenia
(Ensemble-Gastspiel des Theaters in der Josefstadt, Wien) P: 17.3.1939 (28), R: Hans Thimig, B: Otto Niedermoser, D: Carl Günther (Trautsohn), Hilde Krahl (Maria), Erik Frey (Eugen), Hans Unterkircher (Promnitz), Erich Nikowitz (Latour), Vally Heidt (Anna), Alfred Neugebauer (Purgstall), Elisabeth Markus (Theres)

DER KREIS von William Somerset Maugham
P: 15.4.1939 (51), DT (4), R: Ernst Karchow, B: Ernst Schütte, D: Robert Taube (Champion-Cheney), Axel von Ambesser (Arnold), Trude Hesterberg (Catherine), Hilde Krahl (Elizabeth), Heinrich Troxbömker (Portevus), Karl John (Luton), Katharina Berger (Mrs. Shenstone)

SPIELZEIT 1939/40

Deutsches Theater

DIE LANGE JULE von Carl Hauptmann
P: 9.9.1939, R: Ernst Karchow, B: Caspar Neher, D: Robert Taube (Hallmann), Frida Richard (Beate), Elisabeth Flickenschildt (Jule), Armin Schweizer (Stief), Gisela von Collande (Gertrud), Ferdinand Felsko (Theobald), Heinrich Troxbömker (Jonathan), Otto Wernicke (Dreiblatt)

WAS IHR WOLLT von William Shakespeare
P: 7.10.1939, R: Heinz Hilpert, B: Caspar Neher, M: Rudolf Wagner-Régeny, D: Albin Skoda (Orsino), Adolph Spalinger (Sebastian), Otto Woegerer (Antonio), Carl Jönsson (Schiffshauptmann), Günter Langenbeck (Valentin), Ferdinand Felsko (Curio), Paul Dahlke (Rülp), Wilfried Seyferth (Bleichenwang), Theodor Loos (Malvolio), Armin Schweizer (Fabio), Otto Wernicke (Narr), Eva Lissa (Olivia), Gisela von Collande (Viola), Doris Krüger (Maria)

DIE GLÜCKLICHE EHE von Wolfgang Müller
UA, P: 2.11.1939, R: Ernst Karchow, B: Ernst Schütte, D: Theodor Loos (Rovere), Elisabeth Flickenschildt (Marchesa Rovere), Anna Dammann (Gräfin Strozzi), Albin Skoda (Graf Foscari), Frida Richard (Hebamme), Harry Schöpp (Diener)

PYGMALION von George Bernard Shaw
P: 30.11.1939, R: Heinz Hilpert, B: Caspar Neher, D: Hanna Ralph (Frau Higgins), Paul Dahlke (Higgins), Robert Taube (Doolittle), Gisela von Collande (Eliza), Ludmilla Hell (Frau Eynsford Hill), Paul Otto (Pickering)

DAME KOBOLD von Pedro Calderón de la Barca
P: 13.1.1940, R: Erich Engel, B: Caspar Neher, D: Albin Skoda (Juan de Toledo), Bruno Hübner (Luis), Eva Lissa (Angela), Gerty Sobetzko (Clara), Curt Max Richter (Enriquez), Wilfried Seyferth (Cosme), Karl Hannemann (Rodrigo), Doris Krüger (Isabel)

DER ERBE SEINER SELBST von Walter Gilbricht
P:10.2.1940, R: Ernst Karchow, B: Ernst Schütte, D: Otto Wernicke (von Gorgonzola), Adolph Spalinger (Anselmo), Josef Zeilbeck (Sanjo), Volker Soetbeer (Prior), Theodor Loos (Bartholomäus), Otto Wernicke (Cardenio)

KÖNIG LEAR von William Shakespeare
P: 9.3.1940, R: Heinz Hilpert, B: Caspar Neher, M: Rudolf Wagner-Régeny, D: Ewald Balser (Lear), Adolph Spalinger (Frankreich), Karl John (Burgund), Jacob Sinn (Cornwall), Kurt Fischer-Fehling (Albanien), Otto Wernicke (Gloster), Albin Skoda (Edgar), Otto Woegerer (Edmund), Paul Dahlke (Kent), Bruno Hübner (Narr), Armin Schweizer (Oswald), Anna Dammann (Goneril), Doris Krüger (Regan), Gisela von Collande (Cordelia)

DESTILLE VEIT von Erna Weißenborn
P: 4.4.1940, R: Günther Haenel, B: Ernst Schütte, D: Paul Dahlke (Veit), Hildegard Grethe (Jeanette), Erich Ponto (Liepach), Elisabeth Flickenschildt (Dela), Gisela von Collande (Eve), Karl John (Reese)

DER BOGEN DES ODYSSEUS
von Gerhart Hauptmann
P: 24.4.1940, R: Paul Verhoeven, B: Caspar Neher, M: Erwin Mausz, D: Otto Wernicke (Odysseus), Albin Skoda (Telemach), Heinrich Troxbömker (Laertes), Karl John (Antinoos), Franz Pfaudler (Eumaios), Anna Dammann (Leukone), Karl Hellmer (Melanteus), Gisela von Collande (Melanto), Hermann Wedekind (Noaimon), Gertrud Eysoldt (Eurykleia)

DAS SPIEL VON DEN DEUTSCHEN AHNEN
von Max Mell
P: 23.5.1940, R: Bruno Hübner, B: Ernst Schütte, D: Otto Woegerer (Hüttenbrenner), Dagny Servaes (Priska), Franz Pfaudler (Kaspar), Bruno Hübner (Christoph), Frida Richard (Großmutter), Oskar Dimroth (Jacob), Gisela von Collande (Anna), Albin Skoda (Thomas Hüttenbrenner), Doris Krüger (Gertrud), Melanie Horeschovsky (Wabi), Heinrich Troxbömker (Pfarrer), Volker Soetbeer (Revierinspektor), Josef Zeilbeck, Hermann Hellweger (Feuerwehrmänner)

AUFRUHR IM DAMENSTIFT von Axel Breidahl
P: 3.6.1940, R: Rudolf Steinboeck, B: Ernst Schütte, D: Frida Richard (Äbtissin), Ilse Werner (Kamma von Rüssing), Ludmilla Hell (Gräfin Schlegel), Vally Brenneis (Gräfin Blücher), Margarethe Lanner (Baronesse Hartmann), Vally Heidt (Frl. von der Casse), Elisabeth Markus (Frl. von Benzon), Dagny Servaes (Frl. von Bryde)

Kammerspiele

STELLA von Johann Wolfgang Goethe
P: 30.10.1939, R: Bruno Hübner, B: Ernst Schütte, D: Angela Salloker (Stella), Anna Dammann (Cäcilie), Richard Häußler (Fernando), Ursula Zeitz (Lucie), Jacob Sinn (Verwalter), Charlotte Schultz (Postmeisterin)

DER TALISMAN von Johann Nestroy
P: 4.11.1939, R: Franz Pfaudler, B: Ernst Schütte, M: Adolf Müller, Joseph Lanner, Erwin Mausz, D: Bruno Hübner (Feuerfuchs), Barbara Hoff (Emma), Erika Ziha (Constantia), Melanie Horeschovsky (Flora), Josef Zeilbeck (Plutzerkern), Axel von Ambesser (Marquis), Wilhelm Schich (Spund)

AM HELLICHTEN TAG von Paul Helwig
P: 1.12.1939 (?), R: Carl Heinz Schroth, B: Ernst Schütte, D: Ernst Karchow (Lanz), Ursula Grabley (Steffi), Edith Wien (Nell), Karl John (Dannhoff), Hans Brausewetter (Mostert)

AUF ENTDECKUNGSFAHRT von Jochen Huth
P: 5.3.1940, R: Paul Otto, B: Ernst Schütte, D: Ursula Herking (Lisa), Albert Matterstock (Eiken), Hans Brausewetter (Martin Eiken), Robert Taube (Hagenbach), Hanna Ralph (Emily), Hilde Volk (Claire), Heinrich Marlow (Waterboer), Eduard Benoni (Steward), Barbara Hoff (Mädchen), Ferdinand Tratner (Fotograf)

ICH HABE EINEN ENGEL GEHEIRATET
von Johann Vaszary
P: 9.4.1940, M: Erwin Mausz, R: Heinz Hilpert, B: Ernst Schütte, D: Heinrich Marlow (Frack), Chrisl Mardayn (Engel), Karl Ludwig Diehl (Thomas), Hans Brausewetter (Franz), Axel vom Ambesser (Sekretär), Ernst Karchow (Harry), Käthe Erhardt (Helene), Katharina Brauren (Nellie), Erika Ziha (Eva), Karl Jönsson (Pollak), Ursula Grabley (Alice)

SPIELZEIT 1940/41

Deutsches Theater

EIN SOMMERNACHTSTRAUM
von William Shakespeare
P: 9.9.1940 (28), R: Heinz Hilpert, B: Caspar Neher, M: Wolfgang Zeller, Dir: Erwin Mausz, D: Albin Skoda (Theseus), Gisela von Collande (Hippolyta), Karl Hellmer (Egeus), Jane Tilden (Hermia), Adolph Spalinger (Lysander), Axel von Ambesser (Demetrius), Ursula Herking (Helena), Otto Woegerer (Oberon), Elisabeth Flickenschildt (Titania), Wilfried Seyferth (Puck), Robert Taube (Squenz), Carl Jönsson (Schnock), Armin Schweizer (Zettel), Franz Pfaudler (Flaut), Heinrich Troxbömker (Schnauz), Friedrich Maurer (Schlucker)

DAS KAFFEEHAUS von Carlo Goldoni
P: 3.10.1940 (23), R: Bruno Hübner, B: Ernst Schütte, D: Franz Pfaudler (Ridolfo), Karl John (Eugenio), Marina von Ditmar (Vittoria), Axel von Ambesser (Leander), Elisabeth Flickenschildt (Placida), Wilfried Seyferth (Don Marzio), Eva Lissa (Lisaura), Erich Thormann (Pandolfo), Karl Hellmer (Kellner)

AGNES BERNAUER von Friedrich Hebbel
P: 18.10.1940 (24), R: Heinrich Koch, B: Caspar Neher, D: Paul Dahlke (Herzog Ernst), Albin Skoda (Albrecht), Friedrich Maurer (von Preising), Josef Dahmen (von Pappenheim), Eduard Benoni (Nusperger), Robert Taube (Bernauer), Gisela von Collande (Agnes Bernauer)

DIE EISHEILIGEN von Adelbert Alexander Zinn
UA, P: 2.11.1940 (23), R: Günther Haenel, B: Rudolf Schulz, D: Franz Pfaudler (Wittrisch), Doris Krüger (Dora), Oscar Dimroth (Berg), Otto Woegerer (Nissen), Eva Lissa (Renate), Heinrich Troxbömker (Wedemeyer), Katharina Brauren (Oberschwester)

KÖNIG RICHARD DER ZWEITE
von William Shakespeare
P: 30.11.1940 (27), R: Heinz Hilpert, B: Caspar Neher, M: Rudolf Wagner-Régeny, D: Rudolf Forster (Richard II.), Ernst Karchow (Herzog von York), Paul Dahlke (Heinrich Bolingbroke), Robert Taube (Gaunt), Erich Thormann (Graf von Northumberland), Karl John (Percy), Otto Woegerer (Herzog von Norfolk), Albin Skoda (Herzog von Aumerle), Karl Hellmer (Bushy), Armin Schweizer (Bagot), Friedrich Maurer (Green), Anna Dammann (Königin), Elisabeth Markus (Herzogin von York), Gertrud Eysoldt (Herzogin von Gloster)

DIE DREI SCHWESTERN von Anton Tschechow
P: 2.1.1941 (25), R: Bruno Hübner, B: Ernst Schütte, D: Wilfried Seyferth (Prosorow), Doris Krüger (Natalja Iwanowna), Elisabeth Flickenschildt (Olga), Hilde Körber (Mascha), Angela Salloker (Irina), Heinrich Troxbömker (Kulygin), Christian Kayßler (Werschinin), Albin Skoda (Tusenbach), Paul Verhoeven (Soljony), Paul Dahlke (Tschebutykin), Hermann Wedekind (Fjedotik), Werner Siegert (Rode), Jeanette Bethge (Anfissa)

SCHLUCK UND JAU von Gerhart Hauptmann
P: 23.1.1941 (20), R: Heinrich Koch, B: Rudolf Schulz, M: Erwin Mausz, D: Otto Woegerer (Rand), Albin Skoda (Karl), Erich Thormann (Malmstein), Eva Lissa (Sidselill), Elisabeth Markus (Fr. Adeluz), Anja Rohe (Gespielin), Walter Richter (Jau), Robert Taube (Schluck)

DON PEDRO von Emil Strauß
P: 18.2.1941 (27), R: Heinrich Koch, B: Caspar Neher, M: Erwin Mausz, D: Christian Kayßler (de Luna), Leonore Ehn (seine Mutter), Eva Lissa (Isabella), Hanna Ralph (Pilar de Meneses), Angela Salloker (Juana), Ferdinand Felsko (Carlos), Albin Skoda (de Mondigo), Robert Taube (König von Portugal), Karl John (Graf Evora)

DATTERICH von Ernst Elias Niebergall
P: 11.3.1941 (24), R: Wilfried Seyferth, B: Ernst Schütte, D: Theodor Loos (Datterich), Wolfgang von Schwind (Bennelbächer), Friedrich Maurer (Spirwes), Karl Morvilius (Knerz), Karl Etlinger (Dummbach), Lene Obermeyer (Babette), Elli Hall (Marie), Wilfried Seyferth (Schmidt)

EINES MANNES LEBEN von Paul Verhoeven
UA, P: 5.4.1941 (25), R: Paul Verhoeven, B: Ernst Schütte, M: Werner Kleine, D: Paul Hubschmid (Friedrich III.), Elisabeth Flickenschildt (Leonore), Ewald Balser (Ulfeld), Theodor Loos (Sehsted), Otto Braml (Brahe), Angela Salloker (Mareen), Otto Woegerer (Flemming), Walter Richter (Juel), Oscar Dimroth (Oluf)

DER WIDERSPENSTIGEN ZÄHMUNG
von William Shakespeare
P: 3.5.1941 (27), WA: 3.1.1942 (6), R: Heinz Hilpert, B: Ernst Schütte, Dir: Erwin Mausz, D: Armin Schweizer (Baptista), Gisela von Collande (Katharina), Elfriede Kuzmany (Bianca), Friedrich Maurer (Vincentio), Albin Skoda (Lucentio), Ewald Balser (Petrucchio), Theodor Loos und Adolph Spalinger (Gremio und Hortensio), Oscar Dimroth (Tranio), Heribert Aichinger (Biondello), Josef Zeilbeck (Grumio)

DER EINSAME von Hanns Johst
P: 24.5.1941 (7), WA: 4.9.1941 (12), R: Heinz Hilpert, B: Ernst Schütte, D: Theodor Loos (Grabbe), Ruth Trumpp (Anna), Frida Richard (Grabbes Mutter), Albin Skoda (Eckardt), Elfriede Kuzmany (Isabella), Erna Sellmer (Schaffnerin), Sophie Otto (Hebamme), Otto Woegerer (Uechtritz)

Kammerspiele

BITTE ZWEI MAL LÄUTEN! von Charlotte Schultz
UA, P: 16.9.1940 (30), R: Günther Haenel, B: Ernst Schütte, D: Hans Brausewetter (Gebauer), Lizzi Waldmüller (Mädi), Lotte Lang (Erika), Rudolf Schündler (Klangmann), Werner Schott (Bischof), Jeanette Bethge (Fr. Heinz), Katharina Brauren (Fr. Kuhn), Josef Zeilbeck (Kropp)

PENSION SCHÖLLER von Carl Lauffs
P: 17.10.1940 (37), R: Ernst Karchow, B: Ernst Schütte, D: Hans Brausewetter (Klapproth), Werner Siegert (Alfred), Armin Schweizer (Bernhardy), Erna Sellmer (Josephine), Ernst Rotmund (Schöller), Melanie Horeschovsky (Amalie), Barbara Hoff (Friederike), Rudolf Schmitt (Rümpel), Heinrich Marlow (Gröber)

WIE FÜHRE ICH EINE EHE? von Axel von Ambesser
UA, P: 22.12.1940 (74), R: Ernst Karchow, B: Rudolf Schulz, D: Axel von Ambesser (Garven), Maria Andergast (Gwen), Ursula Herking (Hilde), Carl Heinz Schroth (Schulz), Siegfried Breuer (Morris)

IM HIMMEL UND AUF ERDEN von Klaus Herrmann
UA, P: 19.2.1941 (17), R: Ernst Karchow, B: Ernst Schütte, D: Axel von Ambesser (Holt), Josef Dahmen (Pohland), Christiane Merck (Luisa), Marianne Pohlenz (Helene), Barbara Hoff (Margareta), Stella Mahlberg (Annemarie), Marietheres Angerpointner (Anna), Friedrich Maurer (Link)

DAS LEBENSLÄNGLICHE KIND von Robert Neuner
P: 24.3.1941 (98), R: Ernst Karchow, B: Wolfgang Ulrici, D: Erich Ponto (Schlüter), Käte Pontow (Hertha), Erna Sellmer (Mensing), Hans Brausewetter (Diener), Karl John (Scheinpflug), Ludmilla Hell (Frau von Haller), Werner Schott (Rähnitz)

SPIELZEIT 1941/42

Deutsches Theater

HOCHZEIT von Emil Strauß
P: 6.9.1941 (25), R: Heinz Hilpert, B: Ernst Schütte, D: Theodor Loos (Liesegang), Karl John (Bartel Rod, sein Neffe), Robert Taube (Üing), Elfriede Kuzmany (Emma Üing, seine Tochter), Erna Sellmer (Regine)

DIE RÄUBER von Friedrich Schiller
P: 16.9.1941 (35), R: Heinz Hilpert, B: Ernst Schütte, M: Rudolf Wagner-Régeny, D: Robert Taube (Maximilian), Gerhard Geisler (Karl), Walter Richter (Franz), Ursula Burg (Amalia von Edelreich), Josef Zechell (Spiegelberg), Karl John (Schweizer), Hermann Wedekind (Grimm), Paul Dahlke (Herrmann)

DER VERSCHWENDER von Ferdinand Raimund
P: 20.10.1941 (30), R: Bruno Hübner, B: Ernst Schütte, M: Konradin Kreutzer, Joseph Lanner, D: Erika Ziha (Cheristane), Hans Jungbauer (Azur), Albin Skoda (von Flottwell), Heinz Hilpert (Wolf), Wilfried Seyferth (Valentin), Jane Tilden (Rosa)

CÄSAR von von Bernt von Heiseler
UA, P: 10.11.1941 (26), R: Heinz Hilpert, B: Caspar Neher, D: Paul Dahlke (Cäsar), Christian Kayßler (Brutus), Elfriede Kuzmany (Porzia), Robert Taube (Varro), Otto Woegerer (Antonius), Walter Richter (Cassius), Peter Mosbacher (Trebonius), Josef Zechell (Decimus Brutus)

MAN KANN NIE WISSEN von George Bernard Shaw
P: 12.12.1941 (27), R: Erich George Engel, B: Caspar Neher, D: Johanna Terwin (Frau Clandon), Hans Holt (Dr. Valentine), Robert Taube (McNaughtan), Heinrich Troxbömker (McComas), Josef Zechell (Bohun)

EMPEDOKLES von Friedrich Hölderlin
P: 10.1.1942 (25), WA: 20.5.1943 (8), R: Günther Hadank, B: Rudolf Schulz, D: Hans Jungbauer (Empedokles), Albin Skoda (Pausanias), Robert Taube (Hermokrates), Paul Dahlke/Otto Woegerer (Kritias), Ursula Burg/Eva Lissa (Panthea), Doris Krüger/Madeleine Collier (Delia)

DAS KÄTHCHEN VON HEILBRONN
von Heinrich von Kleist
P: 7.2.1942 (42), WA: 18.8.1942 (6), R: Bruno Hübner, B: Ernst Schütte, M: Wolfgang Zeller, D: Robert Taube (Kaiser), Ewald Balser (Wetter), Hanna Ralph (Gräfin Helena), Albin Skoda (Flammberg), Friedrich Maurer (Gottschalk), Eva Lissa (Kunigunde), Madeleine Collier (Rosalie), Hans Jungbauer (Friedeborn), Elfriede Kuzmany (Käthchen), Ferdinand Felsko (Friedeborn), Peter Mosbacher (Maximilian), Otto Woegerer (Rheingraf)

AMPHITRYON von Heinrich von Kleist
P: 10.3.1942 (20), WA: 12.2.1943 (12), R: Heinz Hilpert, B: Caspar Neher, M: Rudolf Wagner-Régeny, D: Ewald Balser (Jupiter), Josef Zeilbeck (Merkur), Gerhard Geisler (Amphitryon), Walter Richter (Sosias), Gisela von Collande (Alkmene), Doris Krüger/Gerda Maurus (Charis)

IDOTHEA von Hans Leip
P: 14.4.1942 (21), R: Wilfried Seyferth, B: Caspar Neher, M: Werner Bochmann, D: Albin Skoda (Hermes), Christian Kayssler (Menelaos), Anna Dammann (Helena), Erna Sellmer (Xetis), Josef Dahmen (Knysos), Erich Ponto (Proteus), Anna Dammann, Eva Lissa (Idothea, Önone), Josef Zechell (Silen), Hans Brausewetter (Potiphar), Heinrich Troxbömker (Sabo)

LINNA NORDMANN von Erna Weißenborn
P: 21.4.1942 (16), R: Heinrich Koch, B: Rudolf Schulz, D: Gisela von Collande (Linna Nordmann), Gertrud Eysoldt (Frau Nordmann), Peter Mosbacher (Engler), Robert Taube (Höppner), Jakob Sinn (Fischer)

DIE SIEBEN GEGEN THEBEN von Max Mell
P: 21.5.1942 (9), WA: 20.8.1942 (9), R: Bruno Hübner, B: Ernst Schütte, M: Erwin Mausz, D: Stella Mahlberg (Harfnerin, Prolog), Hans Jungbauer (Oedipus), Elisabeth Markus (Jokaste), Otto Woegerer (Eteokles), Karl John (Polyneikes), Anna Dammann (Antigone), Elfriede Kuzmany (Ismene), Christian Kayssler (Kreon), Albin Skoda (Haimon), Michael Dürk (Menoikeus)

DER ZERBROCHENE KRUG von Heinrich von Kleist
P: 15.6.1942 (7), WA: 15.8.1942 (23), R: Heinz Hilpert, B: Ernst Schütte, D: Christian Kayssler (Walter), Walter Richter (Adam), Josef Zechell (Licht), Elisabeth Markus (Marthe), Elfriede Kuzmany (Eve), Carl Jönsson (Tümpel), Gerhard Geisler (Ruprecht), Erna Sellmer (Brigitte)

Kammerspiele

ICH HABE EINE FRAU BESCHÜTZT
von Johann von Bokay
P: 19.9.1941 (141), R: Ernst Karchow, B: Rudolf Schulz, D: Gertrud Eysoldt (Großmama), Hans Brausewetter (Peter), Ludmilla Hell (Lotte), Erich Thormann (Horvath), Marietheres Angerpointner (Sisi), Heinrich Troxbömker (Bakos), Lizzi Waldmüller (Martha), Oscar Dimroth (Veres), Ursula Herking (Judith)

DIE GROSSE KURVE von Curt J. Braun
P: 5.2.1942 (161), R: Ernst Karchow, B: Ernst Schütte, D: Karl Ludwig Diehl (Thomson), Hilde von Stolz (Gloria), Hans Holt (Austin), Maria Andergast (Maria Bruck), Oscar Dimroth (Kersten), Paul Otto (Lindner), Armin Schweizer (Hofmann)

SPIELZEIT 1942/43

Deutsches Theater

DER ARME HEINRICH von Gerhart Hauptmann
P: 2.9.1942 (27), R: Rudolf Hammacher, B: Ernst Schütte, D: Albin Skoda (Heinrich von Aue), Karl John (Hartmann), Heinrich Troxbömker (Gottfried), Elisabeth Markus (Brigitte), Elfriede Kuzmany (Ottegebe), Otto Woegerer (Benedikt), Josef Zeilbeck (Ottacker)

MARIA MAGDALENE von Friedrich Hebbel
P: 12.9.1942 (22), R: Heinz Hilpert, B: Caspar Neher, D: Robert Taube (Meister Anton), Frida Richard (seine Frau), Hilde Krahl (Klara), Karl John (Karl), Siegfried Breuer (Leonhard), Albin Skoda (Sekretär), Heinrich Troxbömker (Wolfram), Josef Zeilbeck (Adam), Carl Jönsson (Gerichtsdiener), Madeleine Collier (Magd)

DIE JUNGFRAU VON ORLEANS von Friedrich Schiller
P: 8.10.1942 (35), R: Bruno Hübner, B: Rudolf Schulz, M: Erwin Mausz, D: Albin Skoda (Karl VII.), Elly Burgmer (Königin Isabeau), Gisela von Collande (Agnes), Otto Woegerer (Philipp der Gute), Peter Mosbacher (Dunois), Paul Esser (La Hire), Heinrich Marlow (Du Chatel), Friedrich Braun (Erzbischof von Reims), Paul Dahlke (Talbot), Karl John (Lionel), Jacob Sinn (Falstolf), Rudolf-Günter Wagner (Montgomery), Friedrich Maurer (Thibault), Angela Salloker (Johanna), Hans Jungbauer (Schwarzer Ritter)

DER GRAF VON BRÉCHARD von Giovacchino Forzano
P: 2.11.1942 (27), R: Heinrich Koch, B: Ernst Schütte, D: Günther Hadank (von Bréchard), Oscar Dimroth (Charles), Paul Dahlke (Peraulle), Marietheres Angerpointner (Maria), Erna Sellmer (Euterpe)

WAS KAM DENN DA INS HAUS ...? von Lope de Vega
P: 1.12.1942 (50), R: Ernst Karchow, B: Ernst Schütte, M: Erwin Mausz, D: Armin Schweizer (Fajardo), Hanna Ralph (Barbara), Elfriede Kuzmany (Angela), Albin Skoda (Leonardo), Karl John (Beltrán), Josef Zechell (Esteban), Erich Thormann (Alonso), Peter Mosbacher (Otavio), Heinrich Troxbömker (Prudencio)

DIE PETERSBURGER KRÖNUNG
von Friedrich Wilhelm Hymmen
P: 23.12.1942 (4), R: Paul Otto, B: Rudolf Schulz, M: Erwin Mausz, D: Christian Kayssler (Muennich), Eva Lissa (Elisabeth), Elfriede Kuzmany (Anna), Elly Burgmer (Mutter Muennnichs), Hans Jungbauer (Dolgoruki), Friedrich Braun (Leontjew), Peter Mosbacher (Schachowski), Heinrich Troxbömker (Trubetzkoi), Karl John (Keith), Oscar Dimroth (Manstein)

ANTONIUS UND CLEOPATRA von William Shakespeare
P: 11.2.1943 (31), R: Heinz Hilpert, B: Caspar Neher, M: Rudolf Wagner-Régeny, D: Paul Hoffmann (Antonius), Günther Hadank (Cäsar), Oscar Dimroth (Lepidus), Gerhard Geisler (Pompejus), Paul Dahlke (Enobarbus), Bruno Hübner (Narr), Anna Dammann (Cleopatra), Rita Liechti (Charmion)

PRINZ FRIEDRICH VON HOMBURG
von Heinrich von Kleist
P: 23.3.1943 (31), R: Heinz Hilpert, B: Caspar Neher, D: Ewald Balser (Kurfürst), Hanna Ralph (Kurfürstin), Elfriede Kuzmany (Natalie), Paul Otto (Dörfling), Karl John (Prinz von Homburg), Bruno Hübner (Kottwitz), Max Bachmann (Hohenzollern), Paul Esser (Mörner)

GUDRUNS TOD von Gerhard Schumann
P: 8.5.1943 (21), R: Ernst Karchow, B: Caspar Neher, M: Erwin Mausz, D: Anna Dammann (Gudrun, Königin der Hegelinge), Erich Thormann (Wate), Friedrich Maurer (Frute), Margrit Reber (Hildburg), Erny Bauer (Ortrun), Hanna Rucker (Swanhild), Madeleine Collier (Sieglinde), Gerhard Geisler (Herwig), Albin Skoda (Hartmut)

Kammerspiele

SOPHIENLUND
von Helmut Weiß und Fritz von Woedtke
P: 1.9.1942 (114), R: Ernst Karchow, B: Ernst Schütte, D: Harry Liedtke (Stjernborg), Carsta Löck (Sigrid), Helmuth Schneider (Knut), Max Bachmann (Michael), Ditta Oesch (Gabriele), Heinz Bothe-Pelzer (Christiansen), Katharina Brauren (Selma)

MEINE NICHTE SUSANNE
von Hans Adler und Alexander Steinbrecher
P: 22.12.1942 (170), R: Carl Heinz Schroth, B: Otto Niedermoser, D: Lizzi Waldmüller (Susanne), Siegfried Breuer (Carcocastilla), Carl Heinz Schroth (Potasse), Erich Ponto (Jean), Werner Schott (Gratin), Melanie Horeschovsky (Frau Gratin), Hanna Rucker (Bathilde), Rudolph Hammacher (Dubouton), Ursula Herking (Blanche)

SPIELZEIT 1943/44

Deutsches Theater

SPUREN IM SCHNEE von Josef Nowak
P: 28.7.1943, R: Rudolf Steinboeck, B: Willi Bahner, D: Robert Taube (Karl der Große), Erika Burgin (Fastrada), Ursula Burg (Bertha), Erika Ziha (Guntrada), Käte Pontow (Edeltraud), Heinrich Troxbömker (Alchwin), Josef Zechell (Angilbert), Albin Skoda (Einhard), Erich Thormann (Erkambald), Karl Morvilius (Kallistos)

NORA von Henrik Ibsen
P: 10.9.1943, R: Heinz Hilpert, B: Ernst Schütte, D: Hans Brausewetter (Helmer), Hilde Krahl (Nora), Albin Skoda (Rank), Ursula Burg (Frau Linde), Walter Richter (Krogstad)

LEBENSMUT ZU HOHEN PREISEN
von Axel von Ambesser
UA, P: 20.9.1943, R: Wilfried Seyferth, B: Caspar Neher, M: Erwin Mausz, D: Axel von Ambesser (Oslup-Hangör), Gisela von Collande (Astrid), Helmuth Schneider (Gösta), Robert Forsch (Skalden), Walter Richter (Waaleborg), Hans Brausewetter (Hollers), Ursula Burg (Miß Bavely)

PENTHESILEA von Heinrich von Kleist
P: 18.11.1943, R: Günther Hadank, B: Caspar Neher, D: Anna Dammann (Penthesilea), Eva Lissa (Prothoe), Ilse Steppart (Meroe), Ingeborg Herthel (Asteria), Erna Sellmer (Oberpriesterin), Albin Skoda (Achill), Erich Thormann (Odysseus), Gerhard Geisler (Diomedes), Josef Zeilbeck (Antilochus)

ICH BRAUCHE DICH von Hans Schweikart
P: 7.1.1944, R: Hans Schweikart, B: ?, D: Maria Nicklisch (Julia Bach), Oscar Dimroth (Dr. Hoffmann), Hans Brausewetter (Professor Allmann), Wlifried Seyferth (Direktor Scholtz), Melanie Horeschovsky (Emilie)

DIE LETZTE FESTUNG von Werner Deubel
P: 28.1.1944, R: Heinz Hilpert, B: Ernst Schütte, D: Hans Jungbauer (Gneisenau), Peter Mosbacher (Schill), Robert Taube (Nettelbeck), Bruno Hübner (Dr. Hein), Ernst Karchow (von Lottum), Ursula Burg (Klothilde von Loucadou), Albin Skoda (Schillscher Reiter)

HELENA von Herbert Rossmann
P: 23.3.1944 ?, R: Rudolf Hammacher, B: Ernst Schütte, M: Erwin Mausz, D: Gerhard Geisler (Menelaos), Kitty-Dore Lüdenbach (Helena), Robert Taube (Priamos), Hanna Ralph (Hekabe), Albin Skoda (Hektor), Peter Mosbacher (Paris), Ursula Burg (Andromache), Ilse Steppart (Kassandra), Hans Jungbauer (Odysseus), Josef Zechell (Orestes)

DAS WINTERMÄRCHEN von William Shakespeare
P: 27.4.1944, R: Heinz Hilpert, M: Erwin Mausz, B: Caspar Neher, D: Ewald Balser (Leontes), Käthe Dorsch (Hermione), Oscar Dimroth (Camillo), Heinrich Troxbömker (Antigonus), Werner Schott (Philarius), Hans Schultze (Durastus), Harry Schöpp (Cleomenes), Dietrich Jenke (Dion), Elly Burgmer (Paulina), Robert Forsch (Oberrichter), Gerhard Geisler (Polyxenes), Albin Skoda (Florizel), Josef Zechell (Autolycus)

DER KLEINE HERR NIEMAND
von Just Scheu und Ernst Nebhut
P: ?, R: Ernst Karchow, B: Ernst Schütte, D: Carl Heinz Schroth (Kilian), Hertha Mayen (Lucie), Melanie Horeschovsky (Schramm), Alice Treff (Georgia), Hilde Jansen (Rose), Hildegard Knef (Lena)

DER NEFFE ALS ONKEL von Friedrich Schiller
P: 23.6.1944, R: Walter Thomas, B: Ernst Schütte, D: Oscar Dimroth (von Dorsigny), Hildegard Clausnitzer (Fr. von Dorsigny), Tatjana Iwanow (Sophie), Albin Skoda (Franz), Ursula Burg (Frau von Mirville), Peter Mosbacher (Lormeuil), Helmuth Schneider (Valcour), Heinrich Troxbömker (Champagne)
DREIUNDDREISSIG MINUTEN IN GRÜNEBERG
von Karl von Holtei
P: dies., R: Walter Thomas, B: Ernst Schütte, D: Heinrich Troxbömker (Klagesanft), Erna Sellmer (Rosaura)

Kammerspiele

SCHWARZE MAGIE von Paul Helwig
P: 24.7.1943, R: Ernst Karchow, B: Ernst Schütte, D: Hans Brausewetter (Lutz), Hanna Rucker/Gundel Thormann (Lola), Oscar Dimroth (Kurt), Ursula Uhde-Traun (Karin), Carl Heinz Schroth (Severin)

DER DIENER ZWEIER HERREN von Carlo Goldoni
P: ?, R: Bruno Hübner, B: Ernst Schütte, M: Erwin Mausz, D: Heinrich Troxbömker (Pandolfo), Irene Weiß (Rosaura), Bruno Hübner (Dottore Lombardi), Peter Mosbacher (Silvio), Hildegard Clausnitzer (Beatrice), Albin Skoda (Florindo), Wilfried Seyferth (Truffaldino), Edith Schneider (Blandina), Erich Thormann (Tebaldo)

Ensemble des Deutschen Theaters unter Leitung von Bruno Hübner 1945

DER PARASIT von Friedrich Schiller
Ensemble des Staatstheater, 26.6.1945, R: Wolfgang Kühne, B: ?, D: Walter Franck (Narbonne), Elsa Wagner (Mme. Belmont), Antje Weisgerber (Charlotte), Aribert Wäscher (Selicour), Paul Bildt (La Roche), Kurt Eggers-Kestner (Firmin), Max Eckard (Karl Firmin), Wilhelm Krüger (Michel), Horst Lommer (Robineau)

UNSERE KLEINE STADT von Thornton Wilder
P: 3.8.1945 (2), R: Bruno Hübner, B: Ernst Schütte, D: Bruno Hübner (Spielleiter), Robert Taube (Gibbs), Elly Burgmer (Mrs. Gibbs), Max Eckard (George), Ursula Heiden (Betty), Heinrich Troxbömker (Webb), Erna Sellmer (Mrs. Webb), Ruth Schilling (Emily), Ullrich Götsch (Wallace), Eberhard Johow (Crowell jr.), Günter Richerer (Sis Crowell), Kurt Mikulski (Newsome), Kurt Fischer (Stimson), Robert Forsch (Willard), Agnes Windeck (Mrs. Soames), Arthur Malkowsky (Polizist)

Die Intendanz Gustav von Wangenheim 1945/46

Deutsches Theater

NATHAN DER WEISE von Gotthold Ephraim Lessing
P: 7.9.1945 (245), R: Fritz Wisten, A: Willi Schmidt, D: Kai Möller (Sultan Saladin), Ingeborg Senkpiel (Sittah), Paul Wegener (Nathan), Agathe Poschmann (Recha), Gerda Müller (Daja), Max Eckard (Junger Tempelherr), Alfred Balthoff (Derwisch), Aribert Wäscher (Patriarch), Eduard von Winterstein (Klosterbruder)

DER GERICHTSTAG von Julius Hay
UA, P: 18.9.1945 (39), R: Gustav von Wangenheim, A: Willi Schmidt, D: Walter Richter (Bolzmann), Heinrich Greif (Walter), Ruth Schilling (Emmy), Max Eckard (Melchior), Paul Bildt (Hessler), Aribert Wäscher (Avenarius)

DIE SCHULE DER FRAUEN von Jean Baptiste Molière
P: 13.10.1945 (74), R: Paul Bildt, A: Ernst Schütte, D: Aribert Wäscher (Arnolph), Ernst Sattler (Henrich), Paula Denk (Agnes), Wolf Trutz (Chrisaldes), Max Eckard (Horaz), Wilhelm Krüger (Orontes), Wolfgang Kühne (Claus), Elsa Wagner (Catherine), Heinrich Troxbömker (Notarius)

HAMLET von William Shakespeare
P: 11.12.1945 (51), R: Gustav von Wangenheim, A: Ernst Schütte, D: Walter Richter (Claudius), Horst Caspar (Hamlet), Paul Wegener (Polonius), Max Eckard (Laertes), Harry Hindemith (Horatio), Thor Nilsson (Rosenkranz), Fritz Tellering (Güldenstern), Wilhelm Krüger (Voltimand), Robert Forsch (Cornelius), Gustav Bertram (Osrick), Gerhard Bienert (Marcellus), Karl Hannemann (Bernardo), Erich Dunskus (Francisco), Heinrich Greif (Fortinbras), Paul Bildt (Der Geist), Wolfgang Kühne (Reinhold), Ernst Sattler (Erster Schauspieler), Max Gülstorff (Totengräber), Gerda Müller (Gertrud), Agathe Poschmann (Ophelia)

ONKEL WANJA von Anton Tschechow
P: 30.12.1945 (19), R: Ernst Legal, A: Ernst Schütte, D: Paul Bildt (Serebrjakow), Paula Denk (Helena Andrejewna), Ruth Schilling (Sonja), Lina Lossen (Wojnizkaja), Walter Richter (Wojnizki), Heinrich Greif (Astrow), Max Gülstorff (Teljegin), Gerda Müller (Marina), Carl Jönsson (Arbeiter), Robert Forsch (Knecht)

KOLLEGE CRAMPTON von Gerhart Hauptmann
P: 19.1.1946 (25), R: Rudolf Hammacher, A: Ernst Schütte, D: Paul Wegener (Crampton), Liselotte Reimann (Gertrud Crampton), Elly Burgmer (Agnes), Werner Pledath (Adolf Strähler), Kurt Weitkamp (Max Strähler), Artur Malkowsky (Prof. Kircheisen), Eduard Wenck (Architekt Milius), Karl Hellmer (Janetzki), Alfred Cogho (Popper), Erich Dunskus (Feist), Karl Hannemann (Kassner), Wilhelm Krüger (Kunze), Max Gülstorff (Seifert), Elisabeth Rohwer (Selma), Gerhard Haselbach (Weißbach), Fritz Tellering (Stenzel), Eduard von Winterstein (Löffler)

BEAUMARCHAIS von Friedrich Wolf
UA, P: 9.3.1946 (17), R: Paul Bildt, A: Willi Schmidt, D: Aribert Wäscher (Louis XVI.), Heinrich Greif (Vaudreuil), Max Gülstorff (Richelieu), Robert Taube (Vergennes), Gustav Bertram (Le Noir), Horst Caspar (Beaumarchais), Wolfgang Kühne (Bergasse), Max Eckard (Lee), Ernst Sattler (Gudin), Friedrich Maurer (Collé), Arthur Malkowsky (Dagincourt), Karl Hellmer (Ferrière), Gerhard Bienert (Tonneau), Eduard Wenck (Pinguin), Peer Schmidt (Petitjean), Herwart Grosse (Pomaret), Hidde Ebert (Marie Antoinette), Agathe Poschmann (de Polignac), Elly Burgmer (Madame Contat), Elsa Wagner (Mademoiselle Henry), Inge von Wangenheim (Michèle), Lotte Loebinger (Thérèse)

WIR HEISSEN EUCH HOFFEN von Fred Denger
UA, DT-Studio, P: 3.4.1946 (23), R: Gustav von Wangenheim, A: Siegfried Zarske, D: Max Eckard (Veit), Alfred Cogho (Walter), Fritz Tellering (Ralph), Hans Drahn (Ferdinand), Ulrich Goetsch (Oswald), Peer Schmidt (Maxe), Horst Drinda (Peter), Klaus Herm (Keks), Antje Weisgerber (Claire), Inge von Wangenheim (Kläre), Agathe Poschmann (Ria), Christa Lehmann (Daisy), Christa Strobel (Evelyne), Traute Bendach (Mausi), Harry Hindemith (Schall), Angelika Hurwicz (Wirtin), Theodor Popp (Kriminalkommissar)

DER SNOB von Carl Sternheim
P: 3.5.1946 (111), R: Fritz Wisten, A: Ernst Schütte, D: Paul Bildt (Theobald Maske), Elsa Wagner (Luise Maske), Gustaf Gründgens (Christian Maske), Heinrich Greif (Graf von Palen), Antje Weisgerber (Marianne von Palen), Elly Burgmer (Sybil Hull)

STÜRMISCHER LEBENSABEND von Leonid Rachmanow
DEA, P: 29.5.1946 (10), R: Gustav von Wangenheim, A: Ernst Schütte, D: Paul Wegener (Poleshajew), Gerda Müller (seine Frau), Gustaf Gründgens (Worobjow), Max Eckard (Botscharow), Walter Richter (Kuprjanow), Carl Jönsson (Hausdiener), Angelika Hurwicz (Gouvernante), Peer Schmidt, Alfred Cogho, Christine Gerlach, Christa Strobel (Studenten)

Die Intendanz Wolfgang Langhoff 1946–1963

Spielzeit 1946/47

Deutsches Theater

KABALE UND LIEBE von Friedrich Schiller
P: 7.8.1946 (131), R: Gustav von Wangenheim, A: Ernst Schütte, D: Aribert Wäscher (Walter), Max Eckard (Ferdinand), Ernst Legal (Kalb), Paula Denk (Lady Milford), Herwart Grosse (Wurm), Eduard von Winterstein (Miller), Elsa Wagner (Frau Miller), Traute Bendach (Luise), Agathe Poschmann (Sophie), Paul Bildt (Kammerdiener)

DER TARTÜFF von Jean Baptiste Molière
P: 7.9.1946 (108), R: Willi Schmidt, A: Willi Schmidt, D: Elsa Wagner (Pernelle), Paul Bildt (Orgon), Paula Denk (Elmire), Alfred Cogho (Damis), Antje Weisgerber (Mariane), Horst Caspar (Valère), Arthur Schröder (Cléante), Aribert Wäscher (Tartüff), Doris Krüger (Dorine), Eduard Wenck (Loyal), Wolfgang Kühne (Offizier), Christine Gerlach (Flipote), Peer Schmidt (Maurice)

PETER KIEWE von Heinrich Goertz
UA, DT-Studio, P: 22.9.1946 (4), R: Heinrich Goertz, A: Heinrich Goertz, D: Horst Drinda (Peter Kiewe), Agathe Poschmann (Aurelie), Herwart Grosse (Th. Wohltat/Dr. Ast), Christine Gerlach (Lola), Friedrich Maurer (Ostertag), Angelika Hurwicz (seine Mutter), Harry Hindemith (Mann ohne Namen), Gerhard Bienert (Blasius), Eduard Wenck (Julius Tinell)

EINE FAMILIE
von Lenore Coffee und William Joyce Cowen
DEA, P: 9.11.1946 (14), R: Paul Bildt, A: Teo Otto, D: Käthe Dorsch (Maria), Heinz Georg Sedat (Daniel), Max Eckard (Joseph), Harry Schöpp (Schafhirt), Agathe Poschmann (Naomi), Ruth Schilling (Reba), Alfred Cogho (Simon), Herwart Grosse (Jakob), Ernst Sattler (Mardochai), Agnes Windeck (Selima), Kurt Weitkamp (Eben), Peer Schmidt (Amos), Harry Hindemith (Matthias), Friedrich Maurer (ein Jünger), Elsa Wagner (Hebzibah), Wolfgang Kühne (Hadrian), Angelika Hurwicz (Anna), Wolf Trutz (Rbbi Samuel), Karl Hellmer (Mendel)

KÖNIG OEDIPUS von Sophokles
P: 22.12.1946 (43), R: Karl Heinz Stroux, A: Herta Böhm, D: Gustaf Gründgens (Oedipus), Gerda Müller (Iokaste), Wolfgang Langhoff (Kreon), Paul Bildt (Teiresias), Robert Taube (Priester), Walter Werner (Bote), Wolf Trutz (Hirte), Siegmar Schneider (Diener), Ernst Sattler (Chorführer)

PASTOR HALL von Ernst Toller
UA, P: 24.1.1947 (33), R: Thomas Engel, A: Heinrich Goertz, D: Ernst Sattler (Hall), Käte Haack (Ida Hall), Liselotte Reimann (Christine Hall), Eduard von Winterstein (von Grotjahn), Alfred Cogho (Werner von Grotjahn), Gerhard Haselbach (Gerte), Max Gülstorff (Pipermann), Angelika Hurwicz (Jule), Erich Dunskus (Freundlich), Friedrich Maurer (Kohn), Gerhard Bienert (Hofer), Peer Schmidt (Karsch), Carl Jönsson (Stelter), Horst Drinda (Müller), Robert Forsch (Herder)

EIN JEDER VON UNS von Hansjörg Schmitthenner
UA, DT-Studio, P: 27.3.1947 (21), R: Wolfgang Langhoff, A: Heinrich Kilger, D: Wolfgang Langhoff (Dr. Robschek), Horst Drinda (Friedrich), Arthur Malkowsky (Major Bemke), Arno Paulsen (Reschopp), Erich Dunskus (Hauptfeldwebel), Harry Hindemith (Gefreiter Peschel), Peer Schmidt (Max), Klaus Herm (Junger Schütze), Robert Trösch (Ringler), Bruno Karl (Amerikanischer Offizier)

DIE RUSSISCHE FRAGE von Konstantin Simonow
DEA, P: 3.5.1947 (15), R: Falk Harnack, A: Ernst Schütte, D: Hans Leibelt (MacPherson), Wolfgang Lukschy (Huld), Hannsgeorg Laubenthal (Smith), Karl Hannemann (Preston), Eduard Wenck (Hardy), Karl Hellmer (Murray), Arthur Schröder (Kessler), Wolf Trutz (O'Kinley), Stella Textor (Jessy), Erika Pesch (Mag)

DER MARQUIS VON KEITH von Frank Wedekind
P: 10.6.1947 (13), R: Gustaf Gründgens, A: Ernst Schütte, D: Ernst Stahl-Nachbaur (Konsul Casimir), Karl Fiebach (Hermann Casimir), Gustaf Gründgens (Marquis von Keith), Werner Hinz (Scholz), Gudrun Genest (Molly Griesinger), Lola Müthel (Anna), Kurt Fischer-Fehling (Saranieff), Theodor Popp (Zamrjaki), Ludwig Linkmann (Sommersberg), Kurt Weitkamp (Raspe), Ernst Sattler (Ostermeier), Carl Jönsson (Krenzl), Erich Dunskus (Grandauer), Hanna Kleinschmidt (Frau Ostermeier), Paula Ronay (Frau Krenzl), Renée Hepp (Rosenkron), Christa Strobel (Freifrau von Totleben)

Kammerspiele

KAPITÄN BRASSBOUNDS BEKEHRUNG
von George Bernard Shaw
P: 4.10.1946 (67), R: Gustaf Gründgens, A: Ernst Schütte, D: Hans Leibelt (Hallam), Käthe Dorsch (Lady Cicely), Wolfgang Lukschy (Brassbound), Wolf Trutz (Rankin), Carl Heinz Schroth (Drinkwater), Walter Werner (Johnson), Kurt Weitkamp (Redbrook), Karl Hannemann (Marzo), Arthur Malkowsky (Scheich), Wilhelm Krüger (Osman), Max Gülstorff (Kadi), Gerhard Bienert (Kearney), Erich Dunskus (Blaujacke), Richard Thümmler (Hassan)

DER REISENDE OHNE GEPÄCK von Jean Anouilh
P: 4.11.1946 (44), R: Hans Robert Bortfeldt, A: Ernst Schütte, D: Carl Heinz Schroth (Gaston), Arthur Schröder (Renaud), Wilhelm Krüger (Huspar), Arthur Malkowsky (Maitre d'Hotel), Karl Hannemann (Kammerdiener), Erich Dunskus (Chauffeur), Robert Forsch (Pickwick), Käte Haack (Valentine Renaud), Alice Treff (Herzogin von Dupont-Dufort), Lina Lossen (Frau Renaud), Ruth Hausmeister (Juliette), Hanna Kleinschmidt (Köchin)

GEFÄHRLICHE KURVEN von John B. Priestley
DEA, P: 17.12.1946 (52), R: Carl Heinz Schroth, A: Ernst Schütte, D: Arthur Schröder (Robert Caplan), Helga Zülch (Freda Caplan), Kurt Weitkamp (Whithouse), Anne Höling (Betty Whithouse), Antje Weisgerber (Peel), Wolfgang Lukschy (Stanton), Elly Burgmer (Miß Mockridge)

IPHIGENIE AUF TAURIS
von Johann Wolfgang von Goethe
P: 7.2.1947 (52), R: Willi Schmidt, A: Willi Schmidt, D: Lola Müthel (Iphigenie), Walter Richter (Thoas), Horst Caspar (Orest), Siegmar Schneider (Pylades), Herwart Grosse (Arkas)

DER SCHATTEN von Jewgeni Schwarz
DEA, P: 3.4.1947 (81), R: Gustaf Gründgens, A: Paul Strecker, D: Siegmar Schneider (Gelehrter), Heinz Drache (sein Schatten), Walter Werner (Pietro), Helga Zülch (Annunziata), Paula Denk (Julia), Gisela Trowe (Prinzessin), Eduard Wenck (Premierminister), Wolfgang Kühne (Finanzminister), Wolfgang Lukschy (Borgia), Wilhelm Krüger (Geheimer Rat), Friedrich Maurer (Arzt), Kurt Weitkamp (Scharfrichter), Karl Hannemann (Korporal)

DIE HOSE von Carl Sternheim
P: 17.6.1947 (70), R: Willi Schmidt, A: Willi Schmidt, D: Aribert Wäscher (Maske), Antje Weisgerber (Luise Maske), Alice Treff (Deuter), Hannsgeorg Laubenthal (Scarron), Friedrich Maurer (Mandelstam), Karl Heinemann (Fremder)

CLAUDIA von Rose Franken
DEA, P: 5.7.1947 (34), R: Arthur Maria Rabenalt, A: Ernst Schütte, D: Gerda Müller (Mrs. Brown), Wolfgang Lukschy (Naughton), Gundel Thormann (Claudia Naughton), Käte Alwing (Bertha), Karl Hannemann (Fritz), Gerhard Bienert (Seymoure), Elly Burgmer (Mme. Baranka), Alice Treff (Julia Naughton)

SPIELZEIT 1947/48

Deutsches Theater

DER HAUPTMANN VON KÖPENICK
von Carl Zuckmayer
P: 2.9.1947 (124), R: Ernst Legal, A: Werner Zipser/Christel Räder, D: Hannsgeorg Laubenthal (von Schletتow), Eduard Wenck (Wabschke), Franz Weber (Wormser), Paul Bildt (Wilhelm Voigt), Erich Dunskus (Oberwachtmeister), Kurt Weitkamp (Kalle), Erhard Haselbach (Jellinek), Harry Berber (Knell), Herbert Richter (Deltzeit), Wolfgang Kühne (Zeck), Peter Marx (Jupp), Horst Drinda (Gebweiler), Erhart Stettner (Höllhuber), Herwart Grosse (Buttje), Werner Hinz (Obermüller), Wolf Trutz (Zuchthausdirektor), Gerhard Bienert (Hoprecht), Margarete Schön (Frau Hoprecht), Ehmi Bessel (Frau Obermüller), Traute Bendach (Krankes Mädchen), Harry Hindemith (Kommissar), Walter Werner (Inspektor), Ernst Sattler (Kriminaldirektor)

BABEL von Günther Weisenborn
UA, P: 17.10.1947 (11), R: Franz Reichert, A: Heinrich Kilger, D: Walter Franck (Gamboa), Alfred Cogho (Narcisso Gamboa), Karl Supper (Ruiz), Werner Hinz (Lamont), Arthur Schröder (Ungarte), Gustav Mahnke (Zappata), Inge Harbort (Kat), Hertha Maria Weilguny (Tiny), Kurt Weitkamp (Tappatia), Wolfgang Kühne (Duende), Herwart Grosse (Selwa), Helmut Helsich (Papaito), Werner Völger (Pasqual), Walter Werner (Lambert), Gabriele Heßmann (Larice), Renate Barken (Joana)

ROMEO UND JULIA von William Shakespeare
P: 13.12.1947 (71), R/A: Willi Schmidt, D: Horst Drinda (Paris), Ernst Sattler (Montague), Aribert Wäscher (Capulet), Horst Caspar (Romeo), Werner Hinz (Mercutio), Karl Supper (Benvolio), Herwart Grosse (Tybalt), Paul Bildt (Bruder Lorenzo), Johanna Bassermann (Gräfin Montague), Gerda Müller (Gräfin Capulet), Antje Weisgerber (Julia), Elsa Wagner (Amme)

FURCHT UND ELEND DES DRITTEN REICHES
von Bertolt Brecht
DEA, P: 30.1.1948 (26), R: Wolfgang Langhoff, A: Werner Zipser, D: (Das Kreidekreuz:) Marianne Dohm-Franke (Dienstmädchen), Gerhard Bienert (SA-Mann), Steffi Spira (Köchin), Erich Dunskus (Chauffeur), Werner Hinz (Arbeiter); (Rechtsfindung:) Wolf Trutz (Amtsrichter), Kurt Weitkamp (Kriminalinspektor), Carl Jönsson (Gerichtsdiener), Arthur Schröder (Staatsanwalt), Steffi Spira (Dienstmädchen), Walter Werner (Landgerichtsrat); (Die Stunde des Arbeiters:) Kurt Weitkamp (Ansager), Carl Jönsson (Alter Arbeiter), Ruth Fischer (Arbeiterin), Gerhard Bienert (Herr vom Büro), Erich Dunskus (Arbeiter Mahn); (Der Spitzel:) Werner Hinz (Mann), Angelika Hurwicz (Frau), Steffi Spira (Mädchen), Hans-Heinz Bermbach (Knabe); (Die jüdische Frau:) Ehmi Bessel (Frau), Werner Hinz (Mann); (Die Bergpredigt:) Walter Werner (Sterbender), Reinhard Kolldehoff (Sohn), Wilhelm Krüger (Pfarrer), Käthe Reich (Frau); (Volksbefragung:) Ehmi Bessel (Frau), Erich Dunskus (Alter Arbeiter), Ingo Osterloh (Junger Arbeiter)

WÖLFE UND SCHAFE von Alexander N. Ostrowski
P: 13.4.1948 (92), R: Ernst Legal, B: Ernst Schütte, K: Christel Räder, D: Elsa Wagner (Mursawjetzkaja), Siegmar Schneider (Mursawjetzki), Gisela Trowe (Alexejewna), Antje Ruge (Kupawina), Lina Lossen (Tichonowna), Aribert Wäscher (Lynajew), Arthur Schröder (Berkutow), Herwart Grosse (Tschugunow), Werner Peters (Goretzkij), Robert Taube (Pawlin), Gustav Mahncke (Kornil)

VOLPONE von Ben Johnson
P: 4.6.1948 (44), R/A: Willi Schmidt, D: Aribert Wäscher (Volpone), Ralph Lothar (Mosca), Wolf Trutz (Voltore), Franz Weber (Corbaccio), Ernst Sattler (Corvino), Ernst Wilhelm Borchert (Leone), Antje Ruge (Colomba), Lola Müthel (Canina), Eduard Wenck (Richter), Arthur Malkowsky (Oberster der Sbirren)

Kammerspiele

AGAMEMNONS TOD/ELEKTRA
von Gerhart Hauptmann
UA, P: 10.9.1947 (14), R: Heinz-Wolfgang Litten, A: Ernst Schütte, D: (Agamemnons Tod:) Walter Suessenguth (Agamemnon), Gerda Müller (Klytämnestra), Fritz Rasp (Aegisth), Horst Drinda (Orest), Ingo Osterloh

(Pylades), Käthe Braun (Elektra), Robert Taube (Kritolaos), Else Reuß (Kassandra), Eduard von Winterstein (Thestor), Friedrich Maurer/Rudolf Hammacher (Rat von Argos)
(Elektra:) Gerda Müller (Klytämnestra), Horst Drinda (Orest), Käthe Braun (Elektra), Fritz Rasp (Aegisth), Ingo Osterloh (Pylades)

LEONCE UND LENA von Georg Büchner
Studio, P: 12.10.1947 (4), R: Robert Wolfgang Schnell, A: Cuno Fischer, D: Franz Weber (König Peter), Horst Drinda (Leonce), Hertha Maria Weilguny (Lena), Werner Völger (Valerio), Angelika Hurwicz (Gouvernante), Wilhelm Krüger (Hofmeister), Arthur Malkowsky (Staatsrat), Robert Forsch (Hofprediger), Eduard Wenck (Schulmeister), Renate Barken (Rosetta)

WOYZECK von Georg Büchner
P: 14.11.1947 (41), R: Wolfgang Langhoff, A: Paul Strecker, D: Franz Kutschera (Hauptmann), Ernst Wilhelm Borchert (Woyzeck), Harry Hindemith (Andres), Tilly Lauenstein (Marie), Anna Maria Huber (Margret), Eduard Wenck (Marktschreier), Wolfgang Lukschy (Tambourmajor), Fritz Rasp (Doktor), Käthe Reich (Großmutter)

STELLA von Johann Wolfgang Goethe
P: 23.12.1947 (50), R: Ludwig Berger, A: Ernst Schütte, D: Else Reuß (Stella), Käthe Dorsch (Cecilie), Wolfgang Lukschy (Fernando), Renate Barken (Lucie), Wolf Trutz (Verwalter), Doris Krüger (Postmeisterin), Marianne Prenzel (Annchen), Ingo Osterloh (Karl)

DAME KOBOLD von Pedro Calderón de la Barca
P: 7.4.1948 (167), R: Arthur Maria Rabenalt, B: Hans Thiemann, K: Charlotte Flemming, D: Karl Supper (Don Juan), Wolfgang Kühne (Don Luis), Käthe Braun (Dona Angela), Renate Barken (Dona Claudia), Hannsgeorg Laubenthal (Don Manuel), Karl Hellmer (Cosme), Doris Krüger (Isabel), Ingo Osterloh (Rodrigo)

DIE KASSETTE von Carl Sternheim
P: 15.5.1948 (49), R: Falk Harnack, A: Heinrich Kilger, D: Werner Hinz (Krull), Charlotte Renner (Fanny Krull), Hannelore Koblentz (Lydia Krull), Lucie Höflich (Elsbeth Treu), Kurt Weitkamp (Seidenschnur), Marianne Dohm-Franke (Emma), Harry Berber (Dettmichel)

TREIBGUT von Thomas Engel
UA, KS-Studio, P: 11.6.1948 (10), R: Thomas Engel, A: Otto Stich, D: Gisela Trowe (Kat), Maria Litte (Elfie), Ruth Fischer (Gundel), Angelika Hurwicz (Frau Berger), Paul-Albert Krumm (Frank), Klaus Becker (Peter)

WACH AUF UND SINGE von Clifford Odets
DEA, P: 23.7.1948 (32), R: Franz Reichert, A: Heinrich Kilger, D: Hellmut Helsig (Myron), Erna Sellmer (Bessie Berger), Walter Werner (Jacob), Gisela Trowe (Hennie Berger), Augustin Kovacs (Ralph Berger), Ernst Wilhelm Borchert (Axelrod), Franz Kutschera (Mordecai), Friedrich Maurer (Feinschreiber), Gustav Mahncke (Schlosser)

SPIELZEIT 1948/49

Deutsches Theater

HABEN von Julius Hay
P: 23.10.1948 (41), R: Falk Harnack, A: Heinz Pfeiffenberger, D: Käthe Braun (Arva Mari), Harry Hindemith (Balló Dani), Gerhard Bienert (Molnár Máté), Paul Bildt (Hochwürden), Lily Schoenborn-Anspach (Witwe Arva), Gerda Müller (Frau Képes)

MUTTER COURAGE UND IHRE KINDER
von Bertolt Brecht
DEA, P: 11.1.1949, R: Erich Engel/Bertolt Brecht, A: Teo Otto, Heinrich Kilger, M: Paul Dessau, D: Helene Weigel (Mutter Courage), Angelika Hurwicz (Kattrin), Ernst Kahler (Eilif), Joachim Teege (Schweizerkas), Paul Bildt (Koch), Paul Esser (Feldhauptmann), Werner Hinz (Feldprediger), Arthur Malkowsky (Zeugmeister), Renate Keith (Yvette), Franz Weber (Obrist), Ingo Osterloh (Schreiber), Gerhard Bienert, Werner Segtrop (Feldwebel), Gustav Mahncke, Herbert Richter, Gert Schäfer, Hubert Suschka (Soldaten), Herwart Grosse (Fähnrich) Gerda Müller (Bäuerin), Erich Dunskus (Alter Bauer)

EMILIA GALOTTI von Gotthold Ephraim Lessing
P: 9.4.1949 (33), R: Falk Harnack, A: Heinrich Kilger, D: Käthe Braun (Emilia Galotti), Ernst Sattler (Odoardo), Gerda Müller (Claudia), Hannsgeorg Laubenthal (Hettore Gonzaga), Werner Hinz (Marinelli), Robert Taube (Camillo Rota), Axel Monjé (Conti), Siegmar Schneider (Graf Appiani), Ehmi Bessel (Gräfin Orsina), Herwart Grosse (Angelo), Werner Peters (Pirro), Herbert Richter (Battista)

DER GEIZIGE von Jean Baptiste Molière
P: 28.5.1949 (130), R/A: Willi Schmidt, D: Aribert Wäscher (Harpagon), Siegmar Schneider (Cléantes), Margret Homeyer (Elise), Hannsgeorg Laubenthal (Valère), Ina Halley (Mariane), Arthur Schröder (Anselme), Elsa Wagner (Frosine), Herbert Richter (Meister Simon), Eduard Wenck (Meister Jacob), Werner Peters (Pfeil), Lilo Zabke (Frau Claude), Gustav Mahncke (Strohhalm)

Kammerspiele

MASS FÜR MASS von William Shakespeare
P: 15.10.1948 (46), R: Wolfgang Langhoff, A: Karl Gröning, D: Werner Hinz (Vincentio), Ernst Wilhelm Borchert (Angelo), Arthur Schröder (Escalus), Klaus Kinski (Claudio), Kurt Weitkamp (Lucio), Walter Werner (Kerkermeister), Wilhelm Krüger (Thomas), Werner Peters (Ellbogen), Ingo Osterloh (Schaum), Gert Schaefer (Pompejus), Wolfgang Kühne (Grauslich), Arthur Malkowsky (Bernardino), Hildegard Clausnizer (Isabella), Antje Ruge (Mariane), Renate Barken (Julia), Ellinor Vogel (Franciska), Amy Frank (Frau Überley)

DER FEIGLING
von Stefan Brodwin (d. i. Slatan Dudow)
UA, P: 30.11.1948 (57), R: Ernst Legal, A: Heinrich Kilger, D: Friedrich Joloff (Krauthahn), Kurt Weitkamp (Campe), Wilhelm Krüger (Thost), Werner Peters (Becket), Franz Kutschera (Felix), Erich Gühne (Harmes), Paula Ronay (Sekretärin), Richard Eivenack (Direktor), Charlotte Renner (Emmi), Gustav Mahncke (Gepäckträger), Wolf Trutz (Rechtsanwalt), Arthur Malkowsky (Onkel Tim), Franz Weber (Krauthahn), Hellmut Helsig (Matthias Krauthahn), Amy Frank (Frau verw. Geheimrat Krauthahn), Gerhard Haselbach (Chirurg), Peter Frank (Internist), Wolfgang Kühne (Psychiater), Angelika Hurwicz (Krankenschwester), Harry Berber (Puferbeck), Friedrich Maurer (Platke), Peter Marx (Wunderlich), Curt Lange, Ottokar Runze (Patienten), Hans Schille (Untersuchungsrichter), Paul Esser (Batzke), Walter Werner (Alter Gauner), Hubert Suschka (Juwelendieb), Erich Dunskus (Wärter), Friedrich Richter (Richter), Olaf Torsten (Staatsanwalt)

DIE MÖWE von Anton Tschechow
P: 18.1.1949 (27), R/A: Willi Schmidt, D: Ehmi Bessel (Arkadina), Siegmar Schneider (Treplew), Wolf Trutz (Sorin), Reva Holsey (Saretschnaja), Ernst Sattler (Schamrajew), Elsa Wagner (Polina), Antje Ruge (Mascha), Friedrich Roloff (Trigorin), Arthur Schröder (Arzt), Erich Gühne (Medwedenko), Herbert Richter (Jakow), Harry Schöpp (Koch), Jutta Kumke (Stubenmädchen)

WAHN IN BOSTON von Lion Feuchtwanger
UA, P: 27.3.1949 (48), R: Wolfgang Kühne, B: Heinrich Kilger, K: Christel Räder, D: Friedrich Maurer (Cotton Mather), Elisabeth Rohwer (Abigail Mather), Günther Meyer (Richard Mather), Ernst Wilhelm Borchert (Colman), Fritz Rasp (Parrish), Ina Halley (Hanna Parrish), Walter Werner (Sewall), Hans Stiebner (Burroughs), Amy Frank (Bridget)

DAS KRUMME GEWERBE von Ewan MacColl
DEA, P: 16.5.1949 (15), R: Robert Wolfgang Schnell, A: Ernst Schütte, D: Paul Esser (McGuire), Walter Werner (Pickington), Charlotte Renner (Kate), Kurt Weitkamp (Lazar), Ernst Kahler (Logan), Hellmut Helsig (Lawrence), Gert Schaefer (Grant), Maria Dohna (Charlotte), Else Reuß (Joan), Hans Stiebner (Swingler), Annemarie Hase (Mrs. Swingler), Franz Kutschera (Crookshank), Elisabeth Rohwer (Mrs. Chatterley)

DER GÄRTNER VON SAMOS von Charles Vildrac
DEA, P: 22.6.1949 (31), R: Wolf Völker, A: Paul Strecker, D: Ernst Legal (Caulophyte), Horst Schönemann (Philoxène), Gert Schaefer (Matrose), Harry Berber (Matrose/Senator der Simoniden), Ingo Osterloh (Sänger/Senator der Epigryphen), Arthur Malkowsky (Bauer/Redner), Henning Schlüter (Flötenspieler), Werner Segtrop (Anführer/Herold), Gertrud Rohloff (Frau), Friedrich Kühne (Mann/Henker), Wolfgang Kühne (Senatspräsident), Herbert Richter (Senator der Epigryphen), Herwart Grosse (Senator der Simoniden), Paula Ronay (Senatorin), Else Reuß (Aglae)

SPIELZEIT 1949/50

Deutsches Theater

FAUST. DER TRAGÖDIE ERSTER TEIL
von Johann Wolfgang von Goethe
P: 28.8.1949 (144), R: Wolfgang Langhoff, A: Heinrich Kilger, M: Paul Dessau, D: Ernst Sattler (Der Herr), Hildegard Clausnizer (Raphael), Ottokar Runze (Michael/Student), Hubert Suschka (Gabriel), Werner Hinz/Wolfgang Langhoff (Mephistopheles), Ernst Wilhelm Borchert/Willy A. Kleinau (Faust), Herwart Grosse (Erdgeist), Friedrich Maurer/Wolfgang Kühne (Wagner), Henning Schlüter (Schüler), Horst Schönemann (Frosch), Gerhard Bienert (Brander), Arthur Malkowsky (Siebel), Heino Winkler (Altmeyer), Else Reuß (Die Hexe), Käthe Braun/Antje Ruge (Margarete), Elsa Wagner (Marthe), Margret Homeyer (Lieschen), Paul Esser (Valentin), Gerda Müller (Böser Geist), Tamara Osske (Irrlicht), Jutta Plettenberg (Schöne)

HERR PUNTILA UND SEIN KNECHT MATTI
von Bertolt Brecht (Berliner Ensemble)
P: 12.11.1949, R: Erich Engel/Bertolt Brecht, A: Caspar Neher, M: Paul Dessau

TAI YANG ERWACHT von Friedrich Wolf
P: 21.12.1949 (38), R: Wolfgang Langhoff, A: Heinrich Kilger, M: André Asriel, D: Sabine Krug (Tai Yang), Hanns Lefèbre (Feng), Ina Halley (Ma), Lotte Loebinger (Die Mutter), Friedrich Kühne (Der Großvater), Lily Schoenborn-Anspach (Tse Tse), Willy A. Kleinau (Tschu Fu), Ernst Wilhelm Borchert (Wan), Else Reuß (Han), Brigitte Keppler (Hai), Irma Münch (Li), Margit Schaumäker (Sy), Erich Gühne (Chu), Herbert Richter (Sen), Ingo Osterloh (Thsin), Herwart Grosse (Tuag), Wolfgang Kühne (Mr. Harriman), Amy Frank (Miss Crabtree), Horst Schönemann (Robby), Gustav Mahncke (Aufseher)

WASSA SCHELESNOWA
von Maxim Gorki (Berliner Ensemble)
P: 23.12.1949, R: Berthold Viertel, A: Teo Otto

CYRANO VON BERGERAC von Edmond Rostand
P: 23.2.1950 (20), R: Ernst Legal, A: Teo Otto, D: Werner Hinz (Cyrano von Bergerac), Horst Schönemann (Christian von Neuvillette), Hannsgeorg Laubenthal (Graf Guiche), Wolfgang Kühne (Vicomte Valvert), Paul Esser (Ragueneau), Brigitte Keppler (Lise), Karl Klüsner (Le Bret), Arthur Malkowsky (Hauptmann Carbon), Kurt Wenkhaus (Lignière), Erich Gühne (Cuigy), Karlheinz Kellermann (Brissaille), Adalbert Koffler (Montfleury),

Curt Lange (Bellerose), Ingo Osterloh (Jodelet), Ursula Burg (Roxane), Charlotte Renner (ihre Duenna), Hubert Suschka (Musketier), Gustav Mahncke (Portier), Friedrich Kühne (Bürger), Gert Schaefer (Taschendieb), Tamara Osske (Erste Schauspielerin)

DER GROSSE VERRAT von Ernst Fischer
DDR-EA, P: 18.7.1950 (36), R: Wolfgang Langhoff, A: Heinrich Kilger, D: Wolfgang Heinz/Willy A. Kleinau (Pablo Malabranca), Raimund Schelcher (Diego), Antje Ruge (Marina), Herwart Grosse (Maduros), Wolf Kaiser (Gonzaga), J. P. Dornseif (Gomez), Hubert Suschka (Hernandez), Hans Schoelermann (Morosow), Rolf Kutschera/Hans Groth (Leslie), Else Reuß/Inge Keller (Annabell Stimpson), Helmuth Hinzelmann (Koslow), Wolf von Beneckendorff (Sherman), Horst Schönemann (Englischer Attaché)

Kammerspiele

DER ERFOLG von J. Min und A. Mitschkowski
DEA, P: 17.9.1949 (39), R: Robert Trösch, A: Wolfgang Böttcher, D: Ernst Sattler (Shiltzoff), Amy Frank (Nesterowna), Hildegard Clausnizer (Ljudmila), Herbert Köfer (Wladimir), Harry Hindemith (Netschajeff), Willy A. Kleinau (Tschikinschin), Doris Krüger (Rajewa), Gustav Mahncke (Kurankoff)

DIE SONNENBRUCKS von Leon Kruczkowski
UA, P: 29.10.1949 (91), R: Martin Hellberg, Wolfgang Langhoff, A: Ulrich Damrau, D: Paul Bildt (Prof. Sonnenbruck), Gerda Müller (Berta), Ursula Burg (Ruth), Werner Peters (Willi), Hildegard Clausnizer (Liesel), Wolfgang Langhoff (Joachim Peters), Hans Stiebner (Hoppe), Erich Gühne (Schultz), Herbert Richter (Jurys), Charlotte Renner (Marika), Hildegard Grethe (Frau Sörensen), Wilhelm Krüger (Tourterelle), Inge Huber (Fanchette), Werner Pledath (Offizier der Wehrmacht), Arthur Schröder (Bennecke), Horst Schönemann (Gefreiter), Heino Winkler (Anton), Hubert Suschka (Kommissar)

GOLDEN BOY von Clifford Odets
DDR-EA, P: 20.1.1950 (87), R: Wolfgang Langhoff, A: Werner Kleinschmidt, D: Gerhard Bienert (Moody), Hortense Raky/Inge Keller (Lorna Moon), Karl Paryla/Raimund Schelcher (Joe Bonaparte), Paul Esser/Hans Wehrl (Tokio), Friedrich Maurer/Rudolf Wessely (Carp), Gerry Wolff/Horst Drinda (Siggie), Franz Weber (Herr Bonaparte), Maria Dohna (Anna), Harry Hindemith/Heinz Voss (Frank Bonaparte), Ralph Lothar (Fuseli), Peter Marx (Mickey), Herbert Köfer (Lewis), Harry Berber (Drake), Heino Winkler (Driscoll), Arthur Malkowsky (Barker)

DIE LÄSTERSCHULE von Richard B. Sheridan
P: 7.3.1950 (30), R: Aribert Wäscher, A: Heinrich Kilger, D: Ehmi Bessel (Frau von Hohn), Gerhard Bienert (von Quälgeist), Ina Halley (Frau von Quälgeist), Arthur Schröder (Oliver von Schein), Ralph Lothar (Josef von Schein), Raimund Schelcher (Carl von Schein), Margit Schaumäker (Maria), Elsa Wagner (Frau Aufricht), Werner Peters (von Hinterrücks), Fritz Rasp (Essig), Harry Berber (Schleich), Wilhelm Krüger (Redlich), Herbert Richter (Silber), Erich Gühne (Tunichtgut), Henning Schlüter (von Rausch)

DER HOFMEISTER von Jacob Michael Reinhold Lenz
BBE (Berliner Ensemble)
UA, P:15.4.1950, R: Bertolt Brecht/Caspar Neher, A: Caspar Neher

FRAU WARRENS GEWERBE von George Bernard Shaw
P: 23.4.1950 (89), R: Wolfgang Langhoff, A: Roman Weyl, D: Gerda Müller/Amy Frank (Frau Warren), Inge Huber (Vivie), Willy A. Kleinau/Horst Koch (Crofts), Wolfgang Kühne/Heinz Hinze (Praed), Paul Esser/Kurt Wenkhaus (Pastor Gardner), Michael Grahn/Hubert Suschka (Frank)

DIE ARCHE NOAH von Horst Lommer
UA, P: 10.7.1950 (37), R: Günther Stark, B: Paul Pilowski, K: Leni Fries, D: Franz Weber (Herr Pollux), Hildegard Clausnizer (Lucie), Ursula Burg (Corinna Corducci), Paul Esser (Zolobares), Hannsgeorg Laubenthal (Herzog von Quissex), Werner Peters (Leutnant Sutor), Wolfgang Kühne (Prof. Degresse), Elsa Wagner (Madame Knoß), Edith Hancke (Susanne Häggestad), Erich Gühne (Dr. Gould), Horst Lommer/Heinz Voss (Pat), Arthur Malkowsky (Squatter)

SPIELZEIT 1950/51

Deutsches Theater

DER REVISOR von Nikolai Gogol
P: 27.11.1950 (63), R: Wolfgang Langhoff, A: Heinrich Kilger, M: Herbert Baumann, D: Willy A. Kleinau (Dmuchanowskij), Antje Ruge/Friedel Nowak (Andrejewna), Margret Homeyer (Antonowna), Friedrich Maurer/Rudolf Wessely (Chlopkow), Paula Ronay (seine Gattin), Arthur Schröder/Helmuth Hinzelmann/Theo Schall (Ljapkin-Tjapkin), Arthur Malkowsky (Semljanika), Werner Peters (Schpekin), Erich Gühne/Paul R. Henker (Dobtschinskij), Martin Rosen/Harry Berber (Bobtschinskij), Curt Bois/Horst Drinda (Chlestakow), Gerhard Bienert (Ossip), Friedrich Kühne (Rastakowskij)

BRIGADE KARHAN von Vašek Kaňa
DDR-EA, P: 20.12.1950 (151), R: Kollektiv unter Lotte Loebinger, A: Gerhard Schade, D: Harry Hindemith (Karhan), Lotte Loebinger (seine Frau), Heinz Voss (Jarka), Hans Weniger (Tulach), Aribert Grimmer (Fikejs), Herbert Richter (Zaruba), Johannes Maus (Bohous), Theo Delmes (Zakora), Ingo Osterloh (Lojza), Margit Schaumäker (Vlasta), Amy Frank (Slavikova), Hildegard Nary (Bozka), Tamara Osske (Mila), Paul Streckfuß (Dvorak), Joachim Below (Abteilungsleiter), Paul Knopf (Mares), Heino Winkler (Klepac)

DIE MUTTER von Bertolt Brecht (Berliner Ensemble)
P: 12.1.1951, R: Bertolt Brecht, B: Caspar Neher, M: Hanns Eisler

DAS GEWITTER von Alexander N. Ostrowski
P: 16.2.1951 (25), R: Wolfgang Heinz, A: Heinz Pfeiffenberger, D: Willy A. Kleinau (Dikoj), Joachim Hildebrandt (Grigorjewitsch), Gerda Müller (Kabanowa), Paul Esser (Kabanow), Erika Pelikowsky (Katerina), Klaramaria Skala (Warwara), Friedrich Maurer (Kuligin), Hubert Suschka (Kudriasch), Erich Gühne (Schapkin), Elsa Wagner (Fekluscha), Margret Homeyer (Glascha), Angelika Hurwicz (Alte Dame), Friedrich Kühne (Alter Mann), Paula Ronay (Frau)

BALLER CONTRA BALLER von Karl Veken
UA, P: 7.5.1951 (11), R: Inge von Wangenheim, A: Paul Lehmann, D: Harry Hindemith (Kurt Baller), Inge Herbrecht (Hedda), Heinz Voss (Franz Lommel), Margret Homeyer (Elli Lommel), Aribert Grimmer (Herr Baller), Lotte Loebinger (Frau Baller), J. P. Dornseif (Herbert Altmann), Johannes Maus (Fritz), Hans Schoelermann (Herr Wertmann), Ulrich Thein (Heinz), Amy Frank (Frau Strecker), Ellinor Vogel (Leni Kiesel), Hildegard Nary (Fräulein Weiss), Marianne Wünscher (Monika), Paula Ronay (Mutter Liese), Steffi Spira (Frau Lorenz)

DER CHIRURG von Alexander Komejtschuk
P: 22.6.1951 (111), R: Wolfgang Langhoff, B/K: Heinrich Kilger, D: Hans-Peter Thielen (Kretschet), Inge Keller (Lida), Wilfried Ortmann (Stjopa), Klaramaria Skala (Walja), Paul R. Henker (Bublik), Herwart Grosse (Pawlowitsch), Hertha Röhmelt (Kretschet), Helmuth Hinzelmann (Berest), Sigrid Roth (Maija), Amy Frank (Archipowna), Friedel Nowak (Botschkarewa), Hans Weniger (Wassja), Elfriede Tüschen (Olja), Hans Schoelermann (Sekretär des Parteikomitees)

Kammerspiele

1913 von Carl Sternheim
P: 27.10.1950 (33), R: Günther Haenel, A: Heinrich Kilger, D: Franz Weber (Maske), Wolfgang Kühne (Phillip Ernst), Ina Halley (Ottilie), Inge Keller (Sophie von Beeskow), Helmuth Hinzelmann (Otto von Beeskow), Henning Schlüter (Prinz Oels), Hannsgeorg Laubenthal (Krey), Horst Drinda (Stadler), Hanns Groth (Easton), Harry Berber (Pfarrer)

AUCH IN AMERIKA von Gustav von Wangenheim
P: 5.12.1950 (53), R: Inge von Wangenheim, A: Oskar Nerlinger, D: Hans Schoelermann (Alvah), Helmuth Hinzelmann (Ronald), Klaramaria Skala (Florence), Horst Drinda (Larry)

MARIA STUART von Friedrich Schiller
P: 18.1.1951 (110), R: Herwart Grosse, A: Paul Pilowski, D: Gerda Müller (Elisabeth), Ursula Burg/Hildegard Clausnizer (Maria Stuart), Hannsgeorg Laubenthal (Leicester), Eduard von Winterstein/Kurt Wenkhaus (Shrewsbury), Herwart Grosse (Burleigh), Werner Segtrop/J. P. Dornseif (Kent), Friedrich Maurer/Rudolf Wessely (Davison), Herbert Richter (Paulet), Horst Drinda (Mortimer), Wolf Kaiser (Aubespine), Horst Schönemann (Okelly), Wolfgang Kühne (Melvil), Elsa Wagner (Kennedy)

BIBERPELZ UND ROTER HAHN
von Gerhart Hauptmann, BBE (Berliner Ensemble)
P: 24.3.1951, R: Egon Monk, A: Heinz Pfeiffenberger

DIE VERBÜNDETEN von Alfred Kantorowicz
UA, P: 4.6.1951 (4), R: Wolfgang Heinz, A: Heinrich Kilger, M: Paul Dessau, D: Karen Fredersdorf (Marquise), Friedrich Richter (Marquis), Tamara Osske (Cécile), Paul R. Henker (Laban), Gerhard Konzack (Henri), Inge Huber (Sophie), Albrecht Betge (Deutscher General), Wolfgang Brunecker (Oberst Huber), Horst Schönemann (Hauptmann), Raimund Schelcher (François), Herbert Richter (Jan), Antje Ruge (Lenka), Hanns Groth (Werner), Alfred Cogho (Luigi), Wolf Kaiser (Fernando), Hubert Suschka (Antoine), Brigitte Keppler (Germaine), Heino Winkler (Maurice), Horst Drinda (Captain Cormack), Arthur Malkowsky (General Rally), Kurt Wenkhaus (Generalmajor Thunder), Helmuth Hinzelmann (Oberstleutnant Howclay), Werner Segtrop (Sergeant)

SPIELZEIT 1951/52

Deutsches Theater

EGMONT von Johann Wolfgang von Goethe
P: 27.10.1951 (132), R: Wolfgang Langhoff, A: Heinrich Kilger, D: Ruth Baldor (Margarete von Parma), Hans-Peter Thielen (Egmont), Hanns Groth (Oranien), Hans Jungbauer (Alba), Horst Drinda (Ferdinand), Herwart Grosse (Macchiavell), Herbert Köfer (Richard), Wolfgang Brunecker (Silva), Hubert Suschka (Gomez), Erika Pelikowsky (Klärchen), Karen Fredersdorf (ihre Mutter), Joachim Hildebrandt (Brackenburg), Paul R. Henker (Soest), Rudolf Wessely (Jetter), Hans Schoelermann (Zimmermann), Heino Winkler (Seifensieder), Werner Segtrop (Buyck), Friedrich Kühne (Ruysum), Otto-Alfred Buck (Vansen)

JULIUS FUČIK von Juri Burjakowski
DDR-EA, P: 22.12.1951 (114), R: Wolfgang Langhoff, B: John Heartfield, Wieland Herzfelde, K: Eva Johanna Rubin, D: Ernst Busch (Julius Fučik), Erika Pelikowsky/Anny Stöger/Inge Keller (Gustina Fučik), Walther Orth/Wolfgang Schaerf (Mirek), Tamara Osske/Felicitas Wenck/Ursula Reinhold (Lida), Harry Hindemith/Ernst Kahler (Vančura), Aribert Grimmer/Friedrich Richter (Jelinek), Lotte Loebinger/Amy Frank (Maria), Antje Ruge/Inge Huber (Anna), Herbert Richter (Pešek), Heinz Voss (Irji), Heino Winkler (Patocka), Gerhard Meyer/Rudolf Christoph (Risanek), Wolfgang Hell-

mund/Hans Stetter (Gora), Werner Segtrop/Hans Wehrl (Kolinski), Walter Lendrich (Skořepa), Heinz Hinze (Böhm), Hanns Groth/Adolf-Peter Hoffmann (Friedrich), Ingo Osterloh/Horst Guntermann (Karl), Horst Koch/Jean Brahn (Scharführer), Johannes Maus (Soldat)

DER ZERBROCHNE KRUG
von Heinrich von Kleist (Berliner Ensemble)
P: 23.1.1952, R: Therese Giehse, B: Heiner Hill

JEGOR BULYTSCHOW UND DIE ANDEREN
von Maxim Gorki
P: 5.2.1952 (80), R: Hans Jungbauer, A: Lothar Meller, D: Willy A. Kleinau (Bulytschow), Ruth Baldor (Xenia), Inge Huber (Warwara), Felicitas Wenck (Alexandra), Amy Frank (Melanie), Heinz Isterheil (Swonzow), Heinz Voss (Tjatin), Paul R. Henker (Baschkin), Horst Koch (Dostigajew), Ellinor Vogel (Jelisaweta), Margit Schaumäker (Antonia), Hubert Suschka (Alexej), Helmuth Hinzelmann (Pawlin), Wolfgang Brunecker (Arzt), Heino Winkler (Trompetenbläser), Friedel Nowak (Sobunowa), Hans Weniger (Protopej), Hanna Rieger (Glafira), Elisabeth Schwab (Taissja), Kurt Sperling (Mokroussow), Horst Drinda (Laptjew), Hans Schoelermann (Donat)

DAS GLOCKENSPIEL DES KREML
von Nikolai Pogodin (Berliner Ensemble)
P: 28.3.1952, R: Ernst Busch, B: John Heartfield, Wieland Herzfelde

Kammerspiele

WAS IHR WOLLT von William Shakespeare
P: 31.8.1951 (61), R: Wolfgang Heinz, B: Siegfried Stepanek, K: Gisela Appelt, M: Herbert Baumann, D: Hanns Groth (Orsino), Horst Drinda (Sebastian), Gerhard Bienert (Antonio), Richard Eivenack (Curio), Willy A. Kleinau (Tobias), Werner Segtrop (Kapitän), Herbert Köfer (Valentin), Henning Schlüter (Christoph), Wolfgang Kühne (Malvolio), Hubert Suschka (Fabio), Raimund Schelcher (Narr), Ursula Burg (Olivia), Inge Huber (Viola), Klaramaria Skala (Maria)

DER EINGEBILDETE KRANKE
von Jean Baptiste Molière
P: 19.10.1951 (41), R: Ernst Legal, A: Heinrich Kilger, D: Willy A. Kleinau (Argan), Gisela May (Béline), Sigrid Roth (Angélique), Helga Schmidt (Luison), Hans Wehrl (Béralde), Horst Schönemann (Cléante), Arthur Malkowsky (Dr. Diaforius), Werner Peters (Thomas Diaforius), Harry Berber (Dr. Purgon), Heino Winkler (Fleurant), Heinz Hinze (Bonnefoi), Klaramaria Skala (Toinette)

EIN GEWÖHNLICHER FALL von Adam Tarn
DDR-EA, P: 8.12.1951 (50), R: Herwart Grosse, A: Siegfried Stepanek, D: Arthur Malkowsky (Pometti), Kurt Wenkhaus (Hanson), Harry Berber (Schneider), Paul R. Henker (Papadiamantopulos), Hubert Suschka (Simpson), Raimund Schelcher (Malley), Werner Pledath (Rogers), Gisela May (Miß Hotchkiss), Ruth Baldor (Miß Roberts), Hans Schille (Bill), Hans-Peter Thielen (Carter)

ENTSCHEIDUNGEN von Heinar Kipphardt
P: 15.3.1952, R: Heinar Kipphardt, A: Siegfried Stepanek, D: Kurt Wenkhaus (Dr. Sauer), Heino Winkler (Helmich), Horst Drinda (Dr. Rascher), Hubert Suschka (Grohmann), Paul R. Henker (Kahl), Herwart Grosse (Kolchow), Jochen Martens (Glasunoff), Ellinor Vogel (Anna), Ulrich Thein (Alexander), Werner Segtrop (Gawrilow), Heinz Voss (Unger)

PYGMALION von George Bernard Shaw
P: 29.3.1952 (472), R: Rudolf Noelte, B: Siegfried Stepanek, K: Gisela Appelt, D: Amy Frank/Ruth Baldor (Frau Higgins), Heinz Hinze (Henry Higgins), Gerhard Bienert (Doolittle), Inge Keller/Margret Homeyer (Eliza), Karen Fredersdorf/Maria Secher (Frau Hill), Sigrid Roth/Anny Stöger (Clara), Herbert Köfer/Wolfgang Schaerf (Freddy), Werner Pledath (Pickering), Friedel Nowack/Paula Ronay (Frau Pearce), Aribert Grimmer (Bummler), Walter Lendrich (Zuschauer), Karla Runkehl (Stubenmädchen)

MAREK IM WESTEN von Gerhard W. Menzel
UA, P: 11.5.1952 (71), R: Werner Dissel, A: Sandberg-Kollektiv, D: Herbert Richter (Marek), Hans Stetter (Horst), Heino Winkler (Ein alter Umsiedler), Hubert Suschka (Nacklusius), Hans Wehrl (Hinrich), Felicitas Wenck (Hilde), Aribert Grimmer/Walter Lendrich (Muffke), Kurt Sperling (Amerikanischer Soldat), Tamara Osske (Mädchen), Paula Ronay (Frau Plünecke), Ellinor Vogel (Käte), Horst Schönemann (Hauptmann in Zivil), Ingo Osterloh (Oberleutnant in Zivil), Heinz Voss/Ernst Kahler (Arthur), Helmuth Hinzelmann/Heinz Hinze (General), Friedrich Kühne (Reitergeneral)

SPIELZEIT 1952/53

Deutsches Theater

DON CARLOS von Friedrich Schiller
P: 2.9.1952 (114), R: Wolfgang Langhoff, A: Heinrich Kilger, M: Herbert Baumann, D: Hans Jungbauer/Martin Flörchinger (Philipp II.), Ursula Burg/Christa Gottschalk (Elisabeth), Horst Drinda (Carlos), Ruth Baldor (Olivarez), Karen Fredersdorf (Mondekar), Inge Keller/Gisela May (Eboli), Brigitte Keppler (Fuentes), Hans-Peter Thielen/Wilfried Ortmann/Lothar Blumhagen (Posa), Hanns Groth/Theo Shall (Alba), Kurt Wenkhaus (Lerma), Werner Segtrop/Walter Orth (Feria), Eduard von Winterstein/Hans Schoelermann (Medina Sidonia), Paul R. Henker /Herwart Grosse (Domingo), Willy A. Kleinau/Friedrich Richter (Großinquisitor)

DER PROZESS DER JEAN D'ARC ZU ROUEN
von Anna Seghers, BBE (Berliner Ensemble)
P: 23.11.1952, R: Benno Besson, B: Hainer Hill

EIN POLTERABEND von Werner Bernhardy
UA, P: 31.12.1952 (27), R: Curt Bois, A: Heinz Pfeiffenberger, D: Ulrich Thein (Schusterjunge), Viktor Lipski (Zeitungsjunge), Hans Schille (Gesangsmeister), Werner Pledath (von Preßkopp), Heino Winkler (Langohr), Herbert Köfer (von Blötzow), Kurt Sperling (Gendarm), Heinz Voss (Pulecke), Margret Homeyer (Rieke), Horst Drinda (Pippich), Gerhard Wollner (Nervöser Herr), Harry Gillmann (Friedrich), Rudolf Wessely (Pappstoffel), Annemarie Hase (Baronin von Dunklage), Friedrich Kühne (Weichenhahn), Carola Braunbock (Adele Peroni), Barbara Berg (Guste), Gerhard Bienert (Buffey), Hubert Suschka (Brennglas), Harry Berber (Proppen), Paula Ronay (Clothilde)

PROZESS WEDDING von Harald Hauser
UA, P: 26.4.1953 (15), R: Wolfgang Langhoff, A: Heinrich Kilger, D: Heinz Voss (Jung), Eduard von Winterstein (Paschke), Helene Riechers (Mutter Paschke), Karla Runkehl (Hanna), Harry Hindemith (Scholtz), Wolfgang Brunecker (Dr. Hintzelmann), Jean Brahn (Jarowski), Ulrich Thein (Runert), Wilfried Ortmann (Peter), Lothar Dimke (Junger Arbeiter), Hubert Suschka (Hildenhöfer), Friedrich Richter (Oberst Drueux), Karen Fredersdorf (Yvonne), Gisela May (Madeleine), Werner Segtrop (Militärstaatsanwalt), Kurt Wenkhaus (Offizialverteidiger), Horst Drinda (Bertin), Lotte Loebinger (Jacqueline), Hans Stetter (Journalist), Hans Wehrl, Walter Lendrich, Heino Winkler (Arbeiter), Heinz Hinze (Bird)

KATZGRABEN
von Erwin Strittmatter (Berliner Ensemble)
P: 23.5.1953, R: Bertolt Brecht, B: Karl von Appen, M: Hanns Eisler

Kammerspiele

DIE MORAL DER FRAU DULSKI von Gabriela Zapolska
DDR-EA, P: 22.9.1952 (58), R: Rudolf Wessely, Horst Schönemann, A. Siegfried Stepanek, D: Amy Frank (Frau Dulski), Friedrich Richter (Dulski), Otto-Alfred Buck (Zbyszko), Anny Stöger (Hesia), Sigrid Roth (Mela), Inge Huber (Frau Juliasiewicz), Gisela May (Mieterin), Karla Runkehl (Hanka), Lotte Loebinger/Mathilde Danegger (Tadrachowa)

DIE GEWEHRE DER FRAU CARRAR
von Bertolt Brecht (Berliner Ensemble)
P: 16.11.1952, R: Egon Monk, B: Hainer Hill

MINNA VON BARNHELM
von Gotthold Ephraim Lessing
P: 23.12.1952 (160), R: Hans Jungbauer, A: Siegfried Stepanek, D: Hans Peter Thielen/Joachim Hildebrandt (Tellheim), Ursula Burg/Gisela May (Minna), Kurt Wenkhaus (Bruchsall), Margret Homeyer/Anny Stöger (Franziska), Hans Schoelermann/Hermann Wagemann (Just), Willy A. Kleinau/Hans Wehrl (Werner), Paul R. Henker/Harry Berber (Wirt), Karen Fredersdorf/Brigitte Keppler (Dame in Trauer), Hanns Groth/Herwart Grosse (Riccaut)

COLONEL FOSTER IST SCHULDIG von Roger Vailland
DDR-EA, P: 8.1.1953 (33), R: Herwart Grosse, A: Gerhard Schade, D: Theo Shall (Oberst Foster), Walter Orth (Leutnant Mac Allen), Walter Lendrich (Sergeant Paganel), Ingo Osterloh (Soldat Joe), Hans Stetter (Dulles), Werner Segtrop (Oberst Hitchcock), Heinz Hinze (Cho Aodi Yang), Antje Ruge (Lya), Hans-Jürgen Degenhardt (Swe), Wilfried Ortmann (Masan), Ernst Kahler (Partisanenführer)

URFAUST
von Johann Wolfgang Goethe (Berliner Ensemble)
(Berliner Premiere) P:13.3.1953, R: Egon Monk, B: Hainer Hill, M: Paul Dessau

FERNAMT... BITTE MELDEN!
von Konstantin Issajew und Alexander Galitsch
P: 23.3.1953 (45), R: Rudolf Wessely, A: Siegfried Stepanek, D: Ernst Kahler (Djushikow), Werner Pledath (Kirpitschnikow), Paul R. Henker (Großvater Baburin), Horst Drinda (Grischko), Sigrid Roth (Baburina), Antje Ruge (Popowa), Margret Homeyer (Zimmermädchen), Wilfried Ortmann (Missjan), Judith Harms (Sängerin), Ulrich Thein (Begleiter), Lotte Loebinger/Paula Ronay (Popowas Mutter), Ruth Baldor (Lisotschka)

SHAKESPEARE DRINGEND GESUCHT
von Heinar Kipphardt
UA, P: 28.6.1953 (115), R: Herwart Grosse, A: Heinrich Kilger, D: Rudolf Wessely (Färbel), Ulrich Thein/Eckart Friedrichson (Fridolin), Angelika Hurwicz/Antje Ruge (Paula Glück), Heinz Hinze (Schnell), Friedrich Richter/Friedrich Kühne (Eisengrün), Horst Schönemann (Zaun), Ellinor Vogel (Strämmchen), Wolfgang Brunecker (Rehorst), Werner Pledath (Monhaupt), Ernst Kahler/Heinz Voss (Raban), Margret Homeyer/Karla Runkehl (Anna), Kurt Sperling (Schulte), Mathilde Danegger/Ruth Baldor (Mellin), Johannes Maus (Volkspolizist), Gisela May /Judith Harms (Leichte Dame), Fritz Schlegel /Hans Schoelermann (Kellner), Lothar Dimke/Wolfgang Thal (Lehrling), Arthur Malkowsky (Professor), Walter Lendrich (Reporter)

SPIELZEIT 1953/54

Deutsches Theater

OTHELLO von William Shakespeare
P: 5.9.1953 (100), R: Wolfgang Heinz, B: Heinrich Kilger, K: Edith Szafranski, D: Friedrich Richter (Doge), Theo Shall/Adolf-Peter Hoffmann (Brabantio), Kurt Wenkhaus (Gratiano), Wolfram Schaerf/Martin Flör-

chinger (Lodovico), Willy A. Kleinau (Othello), Hans-Peter Thielen/Wolfram Schaerf (Cassio), Ernst Busch/Hans-Peter Thielen (Jago), Horst Drinda/Hans Stetter (Rodrigo), Hermann Wagemann/Hubert Suschka (Montano), Ursula Burg (Desdemona), Inge Keller (Emilia)

DON JUAN
von Jean Baptist Molière (Berliner Ensemble)
Voraufführung: 16.10.1953, R: Benno Besson, B/K: Hainer Hill

DAS TOTE TAL von Alexander Kron
DDR-EA, P: 17.12.1953 (24), R: Herwart Grosse, A: Siegfried Stepanek, D: Ernst Busch/Wilfried Ortmann (Majorow), Hans-Peter Thielen/Herwart Grosse (Getmanow), Christa Gottschalk (Getmanowa), Johannes Maus (Wesirow), Annemarie Herrmann (seine Frau), Gerhard Bienert (Moris), Heinz Hinze (Oberingenieur), Paul R. Henker (Bohrmeister), Amy Frank/Mathilde Danegger/Paula Ronay (seine Frau), Ostara Körner (seine Tochter), Wolfram Schaerf/Hans Stetter (Ingenieur), Werner Pledath (Verwaltungschef), Gisela May (seine Frau)

THOMAS MÜNZER von Friedrich Wolf
UA, P: 23.12.1953 (66), R: Wolfgang Langhoff, B/K: Heinrich Kilger, M: Peter Fischer, D: Wolfgang Langhoff/Martin Flörchinger (Münzer), Antje Ruge/Elfriede Née (seine Frau), Eduard von Winterstein/Fred Mahr (Haferitz), Ernst Kahler (Pfeiffer), Wilhelm Koch-Hooge (Stübner), Hans Wehrl (Schwabenhannes), Herbert Richter (Krumbach), Heinz Voss/August Heller (Jentsch), Heino Winkler (Peschke), Arthur Malkowsky (Wynmeister), Gerhard Bienert/Friedrich Richter (Matthes), Aribert Grimmer (Feldhauptmann), Gerhard Meyer/Horst Oberländer (Feldschreiber), Werner Segtrop/Fritz Schlegel (Hauptmann Krumpe), Hubert Suschka (Fähnrich beim Hellen Haufen), Brigitte Keppler (Schwarze Gret), Walter Lendrich (Spinnefips), Ingo Osterloh, Jean Brahn, Hans Schille (Bauern), Theo Shall/Werner Segtrop (Johann von Sachsen), Lothar Dimke/Horst Guntermann (Johann Friedrich), Heinz Hinze/Adolf-Peter Hoffmann (Doktor Brück), Harry Berber (Zeyz), Kurt Wenkhaus (Baumgarten), Herwart Grosse (Othera), Wolfgang Brunecker/Karl Kendzia (Qualm), Hans Schoelermann (Stadthauptmann)

TOLLES GELD von Alexander N. Ostrowski
P: 29.4.1954 (67), R: Fritz Wendel, B/K: Siegfried Stepanek, D: Willy A. Kleinau (Wassilikow), Herwart Grosse (Teljatjew), Ernst G. Schiffner (Kutschumow), Hubert Suschka (Glumow), Ruth Baldor (Tscheboksarowa), Ursula Burg (ihre Tochter), Kurt Wenkhaus (Andrej), Heinz Voss (Diener), Tamara Osske (Zofe)

SOMOW UND ANDERE von Maxim Gorki
DDR-EA, P: 26.6.1954 (44), R: Wolfgang Heinz, A: Paul Pilowski, ME: Peter Fischer, D: Herwart Grosse (Somow), Ruth Baldor (seine Mutter), Inge Keller (seine Frau), Hans-Peter Thielen/Wilhelm Koch-Hooge (Jaropjekow), Ernst G. Schiffner/Josef van Santen (Bogomolow), Karl Kendzia (Isotow), Ostara Körner (Dunjascha), Helene Riechers (Fjokla), Heinz Hinze (Trojerukow), Paul R. Henker (Lissogonow), Hermann Wagemann (Kulak), Hildegard Küthe (Titowa), Antje Ruge (Lehrerin), Kurt Fechtner/Kurt Oligmüller (Tjerentjev), Martin Flörchinger (Drosdow), Irmgard Somnitz (Ludmilla), Herbert Richter (Kryshow), Werner Segtrop (Kommissar)

Kammerspiele

DER PUTENHIRT von Julius Hay
DDR-EA, P: 24.10.1953 (38), R: Fritz Wendel, A: Siegfried Stepanek, D: Richard Nagy (Andor Thury), Ruth Baldor (Amalia), Hans-Jürgen Degenhardt (Otto), Heinz Voss (Janos), Karla Runkehl (Lidi), Franz Wojtek (Imre), Ernst Kahler (Jozsi), Mathilde Danegger (Terez), Anny Stöger (Klari), Hermann Wagemann (Petras), Friedrich Richter (Terepely), Inge Huber (Rita), Karl Kendzia (Huba), Arthur Malkowsky (Ladanyi), Rudolf Wessely (Steiner), Theo Shall (Makay-Mezer), Helene Riechers (Kamilla Berengoc)

ANDROKLUS UND DER LÖWE
von George Bernard Shaw
P: 11.3.1954 (119), R: Heinar Kipphardt, A: Heinrich Kilger, D: Rudolf Wessely (Androklus), Judith Harms (Megära), Ingo Osterloh/Johannes Maus (Löwe), Inge Keller/Christa Gottschalk (Lavinia), Hans-Peter Thielen/Horst Drinda (Hauptmann), Aribert Grimmer (Centurio), Hans Stetter (Lentulus), Wolfram Schaerf (Metellus), Gerhard Bienert (Ferrovius), Heinz Voss (Secutor), Richard Nagy (Kaiser)

HARFE UND GEWEHR von Sean O'Casey
DDR-EA, P: 26.5.1954 (29), R: Rudolf Wessely, A: John Heartfield, Wieland Herzfelde, M: Peter Fischer, D: Horst Drinda (Davoren), Gerhard Bienert (Shields), Martin Flörchinger (Maguire), Arthur Malkowsky (Mulligan), Margret Homeyer (Minnie Powell), Walter Lendrich (Orloy), Mathilde Danegger (Mrs. Henderson), Friedrich Richter (Gallogher), Judith Harms (Mrs. Grigson), Richard Nagy/Theo Shall (Grigson), Ingo Osterloh (Freikorpsmann)

SPIELZEIT 1954/55

Deutsches Theater

FAUST. DER TRAGÖDIE ERSTER TEIL
von Johann Wolfgang von Goethe
P: 25.12.1954 (127), R: Wolfgang Langhoff, B/K: Heinrich Kilger, M: Peter Fischer, D: Eduard von Winterstein/Wolfgang Langhoff (Zueignung), Paul R. Henker (Direktor), Martin Flörchinger (Dichter), Ingo Osterloh (Lustige Person), Wolfgang Langhoff (Herr), Lothar Blumhagen (Raphael), Horst Drinda (Gabriel), Hans-Peter Thielen/Rudolf Christoph (Michael), Ernst Busch/Wolfgang Langhoff (Mephistopheles), Kurt Oligmüller/Wolfgang Langhoff/Waldemar Schütz (Faust), Peter Rau (Erdgeist), Herwart Grosse (Wagner), Ulrich Thein/Wolfram Schaerf (Schüler), Hans Stetter (Frosch), Hubert Suschka (Brander), Arthur Malkowsky (Siebel), Heino Winkler (Altmayer), Ingo Osterloh (Die Hexe), Wolf-Dietrich Voigt/Horst Guntermann (Meerkater), Christa Pasemann (Meerkatze), Margarete Taudte/Karla Runkehl (Margarete), Antje Ruge/Judith Harms (Marthe), Margret Homeyer/Anny Stöger (Lieschen), Wilhelm Koch-Hooge/Lothar Blumhagen (Valentin), Mathilde Danegger/Ruth Baldor (Böser Geist), Tamara Osske (Irrlicht), Katharina Matz/Christa Pasemann (Schöne), Judith Harms/Gisela May (Trödelhexe)

THEATERG'SCHICHTEN von Johann Nestroy
P: 2.3.1955 (18), R: Emil Stöhr, A: Sandberg-Kollektiv, D: Fred Mahr (Stössl), Anton Duschek und Anny Stöger (seine Kinder), Rudolf Wessely (Damisch), Paul Lewitt (Theaterdirektor), Gisela May (seine Nichte), Harald Grünert (Theatermeister), Mathilde Danegger (seine Frau), Tamara Osske und Inge Drexel (ihre Kinder), Heino Winkler (Regisseur), Franz Weilhammer (Souffleur), Hans Schille (Inspizient), Rudolf Christoph (Spornhofer), Herwart Grosse (Inslbull), Hubert Temming (Felber), Walter Lendrich (Doktor), Irmgard Somnitz (Cläre)

NATHAN DER WEISE von Gotthold Ephraim Lessing
P: 29.3.1955 (365), R: Adolf-Peter Hoffmann, A: Siegfried Stepanek, D: Martin Flörchinger/Otto Roland (Saladin), Ursula Burg/Inge Huber (Sittah), Eduard von Winterstein/Friedrich Richter (Nathan), Irmgard Somnitz/Gisely Rosalski (Recha), Amy Frank/Mathilde Danegger (Daja), Lothar Blumhagen (Tempelherr), Herwart Grosse/Ingo Osterloh (Derwisch), Arthur Malkowsky/Werner Segtrop (Patriarch), Paul R. Henker/Fred Mahr (Klosterbruder)

KABALE UND LIEBE von Friedrich Schiller
P: 6.5.1955 (188), R: Wolfgang Langhoff, A: Heinrich Kilger, D: Wolfgang Langhoff (Walter), Lothar Blumhagen (Ferdinand), Franz Kutschera (Kalb), Ursula Burg (Milford), Horst Drinda (Wurm), Willy A. Kleinau (Miller), Mathilde Danegger (dessen Frau), Margarete Taudte (Luise), Felicitas Wenck (Sophie), Martin Flörchinger (Kammerdiener)

Kammerspiele

HOTELBOY ED MARTIN von Albert Maltz
DDR-EA, P: 18.9.1954 (27), R: Ernst Kahler, A: Siegfried Stepanek, D: Ulrich Thein (Ed Martin), Hans-Jürgen Degenhardt (Mike), Eckart Friedrichson (Sam), Johannes Maus (Pete), Wolfgang Sörgel (Butch), Kurt Wenkhaus (Anderson), Horst Schönemann (Wade), Heinz Voss (Garvey), Theo Shall (Boß), Hans Stetter (Collins), Werner Pledath (Manning), Werner Segtrop (Dougherty), Katharina Matz (Eds Frau), Hubert Suschka (Zelli), August Holler (Johnny), Gisela May/Ellinor Vogel (Marge), Tamara Osske (Alice), Hans Schoelermann (Richter), Friedrich Richter (Dr. König), Martin Flörchinger (Anwalt)

VIEL LÄRM UM NICHTS von William Shakespeare
P: 9.11.1954 (69), R: Rudolf Wessely, A: Heinrich Kilger, M: Peter Fischer, D: Wilfried Ortmann/Otto Roland (Pedro), Friedrich Richter (Leonato), Martin Flörchinger (Don Juan), Ulrich Thein (Claudio), Wilhelm Koch-Hooge (Benedikt), Harry Berber (Antonio), Ingo Osterloh/Wolfgang Thal (Borachio), Kurt Fechtner (Konrad), Gerhard Bienert, Heino Winkler (Gerichtsdiener), Horst Oberländer/Hans-Jürgen Degenhardt (Balthasar), Sigrid Roth/Gisela Rostalski (Hero), Inge Keller (Beatrice), Felicitas Wenck/Ostara Körner (Margarete/Ursula)

DIE DORFSTRASSE von Alfred Matusche
UA, P: 9.2.1955 (10), R: Hannes Fischer, B/K: Bert Kistner, D: Wilhelm Koch-Hooge (Rokossi), Herwart Grosse (Ernst), Wolfram Schaerf (Oberfeld), Heinz Voss (Hettner), Hans Schoelermann (Gustav), Gerhard Bienert (Max), Ernst Kahler (Capotka), Karla Runkehl (Duschenka), Johannes Maus (Waclaw), Felicitas Wenck (Bettina), Anny Stöger (Anna), Gisela May/Ursula Reinhold (Dorte), Brigitte Keppler/Carola Braunbock (Bertl), Fritz Schlegel (Wirt), Werner Pledath (Pfarrer), Karl Kendzia (Arzt), Rudolf Klix (Hiob), Hans Wehrl (Anders), Inge Huber (Elleonor), Amy Frank (Aufwärterin), Ullrich Thein (Harmonikaspieler), Ellinor Vogel, Paula Ronay, Rudolf Christoph, Horst Guntermann (Flüchtlinge)

MUTTER RIBA von David Berg
DDR-EA, P: 4.6.1955 (28), R: Günther Rücker, B/K: John Heartfield, D: Amy Frank (Riba), Paul R. Henker (Bennie), Friedrich Richter (Julius), Peter Zahl (Skippy), Inge Huber (Frau Branch), Anton Duschek (Seymour), Tamara Osske (Clara), Werner Segtrop (Samuel)

SPIELZEIT 1955/56

Deutsches Theater

VOR SONNENUNTERGANG von Gerhart Hauptmann
P: 16.10.1955 (70), R: Wolfgang Heinz, B: Siegfried Stepanek, K: Christel Räder, D: Willy A. Kleinau (Matthias Clausen), Herwart Grosse (Wolfgang), Wolfram Schaerf (Egmont Clausen), Ursula Burg, Anny Stöger (seine Töchter), Adolf-Peter Hoffmann (Klamroth), Inge Keller (Paula Clausen), Paul R. Henker (Sanitätsrat), Heinz Hinze (Justizrat), Kurt Wenkhaus (Pastor Immoos), Martin Flörchinger (Geiger), Walter Lendrich (Dr. Wuttke), Hans Schoelermann (Ebisch), Mathilde Danegger (Frau Peters), Christa Gottschalk (Inken Peters), Friedrich Richter (Winter), Arthur Malkowsky (Oberbürgermeister)

LÜTZOWER von Hedda Zinner
UA, P: 23.12.1955 (29), R: Wolfgang Langhoff, A: Heinz Pfeiffenberger, M: Ottmar Gerster, D: Paul R. Henker (Kerstin), Margarete Taudte (Marie), Walter Lendrich (Püttchen), Arthur Malkowsky (Schwamm), Hildegard Küthe (dessen Frau), Karl Kendzia (Bauer), Bella Waldritter (Bäuerin), Irene Schlegel (Mädchen), Antje Ruge (Arbeiterfrau), Hans Anklam (Weber), Johannes Maus (Bäcker), Fritz Schlegel (Fleischer), Hubert Suschka (Margent), Martin Flörchinger (Fleuron), Kurt Oligmüller (Lützow), Lothar Blumhagen (Friesen), Wolfgang Thal (Kranz), Heinz Voss (Knaup), Wolfram Schaerf (Fritz), Ulrich Thein (Jörg), Ingo Osterloh (Köppen), Rudolf Christoph (Stöge), Eckart Friedrichson (Knut), Otto Dierichs (Röder), Heino Winkler (Henslein), Werner Segtrop (Norman)

NORA von Henrik Ibsen
P: 1.3.1956 (103), R: John Hanau, A: Bert Kistner, D: Wilhelm Koch-Hooge (Helmer), Gisela Uhlen (Nora), Martin Flörchinger (Rank), Gisela May (Frau Linde), Gerhard Bienert (Krogstad), Paula Ronay (Anne-Marie), Katharina Matz (Hausmädchen)

LEGENDE VON DER LIEBE von Nazim Hikmet
DDR-EA, P: 20.3.1956 (33), R/A: Rochus Gliese, D: Walter Lendrich (Herold), Inge Keller (Mechmeneh Banu), Margarete Taudte (Schirin), Amy Frank (Amme), Herwart Grosse (Vesir), Josef van Santen (Leibarzt), Otto Roland (Sterndeuter), Paul R. Henker (Unbekannter), Felicitas Wenck (Serwinas), Lothar Blumhagen/Otto Mellies (Ferchard), Gerhard Ritter (Bechsad), Hans Stetter (Eschreff), Hans Schoelermann (Obermeister), Friedrich Kühne (Derwisch)

COLUMBUS oder ERÖFFNUNG DES INDISCHEN ZEITALTERS von Peter Hacks
DDR-EA, P: 26.6.1956 (29), R: Ernst Kahler, A: Heinrich Kilger, M: Peter Fischer, D: Rudolf Wessely (Columbus), Judith Harms (Isabella von Kastilien), Robert Trösch (Patillas), Josef van Santen (Sant Angel), Hans Wehrl (Bruder Buil), Heinz Voss (Pinzon), Johannes Maus (Bermejo), Hans Stetter (Vaz), Walter Lendrich (Affonso), Ingo Osterloh (Ortiz), Adolf-Peter Hoffmann (Astronom), Friedrich Richter (Geograph), Hans-Jürgen Degenhardt (Mathematiker), Arthur Malkowsky (Cayacoa), Ulrich Thein (Tecue), Herwart Grosse (Pädagoge), Eckart Friedrichson (Medina Celi/Tello)

Kammerspiele

SOZIALARISTOKRATEN von Arno Holz
P: 13.9.1955 (45), R: Ernst Kahler, A: John Heartfield, D: Gerhard Bienert (Fiebig), Paula Ronay (Frau Fiebig), Ostara Körner (Anna), Hans Stetter (Hahn), Adolf-Peter Hoffmann (Gehrke), Gisela May (seine Frau), Werner Pledath (Elefantenwilhelm), Horst Guntermann (Redakteur), Heinz Hinze (Schriftsteller), Arthur Malkowsky (Amtsvorsteher), Jean Brahn (Schwabe), Fritz Schlegel (Senger), Eckart Friedrichson (Fritz)

BERNARDA ALBAS HAUS von Federico García Lorca
P: 24.10.1955 (63), R: Hannes Fischer, A: Siegfried Stepanek, D: Ruth Baldor (Bernarda), Helene Riechers (ihre Mutter), Judith Harms (Angustias), Antje Ruge (Magdalena), Inge Huber (Amelia), Margret Homeyer (Martirio), Gerty Soltau (Adela), Amy Frank (La Poncia), Carola Braunbock (Magd), Paula Ronay (Prudencia)

DER AUFSTIEG DES ALOIS PIONTEK
von Heinar Kipphardt
UA, P: 12.2.1956 (14), R: Heinar Kipphardt, A: Heinrich Kilger, M: Peter Fischer, D: Rudolf Wessely (Piontek), Herbert Richter (Sambale), Judith Harms (Witwe Kassandra), Fritz Schlegel (Vertreter der örtlichen Unternehmerschaft), Rudolf Christoph (Vermögensverwalter der Kriegsblindenvereinigung), Walter Lendrich (Vermögensverwalter der christlichen Mission), Kurt Sperling (Vertreter der notleidenden Gutsbesitzer), Friedrich Richter (Kanzler), Adolf-Peter Hoffmann (Kater), Hubert Suschka (Sonnenschein), Ulrich Thein (Mondenglanz), Werner Pledath (Hengstenberg), Werner Segtrop, Gerhard Soor, Hans Anklam, Heino Winkler, Kurt Wenkhaus, Friedrich Schrader (Minister), Heinz Voss (Makuschke), Gisela May (Magdalena)

VIEL GESCHREI UND WENIG WOLLE
von Ludvig Holberg
P: 11.3.1956 (1), R: Wolfgang Thal, A: Bert Kistner, D: Josef van Santen (Vielgeschrei), Katharina Matz (Leonora), Tamara Osske (Pernille), Hildegard Küthe (Magdalene), Rudolf Christoph (Herr Leonhard), Hans-Jürgen Degenhardt (Leander), Otto Lange (Madsen), Johannes Maus (Peter), Heinz Voss (Oldfux), Heino Winkler (Barbier), Eckart Friedrichson (Sandbüx), Irene Schlegel (Anne)

DAS KONZERT von Hermann Bahr
P: 19.4.1956 (60), R: Robert Meyn, A: Siegfried Stepanek, D: Willy A. Kleinau (Heink), Ursula Burg (Marie), Horst Drinda (Jura), Katharina Matz (Delfine), Margret Homeyer (Eva Gerndl), Paul R. Henker (Pollinger), Mathilde Danegger (Frau Pollinger), Antje Ruge (Fräulein Wehner), Felicitas Wenck (Fräulein Meier), Inge Huber (Miss Garden)

SPIELZEIT 1956/57

Deutsches Theater

DIE SCHLACHT BEI LOBOSITZ von Peter Hacks
UA, P: 1.12.1956 (60), R: Wolfgang Langhoff, A: Heinrich Kilger, M: Rolf Kuhl, D: Friedrich Kühne (Keith), Friedrich Lobe (Itzenblitz/Riedesel), Josef van Santen (Ehrentreich), Adolf-Peter Hoffmann (Lüderitz), Horst Drinda (Markoni), Herbert Richter (Mengke), Jean Brahn (Zittemann), Herwart Grosse (Kosegarten), Heinz Voss (Drudik), Eckart Friedrichson (Tambour), Hubert Suschka (Kracht), Ulrich Thein (Ulrich Braeker), Hans-Edgar Stecher (Schärer), Dom de Beern (Joggli), Heino Winkler (Katzorke), Mathilde Danegger (Wirtin), Carola Braunbock (Libussa), Lily Schmuck (Regina), Emil Stöhr (Invalide), Georg Peter-Pilz (Bilmoser), Fritz Links (Mayr)

EINEN JUX WILL ER SICH MACHEN
von Johann Nestroy
P: 1.2.1957 (68), R: Otto Tausig, A: Siegfried Stepanek, M: Peter Fischer, D: Paul R. Henker (Zangler), Steffi Freund (Marie), Emil Stöhr (Weinberl), Lilly Schmuck (Christopherl), Georg Lhotzky (Kraps), Trude Bechmann (Gertrud), Fritz Links (Melchios), Gerhard Friedrich (Sonders), Georg Peter-Pilz (Hupfer), Antje Ruge (Modewarenhändlerin), Gisela May (Frau von Fischer), Amy Frank (Fräulein Blumenblatt), Franz Weilhammer (Brunninger), Christa Pasemann (Philippine), Carola Braunbock (Lisette), Peter Sturm (Rab)

DIENSTGRUPPE 729 von Jürgen Schmidt
UA, P: 7.4.1957 (7), R: Heinz Voss, Wolf-Dieter Panse, Helmut Schäfer-Rose, A: Bert Kistner, D: Georg Peter-Pilz (Captain Harper), Wolfram Schaerf (Oberleutnant Mielke), Otto Dierichs (Oberleutnant Dr. Schünemann), Wolf-Dieter Panse (Leutnant Hagedorn), Kurt Sperling (Oberfeldwebel Rasser), Gerhard Friedrich (Fähnrich Naumann), Jean Brahn (Unteroffizier), Heinz Voss (Hartwig), Dom de Beern (Krickow), Otto Mellies (Breuer), Hans-Edgar Stecher (Kramer), Johannes Maus (Neuenfeld), Trude Bechmann (Frau Ahlsen)

BROOKLYN-BALLADE von Irwin Shaw
P: 15.4.1957 (1), R: Wolfgang Heinz, A: John Heartfield, D: Friedrich Lobe (Goodman), Amy Frank (Florence), Margret Homeyer (Stella), Rudolf Wessely (Anagnos), Gerhard Friedrich (Lieber), Horst Drinda (Goff), Heinz Voss (Magruder), Judith Harms (Angelina), Herwart Grosse (Richter), Paul R. Henker (Lammaniwitz), Georg Peter-Pilz (Flaherty)

KÖNIG LEAR von William Shakespeare
P: 10.5.1957 (127), R: Wolfgang Langhoff, A: Heinrich Kilger, M: Peter Fischer, D: Willy A. Kleinau/Wolfgang Heinz (Lear), Otto Mellies/Ezard Haußmann (Frankreich), Rudolf Christoph (Burgund), Hubert Suschka/Fred Düren (Cornwall), Waldemar Schütz/Otto Mellies (Alba), Friedrich Richter (Gloster), Gerhard Bienert (Kent), Hans-Peter Minetti/Gerhart Friedrich (Edgar), Kurt Conradi/Horst Drinda (Edmund), Edwin Marian/Wolf-Dieter Panse (Narr), Heinz Hinze/Hans Stetter (Oswald), Inge Keller (Goneril), Gisela May (Regan), Margarete Taudte (Cordelia)

Kammerspiele

BUNBURY von Oscar Wilde
P: 20.9.1956 (46), R: Herwart Grosse, B: Siegfried Stepanek, K: Christel Räder, D: Emil Stöhr (Worthing), Margret Homeyer (Cecily), Horst Drinda (Moncrieff), Ruth Baldor (Lady Bracknell), Christa Gottschalk (Gwendolen Fairfax), Marie Secher (Miss Prism), Friedrich Richter (Pastor Chasuble)

ZUM GOLDENEN ANKER von Marcel Pagnol
P: 13.10.1956 (54), R: Otto Tausig, A: Siegfried Stepanek, D: Ulrich Thein (Marius), Paul R. Henker (Cèsar), Adolf-Peter Hoffmann (Escartefigue), Fritz Links (Piquoiseau), Eckart Friedrichson (Der kleine Heizer), Eva Kotthaus (Fanny), Amy Frank (Honorine), Josef van Santen (Panisse), Walter Lendrich (Brun), Ingo Osterloh (Le Goelec), Irmgard Somnitz (Malayin)

AM ENDE DER NACHT von Harald Hauser
P: 1.11.1956 (20), R: Hans Michael Richter, A: Bert Kistner, D: Hans-Peter Minetti (Jenssen), Kurt Conradi (Strogow), Christa Gottschalk (Eva Brandt)

DIE KLEINEN FÜCHSE von Lillian Hellman
P: 17.11.1956 (92), R: Wolfgang Heinz, B: Karl von Appen, K: Christel Räder, D: Willy A. Kleinau (Giddens), Inge Keller (Regina), Steffi Freund (Alexandra), Gerhard Bienert (Ben Hubbard), Heinz Hinze (Oskar Hubbard), Gisela Uhlen (Birdie), Gert Andreae (Leo), Waldemar Schütz (William Marshall), Amy Frank (Addi), Peter Sturm (Cal)

MEIN FREUND HARVEY von Mary Chase
P: 31.12.1956 (52), R: Wolfgang Thal, B: Rudolf Heinrich, K: Christel Räder, D: Rudolf Wessely (Dowd), Mathilde Danegger (Louise Simmons), Margret Homeyer (Myrtle Mae), Kurt Wenkhaus (Gaffney), Friedrich Richter (Dr. Chumley), Loni Michelis (Betty Chumley), Otto Mellies (Dr. Sanderson), Felicitas Wenck (Ruth Kelly), Heinz Voss (Wilson), Ruth Baldor (Mrs. Chauvenet)

DIE KLEINBÜRGER von Maxim Gorki
P: 12.3.1957 (116), R: Wolfgang Heinz, Karl Paryla, A: Bert Kistner, M: Peter Fischer, D: Friedrich Lobe (Bessjemenow), Mathilde Danegger (Akulina), Emil Stöhr (Pjotr), Erika Pelikowsky (Tatjana), Karl Paryla (Nil), Fritz Links (Pertschichin), Ostara Körner (Polja), Hortense Raky (Kriwzowa), Wolfgang Heinz (Teterew), Gerhard Friedrich (Schischkin), Gisela May (Zwjetajewa), Trude Bechmann (Stepanida), Werner Segtrop (Arzt)

DIE RESPEKTVOLLE DIRNE von Jean-Paul Sartre
P: 28.5.1957 (88), R: Wolfgang Heinz, A: Bert Kistner, D: Erika Pelikowsky (Lizzie), Horst Drinda (Fred), Jochen Brockmann (Neger), Werner Pledath (Senator Clark), Heinz Voss (John), Bodo Mette (James)

MONTSERRAT von Emmanuel Roblès
P: 22.6.1957 (32), R: Ernst Kahler, B: Heinrich Kilger, K: Eva Stengel, D: Hubert Suschka (Izquierdo), Waldemar Schütz (Montserrat), Ingo Osterloh (Moralés), Georg Peter-Pilz (Zuazola), Dom de Beern (Antonanzas), Adolf-Peter Hoffmann (Pater Coronil), Walter Lendrich (Töpfer), Hans Stetter (Kaufmann), Ostara Körner (Mutter), Heinz Hinze (Schauspieler), Hans-Edgar Stecher (Ricardo), Steffi Freund (Elena)

SPIELZEIT 1957/58

Deutsches Theater

AUFERSTEHUNG von Leo N. Tolstoi
P: 8.9.1957 (60), R: Karl Paryla, B: Siegfried Stepanek, K: Christel Räder, D: Karl Paryla (Für den Autor), Hortense Raky (Masslowa), Emil Stöhr (Nechljudow), Anneliese Reppel (Korablowa), Paula Ronay (Aufseherin), Werner Segtrop (Vorsitzender), Hans Stetter (Brewe), Harry Berber (Pope), Adolf-Peter Hoffmann (Obmann), Arthur Malkowsky (Baklaschow), Friedrich Kühne (Oberst), Georg Peter-Pilz (Angestellter), Hans Wehrl (Gerassimowitsch), Walter Lendrich (Arbeiter), Carola Braunbock (Botschkowa), Anny Stöger (Fedossja), Lilly Schmuck (Rothaarige), Trude Bechmann (Schankwirtin), Mathilde Danegger (Menschowa), Friedrich Richter (Inspektor)

STURM von Wladimir N. Bill-Bjelozerkowski
DDR-EA, P: 4.12.1957 (70), R: Wolfgang Langhoff, B: Heinrich Kilger, K: Eva Stengel, M: Hanns Eisler, D: Ernst Busch (Sekretär des Kreisparteikomitees), Herbert Richter (Beauftragter für die Getreideablieferung), Heinz Voss (Schriftführer), Carola Braunbock (Bäuerin), Georg Peter-Pilz (Sawandejew), Fritz Links (Badewärter), Kurt Wenkhaus (Intellektueller), Ingo Osterloh (Bandit), Herwart Grosse (Redakteur), Walter Lendrich (Schtunz), Paul R. Henker (Kriegskommissar), Gerhard Bienert (Popow), Josef van Santen (Sagoretzki), Hans-Edgar Stecher (Jungkommunist), Kaspar Eichel (Filippow), Friedrich Richter (Arzt), Otto Dierichs (Simuchin), Rudolf Christoph (Vorsitzender der Tscheka), Mathilde Danegger (Kurilowa), Werner Pledath (Bogomolow), Felicitas Wenck (Stenotypistin), Hans-Peter Minetti (Abramow), Trude Bechmann (Botin), Adolf-Peter Hoffmann (Ibragimow), Gisela May (Kleinbürgerin)

DAS DORF FUENTE OVEJUNA von Lope de Vega
P: 23.3.1958 (13), R: Wolfgang Heinz, B: Heinrich Kilger, K: Christine Stromberg, M: Peter Fischer, D: Wolfram Schaerf (König Ferdinand), Inge Keller (Königin Isabella), Bodo Mette (Don Manrique), Hartmut Reck (Großmeister), Herwart Grosse (Großkomtur), Gerhard Bienert (Esteban), Fritz Hofbauer (Juan), Herbert Richter (Alonso), Gerhard Friedrich (Barrildo), Georg Peter-Pilz (Blas), Ruth-Maria Kemper (Laurencia), Otto Mellies (Frondoso), Lilly Schmuck (Pascuala), Margarete Taudte (Jacinta), Johannes Maus (Mengo), Heinz Voss (Flores), Hubert Suschka (Ortuno), Fritz Links (Richter), Paula Ronay (Bäuerin)

DREI SCHWESTERN von Anton Tschechow
P: 17.4.1958 (50), R: Heinz Hilpert, A: Siegfried Stepanek, D: Heinz Hinze (Prosorow), Antje Ruge (Iwanowna), Ursula Burg (Olga), Inge Keller (Mascha), Margarete Taudte (Irina), Walter Lendrich (Kulygin), Wolfgang Langhoff (Werschinin), Hans-Peter Minetti (Tusenbach), Hubert Suschka (Ssoljony), Gerhard Bienert (Tschebutykin), Fritz Hofbauer (Ferapont), Mathilde Danegger (Anfissa)

Kammerspiele

AMPHITRYON 38 von Jean Giraudoux
P: 18.10.1957 (47), R: Rudolf Wessely, A: Heinrich Kilger, M: Peter Fischer, D: Waldemar Schütz (Jupiter), Horst Drinda (Merkur), Gisela Uhlen (Alkmene), Wilhelm Koch-Hooge (Amphitryon), Gisela May (Leda), Judit Harms (Ekklissa), Hans Stetter (Sosias)

DAS TAGEBUCH DER ANNE FRANK
von Frances Goodrich und Albert Hackett
P: 22.1.1958 (107), R: Emil Stöhr, B: Bert Kistner, K: Christa Haeseler, D: Wolfgang Heinz (Otto Frank), Ursula Burg (Edith Frank), Irmgard Somnitz (Margot), Kati Székely (Anne), Werner Pledath (Herr van Daan), Loni Michelis (Frau van Daan), Hans-Edgar Stecher (Peter), Friedrich Richter (Dussel), Ostara Körner (Miep), Hans Wehrl (Kraler)

DER MÜLLER VON SANSSOUCI von Peter Hacks
UA, P: 5.3.1958 (75), R: Wolfgang Langhoff, A: Werner Klemke, M: Peter Fischer, D: Ernst Kahler (Direktor des Schattentheaters), Herwart Grosse (Friedrich II.), Josef van Santen (Prinz Heinrich), Hans Stetter (de Catt), Friedrich Lobe (Zieten), Werner Segtrop (Podgurski), Arthur Malkowsky (Stutterheim), Adolf-Peter Hoffmann (Tornow), Paul R. Henker (Müller), Ulrich Thein (Nickel), Karla Runkehl (Lowise), Gert Andreae (Simon), Werner Pledath (Wewerka), Fritz Links (Debeln), Hans Eckert (Debel)

DER MANN DES SCHICKSALS/BLANCO POSNETS ERWECKUNG von George Bernard Shaw
P: 23.5.1958 (32), R: Karl Paryla, B: Siegfried Stepanek, K: Christel Räder, D: (Der Mann des Schicksals:) Karl Paryla (Napoleon), Horst Drinda (Leutnant), Hortense Raky (Fremde Dame), Georg Peter-Pilz (Grandi); (Blanco Posnets Erweckung:) Georg Peter-Pilz (Daniels), Werner Segtrop (Sheriff Kemp), Horst Drinda (Kemp), Karl Paryla (Blanco Posnet), Friedel Fredy (Hannah), Irmgard Somnitz (Lottie), Hanna Rieger (Emma), Steffi Freund (Jessie), Carola Braunbock (Babsy), Margret Homeyer (Feemy), Kurt Sperling (Obmann der Geschworenen), Arthur Malkowsky (Nestor), Hortense Raky (Frau)

WEH DEM, DER TRÄUMT von Eduardo de Filippo
DDR-EA, P: 11.6.1958 (17), R: Rudolf Wessely, A: Gabriele Mucchi, D: Amy Frank (Rosa), Lilly Schmuck (Maria), Fritz Links (Michele), Rudolf Wessely (Saporito), Walter Lendrich (Carlo), Werner Pledath (Cimmaruta), Antje Ruge (Mathilde), Ulrich Thein (Luigi), Ruth-Maria Kemper (Elvira), Heinz Voss (Brigadier)

WER DIE WAHL HAT von Joachim Knauth
UA, P: 1.7.1958 (8), R: Ernst Kahler, A: Annemarie Rost, D: Peter Sturm (Regierungsrat), Adolf-Peter Hoffmann (Kriminalrat), Gerd E. Schäfer (von Ixtheim), Hans Schoelermann (Flade), Willy Schwabe (Stromeyer), Hartmut Reck (Moritz Gall), Kurt Conradi (von Bock), Eckart Friedrichson (Gottfried Krüger), Gisela May (Wirtin), Lilly Schmuck (Lucie Seidenstricker)

SPIELZEIT 1958/59

Deutsches Theater

WOYZECK von Georg Büchner/ASTUTULI von Carl Orff
P: 26.11.1958, R: Wolfgang Langhoff, A: Heinrich Kilger, D: (Woyzeck:) Fred Düren (Woyzeck), Gisela May (Marie), Paul R. Henker (Hauptmann), Rudolf Wessely (Doktor), Heinz Voss (Tambourmajor), Rudolf Christoph (Unteroffizier), Gert Andreae (Andres), Carola Braunbock (Margret), Ingo Osterloh (Budenbesitzer), Fritz Links (Jude), Ostara Körner (Käthe), Johannes Maus (Narr Karl), Mathilde Danegger (Großmutter)
(Astutuli:) Ingo Osterloh, Heinz Voss (Zween Landsterzer), Georg Peter-Pilz, Fred Links (Zween Burger), Paul R. Henker (Zagelstecher), Steffi Freund (Fundula), Lilly Schmuck (Hortula), Anny Stöger (Vellicula), Rudolf Christoph, Dom de Beern, Gerhard Friedrich (Sponsierer), Harry Berber, Fritz Hofbauer (Hochweiser Rat), Hans Schille (Wunibald), Fred Düren (Der fremde Gagler), Marianne Vogelsang (Fahrende), Ensemble (Bürger einer kleinen Stadt, Männer, Weiberleut, Alte, Junge)

WALLENSTEIN von Friedrich Schiller
P: 26.3.1959 (80), R: Karl Paryla, A: Karl von Appen, M: Peter Fischer, Wolfgang Pietsch, D: (Wallensteins Lager:) Paul R. Henker (Wachtmeister), Josef van Santen (Trompeter), Otto Mellies, Wolfram Schaerf (Holkische Jäger), Rudolf Christoph (Dragoner), Kurt Conradi (Kürassier), Johannes Maus (Kroat), Gert Andreae (Rekrut), Hans Anklam (Bürger), Fritz Links (Bauer), Herwart Grosse (Kapuziner), Hanna Rieger (Marketenderin), Kati Székely (Aufwärterin); (Die Piccolomini/Wallensteins Tod:) Wolfgang Heinz (Wallenstein), Wolfgang Langhoff (Piccolomini), Horst Drinda (Max), Waldemar Schütz (Terzky), Adolf-Peter Hoffmann (Illo), Heinz Hinze (Isolani), Gerhard Bienert (Buttler), Arthur Malkowsky (Tiefenbach), Kurt Wenkhaus (Götz), Günter Margo (Deodati), Wolf-Dieter Panse (Neumann), Friedrich Richter (Questenberg), Harry Berber (Seni), Elfriede Florin (Herzogin von Friedland), Steffi Freund (Thekla), Hortense Raky (Gräfin Terzky), Peter Sturm (Kellermeister), Werner Segtrop (Wrangel), Fritz Hofbauer (Gordon), Ingo Osterloh (Deveroux), Georg Peter-Pilz (Macdonald), Gerhard Friedrich (Schwedischer Hauptmann), Hans Schoelermann (Bürgermeister)

SOMMERGÄSTE von Maxim Gorki
P: 11.7.1959 (21), R: Wolfgang Heinz, B: Siegfried Stepanek, K: Christel Räder, ME: Peter Fischer, Irene Meyer-Hanno, D: Waldemar Schütz (Bassow), Inge Keller (seine Frau), Margarete Taudte (Bassows Schwester), Otto Tausig (Tschornow), Herwart Grosse (Suslow), Ursula Burg (seine Frau), Gerhard Bienert (Dudakow), Margret Homeyer (seine Frau), Wilhelm Koch-Hooge (Schalimow), Hans-Peter Minetti (Rjumin), Erika Pelikowsky (Marja Lwowna), Karola Ebeling (Sonja), Paul R. Henker (Suslows Onkel), Gerhard Friedrich (Samyslow), Hans-Edgar Stecher (Simin), Herbert Richter (Wächter), Fritz Links (Kropilkin)

Kammerspiele

DIE LETZTE STATION von Erich Maria Remarque
P: 20.11.1958 (34), R: Emil Stöhr, A: Bert Kistner, D: Inge Keller (Anna Walter), Herwart Grosse (Ross), Margret Homeyer (Grete), Heinz Hinze (Schmidt II), Wolfram Schaerf (Maurer), Hans-Edgar Stecher (Mack), Friedrich Richter (Koch), Paula Ronay (Frau Körner), Rosemarie Bitter (Frau Rode), Kurt Conradi, Peter Sturm (Offiziere der Sowjet-Armee)

DIE FREMDE AUF DER INSEL von Georges Soria
DDR-EA, P: 10.3.1959 (27), R: Wolfgang Langhoff, A: Siegfried Stepanek, D: Erika Pelikowsky (Alicia Harper), Fred Düren (Spiropoulos), Wolf von Beneckendorff (Harper), Herwart Grosse (Mikaelides), Karola Ebeling (Elektra), Wolfram Schaerf (Nelson), Annie Stöger (Sekretärin)

STUDENTENKOMÖDIE von Gustav von Wangenheim
P: 28.5.1959 (61), R: Wolfgang E. Struck, B: Annemarie Rost, K: Elisabeth Lappe, D: Mathilde Danegger (Alwine Hampel), Jean Brahn (Karl), Friedrich Richter (Proband), Brigitte Krause (Lotte), Gerhard Friedrich (Peter), Hans-Edgar Stecher (Atze), Wolf-Dieter Panse (Horst), Karola Ebeling (Mariegret), Angela Brunner (Renate), Ruth-Maria Kemper (Beate)

DAS KAFFEEHAUS von Carlo Goldoni
P: 30.6.1959 (55), R: Emil Stöhr, A: Siegfried Stepanek, D: Josef van Santen (Ridolfo), Heinz Hinze (Don Marzio), Wolfram Schaerf (Eugenio), Fred Düren (Flaminio), Antje Ruge (Placida), Carola Braunbock (Vittoria), Gisela May (Lisaura), Georg Peter-Pilz (Pandolfo), Gert Andreae (Trappola), Margot Schröder (Piccolo), Peter Sturm (Hauptmann der Sbirren)

SPIELZEIT 1959/60

Deutsches Theater

NEULAND UNTERM PFLUG von Michail Scholochow
DT im Berliner Ensemble, P: 18.10.1959 (26), R: Wolfgang Langhoff, B: Heinrich Kilger, K: Christine Stromberg, M: Peter Fischer, D: Horst Drinda (Ssemjon Dawydow), Kurt Conradi (Nagulnow), Dom de Beern (Rasmetnow), Heinz Voss (Maidannikow), Friedo Solter (Pavel Jjubischkin), Margret Homeyer (Luschka), Fritz Links (Großvater Stschukar), Ingo Osterloh (Uschakow), Johannes Maus (Borschtschow), Gerhard Bienert (Ostrownow), Werner Pledath (Polowzew), Georg Peter-Pilz (Bannik), Peter Sturm (Achwatkin), Heino Winkler (Luschnja), Ulrich Thein (Timofej Damaskow), Adolf-Peter Hoffmann (Borodin), Trude Bechmann (Perfiljewna), Gudrun Ritter (Borodins Tochter), Anny Stöger

(Katerina), Ostara Körner (Nastja), Hanna Rieger (Marina), Mathilde Danegger (Anissja), Carola Braunbock (Awdotja), Annekathrin Bürger (Sina), Amy Frank (Ignatjenkowa), Rudolf Christoph (Choprow), Gert Andreae (Dymok), Hans Schoelermann (Kortschinskij), Walter Lendrich (Samojin), Paul R. Henker (Balabin), Fritz Hofbauer (Alter Kosak), Otto Mellies (Iwan Kusmitsch)

Kammerspiele

DIE TRICKBETRÜGERIN UND ANDERE MERKWÜRDIGE BEGEBENHEITEN, anonym
UA, P: 3.10.1959 (12), R: Herwart Grosse, A: Werner Klemke, D: (Die Trickbetrügerin:) Heinz Hinze (Chefredakteur), Antje Ruge (Sekretärin), Ruth-Maria Kemper (Kind), Margarete Taudte (Mutter); (Ein Schwabenstreich:) Emil Stöhr (Mann), Margret Homeyer (Frau), Wolf-Dieter Panse (Marodeur), Johannes Maus (Elektriker), Prof. Gerhard Eisler (Prof. Gerhard Eisler), Karl-Eduard von Schnitzler (Karl-Eduard von Schnitzler); (Der patriotische Pastor:) Paul R. Henker (Pastor), Fred Düren (Saboteur), Trude Bechmann (Altes Weib)

PROFESSOR MAMLOCK von Friedrich Wolf
P: 21.12.1959 (109), R: Wolf-Dieter Panse, A: Siegfried Stepanek, D: Wolfgang Heinz (Mamlock), Waldemar Schütz (Dr. Carlsen), Walter Lendrich (Dr. Hirsch), Friedo Solter (Dr. Hellpach), Inge Keller (Dr. Ruoff), Mathilde Danegger (Schwester Hedwig), Heinz Voss (Simon), Werner Pledath (Dr. Seidel), Ursula Burg (Ellen Mamlock), Otto Mellies (Rolf), Karola Ebeling (Ruth), Ulrich Thein (Ernst), Johannes Maus (Verwundeter Arbeiter)

EIN KOMISCHER MENSCH von Nazim Hikmet
DDR-EA, P: 23.2.1960 (17), R: Robert Trösch, A: Bert Kistner, D: Emil Stöhr (Rysa), Paul R. Henker (Redjeb-Bei), Peynette Voigt (Aitehn), Irma Münch (Nihal), Fred Düren (Abdurahman), Wolfram Schaerf (Nedjimi), Friedrich Richter/Robert Trösch (Ismail), Johannes Maus (Selim), Hans Anklam (Orhan), Eckart Friedrichson (Ali), Peter Sturm (Alexander), Dietrich Kerky (Hussein), Fritz Links (Isset), Dom de Beern (Teffik), Kurt Conradi (Nuri), Georg Peter-Pilz (Halid), Anny Stöger (Sehra), Gerhard Friedrich (Kamil), Kurt Sperling (Polizei-Agent)

MINNA VON BARNHELM
von Gotthold Ephraim Lessing
P: 30.3.1960 (171), R: Wolfgang Langhoff, A: Heinrich Kilger, D: Hans-Peter Minetti (Tellheim), Käthe Reichel (Minna), Harry Berber (Bruchsall), Gudrun Ritter (Franziska), Friedo Solter (Just), Heinz Voss (Werner), Herwart Grosse (Wirt), Elfriede Née (Dame in Trauer), Fred Düren (Riccaut)

WEISSES BLUT von Harald Hauser
P: 26.4.1960 (26), R: Wolfgang Heinz, B: Siegfried Stepanek, K: Christa Haeseler, D: Wilhelm Koch-Hooge (Otto Parochlitz), Lisa Macheiner (Auguste Parochlitz), Inge Keller (Eleonore von der Lohe), Gerhard Friedrich (Manfred von der Lohe), Georg Peter-Pilz (Schorsch), Adolf-Peter Hoffmann (Brinkhaus), Paul R. Henker (Soltau), Trude Bechmann (Martl)

CANDIDA/WIE ER IHREN MANN BELOG
von George Bernard Shaw
P: 10.7.1960 (59), R: Hannes Fischer, A: Bert Kistner, D: (Candida:) Waldemar Schütz (Morell), Ursula Burg (Candida), Gerhard Bienert (Burgess), Fred Düren (Mill), Margarete Taudte (Proserpina), Klaus Piontek (Marchbanks); (Wie er ihren Mann belog:) Lisa Macheiner (Sie), Adolf-Peter Hoffmann (ihr Mann), Ulrich Thein (Er)

SPIELZEIT 1960/61

Deutsches Theater

DIE HOLLÄNDERBRAUT von Erwin Strittmatter
UA, DT im Berliner Ensemble, P: 6.10.1960 (29), R: Benno Besson, B: Karl von Appen, K: Annemarie Rost, M: Irene Meyer-Hanno, D: Käthe Reichel (Hanna Tainz), Peter Sturm (Malten), Herwart Grosse (van Straaten), Johannes Maus (Löffler), Gisela May/Elfriede Née (Die Löffler), Fritz Links (Alter Tainz), Ingo Osterloh (Wiesel), Kurt Conradi (Kreiskommandant), Dom de Beern/Hans-Edgar Stecher (Volkspolizist), Anny Stöger (Murawski), Rudolf Christoph (Kalluweit), Heino Winkler (Rimkus), Hans Schille (Kulka), Kurt Wenkhaus (Baron), Loni Michelis (Baronin), Adolf-Peter Hoffmann (Alter Erdmann), Mathilde Danegger (Alte Erdmann), Friedo Solter (Heinrich Erdmann), Hans Schoelermann (Gutsinspektor), Antje Ruge (Schnufarski), Amy Frank (Feimer)

Kammerspiele

DIE INSEL GOTTES von Manfred Richter
P: 2.10.1960 (7), R: Wolf-Dieter Panse, B: Bert Kistner, K: Christa Haeseler, D: Irma Münch (Maria), Gerhard Friedrich (Nikos), Kurt Conradi (Fremder)

MITTERNACHTSMESSE von Peter Karvaš
P: 27.11.1960 (41), R: Ernst Kahler, A: Karl-Heinrich Schmidt, D: Friedrich Richter (Valentin), Amy Frank (Wilma), Kurt Conradi (Marian), Hans-Edgar Stecher (Juraj), Irma Münch (Angela), Fred Düren (Palo), Gudrun Ritter (Katka), Horst Drinda (Leutnant Brecker)

DIE HOSE von Carl Sternheim
P: 22.1.1961 (167), R: Carl M. Weber, A: Karl-Heinz Hoffmann, D: Gerhard Bienert (Maske), Margarete Taudte (Luise Maske), Gisela May (Deuter), Waldemar Schütz (Frank Scarron), Reimar Joh. Baur (Mandelstam), Rudolf Christoph (Fremder)

STURM AUS DEN SONNEN von Christoph Hamm/
DIE INSEL GOTTES von Manfred Richter
UA, P: 6.2.1961 (6), R: Ernst Kahler, B/K: Sigrid Hoffmann; R: Wolf-Dieter Panse, B/K: Bert Kistner, D: (Sturm aus den Sonnen:) Johannes Maus (Bauer), Ingo Osterloh (sein Bruder), Annelene Hischer (Mädchen), Alfred Praski (Nachbar), Paula Ronay (seine Frau), Ernst Kahler (Arzt); (Die Insel Gottes:) Irma Münch (Maria), Gerhard Friedrich (Nikos), Kurt Conradi (Fremder)

EINE GESCHICHTE AUS IRKUTSK von Alexej Arbusow
P: 4.4.1961 (63), R: Emil Stöhr, B: Heinrich Kilger, K: Christiane Dorst, M: Peter Fischer, D: Mathilde Danegger, Trude Bechmann, Evelyn Meyka, Kurt Conradi, Alfred Praski, Helmut Bruchhausen, Georg-Michael Wagner (Chor), Gudrun Ritter (Valja), Anny Stöger (Larissa), Herwart Grosse (Serdjuk), Horst Hiemer (Serjogin), Ulrich Thein (Boizow), Gerhard Friedrich (Rodik), Wolf-Dieter Panse (Denis), Hans-Edgar Stecher (Laptschenko), Annelene Hischer (Sina), Hella Müller (Maja), Ingrid Zimmermann (Njura), Johannes Maus (Angetrunkener)

DIE ILLEGALEN von Günther Weisenborn
P: 22.4.1961 (37), R: Ernst Kahler, Horst Drinda, A: John Heartfield, M: Hanns Eisler, D: Werner Pledath (Weihnacht), Else Wolz (Manna), Otto Mellies (Walter), Johanna Clas (Lill), Rudolf Christoph (Guter Nachbar), Heinz Voss (Bulle), Reimar Joh. Baur (Flöte), Barbara Adolph (Spatz), Johannes Maus (Karl), Günter Schmidt (Willi), Herwart Grosse (Tünn), Blanche Kommerell (Marie), Hans Ulrich Lauffer (Bock), Friedo Solter (Haber), Josef van Santen (Adam)

SPIELZEIT 1961/62

Deutsches Theater

DER KIRSCHGARTEN von Anton Tschechow
DT im Berliner Ensemble, P: 1.10.1961 (58), R: Wolfgang Heinz, B: Heinrich Kilger, K: Christel Räder, M: Peter Fischer, D: Erika Pelikowsky (Ranjewskaja), Gisela Büttner (Anja), Elfriede Née (Warja), Friedrich Richter (Gajew), Heinz Voss/Hannes Fischer (Lopachin), Emil Stöhr/Klaus Piontek (Trofimow), Arthur Malkowsky/Fred Praski (Pischtschik), Lisa Macheiner (Iwanowna), Fred Düren (Jepichodow), Elsa Grube-Deister (Dunjascha), Fritz Hofbauer/Gerhart Bienert (Firs), Friedo Solter (Jascha)

WILHELM TELL von Friedrich Schiller
P: 10.3.1962 (172), R: Wolfgang Langhoff, A: Heinrich Kilger, M: Hanns Eisler, D: Horst Drinda/Hannjo Hasse (Geßler), Herwart Grosse/Wolfgang Langhoff/Norbert Christian (Attinghausen), Ezard Haußmann/Wolf-Dieter Panse (Rudenz), Hans Lucke/Wolfgang Langhoff (Stauffacher), Erich Altrock/Dietrich Körner (Hunn), Arthur Malkowsky/Fritz Hofbauer (Reding), Gerhard Bienert/Heinz Suhr (Fürst), Friedo Solter (Tell), Ernst Kahler/Horst Hiemer (Rösselmann), Horst Hiemer/Lothar Diemke (Melchtal), Otto Mellies (Baumgarten), Günter Sonnenberg (Winkelried), Siegfried Höchst/Dieter Mann (von der Flüh), Inge Keller/Margarete Taudte (Gertrud), Johanna Clas (Hedwig), Irma Münch (Berta), Erika Pelikowsky/Anny Stöger/Käthe Reichel (Armgard), Adolf-Peter Hoffmann/Erik S. Klein (Frießhardt), Lothar Dimke/Dieter Franke (Leuthold), Rudolf Christoph/Harry Pietzsch (Harras)

Kammerspiele

DIE MITSCHULDIGEN
von Johann Wolfgang Goethe
P: 15.10.1961 (139), R: Wolfgang Langhoff, Wolf-Dieter Panse, A: Annemarie Rost, M: Reiner Bredemeyer, D: Walter Lendrich (Wirt), Gudrun Ritter/Annelene Hischer (Sophie), Friedo Solter/Peter Dommisch (Söller), Horst Drinda/Eberhard Esche (Alcest)

DIE DRITTE SCHWESTER von Pavel Kohout
DDR-EA, P: 19.11.1961 (28), R: Karl Paryla, A: Zbynek Kolár, D: Lisa Macheiner (Mutter), Hortense Raky (Libusche), Barbara Adolph (Pavla), Hella Müller (Petra), Amy Frank (Koltschawa), Rudolf Christoph/Günter Sonnenberg (Ferdysch), Horst Hiemer (Wit), Fritz Links (Koterle), Fred Mahr (Doktor Plachy), Harry Hindemith (Ladislaw Plachy), Alfred Praski (Halena), Heinz Hinze/Adolf-Peter Hoffmann (Konitschek), Gert Andreae (Kral), Trude Bechmann (Frau Kral), Mathilde Danegger (Hausbesitzerin), Helmut Bruchhausen (Kliment), Fred Düren (Im Namen des Autors)

DER BIBERPELZ von Gerhart Hauptmann
P: 23.1.1962 (77), R: Ernst Kahler, A: Karl-Heinrich Schmidt, D: Norbert Christian/Heinz Hinze (von Wehrhahn), Josef van Santen (Krüger), Wolf-Dieter Panse (Fleischer), Gert Andreae (Motes), Sabine Thalbach (Frau Motes), Gisela May (Frau Wolff), Gerhard Bienert/Walter Richter-Reinick (Julius Wolff), Annelene Hischer (Leontine), Renate Luderer (Adelheid), Johannes Maus (Wulkow), Peter Dommisch (Glasenapp), Fred Düren/Hans Anklam (Mitteldorf)

HAUS HERZENSTOD von George Bernard Shaw
P: 29.4.1962 (154), R: Wolfgang Heinz, B: Ralf Winkler, K: Erika Mund, D: Herwart Grosse (Shotover), Inge Keller (Lady Ariadne), Erika Pelikowsky (Hesione Hushabye), Emil Stöhr/Wilhelm Koch-Hooge (Hushabye), Horst Drinda (Utterword), Josef van Santen/Heinz Hinze (Dunn), Gudrun Ritter (Ellie), Adolf-Peter Hoffmann (Mangan), Ernst Kahler/Fred Düren (Einbrecher), Amy Frank/Mathilde Danegger/Hanna Rieger (Guiness)

DIE HEIRAT DES HEIRATSSCHWINDLERS
von Oldrich Daněk
DDR-EA, P: 12.7.1962 (36), R: Horst Drinda, A: Annemarie Rost, D: Emil Stöhr (Klapatschek), Joachim Bober (Erno Klapatschek), Erika Pelikowsky (Schipkowa), Friedrich Richter (Anderscht), Lisa Macheiner (Anderschtowa), Katja Paryla (Milena), Antje Ruge (Irena), Gert Andreae (Ratzek), Johannes Maus (Schouflik), Hannes Fischer (Hesoun), Peter Dommisch (Schikerle), Kurt Wenkhaus (Beran), Manja Behrens (Klepschowa), Blanche Kommerell (Pionierin)

SPIELZEIT 1962/63

Deutsches Theater

DIE SORGEN UND DIE MACHT von Peter Hacks
UA/NF, P: 2.10.1962 (22), R: Wolfgang Langhoff, A: Heinrich Kilger, M: Reiner Bredemeyer, D: Ernst Kahler (Prolog), Fritz Diez (Twardowski), Hans-Joachim Hanisch (Kunze), Siegfried Höchst (Melz), Walter Lendrich (Hoffmeier), Otto Mellies (Max Fidorra), Friedo Solter (Ziedewang), Lothar Dimke (Fromm), Gerhard Bienert (Rauschenbach), Fritz Links (Ertel), Franz Bonnet (Kickull), Hanna Rieger/Mathilde Danegger (Hoffmann), Anny Stöger (Bittrich), Henny Müller/Margarete Taudte (Flasshaar), Bärbel Bolle (Holdefleiss), Ernst Kahler (Sekretär des VEB Hohlglas), Annelene Hischer (Hede Stoll), Gudrun Ritter/Barbara Dittus (Valeska), Günter Sonnenberg (Glasmacher), Hans Lucke/Heino Winkler (Generatorwart), Helmut Bruchhausen (Arbeiter von der Frühschicht), Ezard Haußmann (Birkenbihl), Horst Hiemer (Delegierter der Brikett-Fabrik), Erich Altrock (Vorsitzender der Revier-Konferenz), Rudolf Christoph (Muser), Anne Dessau (Sekretärin), Adolf-Peter Hoffmann/Heinz Hinze (Conférencier), Fred Praski (Schalmeibläser), Elsa Grube-Deister (Frau Kunze), Sabine Thalbach (Nelly)

DER FRIEDEN von Peter Hacks nach Aristophanes
UA, P: 14.10.1962 (250), R: Benno Besson, A: Heinrich Kilger, M: André Asriel, D: Fred Düren (Trygaios), Mathilde Danegger und Trude Bechmann (seine Töchter), Georg-Michael Wagner, Peter Dommisch (Sklaven), Klaus Piontek (Hermes), Rudolf Christoph (Krieg), Eberhard Esche (Tumult), Helmut Bruchhausen (Helmschmied), Adolf-Peter Hoffmann/Hans Lucke (Waffenkrämer), Heinz Suhr (Hierokles), Elsa Grube-Deister (Herbstfleiß), Brigitte Soubeyran (Lenzwonne), Brigitte Martin (Eirene), Reimar Joh. Baur (Chorführer)

DER MANN MIT DEM GEWEHR von Nikolai Pogodin
P: 2.12.1962 (25), R: Horst Schönemann, A: Franz Havemann, M: Reiner Bredemeyer, D: Herwart Grosse (Lenin), Friedo Solter (Iwan Schadrin), Erik S. Klein (Tschibissow), Elsa Grube-Deister (Katja), Annelene Hischer (Nadja), Hans Anklam (Stameskin), Franz Bonnet/Walter Lendrich (Jewtuschenko), Günter Sonnenberg (Lopuchow), Hannjo Hasse (Hauptmann), Heinz Suhr (Sibirzew), Margarete Taudte (Iwanowna), Mathilde Danegger (Nikitschna), Joachim Bober (Witalik), Heinz Hinze (Junger General), Rudolf Christoph (Politiker der Kadetten), Erich Altrock (Industrieller), Kurt Wenkhaus/Adolf-Peter Hoffmann (Kapitalist), Sabine Thalbach (Miss Fish), Hans Bergermann (Heizer), Trude Bechmann (Gnadenbrotempfängerin), Peter Dommisch (Wolodja), Horst Hiemer (Samsonow), Eberhard Esche (Student), Ernst Kahler (Heizkommissar), Siegfried Höchst (Agitator)

ROTE ROSEN FÜR MICH von Sean O'Casey
P: 30.4.1963 (35), R: Ernst Kahler, A: Horst Sagert, M: Reiner Bredemeyer, D: Mathilde Danegger (Frau Breydon), Otto Mellies (Ayamonn Breydon), Trude Bechmann (Eeada), Hanna Rieger (Dympna), Annelene Hischer (Finnoola), Barbara Dittus/Gudrun Ritter (Sheila Moorneen), Fritz Links (Brennan O'the Moor), Günter Sonnenberg (Sänger), Lothar Dimke (Roory O'Balacaun), Siegfried Höchst (Mullcanny), Walter Lendrich (Reverend Clinton), Adolf-Peter Hoffmann/Heinz Hinze (Samuel), Rudolf Christoph (Inspektor), Hannjo Hasse (Foster), Erik S. Klein (Eisenbahner), Joachim Bober, Ezard Haußmann/Günter Haack, Ernst Kahler (Arbeiter)

Kammerspiele

INSPEKTOR CAMPBELLS LETZTER FALL
von Saul O'Hara
DDR-EA, P: 8.12.1962 (164), R: Lothar Bellag, Wolfgang Langhoff, A: Karl-Heinrich Schmidt, D: Gerhard Bienert (Campbell), Friedrich Richter/Walter Lendrich (Brocklesby), Amy Frank/Lisa Macheiner (Lydia Barbent), Käthe Reichel (Honoria Dodd), Ezard Haußmann/Dietrich Körner/Joachim Bober (Fletcher), Gudrun Ritter/Barbara Dittus/Heide Kipp (Jennifer), Bärbel Bolle/Barbara Dittus (Poll), Harry Pietzsch (Perkins)

ZWEI HERREN AUS VERONA von William Shakespeare
P: 27.3.1963 (54), R: Benno Besson, A: Annemarie Rost, M: André Asriel, D: Wilhelm Koch-Hooge (Herzog), Klaus Piontek (Valentin), Horst Hiemer (Proteus), Helmut Bruchhausen/Heinz Suhr/Rudolf Christoph (Antonio), Reimar Joh. Baur (Thurio), Peter Dommisch (Eglamour), Eberhard Esche (Schnell), Fred Düren (Lanz), Hans Bergermann (Pantino), Käthe Reichel (Julia), Irma Münch (Silvia), Sabine Thalbach (Lucetta), Erich Altrock (Wirt), Johannes Maus/Erik S. Klein, Harry Pietzsch, Heino Winkler (Vogelfreie), Brigitte Martin/Margit Bendokat (Zofe), Gerhard Wien (Diener)

DER SNOB von Carl Sternheim
P: 11.4.1963 (169), R: Fritz Bornemann, A: Karl-Heinrich Schmidt, D: Gerhard Bienert (Theobald Maske), Margarete Taudte (Luise Maske), Horst Drinda (Christian Maske), Wilhelm Koch-Hooge (Palen), Barbara Adolph (Marianne Palen), Lisa Macheiner (Sybil Hull), Sabine Thalbach (Jungfer), Richard Rau (Diener)

PROZESS RICHARD WAVERLY von Rolf Schneider
UA, P: 12.7.1963 (38), R: Wolf-Dieter Panse, A: Karl-Heinrich Schmidt, D: Günther Haack (Mulatte), Herwart Grosse (Anderson), Barbara Dittus (Cathie), Hans Lucke (Lewis), Georg-Michael Wagner (Assistent), Reimar Joh. Baur (Waverly), Kurt Wenkhaus/Heino Winkler (Richter), Günter Margo (Schriftführer), Adolf-Peter Hoffmann/Rudolf Christoph (Stout), Helmut Bruchhausen/Wolf-Dieter Panse (Webbs), Heinz Hinze (Charles), Hannjo Hasse (Humphrey), Elfriede Née (Gladys), Eberhard Esche (Harrison), Friedrich Richter/Kurt Sperling (Wright)

Die Intendanz Wolfgang Heinz 1963–31. Dezember 1969

SPIELZEIT 1963/64

Deutsches Theater

IPHIGENIE AUF TAURIS
von Johann Wolfgang von Goethe
P: 4.10.1963 (123), R: Wolfgang Langhoff, A: Heinrich Kilger, D: Inge Keller (Iphigenie), Wolfgang Langhoff/Herwart Grosse (Thoas), Horst Drinda/Horst Hiemer (Orest), Otto Mellies (Pylades), Ernst Kahler/Dietrich Körner (Arkas)

FIEBER von Horia Lovinescu
P: 17.1.1964 (18), R: Gotthart Müller, A: Ralf Winkler, D: Wilhelm Koch-Hooge/Friedrich Richter (Professor), Horst Drinda (Tóma), Helga Labudda (Néli), Heinz Hinze (Pantázi), Gerhard Lau (Frincu), Johannes Maus (Danilov), Ernst Kahler/Herwart Grosse (Méres), Lissy Tempelhof (Anca), Dietrich Körner (Simión), Joachim Bober (Jáni), Fritz Links (Mos Elizei)

SCHAU HEIMWÄRTS, ENGEL
von Ketti Frings (nach Thomas Wolfe)
P: 26.2.1964 (72), R: Hannes Fischer, A: Walter Wallbaum, D: Albert Garbe (Oliver Gant), Erika Pelikowsky (Eliza Grant), Reimar Joh. Baur (Bent Gant), Klaus Piontek (Eugene Gant), Günther Haack/Lothar Dimke (Luke Gant), Lissy Tempelhof/Elfriede Née (Helen Barton), Hannjo Hasse (Hugh Barton), Adolf-Peter Hoffmann (Pentland), Henny Müller (Mrs. Pert), Anny von Orelli/Trude Bechmann (Mrs. Clatt), Annelene Hischer/Barbara Dittus (Laura James), Gerhard Bienert (Dr. Maguire), Lisa Macheiner (Madame Elizabeth)

HAMLET von William Shakespeare
P: 17.4.1964 (65), R: Wolfgang Heinz, A: Heinrich Kilger, D: Friedo Solter (Claudius), Lisa Macheiner (Gertrud), Horst Drinda (Hamlet), Harry Pietzsch/Eberhard Esche/Dieter Mann (Fortinbras), Herwart Grosse (Polonius), Helga Labudda (Ophelia), Reimar Joh. Baur/Ezard Haußmann (Laertes), Dietrich Körner/Gerhard Lau/Rudolf Christoph (Horatio), Erik S. Klein (Rosenkranz), Günter Sonnenberg (Güldenstern), Hannes Fischer/Gerhard Lau/Uwe-Detlev Jessen (Osrick), Ezard Haußmann/Harry Pietzsch (Marcellus), Peter Dommisch (Bernardo), Horst Manz (Franzisko), Horst Hiemer (1. Schauspieler), Irma Münch (Schauspielerin), Fred Düren/Fred Links (1. Totengräber), Joachim Bober/Dieter Mann (2. Totengräber)

DER GROSSE PLAN von Johannes R. Becher
P: 17.5.1964 (3), R: Wolf-Dieter Panse, B/K: Joachim Bober, Walter Wallbaum, Annemarie Rost, D: Das Ensemble

Kammerspiele

FORTSETZUNG MORGEN von Imre Dobozy
DDR-EA, P: 13.10.1963 (31), R: Wolfgang Heinz, Hans-Diether Meves, A: Walter Wallbaum, D: Herwart Grosse (Agass), Klaus Piontek (Laci), Johanna Clas/Anny Stöger (Mária), Adolf-Peter Hoffmann (Cserepes), Horst Hiemer (Laczkó), Erik S. Klein (Barla), Hannjo Hasse (Bertók), Peter Dommisch (Szijártó), Trude Bechmann/Ellis Heiden/Elsa Grube-Deister (Sárika)

DER TARTÜFF von Jean Baptiste Molière
P: 31.12.1963 (251), R: Benno Besson, A: Horst Sagert, M: Reiner Bredemeyer, D: Mathilde Danegger (Pernelle), Hans Lucke (Orgon), Inge Keller (Elmire), Siegfried Höchst/Ingolf Gorges (Damis), Bärbel Bolle/Gudrun Ritter (Mariane), Ezard Haußmann/Klaus Piontek/Volkmar Kleinert (Valère), Ernst Kahler/Norbert Christian (Cléante), Fred Düren (Tartüff), Elsa Grube-Deister (Dorine), Josef van Santen/Adolf-Peter Hoffmann (Loyal), Harry Pietzsch (Polizeibeamter), Margit Bendokat (Flipote), Gerhard Wien (Laurent)

1913 von Carl Sternheim
P: 26.3.1964 (23), R: Fritz Bornemann, A: Erich Geister, D: Wolfgang Langhoff (Christian Maske), Eberhard Esche (Philipp Ernst), Margit Bendokat (Ottilie), Käthe Reichel (Sofie von Beeskow), Wilhelm Koch-Hooge (von Beeskow), Klaus Piontek (Prinz Oels), Hans-Peter Minetti (Krey), Günther Haack (Stadler)

SPIELZEIT 1964/65

Deutsches Theater

UNTERWEGS von Viktor Rosow
DDR-EA, P: 27.9.1964 (161), R: Hans-Diether Meves, Friedo Solter, B: Josef Svoboda, K: Annemarie Rost, M: Siegfried Matthus, D: Dieter Mann (Wolodja), Barbara Dittus (Mädchen), Anny Stöger (Mutter), Ernst Kahler (Vater), Gerhard Bienert (Onkel), Mathilde Danegger (Tante), Christine Schorn (Sima), Horst Manz (Bauer), Annelene Hischer (Bäuerin), Fred Düren (Streckenwärter), Elsa Grube-Deister (seine Frau), Harry Pietzsch (LKW-Fahrer), Antje Ruge (Hausfrau), Fritz Links (Alter),

Ingolf Gorges/Volkmar Kleinert (Paltschikow), Johannes Maus (Sapunow), Erik S. Klein (Dienstreisender), Trude Bechmann (Frau), Klaus Piontek/Gert Andreae (Danylitsch), Dieter Franke (Petrowitsch), Eberhard Esche/Volkmar Kleinert (Pawel), Helga Labudda (Galjia), Sabine Thalbach (Ärztin)

TERRA INCOGNITA von Kurt Bartel
P: 13.1.1965 (13), R: Hans-Diether Meves, A: Walter Wallbaum, D: Christine Schorn (Stüwe), Herwart Grosse (Dr. Grebe), Friedo Solter (Koller), Elfriede Née (Gisela Koller), Hans Lucke (Juschin), Ulrich Thein/Harry Pietzsch (Ustinow), Horst Hiemer (Raspe), Dieter Franke (Keutel), Peter Dommisch (Schecke), Volkmar Kleinert (Mustafa), Dieter Mann (Jörn), Lothar Dimke (Murr), Bärbel Bolle/Barbara Dittus (Monika), Gerhard Bienert (Zarge), Horst Drinda (Dr. Hülle), Gerhard Lau (Wittel), Irma Münch/Lissy Tempelhof (Dr. Saupe), Otto Mellies (Mahlzahn), Rudolf Christoph (Küsters), Mathilde Danegger/Hanna Rieger (Alma Rogers), Annelene Hischer (Karin)

DER DRACHE von Jewgenij Schwarz
DDR-EA, P: 21.3.1965 (580), R: Benno Besson, A: Horst Sagert, M: Reiner Bredemeyer, D: Rolf Ludwig/Peter Aust (Drache), Eberhard Esche/Edgar Harter (Lancelot), Dieter Franke/Erhard Marggraf (Charlesmagne), Katharina Lind/Ursula Karusseit/Cox Habbema/Ursula Staack (Elsa), Horst Drinda (Bürgermeister), Peter Dommisch/Dieter Mann (Heinrich), Johannes Maus/Walter Lendrich (Mariechen, der Kater), Gerhard Lau/Siegfried Höchst/Harry Pietzsch/Willy Scholz/Horst Manz/Christian Stövesand (2 Weber), Hans Bergermann (Großmeister der Hutmacherzunft), Fritz Westphal/Sadegh Shabaviz (Schmied), Franz Bonnet/Dieter Mann/Friedrich Richter/Rudolf Christoph (Meister der Instrumentenbauerzunft), Barbara Adolph/Heidrun Perdelwitz (Anna), Helga Labudda/Christine Schorm/Bärbel Bolle/Ingrid Schwienke (Erna), Barbara Dittus/Christine Schorn/Karin Freiberg/Heidemarie Schneider (Berta), Günter Sonnenberg (Wachtposten), Fritz Links / Erhard Marggraf/Lothar Förster (Gärtner), Heinz Hinze/Rudolf Christoph (1. Bürger), Lothar Dimke (2. Bürger), Anny Stöger/Annelene Hischer (1. Bürgerin), Antje Ruge/Elfriede Née/Erika Westphal (2. Bürgerin), Erik S. Klein/Horst Hiemer/Christian Stövesand (Kerkerkommandant)

Kammerspiele

GELIEBTER LÜGNER von Jerome Kilty
P: 20.9.1964 (131), R: Wolfgang Heinz, B: Heinrich Kilger, K: Christine Stromberg, D: Erika Pelikowsky (Mrs. Campbell), Herwart Grosse (Shaw)

DIE SCHÖNE HELENA
von Peter Hacks (nach Meilhac und Halévy, Musik von Jacques Offenbach)
UA, P: 6.11.1964 (149), R: Benno Besson, A: Heinrich Kilger, ME: Herbert Kawan, Dir: Reiner Bredemeyer, D: Dieter Franke/Fritz Hofbauer/Gerhard Lau (Jupiter), Peter Dommisch (Merkur), Barbara Dittus/Christine Schorn (Venus), Barbara Adolph/Annelene Hischer (Minerva), Antje Ruge (Juno), Fred Düren (Paris), Elsa Grube-Deister (Helena), Rolf Ludwig (Kalchas), Reimar Joh. Baur/Norbert Christian/Hans Lucke (Agamemnon), Harry Pietzsch (Achilles), Hans Lucke (Ajax I), Johannes Maus/Lothar Dimke (Ajax II), Josef van Santen/Günter Sonnenberg (Menelaos), Eberhard Esche (Orest), Katharina Lind/Gudrun Ritter (Parthenis), Bärbel Bolle (Leaena), Rudolf Christoph (Homer), Johanna Clas/Margarete Taudte (Bacchis), Dieter Franke/Sadegh Shabaviz (Obersklave), Sabine Thalbach (Galatea), Brigitte Soubeyran (Sklavin/Pferd/Spartanerin/Galeere)

DER SCHWARZE SCHWAN
von Martin Walser (Lesetheater 1)
P: 27.3.1965 (3), R: Wolf-Dieter Panse, A: Joachim Bober, D: Reimar Joh. Baur (Goothein), Herwart Grosse (Liberé), Irma Münch (Irm), Lisa Macheiner (Frau Liberé), Erik S. Klein (Prof. Goothein), Wilhelm Koch-Hooge (von Trutz), Sabine Thalbach (Tinchen), Dietrich Körner (Gerold), Hans-Peter Minetti (Figilister), Heinz Hinze (Seelschopp), Fritz Links (Bruno)

DER BÜRGERMEISTER
von Gert Hofmann (Lesetheater 2)
P: 24.5.1965 (2), R: Wolf-Dieter Panse, A: Joachim Bober, D: Norbert Christian (Moll), Lissy Tempelhof (Therese), Horst Hiemer (Nachtigall)

SPIELZEIT 1965/66

Deutsches Theater

ZWISCHENFALL IN VICHY von Arthur Miller
DDR-EA, P: 4.10.1965 (45), R: Wolfgang Heinz, A: Walter Wallbaum, D: Reimar Joh. Baur (von Berg), Horst Drinda (Leduc), Hans-Peter Minetti (Lebeau), Rolf Ludwig (Bayard), Hans Lucke (Marchand), Hans Bergermann (Kellner), Klaus Piontek (Major), Hannes Fischer (Professor), Sadegh Shabaviz (Zigeuner), Fritz Hofbauer/Kurt Wenkhaus/Friedrich Richter (Alter Jude), Otto Mellies (Monceau)

KRIEG UND FRIEDEN
von Erwin Piscator, Günter Neumann und Guntram Prüfer (nach Leo Tolstoi)
DT in der Volksbühne; DT, P: 10.4.1963 (26), R: Wolfgang Heinz, Hannes Fischer, B/K: Gerhard Schade, Erich Geister, M: Reiner Bredemeyer, D: Wolfgang Heinz (Erzähler), Hannes Fischer (Pierre), Dietrich Körner (Andrej), Herwart Grosse (Alter Fürst), Johanna Clas (Lisa), Erika Pelikowsky/Margarete Taudte (Marja), Ernst Kahler/Gerhard Lau (Alpatytsch), Franz Bonnet (Tichon), Helga Labudda (Natascha), Lisa Macheiner (Gräfin), Dieter Mann (Nikolai), Friedo Solter (Napoleon), Ezard Haußmann (Zar Alexander), Heinz Suhr (Kutusow)

DER STELLVERTRETER von Rolf Hochhuth
P: 5.3.1966 (128), R: Hans-Diether Meves, Friedo Solter, B: Josef Svoboda, K: Christine Stromberg, M: Siegfried Matthus, D: Adolf-Peter Hoffmann (Nuntius), Reimar Joh. Baur (Jesuitenpater), Fritz Hofbauer/Fritz Links (Pater), Jürgen Hentsch (Gerstein), Horst Hiemer (Jacobson), Fred Düren/Hannes Fischer (Doktor), Herwart Grosse (Fontana), Günter Sonnenberg (Fotograf), Hans Bergermann (Diener), Wolfgang Heinz (Kardinal), Erik S. Klein (Ordensgeneral), Friedrich Richter (Italienischer Offizier), Horst Drinda (Papst Pius XII.), Dieter Mann (Schreiber), Walter Lendrich/Ernst Kahler (Mann), Käthe Reichel/Henny Müller (Frau), Margit Bendokat/Christine Schorn (Mädchen)

Kammerspiele

DIE MILLIONÄRIN von George Bernard Shaw
P: 18.8.1965 (394), R: Hannes Fischer, A: Walter Wallbaum, D: Lisa Macheiner (Epifania), Dietrich Körner (ihr Gatte), Klaus Piontek/Wolf-Dieter Panse (Sagamore), Wilhelm Koch-Hooge/Hans-Peter Minetti (Blenderbland), Helga Labudda/Margarete Taudte (Patricia Smith), Otto Mellies/Hans-Peter Minetti (Ägyptischer Arzt), Fritz Links/Walter Lendrich (Joe), Trude Bechmann/Ellys Heiden (Joes Frau)

DER REGENWETTERMANN
von Alfred Matusche (Lesetheater 3)
P: 25.9.1965 (2), R: Wolf-Dieter Panse, A: Joachim Bober, D: Herwart Grosse (Lehrer), Erik S. Klein (Totengräber), Ingolf Gorges (Dani), Rudolf Christoph (Hauptmann Fränkel), Gerhard Lau (Feldwebel Escher), Klaus Piontek (Waren), Dieter Mann (Gleß), Elsa Grube-Deister (Rebe), Annelene Hischer (Halka)

DER MOND SCHEINT AUF KYLENAMOE
von Sean O'Casey
P: 6.10.1965 (68), R: Adolf Dresen, A: Achim Freyer, D: (Halle der Heilung:) Dieter Franke (Halleluja), Trude Bechmann (Alte Frau), Johanna Clas (Junge Frau/Mädchen), Fritz Links (Schwarzer Schal), Günter Sonnenberg (Grüner Schal), Horst Hiemer (Jentree), Walter Lendrich (Doktor), Heinz Hinze (Apotheker), Johannes Maus (Roter Schal), Henny Müller/Elsa Gruber-Deister/Margit Bendokat (Graues Tuch)
(Ein Pfund abheben:) Walter Lendrich (Jerry), Dieter Franke (Sammy), Henny Müller (Postfräulein), Trude Bechmann/Margit Bendokat (Dame), Dietrich Körner/Rudolf Christoph (Polizist)
(Der Mond scheint auf Kylenamoe:) Günter Sonnenberg (Tomasheen), Dieter Franke (Schaffner), Heinz Hinze (Lord Leslieson), Horst Hiemer (Junger Mann), Johanna Clas/Elsa Gruber-Deister/Margit Bendokat (sein Mädchen), Fritz Links (Corny Conroy), Henny Müller (Martha Conroy), Johannes Maus (Andy O'Hurrie), Trude Bechmann (Passagier)

ZOO oder DER MENSCHENFREUNDLICHE MÖRDER
von Vercors
DDR-EA, P: 10.12.1965 (50), R: Boyan Danovski, A: José Sancha, D: Rudolf Christoph/Harry Pietzsch/Ezard Haußmann (Richter), Gerhard Lau/Wolf-Dieter Panse (Obmann der Geschworenen), Walter Lendrich/Ezard Haußmann (Kronanwalt), Inge Keller (Jameson), Otto Mellies/Uwe-Detlev Jessen (Templemore), Ingolf Gorges/Gert Andreae (Reporter), Fritz Links (Dr. Figgins), Gudrun Ritter/Irma Münch (Sybil Greame), Herwart Grosse (Sir Draper), Wilhelm Koch-Hooge (Minister), Erika Pelikowsky (Lady Draper), Fred Düren/Rudolf Christoph (Minchett), Gerhard Bienert (Greame), Hans Lucke (Obmann), Dietrich Körner (Pater Dillighan), Erik S. Klein (Prof. Crabe), Ernst Kahler (Dr. Bulbrough), Adolf-Peter Hoffmann/Heinz Suhr (Vancruysen), Reimar Joh. Baur/Dieter Mann (Prof. Knaatsch), Hannjo Hasse/Jürgen Hentsch (Prof. Eatos)

103 DIALOGE ÜBER DEUTSCHLAND
von Richard Matthias Müller (Lesetheater 4)
P: 7.2.1966 (2), R: Peter Ullrich, D: Ernst Kahler (Vater), Dieter Mann (Sohn)

SPIELZEIT 1966/67

Deutsches Theater

NATHAN DER WEISE von Gotthold Ephraim Lessing
P: 13.10.1966 (215), R: Friedo Solter, A: Heinrich Kilger, D: Jürgen Holtz (Saladin), Johanna Clas/Barbara Adolph (Sittah), Wolfgang Heinz (Nathan), Christine Schorn/Simone von Zglinicki (Recha), Elsa Grube-Deister (Daja), Dieter Mann/Christian Grashof (Tempelherr), Rolf Ludwig/Uwe-Detlev Jessen (Derwisch), Hannes Fischer/Adolf-Peter Hoffmann/Ralph Borgwardt (Patriarch), Dietrich Körner/Peter Dommisch (Klosterbruder)

ÖDIPUS TYRANN
von Sophokles (Bearbeitung von Heiner Müller, nach Hölderlins Übersetzung)
UA, P: 31.1.1967 (78), R: Benno Besson, B/K: Horst Sagert, M: Reiner Bredemeyer, D: Fred Düren (Ödipus), Lissy Tempelhof (Jokaste), Dieter Franke (Kreon), Hannes Fischer/Hans-Peter Minetti (Priester), Horst Hiemer (Teiresias), Klaus Piontek (Bote aus Korinth), Reimar Joh. Baur (Diener des Lajos), Käthe Reichel/Mathilde Danegger (Magd), Rudolf Christoph, Lothar Dimke, Uwe-Detlev Jessen, Ernst Kahler, Volkmar Kleinert, Dietrich Körner, Gerhard Lau, Hans Lucke, Dieter Mann, Horst Manz, Günter Sonnenberg (Chor)

Kammerspiele

MASS FÜR MASS von William Shakespeare
P: 17.9.1966 (212), R: Adolf Dresen, A: Walter Wallbaum, D: Reimar Joh. Baur/Klaus Piontek (Herzog), Eberhard Esche/Jürgen Holtz (Angelo), Gerhard Bienert (Escalus), Rolf Ludwig/Peter Aust/Peter Reusse (Claudio), Jürgen Holtz/Reimar Joh. Baur/Horst Lebinsky (Lucio), Willi Scholz (Schaum), Günter Sonnenberg (Profoß), Hans Bergermann (Ellbogen), Peter Dommisch/Horst Weinheimer (Pompejus), Walter Lendrich/Lothar Förster (Grusel), Harry Pietzsch (Barnardin), Ursula Karusseit/Bärbel Bolle (Isabella), Annelene Hischer (Mariana), Christine Schorn/Gudrun Ritter (Julia), Henny Müller/Johanna Clas (Frau Übermaß)

WIE MAN KARRIERE MACHT
von Alexander N. Ostrowski
P: 23.11.1966 (48), R: Wolf-Dieter Panse, A: Werner Klemke, D: Eberhard Esche (Dmitritsch), Mathilde Danegger (Glumowa), Gerhard Bienert (Mamajew), Lisa Macheiner (Mamajewa), Horst Drinda (Gorodulin), Herwart Grosse/Heinz Suhr (Krutizkij), Erika Pelikowsky (Turussina), Annelene Hischer (Maschenka), Jürgen Hentsch/Wolf-Dieter Panse (Kurtschajew), Peter Dommisch/Lothar Dimke (Golutwin)

DIE HEIRAT von Nikolai Gogol
P: 2.3.1967 (43), R: Hans-Diether Meves, A: Günter Altmann, D: Margit Bendokat (Tichonowna), Antje Ruge (Pantelejmonowna), Elsa Grube-Deister (Iwanowna), Friedo Solter (Podkoljessin), Rolf Ludwig (Kotschkarew), Hannes Fischer (Spiegelei), Hans Bergermann (Anutschkin), Uwe-Detlev Jessen (Shewakin), Bärbel Bolle/Christine Schorn (Dunjaschka)

SPIELZEIT 1967/68

Deutsches Theater

FEINDE von Maxim Gorki
P: 2.10.1967 (27), R: Wolfgang Heinz, A: Gunter Kaiser, D: Dietrich Körner (Sachar Bardin), Erika Pelikowsky (Polina), Reimar Joh. Baur (Jakow Bardin), Inge Keller/Irma Münch (Tatjana), Bärbel Bolle (Nadja), Herwart Grosse/Gerhard Bienert (Petschenjegow), Friedo Solter/Harry Pietzsch (Michail Skrobotow), Lissy Tempelhof (Kleopatra), Horst Drinda (Nikolaj Skrobotow), Jürgen Hentsch (Sinzow), Jürgen Holtz/Walter Lendrich (Pologij), Dieter Franke (Konj), Dieter Mann (Grekow), Fred Düren (Lewschin), Ernst Kahler (Jagodin), Klaus Hecke (Rjabzow), Reinhard Michalke (Akimow)

EIN LORBASS von Horst Salomon
P: 12.10.1967 (128), R: Benno Besson, A: Heinrich Kilger, M: Reiner Bredemeyer, D: Eberhard Esche (Lorbaß), Mathilde Danegger/Trude Bechmann (Oma Schmieder), Rudolf Christoph/Gerhard Lau (Willibald Schmieder), Johanna Clas (Regina Schmieder), Rolf Ludwig (Hirsch), Jürgen Holtz/Uwe-Detlev Jessen (Kowalski), Ursula Karusseit (Madeleine), Jutta Hoffmann/Gudrun Ritter (Margrit), Klaus Piontek (Prans), Inge Keller/Margarete Taudte (Berta Prans), Reinhard Michalke/Horst Manz (Guttmann), Dieter Franke/Horst Hiemer (Brauer), Reimar Joh. Baur (Schellfisch), Günter Sonnenberg (Wägner), Peter Dommisch/Günter Margo (Pomuchel), Gerhard Bienert (Alter Bergmann)

PROZESS IN NÜRNBERG von Rolf Schneider
UA, P: 13.11.1967 (29), R: Wolfgang Heinz, B: Hans Brosch, K: Irmgard Lorenz, D: Heinz Suhr (Gerichtsvorsitzender), Harry Pietzsch (Gerichtsmarschall), Horst Drinda (Amerikanischer Ankläger), Wilhelm Koch-Hooge/Reimar Joh. Baur (Britischer Ankläger), Wolf-Dieter Panse (Französischer Ankläger), Dietrich Körner (Sowjetischer Ankläger), Peter Borgelt (Göring), Heinz Hinze (Keitel), Erik S. Klein (Streicher), Herwart Grosse (Schacht), Hans-Peter Minetti (Erster Verteidiger), Jürgen Hentsch (Zweiter Verteidiger), Friedrich Richter (Rundstedt), Hans Lucke (Paulus), Jürgen Holtz (Milch), Günter Sonnenberg (Ohlendorf), Horst Weinheimer (Höllriegel), Horst Hiemer (Hess), Peter Dommisch (Suzkewer), Ursula Karusseit /Elfriede Née (Vaillant Couturier)

DON JUAN oder DER STEINERNE GAST
von Jean Baptiste Molière
P: 22.4.1968 (43), R: Benno Besson, A: Gunter Kaiser, M: Reiner Bredemeyer, D: Reimar Joh. Baur (Don Juan), Rolf Ludwig (Sganarelle), Jutta Hoffmann (Elvira), Heinz Hinze (Guzman), Jürgen Hentsch (Don Carlos), Reinhard Michalke (Don Alonso), Gerhard Bienert (Don Luis), Klaus Piontek (Francisque), Gudrun Ritter/Ursula Karusseit (Charlotte), Helga Labudda/Bärbel Bolle/Christine Schorn (Mathurine), Volkmar Kleinert (Pierrot), Hans Lucke/Lothar Förster (Statue des Comtur), Ulrich Anschütz (Ragotin), Noureddin El Hachemy (La Voilette), Jürgen Holtz (Dimanche), Walter Lendrich (La Ramie)

DIE KASSETTE von Carl Sternheim
P: 16.5.1968 (90), R: Horst Drinda, A. Heinrich Kilger, D: Erik S. Klein (Krull), Ursula Karusseit (Fanny Krull), Margit Bendokat (Lydia Krull), Inge Keller (Elsbeth Treu), Werner Tietze (Seidenschnur), Barbara Adolph (Emma), Friedrich Richter (Dettmichel)

Kammerspiele

BARAN oder DIE LEUTE IM DORF von Friedhold Bauer
UA, P: 14.10.1967 (18), R: Friedo Solter, A: Walter Wallbaum, D: Margit Bendokat/Annelene Hischer (Erste Frau), Irma Münch/Barbara Adolph (Zweite Frau), Gudrun Ritter/Henny Müller (Dritte Frau), Gerhard Lau (Traktorist), Erika Pelikowsky (Knauer), Christine Schorn (Marie), Lissy Tempelhof/Bärbel Bolle (Erika), Volkmar Kleinert (Baran), Dieter Mann (Leutnant), Adolf-Peter Hoffmann (Bürgermeister), Käthe Reichel (Stockmannsche)

DAS TESTAMENT DES HUNDES oder DAS SPIEL VON UNSERER LIEBEN FRAU DER MITLEIDVOLLEN
von Ariano Suassuna
P: 27.2.1968 (210), R: Friedo Solter, A: Walter Wallbaum, M: Siegfried Matthus, D: Dieter Franke (Grilo), Ernst Kahler (Chico), Horst Hiemer (Joao), Hans Lucke (Morais), Lissy Tempelhof/Käthe Reichel (Bäckersfrau), Dieter Mann (Bäcker), Gert Andreae (Küster), Uwe-Detlev Jessen (Bischof), Horst Manz (Mönch), Peter Borgelt/Rudolf Christoph (Räuberhauptmann), Horst Weinheimer (Räuber), Johannes Maus, Hans Bergermann (Dämonen), Peter Aust/Klaus Piontek (Teufel), Mario Balmaseda (Manuel), Henny Müller/Christine Schorn (Unsere liebe Frau)

LANDSHUTER ERZÄHLUNGEN von Martin Sperr
P: 14.6.1968 (19), R: Erhard Marggraf, A: Walter Wallbaum, D: Heinz Suhr (Laiper), Lisa Macheiner (Martha), Reinhard Michalke (Sorm), Dieter Mann (Glasp), Peter Borgelt (Grötzinger), Gudrun Ritter (Sieglinde), Wilhelm Koch-Hooge (Veit), Lissy Tempelhof (Frau Ringsgwandl), Erik S. Klein/Horst Manz (Pflanzelt), Peter Dommisch (Härtl), Gerhard Lau (Fuhrmann), Walter Lendrich (Arzt), Harry Pietzsch (Beerdigungsunternehmer)

SPIELZEIT 1968/69

Deutsches Theater

FAUST 1
von Johann Wolfgang von Goethe
P: 30.9.1968 (118), R: Adolf Dresen, Wolfgang Heinz, B: Andreas Reinhardt, K: Christine Stromberg, M: André Asriel, D: Wolfgang Heinz/Friedo Solter (Direktor), Alexander Weigel/Adolf Dresen (Dichter), Günter Sonnenberg (Lustige Person), Herwart Grosse (Herr), Reimar Joh. Baur/Peter Reusse (Raphael), Klaus Piontek/Horst Lebinsky (Gabriel), Jürgen Hentsch (Michael), Dieter Franke (Mephistopheles), Fred Düren (Faust), Friedo Solter (Erdgeist), Dietrich Körner (Wagner), Klaus-Peter Plessow/Alexander Lang (Schüler), Peter Aust (Frosch), Hans Lucke/Harry Pietzsch (Brander), Jürgen Holtz (Siebel), Gerhard Bienert (Altmeyer), Trude Bechmann/Käthe Reichel (Hexe), Bärbel Bolle/Ursula Staack (Margarete), Erika Pelikowsky/Antje Ruge (Marthe), Ursula Staack/Helga Labudda (Lieschen), Horst Hiemer (Valentin), Rudolf Christoph/Lothar Förster (Böser Geist), Hildegard Rühl/Gudrun Ritter (Irrlicht)

DER HERR SCHMIDT von Günther Rücker
UA, P: 19.1.1969 (37), R: Friedo Solter, A: Gunter Kaiser, D: Klaus Piontek (Stieber), Annelene Hischer (Marie), Jürgen Holtz (Friedrich Wilhelm IV.), Herwart Grosse (von Hinkeldey), Christine Schorn (Ordonnanz), Adolf-Peter Hoffmann (Seckendorf), Ernst Kahler (Kammerdiener), Werner Tietze (Leutnant Greif), Horst Weinheimer (Goldheim), Horst Hiemer (Hirsch), Harry Pietzsch (Fleury), Volkmar Kleinert (Peter Nothjung), Jürgen Hentsch (Arbeiter), Rudolf Christoph (Richter), Hans Lucke (Verteidiger)

DIE TROERINNEN von Mattias Braun (nach Euripides)
P: 18.5.1969 (21), R: Wolfgang Heinz, A: Heinrich Kilger, M: Reiner Bredemeyer, D: Erika Pelikowsky (Hekuba), Horst Weinheimer (Talthybios), Inge Keller (Kassandra), Elsa Grube-Deister (Andromache), Friedo Solter (Menelaos), Lissy Tempelhof (Helena), Barbara Adolph, Johanna Clas, Annelene Hischer, Lisa Macheiner, Henny Müller, Elfriede Née, Käthe Reichel, Christine Schorn, Anny Stöger, Margarete Taudte (Frauen von Troja), Mathilde Danegger (Sprecherin), Herwart Grosse (Sprecher)

Kammerspiele

DIE AULA von Hermann Kant
P: 18.2.1969 (297), R: Uta Birnbaum, A: Hans Brosch, D: Reimar Joh. Baur (Iswall), Dieter Franke/Uwe-Detlev Jessen (Trullesand), Dieter Mann/Horst Lebinsky (Filter), Peter Aust (Riek), Peter Reusse (Blank), Lothar Dimke (Trimborn), Gudrun Ritter/Helga Labudda (Vera Bilfert), Bärbel Bolle/Ursula Staack (Rose Paal), Helga Labudda/Dorothea Meißner (Hella Schmöde), Gerhard Bienert (Völschow), Dietrich Körner/Harry Pietzsch (Riebenlamm), Heinz Behrens/Christian Stövesand (Angelhoff), Mathilde Danegger/Trude Bechmann (Dr. Fuchs), Ernst Kahler/Günter Sonnenberg/Horst Weinheimer (Haiduck), Lissy Tempelhof/Hanna Rieger (Lola), Walter Lendrich/Hans-Peter Minetti (Dr. Gropjuhn), Jürgen Hentsch/Heinz Hinze/Günter Sonnenberg (Bischof Fangeltorn)

MÄSSIGUNG IST ALLER LASTER ANFANG
von Hans Lucke
UA, P: 17.4.1969 (64), R: Uta Birnbaum, Friedo Solter, A: Gunter Kaiser, D: Volkmar Kleinert (Jochen), Jürgen Hentsch (Günter), Gudrun Ritter (Heidi), Helga Labudda/Lissy Tempelhof (Rita), Erik S. Klein (Otto), Ernst Kahler (Kunath), Walter Lendrich (Reporter), Rudolf Christoph/Johannes Maus (Meister), Uwe-Detlev Jessen (Lothar), Gerhard Lau (Erwin), Werner Tietze (Fritze), Peter Reusse (Helmut), Lothar Dimke (Fahrer), Heinz Hinze (Patient), Dietrich Körner (Erich)

Die Intendanz Hanns Anselm Perten 1970–1972 (ab 1. Januar 1970)

SPIELZEIT 1969/70

Deutsches Theater

DER NACHBAR DES HERRN PANSA
von Günther Rücker (nach Anatoli Lunatscharski)
UA, P: 11.10.1969 (13), R: Friedo Solter, B: Wolfgang Mattheuer, K: Ursula Mattheuer-Neustedt, D: Jürgen

Hentsch (Don Quijote), Horst Hiemer (Sancho Pansa), Trude Bechmann (Herzogin), Volkmar Kleinert (Graf Murzio), Margit Bendokat (Maria Stella), Peter Aust (Babbo), Uwe-Detlev Jessen (Gaspar), Fred Düren (Drigo), Ernst Kahler (Vermillon), Werner Tietze (Balthasar), Wolf-Dieter Panse (Feldwebel), Dieter Franke, Reimar Joh. Baur, Gerhard Bienert (Soldaten), Hans Bergermann (Henker)

DAS VERHÖR VON HABANA
von Hans Magnus Enzensberger
P: 12.6.1970 (16), R: Manfred Wekwerth, B: Andreas Reinhardt, K: Johanna Kieling, D: Klaus Piontek (de Varona), Walter Lendrich (Pérez Garcia), Peter Aust (Babún Franco), Lothar Dimke (Santiago Babún Franco), Wolf-Dieter Lingk (Lincoln Babún Franco), Jürgen Hentsch (Urdanivia), Friedo Solter (Aguilera), Ernst Kahler (de Lugo), Dieter Mann (Santos), Fred Düren (Diaz), Peter Bause (Insúa), Reimar Joh. Baur (Franqui), Alexander Lang (Jiménez), Gerhard Bienert (Vivó), Horst Hiemer (Ortega), Dieter Franke (Rodriguez), Horst Weinheimer (Cabrera), Elsa Grube-Deister (Maria Elena), Hans Lucke (Wangüemert)

Kammerspiele

DIE MARULAS von Werner Heiduczek
UA, P: 19.11.1969 (12), R: Dieter Mann, B: Gunter Kaiser, K: Walter Wallbaum, D: Jürgen Holtz (Herbert Marula), Johanna Clas (Ruth Marula), Horst Weinheimer (Thomas Marula), Alexander Lang (Goschel), Dieter Franke (Fox), Peter Reusse (Bernhard), Klaus Piontek (Leupold), Dietrich Körner (Neumüller), Günter Sonnenberg (Wissendorf), Richard Rau (Hönicke), Heinz Hinze (Oberspielleiter), Alwin Brosch (Holtzke)

BARFUSS NACH LANGENHANSHAGEN
von Horst Kleineidam/Erich Köhler
UA, P: 3.1.1970 (2), R: Horst Hiemer, Klaus Piontek, B: Alwin Eckert, K: Christian Panzer, M: Reiner Bredemeyer, D: (Die Lampe:) Bärbel Bolle (Christina Canitz), Johannes Maus (Kauschus), Dietrich Körner (Stolze), Helga Labudda (Kosmia Spund), Walter Lendrich (Gustav Spund), Horst Weinheimer (Lügenpoldi), Ursula Staack (Friedel), Jürgen Holtz (Boxer), Werner Tietze (Hauswirtin); (Der verlorene Sohn:) Walter Lendrich (Kurzbach), Horst Manz (Günter), Jürgen Holtz (Peter), Siegfried Höchst (Jakuleit), Horst Weinheimer (Frommhold), Johannes Maus (Matterat); (Barfuß nach Langenhanshagen:) Horst Weinheimer (Hellgebirg), Kaspar Eichel (Rossteuscher), Jürgen Holtz (Mutmann), Werner Tietze (Müller)

DER LANGE WEG ZU LENIN von Helmut Baierl
UA, P: 26.4.1970 (22), R: Adolf Dresen, A: Volker Pfüller, D: Alexander Lang (Viktor Kleist), Gerhard Lau (Erster Münchner Genosse/Französischer Genosse), Jürgen Holtz (Zweiter Münchner Genosse), Horst Manz (Tilsiter Wirt/Timofejew), Horst Weinheimer (Feldwebel Franz, Roter Kommandeur), Peter Aust (Leutnant Vogel/Freikorpsmann/Jascha), Gerhard Lau (Ostpreuße), Trude Bechmann (Alte Litauerin), Henny Müller (Junge Litauerin), Ursula Staack (Litauisches Mädchen/Wassilijewa), Horst Lebinsky (Rotarmist/Roter Kommandeur/Finne), Dieter Franke (Kommissar in Leder), Klaus Piontek (Schwarkin), Peter Bause (Schatzkin), Fred Düren (Tschitscherin), Henny Müller (Rimma)

MARIA von Isaak Babel
DDR-EA, P: 5.5.1970 (22), R: Adolf Dresen, A: Ilona Freyer, D: Herwart Grosse (Mukownin), Margit Bendokat (Ljudmila), Lissy Tempelhof (Katerina), Jürgen Holtz (Dymschitz), Fred Düren (Golizyn), Trude Bechmann (Nefjodowna), Johannes Maus (Jewstignejitsch), Peter Dommisch (Bischonkow), Horst Lebinsky (Filipp), Jürgen Hentsch (Wiskowski), Horst Hiemer (Krawtschenko), Johanna Clas (Madame Dora), Dieter Mann (Milizinspektor), Anny Stöger (Kalmykowa), Kaspar Eichel/Alexander Lang (Rotarmist), Christine Schorn (Agascha), Gerhard Lau (Andrej), Peter Borgelt (Suschkin), Horst Büdner (Safonow), Ursula Staack (Jelena), Olga Strub (Njuschka)

Spielzeit 1970/71

Deutsches Theater

LE FAISEUR oder WARTEN AUF GODEAU
von Claus Hammel (nach Honoré de Balzac)
UA, P: 11.10.1970 (41), R: Hans Bunge, Heinz-Uwe Haus, Hans-Georg Simmgen, A: Vaclav Šramek, D: Peter Borgelt (Louis-Philippe), Herwart Grosse (di Borgo), Dieter Franke (Mercadet), Margarete Taudte (Madame Mercadet), Bärbel Bolle/Ursula Staack (Julie), Reimar Joh. Baur/Horst Ziethen (Minard), Peter Aust (de la Brive), Volkmar Kleinert/Lothar Dimke (de Méricourt), Jürgen Holtz (Justin), Margit Bendokat (Thérèse), Erika Westphal (Virginie), Ralph Borgwardt (Lejeune), Peter Dommisch/Horst Ziethen (Brédif), Rudolf Christoph (Goulard), Wilhelm Koch-Hooge/Lothar Förster (Verdelin), Heinz Hinze (Violette), Käthe Reichel (Madame Violette)

DER TOLLE TAG oder WENN FIGARO HOCHZEIT MACHT von Pierre Caron de Beaumarchais
P: 6.2.1971 (28), R: Götz Friedrich, B: Reinhard Zimmermann, K: Susanne Raschig, M: Siegfried Matthus, D: Dieter Franke (Almaviva), Margit Bendokat (Seine Frau), Fred Düren (Figaro), Christine Schorn (Susanne), Johanna Clas (Marzelline), Dietrich Körner (Bartolo), Walter Lendrich (Antonio), Ursula Staack (Fanchette), Christian Grashof (Cherubin), Erich Witte (Basilio), Johannes Maus (Grippe-Soleil), Adolf-Peter Hoffmann (Brid'oison), Gert Andreae (Doublemain), Gerhard Lau (Petrillo), Peter Aust (Sänger)

VIVE LA COMMUNE von Jean Villain
P: 21.2.1971 (1), R: Heinz-Uwe Haus, Dieter Mann, B: Dieter Klaß, K: Marie-Luise Strandt, D: Lissy Tempelhof, Peter Bause, Mathilde Danegger, Annelene Hischer, Hans-Peter Minetti, Monika Bienert, Edeltraut Billing, Wilfried Bismark, Bernhard Geffke, Jürgen Graf, Michael Kann, Grit Karsten, Hans-Jürgen Kühnert, Gisela Maedel, Christine Neißner, Volkmar Röhler, Arndt-Michael Schade, Mathis Schrader, Friedemann Wikarski, Herwart Grosse, Uwe-Detlev Jessen, Dieter Mann, Jürgen Holtz, Erik S. Klein, Horst Ziethen

GOLDENE STÄDTE von Arnold Wesker
P: 2.4.1971 (27), R: Hans-Georg Simmgen, A: Jochen Finke, D: Eberhard Esche (Cobham), Helga Labudda (Jessica Sutherland), Peter Reusse (Dobson), Horst Weinheimer (Jackson), Ernst Kahler (Latham), Johannes Maus (Smithy), Cox Habbema (Kate Ramsey), Heinz Hinze (Casper), Gerhard Bienert (Direktor), Erhard Marggraf (Beamter), Peter Borgelt (Harrington), Otto Mellies (Maitland), Rudolf Christoph (Worthington), Horst Hiemer (Matheson), Ralph Borgwardt (Cambridge)

Kammerspiele

TAGEBUCH EINES WAHNSINNIGEN von Nikolai Gogol
P: 25.9.1970 (127), R: Hans Bunge, A: Lothar Mannewitz, D: Peter Bause (Popristschin)

DOÑA ROSITA BLEIBT LEDIG von Federico García Lorca
P: 9.10.1970 (107), R: Siegfried Höchst, Horst Sagert, A: Horst Sagert, M: Reiner Bredemeyer, D: Christine Schorn (Doña Rosita), Elsa Grube-Deister (Haushälterin), Inge Keller (Tante), Helga Labudda/Margit Bendokat, Karin Freiberg, Ursula Staack (Manolas), Barbara Adolph, Annelene Hischer, Henny Müller (Alte Jungfern), Lisa Macheiner (Mutter), Jutta Wachowiak/Dorothea Meißner, Gudrun Ritter (Die Fräulein Ayola), Fred Düren (Onkel), Jürgen Hentsch (Neffe), Friedo Solter (Herr X), Dietrich Körner/Harry Pietzsch (Don Martin), Christian Grashof (Jüngling), Siegfried Höchst, Kurt Sperling/Horst Lebinsky, Werner Tornow (Arbeiter), Günter Sonnenberg (Rosenengel), Pedro Galarza (Ausrufer)

SPIELZEIT 1971/72

Deutsches Theater

EINZUG INS SCHLOSS von Rolf Schneider
UA, P: 2.10.1971 (117), R: Hans-Georg Simmgen, A: Annemarie Rost, D: Walter Lendrich (Priskoleit), Ursula Staack/Jutta Wachowiak (Ulla), Fritz Links (Rogowski), Alexander Lang (Emil), Peter Reusse/Horst Ziethen (Günther), Peter Bause (Göppler), Horst Weinheimer (Matecka), Erhard Marggraf/Uwe-Detlev Jessen (Liersch), Erika Westphal (Frau Liersch), Annelene Hischer (Lisa), Hanna Rieger (Hilde), Gerhard Lau/Rudolf Christoph (Bürgermeister), Heinz Hinze (Conférencier), Ralph Borgwardt/Uwe-Detlev Jessen (Seehase), Horst Manz, Lothar Förster (Betonierer)

LEBEN UND TOD KÖNIG RICHARD DES DRITTEN
von William Shakespeare
P: 22.3.1972 (102), R: Manfred Wekwerth, B: Andreas Reinhardt, K: Johanna Kieling, M: Günther Fischer, D: Hilmar Thate (Richard), Peter Bause (Georg), Gerhard Bienert/Ernst Kahler (Brakenbury), Herwart Grosse (Hastings), Renate Richter/Jutta Wachowiak (Lady Anne), Christine van Santen/Inge Keller (Königin Elisabeth), Otto Mellies (Rivers), Peter Reusse (Grey), Christian Stövesand (Dorset), Jürgen Hentsch/Günter Naumann (Buckingham), Horst Weinheimer (Stanley), Elsa Grube-Deister/Henny Müller (Margareta), Uwe-Detlev Jessen (Catesby), Dieter Franke/Günter Sonnenberg, Christian Grashof/Günter Sonnenberg (Mörder), Peter Aust (Edward IV.), Lisa Macheiner (Herzogin von York), Peter Borgelt (Ratcliff), Walter Lendrich (Kardinal), Rudolf Christoph (Mayor), Roman Kaminski/Heinz-Uwe Haus (Heinrich)

ONKEL WANJA von Anton Tschechow
P: 17.5.1972 (66), R: Wolfgang Heinz, A: Vaclav Šramek, D: Herwart Grosse (Serebrjakow), Christine Schorn (Jelena), Jutta Wachowiak (Sonja), Mathilde Danegger (Woinizkaja), Dietrich Körner (Iwan Woinizki), Jürgen Hentsch (Astrow), Gerhard Bienert (Telegin), Trude Bechmann (Marina)

Kammerspiele

CLAVIGO von Johann Wolfgang Goethe
P: 7.12.1971 (2)/13.2.1972 (37), R: Adolf Dresen, A: Achim Freyer, D: Siegfried Höchst/Dieter Mann (Clavigo), Horst Hiemer (Carlos), Christian Grashof (Beaumarchais), Gudrun Ritter (Marie), Henny Müller/Lissy Tempelhof (Sophie), Harry Pietzsch (Buenco), Horst Lebinsky (Saint George)

KABALE UND LIEBE von Friedrich Schiller
P: 19.2.1972 (44), R: Klaus Erforth, Alexander Stillmark, A: Jochen Finke, D: Dietrich Körner (Präsident), Alexander Lang (Ferdinand), Lothar Förster (von Kalb), Christine Schorn (Milford), Klaus Piontek (Wurm), Fred Düren (Miller), Annelene Hischer (seine Frau), Walfriede Schmidt (Luise), Elfriede Née (Sophie), Jürgen Holtz (Kammerdiener)

Kleine Komödie

DER PARASIT ODER DIE KUNST SEIN GLÜCK ZU MACHEN von Friedrich Schiller
P: 12.10.1971 (75), R: Herwart Grosse, B: Dieter Klaß, K: Christine Stromberg, D: Reimar Joh. Baur (Selicourt), Herwart Grosse (Narbonne), Lisa Macheiner/Trude Bechmann (Mme Belmont), Dorothea Meißner (Charlott), Dieter Franke/Uwe-Detlev Jessen (La Roche), Gerhard Bienert (Firmin), Michael Kann (Charles Firmin), Willi Scholz (Kammerdiener), Horst Lebinsky (Robineau

DAS PFLICHTMANDAT von John Mortimer
P: 18.4.1972 (303), R: Ulrich Engelmann, A: Falk von Wangelin, D: Reimar Joh. Baur (Fowle), Jürgen Holtz (Morgenhall)

Die Intendanz Gerhard Wolfram 1972–1982

SPIELZEIT 1972/73

Deutsches Theater

AMPHITRYON von Peter Hacks
DDR-EA, P: 7.11.1972 (131), R: Friedo Solter, B: Gabriele Koerbl, Heinz Wenzel, K: Christine Stromberg, M: Reiner Bredemeyer, D: Horst Drinda/Otto Mellies (Jupiter), Christian Grashof (Merkur), Eberhard Esche (Amphitryon), Horst Hiemer (Sosias), Christine Schorn (Alkmene)

DIE KIPPER von Volker Braun
P: 2.4.1973 (45), R: Klaus Erforth, Alexander Stillmark, A: Hans Brosch, M: Reiner Bredemeyer, D: Horst Weinheimer (Hilpert), Alexander Lang (Bauch), Fritz Links (Wohnlagerleiter), Christian Stövesand (Individuum), Peter Bause (Gaul), Peter Reusse (König), Johannes Maus/Gerhart Lau (Polke), Gudrun Ritter (Marinka), Ralph Borgwardt (Rachel), Heinz Hinze/Ernst Kahler (Schwungrad), Lothar Dimke (Schaluppe), Horst Ziethen (Kellner), Horst Büttner (Maschinist), Christian Stövesand (Volkspolizist), Christian Grashof (Kont), Dietrich Körner (Pannasch), Lissy Tempelhof/Petra Segtrop (Reppin), Peter Borgelt (Werkhüter), Walter Lendrich (Herbst), Henny Müller (Zeitungsfrau), Johanna Clas/Margarete Taudte (Amanda), Uwe-Detlev Jessen (Gäbler), Hans Bergermann (Schliephake)

Kammerspiele

JUNO UND DER PFAU von Sean O'Casey
P: 5.10.1972 (100), R: Adolf Dresen, A: Jochen Finke, D: Dieter Franke (Jack Boyle), Elsa Grube-Deister („Juno" Boyle), Alexander Lang (Johnny Boyle), Margit Bendokat (Mary Boyle), Reimar Joh. Baur (Daly), Käthe Reichel (Frau Madigan), Hans Bergermann (Schneider), Trude Bechmann (Frau Tancred), Siegfried Höchst (Jerry Devine), Peter Aust (Schullehrer), Erhard Marggraf, Peter Bause, Horst Ziethen (Irreguläre)

DIE NEUEN LEIDEN DES JUNGEN W.
von Ulrich Plenzdorf
P: 17.12.1972 (304), R: Horst Schönemann, B: Joachim Bober, K: Roselind Lindemann, M: Gruppe SOK, D: Jürgen Hentsch/Harry Pietzsch (Vater), Antje Ruge/Henny Müller (Mutter), Dieter Mann (Edgar), Michael Kann/Roman Kaminski (Willi), Jutta Wachowiak/Gudrun Ritter (Charlotte), Peter Aust/Peter Bause (Dieter), Horst Lebinsky (Addi), Gerhard Lau/Herwart Grosse (Zaremba)

DER MANN VON DRAUSSEN von Ignati Dworezki
P: 24.7.1973 (56), R: Adolf Dresen (Szenenleitung: Alexander Lang), A: Volker Pfüller, D: Klaus Piontek (Tscheschkow), Jürgen Holtz (Plushin), Dietrich Körner (Rjabinin), Horst Lebinsky (Poluektow), Harry Pietzsch (Walentik), Ernst Kahler (Gramotkin), Otto Mellies (Managarow), Gudrun Ritter (Stschegoljowa), Uwe-Detlev Jessen (Podklutschnikow), Gerhard Lau/Peter Borgelt (Puchow), Horst Manz (Bykow), Ralph Borgwardt (Ryshuchin), Johannes Maus (Kolin), Margarete Taudte (Sajalowa), Alexander Lang (Krjukow)

SPIELZEIT 1973/74

Deutsches Theater

GESCHICHTE GOTTFRIEDENS VON BERLICHINGEN MIT DER EISERNEN HAND
von Johann Wolfgang Goethe
P: 30.3.1974 (38), R: Horst Schönemann, B: Helga Leue, K: Christine Stromberg, D: Hilmar Thate (Berlichingen), Jutta Wachowiak/Annelene Hischer (seine Frau), Helga Labudda (Maria) Helge Lang (Georg), Peter Bause (Lerse), Otto Mellies (Selbiz), Dietrich Körner (Sickingen), Christian Grashof (Bruder Martin), Walter Lendrich (Sievers), Hans-Peter Minetti/Harry Pietzsch (Kaiser Maximilian), Christian Stövesand (Carl), Herwart Grosse (Bischof von Bamberg), Jürgen Hentsch (Weislingen), Christine Schorn/Barbara Adolph (Adelheid), Dieter Mann (Liebetraut), Gerhard Bienert (Abt von Fulda), Lothar Förster (Olearius), Johanna Clas (Frau von Helfenstein), Horst Weinheimer (Metzler), Gerhard Lau (Link), Hans Bergermann (Kohl), Rudolf Christoph (Kaiserlicher Rat)

DIE SOMMERFRISCHE von Carlo Goldoni
P: 22.5.1974 (44), R: Wolfgang Heinz, B: Karl von Appen, K: Christine Stromberg, D: Dieter Mann (Leonardo), Gudrun Ritter (Vittoria), Johannes Maus (Paolo), Uwe-Detlev Jessen/Michael Kann (Cecco), Eberhard Esche/Klaus Piontek (Ferdinando), Dietrich Körner (Filippo), Jutta Wachowiak (Giacinta), Lisa Macheiner (Sabina), Annelene Hischer (Brigida), Alexander Lang (Guglielmo), Gerhard Bienert (Fulgenzio), Ingeborg Frost (Rosaura), Aggy Riess (Pepita), Johanna Clas (Constanza), Helga Labudda (Rosina), Hans-Joachim Brieske (Tognino), Lothar Förster (Tita), Willi Scholz (Beltrame), Werner Tornow (Josué), Georg Kower (Pasquale), Friedo Solter (Bernardino)

Kammerspiele

WEGE von Nikolai Haitow
P: 30.12.1973 (21), R: Uwe-Detlev Jessen, A: Hans-Helmut Müller, D: Bärbel Bolle (Gina), Horst Lebinsky (Marin/Zootechniker), Martin Trettau (Wlascho/Natscho), Kurt Böwe (Direktor/Backe), Wolfgang Bonness/Uwe-Detlev Jessen (Didow)

VOM ABEND BIS ZUM MITTAG von Viktor Rosow
DDR-EA, P: 12.2.1974 (33), R: Christoph Schroth, A: Johanna Kieling, D: Ernst Kahler (Sharkow), Dieter Franke (sein Sohn), Margit Bendokat (seine Tochter), Martin Seifert (Kims Sohn), Lissy Tempelhof (Kims geschiedene Frau), Kurt Böwe (Sharkows Freund), Martin Trettau (Grusdjew)

Probebühne

GLANZ UND TOD DES JOAQUIN MURIETA
von Pablo Neruda
(Koproduktion Deutsches Theater/Staatliche Schauspielschule Berlin) P: 10.4.1974 (27), R: Klaus Erforth/Alexander Stillmark, A: Ezio Toffolutti, Ma: Wolfgang Utzt, D: Absolventen der Staatlichen Schauspielschule Berlin

SPIELZEIT 1974/75

Deutsches Theater

DEUTSCHLAND – EIN WINTERMÄRCHEN
von Heinrich Heine
P: 18.10.1974 (155, LA), R: Adolf Dresen, D: Eberhard Esche

DER STURM von William Shakespeare
P: 5.12.1974 (68), R: Friedo Solter, B: Eva-Maria Viebeg/Heinz Wenzel, K: Christine Stromberg, M: Reiner Bredemeyer, D: Otto Mellies (Alonso), Volkmar Kleinert (Sebastian), Dietrich Körner (Prospero), Hans Teuscher (Antonio), Roman Kaminski (Ferdinand), Herwart Grosse (Gonzalo), Lothar Förster (Adrian), Ralph Borgwardt (Francisco), Alexander Lang (Caliban), Gerhard Bienert (Trinculo), Fred Düren (Stephano), Christian Stövesand (Kapitän), Gerhard Lau (Bootsmann), Simone von Zglinicki (Miranda), Dieter Mann (Ariel)

ADAM UND EVA von Peter Hacks
P: 27.2.1975 (103), R: Wolfgang Heinz, A: Wolfgang Bellach, D: Jürgen Hentsch (Gott), Martin Trettau (Gabriel), Eberhard Esche (Satanael), Gabriele Heinz (Eva), Hilmar Thate (Adam)

PRINZ FRIEDRICH VON HOMBURG
DER ZERBROCHNE KRUG von Heinrich von Kleist
P: 15.5.1975 (40), R: Adolf Dresen, A: Hans Brosch, D: (Prinz von Homburg:) Dieter Franke (Kurfürst), Elsa Grube-Deister (Kurfürstin), Bärbel Bolle (Natalie), Dietrich Körner (Dörfling), Alexander Lang (Homburg), Gerhard Bienert (Kottwitz), Ralph Borgwardt (Hennings), Gerhard Lau (Truchß), Klaus Piontek (Hohenzollern), Harry Pietzsch (Golz), Peter Bause (Sparren), Peter Borgelt (Stranz), Peter Reusse (Mörner), Martin Trettau (Reuß), Christian Stövesand, Johannes Maus (Offiziere), Günter Sonnenberg (Wachtmeister), Margit Bendokat, Mathilde Danegger (Hofdamen)
(Der zerbrochne Krug:) Dietrich Körner (Walter), Dieter Franke (Adam), Klaus Piontek (Licht), Elsa Grube-Deister (Marthe), Bärbel Bolle (Eve), Gerhard Lau (Tümpel), Alexander Lang (Ruprecht), Mathilde Danegger (Brigitte), Margit Bendokat (Margarethe), Ursula Staack (Liese), Harry Pietzsch (Bedienter), Günter Sonnenberg (Büttel)

Kammerspiele

DIE FALSCHE MÜNZE von Maxim Gorki
P: 1.10.1974 (16), R: Ulrich Engelmann, A: Jochen Finke, D: Jürgen Holtz (Jakowlew), Lissy Tempelhof (Polina), Barbara Schnitzler (Natascha), Bärbel Bolle (Klawdija), Ursula Staack (Dunja), Elsa Grube-Deister/Hanna Rieger (Bobowa), Erhard Marggraf (Jefimow), Herwart Grosse (Kemskoi), Peter Reusse (Glinkin), Reimar Joh. Baur (Stogow), Martin Trettau (Lusgin), Peter Bause (Iwanow)

Kleine Komödie

OBERÖSTERREICH von Franz Xaver Kroetz
P: 20.10.1974 (60), R: Alexander Stillmark, A: Hans Brosch, D: Gudrun Ritter (Anni), Klaus Piontek (Heinz)

PROVINZANEKDOTEN von Alexander Wampilow
P: 2.3.1975 (145), R: Ulrich Engelmann, B: Helga Leue, K: Monika Schreiber, D: (Die Geschichte mit dem Metteur:) Ursula Staack (Viktoria), Horst Ziethen (Potapow), Fred Düren (Kaloschin), Annelene Hischer (Marina), Horst Lebinsky (Kamajew), Kurt Böwe (Rukossujew); (Zwanzig Minuten mit einem Engel:) Kurt Böwe (Ugarow), Horst Lebinsky (Antschugin), Annelene Hischer (Wassjuta), Fred Düren (Basilski), Erhard Marggraf/Martin Trettau (Chomutow), Horst Ziethen (Stupak), Ursula Staack (Faina)

SPIELZEIT 1975/76

Deutsches Theater

TORQUATO TASSO von Johann Wolfgang von Goethe
P: 2.10.1975 (96), R: Friedo Solter, A: Jochen Finke, D: Fred Düren (Alfons II.), Gudrun Ritter (Leonore von Este), Gabriele Heinz (Leonore Sanvitale), Christian Grashof (Tasso), Dieter Mann (Antonio)

ASTEL-PAUL UND DIE ANDEREN. Deutsche Volkslieder
P: 8.11.1975 (18), R: Adolf Dresen, ML: Uwe Hilprecht, D: Margit Bendokat, Bärbel Bolle, Elsa Grube-Deister, Adolf Dresen, Dieter Franke, Alexander Lang, Günter Sonnenberg

KÖNIG LEAR von William Shakespeare
P: 2.4.1976 (33), R: Friedo Solter, A: Eberhard Keienburg, D: Fred Düren/Klaus Piontek (Lear), Peter Bause (Frankreich), Peter Borgelt (Burgund), Volkmar Kleinert (Cornwall), Dieter Mann/Günter Sonnenberg (Albany), Reimar Joh. Baur (Gloster), Dietrich Körner (Kent), Christian Grashof (Edgar), Alexander Lang (Edmund), Johannes Maus (Curan), Herwart Grosse (Narr), Klaus Piontek/Roman Kaminski (Oswald), Margit Bendokat (Goneril), Gudrun Ritter/Gabriele Heinz (Regan), Jutta Wachowiak (Cordelia)

Kammerspiele

EIN VOLKSFEIND von Henrik Ibsen
P: 28.9.1975 (31), R: Klaus Erforth, Alexander Stillmark, A: Lothar Scharsich, D: Kurt Böwe (Dr. Stockmann), Inge Keller (seine Frau), Simone von Zglinicki (Petra), Otto Mellies (Peter Stockmann), Ernst Kahler (Kiil), Horst Lebinsky (Hovstad), Peter Aust (Billing), Walter Lendrich (Aslaksen), Horst Weinheimer (Horster), Rudolf Christoph (Vik)

DAS JAHRMARKTSFEST ZU PLUNDERSWEILERN
von Peter Hacks (nach Johann Wolfgang Goethe)
P: 11.10.1975 (173), R: Klaus Piontek, A: Vaclav Šramek, M: Uwe Hilprecht, D: Dieter Franke (Erster Strolch/Prinzipal/Silhouettenreißer/Madame Schauer/Magister Schievelbusch/Ahasveros), Eberhard Esche (Zweiter Strolch/Amtsdiener/Bänkelsänger/Muhme/Schauspieler/Hamann/Mardochai), Cox Habbema (Schauspielerin/Gensdarm/Marmotte/Jungfer Schievelbusch/Esther)

ZWISCHEN TÜR UND ANGEL
von Volkmar Otte und Peter Baumgart (Pantomime-Ensemble)
UA, P: 4.12.1975 (16), R: Volkmar Otte, A: Jürgen Heidenreich, D: Peter Baumgart (Wilhelm R.), Karin Jerosch (Luise R.), Christoph Posselt (Thomas R.), Michael Pan (Axel Z.), Birgit Edenharter (Gabi F.), Günter Richter (Dr. Hans-Hermann W.), Eva-Maria Otte (Ingeborg S.), Burkhart Seidemann (Harry S.)

DIE ÜBERQUERUNG DES NIAGARA von Alonso Alegría
P: 12.2.1976 (30), R: Horst Hiemer, A: Wasja Götze, D: Horst Hiemer (Blondin), Roman Kaminski (Carlo)

PAULINE von Georg Hirschfeld
P: 11.6.1976 (120), R: Alexander Lang, A: Gero Troike, M: Reiner Bredemeyer, D: Margit Bendokat (Pauline), Hanna Rieger/Marianne Wünscher (Frau König), Peter Reusse (Sperling), Simone von Zglinicki (Lucie), Christian Stövesand (Graf Arnim), Gesine Liebert (Gräfin Anna), Gabriele Heinz (Frau Suhr), Horst Manz (Radke), Harry Pietzsch (Hippel), Peter Borgelt (Bolle), Horst Ziethen (Fink), Erhard Marggraf (Anton), Ursula Staack (Ernestine), Ernst Kahler (Klimsch), Hans Bergermann (Klostermann), Erika Westphal (Frau Klostermann), Lothar Dimke (Schutzmann), Heini Müller (Kürassier)

Kleine Komödie

DAS GÄNSEINSELBEGRÄBNIS UND DIE HOHEITSGEWÄSSER VON MUHU von Juhan Smuul
P: 20.10.1975 (25), R: Hans Bunge, A: Hans-Jürgen Nikulka, D: Trude Bechmann (Mare Stüermann), Peter Bause (Roter Ärni), Hans Bunge (Chronist Juhannes), Rudolf Christoph (Mihkel), Johannes Nöhring (Musikanten-Joosep), Martin Trettau (Juri), Horst Ziethen (Klein-Ärni)

DER KOMMISSAR UND DER STAMMGAST
von Georges Courteline
P: 2.12.1975 (118), R: Michael Hamburger, A: Ingo Kraft, D: Margarete Taudte (Frau/Dame), Horst Lebinsky (Mann), Uwe-Detlev Jessen (Kommissar/Staatsanwalt), Reimar Joh. Baur (Floche/Verteidiger), Rudolf Christoph (Breloc/Gerichtspräsident), Walter Lendrich (Herr/Alfred), Horst Ziethen (Lagrenaille/Mapipe), Johannes Maus (Garrigou/Lagoupille), Hans Bergermann (Alcazar/Gerichtsbeamter), Dietmar Sommer (Polizist)

WEITERE AUSSICHTEN ... von Franz Xaver Kroetz
P: 3.3.1976 (18), R: Erika Westphal, A: Heinz Wenzel, D: Mathilde Danegger (Frau Ruhsam)

SPIELZEIT 1976/77

Deutsches Theater

DER STANDPUNKT/TÜCHTIGE LEUTE
von Wassili Schukschin
P: 27.9.1976 (20), R: Wolfgang Heinz, B: Heinz Wenzel, K: Christine Stromberg, D: (Der Standpunkt:) Klaus Piontek (Alik), Reimar Joh. Baur (Eduard), Otto Mellies (Zauberman), Fred Düren (Jemand), Bärbel Bolle (Braut), Dieter Franke (Vater der Braut), Elsa Grube-Deister (Mutter der Braut), Kurt Böwe (Großvater), Peter Bause (Bräutigam), Dietrich Körner (Vater des Bräutigams), Lissy Tempelhof (Mutter des Bräutigams), Volkmar Kleinert (Manweißnichtwer), Horst Weinheimer (Nachbar), Barbara Adolph (Nachbarin), Lothar Dimke (Milizionär); (Tüchtige Leute:) Fred Düren (Aristarch), Lissy Tempelhof (Vera), Horst Weinheimer (Schwarzkopf), Kurt Böwe (Dickbauch), Dietrich Körner (Stupsnase), Dieter Franke (Glatzkopf), Peter Bause (Einfacher Mann), Bärbel Bolle (Sonja)

ZWEI KRAWATTEN
von Georg Kaiser und Mischa Spoliansky
P: 1.10.1976 (137), R: Friedo Solter, A: Vaclav Šramek, ME: Uwe Hilprecht, D: Dieter Mann (Jean), Barbara Schnitzler (Mabel), Volkmar Kleinert (Charles), Gudrun Ritter (Trude), Lisa Macheiner (Frau Robinson), Gerhard Bienert/Rolf Ludwig (Bannemann), Herwart Grosse (Senator), Walter Lendrich (Kneipenwirt/Heizer), Günter Sonnenberg (Ballgast/Kneipgast/Reisender/Erster Herr/Reporter), Rudolf Christoph (Ballgast/Reisender/Nebenmann), Willi Scholz (Ballgast/Reisender/Reporter), Günter Falkenau (Ballgast/Dritter Herr/Kontrolleur/Schiffsoffizier), Ralph Borkwardt (Schiffsoffizier/Zweiter Herr/Kontrolleur), Heinz Hinze (Advokat/Vierter Herr), Horst Lebinsky (Kellner/Heizer), Elfriede Née (Ballgast/Reporterin/Reisende), Margarete Taudte (Ballgast/Reisende/Reporterin)

DIE INSEL von Athol Fugard
DDR-EA, P: 11.10.1976 (60), R: Klaus Erforth, Alexander Stillmark, A: Wasja Götze, D: Christian Grashof (John), Alexander Lang (Winston)

MICHAEL KOHLHAAS
von Adolf Dresen (nach Heinrich von Kleist)
UA, P: 20.1.1977 (34), R: Adolf Dresen, A: Hans Brosch, D: Bärbel Bolle (Lisbeth), Gerhard Bienert (Vogt/Standesperson/Thomas/Abdecker), Ralph Borgwardt (Gerichtsherr/Bote/Subjekt/Höfling/Gubernialoffiziant), Kurt Böwe (Kohlhaas), Günter Falkenau (Waldmann/Advokat), Dieter Franke (Kurfürst), Horst Hiemer (Junker Hans/Luther/Advokat/Nagelschmidt), Ernst Kahler (Pfarrer/Kohlhaasischer/Wrede/Herr Müller), Horst Lebinsky (von Tronka), Walter Lendrich (Geusau/Bürgermeister/Kallheim), Otto Mellies (Amtmann/Kohlhaasischer/Kurfürst von Sachsen), Erhard Marggraf (Kunz/Bursche/Kohlhaasischer), Johannes Maus (Junker Günther/Sternbald/Himboldt), Harry Pietzsch (Verwalter/Subjekt/Wenk), Günter Sonnenberg (Zöllner/Advokat/Junker/Standesperson/Subjekt/Höfling), Christian Stövesand (Stallknecht/Hinz/Kohlhaasischer), Horst Weinheimer (Herse/Meissen/Advokat)

DIE NACHT NACH DER ABSCHLUSSFEIER
von Wladimir Tendrjakow
Foyer, P: 22.3.1977 (74), R: Horst Schönemann, B: Franz Zauleck, D: Horst Schönemann (Schuldirektor), Lissy Tempelhof (Stellv. Direktorin), Trude Bechmann (Älteste Lehrerin), Uwe-Detlev Jessen (Physiklehrer), Martin Trettau (Mathematiklehrer), Studenten der Staatlichen Schauspielschule Berlin (Schüler)

KINDER DER SONNE von Maxim Gorki
P: 5.6.1977 (43), R: Wolfgang Heinz, A: Eberhard Keienburg, D: Reimar Joh. Baur (Protassow), Gabriele Heinz (Lisa), Jutta Wachowiak (Jelena), Rolf Ludwig (Wagin), Kurt Böwe (Tschepurnoi), Gudrun Ritter (Melanija), Walter Lendrich (Nasar), Peter Reusse (Mischa), Dietrich Körner (Jegor), Barbara Adolph (Awdotja), Martin Trettau (Troschin), Trude Bechmann (Kinderfrau), Ursula Staack (Fima), Heidrun Perdelwitz (Luscha), Günter Sonnenberg (Roman), Heinz Hinze (Arzt)

Kammerspiele

DON QUICHOTE IN MURZEDELO
von Volkmar Otte und Burkhart Seidemann (Pantomimen-Ensemble)
UA, P: 16.9.1976 (29), R: Volkmar Otte, A: Eberhard Keienburg, D: Burkhart Seidemann (Don Quichote), Michael Pan (Sancho Pansa), Peter Baumgart (Bürgermeister/Soldat), Christoph Posselt (Prälat), Günter Richter (Hauptmann), Eva-Maria Otte (Äbtissin), Karin Jerosch, Bernd Hahnke

TAG FÜR TAG von Arnold Wesker
P: 17.10.1976 (75), R: Horst Schönemann, B: Franz Zauleck, K: Ilona Zauleck, D: Simone von Zglinicki (Beatie Bryant), Gabriele Heinz (Jenny Beales), Uwe-Detlev Jessen (Jimmy), Lissy Tempelhof/Henny Müller (Mrs. Bryant), Martin Trettau (Mr. Bryant), Roman Kaminski (Frankie Bryant), Barbara Schnitzler/Claudia Jacob (Pearl Bryant), Gerhard Lau/Kurt Böwe (Stan Mann), Christian Stövesand/Wilfried Mattukat (Mr. Healey)

DIE RATTEN von Gerhart Hauptmann
P: 11.2.1977 (35), R: Klaus Piontek, A: Volker Pfüller, D: Dietrich Körner (Hassenreuter), Henny Müller (seine Frau), Heidrun Perdelwitz (seine Tochter), Martin Trettau (Pastor), Roman Kaminski (Spitta), Gudrun Ritter (Alice Rütterbusch), Heinz Hinze (Jettel), Lothar Dimke (Käferstein), Willi Scholz (Dr. Kegel), Reimar Joh. Baur (John), Jutta Wachowiak (Frau John), Christian Grashof (Bruno), Barbara Schnitzler (Piperkarcka), Inge Keller (Frau Knobbe), Simone von Zglinicki (Selma)

Kleine Komödie

DAS BIEST DES MONSIEUR RACINE
von Alexander Lang (nach Tomi Ungerer)
UA, P: 7.6.1977 (105), R: Alexander Lang, A: Wolfgang Utzt, D: Axel Loesert (Biest), Hans Bergermann (Monsieur Racine), Lothar Förster (Individuum), Horst Manz (Onkel), Horst Lebinsky (Robinson/Rübezahl), Ralph Borgwardt/Günter Sonnenberg (Robin Hood), Hanna Rieger (Oberst), Günter Margo, Klaus Erforth, Christian Stövesand (Feuerwehrmänner), Heidemarie Schneider (Alice), Johanna Clas (Erster Zaungast/Erster Bürger), Horst Ziethen (Zweiter Zaungast, Zweiter Bürger), Jan Spitzer (Begleiter/Akademie-Präsident), Roman Silberstein (Eisverkäufer/Dritter Bürger), Peter Borgelt (Zoodirektor), Alexander Stillmark (Zirkusdirektor), Sadegh Shabaviz (Papa), Lothar Dimke (Erster Eismann/Exzellenz), Heini Müller (Vorsitzender/Zweiter Eismann/Briefbote/Charles/Mann/Einhorn)

SPIELZEIT 1977/78

Deutsches Theater

DAS SCHWITZBAD von Wladimir Majakowski
P: 30.9.1977 (161), R: Friedo Solter, A: Vaclav Šramek, M: Uwe Hilprecht, D: Alexander Lang/Immanuel Seilkopf (Käuzerich), Herwart Grosse (Radlflitz), Jan Spitzer (Foskin), Peter Bause/Christian Stövesand (Zweysam), Barbara Schnitzler/Katrin Klein (Dreysam), Dieter

Franke (Koprochef), Helga Labudda (Polja), Klaus Piontek/Christian Grashof (Optimistenko), Volkmar Kleinert (Belvederski), Horst Weinheimer (Momentanski), Eberhard Esche (Iwan Iwanowitsch), Katja Paryla (Mesallianskja), Ernst Kahler (Pont Keach), Simone von Zglinicki (Underton), Willi Scholz (Nächtling), Dieter Mann (Regisseur), Lisa Macheiner/Lissy Tempelhof (Phosphoreszierende Frau)

PHILOKTET von Heiner Müller
DDR-EA, P: 17.12.1977 (33), R: Gemeinschaftsarbeit der Schauspieler, D: Alexander Lang (Philoktet), Christian Grashof (Odysseus), Roman Kaminski (Neoptolemos)

DIE GALOSCHENOPER
von Heinz Kahlau (nach „Beggars Opera" von John Gay), Musik von Reiner Bredemeyer
UA, P: 19.2.1978 (33), R: Friedo Solter, B: Vaclav Šramek, K: Christine Stromberg, D: Dieter Franke (Macheath), Eberhard Esche (Peachum), Fred Düren (Lockit), Lisa Macheiner (Lady Eliza), Jutta Wachowiak (Polly), Cornelia Schmaus (Lucy Lockit), Elsa Grube-Deister (Berta Peachum), Cox Habbema (Jenny), Heinz Hinze (Jeremias), Peter Dommisch (Brown)

Kammerspiele

PERIPHERIE von František Langer
P: 5.10.1977 (21), R: Klaus Piontek, A: Erich Geister, D: Michael Pan (Franzi), Ursula Staack (Anna), Peter Dommisch (Barborka), Horst Ziethen (Toni), Kurt Böwe (Richter), Walter Lendrich/Erich Marggraf (Urban), Barbara Adolph (Frau Urban), Peter Borgelt (Bardirektor), Ralph Borkwardt (Kommissar), Lothar Förster (Novak)

VON KALAF UND PRINZESSIN TURANDOT
von Volkmar Otte und Burkhart Seidemann (Pantomime-Ensemble)
P: 29.10.1977 (27), R: Volkmar Otte, A: Jochen Finke, D: Karin Jerosch, Bernd Hahnke, Christoph Posselt, Eva-Maria Otte, Peter Baumgart, Günter Richter, Burkhart Seidemann, Christine Bandlow, Gerty Körner, Annette Jacob, Ulrich Hoch

LETZTEN SOMMER IN TSCHULIMSK von Alexander Wampilow
P: 22.1.1978 (18), R: Horst Schönemann, A: Franz Zauleck, D: Eberhard Kirchberg (Schamanow), Jürgen Heinrich (Paschka), Gerhard Lau (Pomigalow), Kurt Böwe (Dergatschow), Uwe-Detlev Jessen (Metschokin), Martin Trettau (Jeremejew), Simone von Zglinicki (Valentina), Gabriele Heinz (Kaschkina), Lissy Tempelhof (Choroschich)

DAS VORKOMMNIS von Uwe Saeger
(Werkstatt am Wochenende) UA, P: 25.2.1978, R: Michael Hamburger/Wilfried Mattukat, A: Ulrich Schreiber, D: Wilfried Mattukat (Bräuer), Margit Bendokat (Ute Bräuer), Günter Sonnenberg (Lauke), Elisabeth Richter (Marion Stolp), Horst Weinheimer (Stolp), Martin Krottke (Lebinsky), Peter Bause (Franke), Henny Müller (Gertrud Schmidt)

HOCHWASSER von Gerhardt Gröschke
(Werkstatt am Wochenende) P: 25.2.1978, R: Günter Falkenau, A: Hans Brosch, D: Ernst Kahler (Martin), Willi Scholz (Leo), Käthe Reichel (Anna), Annelene Hischer (Gertrud), Peter Miething/Thomas Staack (Eddi), Erhard Marggraf (Georg)

HORRIBILICRIBRIFAX von Andreas Gryphius
P: 14.4.1978 (14), R: Alexander Lang, A: Gero Troike, D: Horst Manz (Palladius), Michael Pan (Florian), Lothar Dimke (Bonosus), Harry Pietzsch (Cleander), Hans Bergermann (Dionysius), Walfriede Schmitt (Selene), Helga Labudda (Antonia), Heidrun Perdelwitz (Sophia), Johanna Clas (Flaccilla), Katja Paryla (Caelestina), Marina Erdmann (Camilla), Lothar Förster (Daradiridatumtarides), Dietrich Körner (Don Horribilicribrifax), Günter Margo (Don Cacciadiavolo), Ralph Borgwardt (Don Diego), Roman Kaminski (Harpax), Christian Grashof (Sempronius), Peter Reusse (Isaschar), Gudrun Ritter (Cyrilla)

BITTERER HONIG von Shelagh Delaney
KS/MGT/KaF, P: 17.6.1978 (57), R: Wolfgang Engel/Klaus Piontek, B: Jochen Finke, K: Renée Hendrix, D: Lissy Tempelhof/Gudrun Ritter (Helen), Barbara Schnitzler (Jo), Otto Mellies (Peter), Roman Kaminski (Freund), Udo Schenk (Goeffrey)

Kleine Komödie

WRDLBRMPFD oder ÜBERMORGEN REGNET'S SELTEN von Karl Valentin
P: 16.12.1977 (94), R: Ulrich Engelmann, A: Heinrich Wenzel, D: Reimar Joh. Baur, Helga Labudda, Erhard Marggraf, Peter Reusse, Erika Westphal

GUTEN MORGEN, DU SCHÖNE von Maxie Wander
KK/CdK/KaF, P: 12.3.1978 (131), R: Horst Schönemann, B/K: Franz Zauleck, D: Jutta Wachowiak (Rosi), Simone von Zglinicki (Ruth), Lissy Tempelhof (Erika)

SPIELZEIT 1978/79

Deutsches Theater

MICHAEL KRAMER von Gerhart Hauptmann
P: 28.9.1978 (15), R: Wolfgang Heinz, B/K: Gunter Kaiser/Klaus Noeske/Elke Hersmann, D: Kurt Böwe (Kramer), Elsa Grube-Deister (Frau Kramer), Gudrun Ritter (Michaline), Christian Grashof (Arnold), Reimar Joh. Baur/Horst Weinheimer (Lachmann), Margit Bendokat (seine Gattin), Ursula Staack (Liese Bänsch), Günter Sonnenberg (Schnabel), Ralph Borgwarth (Ziehn), Peter Borgelt (von Krautheim), Volkmar Kleinert/Günter Falkenau (Quantmeyer), Gerhard Lau (Krause), Erika Westphal (Bertha), Lothar Förster (Fritz)

MISS SARA SAMPSON von Gotthold Ephraim Lessing
P: 21.12.1978 (24), R: Alexander Lang, A: Hans Brosch, D: Fred Düren (Sampson), Gudrun Ritter (Miss Sara), Christian Grashof (Mellefont), Katja Paryla (Marwood), Johanna Schall (Arabella), Ralph Borgwardt (Waitwell), Harry Pietzsch (Norton), Heidrun Perdelwitz (Betty), Johanna Clas (Hannah), Horst Ziethen (Gastwirt)

PREXASPES von Peter Hacks
P: 28.2.1979 (29), R: Cox Habbema, Eberhard Esche, B/K: Vaclav Šramek, D: Kurt Böwe (Kambyses), Klaus Piontek (Smerdes), Otto Mellies (Otanes), Dieter Mann (Darios), Herwart Grosse (Patizeithes), Roman Kaminski (Magier Smerdes), Volkmar Kleinert (Meres), Dietrich Körner (Prexaspes), Simone von Zglinicki (Atossa)

SCHWANENGESANG von Anton Tschechow
P: 4.3.1979 (42), R: Ulrich Engelmann, A: Heinz Wenzel, D: (Über die Schädlichkeit des Tabaks:) Rolf Ludwig (Njuchin); (Tragödie wider Willen:) Peter Reusse (Tolkatschow), Rolf Ludwig (Muraschkin); (Schwanengesang:) Rolf Ludwig (Swetlowidow), Peter Reusse (Souffleur)

Kammerspiele

ZUFÄLLIGER TOD EINES ANARCHISTEN von Dario Fo
KS/DT/BE, P: 25.11.1978 (163), R: Dieter Mann, B: Jochen Finke, K: Christine Stromberg, D: Reimar Joh. Baur (Verrückter), Dietrich Körner (Bertozzo), Rolf Ludwig (Sportsmann), Otto Mellies (Polizeipräsident), Jutta Wachowiak (Journalistin), Sadegh Shabaviz, Roman Kaminski (Wachtmeister)

Kleine Komödie

TRAMPELPFAD von Jürgen Groß, nach Daniil Granin
DDR-EA/NF, P: 19.5.1979 (47), R: Günter Falkenau, A: Hans-Jürgen Nikulka, D: Katja Paryla (Kira), Horst Weinheimer (Stepan)

SPIELZEIT 1979/80

Deutsches Theater

DER ENTFESSELTE WOTAN von Ernst Toller
Foyer/bat/KaF, P: 21.9.1979 (62), R: Alexander Lang, A: Volker Pfüller, D: Christian Grashof (Wotan), Heidrun Perdelwitz (Mariechen), Günter Sonnenberg (Fremder Herr), Peter Trotsch (Junger Arbeiter), Horst Hiemer (Schleim), Lothar Förster (von Wolfblitz), Johanna Clas (Gräfin Gallig), Ralph Borgwarth (von Stahlfaust), Walter Lendrich (Karauschen), Heinz Hinze (Bussard-Baldrian), Horst Lebinsky (Reporter), Lothar Dimke (Polizist), Heini Müller (Kellner)

WER HAT ANGST VORM SCHWARZEN MANN
von Volkmar Otte (Pantomime-Ensemble)
Foyer/El/KaF, P: 23.10.1979 (69), R: Volkmar Otte, A: Volkmar Otte, D: Barbara Schnitzler, Uwe Hilprecht, Peter Baumgart, Andreas Dölling, Bernd Hahnke, Günter Richter, Burkhart Seidemann

WALLENSTEINS LAGER/DIE PICCOLOMINI
von Friedrich Schiller
P: 28.9.1979 (48), R: Friedo Solter, B: Lothar Scharsich, K: Christine Stromberg, M: Reiner Bredemeyer, D: (Wallensteins Lager:) Eberhard Esche (Prologist), Dieter Franke (Wachtmeister), Volkmar Kleinert (Trompeter), Harry Pietzsch (Konstabler), Peter Borgelt, Horst Ziethen (Scharfschützen), Rolf Ludwig, Roman Kaminski (Holkische Jäger), Christian Stövesand (Dragoner), Horst Manz, Willy Scholz (Arkebusiere), Dieter Mann (Wallonischer Kürassier), Peter Dommisch (Lombardischer Kürassier), Frank Lienert (Rekrut), Herwart Grosse (Bürger), Fred Düren (Bauer), Helga Labudda (Marketenderin), Katrin Klein (Aufwärterin)
(Die Piccolomini:) Eberhard Esche (Wallenstein), Rolf Ludwig (Piccolomini), Frank Lienert (Max), Fred Düren (Terzky), Dieter Mann (Illo), Volkmar Kleinert (Isolani), Dieter Franke (Buttler), Willi Scholz (Tiefenbach), Rudolf Christoph (Götz), Peter Dommisch (Neumann), Klaus Piontek (Questenberg), Herwart Grosse (Seni), Helga Labudda (Herzogin von Friedland), Katrin Klein (Thekla), Lissy Tempelhof (Gräfin Terzky), Uwe-Detlev Jessen (Kellermeister), Harry Pietzsch, Horst Ziethen (Bediente)

WALLENSTEINS TOD von Friedrich Schiller
P: 30.9.1979 (44), R: Friedo Solter, B: Lothar Scharsich, K: Christine Stromberg, M: Reiner Bredemeyer, D: Eberhard Esche (Wallenstein), Rolf Ludwig (Piccolomini), Frank Lienert (Max), Fred Düren (Terzky), Dieter Mann (Illo), Volkmar Kleinert (Isolani), Dieter Franke (Buttler), Peter Dommisch (Neumann), Klaus Piontek (Wrangel), Uwe-Detlev Jessen (Gordon), Gerhard Lau (Deveroux), Roman Kaminski (Macdonald), Peter Borgelt (Schwedischer Hauptmann), Horst Manz (Gefreiter), Rudolf Christoph (Bürgermeister), Herwart Grosse (Seni), Helga Labudda (Herzogin von Friedland), Lissy Tempelhof (Gräfin Terzky), Katrin Klein (Thekla), Henny Müller/Erika Westphal (Neubrunn), Christian Stövesand (Kammerdiener)

KANTINE von Gerhard Branstner
UA, Foyer, P: 28.12.1979 (7), R: Hartmut Ostrowsky, B/K: Vaclav Šramek, D: Ernst Kahler (Toredid), Erhard Marggraf (Pirol), Michael Pan (Hermann), Horst Lebinsky (Alfons), Ursula Staack (Liesbeth)

SOMMERNACHTSTRAUM von William Shakespeare
DT/VB, P: 12.4.1980 (99), R: Alexander Lang, B: Gero Troike/Heiko Zolchow, K: Heidi Brambach, M: Uwe Hilprecht, D: Otto Mellies (Theseus), Christian Stövesand (Egeus), Roman Kaminski (Lysander), Dieter Mann (Demetrius), Günter Sonnenberg (Philostrat), Ralph Borgwardt (Squenz), Walter Lendrich (Schnock), Dietrich Körner (Zettel), Horst Weinheimer (Flaut),

Harry Pietzsch (Schnauz), Lothar Förster (Schlucker), Johanna Schall (Hippolyta), Simone von Zglinicki (Hermia), Margit Bendokat (Helena), Jürgen Hentsch (Oberon), Katja Paryla (Titania), Horst Manz (Puck), Horst Ziethen (Bohnenblüte), Erika Westphal (Spinneweb), Jürgen Müller (Milbe), Heini Müller (Senfsamen)

Kleine Komödie

DER FAHRER UND DIE KÖCHIN von Albert Wendt
UA, KK/VB, P: 27.3.1980 (16), R: Günter Falkenau, A: Matthias Blumhagen, D: Martin Trettau (Fahrer), Annelene Hischer (Köchin)

Nebenspielstätten

JUTTA oder DIE KINDER VON DAMUTZ
von Helmut Bez
AdK, P: 18.4.1980 (25), R: Friedo Solter, A: Heinz Wenzel, M: Reiner Bredemeyer, D: Kurt Böwe (Mangold), Otto Mellies (Melchior), Gudrun Ritter (Edda Melchior), Uwe-Detlev Jessen (Wolfsteller), Herwart Grosse (Olbers), Lisa Macheiner (Fräulein Hoyer), Johanna Schall (Jutta), Immanuel Seilkopf/Michael Pan (Adi), Mario Schneidenbach (Horst), Franziska Kleinert (Roswitha), Volkmar Kleinert (Lorenz), Bärbel Bolle (Frau Pahl), Henny Müller/Helga Labudda (Else), Hanna Rieger (Martha), Johanna Clas (Hedwig), Lissy Tempelhof (Gertrud), Ursula Staack (Elvira), Willy Scholz (Rietzschel), Peter Borgelt (Reit), Trude Bechmann (Alte Frau), Gerhard Lau (Alter Mann), Hilmar Eichhorn/Immanuel Seilkopf (Uwe)

DRAUSSEN VOR DER TÜR von Wolfgang Borchert
bat/KaF, P: 19.4.1980 (59), R: Klaus Erforth, Alexander Stillmark, A: Jürgen Müller, M: Gruppe Bayon, D: Thomas Neumann (Beckmann), Heidrun Perdelwitz (Mädchen), Thomas Wolff (ihr Mann), Erhard Marggraf (Oberst), Margarete Taudte/Annelene Hischer (seine Frau), Katrin Klein/Ursula Staack (Tochter), Lothar Dimke (ihr Mann), Klaus Piontek (Kabarettdirektor), Elsa Grube-Deister/Gabriele Heinz (Frau Kramer), Ernst Kahler (Alter Mann), Michael Pan (Beerdigungsunternehmer), Käthe Reichel/Jutta Wachowiak (Elbe), Jan Spitzer (Der Andere)

SPIELZEIT 1980/81

Deutsches Theater

DIE MÖWE von Anton Tschechow
DT/BE, P: 5.9.1980 (60), R: Wolfgang Heinz, A: Franz Zauleck, D: Jutta Wachowiak (Arkadina), Sylvester Groth (Treplew), Dietrich Körner (Sorin), Simone von Zglinicki (Nina), Horst Weinheimer (Schamrajew), Katja Paryla (Polina), Heidrun Perdelwitz (Mascha), Jürgen Hentsch (Trigorin), Fred Düren (Dorn), Martin Trettau (Medwedenko), Werner Tornow (Jakow)

SENECAS TOD von Peter Hacks
UA, DT/BE, P: 27.9.1980 (78), R: Cox Habbema, A: Karl von Appen, D: Ernst Kahler (Silvanus), Peter Dommisch (Hauptmann), Klaus Piontek (Nikodrom), Eberhard Esche (Seneca), Karin Gregorek/Cox Habbema (Paulina), Rolf Ludwig (Maurer), Rudolf Christoph (Adrest), Otto Mellies (Flavus), Peter Borgelt (Maximus), Peter Reusse (Annaeus)

BERNARDA ALBAS HAUS von Federico García Lorca
P: 28.10.1980 (18), R: Piet Drescher, A: Eberhard Keienburg, D: Inge Keller (Bernarda Alba), Trude Bechmann (Maria Josefa), Margarete Taudte (Angustias), Margit Bendokat (Magdalena), Bärbel Bolle (Amelia), Cornelia Schmauss (Martirio), Simone von Zglinicki (Adela), Elsa Grube-Deister (La Poncia), Annelene Hischer (Magd), Marga Legal (Prudencia), Johanna Schall (Bettlerin)

MARIA STUART von Friedrich Schiller
DT/VB, P: 23.12.1980 (159), R: Thomas Langhoff, B: Gero Troike K: Ulrich Schreiber, M: Uwe Hilprecht, D: Gudrun Ritter (Elisabeth), Jutta Wachowiak (Maria Stuart), Jürgen Hentsch (Leicester), Kurt Böwe (Shrewsbury), Klaus Piontek (Burleigh), Christian Grashof (Davison), Martin Trettau (Paulet), Roman Kaminski/Reiner Heise (Mortimer), Harry Pietzsch (Aubespine), Michael Pan (Okelly), Hans Bergermann (Melvil), Lisa Macheiner (Kennedy)

DANTONS TOD von Georg Büchner
BE, P: 24.4.1981 (95), R: Alexander Lang, A: Volker Pfüller, Ma: Wolfgang Utzt, D: Christian Grashof (Danton/Robespierre), Dietrich Körner (Legendre/Payne/Fouquier-Tinville), Roman Kaminski (Camille/St. Just), Harry Pietzsch (Hérault/Collot), Volkmar Kleinert (Lacroix), Klaus Piontek (Philippeau), Günter Sonnenberg (Mercier), Kurt Böwe (Chaumette/Herman/Simon), Katrin Klein (Weib Simons/Rosalie), Inge Keller (Julie), Johanna Schall (Lucile/Adelaide), Margit Bendokat (Marion)

Nebenspielstätten

ELEKTRA von Sophokles
AdK, P: 29.8.1980 (10), R: Friedo Solter, B: Werner Stötzer, K: Christine Stromberg, Ma: Wolfgang Utzt, M: Reiner Bredemeyer, D: Gudrun Ritter (Elektra), Roman Kaminski/Immanuel Seilkopf (Orestes), Bärbel Bolle (Chrysothemis), Alexander Lang (Aigisthos), Katja Paryla (Klytaimnestra), Dieter Mann (Erzieher des Orestes), Christian Stövesand (Pylades), Helga Labudda (Chorführerin), Hanne Deeger, Annelene Hischer, Katrin Klein, Franziska Kleinert, Traudl Kulikowsky, Horst Lebinsky, Henny Müller, Willi Scholz, Günter Sonnenberg, Olaf Tabbert, Sonja Zimmermann (Chor)

DIE FREMDE HAUT
von Volkmar Otte und Burkhart Seidemann (Pantomimen-Ensemble)
UA, BE-Pr. P: 19.9.1980 (47), R: Volkmar Otte, A: Volkmar Otte, D: Bernd Hahnke, Burkhart Seidemann, Gisela Bohmann, Peter Baumgart, Conny Hege, Karin Jerosch, Joachim Kaps, Eva-Maria Otte, Hans-Otto Reintsch, Günter Richter

WEISSE EHE von Tadeusz Rózewicz
MGT, P: 17.1.1981 (102), R: Rolf Winkelgrund, A: Eberhard Keienburg, M: Uwe Hilpricht, D: Petra Blossey (Bianka), Sabine Unger (Paulina), Horst Weinheimer (Vater), Christine Schorn (Mutter), Simone von Zglinicki (Küchenmamsell), Hanne Deeger (Kuhmagd), Jan Spitzer (Benjamin), Reimar Joh. Baur (Opa), Katja Paryla (Tante), Lothar Dimke (Herr Feliks)

KÜMMERT EUCH UM MALACHOW
von Waleri Agranowski
PdR-J/KaF, P: 2.2.1981 (63), R: Erhard Marggraf, B: Heinz Wenzel, K: Rosa-Anna Beck, D: Andreas Schumann/Thomas Pötzsche (Andrej Malachow), Peter Reusse (Journalist), Helga Labudda/Gabriele Heinz (Maximowna), Ulrich Voss (Roman Sergejewitsch), Erika Westphal (Iwanowna), Barbara Schnitzler (Fjodorowna), Christian Stövesand (Psychologe), Horst Manz (Oleg Pawlowitsch), Immanuel Seilkopf (Bonifazi), Studenten der Hochschule für Schauspielkunst „Ernst Busch"

DREYFUS von Jean-Claude Grumberg
bat/KaF, DDR-EA, P: 29.4.1981 (23), R: Ulrich Engelmann, A: Franz Zauleck, D: Jörg Panknin (Moritz), Otto Mellies (Arnold), Reimar Joh. Baur (Motel), Reiner Heise (Michel), Bärbel Bolle (Sina), Barbara Schnitzler (Myriam), Ralph Borgwardt (Wasselbaum), Hans Bergermann (Salman), Michael Pan, Heini Müller (Männer)

SPIELZEIT 1981/82

Nebenspielstätten

DEUTSCHE VOLKSLIEDER
DISTEL/KaF/BE, P: 12.10.1981 (61), L: Dieter Franke, Alexander Weigel, ML: Uwe Hilprecht, B: Heinz Wenzel, D: Elsa Grube-Deister, Jutta Wachowiak, Reimar Joh. Baur, Dieter Franke, Rolf Ludwig, Günter Sonnenberg

GUTEN MORGEN, DU SCHÖNE 2 von Maxi Wander
CdK/KaF, P: 30.10.1981 (58), R: Regina Griebel/Gabriele Heinz, A: Franz Zauleck, D: Katrin Klein (Ute), Gabriele Heinz (Lena), Heidrun Perdelwitz (Gudrun), Elsa Grube-Deister (Karoline)

BLAUBART
von Burkhart Seidemann (Pantomime-Ensemble)
UA, DSA/KaF, P: 14.11.1981 (23), R: Burkhart Seidemann, A: Heinz Wenzel, M: Hermann Nehring, D: Peter Baumgart, Gisela Bohmann, Bernd Hahnke, Conny Hege, Karin Jerosch, Michael Pan, Christoph Posselt, Hans-Otto Reintsch, Günter Richter, Burkhart Seidemann

DIE TRAURIGE GESCHICHTE VON FRIEDRICH DEM GROSSEN von Heinrich Mann (Fragment, ergänzt von Alexander Lang)
UA, AdK, P: 5.3.1982 (41), R: Alexander Lang, B/K: Gero Troike, M: Uwe Hilprecht, D: Kurt Böwe (Friedrich Wilhelm I.), Katja Paryla (Königin), Katrin Klein (Kronprinz Friedrich), Simone von Zglinicki (Wilhelmine), Otto Mellies (Grumbkow), Dietrich Körner (Seckendorf), Horst Manz (Anhalt), Christian Grashof (Gundling), Roman Kaminski (Katte), Volkmar Kleinert (Kattes Vater/Eversmann), Günter Sonnenberg (Finckenstein/Lepel/Mann), Horst Weinheimer (Kalckstein/Derschau/Mann), Lothar Förster (Francke), Harry Pietzsch (Hotham), Ralph Borgwardt (Rothenburg/Bürger), Christian Stövesand (Schwedt/Schack/Leutnant), Horst Ziethen (Rochow), Rudolf Gossing/Horst Lebinsky (Keith/Türkischer Soldat/Grenadier/Schuwalow), Johanna Clas (Frau von Ramen), Helga Labudda (Kammerfrau/Bürgersfrau), Heini Müller (Profoß und Henker), Erika Westphal (Alte/Zarin), Dieter Franke/Horst Lebinsky (Peter der Große), Inge Keller (Fürstin Gallitzin)

VERSCHWÖRUNG DER HEUCHLER
von Michail Bulgakow (nach Molière)
TiP, P: 9.3.1982 (?), R: Thomas Langhoff, B: Gunter Kaiser, K: Angelika Kempter, D: Rolf Ludwig (Molière), Inge Keller (Madeleine Béjart) Barbara Schnitzler (Armande), Marlies Ludwig (Mariette/Maskierte/Renée), Dietmar Burkhard (Varlet), Michael Pan (Moyron), Reiner Heise (Croisy/Lesac/Bruder Treue), Herwart Grosse (Bouton), Klaus Piontek (Ludwig XIV.), Gerhard Lau (Potzblitz), Dieter Mann (Charron), Reimar Joh. Baur (Schuster), Horst Lebinsky (Bartholomäus/Bruder Kraft/Mönch)

DIE VERWANDLUNG
von Bernd Hahnke (Pantomime-Ensemble)
KaF, P: 7.7.1982 (?), R/B: Bernd Hahnke, K: Rosalind Lindemann, D: Conny Hege (Prinzessin), Günter Richter (Prinz), Peter Baumgart (Hexe), Gisela Bohmann, Karin Jerosch, Hans-Otto Reintsch, Burkhart Seidemann

Intendanz Rolf Rohmer 1982–1984

SPIELZEIT 1982/83

Nebenspielstätten

HÖLLENFAHRT DES DOKTOR FAUST
von Peter Baumgart und Burkhart Seidemann (Pantomime-Ensemble)
UA, KaF, P: 22.12.1982 (71), R: Burkhart Seidemann, B/K: Eberhard Keienburg, M: Hermann Nehring, D:

Peter Baumgart (Faust), Christoph Posselt (Mefistofilis/Schwarzer Engel), Michael Pan (Hanswurst), Günter Richter (Weißer Engel), Hans-Otto Reintsch (Herzog von Parma), Gisela Bohmann (Herzogin), Conny Hege, Karin Jerosch, Bernd Hahnke, Gunnar Helm

EIN HEIRATSANTRAG IN DER NIEDERWALLSTRASSE oder DER PREUSSISCHE KINDERFREUND
von Adolf Glaßbrenner
KaF, P: 1.2.1983 (13), R: Günter Falkenau, Helmut Rabe, B/K: Franz Zauleck, M: Reiner Bredemeyer, D: Annelene Hischer, Margarete Taudte, Fred Düren, Erhard Marggraf, Peter Reusse, Martin Trettau, Horst Ziethen, Jörg Becker, Heini Müller

SPIELZEIT 1983/84

Deutsches Theater

DIE RUNDKÖPFE UND DIE SPITZKÖPFE
von Bertolt Brecht
P: 30.9.1983 (82), R: Alexander Lang, B/K: Volker Pfüller, M: Hanns Eisler, D: Reimar Joh. Baur (Vizekönig, Richter), Volkmar Kleinert (Missena), Dietrich Körner (Iberin), Christian Grashof (Callas), Katja Paryla (Nanna), Walter Lendrich (Saz), Gerhard Lau (Hoz), Heini Müller (Duarte), Gudrun Ritter (Cornamontis), Horst Manz (Callamassi), Günter Sonnenberg (Palmosa), Helga Labudda (Tomaso), Simone von Zglinicki (Oberin), Roman Kaminski (Anwalt), Lothar Förster (Inspektor), Horst Ziethen (Schreiber), Johanna Clas, Barbara Schnitzler, Peter Reusse (Huas), Helga Labudda (Klosterfrau), Peter Borgelt (Zarazante), Horst Weinheimer (Guzman), Margit Bendokat (Isabella), Christian Stövesand (Peruiner), Harry Pietzsch (Lopez)

BRUDER EICHMANN von Heinar Kipphardt
P: 19.4.1984 (50), R: Alexander Stillmark, A: Heinz Wenzel, D: Thomas Neumann (Eichmann), Dieter Mann (Ofer), Klaus Piontek (Chass), Christine Schorn (Schilch), Martin Trettau (Servatius), Dagmar Manzel, Käthe Reichel, Johanna Schall, Jutta Wachowiak, Reimar Joh. Baur, Heinz Hinze, Ernst Kahler, Frank Lienert (Analogieszenen)

Kammerspiele

GESPENSTER von Henrik Ibsen
(Wiedereröffnung) P: 18.11.1983 (166), R: Thomas Langhoff, B/K: Pieter Hein, M: Uwe Hilprecht, D: Inge Keller (Frau Alving), Ulrich Mühe (Osvald), Dietrich Körner (Manders), Kurt Böwe (Engstrand), Simone von Zglinicki (Regine)

DIE WAHRE GESCHICHTE DES AH Q
von Christoph Hein
UA, P: 22.12.1983 (95), R: Alexander Lang, A: Gero Troike, D: Dieter Montag (Ah Q), Christian Grashof (Wang), Roman Kaminski (Tempelwächter), Gudrun Ritter (Nonne), Friedo Solter (Maske)

HOPPLA, WIR LEBEN! von Ernst Toller
P: 5.6.1984 (20), R: Ulrich Engelmann, A: Ursula Scheib, D: Thomas Stecher (Karl Thomas), Arianne Borbach (Eva Berg/Lotte Kilman), Thomas Förster (Kilman), Christoph Hohmann (Kroll), Lotte Loebinger (Frau Meller), Mathias Kunze (Rand), Matthias Zahlbaum (Baron Friedrich), Otto Mellies (Professor Lüdin), Ralph Borgwardt (Bankier), Lutz Salzmann (sein Sohn), Peter René Lüdicke (Pickel), Wolf-Dietrich Köllner (Graf Lande), Nadja Engel (Frau Kilman/Grete), Sewan Latchinian (Fritz)

Die Intendanz Dieter Mann 1984–1991

SPIELZEIT 1984/85

Deutsches Theater

HERZOG THEODOR VON GOTHLAND
von Christian Dietrich Grabbe
P: 27.10.1984 (46), R: Alexander Lang, A: Volker Pfüller, Li: Hilmar Koppe, M: Uwe Hilprecht, D: Christian Grashof (Gothland), Roman Kaminski (Olaf), Michael Gwisdek (Der alte Gothland), Ulrich Mühe (Gustav), Peter Borgelt (Arboga), Horst Ziethen (Holm), Christian Stövesand (Erik), Frank Lienert (Rolf), Dieter Montag (Berdoa), Gerhard Lau (Usbek), Günter Sonnenberg (Rossau), Horst Manz (Irnak), Dietrich Körner (Schwedischer Hauptmann), Kurt Böwe (Finnischer Hauptmann), Katja Paryla (Dirne)

IPHIGENIE AUF TAURIS
von Johann Wolfgang von Goethe
P: 28.10.1984 (58), R: Alexander Lang, A: Volker Pfüller, D: Katja Paryla (Iphigenie), Roman Kaminski (Thoas), Kurt Böwe (Orest), Dietrich Körner (Pylades), Peter Reusse (Arkas)

DER KIRSCHGARTEN von Anton Tschechow
P: 30.11.1984 (53), R: Friedo Solter, A: Gabriele Koerbl, M: Reiner Bredemeyer, D: Christine Schorn (Ranjewskaja), Heidrun Perdelwitz (Anja), Barbara Schnitzler (Warja), Otto Mellies (Gajew), Dieter Mann (Lopachin), Peter-Mario Grau (Trofimow), Wolf-Dietrich Köllner (Semeonow-Pistschik), Walfriede Schmitt (Charlotta), Reimar Joh. Baur (Jepichodow), Gabriele Heinz (Dunjascha), Fred Düren (Firs), Frank Lienert (Jascha)

DER KAUFMANN VON VENEDIG
von William Shakespeare
P: 17.3.1985 (45), R: Thomas Langhoff, A: Pieter Hein, Ma: Wolfgang Utzt, M: Uwe Hilprecht, D: Heinz Hinze (Doge), Michael Gwisdek (Marocco), Klaus Piontek (Aragon), Dietrich Körner (Antonio), Roman Kaminski (Bassanio), Dieter Montag (Gratiano), Peter Reusse (Solanio), Horst Weinheimer (Salerio), Frank Lienert (Lorenzo), Fred Düren (Shylock), Rolf Ludwig (Tubal), Ulrich Mühe (Lanzelot Gobbo), Walter Lendrich (Alter Gobbo), Ralph Borgwardt (Balthasar), Dagmar Manzel (Porzia), Simone von Zglinicki (Nerissa), Heidrun Perdelwitz (Jessica)

WINTERSCHLACHT
von Johannes R. Becher, Vorspiel von Heiner Müller
P: 9.5.1985 (24), R: Alexander Lang, A: Volker Pfüller, Li: Hilmar Koppe, M: Uwe Hilprecht, D: Michael Gwisdek/Dieter Montag (Kommandeur), Otto Mellies (Karl Hörder), Lissy Tempelhof (Maria Hörder), Dieter Mann (Hörder), Klaus Piontek (Nohl), Jutta Wachowiak (dessen Frau), Horst Hiemer (von Rundstedt), Volkmar Kleinert (von Quabbe), Ernst Kahler (General), Martin Trettau (Russischer Fürst), Rolf Ludwig (Oberkofler), Ulrich Mühe, Thomas Neumann, Frank Lienert (Panzerleutnants), Wolf-Dietrich Köllner, Horst Lebinsky, Harry Pietzsch (Panzerfahrer), Eberhard Esche (Kommandeur der Roten Armee)

Kammerspiele

YERMA von Federico García Lorca
P: 8.10.1984 (20), R: Klaus Erforth, A: Jürgen Müller, M: Reiner Bredemeyer, D: Jutta Wachowiak (Yerma), Horst Weinheimer (Juan), Simone von Zglinicki (Maria), Thomas Neumann (Victor), Annelene Hischer (Heidnische Alte), Katrin Klein, Dagmar Manzel (Mädchen), Katrin Martin, Blanche Kommerell, Wera Herzberg, Ursula Staack, Johanna Schall, Elisabeth Richter (Wäscherinnen), Bärbel Bolle, Johanna Clas (Schwägerinnen), Margit Bendokat (Dolores), Harry Pietzsch (Tod), Monika Bienert (Frau), Michael Pan (Der Mann)

ZWEI AUF EINER BANK von Alexander Gelman
P: 19.10.1984 (91), R: Reinhard Hellmann, A: Vaclav Šramek, D: Christine Schorn (Sie), Friedo Solter (Er)

GROTESKEN ZUR NACHT (Pantomime-Ensemble)
P: 24.11.1984, R: Peter Baumgart, A: Vaclav Šramek, M: Dietrich Petzold, D: Gisela Bohmann, Gunnar Helm, Hans-Otto Reintsch, Burkhart Seidemann

BUNBURY oder DIE WICHTIGKEIT, ERNST ZU SEIN
von Oscar Wilde
P: 31.12.1984 (87), R: Klaus Piontek, A: Hans-Jürgen Nikulka, M: Uwe Hilprecht, D: Michael Gwisdek (Worthing), Ulrich Mühe (Algernon), Martin Trettau (Chasuble), Ralph Borgwardt (Lane), Günter Margo (Merriman), Gudrun Ritter (Lady Bracknell), Katrin Klein (Gwendolen), Simone von Zglinicki (Cecily), Käthe Reichel (Miß Prism)

DER BLAUE BOLL von Ernst Barlach
P: 24.3.1985 (82), R: Rolf Winkelgrund, A: Eberhard Keienburg, M: Uwe Hilprecht, D: Kurt Böwe (Boll), Elsa Grube-Deister (seine Frau), Jutta Wachowiak (Grete), Thomas Neumann (ihr Mann), Rolf Ludwig (Prunkhorst), Horst Hiemer (Holtfreter), Lothar Förster (Virgin), Volkmar Kleinert (Bürgermeister), Peter Borgelt (Elias), Annelene Hischer (Doris), Reimar Joh. Baur (Herr), Erika Westphal (Frau Unk)

LOVERS von Brian Friel
P: 18.5.1985 (35), R: Johanna Clas, A: Vaclav Šramek, D: Gerit Kling (Margaret), Torsten Michaelis (Joseph), Christian Stövesand (Andy), Gabriele Heinz (Hanna), Lisa Macheiner (Mrs. Wilson), Annelene Hischer (Cissy)

SPIELZEIT 1985/86

Deutsches Theater

DAS LEBEN IST TRAUM von Pedro Calderón de la Barca
P: 18.10.1985 (71), R: Friedo Solter, B: Hans-Jürgen Nikulka, K: Christine Stromberg, M: Uwe Hilprecht, D: Thomas Neumann (Basilius), Ulrich Mühe (Zygmunt), Michael Schweighöfer (Astolf), Simone von Zglinicki (Stella), Gerhard Lau (Clotald), Dagmar Manzel (Rosaura), Frank Lienert (Clarin), Hans Bergermann, Günter Margo (Höflinge), Christian Stövesand (Soldat/Insurgent)

MEDEA von Euripides (Trilogie der Leidenschaft)
P: 11.1.1986 (50), R: Alexander Lang, A: Volker Pfüller, D: Katja Paryla (Medea), Christian Grashof (Erzieher), Dieter Montag (Iason), Michael Gwisdek (Aegeus), Maximilian Löser (Kreon), Katrin Klein (Glauke)
STELLA von Johann Wolfgang Goethe
P: dies., R: ders., A: ders., D: Margit Bendokat (Stella), Gudrun Ritter (Cäcilie), Roman Kaminski (Fernando), Johanna Schall (Lucie), Katrin Klein (Annchen), Maximilian Löser (Verwalter)

EGMONT von Johann Wolfgang von Goethe
P: 21.3.1986 (59), R: Friedo Solter, B: Hans-Jürgen Nikulka, K: Christine Stromberg, M: Uwe Hilprecht, D: Gabriele Heinz (Margarete), Ulrich Mühe (Egmont), Dieter Mann (Oranien), Otto Mellies (Alba), Jörg Teo Zachert (Ferdinand), Wolf-Dietrich Köllner (Macchiavell), Jan Josef Liefers (Richard), Christian Stövesand (Silva), Erhard Marggraf (Gomez), Ulrike Krumbiegel (Klärchen), Christine Schorn (ihre Mutter), Michael Schweighöfer (Brackenburg), Günter Sonnenberg (Soest), Fred Düren (Jetter), Gerhard Lau (Zimmermann), Horst Ziethen (Seifensieder), Tobias Langhoff (Buyck), Martin Trettau (Ruysum), Thomas Neumann (Vansen), Hans Bergermann, Peter Dommisch, Günter Margo (Bürger)

TOTENTANZ
von August Strindberg (Trilogie der Leidenschaft 3)
P: 17.5.1986 (67), R: Alexander Lang, A: Volker Pfüller, Li: Hilmar Koppe, D: Christian Grashof (Edgar), Katja Paryla (Alice), Dieter Montag (Kurt), Frank Lienert (Allan), Katrin Klein (Judith), Maximilian Löser (Leutnant)

Kammerspiele

ALOEN von Athol Fugard
P: 10.10.1985 (20), R: Dietrich Körner, A: Heinz Wenzel, D: Reimar Joh. Baur (Piet), Lissy Tempelhof (Gladys), Dietrich Körner (Steve)

DAS ENDE DER WELT MIT ANSCHLIESSENDER DISKUSSION von Arthur Kopit
P: 26.10.1985 (35), R: Alexander Stillmark, B: Jürgen Müller, K: Ursula Wolf, M: Hans-Joachim Müller, D: Klaus Piontek (Trent), Willi Schwabe (Stone), Christine Schorn (Audrey), Horst Manz (Cowan), Walter Lendrich (Rosenblatt), Anette Straube (Stella), Peter Borgelt (Wilmer), Peter Reusse (Berrent), Herbert Sand (Pete)

ORFEUS
von Burkhart Seidemann (Pantomime-Ensemble)
P: 30.11.1985 (43), R: Burkhart Seidemann, A: Heinz Wenzel, M: Hermann Naehring, D: Bernd Hahnke, Gisela Bohmann, Karin Jerosch, Hans-Otto Reintsch, Peter Baumgart, Christoph Posselt, Günter Richter, Anja Palitzsch, Elisabeth Richter

DER DOPPELTE OTTO von Hans Lucke
P: 15.3.1986 (44), R: Horst Drinda, A: Heinz Wenzel, M: Uwe Hilprecht, D: Hans Teuscher (Otto Einspender), Klaus Piontek (Krüger), Katarina Tomaschewsky (Leni)

DER STURMGESELLE SOKRATES
von Hermann Sudermann
P: 1.6.1986 (59), R: Thomas Langhoff, B: Pieter Hein, K: Ursula Wolf, D: Kurt Böwe (Grabowski), Dietrich Körner (Hartmeyer), Elsa Grube-Deister (seine Frau), Jan Josef Liefers, Tobias Langhoff (ihre Söhne), Otto Mellies (Laucken-Neuhof), Reimar Joh. Baur (Stentzel), Martin Trettau (Boretius), Peter Borgelt (Tomaschek), Hans Teuscher (Markuse), Torsten Michaelis (Siegfried), Gerhard Lau (Makrocky), Günter Sonnenberg (Höftke), Simone von Zglinicki (Ida), Erika Westphal (Patientin)

MIT DER FAUST INS OFFENE MESSER
von Augusto Boal
P: 12.7.1986 (26), R: Carlos Medina, A: Bert Neumann, D: Thomas Neumann (Paolo), Peter Reusse (Doktor), Walfriede Schmitt (Marga), Gabriele Heinz (Foguinho), Michael Schweighöfer (Barra), Dagmar Manzel (Maria)

SPIELZEIT 1986/87

Deutsches Theater

VOR DEM RUHESTAND von Thomas Bernhard
P: 28.9.1986 (23), R: Michael Jurgons, Friedo Solter, B: Hans-Jürgen Nikulka, K: Christine Stromberg, ME: Reiner Bredemeyer, D: Klaus Piontek (Höller), Christine Schorn (Clara), Inge Keller (Vera)

KIKERIKI von Sean O'Casey
P: 29.11.1986 (36), R: Wolf Winkelgrund, B/K: Jürgen Heidenreich, M: Uwe Hilprecht, D: Kurt Böwe (Marthraun), Dietrich Körner (Mahan), Jutta Wachowiak (Lorna), Barbara Schnitzler (Loreleen), Simone von Zglinicki (Marion), Reimar Joh. Baur (Shanaar), Horst Weinheimer, Horst Manz (Grobe Kerle), Klaus Piontek (Pater Domineer), Roman Kaminski (Sergeant), Horst Ziethen (Jack), Johanna Schall (Julia), Frank Lienert (Larry), Thomas Neumann (Landbote), Willi Scholz (Ausrufer), Günter Sonnenberg (Zusteller)

BERLINER LIEDER
P: 31.12.1986 (87), L: Kurt Böwe, Alexander Weigel, ML: Uwe Hilprecht, B: Heinz Wenzel, D: Margit Bendokat, Jutta Wachowiak, Reimar Joh. Bauer, Kurt Böwe, Roman Kaminski, Rolf Ludwig, Günter Sonnenberg

EIN MONAT AUF DEM LANDE von Iwan Turgenjew
P: 10.4.1987 (70), R: Thomas Langhoff, B: Pieter Hein, K: Ursula Wolf, M: Uwe Hilprecht, D: Michael Gwisdek (Islajew), Jutta Wachowiak (Natalja Petrowna), Ulrike Krumbiegel (Werotschka), Inge Keller (Islajewa), Gudrun Ritter (Bogdanowna), Peter Dommisch (Schaaf), Christian Grashof (Rakitin), Jan Josef Liefers (Beljajew), Hans Teuscher (Bolschinzow), Jörg Gudzuhn (Spigelski), Harry Pietzsch (Matwej), Johanna Schall (Katja)

Kammerspiele

DIE FLIEGEN von Jean-Paul Sartre
P: 24.1.1987 (125), R: Friedo Solter, B/K: Hans-Jürgen Nikulka, M: Reiner Bredemeyer, D: Otto Mellies (Jupiter), Michael Schweighöfer (Orest), Hans Teuscher (Ägist), Michael Gwisdek (Pädagoge), Dagmar Manzel (Elektra), Käthe Reichel (Klytemnestra), Christine Schorn, Gabriele Zion, Annelene Hischer, Peter Dommisch, Ernst Kahler, Volkmar Kleinert, Wolf-Dietrich Köllner, Erhard Marggraf, Sadegh Shabaviz (Volk), Katrin Klein, Tobias Langhoff, Götz Schubert (Erinnyen), Christian Stövesand, Jürgen Huth (Soldaten)

HANSWURST
von Burkhart Seidemann (Pantomime-Ensemble)
P: 28.2.1987 (32), R: Burkhart Seidemann, A: Heinz Wenzel, M: Hermann Naehring, D: Bernd Hahnke (Hanswurst), Anja Palitzsch (Neuber), Christoph Posselt (Gottsched), Günter Richter (Beck), Gisela Bohmann (Eve), Hans-Otto Reintsch (Hermes), Michael Sens (Don Juan), Peter Baumgart (Doktor Faust), Karin Jerosch (Schönheit), Hermann Naehring (Trommler)

SPIELZEIT 1987/88

Deutsches Theater

PHILOTAS von Gotthold Ephraim Lessing
P: 6.10.1987 (82), R: Friedo Solter, B: Hans-Jürgen Nikulka, K: Christine Stromberg, M: Reiner Bredemeyer, D: Dieter Montag (Aridäus), Volkmar Kleinert (Strato), Ulrich Mühe (Philotas), Horst Manz (Parmenio)

NATHAN DER WEISE von Gotthold Ephraim Lessing
P: 7.10.1987 (237, LA), R: Friedo Solter, B: Hans-Jürgen Nikulka, K: Christine Stromberg, D: Jörg Gudzuhn (Saladin), Katja Paryla/Katrin Klein (Sittah), Otto Mellies (Nathan), Ulrike Krumbiegel (Recha), Christine Schorn (Daja), Tobias Langhoff (Tempelherr), Dieter Mann (Derwisch), Ulrich Mühe (Patriarch), Volkmar Kleinert (Klosterbruder), Horst Manz (Emir)

DER BAU von Franz Kafka
P: 7.11.1987 (14), R: Klaus Erforth, Dietrich Kunze, B: Jürgen Müller, M: Reiner Bredemeyer, D: Thomas Neumann

DER LOHNDRÜCKER (und DER HORATIER, KENTAUREN) von Heiner Müller
P: 29.1.1988 (72), R: Heiner Müller, B: Erich Wonder, K: Christine Stromberg, Ma: Wolfgang Utzt, Li: Hilmar Koppe, D: Dieter Montag (Balke), Roman Kaminski (Karras), Harry Pietzsch (Bittner), Horst Weinheimer (Krüger), Frank Lienert (Kolbe), Thomas Neumann (Geschke), Ulrich Mühe (Der Horatier/Stettiner/Reporter), Horst Hiemer (Zemke), Martin Trettau (Trakehner/Lerka), Jörg-Michael Koerbl (Brillenträger), Peter Dommisch (Budiker/Kalbshaxe), Jan Josef Liefers (Kant), Hermann Beyer (Direktor), Michael Gwisdek (Schorn), Jürgen Huth (Schurek), Erhard Marggraf (Buchhalter/Arzt), Johanna Schall (Der Horatier/Sekretärin), Margit Bendokat (HO-Verkäuferin), Horst Hermannek (Geheimrat)

DIE ECHTEN SEDEMUNDS von Ernst Barlach
P: 6.5.1988 (19), R: Rolf Winkelgrund, A: Jürgen Heidenreich, M: Uwe Hilprecht, D: Kurt Böwe (Sedemund), Frank Lienert (Junger Sedemund), Dieter Mann (Waldemar), Jörg Gudzuhn (Grude), Simone von Zglinicki (Frau Grude), Dagmar Manzel (Sabine), Reimar Joh. Baur (Mankmoos), Sadegh Shabaviz (Franchi), Hans Bergermann (Ring), Friedo Solter (Gierhahn), Volkmar Kleinert (Ehrbahn), Horst Ziethen (Schaukelstrick), Christian Stövesand (Lemmchen), Michael Schweighöfer (Bromann), Horst Hiemer (Karl), Heidrun Perdelwitz (Grete), Wolf-Dietrich Köllner (Mamerow)

DIKTATUR DES GEWISSENS von Michail Schatrow
P: 5.7.1988 (66), R: Friedo Solter, A: Hans-Jürgen Nikulka, D: Klaus Piontek (Bataschow), Barbara Schnitzler (Swetlana), Christine Schorn (Sotowa), Sven-Erik Just (Goscha), Dieter Mann (Journalist), Sewan Latchinian (Romanenko), Jörg Gudzuhn (Krymow), Johanna Schall (Nadja)

Kammerspiele

EMILIA GALOTTI von Gotthold Ephraim Lessing
P: 5.10.1987 (22), R: Michael Jurgons, A: Ulrich Schreiber, D: Dagmar Manzel (Emilia), Reimar Joh. Baur (Odoardo), Gudrun Ritter (Claudia), Uwe Zerbe (Prinz), Hans Teuscher (Marinelli), Wolfgang Jaster (Rota), Horst Hiemer (Conti), Michael Schweighöfer (Appiani), Margit Bendokat (Orsina), Thomas Neumann (Angelo), Jürgen Huth (Pirro/Battista)

TRANSIT EUROPA von Volker Braun
UA, P: 30.1.1988 (2), R: Friedo Solter, B: Hans-Jürgen Nikulka, K: Heinz Wenzel, D: Katja Paryla (Wirtin), Christian Grashof (Seidel), Volkmar Kleinert (Doktor), Katrin Klein (Sophie), Reimar Joh. Baur (Konsul), Tobias Langhoff, Michael Schweighöfer (Teerjacken/Staubmäntel/Lehmkittel), Christian Stövesand (Polizist), Rolf Ludwig (Jude)

CAFÉ FATAL
von Christoph Posselt (Pantomime-Ensemble)
P: 7.4.1988 (34), R: Christoph Posselt, M: Nino Sandow, D: Gisela Bohmann, Anja Palitzsch, Peter Baumgart, Burkhart Seidemann
RÖTELN IM PLÄNTERWALD von Peter Baumgart
P: dies., R: Peter Baumgart, D: Gisela Bohmann, Anja Palitzsch, Bernd Hahnke, Christoph Posselt

TAGEBUCH EINES WAHNSINNIGEN (DER MITARBEITER) von Nikolai Gogol und Werner Buhss
P: 12.6.1988 (63), R: Michael Jurgons, A: Robert Wendel, D: Michael Schweighöfer (Popristschin)

SPIELZEIT 1988/89

Deutsches Theater

PARIS, PARIS (SOJAS WOHNUNG)
von Michail Bulgakow
P: 17.12.1988 (42), R: Frank Castorf, B/K: Peter Schubert, Li: Hilmar Koppe, D: Margit Bendokat (Pelz), Horst Lebinsky (Oboljaninow), Roman Kaminski (Amethystow), Dagmar Manzel (Manjuschka), Gerd Preusche (Halleluja), Sewan Latchinian (Gandsa-Lin), Johanna Schall (Engelchen/Chinesin), Katrin Klein (Alla), Dieter Montag (Fuchs), Ulrike Krumbiegel (Lisanka), Bärbel Bolle (Pestruchina)

DIE GEISEL von Brendan Behan
P: 8.4.1989 (38), R: Thomas Langhoff, B: Pieter Hein, K: Ursula Wolf, ML: Uwe Hilprecht, D: Dietrich Körner (Pat), Gudrun Ritter (Meg), Reimar Joh. Baur (Musjö), Ulrich Mühe (Rio Rita), Rolf Ludwig (Mulleady), Margit Bendokat (Miss Gilchrist), Johanna Schall (Corte), Ursula Staack (Ropeen), Tobias Langhoff (Leslie), Ulrike Krumbiegel (Teresa), Volkmar Kleinert (IRA-Offizier), Jan Josef Liefers (Freiwilliger), Horst Lebinsky (Matrose)

Kammerspiele

OFFENE ZWEIERBEZIEHUNG
von Franca Rame und Dario Fo
P: 17.9.1988 (231, LA), R: Carlos Medina, A: Peter Schubert, D: Dagmar Manzel (Antonia), Thomas Neumann (Mann)

HIMMELHÖLLE von Günter Richter
(Pantomime-Ensemble)
P: 3.12.1988 (14), R: Günter Richter, B/K: Eberhard Keienburg, M: Michael Vogt, D: Gisela Bohmann, Hans-Otto Reintsch, Peter Baumgart, Anja Palitzsch, Bernd Hahnke, Constanze Schwendler, Christoph Posselt, Burkhart Seidemann, Michael Vogt

DER THEATERMACHER von Thomas Bernhard
P: 3.3.1989 (78), R: Peter Schroth, Peter Kleinert, A: Eberhard Keienburg, D: Kurt Böwe (Bruscon), Gudrun Ritter (Frau Bruscon), Lothar Förster (Bruccio), Heidrun Perdelwitz (Sarah), Gerhard Lau (Wirt), Erika Westphal (Wirtin), Elisabeth Richter (Erna)

MAN SPIELT NICHT MIT DER LIEBE
von Alfred de Musset
P: 24.6.1989 (6), R/B/K: Horst Sagert, M: Reiner Bredemeyer, D: Otto Mellies (Baron), Michael Schweighöfer (Perdican), Udo Kroschwald (Blazius), Thomas Neumann (Bridaine), Corinna Harfouch (Camille), Lissy Tempelhof (Frau Pluche), Katrin Klein (Rosette), Bärbel Bolle, Gabriele Heinz, Annelene Hischer, Heidrun Perdelwitz, Gabriele Zion, Jürgen Huth, Wolf-Dietrich Köllner, Gerhard Lau, Willi Scholz, Sadegh Shabaviz, Martin Trettau (Chor)

Baracke

DER STUMME DIENER von Harold Pinter
Studio-Inszenierung 1, P: 15.2.1989 (15), R/D: Tobias Langhoff (Ben), Jan Josef Liefers (Gus)

SPIELZEIT 1989/90

Deutsches Theater

MITTAGSWENDE von Paul Claudel
P: 2.9.1989 (18), R: Rolf Winkelgrund, B/K: Jürgen Heidenreich, M: Ralf Hoyer, D: Anne-Else Paetzold (Yse), Jörg Gudzuhn (Mesa), Peter Reusse (de Ciz), Dieter Mann (Amalric)

KEIN RUNTER KEIN FERN von Ulrich Plenzdorf
P: 13.1.1990 (40), R: Michael Jurgons, B/K: Robert Wendel, M: Mathias Suschke, D: Heidrun Perdelwitz, Jürgen Huth, Karl Kranzkowski, Horst Lebinsky, Lutz Schneider, Bernd Stempel

DIE KAHLE SÄNGERIN von Eugène Ionesco
P: 30.1.1990 (88), R: Katja Paryla, B: Alfred Bernau, K: Hannelore Wedemeÿer, D: Gabriele Heinz, Johanna Schall, Simone von Zglinicki, Sven-Eric Just, Udo Kroschwald, Michael Schweighöfer, Eva Weißenborn

HAMLET/MASCHINE
von William Shakespeare und Heiner Müller
P: 24.3.1990 (40), R: Heiner Müller, B: Erich Wonder, K: Christine Stromberg, Ma: Wolfgang Utzt, Li: Hilmar Koppe, D: Ulrich Mühe (Hamlet), Jörg Gudzuhn (Claudius), Stephan Suschke (Geist), Dagmar Manzel (Gertrud), Dieter Montag (Polonius/2. Clown), Michael Kind (Laertes), Margarita Broich (Ophelia), Jörg-Michael Koerbl (Horatio), Frank Lienert (Rosencrantz), Thomas Neumann (Guildenstern), Erhard Marggraf (Valtemand), Dietmar Sommer (Cornelius), Karl Kranzkowski (Marcellus/Schauspieler), Horst Weinheimer (Bernardo/Hauptmann/Gentleman/Priester), Manfred Möck (Francisco/Reynaldo/Lord), Klaus Piontek (Schauspieler/1. Clown/Osric), Margarete Taudte (Schauspielerin), Margit Bendokat, Bärbel Bolle, Margarita Broich, Dagmar Manzel, Margarete Taudte, Jörg Gudzuhn, Jörg-Michael Koerbl, Ulrich Mühe, Stephan Suschke (Hamletmaschine)

NACHTASYL von Maxim Gorki
P: 11.5.1990 (28), R: Friedo Solter, B: Hans-Jürgen Nikulka, K: Elke Eckardt, M: Reiner Bredemeyer, D: Horst Lebinsky (Kostyljow), Franziska Hayner (Wassilissa), Ulrike Krumbiegel (Natascha), Harry Pietzsch (Medwedjew), Daniel Morgenroth (Pepel), Horst Manz (Kletschtsch), Barbara Schnitzler (Anna), Bärbel Bolle (Nastja), Ursula Staack (Kwaschnja), Sewan Latchinian (Baron), Michael Walke (Satin), Axel Wandtke (Schauspieler), Otto Mellies (Luka), Jens-Uwe Bogadtke/Lutz Schneider (Aljoschka), Christian Stövesand (Schiefkopf), Rudolf Trommer (Tatar), Bernd Stempel (Bubnow)

Kammerspiele

DIE FESTUNG von Werner Buhss
P: 14.10.1989 (15), R: Bernd Weißig, Christian Steyer, B/K: Eberhard Keienburg, M: Christian Steyer, Bernd Weißig, D: Jan Josef Liefers (Drogo), Udo Kroschwald (Morel), Sewan Latchinian (Angustina), Tobias Langhoff (Grotta), Sven-Eric Just (Lagorio), Volkmar Kleinert (Ortiz), Horst Manz (Matti), Lothar Förster (Filimore), Dietrich Körner (Feldwebel)

BERLIN von Sewan Latchinian
P: 2.2.1990 (9), R: Friedo Solter, B/K: Hans-Jürgen Nikulka, M: Tobias Morgenstern, D: Franziska Hayner (Lena), Christine Schorn (Mutter), Dieter Mann (Vater), Daniel Morgenroth (Jacob), Gudrun Ritter (Mutter Moll), Elsa Grube-Deister (Lehrerin), Andreas Schneider, Rudolf Trommer (Trainer), Horst Manz (Direktor), Michael Walke (Arzt), Ursula Staack (Pia), Barbara Schnitzler (Steffi), Jürgen Huth (Theo), Lutz Schneider (Fabian), Lothar Dimke (Volkspolizist), Sadegh Shabaviz (Kellner), Günter Sonnenberg (Jemand)

HAUS HERZENSTOD von George Bernard Shaw
P: 9.6.1990 (57), R: Thomas Langhoff, B: Pieter Hein, K: Ursula Wolf, M: Uwe Hilprecht, D: Reimar Joh. Baur (Shotover), Christine Schorn (Lady Utterword), Jutta Wachowiak (Hesione), Dieter Mann (Hushabye), Michael Schweighöfer (Utterword), Volkmar Kleinert (Dunn), Johanna Schall (Ellie), Horst Hiemer (Mangan), Günter Sonnenberg (Einbrecher), Elsa Grube-Deister (Guinness)

DER WUNDERHEILER von Brian Friel
P: 30.6.1990 (10), R: Carlos Medina, B/K: Peter Vent, D: Peter Reusse (Frank), Dagmar Manzel (Grace), Herbert Olschok (Teddy)

Baracke

ALTE MÄNNER AM MEER/SPRACHKOMMENTAR
von Jörg-Michael Koerbl
UA, P: 1.9.1989 (3), R: J. M. Koerbl, B: Heinz Wenzel, M: Robert Linke, D: Hermann Beyer (Franz), Dieter Montag (Emil), Sven-Eric Just (Paul), Lutz Penndorf (Soldat/Gruppenanimator)

SPIELZEIT 1990/91

Deutsches Theater

DIE KOMMUNISTEN von Jörg-Michael Koerbl
P: 14.9.1990 (7), R: Michael Jurgons, B: Robert Wendel, K: Roselind Lindemann, D: Lutz Schneider (Alter), Horst Lebinsky (Großer), Marion Wiegmann (Schwache), Karl Kranzkowski (Becker), Konstanze Ullmer (Rita), Erhard Marggraf (Klein), Jürgen Huth (Schwarzenberg), Günter Sonnenberg (Skowronek), Heidrun Perdelwitz (Hilde), Sven-Erik Just (Katz), Bernd Stempel (Hornbogen), Michael Walke (Acker), Wolf-Dietrich Köllner (Adler), Franziska Hayner (Katja), Manfred Möck (Roland), Udo Kroschwald (Müller)

DER ZERBROCHNE KRUG von Heinrich von Kleist
P: 30.11.1990 (151, LA), R: Thomas Langhoff, B: Pieter Hein, K: Christine Stromberg, D: Klaus Piontek (Walter), Jörg Gudzuhn (Adam), Thomas Neumann (Licht), Gudrun Ritter (Marthe), Ulrike Krumbiegel (Eve), Horst Weinheimer (Veit), Bernd Stempel (Ruprecht), Käthe Reichel (Brigitte), Wolf-Dietrich Köllner (Bedienter), Walter Lendrich (Büttel), Heidrun Perdelwitz, Annelene Hischer (Mägde)

DER DIENER ZWEIER HERREN von Carlo Goldoni
P: 31.12.1990 (68), R: Niels-Peter Rudolph, B/K: Götz Loepelmann, M: Peter Fischer, D: Reimar Joh. Baur (Pantalone), Eva Weißenborn (Clarice), Horst Hiemer (Dottore), Sven-Eric Just (Silvio), Franziska Hayner (Beatrice), Daniel Morgenroth (Florindo), Michael Walke (Brighella), Simone von Zglinicki (Smeraldina), Dieter Mann (Truffaldino), Sewan Latchinian (Koch)

PEER GYNT von Henrik Ibsen
P: 1.5.1991 (63), R: Friedo Solter, B: Hans-Jürgen Nikulka, K: Christine Stromberg, Ma: Wolfgang Utzt, M: Christoph Schambach, D: Daniel Morgenroth (Peer Gynt), Claudia Geisler (Solvejg), Jutta Wachowiak (Aase), Franziska Hayner (Ingrid/Anitra), Annelene Hischer (Altes Weib/Trollhexe/Kari), Barbara Schnitzler (Säterin/Trolljungfer/Arabisches Mädchen), Christine Schorn (Altes Weib/Mutter Solvejgs/Trollhexe/Dr. Begriffenfeldt), Ursula Staack (Säte-rin/Trollhexe/Arabisches Mädchen), Hans Bergermann (Vater des Bräutigams/Irrer), Jürgen Huth (Junger Mann/Bursche/Junger Troll), Wolf-Dietrich Köllner (Bräutigam/Monsieur Ballon/Wächter), Horst Lebinsky(Haegstadtbauer/Eberkopf/Wächter/Koch), Horst Manz (Schmied Aslak/Mann in Trauer), Erhard Marggraf (Mann/Amtmann), Otto Mellies (Knopfgießer/Stimme des großen Krummen), Manfred Möck (Bursche/Junger Troll/Trumpeterstrale/Irrer), Harry Pietzsch (Vater Solvejgs/Hoftroll/Wächter/Steuermann)

Kammerspiele

HAPPY END STATION
von Burkhart Seidemann (Pantomime-Ensemble)
P: 14.11.1990 (15), R: Peter Baumgart, D: Constanze Schwendler (Schwester), Maria-Elisabeth Klein (Die Neue), Günter Richter, Burkhart Seidemann, Michael Sens, Peter Baumgart (Die Alten), Peter Baumgart (Toter)

JOHN GABRIEL BORKMAN von Henrik Ibsen
P: 21.1.1991 (46), R: Frank Castorf, B/K: Peter Schubert, D: Horst Lebinsky (Borkmann), Bärbel Bolle/Christine Schorn (Gunhild), Axel Wandtke (Erhart), Margit Bendokat (Ella Rentheim), Katrin Klein (Frau Wilton), Michael Schweighöfer (Foldal), Ines Schweighöfer (seine Tocher)

LÄNDLICHE WERBUNG von George Bernard Shaw
P: 8.3.1991 (185, LA), R: Klaus Piontek, B/K: Vaclav Šramek, M: Reiner Bredemeyer, D: Eberhard Esche (A), Simone von Zglinicki (Z), Norbert Helmholz (Decksteward)

DIE EROBERUNG DES SÜDPOLS von Manfred Karge
P: 27.4.1991 (18), R: Manfred Karge, B: Robert Wendel, K: Jessica Karge, D: Marcus Staiger (Slupianek), Uwe Steinbruch (Büscher), Thomas Bading (Seiffert), Udo Kroschwald (Braukmann), Simone von Zglinicki (Die Braukmann), Kay Schulze (Frankieboy), Michael Schweighöfer (Rudi), Katrin Klein (Rosi)

DIE MINDERLEISTER von Peter Turrini
P: 30.6.1991 (17), R: Carl-Hermann Risse, B/K: Eberhard Keienburg, M: Reiner Bredemeyer, D: Axel Wandtke (Hans), Ulrike Krumbiegel (Anna), Horst Weinheimer (Schmelzer), Thomas Neumann (Italiener), Robert Gallinowski (Ringo), Roland Hemmo (Ursus), Dietrich Körner (Shakespeare), Karl Kranzkowski (Ordner)

Die Intendanz Thomas Langhoff ab 1991

SPIELZEIT 1991/92

Deutsches Theater

MAUSER (Herakles 2, Mauser, Quartett, Der Findling) von Heiner Müller
P: 14.9.1991 (26), R: Heiner Müller, B/K: Jannis Kounellis, Ma: Wolfgang Utzt, Li: Hilmar Koppe, D: (Mauser:) Petra Hartung, Claudia Michelsen, Hermann Beyer, Thomas Neumann, Erhard Marggraf, Klaus Piontek, Uwe Steinbruch, Bernd Stempel, Samuel Zach; (Quartett:) Dagmar Manzel, Jörg Gudzuhn; (Der Findling:) Petra Hartung, Dörte Lyssewski, Dagmar Manzel, Claudia Michelsen, Hermann Beyer, Jörg Gudzuhn, Jörg-Michael Koerbl/Thomas Neumann, Walter Lendrich/Erhard Marggraf, Klaus Piontek, Uwe Steinbruch, Bernd Stempel, Samuel Zach

DAS KÄTHCHEN VON HEILBRONN von Heinrich von Kleist
P: 14.12.1991 (70), R: Thomas Langhoff, B: Pieter Hein, K: Bert Neumann, M: Uwe Hilprecht, D: Dietrich Körner (Kaiser), Daniel Morgenroth (Wetter vom Strahl), Lissy Tempelhof (Gräfin Helena), Horst Manz (Flammberg), Reimar Joh. Baur (Gottschalk), Käthe Reichel (Brigitte), Dagmar Manzel (Kunigunde), Katrin Klein (Rosalie), Kurt Böwe (Friedeborn), Ulrike Krumbiegel (Käthchen), Kay Schulze (Gottfried), Jörg Gudzuhn (Freiburg), Thomas Neumann (Waldstätten), Horst Hiemer (Rheingraf), Horst Weinheimer (Herrnstadt), Peter Reusse (Eginhardt), Klaus Piontek (Flühe), Peter Borgelt (Nachtheim), Günter Sonnenberg (Bärenklau), Heidrun Perdelwitz (Eleonore)

HERMES IN DER STADT von Lothar Trolle
UA, P: 16.12.1991 (20), R: Frank Castorf, B/K: Peter Schubert, Li: Hilmar Koppe, D: Margit Bendokat, Benjamin Kradolfer, Gudrun Ritter, Bärbel Bolle, Franziska Hayner, Claudia Geisler, Juan Carlos Carvajal, Dieter Mann, Uwe Dag Berlin

KARATE-BILLI KEHRT ZURÜCK von Klaus Pohl
P: 17.4.1992 (31), R: Alexander Lang, B/K: Caroline Neven Du Mont, D: Jörg Gudzuhn (Billi), Christine Schorn (Greta), Horst Hiemer (Urban), Udo Kroschwald (von Stahl), Dietrich Körner (Menzel), Johanna Schall (Sascha), Horst Weinheimer (Franz), Kurt Böwe (Nickchen), Simone von Zglinicki (Rosita)

MOLLY BLOOM von James Joyce
P: 28.5.1992 (30), R: Friedo Solter, B: Hans-Jürgen Nikulka, K: Elke Eckardt, M: Christoph Schambach, D: Christine Schorn (Marion Bloom)

Kammerspiele

HEINRICH VI. von William Shakespeare
P: 3.10.1991 (39), R: Katja Paryla, B: Arno Breuers, K: Renée Hendrix, M: Tippel-Klimper, D: Udo Kroschwald (Heinrich VI.), Simone von Zglinicki (Der kleine Heinrich), Karl Kranzkowski (Gloster), Gabriele Heinz (Winchester/1. Förster), Sven-Eric Just (Somerset), Mario Gericke (York), Frank Lienert (Warwick), Michael Walke (Salisbury), Uwe Dag Berlin (Suffolk/Prinz Eduard), Horst Lebinsky (Alter Mortimer), Eva Weißenborn (Margareta), Johanna Schall (Leonore/2. Förster/Jeanne d'Arc)

DIE VERSCHWÖRUNG DES FIESKO ZU GENUA von Friedrich Schiller
P: 12.1.1992 (22), R: Friedo Solter, B: Hans-Jürgen Nikulka, K: Sabine von Oettingen, D: Otto Mellies (Andreas Doria), Michael Walke (Gianettino Doria), Michael Schweighöfer (Fiesko), Dieter Mann (Verrina), Frank Lienert (Bourgognino), Bernd Stempel (Calcagno), Manfred Möck (Sacco), Axel Wandtke (Lomellino), Erhard Marggraf (Zenturione), Jürgen Huth (Zibo), Lutz Schneider (Asserato), Roland Hemmo (Romano), Uwe Dag Berlin (Muley Hassan), Claudia Geisler (Leonore), Eva Weißenborn (Julia)

LAURA UND LOTTE von Peter Shaffer
P: 7.3.1992 (19), R: Carl-Hermann Risse, B/K: Peter Schubert, M: Reiner Bredemeyer, D: Gudrun Ritter (Laura), Inge Keller (Charlotte), Annelene Hischer (Miss Framer), Otto Mellies (Bardolph)

TARTÜFFE von Jean Baptiste Molière
P: 10.4.1992 (95), R: Anselm Weber, B/K: Manuel Fabritz, M: Tom van der Gelt, D: Käthe Reichel (Pernelle), Klaus Piontek (Orgon), Eva Weißenborn (Elmire), Daniel Morgenroth (Damis), Cathlen Gawlich (Mariane), Kay Schulze (Valère), Horst Lebinsky (Cleante), Bernd Stempel (Tartüffe), Jutta Wachowiak (Dorine), Lothar Förster (Loyal), Jürgen Huth (Polizeibeamter), Petra Hartung (Flipote)

WUNDERWORTE von Ramón del Valle-Inclán
P: 8.7.1992 (7), R: Armin Holz, B/K: Peter Schubert, M: Irmin Schmidt, D: Corinna Harfouch (Meri-Gaila), Bernd Stempel (Gaila), Ulrich Haß (Miau), Margit Bendokat (La Tatula), Elsa Grube-Deister (Marica), Ulrike Krumbiegel (Simonina), Horst Lebinsky (Laureano), Markus Gertken (Miguelin), Bärbel Bolle (Juana), Heidrun Perdelwitz (Nachbarin), Claudia Geisler (Schwangere), Udo Kroschwald (Dorfschulze), Katrin Klein (Poca Pena)

Baracke

DER DISNEY-KILLER von Philip Ridley
DEA, P: 12.4.1992 (73), R: Sewan Latchinian, B/K: Donald Becker, D: Axel Wandtke (Presley), Katrin Klein (Haley), Volker Ranisch (Cosmo), Michael Walke (Mistgabel)

SPIELZEIT 1992/93

Deutsches Theater

IPHIGENEIA von Jochen Berg
DT im Garten, P: 30.8.1992 (23), R: Frank Lienert, B/K: Richard von Luijk, Li: Hilmar Koppe, M: Uwe Hilprecht, Hermann Naehring, D: Petra Hartung (Iphigeneia), Kay Schulze (Orest), Uwe Dag Berlin (Pylades), Manfred Möck (Thoas), Lutz Schneider (Barbas)

DER TURM von Hugo von Hofmannsthal
P: 26.10.1992 (100), R: Thomas Langhoff, B: Pieter Hein, K: Jutta Harnisch, M: Uwe Hilprecht, D: Jörg Gudzuhn (König Basilius), Daniel Morgenroth (Sigismund), Dieter Mann (Julian), Rolf Ludwig (Anton), Eberhard Esche (Bruder Ignatius), Frank Lienert (Olivier), Reimar Joh. Baur (Arzt), Kurt Böwe (Woiwode von Lublin), Otto Mellies (Paladin von Krakau), Dietrich Körner (Großkanzler von Litauen), Peter Borgelt (Starost von Utarkow), Michael Walke (Bohuslav), Klaus Piontek (Simon), Jutta Wachowiak (Bauersfrau), Karl Kranzkowski (Aron), Thomas Bading (Gervasy), Benjamin Kradolfer (Protasy), Simone von Zglinicki, Eva Weißenborn (Hofdamen), Erhard Marggraf, Manfred Möck (Herren), Kay Schulze (Rekrut), Horst Hiemer (Stelzbeiniger)

REINEKE FUCHS von Johann Wolfgang von Goethe
P: 4.11.1992 (52, LA), B: Heinz Wenzel, D: Eberhard Esche

DER WALD von Alexander N. Ostrowski
P: 22.12.1992 (47), R: Thomas Langhoff, B/K: Volker Pfüller, M: Uwe Hilprecht, D: Gudrun Ritter (Gurmyschskaja), Claudia Geisler (Axjuscha), Thomas Neumann (Milonow), Peter Borgelt (Bodajew), Dietrich Körner (Wosmipratow), Thomas Bading (Pjotr), Michael Maertens (Bulanow), Christian Grashof (Gurmyschski), Ignaz Kirchner (Arkadi), Horst Lebinsky (Karp), Bärbel Bolle (Ulita)

DER EISMANN KOMMT von Eugene O'Neill
P: 27.3.1993 (15), R: Rolf Winkelgrund, B/K: Eberhard Keienburg, D: Reimar Joh. Baur (Hope), Otto Mellies (Mosher), Volkmar Kleinert (McGloin), Peter Reusse (Oban), Horst Manz (Mott), Peter Borgelt (Wetjoen), Eberhard Esche (Lewis), Thomas Neumann (Cameron), Horst Hiemer (Kalmar), Dietrich Körner (Slade), Udo Kroschwald (Pioggi), Götz Schubert (Don Parrit), Claudia Geisler (Pearl), Katharina Waldau (Margie), Ulrike Krumbiegel (Cora), Lutz Schneider (Morello), Jörg Gudzuhn (Hickey), Horst Ziethen (Moran), Dietmar Sommer (Lieb)

DER PELIKAN von August Strindberg
DT-Foyer, P: 8.4.1993 (25), R: Johanna Schall, B/K: Eberhard Keienburg, D: Simone von Zglinicki (Mutter), Thomas Bading (Sohn), Eva Weißenborn (Tochter), Daniel Morgenroth (Schwiegersohn), Gabriele Heinz (Köchin)

DOLGENSEE, EIN NATURALIST von Gero Troike
UA, P: 18.4.1993 (10), R: Gero Troike, B/K: Bettina Weller, M: Uwe Hilprecht, D: Michael Schweighöfer (Dolgensee), Benjamin Kradolfer (sein Vater), Franziska Hayner (seine Mutter), Petra Hartung (Anna-Maria)

AMPHITRYON von Heinrich von Kleist
P: 15.6.1993 (25), R: Jürgen Gosch, B/K: Donald Becker, D: Götz Schubert (Jupiter), Thomas Neumann (Merkur), Daniel Morgenroth (Amphitryon), Ignaz Kirchner (Sosias), Dagmar Manzel (Alkmene), Margit Bendokat (Charis)

Kammerspiele

DER NEBBICH von Carl Sternheim
P: 11.11.1992 (47), R: Niels-Peter Rudolph, B/K: Lilot Hegi, D: Dagmar Manzel (Rita Marchetti), Axel Wandtke (Fritz Tritz), Bernd Stempel (Meyer), Karl Kranzkowski (Marlovsky), Dieter Mann (von Schmettow), Reimar Joh. Baur (Dr. Zinn), Horst Weinheimer (Graf Pfeil), Cathlen Gawlich (Luise Krüger), Volkmar Kleinert (Minister), Horst Hiemer (Gesandter), Michael Schweighöfer (Modes), Michael Walke (Rommel), Uwe Hilprecht (Pianist)

DON JUAN KOMMT AUS DEM KRIEG von Ödön von Horváth
P: 15.1.1993 (41), R: Michael Gruner, B: Peter Schulz, K: Astrid Kirsten, D: Peter Simonischek (Don Juan), Christina Große (2. Tochter/1. Dorfmädchen), Petra Hartung (1. loses Mädchen/Krankenschwester/3. Dame/Blonde/2. Dorfmädchen), Gabriele Heinz (1. Weib/Witwe/Wirtin), Inge Keller (Großmutter), Katrin Klein (2. loses Mädchen/Kellnerin/1. Tochter/2. altes Weib), Ulrike Krumbiegel (1. Kunstgewerblerin), Heidrun Perdelwitz (2. Weib/4. Dame/Nachbarin), Johanna Schall (2. Soubrette/Oberin/1. Dame), Barbara Schnitzler (1. Soubrette/2.Kunstgewerblerin/Dame aus Bern/1. altes Weib), Christine Schorn (Mutter), Simone von Zglinicki (Magd/2. Dame/Maske)

BERLIN BERTIE von Howard Brenton
P: 10.3.1993 (14), R: Sewan Latchinian, B/K: Donald Becker, D: Margit Bendokat (Rosa), Katrin Klein (Alice), Kathie Liers (Joanne), Kay Schulze (Sandy), Karl Kranzkowski (Bertie)

DER BIBERPELZ von Gerhart Hauptmann
P: 2.5.1993 (150, LA), R: Thomas Langhoff, B: Pieter Hein, K: Renée Hendrix, M: Uwe Hilprecht, D: Dieter Mann (Wehrhahn), Kurt Böwe (Krüger), Axel Wandtke (Dr. Fleischer), Benjamin Unger (Philipp), Bernd Stempel (Motes), Barbara Schnitzler (Frau Motes), Jutta Wachowiak (Frau Wolff), Horst Lebinsky (Julius Wolff), Cathlen Gawlich (Leontine), Stefanie Stappenbeck (Adelheid), Michael Walke (Wulkow), Klaus Piontek (Glasenapp), Rolf Ludwig (Mitteldorf)

ELYSIAN PARK von Marlene Streeruwitz
P: 17.6.1993 (6), R: Harald Clemen, B: Reimund Bauer, K: Annette Beaufays, M: Alfred Hart, D: Christine Schorn (Sally O'Connor), Gabriele Heinz (Kelly Martinelli), Simone von Zglinicki (Nelly Snyder), Dietrich Körner (Walker), Horst Hiemer (Daniels), Reimar Joh. Baur (Collins), Petra Hartung (Marie)

Baracke

TRUE WEST – GOLDENER WESTEN von Sam Shepard
P: 10.12.1992 (26), R: Hermann Schmidt-Rahmer, B/K: Richard van Luijk, D: Benjamin Kradolfer (Austin), Udo Kroschwald (Lee), Manfred Möck (Kimmer), Ursula Staack (Mom)

SPIELZEIT 1993/94

Deutsches Theater

DIE GESPENSTERSONATE von August Strindberg
P: 1.10.1993 (14), R: Friedo Solter, B: Hans-Jürgen Nikulka, K: Christine Stromberg, M: Reiner Bredemeyer, D: Christian Grashof (Der Alte), Kay Schulze (Student), Ines Schweighöfer (Milchmädchen), Annelene Hischer (Portiersfrau), Hans Bergermann (Der Tote), Franziska Hayner (Dunkle Dame), Otto Mellies (Oberst), Jutta Wachowiak (Mumie), Katrin Klein (Tochter), Jürgen Huth (Vornehmer), Bernd Stempel (Johansson), Rolf Ludwig (Bengtson), Claudia Geisler (Verlobte), Bärbel Bolle (Köchin)

DER CID von Pierre Corneille
P: 11.12.1993 (45), R: Alexander Lang, B/K: Volker Pfüller, Li: Hilmar Koppe, D: Horst Hiemer (Fernando), Simone von Zglinicki (Doña Urraque), Kurt Böwe (Diego), Dietrich Körner (Gomez), Jörg Gudzuhn (Rodrigo), Udo Kroschwald (Sancho), Harry Pietzsch (Arias), Dagmar Manzel (Chimène), Gabriele Heinz (Leonore), Cathlen Gawlich (Elvire)

DER KYKLOP von Euripides
P: 22.1.1994 (21), R: Friedo Solter, B: Hans-Jürgen Nikulka, K: Christine Stromberg, M: Frank Raschke/Vielharmonie, D: Eberhard Esche (Kyklop), Dieter Mann (Odysseus), Bernd Stempel (Silenos), Michael Walke, Axel Wandtke (Chorführer), Franziska Hayner, Jürgen Huth, Kay Schulze, Horst Ziethen (Chor)

DAS GLEICHGEWICHT von Botho Strauss
DEA, P: 19.2.1994 (28), R: Thomas Langhoff, B/K: Peter Schubert, M: Uwe Hilprecht, Bo Kondren, D: Jürgen Hentsch (Christoph Groth), Dagmar Manzel (Lilly Groth), Guntram Brattia (Markus Groth), Christian Grashof (Gregor), Jutta Wachowiak (Marianne), Jörg Gudzuhn (Jaques), Ignaz Kirchner (Mann vom Grünstreifen), Thomas Neumann (Carsten), Karl Kranzkowski (Burkhart), Cathlen Gawlich (Mädchen), Stefanie Stappenbeck (Zeitungsmädchen), Heidrun Perdelwitz (Abfallpflückerin), Lutz Schneider (Mickey Mouse)

REIGEN von Arthur Schnitzler
P: 15.4.1994 (61), R: Jürgen Gosch, B/K: Donald Becker, D: Claudia Geisler (Dirne), Christian Kuchenbuch (Soldat), Franziska Hayner (Stubenmädchen), Michael Maertens (Junger Herr/Graf), Katrin Klein (Junge Frau), Thomas Neumann (Ehemann), Susanna Simon/Bettina Kurth (Süßes Mädl), Christian Grashof (Dichter), Simone von Zglinicki (Schauspielerin)

Kammerspiele

PLÖTZLICH LETZTEN SOMMER von Tennessee Williams
P: 28.11.1993 (47), R: Petra Segtrop, B/K: Hans Brosch, M: Reiner Bredemeyer, D: Inge Keller (Mrs. Venable), Götz Schubert (Dr. Cukrowicz), Annelene Hischer (Miss Foxhill), Christine Schorn (Mrs. Holly), Christian Schmidt (Holly), Petra Hartung (Catherine Holly), Katrin Klein (Schwester Felicitas)

DAS FRIEDENSFEST von Gerhart Hauptmann
P: 15.1.1994 (46), R: Jürgen Gosch, B/K: Donald Becker, D: Otto Mellies (Scholz), Gudrun Ritter (Minna Scholz), Ulrike Krumbiegel (Auguste), Michael Maertens (Robert), Daniel Morgenroth (Wilhelm), Margit Bendokat (Frau Buchner), Claudia Geisler (Ida), Reimar Joh. Baur (Friebe)

HERR PAUL von Tankred Dorst
P: 26.3.1994 (99, LA), R: Michael Gruner, B: Peter Schulz, K: Astrid Kirsten, D: Kurt Böwe (Herr Paul), Christine Schorn (Luise), Daniel Morgenroth (Helm), Petra Hartung (Lilo), Udo Kroschwald (Schwarzbeck), Stefanie Stappenbeck (Anita)

OLEANNA von David Mamet
P: 24.4.1994 (51), R: Johanna Schall, A: Philipp Stölzl, D: Ulrike Krumbiegel (Carol), Dieter Mann (John)

DER HAT UNS NOCH GEFEHLT! von Lope de Vega
P: 25.6.1994 (18), R: Katja Paryla, B/K: Volker Pfüller, D: Thomas Schmidt (Fähnrich), Uwe Dag Berlin (Beltran), Otto Mellies (Fajardo), Harry Pietzsch (Alvaro), Simone von Zglinicki (Barbara), Ulrike Krumbiegel (Angela), Kay Schulze (Kerze), Erhard Marggraf (Alonso), Horst Weinheimer (Las Vegas), Lutz Schneider (Toledo), Horst Manz (Lope), Eva Weißenborn (Lucia)

Baracke

UNSER DORF SOLL SCHÖNER WERDEN
von Klaus Chatten
UA, P: 20.11.1993 (44), R: Johanna Schall, B/K: Meentje Nielsen, D: Klaus Piontek (Hubert Fängewisch)

GEDECKTE TISCHE von Anna Langhoff
UA, P: 27.1.1994 (25), R: Sewan Latchinian, A: Meentje Nielsen, D: Käthe Reichel (Mertel), Uwe Dag Berlin (Kuzcewski), Elsa Grube-Deister (Maria Brocak), Horst Weinheimer (Brocak), Kathi Liers (Anna Brocak), Cathlen Gawlich (Elena Mailovic), Thomas Bading (Mailovic), Horst Lebinsky (Pajewskij), Eva Weißenborn (Ljudmila Pajewkaja), Michael Schweighöfer (Duvidowitsch), Franziska Matthus (Galina Duvidowitsch), Horst Manz (Hausmeister)

SPIELZEIT 1994/95

Deutsches Theater

KRIEMHILDS RACHE von Friedrich Hebbel
P: 24.9.1994 (56, LA), R: Thomas Langhoff, B: Pieter Hein, K: Christine Stromberg, Li: Hilmar Koppe, M: Uwe Hilprecht, D: Götz Schubert (Gunther), Jörg Gudzuhn (Hagen), Dieter Montag (Volker), Horst Lebinsky (Dankwart), Bernd Stempel (Rumolt), Guntram Brattia (Giselher), Thomas Bading (Gerenot), Michael Walke (Kaplan), Dietrich Körner (Etzel), Friedo Solter (Dietrich), Reimar Joh. Baur (Hildebrant), Klaus Piontek (Rüdiger), Horst Hiemer, Karl Kranzkowski (Nordische Könige), Dagmar Manzel (Kriemhild), Daniel Morgenroth (Siegfried), Petra Hartung (Brunhild), Käthe Reichel (Erzählerin)

ENGEL IN AMERIKA von Tony Kushner
P: 16.12.1994 (31), R: Dieter Giesing, B: Karl-Ernst Hermann, K: Moidele Bickel, M: Janusz Stoklosa, D: Dieter Mann (Cohn/Prior 2), Götz Schubert (Pitt/Prior 1/Eskimo), Ulrike Krumbiegel (Harper Pitt), Michael Maertens (Ironson/Heller), Wolfgang M. Bauer (Prior Walter/Mann im Park), Christine Schorn (Hannah Pitt), Daniel Morgenroth (Belice/Lüg), Susanna Simon (Engel/Emily/Ella/Frau), Reimar Joh. Baur (Rabbi Chemelwitz), Klaus Piontek (Henry), Christine Schorn (Ethel Rosenberg)

ONKEL WANJA von Anton Tschechow
P: 2.3.1995 (77, LA), R: Thomas Langhoff, B: Pieter Hein, K: Joachim Herzog, Li: Hilmar Koppe, D: Dietrich Körner (Serebrjakow), Dagmar Manzel (Jelena), Ulrike Krumbiegel (Sonja), Inge Keller (Woinizkaja), Christian Grashof (Iwan Woinizki), Jörg Gudzuhn (Astrow), Reimar Joh. Baur (Telegin), Elsa Grube-Deister (Njanja)

Kammerspiele

DIE ALPHABETEN von Matthias Zschokke
P: 16.10.1994 (18), R: Rolf Winkelgrund, Thomas Langhoff, B: Henning Schaller, K: Karin Seydte, M: Ralf Hoyer, D: Claudia Geisler (Susanna), Christine Schorn (Kommissarin), Elsa Grube-Deister (Frau Kranz), Barbara Schnitzler (Gattin), Eva Weißenborn (Frau), Annelene Hischer (Alte Frau), Franziska Hayner (Krankenschwester), Christian Grashof (Seet), Thomas Dannemann (Junger Mann), Udo Kroschwald (Fritz), Volkmar Kleinert (Dirigentenmacher), Thomas Neumann (Mann), Roland Hemmo (Barkeeper)

QUAI WEST von Bernard-Marie Koltès
P: 11.12.1994 (15), R/B: Wilfried Minks, K: Astrid Kirsten, M: F. M. Einheit, D: Horst Lebinsky (Koch), Maria Hartmann (Monique), Gudrun Ritter (Cécile), Cathlen Gawlich (Claire), Horst Hiemer (Rodolphe), Sylvester Groth (Charles), Kay Schulze (Fak), Dennis Rudge (Abad)

GEORGE DANDIN von Jean Baptiste Molière
P: 5.2.1995 (28), R: Friedo Solter, B/K: Anna Cumin, M: Reiner Bredemeyer, D: Dieter Montag (Dandin), Susanna Simon (Angélique), Otto Mellies (de Sotenville), Eva Weißenborn (Mme de Sotenville), Thomas Bading (Clitandre), Katrin Klein (Claudine), Thomas Neumann (Lubin), Jürgen Huth (Colin)

WERWÖLFE von Stefan Schütz
UA, P: 24.3.1995 (9), R: Tatjana Rese, B/K: Reiner Wiesemes, M: Wolfgang Siuda, D: Horst Hiemer (Tschikatilo), Ruth Reinecke (Fenja), Horst Lebinsky (Burakow), Michael Schweighöfer (Korniloff), Udo Kroschwald (Partisan), Bernd Stempel (Schwein von Tschernobyl), Kay Schulze (Psychologe), Gabriele Heinz (Frau), Petra Hartung (Natascha)

SPIELZEIT 1995/96

Deutsches Theater

DIE DREIGROSCHENOPER
von Bertolt Brecht und Kurt Weill
P: 19.8.1995 (92, LA), R: Alexander Lang, B/K: Volker Pfüller, Dir: Frank Raschke/Vielharmonie, D: Reimar Joh. Baur (Moritatensänger/Smith), Horst Hiemer (Peachum), Gudrun Ritter (Frau Peachum), Johanna Schall (Polly), Jörg Gudzuhn (Macheath), Günter Naumann (Münzmatthias), Dietrich Körner (Hakenfingerjakob), Horst Ziethen (Sägerobert), Otto Mellies (Brown), Katrin Klein (Lucy), Margit Bendokat (Jenny), Volkmar Kleinert (Filch), Roland Hemmo (Kimball)

PRINZ FRIEDRICH VON HOMBURG
von Heinrich von Kleist
P: 5.10.1995 (38), R: Jürgen Gosch, B/K: Johannes Schütz, D: Dieter Mann (Kurfürst), Jutta Wachowiak (Kurfürstin), Claudia Geisler (Natalie), Otto Mellies (Dörfling), Michael Maertens (Homburg), Jürgen Holtz (Kottwitz), Günter Falkenau (Hennings), Erhard Marggraf (Truchß), Thomas Bading (Hohenzollern), Michael Walke (Golz), Thomas Neumann (Sparren), Karl Kranzkowski (Stranz), Horst Lebinsky (Mörner), Axel Wandtke/Stephan Grossmann (Reuß), Hans-Jürgen Huth (Offizier), Lothar Dimke (Wachtmeister), Franziska Hayner, Heidrun Perdelwitz (Hofdamen), Thomas Dannemann (Hofkavalier), Annelene Hischer (Bäuer), Hans Bergermann (Bauer)

WARTESAAL DEUTSCHLAND STIMMENREICH
von Klaus Pohl
UA; P: 28.10.1995 (34), R: Klaus Pohl, B: Stephan Fernau, K: Sabine Eckert, M: Jörn Brandenburg, Dieter Fischer, Stefan Rager, D: Margit Bendokat, Elsa Grube-Deister, Stefanie Stappenbeck, Eva Weißenborn, Rolf Ludwig

DIE GESCHICHTE VON HEINRICH IV.
von William Shakespeare
P: 9.2.1996 (35), R: Thomas Langhoff, B: Pieter Hein, K: Bert Neumann, M: Uwe Hilprecht, D: Eberhard Esche (Heinrich IV.), Michael Maertens (Prinz Heinrich), Kay Schulze (Prinz John), Horst Weinheimer (Westmoreland), Klaus Piontek (Warwick), Erhard Marggraf (Blunt), Horst Manz (Coleville), Dietrich Körner (Oberrichter), Friedo Solter/Dieter Montag (Northumberland), Annelene Hischer (Lady Northumberland), Jürgen Holtz (Worchester), Götz Schubert (Pery), Ulrike Krumbiegel (Lady Percy), Daniel Morgenroth (Mortimer), Susanna Simon (Lady Mortimer), Bernd Stempel (Douglas), Horst Hiemer (Glendower), Roland Hemmo (Vernon), Axel Wandtke (Mowbray), Kurt Böwe (Falstaff), Volkmar Kleinert (Poins), Horst Lebinsky (Bardolph), Michael Schweighöfer (Pitow), Christine Schorn (Frau Quicklich), Claudia Geisler (Dolly Lakenreißer), Christian Grashof (Seichte), Walter Pfeil (Stille), Roland Hemmo (Schimmlich), Erhard Marggraf (Schatten), Götz Schubert (Warz), Bernd Stempel (Schwächlich), Horst Hiemer (Bullenkalb), Michael Walke (Fuhrmann/Sheriff/Fang/Büttel/Bote/Musikant)

WARTEN AUF GODOT von Samuel Beckett
P: 2.5.1996 (31), R: Jürgen Gosch, B/K: Johannes Schütz, D: Jürgen Holtz (Estragon), Christian Grashof (Wladimir), Michael Maertens (Lucky), Eberhard Esche/Otto Mellies (Pozzo)

DIE PRÄSIDENTINNEN von Werner Schwab
P: 1.6.1996 (38), R: Sewan Latchinian, B: Tobias Wartenberg, K: Christine Stromberg, D: Carla Hagen (Erna), Ursula Staack (Grete), Margit Bendokat (Mariedl)

KÖNIG OIDIPUS von Sophokles
P: 6.6.1996 (40, LA), R: Alexander Lang, B/K: Volker Pfüller, D: Jörg Gudzuhn (Oidipus), Dietrich Körner (Kreon), Thomas Bading, Jürgen Huth, Kay Schulze (Chor), Guntram Brattia (Teiresias), Christine Schorn (Iokaste), Otto Mellies (Bote), Horst Hiemer (Hirt)

Kammerspiele

GESCHICHTEN AUS DEM WIENERWALD
von Ödön von Horváth
P: 7.9.1995 (50), R: Thomas Langhoff, B: Hans-Jügen Nikulka, K: Hannelore Wedemeyer, M: Uwe Hilprecht, Bo Kondrem, D: Guntram Brattia (Alfred), Carmen-Maja Antoni (Mutter), Käthe Reichel (Großmutter), Michael Schweighöfer (Hierlinger), Christine Schorn (Valerie), Bernd Stempel (Oskar), Udo Kroschwald (Havlitschek), Klaus Piontek (Rittmeister), Susanna Simon (Marianne), Walter Schmidinger (Zauberkönig), Kay Schulze (Erich), Ursula Staack (Emma/Baronin), Gabriele Heinz (Helene/Gnädige Frau/Tante), Friedo Solter (Mister), Dietrich Körner (Priester)

DIE UMARMUNG von Leopoldo Trieste
DEA, P: 12.10.1995 (10), R: Michael Gruner, B. Peter Schulz, K: Gabriele Sterz, D: Gerd David (Daniele), Daniel Morgenroth (Massimo), Götz Schubert (Sandro), Ulrike Krumbiegel (Lucia), Cathlen Gawlich (Elena)

DER WIDERSPENSTIGEN ZÄHMUNG
von William Shakespeare
P: 17.12.1995 (75, LA), R: Johanna Schall, B: Philipp Stölzl, K: Volker Pfüller, D: Inge Keller (Baptista Minola), Simone von Zglinicki (Katharine), Petra Hartung (Bianca), Otto Mellies (Gremio), Udo Kroschwald (Hortensio), Barbara Schnitzler (Witwe), Dieter Mann (Vincentio), Thomas Dannemann (Lucentio), Christian Kuchenbuch (Tranio), Guntram Brattia (Petruchio), Petra Hartung (Grumio)

KATARAKT von Rainald Goetz
P: 17.2.1996 (28, LA), R/B: Heinz Hollmann, Jessica Lange, D: Jürgen Holtz (Alter)

MOFFENBLUES von Gerardjan Rijnders
UA, P: 3.3.1996 (14), R: Gerardjan Rijnders, B: Paul Gallis, K: Bettina Weller, D: Margit Bendokat, Guntram Brattia, Thomas Dannemann, Petra Hartung, Gabriele Heinz, Christian Kuchenbuch, Thomas Neumann, Gudrun Ritter, Stefanie Stappenbeck, Chun Mei Tan

HELDEN WIE WIR von Thomas Brussig
UA, P: 27.4.1996 (77, LA), R: Peter Dehler, A: Ulv Jakobsen, M: Thomas Schmidt, D: Götz Schubert (Klaus Uhltzscht)

Baracke

EUROPA von David Greig
P: 28.2.1996 (12), R: Katharina Seidel, B/K: Sybille Schobel, D: Cathlin Gawlich (Adele), Udo Kroschwald (Fret), Bettina Kurth (Katia), Reimar Joh. Baur (Sava), Thomas Bading (Berlin), Ronald Spiess (Billy), Heiko Raulin (Horse), Karl Kranzkowski (Morocco)

HERZ/MASCHINE
von William Shakespeare und Heiner Müller
P: 20.6.1996 (7), R: Anna Langhoff, Christian Suhr, A: Heinz Wenzel, D: Katrin Klein (Gertrud), Claudia Geisler (Ophelia), Horst Lebinsky (Claudius), Erhard Marggraf (Hamlet I), Christian Suhr (Hamlet II), Volkmar Kleinert (Horatio), Juri Langhoff (Kind), Michael Schweighöfer (Polonius), Michaela Schmidt (Gesang)

SPIELZEIT 1996/97

Deutsches Theater

CALIGULA von Albert Camus
P: 10.11.1996 (14), R: Uwe Eric Laufenberg, B: Christoph Schubiger, K: Jessica Karge, Li: Hilmar Koppe, D: Martin Reinke (Caligula), Katrin Klein (Caesonia), Udo Kroschwald (Helicon), Bruno Winzen (Scipio), Horst Lebinsky (Cherea), Reimar Joh. Baur (Senectus), Volkmar Kleinert (Metellus), Horst Manz (Lepidus), Horst Hiemer (Octavius), Erhard Marggraf (Patricius), Rolf Ludwig (Mereia), Michael Schweighöfer (Mucius), Christina Alexandridis (Frau des Mucius), Horst Ziethen (Wache)

TORQUATO TASSO von Johann Wolfgang von Goethe
P: 21.12.1996 (26, LA), R: Alexander Lang, B/K: Marcel Keller, D: Kay Schulze (Alfons), Sophie von Kessel (Leonore von Este), Claudia Geisler (Leonore Sanvitale), Götz Schubert (Tasso), Guntram Brattia (Antonio)

ITHAKA von Botho Strauß
P: 5.4.1997 (42, LA), R: Thomas Langhoff, B: Karl-Ernst Herrmann, K: Andrea Schmidt-Futterer, Li: Hilmar Koppe, M: Uwe Hilprecht, Jürgen Kupke, Theo Nabicht, D: Ulrike Krumbiegel (Pallas Athene), Dieter Mann (Odysseus), Dagmar Manzel (Penelope), Guntram Brattia (Telemach), Rolf Ludwig (Laertes), Carla Hagen (Eurykleia), Udo Kroschwald (Eumaios), Uwe Hilprecht (Phemios), Kay Schulze (Medon), Dietmar Lahaine (Iros), Götz Schubert (Antinoos), Thomas Dannemann (Eurymachos), Bernd Stempel (Amphinomos), Thomas Bading (Ktesippos), Michael Walke (Elatos), Stephan Grossmann (Leiodes), Falk Rockstroh (Leiokritos), Michael Gerber (Amphimedon), Rudolf Trommer (Demoptolemos), Pascal André Lalo (Agelaos), Michael Schweighöfer (Euryades), Heidrun Perdelwitz, Franziska Hayner, Barbara Schnitzler, Ines Schweighöfer u.a. (Mägde), Gabriele Heinz (Knie), Eva Weißenborn (Schlüsselbein), Simone von Zglinicki (Handgelenk)

ZURÜSTUNGEN FÜR DIE UNSTERBLICHKEIT
von Peter Handke
P: 15.6.1997 (12), R: Jürgen Gosch, B/K: Johannes Schütz, Li: Hilmar Koppe, M: Elena Chernin, Ronald Steckel, D: Otto Mellies (Großvater), Claudia Geisler, Bettina Kurth (dessen Töchter), Fritz Schediwy (Volk), Horst Lebinsky (Idiot), Thomas Dannemann (Pablo Vega), Stephan Grossmann (Felipe Vega), Thomas Bading, Matthias Hörnke, Lars Eidinger, Kay Schulze (Raumverdrängerrotte), Naomi Krauss (Wandererzählerin), Erhard Marggraf, Rudolf Trommer, Gerhard Schmidt (Letzte Könige), Katharina Linder (Flüchtlingin)

Kammerspiele

SUGAR DOLLIES von Klaus Chatten
P: 13.10.1996 (49, LA), R: Johanna Schall, B: Stephan Fernau, K: Kattrin Michel, D: Eva Weißenborn (Rosy), Gudrun Ritter (Babette), Simone von Zglinicki (Tabea), Barbara Schnitzler (Viola), Ulrike Krumbiegel (Peterchen)

DIE LETZTEN von Maxim Gorki
P: 21.11.1996 (22), R: Thomas Langhoff, B: Peter Schubert, K: Peter Schubert, Kerstin Reisch, D: Jürgen Holtz (Kolomizew), Dieter Mann (Jakow), Jutta Wachowiak (Sofia), Daniel Morgenroth (Alexander), Katharina Linder (Nadeshda), Petra Hartung (Ljubow), Thomas Dannemann (Pjotr), Bettina Kurth (Wera), Gabriele Heinz (Sokolowa), Michael Gerber (Leschtsch)

WEIT WEG VON HAGEDINGEN von Jean-Paul Wenzel
P: 12.1.1997 (28, LA), R: Michael Gruner, A: Peter Schulz, D: Kurt Böwe (Georges), Christine Schorn (Marie), Stefanie Stappenbeck (Françoise)

ROSMERSHOLM von Henrik Ibsen
P: 7.3.1997 (15), R: Herbert Olschok, B: Olaf Altmann, K: Joachim Herzog, M: Hans Eckart Wenzel, D: Christian Grashof (Rosmer), Katharina Linder (Rebekka West), Thomas Neumann (Kroll), Günter Zschäckel (Brendel), Jürgen Huth (Mortensgard), Katrin Klein (Madam Helseth)

Baracke

Leitung Thomas Ostermeier

FETTE MÄNNER IM ROCK von Nicky Silver
P: 5.12.1996 (67, LA), R: Thomas Ostermeier, B: Volker Thiele, K: Johanna Pfau, D: Astrid Meyerfeldt (Phyllis Hogan), Bernd Stempel (Bishop), Michael Schweighöfer (Hogan/Dr. Nestor), Cathlen Gawlich (Pam/Popo Martin)

MESSER IN HENNEN von David Harrower
DEA, P: 2.3.1997 (69, LA), R: Thomas Ostermeier, B: Johanna Pfau, K: Marion Münch, M: Jörg Gollasch, D: Petra Hartung (Junge Frau), Daniel Morgenroth (William), Tilo Werner (Horn)

DIE MENSCHENFABRIK von Oskar Panizza
P: 23.3.1997 (15), R: Christian von Treskow, B: Hendrik Nagel, K: Adelheid Wieser, D: Frank Seppeler, Matthias Friedrich, Claudia Bauer, Rainald Grebe

MANN IST MANN von Bertolt Brecht
P: 30.6.1997 (52, LA), R: Thomas Ostermeier, B: Jan Pappelbaum, K: Marion Münch, M: Jörg Gollasch, D: Martin Engler (Shelley), Ronald Kukulies (Mahoney), Andrè Szymanski (Baker), Mark Waschke (Jip/Soldat), Falk Rockstroh (Fairchild), Tilo Werner (Galy Gay), Linda Olsansky (seine Frau), Martin Brauer (Herr Wang/Soldat), Roger Jahnke (Mah Sing/Soldat), Petra Hartung (Leokadja Begbick)

SPIELZEIT 1997/98

Deutsches Theater

EIN SOMMERNACHTSTRAUM
von William Shakespeare
P: 19.10.1997 (36, LA), R: Jürgen Gosch, B/K: Johannes Schütz, Li: Hilmar Koppe, M: Elena Chernin, D: Markus Boysen (Theseus/Oberon), Katharina Linder (Hippolyta/Titania), Thomas Bading (Lysander), Thomas Dannemann (Demetrius), Naomi Krauss (Hermia/Erste Elfe), Solveig Krebs (Helena), Horst Hiemer (Egeus), Jürgen Holtz (Philostrat/Puck), Bernd Stempel (Squenz), Christian Grashof (Zettel), Stephan Grossmann (Flaut), Michael Gerber (Schnauz), Horst Weinheimer (Schnock), Hans Bergermann (Schlucker)

IM DICKICHT von Bertolt Brecht
P: 22.12.1997 (13), R: Johanna Schall, B: Philipp Stölzl, K: Jenny Schall, Li: Hilmar Koppe, M: Sebastian Undisz, D: Dominique Horwitz (Shlink), Götz Schubert (Garga), Christian Grashof (Joe Garga), Gudrun Ritter (Mae Garga), Simone von Zglinicki (Marie Garga), Kay Schulze (Moti Gui), Tilo Werner (Der Pavian), Eva Weißenborn (Wirtin), Falk Rockstroh (Mankyboddle), Jürgen Huth (Heilsarmeegeistlicher), Leta Davis (Heilsarmeesängerin), Alexander Hörbe (Maynes)

DER WELTVERBESSERER von Thomas Bernhard
P: 27.2.1998 (17, LA), R: Johannes Schütz, B: Johannes Schütz, K: Sabine Böing, D: Jürgen Holtz (Weltverbesserer), Margarete Taudte (Die Frau), Harry Pietzsch (Rektor), Erhard Marggraf (Dekan), Stephan Grossmann (Professor), Falk Rockstroh (Bürgermeister)

DER KAUKASISCHE KREIDEKREIS von Bertolt Brecht
P: 29.3.1998 (28, LA), R: Thomas Langhoff, B: Pieter Hein, K: Katharina Wagner, M: Sebastian Undisz, D: Stephan Grossmann (Gouverneur/Jussup/Arzt), Dagmar Manzel (Gouverneurin), Dietrich Körner (Fetter Fürst/Bauer/Kazbeki/Irakli), Thomas Gerber (Adjutant/Händler/Bizergan), Horst Hiemer (1. Arzt/Großfürst/2. Anwalt), Thomas Neumann (2. Arzt/Händler/Schauwa), Gabriele Heinz (Kinderfrau/Bäuerin), Petra Hartung (Grusche), Tilo Werner (Simon/Knecht), Erhard Marggraf (Stallknecht/Wirt), Christine Schorn (Köchin/Händlerin/Schwiegermutter), Barbara Schnitzler (Dicke Frau/Aniko/Alte Frau), Ulrike Krumbiegel (Junge Frau/Händlerin/Ludowika), Thomas Dannemann (Gefreiter), Falk Rockstroh (Soldat/Invalide), Kay Schulze (Lavrenti/Hinkender/Alter Mann), Reimar Joh. Baur (Bruder Anastasius/1. Anwalt), Klaus Löwitsch (Azdak), Käthe Reichel (Alte Bäuerin)

Kammerspiele

ALTE MEISTER von Thomas Bernhard
DE, P: 3.10.1997 (36, LA), R: Friedo Solter, B/K: Hans-Jürgen Nikulka, D: Walter Schmidinger (Reger), Klaus Piontek (Atzbacher), Dietrich Körner (Irrsigler), Friedo Solter (Engländer), Christina Alexandridis (Museumsführerin)

DER ROTE HAHN von Gerhart Hauptmann
P: 31.10.1997 (28, LA), R: Horst Lebinsky, B/K: Eberhard Keienburg, M: Uwe Hilprecht, D: Reimar Joh. Baur (Fielitz), Jutta Wachowiak (Frau Fielitz verw. Wolff), Franziska Hayner (Leontine), Thomas Gerber (Schmarowski), Daniel Morgenroth (Langheinrich), Horst Manz (Ede), Otto Mellies (Rauchhaupt), Alexander Hörbe (Gustav), Udo Kroschwald (Dr. Boxer), Dieter Mann (Wehrhahn), Erhard Marggraf (Glasenapp), Dieter Gäbler (Nickel), Jürgen Huth (Schulze), Elsa Grube-Deister/Heidrun Perdelwitz (Frau Schulze), Günter Falkenau (Tschache), Heini Müller (Feuerwehrmann)

MASS FÜR MASS von William Shakespeare
P: 14.1.1998 (21, LA), R: Uwe Eric Laufenberg, B: Gisbert Jäkel, K: Jessica Karge, D: Jörg Gudzuhn (Herzog), Edgar Selge (Angelo), Michael Gerber (Escalus), Dieter Mann (Lucio), Guntram Brattia (Claudio), Michael Walke (Profos), Udo Kroschwald (Henker/Schaum), Horst Manz (Thomas), Rolf Ludwig (Barnadino), Horst Weinheimer (Ellbogen), Horst Lebinsky (Pompejus), Jacqueline Macaulay (Isabella), Margit Bendokat (Mariana/Mistress Obendrauf/Nonne), Bettina Kurth (Julia)

EIN ANDERER TEIL DES WALDES von Lillian Hellman
P: 12.4.1998 (10, LA), R: Hans-Ulrich Becker, B: Alexander Müller-Elmau, K: Heidi Hackl, M: Thomas Hertl, D: Otto Mellies (Marcus Hubbard), Gudrun Ritter (Lavinia H.), Götz Schubert (Benjamin H.), Guntram Brattia (Oscar H.), Susanna Simon (Regina H.), Daniel Morgenroth (Bagtry), Bettina Kurth (Birdie Bagtry), Claudia Hübbecker (Laurette), Robin Gooch (Coralee), Francis Codjoe (Jacob), Horst Lebinsky (Isham), Michael Walke (Penniman), Lutz Schneider (Jugger)

Baracke

SUZUKI von Alexej Schipenko
UA, P: 25.9.1997 (22, LA), R: Thomas Ostermeier, B: Stephan Fernau, K: Marion Münch, ME: Jörg Gollasch, D: Falk Rockstroh (Klaus Klaus), Cem Sultan Ungan (Kamardy), Aykut Kayacik (Ali), Adnan Maral (Mehmet), Metin Tekin (Hussein), Tuncay Gayrianal (Türke), Sükriye Dömnez (Frau), André Szymanski (Radfahrer)

STÜCK NR. 27 von Alexej Slapowskij
DEA, P: 6.11.1997 (17), R: Stefan Schmidtke, B/K: Katharina Grantner, M: Ute Falkenau, D: Anka Baier (Sie), Jörg Panknin (Mann), Margit Bendokat (Frau 2), Torsten Buchsteiner (Er), Barbara Schnitzler (Frau 1), Gunter Schoß (Freund)

FRIEDEN FRIEDEN von Anna Langhoff
UA, P: 10.12.1997 (10), R: Anna Langhoff, B/K: Stephan Fernau, D: Thomas Neumann (Er), Swetlana Schönfelde (Sie), Stephan Grossmann (Sohn), Cathlen Gawlich (Tochter)

SHOPPEN UND FICKEN von Mark Ravenhill
DSEA, P: 17.1.1998 (49, LA), R: Thomas Ostermeier, B: Rufus Didwiszus, K: Marion Münch, M: Jörg Gollasch, D: Thomas Bading (Mark), Jule Böwe (Lulu), Bruno Cathomas (Robbie), André Szymanski (Gary), Bernd Stempel (Brian)

DER GUTE DIEB von Conor McPherson
DEA, P: 6.3.1998 (Werkraum), R: Christoph Roos, A: Peter Scior, D: Bastian Trost

POLJOT von Alexej Schipenko
UA, P: 19.4.1998 (Werkraum), R: Valerij Bilchenko, A: Ulrike Bresan, D: Martin Engler (Siegfried), Aykut Kayacik (Kurdy), Adnan Maral (Murdy), Alexej Schipenko

ICH LECKTE DAS DEODORANT EINER NUTTE
von Jim Cartwright
P: 27.5.1998 (Werkraum) (4), R: Christoph Roos, A: Peter Scior, Katrin Tag, D: Michaela Winterstein (Nutte), Ronald Kukulies (Mann)

SPIELZEIT 1998/99

Deutsches Theater

OTHELLO von William Shakespeare
P: 13.9.1998 (11, LA), R: Alexander Lang, B/K: Volker Pfüller, Ma: Wolfgang Utzt, Li: Hilmar Koppe, D: Jörg Gudzuhn (Othello), Dietrich Körner (Brabantio), Guntram Brattia (Cassio), Götz Schubert (Jago), Kay Schulze (Rodrigo), Hans Bergermann (Doge), Horst Hiemer/Michael Walke (Lodovico), Udo Kroschwald (Montano), Cornelia Schirmer (Desdemona), Ulrike Krumbiegel (Emilia), Claudia Hübbecker (Bianca), Jürgen Huth (Senator/Edelmann), Lutz Schneider (Matrose/Edelmann)

PENTHESILEA von Heinrich von Kleist
P: 15.11.1998 (7, LA), R: Gerardjan Rijnders, B: Paul Gallis, K: Rien Bekkers, M: Gilius van Bergejik, Ma: Wolfgang Utzt, Li: Hilmar Koppe, D: Petra Hartung (Penthesilea), Katrin Klein (Prothoe), Margit Bendokat (Oberpriesterin), Daniel Morgenroth (Achilles), Thomas Neumann (Odysseus), Franziska Hayner, Claudia Hübbecker, Bettina Kurth, Katharina Linder (Amazonen), Lars Eidinger, Jürgen Huth, Tim Lang, Adnan Maral, Lutz Schneider (Griechen)

Kammerspiele

WIE MAN HASEN JAGT von Georges Feydeau
P: 20.8.1998 (26, LA), R: Thomas Langhoff, B: Karl-Ernst Herrmann, K: Andrea Schmidt-Futterer, Ma: Wolfgang Utzt, D: Christian Grashof (Duchotel), Dagmar Manzel (Léontine), Thomas Bading (Moricet), Michael Gerber (Cassagne), Stephan Grossmann (Gontran), Christine Schorn (Madame Latour), Franziska Hayner (Babet), Walter Schmidinger (Polizeikommissar)

DIE JUNGFRAU VON ORLEANS von Friedrich Schiller
P: 21.9.1998 (13, LA), R: Jürgen Gosch, B: Johannes Schütz, K: Dorothea Katzer, M: Sandeep Bhagwati, Li: Hilmar Koppe, D: Ulrich Matthes (Karl VII.), Gudrun Ritter (Königin Isabeau), Katharina Linder (Agnes Sorel), Stephan Grossmann (Philipp der Gute), Thomas Dannemann (Dunois), Thomas Gerber (La Hire), Lars Eidinger (Du Chatel), Tim Lang (Chatillon/Etienne) Ronald Kukulies (Raoul/Claude Marie), Jürgen Holtz (Talbot), Roman Sebastian Pauls (Lionel), Rainer Sellien (Montgomery), Falk Rockstroh (Englischer Herold/Bertrand/Schwarzer Ritter), Horst Weinheimer (Bürger), Horst Lebinsky (Thibaut d'Arc), Bettina Kurth (Margot), Sylvia Buchbauer (Louison), Solveig Krebs (Johanna), André Szymanski (Raimond)

A DELICATE BALANCE (EMPFINDLICHES GLEICHGEWICHT) von Edward Albee
P: 21.11.1998 (7, LA), R: Friedo Solter, B: Jürgen Nikulka, K: Hannelore Wedemeÿer, D: Christine Schorn (Agnes), Dietrich Körner (Tobias), Jutta Wachowiak (Claire), Cornelia Schirmer (Julia), Cornelia Heyse (Edna), Michael Gerber (Harry)

Baracke

UNTER DER GÜRTELLINIE von Richard Dresser
P: 3.9.1998 (18, LA), R: Thomas Ostermeier, B: Rufus Didwiszus, K: Marion Münch, D: Tilo Werner (Dobbit), Bernd Stempel (Hanrahan), Falk Rockstroh (Merkin)

ZERBOMBT von Sarah Kane
P: 17.9.1998 (16, LA), R: Rüdiger Burbach, B: Stephan Fernau, K: Tabea Braun, D: Jule Böwe (Cate), Sven Walser (Ian), Hans Fleischmann (Soldat)

DISCO PIGS von Enda Walsh
P: 13.11.98 (Werkraum) (7, LA), R: Thomas Ostermeier, M: Jörg Gollasch (live electronics), D: Bbibiana Beglau, Marc Hosemann; Thomas Witte (drums)

NIKOLAI ALEXEJEWITSCH
nach „Iwanow" von Anton Tschechow
P: 8.12.1998 (6, LA) R: Valerij Bilchenko, B: Stephan Fernau, K: Almuth Eppinger, D: Ernst Stötzner (Iwanow), Simone von Zglinicki (Anna Petrowna), Dieter Mann (Schabelski), Erhard Marggraf (Lebedew), Ursula Staack (Sawischna), Linda Olsansky (Sascha), Axel Wandtke (Lwow), Jule Böwe (Babnakina), Adnan Maral (Borkin), Annelene Hischer (Nasarowna), Cem Sultan Ungan (Kossych)

Stand: 31. Dezember 1998

Quellen und Bibliographie

Die nachfolgende Aufstellung konzentriert sich auf Quellen bzw. ihre Standorte, auf für die Ensemble- und Spielplanentwicklung aufschlußreiche Periodika und Sammlungen, auf Zeitzeugnisse wie Erinnerungen und Kritiken und die wichtigsten Bücher über das Deutsche Theater und seine Geschichte prägende Direktoren, Regisseure und Darsteller. Verzichtet wird hier auf Aufsätze in Zeitschriften und Zeitungen und die zahlreichen Biographien von Schauspielern, in deren künstlerischer Entwicklung das Deutsche Theater eine größere oder kleinere Rolle spielte; siehe dazu die Bibliographie in dem Band *100 Jahre Deutsches Theater Berlin 1883–1983.*

Quellenstandorte außerhalb des Archivs des Deutschen Theaters

Brandenburgisches Landeshauptarchiv Potsdam: Akten des Polizei-Präsidiums Berlin (Pr. Br. Rep.30 Berlin C), vor allem zu den Direktionen Otto Brahm und Max Reinhardt; Konzessionssachen 1851 (Friedrich-Wilhelmstädtisches Theater) bis 1933 (Deutsches Theater und Kammerspiele); Zensursachen 1851 bis 1918
Landesarchiv Berlin: Teilbestand aus dem Polizei-Präsidium Berlin zum Friedrich-Wilhelmstädtischen Theater 1848 ff.; Zensurexemplare (Pr. Br. Rep.30 Berlin C); Akten der Deutschen Nationaltheater A.G. (1934 bis 1949 nominell Eigentümerin des Deutschen Theaters) (Rep.252); Akten des Magistrats von Berlin nach 1945 (Rep.120)
Bundesarchiv Berlin: Akten des Reichspropagandaministeriums und der Reichsdramaturgie (R55) sowie des Amtes Rosenberg (NS8); Dossiers des ehemaligen Berlin Document Center (1933–1944); Akten u.a. aus dem Kulturministerium der DDR und der Kulturabteilung des ZK der SED
Geheimes Staatsarchiv Preußischer Kulturbesitz Berlin: Akten des Königlichen Hausministeriums bzw. des Preußischen Ministeriums des Inneren zum Friedrich-Wilhelmstädtischen Theater ab 1852, zum Deutschen Theater ab 1883 (Direktion L'Arronge); Akten der Preußischen Oberrechnungskammer zum Haushalt des Deutschen Theaters 1934–1944 (mit detaillierten jährlichen Reichszuschuß-, Auslastungs- und Gagenaufstellungen) (HAI, Rep.138)

I. Das Friedrich-Wilhelmstädtische Theater

Almanach für die Freunde der Schauspielkunst, 1848–1853. Hrsg. von A. Heinrich
Almanach der deutschen Bühnen, 1848–1859. Hrsg. von A. Heinrich
Berlinische Nachrichten von Staats- und gelehrten Sachen (*Spenersche Zeitung*)
Königlich privilegierte Berlinische Zeitung [...] (*Vossische Zeitung*)
Gottfried Keller, *Briefe*, Berlin u.a. 1967

Karl Frenzel, Anton Ascher, in: *Unterhaltungen am häuslichen Herd.* Hrsg. von Karl Gutzkow, Leipzig 1857
Wilhelm Klein, *Der preußische Staat und das Theater im Jahre 1848*, Berlin 1924 (Schriften der Gesellschaft für Theatergeschichte, Bd. 33)
Lieselotte Maas, *Das Friedrich-Wilhelmstädtische Theater in Berlin unter der Direktion von Friedrich Wilhelm Deichmann in der Zeit zwischen 1848 und 1860*, Diss. FU Berlin 1965

II. Das Deutsche Theater. Die Direktion Adolph L'Arronge 1883–1894

Deutscher Bühnenalmanach, 1884–1893. Hrsg. von H. Entsch
Deutsches Bühnenjahrbuch, 1889 ff.

Conrad Alberti, *Herr L'Arronge und das „Deutsche Theater"*, Leipzig 1884
Julius Bab (Hrsg.), *Agnes Sorma. Ein Gedenkbuch*, Heidelberg 1927
Ludwig Barnay, *Erinnerungen*, Berlin, 1903, 1953
Hugo Fetting (Hrsg.), *Otto Brahm. Theater. Dramatiker. Schauspieler*, Berlin, 1961 (Kritiken 1883–1892)
Siegwart Friedmann, *Grundzüge eines Statuts der Gesellschaft Deutsches Theater zu Berlin*, Cuxhaven 1881
Siegwart Friedmann, *Vertrauliche Theaterbriefe*, Berlin 1909
Friedrich Haase, *Was ich erlebte. 1846 bis 1896*, Berlin o.J. [1898]
Heinrich und Julius Hart, Das Deutsche Theater des Herrn L'Arronge, in: *Kritische Waffengänge*, Heft 4, Leipzig 1882
Adolph L'Arronge, *Deutsches Theater und deutsche Schauspielkunst*, Berlin 1896
Max Pohl, *Vierzig Jahre Rampenlicht*; Berlin 1919

Otto Brahm, *Kainz. Gesehenes und Erlebtes*, Berlin 1910
Julius Hart, Das „Deutsche Theater" in Berlin, in: *Bühne und Welt*, 1899–1900, 1. Hb., S. 264–272
Siegfried Jacobsohn, *Das Theater der Reichshauptstadt*, München 1904
Gerhart L'Arronge, Das Löwenhaupt von Berlin. Unveröff. Manuskript, o.J.; Märkisches Museum Berlin [Biographie Adolph L'Arronges, Darstellung aller Spielzeiten anhand von Kritiken]
Max Martersteig, *Das deutsche Theater im neunzehnten Jahrhundert*, Leipzig 1904
Kurt Raeck, *Das Deutsche Theater Berlin unter der Direktion Adolph L'Arronge. Beiträge zu seiner Geschichte und Charakteristik*, Berlin 1928 [umfassende Darstellung mit Repertoire- und Ensembleverzeichnis sowie Gründungsdokumenten]

III. Die Direktion Otto Brahm 1894–1904

Staatsbibliothek Preußischer Kulturbesitz Berlin: Nachlaß Gerhart Hauptmann; Regiebücher von Emil Lessing
Stiftung Archiv der Akademie der Künste Berlin-Brandenburg. Archiv Darstellende Kunst: Brahm-Sammlung und Sammlung von Kritiken
Theatermuseum München: Tagebuch von Max Reinhardt 1894 ff., unveröff.
Deutsches Bühnenjahrbuch, 1895–1905

Hugo Fetting (Hrsg.), *Von der Freien Bühne zum Politischen Theater. Drama und Theater im Spiegel der Kritik.* Bd.1, Leipzig 1987
Georg Hirschfeld, *Otto Brahm. Briefe und Erinnerungen*, Berlin 1925
Siegfried Jacobsohn (Hrsg.), *Oscar Sauer. Ein Gedenkbuch*, Berlin 1916
Robert Jaron u.a. (Hrsg.), *Berlin – Theater der Jahrhundertwende. Bühnengeschichte der Reichshauptstadt im Spiegel der Kritik (1889–1914)*, Tübingen 1986
Franz Mehring, Der Theaterleiter Otto Brahm (1894), in: ders., *Gesammelte Schriften*, Bd.12, Berlin 1963
Helmut Praschek (Hrsg.), *Gerhart Hauptmanns „Weber". Eine Dokumentation*, Berlin 1981
Paul Schlenther (Hrsg.), *Otto Brahm. Kritische Schriften.* 2 Bände, Berlin 1915
Oskar Seidlin (Hrsg.), *Arthur Schnitzler und Otto Brahm. Der Briefwechsel*, Tübingen 1975
Willi Simon (Hrsg.), *Otto Brahm. Kundgebungen zu seinem Gedenken*, Berlin 1913
Peter Sprengel (Hrsg.), *Otto Brahm - Gerhart Hauptmann. Briefwechsel 1889–1912*, Tübingen 1985

Julius Bab, Willi Handl, *Deutsche Schauspieler*, Berlin 1908
Herbert Henze, *Otto Brahm und das Deutsche Theater in Berlin*, Diss. Erlangen 1929; auch in: *Mitteilungen des Vereins für die Geschichte Berlins*, Heft 3 und 4, 1930
Inge Richter-Haaser, *Die Schauspielkunst Albert Bassermanns* [...], Berlin 1964 [Diss. FU Berlin 1963]
Hans-Werner Schultze, *Der Schauspieler Rudolf Rittner* [...], Diss. FU Berlin 1961
Peter Wellert, *Oscar Sauer* [...], Diss. FU Berlin 1963

IV. Die Direktion Max Reinhardt u.a. 1905–1933

Österreichisches Theatermuseum Wien: Teilnachlaß Max Reinhardt; Manuskripte, umfangreiche Fotosammlung
State University of New York at Binghamton. Glenn Bartle Library; Max Reinhardt Archive: Manuskripte, Regiebücher, Bühnen- und Kostümentwürfe
Theatersammlung des Instituts für Theater-, Film- und Fernsehwissenschaft der Universität Köln: Bühnen- und Kostümentwürfe, Programm und Fotosammlung
Stadtmuseum Berlin/Märkisches Museum: Bühnen- und Kostümentwürfe, Bühnenbildgrundrisse
Theaterwissenschaftliches Institut der Freien Universität Berlin. Theatersammlung Walther Unruh: Nachlässe Albert Bassermann, Othmar Keindl, Programm- und Fotosammlung

Deutsches Bühnenjahrbuch, 1906 ff.
Blätter des Deutschen Theaters, 1911–1914 und 1918–1932 (zuletzt *Blätter der Reinhardtbühnen*). Hrsg. von Felix Hollaender, Arthur Kahane, Hans Rothe, Franz Horch u.a.
Das junge Deutschland, 1918–1920. Hrsg. von Heinz Herald
Franz Horch (Hrsg.), *Die Spielpläne Max Reinhardts 1905–1930*, München 1930
Heinrich Huesmann, *Welttheater Reinhardt. Bauten. Spielstätten. Inszenierungen*, München 1983 [Vollständiges Verzeichnis aller Pläne, Aufführungen und Besetzungen aller Reinhardt-Theater 1901–1933]

Hugo Fetting (Hrsg.), *Von der Freien Bühne zum Politischen Theater.* 2 Bände (s.o.)
Heinz Herald, Ernst Stern (Hrsg.), *Reinhardt und seine Bühne*, Berlin 1918
Illustrierte Klassiker des Deutschen Theaters nach Inszenierungen von Max Reinhardt (Emilia Galotti, König Heinrich IV., Ein Sommernachtstraum, Der Kaufmann von Venedig, Hamlet, Romeo und Julia, Viel Lärm um Nichts, Maria Stuart), Berlin o.J. [1913 ff.]
Siegfried Jacobsohn (Hrsg.), *Die Schaubühne*, Berlin 1905–1918 (Vollständiger Nachdruck Königstein/Ts. 1980)
ders., *Das Jahr der Bühne* 1912–1921, Berlin 1913 ff.
ders., *Max Reinhardt*, Berlin 1921
Siegfried Jacobsohn, *Jahre der Bühne. Theaterkritische Schriften.* Hrsg. von Walther Karsch, Reinbek 1965
Herbert Jhering, *Von Reinhardt bis Brecht. Vier Jahrzehnte Theater und Film.* Bd. 1-3, Berlin 1961

ders., *Der Kampf ums Theater und andere Streitschriften 1918–1933*. Hrsg. von der Akademie der Künste der DDR, Berlin 1974
Alfred Kerr, *Die Welt im Drama*. Bd.1-5, Berlin 1917
Alfred Kerr, *Mit Schleuder und Harfe. Theaterkritiken aus drei Jahrzehnten*. Hrsg. von Hugo Fetting, Berlin 1981
Max Reinhardt, *Ich bin nichts als ein Theatermann. Briefe. Reden. Aufsätze* [...]. Hrsg. von Hugo Fetting, Berlin 1989
Hans Rothe (Hrsg.), *Max Reinhardt. 25 Jahre Deutsches Theater. Ein Tafelwerk*, München 1930
Hans Rothe, *Max Reinhardt*, o.J.; ders., *Dramaturg bei Reinhardt*, 1965; und andere unveröff. Manuskripte, Deutsches Literaturarchiv Marbach a.N.
Günther Rühle, *Theater für die Republik 1917–1933 im Spiegel der Kritik*, Frankfurt a.M. 1988
Otto G. Schindler, Bühnenbild- und Kostümentwürfe für das Theater Max Reinhardts. in: *Bibliographie deutschen theaterwissenschaftlichen Schrifttums*, 19. Jg., Nr.3, 1973 (Sonderdruck)
Carl Sternheim und das Deutsche Theater. Eine Chronik in Dokumenten, Briefen und anderen Zeugnissen; Redaktion: Alexander Weigel; in: *Blätter des Deutschen Theaters*, 22/23, 1992

Julius Bab, *Schauspieler und Schauspielkunst*, Berlin 1926
Knut Boeser, Renata Vatková (Hrsg.), *Max Reinhardt in Berlin*, Berlin 1984
Heinrich Braulich, *Max Reinhardt. Theater zwischen Traum und Wirklichkeit*, Berlin 1969
Leonhard M. Fiedler, *Max Reinhardt in Selbstzeugnissen und Bilddokumenten*, Reinbek 1975
Edda Fuhrich, Gisela Prossnitz (Hrsg.), *Max Reinhardt. „Ein Theater, das den Menschen wieder Freude gibt...“ Eine Dokumentation*, München, Wien 1987
Siegfried Melchinger (Hrsg.), *Max Reinhardt. Sein Theater in Bildern*, Velber u.a. 1968
Carl Niessen, *Max Reinhardt und seine Bühnenbildner*, Köln 1958
Eduard von Winterstein, *Mein Leben und meine Zeit*, Berlin 1951, 1983

V. Die Direktion Heinz Hilpert 1934–1944

Stiftung Archiv der Akademie der Künste Berlin-Brandenburg. Archiv Darstellende Kunst: Heinz-Hilpert-Archiv, Erich-Engel-Archiv
Österreichisches Theatermuseum Wien: Nachlaß Caspar Neher

Deutsches Bühnenjahrbuch, 1933–1944
Blätter des Deutschen Theaters und der Kammerspiele 1937/38–1940/41. Hrsg. von Wolfgang Drews
Wolfgang Drews (Hrsg.), *Das Deutsche Theater und die Kammerspiele unter der Direktion von Heinz Hilpert*, Leipzig 1937
Erich Engel, *Schriften. Über Theater und Film*, Berlin 1971
Sigmund Graff, *Von S.M. zu N.S. Erinnerungen eines Bühnenautors*, München u.a. 1963
Franz Hadamovsky, *Caspar Nehers szenisches Werk. Ein Verzeichnis des Bestandes der Theatersammlung der österreichischen Nationalbibliothek*, Wien 1972
Heinz Hilpert, *Formen des Theaters. Reden und Aufsätze*. Wien etc. o.J. [1944]
Heinz Hilpert erzählt sein Leben, in: *Theater heute*, 9. Jg. Nr.1, 1968
K. H. Ruppel, *Berliner Schauspiel. Dramaturgische Betrachtungen 1936–1942*, Berlin u.a. 1943
Kurt Seeger, *Heinz Hilpert* und andere unveröff. Manuskripte und Briefe (Archiv Deutsches Theater)
Rudolf Wagner-Régeny, *Begegnungen. Biographische Aufzeichnungen, Tagebücher, Briefwechsel mit Caspar Neher*, Berlin 1968
Michael Dillmann, *Heinz Hilpert. Leben und Werk*, Berlin 1990
Boguslaw Drewniak, *Das Theater im NS-Staat*, Düsseldorf 1983
Festschrift für Heinz Hilpert, Göttingen o.J. [1960]
Herbert Ihering, *Von Josef Kainz bis Paula Wessely*, Heidelberg u.a. 1942
Günther Rühle, *Zeit und Theater 1933–1945*. Bd. V. Einleitung, Frankfurt a.M. u.a. 1980
Jutta Wardetzky, *Theaterpolitik im faschistischen Deutschland. Studien und Dokumente*, Berlin 1983
Joseph Wulf, *Theater und Film im Dritten Reich. Eine Dokumentation*, Frankfurt a.M. u.a. 1983
ders., *Literatur und Dichtung im Dritten Reich. Eine Dokumentation*, Frankfurt a.M. u.a. 1983

V. Die Zeit nach 1945

Stiftung Archiv der Akademie der Künste Berlin-Brandenburg. Archiv Darstellende Kunst. Archiv Bildende Kunst: Archive und Sammlungen zu Intendanten, Regisseuren, Schauspielern und Bühnenbildnern, Inszenierungsdokumentationen

Deutsches Bühnenjahrbuch, 1945/48 ff.; *Neu- und Reengagements der Bühnen der DDR* 1962/63–1972/73; *Ensembles der DDR* 1973/74–1988/89
Neue Blätter des Deutschen Theaters und der Kammerspiele. Hrsg. von Heinar Kipphardt, 1950–1951
100 Jahre Deutsches Theater Berlin 1883–1983, Berlin 1983. Hrsg. von Michael Kuschnia [mit Repertoire- und vollständigen Besetzungen, auch Programmen, Matineen u.a. der Jahre 1945–1983]
Blätter des Deutschen Theaters. Hrsg. von Alexander Weigel, 1985–1992 [mit Repertoire, vollständigen Besetzungen, auch Programmen, Matineen u.a. 1984/85–1991/92]

Deutsches Theater. Bericht über 10 Jahre, Berlin 1957
Fritz Erpenbeck, *Lebendiges Theater. Aufsätze und Kritiken*, Berlin 1949
Der Fall „Die Sorgen und die Macht“ 1962/63. Dokumente aus der Kulturabteilung des ZK der SED u.a.; Redaktion: Alexander Weigel; in: *Blätter des Deutschen Theaters* 19, 1991
Herbert Jhering, *Berliner Dramaturgie*, Berlin 1947
ders., *Vom Geist und Ungeist der Zeit*, Berlin 1947
ders., *Theater der produktiven Widersprüche 1945–1949*, Berlin u.a. 1967
Heinar Kipphardt, *Schreibt die Wahrheit. Essays, Briefe, Entwürfe*. Bd. 1 (1949–1964), Reinbek 1989
Martin Linzer (Hrsg.), *Alexander Lang. Abenteuer Theater*, Berlin 1987
Friedrich Luft, *Berliner Theater 1945–1961*, Hannover 1961
ders., *Die Stimme der Kritik. Band 1: Berliner Theater 1945–1965*, Frankfurt a.M. u.a. 1982
Winrich Meiszies (Hrsg.), *Wolfgang Langhoff. Theater für ein gutes Deutschland*, Düsseldorf 1992 [Dokumentation]
Uwe Naumann. Michael Töteberg (Bearb.), *In der Sache Heinar Kipphardt*. Marbacher Magazin 60/1992
Christa Neubert-Herwig (Hrsg.), *Benno Besson, Theater spielen in acht Ländern. Texte. Dokumente. Gespräche*, Berlin 1998
dies. (Hrsg.), *Wolfgang Langhoff. Schauspieler. Regisseur. Intendant*, Berlin 1991 [Reden u.a. Texte 1945–1963]
Paul Rilla, *Theaterkritiken*, Berlin 1978
Ernst Schumacher, *Berliner Kritiken. 1964–1984*. Bd. 1–4, Berlin 1975–1986
Gustav von Wangenheim, Bericht über meine Tätigkeit 1945/46; Über meine „Hamlet“-Inszenierung (unveröff. Manuskripte; Stiftung Archiv der Akademie der Künste Berlin-Brandenburg, Gustav-von-Wangenheim-Archiv)
Christoph Funke/Dieter Kranz, *Wolfgang Langhoff*, Berlin 1969
André Müller, *Der Regisseur Benno Besson*, Berlin 1967
Christa Neubert-Herwig, Anfang mit Belastung. Gustav von Wangenheim und die Nachkriegssaison des Deutschen Theaters 1945/46, in: *Blätter des Deutschen Theaters* 20/21, 1992
Ingeborg Pietzsch, *Thomas Langhoff*, Berlin 1993
Wolfgang Schivelbusch, *Vor dem Vorhang. Das geistige Berlin 1945–1948*, München u.a. 1995
Renate Waack, *Wolfgang Heinz*, Berlin 1980
Alexander Weigel, Die Archäologie des Maulwurfs. Heiner Müller und das Deutsche Theater, in: *Text+Kritik*, Heft 73, Neufassung (III/1997)

VI. Allgemeines und Übersichten

Alfred Dreifuss, *Deutsches Theater Berlin. Schumannstraße 13a*, Berlin 1983
Joachim Fiebach u.a., *Theater in der DDR. Chronik und Positionen*, Berlin 1994
Ruth Freydank, *Theater in Berlin. Von den Anfängen bis 1945*, Berlin 1988
Dieter Kranz, *Berliner Theater. 100 Aufführungen*, Berlin 1990
Paul Legband (Hrsg.), *Das Deutsche Theater in Berlin*, München 1909
Werner Mittenzwei u.a., *Theater in der Zeitenwende. Zur Geschichte des Dramas und des Schauspieltheaters in der DDR 1945–1968*. 2 Bände, Hrsg. vom Institut für Gesellschaftswissenschaften beim ZK der SED, Berlin 1972
Gerhard Wahnrau, *Berlin. Stadt der Theater*, Berlin 1957

Namenregister

Bildnachweis

Bildarchiv Preußischer Kulturbesitz, Berlin: 16, 25 u., 74, 76 r., 85, 86 r., 145, 166 u.
Brandenburgisches Landeshauptarchiv Potsdam: 53
Bundesarchiv, Koblenz: 73 u.l., 84 o., 183
Deutsches Theater. Archiv: 25 o., 31, 39 o., 40 o.l., u.l., 42 (6), 43 (5), 44 (3), 45 (3), 48 (2), 50 (2), 51, 59, 67 u., 68 (2), 75 u., 77 (2), 78 o.r., u.r., 79 (4), 80 o.r., u.r., 83 (3), 84 u., 86 l., 87 o.r., u.m., 88 o., 92 (2), 93 (2), 102, 106, 110 u. (2), 111 o., 112 u. (2), 113 u. (2), 114 (2), 115 u.r., 118 (2), 120 u., 121 o.l., o.r., u., 122 u., 123 (2), 124 u. (2), 125 (4), 126 0., 128 (2), 129 o., 130 l., 131, 133, 143 (2), 158 u., 171, 192, 197 o., 198 (3), 199 u., 200 l. (2), 201, 202 u., 203 (2), 204 (2), 207, 208 u., 210 u., 211, 212 o., 213 o., 215, 217, 218, 227, 228, 255, 296; Willy Saeger: 236, 237 l., 238 r., 239 u., 241 o.; Eva Kemlein 238 l.; Georg Meyer-Hanno: 243 u., 246 u., 247 r. (3), 249 o.; Abraham Pisarek: 244 u.; Dietlind Krönig: 243 o., 245 u., 250 o., 251 (2), 272 r.; Eike Schmidt: 273 o.; Gisela Brandt: 274 u., 275, 277 r., 279 o., 280 (2), 282, 283 o., 284 u., 285 (2), 287 o.; Cecilie Poetschukat: 278 o., (2), 281 (2); Pepita Engel: 286 o., 287 u., 288 (2), 289 u., 290 (3), 291 o., 297; Helga Paris: 286 u., 289 0.; Wolfram Schmidt: 291 u., 293 o., 310 u., 311 (2); Martin Dettloff: 292, 293 u., 309 u.; Udo Hesse: 295; Christian Brachwitz: 308 u., 309 o., 310 o., 318, 322 l.; Maria Steinfeldt: 312 u.; Wolfhard Theile: 302, 307, 312 o., 313 (2), 314, 315 (2), 316 (2), 317, 319 (3), 320, 321, 322 r., 323 0., 324 u., (2), 325 (2), 327 r., 328 o.l., u., 329 (2); Frank Splanemann: 323 u.; Ruth Walz: 324 o., 328 o.r.
Deutsches Theatermuseum München: 24 o., 38, 40 r., 41 (2), 46, 47 o., 75 o.m., 99, 213
Landesarchiv Berlin: 15
Österreichisches Theatermuseum, Wien: 97, 111 u., 117 u., 133 o., 149, 154 u., 205
Stadtmuseum Berlin: 9, 12, 13, 21, 24 u., 30, 39 u., 55, 58, 73 r., 98 (2), 116 o.l., 117 o., 119 o.l., u.l., 121 o.m., 116 o., 170 u.; Abraham Pisarek: 235 (2), 237 r., 240 o., 242, 246 o., 248, 272 l., 273 u., 274 o. (2), 276 (2), 277 l., 284 o.; Georg Meyer-Hanno: 239 (2), 244 o., 245 o. (2); Eva Kemlein: 278 u., 283 u.; Dietlind Krönig: 249 u., 250 u. (2)
Stiftung Archiv der Akademie der Künste. Archivabteilung Darstellende Kunst: 78 l., 80 l., 88 u., 89 u., 115 u.l., 116 o.r., 122 o., 127 (2), 130 r., 132, 154 o., 155 (2), 156, 159 o.l., u.l., 161 o., 162 (2), 164 o., 167, 168 o., 169 (2), 173, 187, 194, 195 u. (2), 196 o., 197 u. (2), 199 o. (2), 200 u.r., 202 o. (2), 206 (2), 208 o., 209 (2), 210 o. (2), 308
Süddeutscher Verlag: 129 u.
Theaterhistorische Sammlung des Instituts für Theater-, Film- und Fernsehwissenschaft der Universität zu Köln: 47 u., 49, 72 (2), 75 o.l., o.r., 76 l., 81, 82, 89 o., 90 (3), 91 o. (2), 95, 110 o., 112 o., 113 o., 115 o., 116 u. (2), 120 o., 124 o., 152, 157 u., 163 o., 165 u., 212 u.
Theaterwissenschaftliches Institut der Freien Universität. Sammlung Walter Unruh, Berlin: 73 o.l. 87 o.l., u.l., u.r., 119 r., 126 u.
Ullstein Bilderdienst: 67 o., 91 u., 135, 153, 157 o., 158 o., 159 o.r., u.r., 160, 161 u. (2), 163 u., 164 u., 165 o., 168 u., 170 o., 196 u.
Gisela Harich: 306
Heinrich-George-Archiv, Berlin: 195 o.
Andreas M. Huck, Egling-Deining: 100
Ursula Kilger, Berlin (Archiv Heinrich Kilger): 241 u., 247 l.
Gerlind Klemens, Berlin: 326, 327 l.
Horst Sagert, Berlin: 279 u.